Juliette Wedl, Annette Bartsch (Hg.)
Teaching Gender?

Pädagogik

Juliette Wedl, Annette Bartsch (Hg.)
Teaching Gender?
**Zum reflektierten Umgang mit Geschlecht
im Schulunterricht und in der Lehramtsausbildung**

[transcript]

Die Publikation wurde durch das Braunschweiger Zentrum für Gender Studies finanziert.

Braunschweiger Zentrum für
GENDER STUDIES

Bibliografische Information der Deutschen Nationalbibliothek
Die Deutsche Nationalbibliothek verzeichnet diese Publikation in der Deutschen Nationalbibliografie; detaillierte bibliografische Daten sind im Internet über http://dnb.d-nb.de abrufbar.

© 2015 transcript Verlag, Bielefeld

Die Verwertung der Texte und Bilder ist ohne Zustimmung des Verlages urheberrechtswidrig und strafbar. Das gilt auch für Vervielfältigungen, Übersetzungen, Mikroverfilmungen und für die Verarbeitung mit elektronischen Systemen.

Umschlagkonzept: Kordula Röckenhaus, Bielefeld
Lektorat: Lara Tunnat (Lektorat Tunnat)
Ko-Lektorat: Denise Lipkow
Redaktionelle Mitarbeit: Kim Victoria Bräuer
Redaktionelle Unterstützung: Katja Barrenscheen,
    Birte Driesner, Anja Heine
Satz: Michael Rauscher, Bielefeld
Printed in Germany
Print-ISBN 978-3-8376-2822-7
PDF-ISBN 978-3-8394-2822-1

Gedruckt auf alterungsbeständigem Papier mit chlorfrei gebleichtem Zellstoff.
Besuchen Sie uns im Internet: http://www.transcript-verlag.de
Bitte fordern Sie unser Gesamtverzeichnis und andere Broschüren an unter:
info@transcript-verlag.de

Inhalt

Teaching Gender?
Zum reflektierten Umgang mit Geschlecht
im Schulunterricht und in der Lehramtsausbildung
Annette Bartsch, Juliette Wedl | 9

TEIL I – WIE WIRD GESCHLECHT GEMACHT?
Reflexionen zu Gender in Schule und Lehramtsausbildung

Thematisierung oder Dethematisierung
Wie können wir mit Geschlechteraspekten im Kontext von Schule umgehen?
Barbara Rendtorff | 35

Der Einsatz von geschlechterunterscheidenden Materialien in der Schule
Lydia Jenderek | 47

»Aber im normalen Unterricht ist das für mich als normaler Lehrer eigentlich in meinen Fächern sehr schwierig«
Herstellung von Gender-›Normalität‹ im berufsorientierenden Unterricht
Barbara Thiessen, Inken Tremel | 67

Studying Gender to Teach Gender
Zur Vermittlung von Gender-Kompetenzen
Corinna Onnen | 83

Geschlechterreflektierende Haltung in der Schule
Konrad Manz | 103

TEIL II – GENDER REFLEKTIEREN
Studien und Konzepte für den Schulunterricht

MATHEMATIK, INFORMATIK, NATURWISSENSCHAFT UND TECHNIK

MINT und darüber hinaus
Gendersensibler Unterricht als Basis
einer geschlechtergerechten Gesellschaft
Sandra Augustin-Dittmann | 123

Risikoverhalten und maskuline Performanz von Jungen im Chemieunterricht
Philipp Spitzer, Markus Prechtl | 137

Spurensuche – TäterInnenermittlung im Chemieunterricht
Ein Unterrichtsentwurf auf der Grundlage eines Romans
Vanessa Broschinski | 165

Wege zum »Traum«-Mathematikunterricht für Mädchen und Jungen
Renate Tobies, Janina Schneider | 193

Einsatz von Geoinformationssystemen im Geographieunterricht
Chancen für einen geschlechtergerechten Unterricht
Nadine Glade | 215

Wie wird das Geschlecht festgelegt?
Eine Unterrichtseinheit für den Biologieunterricht
mit 15- bis 16-jährigen SchülerInnen
Heidemarie Amon, Ilse Wenzl | 235

SPRACHUNTERRICHT

Geschlecht als leerer Signifikant
Gendersensible Didaktik im Fremdsprachenunterricht
Martina Mittag | 251

Teaching Gender Reflection!
Theoretische Grundlagen und literaturdidaktische Unterrichtsbeispiele
für einen genderreflektierenden Englischunterricht
Lotta König | 261

Mit Bildern das Thema Gender bearbeiten
Praxisanregungen für den Englisch- und Französischunterricht der Sekundarstufe II
Sonja Lewin | 289

ÄSTHETISCHE FÄCHER

Das ist doch nichts für echte Kerle!
Zum Zusammenhang zwischen Geschlechtsrollen-Selbstbild
und Einstellungen zum Musikunterricht
Frauke Heß | 313

(Un-)Doing Gender
Das Konzept des Performativen in seiner Bedeutung
für einen gendersensiblen Theaterunterricht
Sabrina Guse | 337

GESELLSCHAFT LERNEN

Gender-Re-Skripting
Eine Methode zur Reduktion stereotyper Verhaltensweisen im Unterricht
Bernhard Ertl, Kathrin Helling | 353

»DAS machen?«
Herausforderungen eines anti-normativen Bilderbuches zu Sexualität
und Identität mit Arbeitsmaterialien für den Unterricht
Christine Aebi, Lilly Axster | 375

Wann ist ein Mann ein Mann?
Geschlechterrollen im interkulturellen Vergleich
Ursula Bertels | 409

Gewalt als Thema in der geschlechterreflektierenden Pädagogik
Von lähmenden Befürchtungen und einer informierten Gelassenheit
im pädagogischen Alltag
Ute Zillig, Ute Neumann | 425

»Ach, so ist das?!«
Ein Antidiskriminierungsprojekt zu LSBTI* auch für die Schule
Christine Burmann, Martina Schradi | 445

TEIL III – GENDER-WISSEN VERMITTELN
Konzepte zur Integration der Gender Studies in die Lehramtsausbildung

Biographische Selbstreflexion und Gender-Kompetenz
Ein Seminarkonzept für die universitäre Lehramtsausbildung zum Umgang
mit geschlechterbedingter Heterogenität in der Schule
Sandra Winheller | 461

Geschlechtervielfalt in der Lehramtsausbildung
Helene Götschel | 489

Geschlechterwissen
Interdisziplinäres Ringseminar und E-Learning-Lehreinheiten als Bausteine
für die Integration von Gender in die Lehramtsausbildung
Juliette Wedl, Veronika Mayer, Annette Bartsch | 517

WEITERFÜHRENDE LINKS UND MATERIALIEN ZU GENDER & SCHULE

Die Website »Gender und Schule«
Eine Plattform für die Umsetzung von Chancengerechtigkeit in der Schule
Silke Gardlo, Elke Rühmeier | 541

Praxishilfen, Materialien und Plattformen zu Gender & Schule
Zusammengestellt von Juliette Wedl, Birte Driesner, Annette Bartsch | 545

AutorInnen | 555

Teaching Gender?
Zum reflektierten Umgang mit Geschlecht im Schulunterricht und in der Lehramtsausbildung

Annette Bartsch, Juliette Wedl

Schule ist kein geschlechtsneutraler Raum. In ihr findet nicht nur ein vertrautes »Spiel der Geschlechter« statt, sondern es ist eine Zuspitzung der Zwei Geschlechter-Ordnung zu beobachten, die durch die explizite Thematisierung von Geschlecht erfolgt. Und dennoch ist eine Thematisierung unerlässlich und pädagogischer Auftrag. Sinnvolle Umgangsweisen für dieses Dilemma zu finden, ist Ziel dieser Publikation, die ExpertInnen aus Wissenschaft und Schule zusammen bringt. Noch fehlt im Kanon der Lehramtsausbildung und der Unterrichtsgestaltung die kritisch-reflektierende Auseinandersetzung mit den Gender Studies. Der Sammelband füllt in mancher Hinsicht diese Lücke durch analytische und praxisnahe Beiträge und gibt PraktikerInnen in der Schule entsprechende Ideen für den Unterricht.

Wie das Zusammenspiel von Geschlecht und Schule funktioniert, beleuchten wir in Grundzügen in unserer Einleitung. Wir führen zunächst in die Frage ein, warum es einer Auseinandersetzung mit den Gender Studies im Kontext Schule bedarf. Dabei unterscheiden wir zwei Ebenen: Schule als Teil von Gesellschaft und Schule als spezifischer Sozialisationsort (Kap. 1). Dieses zeigt, dass in der Schule alltäglich die Geschlechterordnung erlernt und hergestellt wird, gleichzeitig aber auch Schule der besonderen Herausforderung gegenüber steht, aktiv in diesen Prozess einzugreifen. Danach fokussieren wir das (Doing) Gender im Alltag und in der Schule, also die Prozesse der Herstellung von Geschlecht (Kap. 2). Um zu vermitteln, warum die Thematisierung von Gender im Unterricht eine hoch komplexe Herausforderung ist, die nicht einfach so ohne fundierte Gender-Kompetenz zu bewerkstelligen ist, gehen wir auf die Problematik einer Dramatisierung von Geschlecht ein (Kap. 3). Daran anschließend stellen wir Aspekte einer geschlechterreflektierten und -reflektierenden Pädagogik heraus (Kap. 4). Die vier Kapitel stecken somit den Rahmen ab, vor dessen Hintergrund wir dieses Buch sehen. Abschließend stellen wir den Kontext der Entstehung dieses Buches sowie die einzelnen Beiträge vor (Kap. 5).

1 Herausforderungen des Teaching Gender

Schule kann nicht losgelöst von Gesellschaft betrachtet werden. In ihr kommt – nicht anders als in anderen Bereichen der Gesellschaft – Geschlecht als zentrale Achse der Differenz(ierung) zum Tragen. Geschlecht ist eine Kategorie, anhand derer sich Ungleichheiten formen und Hierarchisierungen entwickeln,[1] die wiederum grundlegend Strukturen, Wahrnehmungen und Verhalten prägen, so auch in der Schule. Schon Kinder *sind* nicht einfach Mädchen oder Jungen, sondern *werden* es,[2] so z.B. in täglichen zwischenmenschlichen Interaktionen (Doing Gender). Ein Beispiel zur Veranschaulichung: Selten sehen wir die nackten Körper der Menschen. Sie sind ebenso verborgen wie das individuelle sexuelle Zugehörigkeitsempfinden. Die geschlechtliche Unterscheidung erfolgt symbolisch durch Kleidung, Frisur und Ähnliches sowie täglich in Interaktionen und Sprache, was sich beispielsweise Menschen, die ein anderes Geschlecht als das ihnen bei Geburt zugeordnete darstellen oder sind, zu Nutze machen. Während ihrer gesamten Kindheit gestalten Kinder ihr Mädchen- und Junge-Werden aktiv mit. Dieses Doing Gender drückt sich unter anderem in Spielzeug-Präferenzen, Kleidung, Accessoires, Verhalten und Gruppenbildungen aus. Es verleitet leicht zu der Annahme einer natürlichen grundlegenden Differenz zwischen den Geschlechtern, die aber wissenschaftlich nicht haltbar ist und die zudem die Differenzen innerhalb eines Geschlechtes ausblendet (vgl. Kap. 2).

Darüber hinaus ist Schule ein eigener Mikrokosmos, mit eigenen Funktionsweisen. Beispielsweise nimmt Schule in der Wissensgesellschaft eine herausragende Sozialisationsfunktion ein: Sie trägt entscheidend zur Platzierung der SchülerInnen als Individuen in der Gesellschaft bei. Hier spielt die berufliche und soziale Platzierung ebenso eine Rolle wie die Entwicklung individueller Lebensvorstellungen und die Möglichkeit freier Entfaltung. Kindheit und Jugend sind wichtige Orientierungsphasen auch hinsichtlich einer geschlechtlichen und sexuellen Positionierung des Individuums in der Gesellschaft. Hier obliegt dem Sozialisationsort Schule, an dem SchülerInnen eine immer längere Zeit verbringen, eine große Ver-

---

1 | In der Geschlechterforschung ist soziale Ungleichheit ein grundlegendes Thema. Insbesondere aus soziologischer Perspektive wird Geschlecht als relevanter Faktor für die gesellschaftliche Teilhabe betrachtet, d.h. das Geschlecht beeinflusst die Möglichkeiten des Zugangs zu Ressourcen, Macht und Rechten. Dieses wird analog zur sozio-ökonomischen Ungleichheit betrachtet (Klasse bzw. soziale Herkunft). Geschlecht als Strukturkategorie ist verknüpft mit Fragen der Gleichberechtigung, doch liegt der Fokus aus soziologischer Perspektive stärker auf Aspekten der Strukturierung von Gesellschaft: Wo sind die Gesellschaftsmitglieder auf einer Achse vom Zentrum zur Peripherie positioniert und welche Kategorien beeinflussen die Positionierung? Neben Geschlecht und Klasse ist die ethnische Herkunft (*race*) eine wichtige weitere Kategorie sozialer Ungleichheit.

2 | Die Zuweisung zum einen oder anderen Geschlecht hinterfragte erstmals systematisch Simone de Beauvoir (1992[1949]) und prägte den viel zitierten Satz, an dem wir uns hier anlehnen: »Man kommt nicht als Frau zur Welt, man wird es« (Beauvoir 1992: 334). Sie geht u.a. auf biologische, psychoanalytische und historische »Mythen und Fakten« ein und begründet die These, dass Frauen nicht aufgrund eines irgendwie gearteten Wesens unterdrückt werden bzw. gesellschaftlich weniger angesehen sind, sondern aufgrund historisch gewachsener gesellschaftlicher, politischer und wirtschaftlicher Bedingungen.

antwortung. Weibliche und männliche Geschlechtervorstellungen sind historisch gewachsen, sozial erlernt und bedingt, daher auch veränderbar und ausgestaltbar (vgl. Schneider 2009). Schule soll Kinder und Jugendliche auf ihrer Suche nach dem Eigenen in der Gesellschaft begleiten und dabei ein kompetentes Austauschforum bieten, denn:

»Sozialisation bezeichnet den Prozess, in dem ein Mensch zum integrierten Angehörigen seiner kulturellen und gesellschaftlichen Bezugsgruppe wird. Dieser Prozess stellt eine aktive Auseinandersetzung des Einzelnen mit seiner materiellen und sozialen Umwelt dar [...]. Aktive Auseinandersetzung meint, dass einerseits die Aneignung des Vorgefundenen erfolgt, diese aber zugleich be- und verarbeitet wird.« (Faulstich-Wieland 2001: 7)

Learning Gender findet in der Schule auf vielfältige, häufig nicht intendierte Weise statt, so die Grundannahme dieser Publikation. Damit werden bestehende Geschlechterverhältnisse mit ihren Setzungen, Normierungen, Hierarchisierungen und Ausschlüssen gestützt – und stehen im Widerspruch zum pädagogischen Auftrag der individuellen Förderung, der Nicht-Diskriminierung und der Gleichstellung. Dabei zeichnet sich ein grundlegendes Dilemma ab: Ohne Thematisierung von Geschlecht wird Schule nicht dem pädagogischen Auftrag gerecht, eine Thematisierung dagegen führt nicht selten zu einer Verfestigung von Stereotypen (vgl. Kap. 3). Hier gilt es, eine Pädagogik zu verfolgen, die trotz Thematisierung diese Gefahren vermeidet.

Was fordern wir also mit dem Titel *Teaching Gender*? Kann denn Gender[3] erlernt oder professionell gelehrt werden, so wie es das »teaching« suggeriert, obwohl Gender kein Unterrichtsfach ist wie Mathematik oder Sachunterricht? Wir möchten mit diesem Titel bewusst zu einer die alltäglichen Unterrichtspraktiken hinterfragenden Reflexion anregen: Wir spielen auf diese Weise mit einem gewissen Selbstverständnis im LehrerInnenberuf, hinterfragen genau dieses Bild, dass alles einfach gelehrt werden kann und dass Schule primär auf intendierter Wissensvermittlung basiert. Wir möchten thematisieren, wie Geschlecht, obwohl

---

3 | Um das Verhalten und die sozialen Bedingungen von der Biologie zu entkoppeln, wurde die Unterscheidung *sex* (das biologische Geschlecht) und *gender* (das soziale Geschlecht) eingeführt, wobei diese Unterscheidung selbst höchst problematisch ist: Auch das biologische Geschlecht ist nicht losgelöst von historisch-sozialen Bedeutungszuweisungen. Diesen Prozess der sozialen Konstruktion von Geschlecht, auch des körperlichen, haben insbesondere (de-)konstruktivistische Theorien genauer beschrieben. Aus dieser Perspektive betont Gender die sprachlich-symbolische (vgl. Butler 1991) und interaktive (vgl. West/Zimmermann 1987) Hervorbringung von Geschlecht. Dabei wird nicht die Existenz des Leibes oder von unterschiedlichen körperlichen (Geschlechts-)Merkmalen negiert, doch wird der Fokus auf die Prozesse konkreter Bedeutungszuweisungen gerichtet, die historisch-gesellschaftlich variabel sind (vgl. Meißner 2008; Ricken/Balzer 2012; Cremers o.J.: 3-4). Eine Zweigeschlechtlichkeit liegt damit nicht in der Natur des Körpers, sondern in der Art und Weise, wie der Körper gesellschaftlich verstanden wird (vgl. auch Wedl 2014: 276-283). Das biologische und soziale Geschlecht sind insofern gleichursprünglich, wofür – nicht nur in den beschriebenen (de-)konstruktivistischen Positionen – auch der Begriff Gender steht. In einer gröberen Einteilung können die Theorieströmungen der Gleichheit, der Differenz und der (De-)Konstruktion voneinander unterschieden werden (vgl. Wedl 2005).

es nicht zum Fächerkanon gehört, trotzdem täglich gelehrt wird im Kontext von Schule: Neben den oben ausgeführten vielfachen geschlechtlichen Zuordnungen in der Interaktion werden Geschlechterbilder vermittelt und geschlechterkonformes Verhalten bestärkt, z.B. indem in Geschichte, Naturwissenschaft, Politik und ästhetischen Fächern primär von berühmten Männern erzählt wird, während die Erfindungen bzw. Werke, Aktivitäten und Lebensumstände von Frauen selten(er) Erwähnung finden.[4] Es werden häufig (implizit und unbewusst) stereotypisierende Zuweisungen vorgenommen, z.b. dass Mädchen sprachlich und Jungen technisch-naturwissenschaftlich begabt seien, Frauen besser kommunizieren und pflegen können, während Männer handwerklich geschickter sind (wobei alle Ausnahmen unberücksichtigt bleiben bzw. aus der Normalität fallen). Insofern möchten wir mit unserem Buchtitel gleichzeitig dazu auffordern, Gender zu lehren – aber nicht in dieser Weise, sondern in einer reflektierten und reflektierenden Form. In diesem Sinne fordern wir – so der Untertitel – eine reflexive Pädagogik, die sich kritisch-reflektiert mit der Frage auseinandersetzt. *Gender* verstehen wir dabei im (de-)konstruktivistischen Sinne als im Alltag erzeugt sowie gleichzeitig als Strukturkategorie, die Gesellschaft grundlegend gliedert, keinesfalls als Biologie, was den Reiz des Begriffes Gender im – nicht nur – Butlerschen Sinne ausmacht. Um der wiederholten Produktion von Differenz(ierung)en in täglichen symbolisch-sprachlichen und interaktiven Praktiken entgegenzuwirken, muss sich eine reflektierte und reflektierende Pädagogik kritisch mit dem Thema in der Schule auseinandersetzen. Eine (selbst-)reflexive Haltung ermöglicht dabei das Hinterfragen eigener und gesellschaftlicher Geschlechterdarstellungen. Wir gehen davon aus, dass für ein solches Teaching Gender eine Kenntnis der Gender Studies notwendig ist, und es gilt, diese Lehrkräften zu vermitteln. Hierzu soll das vorliegende Buch beitragen. Denn ein Thematisieren von Geschlecht auf der Basis des Alltagsverständnisses (re-)produziert nicht nur die vorhandenen Geschlechterverhältnisse, sondern verstärkt sie (vgl. Kap. 3).

2 (Doing) Gender im Alltag und in der Schule

Geschlecht verliert und gewinnt an Bedeutung im Alltag. Auf der einen Seite hat sich die Chancengleichheit in jüngeren Generationen vergrößert, die Lebensentwürfe junger Frauen und Männer in Deutschland gleichen sich immer mehr an (vgl. Allmendinger/Haarbrücker 2013). Dies kann jedoch nicht darüber hinwegtäuschen, dass in vielen Bereichen nach wie vor Ungleichheiten bestimmend sind, so beispielsweise in Bezug auf die Arbeitszeit und Karrierechancen, insbesondere wenn Kinder oder ältere Angehörige zu versorgen sind (vgl. Pfundt 2004). Mit Angelika Wetterer (2003) lässt sich festhalten, dass auf der Einstellungs- und Werteebene die Gleichstellung der Geschlechter weitgehend verankert ist, jedoch Handeln und insbesondere Strukturen häufig weiterhin von Ungleichheiten zwischen den Geschlechtern geprägt sind, d.h. hier wenig Veränderungen zu verzeichnen

---

4 | Ebenso werden andere Lebensverhältnisse selten thematisiert, so z.B. Homosexualität, Armut oder körperlich-psychische Einschränkungen. Die Vielfalt der Gesellschaft kommt selten in den Blick im Rahmen der Wissensvermittlung in der Schule (vgl. Baumgartinger/Frketic 2009).

sind bzw. diese nicht zu einer grundlegenden Überwindung von Geschlechterungleichheiten beitragen.[5] Hier zeigt sich somit ein Bedeutungsverlust gekoppelt mit einem annähernden Stillstand.

Auf der anderen Seite lässt sich ein Bedeutungsgewinn im Alltag feststellen, z.B. angesichts eines expandierenden Gender-Marketings: von Lebens- und Pflegemitteln über Werkzeug bis zu technischen Geräten, immer mehr Produkte werden explizit für Mädchen bzw. Frauen oder Jungen bzw. Männer angeboten. So ist auch der Alltag von Kindern zunehmend geschlechterdifferenzierend gestaltet: Während noch in den 1970er-Jahren Kinderkleidung unabhängig vom Geschlecht problemloser vererbt werden konnte, ist heute schon Säuglingskleidung farblich und zum Teil sogar mittels der Schnitte ›eindeutig‹ einem Mädchen oder einem Jungen zuzuordnen.[6] Geschlechterneutrale Kleidung ist am Markt kaum noch zu erwerben. Ebenso werden Kinderzimmereinrichtungen und Spielzeuge farblich getrennt und von Stereotypen gelenkt nach Geschlechtern angeboten. Konstruktionsspielzeug, welches noch in den 1970er-Jahren unisex bunt war, wird von der gleichen Firma heute geschlechtergetrennt vertrieben: technische Baukästen (Flugzeuge, Autos, Häuser etc.) zum Konstruieren und Umbauen für Jungen, dagegen rosa gehaltene Ensembles für Mädchen, mit vorgegebenen Figuren und fertigen Bauteilen, die – im Vergleich zu den Bausätzen – kaum für andere Konstruktionen verwendet werden können. Damit verbunden sind Rollenangebote[7], die angeblich typische weibliche Lebenssituationen darstellen: in Familie, in helfenden Berufen, als Prinzessin.[8]

Was spricht gegen diese eindeutige Welt, wenn sie doch von Mädchen (und Jungen) nachgefragt wird? Bemerkenswert ist, dass diese weder die Bandbreite weiblicher (und männlicher) Lebensmodelle abbilden noch den Lebensvorstellungen junger Frauen (und Männer) heute entsprechen, aber angeblich von Kindern so gewollt werden. Eine Vorstudie zur Entwicklung von Spielfiguren für Mädchen verweist allerdings auf einen etwas anderen Bedarf: »Sie [die Mädchen; Anm. AB/JW] wollen Spielzeugfiguren, die ihnen ähneln und mit denen sie sich identifizieren können. Sie wollen sich Geschichten ausdenken« (Hierländer 2014). Die Vergeschlechtlichung von Spielzeug unterliegt der Mutmaßung, dass diese Vergeschlechtlichung einer natürlichen Geschlechterdifferenz im Spielverhalten entspräche. Dies steht der Erkenntnis entgegen, dass Geschlechterdifferenzen in hohem Maße gesellschaftlich geprägt sind. Trotz der populärwissenschaftlich verbreiteten Annahme großer Differenzen zwischen den Geschlechtern, lassen sich diese wissenschaft-

---

5 | Exemplarisch zu nennen wäre hier die Ungleichheiten im Entgelt, die nach wie vor zu großen Teilen von Frauen getragene Vereinbarkeit von Beruf und Familie sowie das – politisch umstrittene – steuerliche Ehegattensplitting.
6 | Eindrücklich vermittelt Sarah Dangendorf (2012) die Selbstzuordnungen anhand von Interviews mit neun bis 12-jährigen Mädchen.
7 | Anders als im Schauspiel meint Rolle hier ein stabiles gesellschaftliches Konstrukt, das nicht nach Belieben gewechselt werden kann und schwer ablegbar ist, da die Erwartungen, Normen und Regeln in »Fleisch und Blut« übergehen. Pierre Bourdieu verwendet hier den Habitusbegriff (vgl. Krais/Gebauer 2002). Kinder probieren sich zunächst in verschiedenen Rollen aus und erst im Laufe der Jugend festigen sich die Geschlechterrollen.
8 | Zu veränderten Spielgeschichten exemplarisch anhand der vierzigjährigen Marktpräsenz eines Produktes siehe Joachim Göres (2014).

lich nicht belegen; vielmehr zeigen psychologische Studien immer wieder die Ähnlichkeit der Geschlechter auf (vgl. Connell 2013: 77-104; Langer 2012; Quaiser-Pohl/ Jordan 2004). Bevor wir näher auf die Frage eingehen, wie Geschlecht im Alltag hergestellt wird, sei kurz die Problematik geschlechterstereotypen Spielzeugs angerissen: Abgesehen von eigenwilligen kreativen Aneignungen und Umgestaltungen zeigt sich, dass das Spielangebot die Erfahrungs- und Entfaltungsspielräume für Mädchen – sofern nicht von anderer Seite gegengesteuert wird – in einer anderen Weise gestaltet als für Jungen und dabei Geschlechterklischees eine große Rolle spielen.[9] Wenn ein Ausbrechen aus den vorgegebenen Spielszenarien durch Umkonstruieren aber von HerstellerInnen gar nicht vorgesehen ist, schränkt dies Erfahrungsräume ein, die sich spielerisch eher in technische Richtungen entfalten könnten. Gleichzeitig ist es gesellschaftlich akzeptierter, dass Mädchen verschiedene Geschlechterrollen ausprobieren, so auch deutlich männlich geprägte, während Jungen als Prinzessinnen oder in Rosa gekleidet schnell zurechtgewiesen oder ausgelacht werden.[10] Dies zeigt, dass Kinder mit spezifischen Geschlechtervorstellungen konfrontiert sind, mit denen sie sich auseinandersetzen müssen, wobei häufig klar vermittelt ist, welche Vorstellungen normenkonform sind.

Diese Normen verschränken sich mit einem Alltag, in dem Geschlecht auf verschiedene Weise von Bedeutung ist. Hier unterscheidet sich Schule nicht von anderen Orten. Das eigene Verhalten wie das der anderen unterliegt einem ständigen unbewussten Bewertungsprozess u.a. hinsichtlich seiner Geschlechtsangemessenheit. In der Interaktion vermitteln wir unsere geschlechtliche Zugehörigkeit, nicht zuletzt durch Kleidung, verbale und nonverbale Kommunikation, Verhalten etc. Gleichzeitig ordnen wir unser Gegenüber anhand dieser vielfältigen sprachlich-symbolischen Zeichen einem Geschlecht zu. Dieser von Candace West und Don Zimmerman (1987) als Doing Gender bezeichnete Prozess wird meist erst dann bewusst, wenn eine Irritation entsteht, weil wir einen Menschen nicht spontan eindeutig einem Geschlecht zuordnen können. Dies führt dazu, dass wir nach Hinweisen suchen, die uns eine eindeutige geschlechtliche Einordnung ermöglichen, was uns häufig solange beschäftigt, bis wir eine für uns akzeptable Antwort haben. Regine Gildemeister (2004: 133) hebt hervor: »Doing gender zielt darauf ab, Geschlecht bzw. Geschlechtszugehörigkeit nicht als Eigenschaft oder Merkmal von Individuen zu betrachten, sondern jene sozialen Prozesse in den Blick zu nehmen, in denen ›Geschlecht‹ als sozial folgenreiche Unterscheidung hervorgebracht und reproduziert wird«. Andere Formen der Herstellung von Geschlecht erfolgen durch sprachlich-symbolische Zuweisungen, wofür Butler (1991) den Begriff der Performanz prägt (siehe u.a. Guse in diesem Buch), wozu auch die farblichen Codierungen oder die Tätigkeitsfelder im Spiel zu zählen sind. Geschlecht ist aus diesen konstruktivistischen Perspektiven nicht einfach (unveränderlich) existent, sondern wird in einem interaktiven und einem diskursiv-sprachlichen Bedeutungskontext ständig (neu) konstruiert.

---

9 | Als Spielangebote können sich beispielsweise weibliche Figuren am Strand vergnügen. Besonders beliebt bei Mädchen sind laut Marktanteilen die Spielwelten Reiterhof, Prinzessinnenschloss und Shopping-Center (vgl. Göres 2014).
10 | Letzteres zeigt z.B. eindrücklich der Film *Mein Leben in Rosarot* (F 1997).

Im täglichen Geschehen werden dabei asymmetrische Geschlechterverhältnisse und -bilder, d.h. Ungleichheiten und Hierarchien zwischen den Geschlechtern, vielfach (re-)produziert. Im Schulkontext geschieht dies primär mittels Interaktionen im Unterrichtsgeschehen sowie durch Unterrichtsmaterialien (zu letzterem siehe Thiessen/Tremel in diesem Buch). Schule ist dabei eine Bühne täglicher Inszenierungen im Klassenraum mit SchülerInnen, die sich in ihren Geschlechterrollen üben und zugleich in diese gedrängt werden, sowie LehrerInnen, die ebenfalls ein Geschlecht repräsentieren und mitunter eine Vorbildfunktion haben sowie – häufig unbewusst – geschlechterdifferenzierend handeln (vgl. Faulstich-Wieland/Weber/Willems 2009; Hagemann-White 1984; Jäckle 2009). Hannelore Faulstich-Wieland (2008: 39) beobachtete z.B. bei LehrerInnen, dass diese in Unterrichtssituationen bei identischen Aufgabenstellungen je nach Geschlecht auf verschiedene Erklärweisen zurückgreifen, für Jungen eher auf technische, für Mädchen dagegen eher auf umgangssprachliche. In alltäglichen sozialen Prozessen wird das Verhalten der SchülerInnen gefestigt oder sanktioniert, es entstehen Zuschreibungen für beide Geschlechter und deren Interessenlagen ebenso wie für deren Fächervorlieben. Es finden sich vielfältige weitere Beispiele für das Doing Gender in der Schule, wovon einige im nächsten Kapitel aufgeführt werden.

Dem konstruktivistischen Verständnis gegenüber steht ein (Alltags-)Verständnis von Geschlecht als naturhafte, konstante und dichotome Kategorie (vgl. Hirschauer 1994): Es wird davon ausgegangen, dass das Geschlecht biologisch eindeutig festgelegt ist (naturhaft), sich im Laufe eines Lebens nicht verändert (konstant) und die Menschen entweder Frauen oder Männer sind (dichotom).[11] Historische und kulturelle Vergleiche zeigen jedoch, dass eine Bandbreite an unterschiedlichen Kategorisierungen von Geschlecht existiert und Geschlecht verschiedene Bedeutungen besitzt. In der europäischen Gesellschaft hat sich erst mit dem 18. Jahrhundert das bis heute geltende Zwei-Geschlechter-Modell durchgesetzt (vgl. Wahrig 2013; Cremers o.J.: 3-4). Ausgeklammert und ausgegrenzt aus dieser Vorstellung sind alle Menschen, die körperlich oder in ihrem Selbstverständnis dieser Norm nicht entsprechen (möchten). Hierunter fallen intersexuelle Menschen (in der Regel Menschen, die genetische, hormonelle oder körperliche Merkmale beider Geschlechter besitzen) und Menschen, die entweder ihr bei Geburt festgelegtes Geschlecht wechseln oder sich nicht festlegen möchten. Da dem Zwei-Geschlechter-Modell zudem die Annahme einer ›natürlichen‹ Heterosexualität unterliegt,[12] können – je nach Kontext – nicht heterosexuell orientierte Menschen sowie Menschen, die

---

11 | Von diesem, auf der Vorstellung natürlicher Differenzen basierenden Differenzverständnis ist ein feministischer Differenzbegriff zu unterscheiden, der in der Regel nicht in gleicher Weise von einer natürlichen Geschlechterdifferenz ausgeht, auch wenn ihm vielfach Essentialismus vorgeworfen wurde (vgl. Wedl 2005). Der feministische Ansatz der Differenz ist im Kontext der feministischen Theorieentwicklung zu betrachten und als eine Reaktion auf den Gleichheitsansatz zu lesen. Zudem ist er in bestimmten Spielarten dekonstruktivistisch fundiert (Wedl 2014: 277-281). In aktuellen Debatten der Gender Studies wird zudem der Differenzbegriff im Sinne von Vielfalt verwendet.
12 | Der Begriff Heterosexualität als gegengeschlechtlich orientiertes Begehren kam erst nach der Einführung des Begriffs Homosexualität im letzten Drittel des 19. Jahrhunderts auf. Beide Konzepte sind im gleichen historischen Kontext entstanden und von Beginn an im wechselseitigen Ausschluss aufeinander bezogen (vgl. Katz 2000).

nicht den typischen Geschlechtervorstellungen entsprechen, von Diskriminierung betroffen sein. Dass es keine Notwendigkeit gibt, in unserer Gesellschaft von der Existenz nur zweier Geschlechter auszugehen, zeigt ein Zitat von Judith Lorber (2003: 112; Herv. i.O.), welches zum Denken anregt:

> »Für die westlichen Gesellschaften könnte man, geht man von den *Genitalien* aus, *fünf ›sexes‹* benennen: unzweideutig männlich, unzweideutig weiblich, hermaphroditisch, weiblich-zu-männlich transsexuell und männlich-zu-weiblich transsexuell; geht man von der *Objektwahl* aus, *drei sexuelle Orientierungen*: heterosexuell, homosexuell und bisexuell (alle mit transvestitischen, sadomasochistischen und fetischistischen Variationen); geht man von der *Erscheinung* aus, *fünf gender-Repräsentationen*: weiblich, männlich, uneindeutig, als Mann gekleidete Frau, als Frau gekleideter Mann (oder vielleicht auch nur drei) [...].«

In pädagogischen Kontexten wurde soziales Verhalten lange Zeit als unmittelbar mit dem biologischen Geschlecht zusammenhängend erachtet und Frauen galten vielfach als bildungsunfähig (siehe Rendtorff in diesem Buch). Dem gegenüber werden heute Verhalten und auf Geschlecht basierende Ungleichheiten als wesentlich sozial bedingt betrachtet. Die neuere Pädagogik fußt auf der Grundannahme, dass nicht nur Wissen, sondern auch Kompetenzen erlernbar sind und Verhalten veränderbar ist. Der Ausgleich sozialer Benachteiligung sowie eine der Gleichberechtigung und Antidiskriminierung verpflichtete Grundhaltung sind Werte, die dem pädagogischen Auftrag zugrunde liegen. Dies ist durch den Artikel 3 Absatz 2 des Grundgesetzes festgeschrieben, welcher den Staat und somit auch die Schulen durch die Änderungen von 1994 in die Pflicht nehmen, Gleichberechtigung von Frauen und Männern durchzusetzen (vgl. Müller 2012: 43). Dem entsprechend sind z.B. Schulbuchverlage verpflichtet, den Grundsatz der Nicht-Diskriminierung und Gleichstellung zu wahren, was sich im Vergleich zu früher in einer stärkeren Vermeidung stereotyper Geschlechtervorstellungen in Schulbüchern niederschlägt (siehe Jenderek in diesem Buch). Sie weisen heute zumindest weniger geschlechterunterscheidende Tendenzen hinsichtlich Repräsentanz und Geschlechterdarstellungen auf (vgl. Müller 2012: 43-44), wobei diese nach wie vor noch vorhanden sind und sich die Vielfalt von Lebens- und Liebesmodellen darin nicht wiederfindet (vgl. Bittner 2011; Finsterwald 2008).

3 Dramatisierungen von Geschlecht im Kontext Schule

Sowohl ältere (vgl. u.a. Hagemann-White 1984) wie auch neuere (vgl. u.a. Budde 2008) Ergebnisse der Ungleichheitsforschungen zum Schulsystem zeigen, dass Geschlecht in verschiedener Weise im Kontext Schule gesellschaftlich wirkmächtig ist. Eine Thematisierung von Geschlecht in der Schule ist unerlässlich, (1) weil es – wie oben ausgeführt – eine wirkmächtige (unbewusste) Konstruktionsweise ist, (2) aufgrund seiner Funktion als gesellschaftlich wirksame soziale Ungleichheitskategorie sowie (3) aufgrund der subjektiven Relevanz von Geschlecht für SchülerInnen und seiner Funktion als Identifizierungskategorie (vgl. Budde/Blasse 2014: 16). Doch nicht jede Thematisierung trägt zum Abbau von Geschlechterstereotypen und normierenden Geschlechterzuweisungen bei. Insbesondere Faulstich-Wieland und der von ihr geleitete Forschungsbereich »Sozialisation und Geschlecht. Soziale Konstruktion von Geschlecht in schulischen Interaktionen in der Sekundarstufe I«[13] haben auf die Problematik einer »Dramatisierung der Differenz« (Faulstich-Wieland 2005: 5) aufmerksam gemacht: Um (angeblich geschlechtlichen) Ungleichheiten z.B. in den Interessen zu begegnen, werden Jungen und Mädchen gesondert angesprochen und damit Geschlecht hervorgehoben. Hierdurch finden Dichotomisierungen statt, die die Geschlechtergruppen homogenisieren und Stereotype eher festigen (vgl. Faulstich-Wieland 2005: 5-6): Diese plakative geschlechtliche Zuschreibung verdeckt die tatsächlich viel größeren geschlechtsunabhängigen Ähnlichkeiten der SchülerInnen entlang von Interessenlagen oder anderen Kriterien.[14] Auch Menschen, die sich darin nicht wiederfinden, müssen sich einem Geschlecht zuordnen, wobei ihrer tatsächlich empfundenen Geschlechtlichkeit kein eigener Artikulations- und Entfaltungsraum zugestanden wird. Diese kritischen Effekte der Dramatisierung finden sich in verschiedenen (Unterrichts-)Praktiken, die teils ohne größere Hintergedanken zum Einsatz kommen, z.B.

- die Ansprache als StellvertreterIn eines Geschlechts im Sinne einer Platzanweisung (»du als Mädchen/Junge, …«),
- die Homogenisierung von Geschlechtergruppen (*die* Mädchen und *die* Jungen),
- die Gruppen(ein)teilungen anhand des Geschlechts bzw. die explizite geschlechterhomogene Gruppenarbeit in Form von Jungen- bzw. Mädchenarbeit,
- Lob für geschlechtsadäquates Verhalten,
- die Abfrage von Stereotypen, ohne diese kritisch aufzulösen, oder das Beharren auf diesen gegen eventuelle, den Stereotypen wiedersprechende (Lebens-)Erfahrungen der SchülerInnen,
- ein Protektionismus für Mädchen, gekoppelt mit einem verallgemeinerten Verdacht auf Machtpositionen auf Seiten der Jungen,
- geschlechtliche Zuweisungen von Verhalten, Kompetenzen, Eigenschaften oder Aktivitäten

und viele mehr (vgl. u.a. Budde/Blasse 2014; Faulstich-Wieland 2005 sowie Thiessen/Tremel in diesem Buch).

Diese Dramatisierung kann verschieden motiviert sein. Sie kann aus einer geschlechterbetonenden Pädagogik erwachsen, die von einer natürlichen Differenz ausgeht (beispielsweise geschlechterdifferenzierende Nachhilfebücher, vgl. Müller 2012). Sie kann aus einem Alltagsverständnis erwachsen, welches sich nicht wissenschaftlich mit Gender auseinandersetzt. So verwenden Lehrende neben Schulmaterialen häufig selbst gewähltes Zusatzmaterial (siehe Jenderek in diesem Buch). Dies birgt die Gefahr, ein Alltagswissen zu reproduzieren, welches von Stereotypen und nicht wissenschaftlich gesichertem, sondern populärwissenschaftlichem ›Wissen‹ geprägt ist. Nicht selten werden persönliche Erfahrungen, die wissenschaftlich häufig nicht haltbar sind, hierbei verallgemeinert.[15] Doch muss die

---

13 | Der Abschlussbericht wurde von Faulstich-Wieland, Martina Weber und Katharina Willems (2009[2004]) veröffentlicht. Weitere Veröffentlichungen im Rahmen des Projektes finden sich unter www.epb.uni-hamburg.de/erzwiss/faulstich-wieland/soziale_konstruktion. htm (eingesehen am: 12.12.2014).
14 | Vgl. zu Sozialverhalten und kognitiven Fähigkeiten Hagemann-White 1984.
15 | Mit dem Fehlen einer differenzierten Sicht und fundierter Kenntnisse der Gender Studies setzt sich Wetterer (2009) auseinander.

Dramatisierung nicht notwendigerweise auf der Annahme einer natürlichen Differenz basieren, sondern kann auch – und das ist das Paradoxe – mit der konträren Absicht einer geschlechtergerechten oder -sensiblen Pädagogik als ungewollter Effekt des Handelns entstehen (vgl. Faulstich-Wieland 2005: 5-9; Budde/Blasse 2014: 17-20). Es besteht also die Gefahr, zu verfestigen, was überwunden werden soll.

Diese Ausführungen machen deutlich, dass es wichtig ist, nicht zu einer unreflektierten Dramatisierung beizutragen und dadurch Stereotype und Zuschreibungen zu verfestigen. Zu fragen ist somit, was einen reflektierten Umgang mit Geschlecht in der Schule ausmachen könnte.

4 Aspekte einer geschlechterreflektierten und -reflektierenden Pädagogik

Mit Katharina Debus (2012: 1) können die Förderung individueller Vielfalt und der Abbau struktureller Ungleichheiten als Ziele pädagogischen Handelns herausgestellt werden. Zwei Beispiele seien hier herausgegriffen:

Zunächst die Herausbildung von geschlechterdifferenten Interessen und die Berufsorientierung. Angesichts unseres in vielen Bereichen geschlechtsspezifisch strukturierten Arbeitsmarktes haben PädagogInnen eine besondere Verantwortung hinsichtlich der Förderung egalitärer Entfaltungschancen von Interessen. Bei Fragen zur Berufswahl ist ein stereotypengeleitetes Alltagsdenken sehr wirkmächtig und beeinflusst die Selbstkonstrukte sowie das Selbstvertrauen von Jugendlichen, gerade in der Pubertät (siehe Ertl/Helling in diesem Buch). LehrerInnen müssen im Sinne einer geschlechterreflektierten Pädagogik sensibel gegenlenken, auch wenn es scheint, dass eine ›geschlechterpassende‹ Orientierung gerade in der Pubertät ein wichtiger stabilisierender Faktor ist, da in dieser Zeit ohnehin schon alles unsicher wird. Wenn stereotyp geleitete Berufswünsche im Widerspruch stehen zu eigenen schulischen Lieblingsfächern von SchülerInnen, sollte die Schulzeit durch professionelle pädagogische Bestärkung ein Gelegenheitsfenster für – auch nonkonforme – (Neu-)Orientierungen bieten (siehe Thiessen/Tremel in diesem Buch). Interessierte Nachwuchskräfte, die selbstbewusst ihre Lieblingsfächer im zukünftigen Beruf verwirklichen wollen, werden händeringend gesucht: das können weibliche Auszubildende im Handwerk ebenso sein wie männliche Betreuungspersonen im Kindergarten.

Zudem sollten Lehrende über die Grenzen der Zweigeschlechtlichkeit und Heterosexualität hinausdenken: Wie positioniere ich mich zu Diskriminierung, Homophobie und Coming Out in der Schule? Wie vermittle ich, dass Intersexualität und Transgender normale geschlechtliche Identitäten sind? Gerade beim Thema Lesben, Schwule, Bisexuelle, Trans* und Inter* (LSBTI*)[16] geht es explizit um sexuelle Orientierung und/oder Geschlechtsidentität; dies kann insbesondere für Jugendliche, die sich selber noch auf der Suche nach einer eigenen Identität bezüglich dieser Fragen befinden, peinlich oder tabuisiert sein. Wie schaffe ich als

---

16 | Trans* bezieht sich auf Menschen, die ihr Geschlecht wechseln oder sich weder dem einen noch dem anderen Geschlecht eindeutig zuordnen, während Inter* Menschen mit Merkmalen beider Geschlechter bezeichnet. Das * Sternchen steht für die Menschen, die sich keiner der genannten Gruppen zugehörig fühlen und hier auch sichtbar sein wollen.

LehrerIn aber im Schulalltag einen Raum, in dem Jugendliche reflektieren, überlegen, interpretieren und ausdrücken können, dass sie selbst vielleicht nicht in die heterosexuelle, zweigeschlechtliche Ordnung passen?[17]

Trotz der Gefahr der Dramatisierung zeigen diese und andere Beispiele, dass es notwendig ist, Gender in der Schule zum Thema zu machen. Debus (2012: 3) verweist darauf, dass eine Dramatisierung durchaus sinnvoll sein kann, wenn eine explizite Auseinandersetzung mit Geschlechterverhältnissen oder sozialen Ungleichheitsstrukturen, mit Vorurteilen oder historischem Wissen angestrebt wird. Sie konkretisiert diesbezüglich einige wichtige Punkte: Eine Dramatisierung sei sinnvoll,

- »wenn Geschlechterbilder Barrieren für die Entwicklung individueller Vielfalt bilden,
- wenn es zu Diskriminierung von Teilnehmenden bzw. Menschen aus deren Umfeld kommt, die sich nicht geschlechternormenkonform verhalten,
- wenn ich Teilnehmenden Wissen zugänglich machen möchte, mit dem sie eigene Probleme oder auch Privilegien in einen gesamtgesellschaftlichen Kontext stellen und damit auch politisiert bearbeiten können, anstatt alles individualisiert auf eigenes Versagen bzw. eigene Talentiertheit zu schieben oder das Erleben zu naturalisieren,
- wenn ich Teilnehmende dazu befähigen möchte, eigene diskriminierende bzw. gewalttätige Verhaltensweisen oder die Verinnerlichung selbstschädigender Normen zu erkennen und abzubauen bzw. Wehrhaftigkeit gegenüber solchen zu entwickeln.«

Insofern muss eine reflektierte Pädagogik genau prüfen, ob ein am Geschlecht orientiertes Handeln in einer pädagogischen Situation zielführend und inhaltlich begründet ist – oder doch eher eine inhaltlich nicht notwendige Dramatisierung dadurch entsteht (Beispiele hierfür finden sich u.a. bei Faulstich-Wieland 2005; Faulstich-Wieland/Weber/Willems 2009; Budde/Blasse 2014; Debus 2012).

Auf den Erkenntnissen von Faulstich-Wieland (2005: 14) aufbauend, die neben dem Begriff der Dramatisierung auch den der Entdramatisierung eingeführt hat und für eine Balance zwischen beidem plädiert, differenziert Debus zwischen Entdramatisierung und Nicht-Dramatisierung. Die Entdramatisierung folgt in ihrem Vorschlag notwendigerweise einer Dramatisierung: »In diesem Sinne sind dramatisierende Herangehensweisen je nach Anliegen sinnvoll bis unverzichtbar, erfordern aber in jedem Fall ein gutes Konzept der Entdramatisierung, um paradoxen Effekten weitmöglichst entgegen zu wirken« (Debus 2012: 6). Unter Entdramatisierung sind Strategien zu verstehen, die z.B. auf andere Formen der Konstruktion (wie *doing adult* oder *doing student*,[18] vgl. Faulstich-Wieland 2005: 13-14) oder auf

---

17 | Sexuelles Begehren beginnt mit dem körperlichen Umbau ab der Pubertät. Während der Jugend findet die gesellschaftliche Platzierung des Individuums im Sinne einer sexuellen und beruflichen Positionierung statt. Diese ist stark ausgerichtet auf die aktive Abarbeitung an (Geschlechter-)Vorstellungen unserer Gesellschaft. Für die Pubertät ist Schule ein zentraler Ort, wobei die sexuelle Orientierungssuche weniger vom Fachunterricht beeinflusst wird als von der sehr stark geschlechtsstereotyp geprägten Peer-Interaktion. Hier stehen PädagogInnen in einer besonderen Verantwortung, sich zu anderen Sozialisationsinstanzen (vor allem Peers, Medien und Familie) zu positionieren und Jugendlichen vielfältige (auch nonkonforme) Lebensweisen zu vermitteln.

18 | Mit *doing adult* ist die Inszenierung als schon Erwachsen-Sein im Schulkontext, mit *doing student* die Hervorhebung des Lernens verbunden. Beide interaktiven Herstellungs-

andere Formen sozialer Ungleichheit wie soziale oder ethnische Herkunft (vgl. Debus 2012: 6)[19] verweisen. Auch das Sichtbarmachen von Vielfalt und Individualität innerhalb einer Geschlechtergruppe oder die Kontextualisierung von Stereotypen und bestimmten Verhaltensweisen sind mögliche Formen der Entdramatisierung (vgl. Debus: 7). Ein Entdramatisieren von Geschlecht im schulischen Alltag kann helfen, den »heimlichen Lehrplan für die Geschlechter« (dazu auch Onnen in diesem Buch) zu durchbrechen. Dabei gilt es, Stereotype wie »der störende Junge« oder »das brave Mädchen« zu dekonstruieren und zu hinterfragen im Sinne eines *undoing gender* sowie aufzuzeigen, welche Zuschreibungen, Strukturen und Hierarchien sich dahinter verbergen.

Jenseits der aufeinander angewiesenen Strategien der Dramatisierung und Entdramatisierung schlägt Debus (2012: 8-11) als eine dritte Strategie die Nicht-Dramatisierung vor: Nicht-Dramatisierung kennzeichnet eine Herangehensweise, die individuelle Vielfalt und Kompetenzen in den Mittelpunkt stellt, ohne dass Geschlecht explizit zum Thema gemacht wird, wobei Geschlecht den Lehrenden selbst durchaus als Analysekategorie gedanklich präsent ist. Wichtig für eine geschlechterreflektierende Pädagogik ist, dass die PädagogInnen, wenn es eine Situation erfordert, jederzeit dramatisierende und entdramatisierende Ansätze einsetzen können, was eine große Flexibilität und Gender-Kompetenz erfordert (vgl. Debus 2012: 11; siehe auch Manz in diesem Buch). Reflektierende PädagogInnen lassen sich nicht vom Dualismus der Zweigeschlechtlichkeit und Heterosexualität einengen, sondern wissen, dass es mehr als zwei Geschlechter gibt und Begehren sich nicht nur auf das ›andere‹ Geschlecht richten muss. Das Ziel formuliert Claudia Schneider (2013: 37):

»Gendersensible Pädagogik möchte [...] eine freie Entwicklung ermöglichen, in der Kinder nicht auf festgelegte Rollen beschränkt werden; es geht nicht darum, die Geschlechtsentwicklung zu zerstören oder Kinder um ihr Geschlecht zu berauben, sondern um Befreiung, Stärkung und Ermutigung.«

Professionelles pädagogisches Handeln sollte dabei auf Wissen der Gender Studies aufbauend jedem Individuum unabhängig vom Geschlecht egalitäre Entfaltungschancen aufzeigen und eine Bestärkung von Fähigkeiten und Interessen anbieten. *Gender-Kompetenz* ist mehr als die Thematisierung von Geschlecht und kann keinesfalls auf einem Alltagswissen aufbauen. Sie umfasst

(1) ein fundiertes Wissen zu dem Thema, d.h. erfordert eine Kenntnis der Gender Studies;
(2) die Kompetenz, relevante Geschlechteraspekte zu erkennen, d.h. eine Sensibilität für Geschlechterverhältnisse und die Bedeutsamkeit von Geschlecht auf verschiedenen Ebenen, und
(3) die Fähigkeit, darauf zu reagieren, d.h. Instrumente und Methoden sinnvoll einsetzen zu können.

---

prozesse können in Situationen größerer Relevanz haben als ein Doing Gender, welches damit nicht permanent gleich bedeutend und nicht omnipräsent ist (vgl. Faulstich-Wieland/Weber/Willems 2009).
19 | Kritisch zur Gefahr des Vergessens von Geschlecht in Konzepten der Vielfalt siehe Budde/Blasse (2014: 21-24).

Um alle Potenziale auszuschöpfen, sollten sich insofern alle LehrerInnen mit Erkenntnissen der Gender Studies befassen und Gender-Kompetenz erwerben. Prägnant formulieren Sven Ernstson und Christine Meyer (2013: 9f.) die besondere Verantwortung, die PädagogInnen zukommt:

»Die Professionellen gelten als Multiplikator_innen und bilden selbst wieder Multiplikator_innen aus. Sie werden in ihren jeweiligen Handlungsfeldern zu Vorbildern für eine große Anzahl von Menschen und genau deshalb erscheint es bedeutsam, dass sie Lust auf den Umgang mit Vielfalt und Heterogenität haben und vor allem sollten sie die Möglichkeit in Aus- und Fortbildung bekommen, ihre eigenen blinden Flecken in Bezug auf verborgene Einstellungen zu erkennen lernen, so dass sie aktiv gegen Benachteiligungen, vielleicht sogar Gefährdungen von Mädchen oder Jungen, von Schüler_innen, Student_innen vorgehen können. [...] Die Vielfalt von Individuen wird oft genug noch nicht ausgeschöpft oder als Bereicherung betrachtet.«

5 Hintergrund und Beiträge der Publikation

Um theoretisches Wissen und Praxiserfahrungen miteinander auszutauschen, lud das Braunschweiger Zentrum für Gender Studies am 9. und 10. Februar 2012 zur Tagung »Teaching Gender? Geschlecht in der Schule und im Fachunterricht« ein. Die Tagung richtete sich – ebenso wie jetzt diese Publikation – gleichermaßen an LehrerInnen, SozialarbeiterInnen, PraktikerInnen im Umfeld von Schule und Jugend, (Lehramts-)Studierende, WissenschaftlerInnen sowie an dem Thema Interessierte. Während der Tagung erörterten die Fachkräfte, auf welchen Ebenen und in welcher Weise Gender im Schulalltag und im Unterricht relevant wird. Geeignete Strategien zum Umgang mit Geschlechteraspekten in der Schule wurden kontrovers diskutiert. Es wurden Ideen ausgetauscht, wie Erkenntnisse der Gender Studies in den Fachunterricht einfließen könnten. Neben Vorträgen und Präsentationen konkreter Unterrichtsentwürfe von Studierenden wurde das Thema intensiv in einer für alle Teilnehmenden offenen Diskussionsrunde mit ExpertInnen aus Schule und Wissenschaft diskutiert. Aufgrund der vielen engagierten Beiträge und dem großen Interesse auch von Lehrkräften sowie dem Diskussionsbedarf entstand die Idee, das Tagungsthema systematisch innerhalb eines Sammelbandes (zu dem ein Call for Articles im deutschsprachigen Raum folgte) einer breiteren Öffentlichkeit zugänglich zu machen.

Nach unserer erfolgreichen Tagung thematisiert die nun vorliegende Publikation »Teaching Gender? Zum reflektierten Umgang mit Geschlecht im Schulunterricht und in der Lehramtsausbildung« insbesondere geschlechterreflektierte Vorschläge für die konkrete Einbindung von Erkenntnissen der Gender Studies im Fachunterricht und der Schul(sozial)arbeit sowie innerhalb der Lehramtsausbildung. Dabei soll dezidiert einer stereotypen Vorstellung und Naturalisierung von Geschlecht entgegengewirkt werden. Mit dem vorliegenden Sammelband ist kein Lehrbuch entstanden, sondern wir möchten die LeserInnen einladen, sich aus ihrer eigenen pädagogischen Berufspraxis heraus der Gender-Sensibilität zu öffnen und die Beiträge als Inspiration zu begreifen.

Aufbau des Buches

Die AutorInnen beleuchten »Teaching Gender?« aus verschiedenen Perspektiven und Handlungsfeldern: sowohl aus der Praxis als LehrerInnen, SozialarbeiterInnen und Schul-PraktikerInnen als auch als WissenschaftlerInnen und FachdidaktikerInnen (oder AutorInnen-Tandems aus verschiedenen Bereichen).

Den Kern der Publikation bilden Beiträge, die in Form von Lehreinheiten, Unterrichtsentwürfen oder Handlungs- bzw. Aktionsplänen möglichst praxisnah einen konkreten gendersensiblen bzw. -kritischen Ansatz skizzieren. Geschlecht wird reflektiert anhand von Studien und Konzepten für den Schulunterricht, wobei Anregungen gegeben werden für ein breites Fächerspektrum. Die Beiträge widmen sich den Bereichen Mathematik, Informatik, Naturwissenschaften, Technik, dem Sprachunterricht Englisch und Französisch, den ästhetischen Fächern Musik und Darstellendes Spiel sowie dem Feld »Gesellschaft lernen«.

Durch die konkreten Vorschläge werden Ideen vermittelt, wie das Thema Gender in der Lehramtsausbildung, also der universitären Lehre oder in der Schule, im Schulalltag, im (Fach-)Unterricht sowie in sozialarbeiterischen Aktivitäten und Projekten berücksichtigt werden kann. Erfahrungen im Schulkontext (in Deutschland, Österreich und in der Schweiz[20]) werden dabei einbezogen und kritisch reflektiert. Gerahmt werden die Studien und Konzepte für den Schulunterricht im Hauptteil (Teil II) von einführenden Beiträgen zur aktuellen Debatte zu Geschlecht in der Pädagogik, dem Stand der Forschung zur Bedeutung von Geschlecht in der Schule, insbesondere im Unterrichtsgeschehen und der Interaktion (Teil I) sowie von Beiträgen zur konzeptionellen Integration von Gender in die Lehramtsausbildung (Teil III) und abschließend weiterführenden Links und Materialien zu Gender und Schule (Teil IV).

Teil I »Wie wird Geschlecht gemacht? Reflexionen zu Gender in Schule und Lehramtsausbildung« beginnt mit dem überarbeiteten Abdruck des Eröffnungsvortrags der Tagung von *Barbara Rendtorff*. Sie führt in die Ambivalenzen in Bezug auf die Thematisierung oder Dethematisierung von Geschlecht in der Schule ein. Hierfür betrachtet sie den historisch-gesellschaftlichen Kontext der pädagogischen Diskussion zu Geschlecht und Bildung in den letzten 150 Jahren und geht genauer auf die Interventionen der Frauenbewegung und Frauenforschung ein. Während es heutzutage zum ›guten Ton‹ gehöre, allen Kindern tendenziell gleiche Potentiale zu attestieren, tauchen im offensichtlichen Widerspruch dazu seit einigen Jahren im schulischen und medialen Kontext allenthalben Hinweise auf (vermeintliche) geschlechtstypische »Interessen« oder »Fähigkeiten« von Mädchen und Jungen auf, die es zu berücksichtigen gelte. Kritisch werden die Folgen dieser entscheidend durch die ›Maskulinisten‹ geprägten Diskussion für einen »geschlechterbewussten« bzw. »geschlechtergerechten« Unterricht betrachtet, der je nach Standpunkt sehr unterschiedliche Zielrichtungen besitzt. Rendtorff diskutiert die Voraussetzungen, die auf Seiten der Lehrkräfte gegeben sein müssen, um Geschlecht sinnvoll zu thematisieren – denn in der Dethematisierung sieht sie keine überzeugende Lösung hinsichtlich der Gefahren einer Naturalisierung von Geschlecht.

---

20 | Zum Schweizer Bildungssystem siehe *Beiträge zur Lehrerbildung* (2001; Themenheft »Genderfragen in der LehrerInnenausbildung«). Einen guten historischen Überblick bieten darin Claudia Crotti und Sarah Keller (2001).

Lydia Jenderek untersucht anschließend, wo es geschlechterunterscheidende Materialien im schulischen Kontext gibt. Ihre Auswertung von ExpertInneninterviews mit zwölf Lehrkräften sowie ihre Analyse von Lehrmedien und Werbebroschüren der größten Schulbuchverlage und didaktischen Zeitschriften ergeben, dass es kaum geschlechterunterscheidende Tendenzen im Lehrmaterial gibt. Es überwiegen aber geschlechterunterscheidende Annahmen seitens der Lehrkräfte, weshalb sie eigene Lehrmaterialien hinzuziehen und geschlechterdifferenzierende Didaktik einsetzen. Diese Unterrichtspraktiken stehen durchaus im Widerspruch zu den Eigenwahrnehmungen und geäußerten Einstellungen.

Barbara Thiessen und *Inken Tremel* beobachten ebenfalls ein widersprüchliches Verhalten von Lehrkräften im berufsorientierenden Unterricht: Einerseits ist ihnen die Ungleichheit produzierende Geschlechterordnung bewusst. Andererseits ist kaum neueres Wissen aus den Gender Studies vorhanden und im Schulalltag kein Raum für kollegiale Reflexion. Dies führt im Unterricht dazu, dass keine angemessenen Strategien vorhanden sind, um den Auftrag der Reflexion von gendertypischen Berufswahlen umzusetzen. Im Ergebnis werden geschlechterdifferenzierende Positionen eher noch bestärkt. Im Beitrag werden die aufgezeigten Widerstände und Widersprüche ausgearbeitet und durch empirisches Material gestützt.

Corinna Onnen beleuchtet, warum der schulische Erfolg von Mädchen nicht auch zum sozialen und beruflichen Aufstieg führt. Ausgangspunkt ist die Debatte um Mono- und Koedukation ab den 1970er-Jahren, um nachzuspüren, welchen Beitrag zur Gleichberechtigung und zur Geschlechtsrollentypisierung den Unterrichtsformen in den Bildungsdebatten zugeschrieben wurde. Anhand von vier Dimensionen des heimlichen Lehrplans (die soziale Komponente von Lehrmaterialien, die orientierende und positionszuweisende Präsentation und Vermittlung von Lehrinhalten, den in Strukturen erfahrbaren Geschlechterhierarchien und die Mikroebene der alltäglichen sozialen Interaktion) entwickelt Onnen Ideen für eine gendersensible Didaktik. Hierbei erörtert sie die Potentiale gängiger Unterrichtsmethoden, wobei deutlich wird, dass eine gendersensible Didaktik die Vermittlung von Gender-Kompetenzen im Rahmen der LehrerInnenausbildung voraussetzt.

Konrad Manz plädiert in seinem Beitrag für eine pädagogische Haltung, die die Vielfalt geschlechtlicher Konzeptionen und Identitäten respektiert und unterstützt. Dies bedeutet für LehrerInnen, sich den Herausforderungen und Anforderungen im Schulalltag zu stellen, indem z.B. herabwürdigende Bemerkungen aufgegriffen und Schutzräume geschaffen werden, d.h. sich die Lehrkräfte in die Konflikte begeben. Damit verbunden ist die Notwendigkeit, sich selbst kritisch mit Geschlechteraspekten auseinanderzusetzen. Illustrierend werden Beispiele aus dem Unterrichtsalltag aus der Sekundarstufe I der Integrierten Gesamtschule und des Gymnasiums herangezogen.

Teil II »Gender reflektieren: Studien und Konzepte für den Schulunterricht« versammelt Beiträge, die in vier Fächergruppen untergliedert sind: (1) Mathematik, Informatik, Naturwissenschaften und Technik (MINT), (2) Sprachunterricht, (3) ästhetische Fächer und (4) »Gesellschaft lernen«.

MATHEMATIK, INFORMATIK, NATURWISSENSCHAFT UND TECHNIK: Der Abschnitt wird durch eine empirische Annäherung eingeleitet. *Sandra Augustin-Dittmann* stellt heraus, dass es sich bei Gleichstellungsbemühungen im MINT-Bereich nach wie vor meist um individuelle Unterstützungsangebote handelt. Wie bereits von der Bund-Länder-Konferenz 2002 gefordert, müssten diese jedoch durch strukturelle Änderungen in Schule und Hochschule ergänzt werden, um wirksam zu sein. Statistiken geben einen Einblick in die fortbestehenden Ungleichheiten im MINT-Bereich. Die konsequente Umsetzung gendersensiblen Unterrichts in Schule wie Hochschule wäre eine solche strukturelle Maßnahme, die laut Augustin-Dittmann eine Basis für eine geschlechtergerechte Gesellschaft bilden kann. Voraussetzung hierfür ist die Vermittlung von Gender-Kompetenz in der Lehramtsausbildung.

Philipp Spitzer und *Markus Prechtl* diskutieren die These eines größeren Risikoverhaltens von Jungen und stellen Interventionsansätze für den Chemieunterricht vor, wobei sie Risiko wie Doing Gender reflektieren. Die Autoren hinterfragen Erklärungsansätze zu geschlechterdifferentem Risikoverhalten aus der Jugendforschung kritisch und schlagen vor, risikokonnotierte Verhaltensweisen von Jungen als Teilaspekt maskuliner Performanz zu interpretieren. Für die Gestaltung des Chemieunterrichts ist die Frage des Zusammenhangs von Risikoaffinität und Interesse bedeutend, die empirisch untersucht wird und auf dessen Ergebnissen die Interventionsansätze basieren. Der Beitrag bietet Lehrenden Orientierungshilfe für Situationsanalysen und Interventionen in Bezug auf einen riskanten Umgang mit chemischen Substanzen.

Vanessa Broschinski präsentiert in ihrem Unterrichtsentwurf eine Verbindung von Chemie und Literatur (Deutsch) vor dem Hintergrund der unterschiedlichen Beliebtheit der Fächer bei Mädchen und Jungen. Am Beispiel einer TäterInnen-Ermittlung im Chemieunterricht werden die Praxiserfahrungen auf Grundlage eines Romans in der Mittelstufe eines Gymnasiums geschildert und weitere Ausblicke gegeben.

Die Beiträge von *Renate Tobies* und *Janina Schneider* bauen aufeinander auf: Tobies geht der Frage auf den Grund, wie es zu der Zuordnung von Fächern zu einem Geschlecht kommt und diskutiert dieses am Beispiel der Mathematik. Hierfür wirft sie einen Blick in die Geschichte des Faches, denn die Klischees und Vorurteile sind nicht neu. Ausgehend von einer prinzipiell gleichen Begabung von Mädchen und Jungen zeigt sie Einflussfaktoren auf, die die Motivation und die Kompetenzen positiv oder negativ beeinflussen. Daraus ergeben sich Optionen für die Schule und das Elternhaus, die Interessen von Mädchen zu fördern. Auf diesen Erkenntnissen aufbauend hat Schneider ein Unterrichtskonzept entwickelt, das die Ideen für einen gendergerechten Mathematikunterricht umsetzt und auf eine Schulstunde zum Satz des Pythagoras in der 9. Klasse anwendet.

Nadine Glade untersucht in einem interdisziplinären Projekt, inwieweit ein verändertes Lernsetting dazu beitragen kann, Mädchen nachhaltig für naturwissenschaftlich-technische Inhalte, hier im Rahmen des Erdkundeunterrichtes, zu interessieren. Nach der Vorstellung eines Konzeptes für eine (außer-)schulische gendersensible Geoinformationssystem-AG werden die Projektergebnisse im Hinblick auf eine Nutzung für den Schulunterricht interpretiert. Hierbei werden u.a. einige Charakteristika des GPS (Global Positioning System) erklärt, Wege analog und digital auf Karten übertragen, 3D-Modellierung und -Darstellungen behandelt, wofür eigene Schallpegelmessungen durchgeführt werden. Vor dem Hintergrund des Konzeptes eines sinnstiftenden Unterrichts stehen spielerisches Lernen und praktische Anwendungen im Mittelpunkt, in denen auch Technikkompetenz vermittelt wird.

Heidemarie Amon und *Ilse Wenzl* zielen in ihrer Unterrichtseinheit für den Biologieunterricht mit 15- bis 16-jährigen SchülerInnen darauf, die in der Natur vorkommenden durchaus unterschiedlichen Möglichkeiten der Ausbildung von Geschlechterunterschieden zu behandeln. Statt die verschiedenen Arten, z.B. das temperaturabhängige, das chromosomale und das genetische Geschlecht, in großen Abständen über mehrere Jahre verstreut zu thematisieren, geht es darum, die Geschlechtsbildung in einer Unterrichtseinheit gemeinsam zu betrachten und gleichzeitig die Bedeutung des sozialen Geschlechts zu vermitteln. Dabei wird am Rande ersichtlich, dass das biologische und das soziale Geschlecht eng miteinander verwoben sind und nicht isoliert voneinander betrachtet werden sollten.

SPRACHUNTERRICHT: In diesem Abschnitt sind – neben einem Vorschlag für den Französischunterricht – verschiedene Unterrichtskonzepte für den Englischunterricht versammelt. Aber viele der Ansätze sind auf andere Sprachen übertragbar. Auf das Fach Deutsch wird nicht eingegangen, da es dazu bereits eine umfangreiche aktuelle Publikation gibt (vgl. Lundt/Tholen 2013).[21]

Im Sinne einer Deutungsoffenheit von Geschlecht betrachtet *Martina Mittag* Männlichkeit bzw. Weiblichkeit als leeren Signifikanten (Laclau), d.h. als in der Bedeutung nicht festgelegtes Zeichen, das je nach kultureller Verortung neu gefüllt wird. Diese als Spektrum von Wahlmöglichkeiten erfahrbar zu machen, kritisch zu durchleuchten und zu erweitern, ist eine Aufgabe, die sich an Schulen und Universitäten gleichermaßen stellt. Wie eine darauf aufbauende gendersensible (Fremdsprachen- und Literatur-)Didaktik aussehen könnte, wird im Beitrag skizziert unter Einbeziehung gängiger Lehrwerke, literaturdidaktischer Perspektiven und eigener Unterrichtserfahrungen der Autorin. Es werden einige Romane aufgegriffen, die sich für einen geschlechterkritischen Blick besonders eignen, und diskutiert, mit welchen Unterrichtsformen das Spiel der Geschlechter bewusst gemacht werden kann.

Für *Lotta König* sind Geschlechternormen ein sinnvoller Gesprächsanlass, der einen Bezug zur eigenen Lebenswelt aufweist. Gerade im Rahmen von Fremdsprachenunterricht – hier Englisch – kann dabei eine durch die Sprache vorhandene Distanz genutzt werden, um das auch berührende Thema zu behandeln. Zunächst erläutert die Autorin diverse Paradigmen der Geschlechterforschung und Zugangsformen für die Unterrichtspraxis am Gegenstand der Auseinandersetzung mit literarischen Texten. Nach diesen theoretischen Vorüberlegungen mit konkreten Text- und Aufgabenbeispielen werden Praxiserfahrungen aus der Umsetzung im Unterricht anhand von drei Beispielen geschildert: Das Buch *Accidental Billionaires*, der Film *Outsourced* und u.a. ein Sonett von Shakespeare.

Bilddidaktische Überlegungen nutzt *Sonja Lewin* als eine Möglichkeit, eine Bewusstmachung der visuellen Konstruktion von Geschlecht zu erreichen. Dabei kann die eigene Beteiligung an Geschlechterkonstruktionen durch die Reflexion vergeschlechtlichender Sichtweisen thematisiert werden. Anhand zweier Unterrichtsbeispiele illustriert sie, inwiefern das Potenzial unterschiedlicher Bildtypen zur Bearbeitung des Themas Gender im Englisch- bzw. Französischunterricht genutzt werden kann. Für den Französischunterricht wird dabei das Bild *Un regard*

---

21 | Für Griechisch und Latein aber auch Geschichte kann auf das Thema »Geschlechterrollen und Sexualität in der Antike« verwiesen werden (vgl. Descharmes 2015).

oblique von Robert Doisneau behandelt, im Englischunterricht Bilder von Thomas Beatie, dem ersten schwangeren Mann.

ÄSTHETISCHE FÄCHER: Hier werden beispielhaft genderdidaktische Erfahrungen zur Musik und dem Theater/Darstellenden Spiel skizziert. In ihrem Beitrag fragt *Frauke Heß*, wie es gelingen kann, Jungen für das Fach Musik zu interessieren. Das häufig als »Mädchenfach« wahrgenommene Fach fordert die Musikpädagogik heraus, auch für Jungen mit einer Orientierung an konventionellen männlichen Geschlechtsrollenstereotypen attraktive Lehrangebote zu schaffen und damit Impulse für die Identitätsbildung zu bieten. An theoretische Überlegungen aus der Geschlechterforschung anknüpfend präsentiert die Autorin ihre Studie »Musikunterricht aus Schülersicht«. Aus den Ergebnissen werden Konsequenzen für den Unterricht vorgeschlagen, die Wege aufzeigen, einem erlebnisbeschränkenden Image des Musikunterrichtes entgegenzuwirken.

Sabrina Guse zeigt, wie gerade das Fach Theater/Darstellendes Spiel es den SchülerInnen ermöglicht, durch spielerisches Erproben die Konstruiertheit sowie die vermeintliche Natürlichkeit der Norm(alität) in Bezug auf Geschlecht zu erkennen: Was ist Gender? Was ist Heteronormativität? Was ist ein Diskurs? Und warum ist Sprache mächtig? Dabei können SchülerInnen im Spiel performativ neue Rollen erproben. Ausgehend von aktuellen Ansätzen der Aufführungsanalyse werden genderspezifische Aufführungsanalysekriterien entwickelt. Diese ermöglichen ebenfalls eine kritische Reflexionsfähigkeit gegenüber der eigenen (alltäglichen) Gender-Inszenierung und der in den Medien dargestellten Geschlechterrollenklischees.

GESELLSCHAFT LERNEN: Zur Platzierungsfunktion von Schule gehört es, Kinder und Jugendliche mit den Strukturen, Werten und Normen der sie umgebenden Gesellschaft vertraut zu machen. Diese aus einer genderkritischen Perspektive zu beleuchten ist nicht nur Aufgabe von Unterrichtsfächern wie Ethik, Religion, Gesellschaftslehre, Sachkundeunterricht, Politik und Philosophie, sondern fächerübergreifend von Bedeutung.

Bernhard Ertl und *Kathrin Helling* geht es in ihrem Beitrag darum, gängige (oft unbewusste) genderspezifische Verhaltensweisen zu reflektieren und zu reduzieren. Dafür nutzen sie die Methode des Gender-Re-Skripting, welche sowohl als Analyseinstrument als auch als didaktischer Ansatz zur Strukturierung von Lernprozessen eingesetzt werden kann. Dabei wird auch mit vertauschten Rollen gearbeitet und die eigenen Erfahrungen werden reflektiert. Ausgangspunkt der Überlegungen sind Ergebnisse aus der Forschung sowie ihrer eigenen Studie, die zeigt, dass sich Mädchen und Jungen beim Start des Faches Physik in der 8. Klasse noch sehr ähnlich einschätzten – allerdings schon zum Halbjahr die Selbsteinschätzung der Mädchen deutlich niedriger war als die der Jungen. Studien zum Selbstkonstrukt verweisen auf dessen Veränderbarkeit, was für den Unterricht die Perspektive eröffnet, durch geschlechtliche Selbstkonstrukte verstellte Zugänge zu verändern. Die Anwendung in der Schulpraxis wird anhand eines Beispiels aus dem Wirtschaftsinformatikunterricht verdeutlicht.

Christine Aebi und *Lilly Axster* präsentieren Übungen für die Behandlung von Sexualität und Identität im Unterricht, die auf ihrem anti-normativen Bilderbuch aufbauen. Anhand der Schwierigkeit, eindeutige geschlechtliche Zuordnungen in ihrem Bilderbuch zu durchbrechen, reflektieren sie die Mechanismen der Sprache und die Potentiale von Bildern: Während auf sprachlicher Ebene wenig Möglichkeiten der geschlechtlichen Uneindeutigkeit zur Verfügung stehen, bieten Bilder hier mehr Optionen. Veranschaulicht wird die Suche nach dem Undoing Gender anhand von Illustrationen und Skizzen, Textentwürfen und Gedankenprotokollen aus dem mehrjährigen Arbeitsprozess an Bilderbuch und Webseite. Ergänzend werden Ideen zu konkreten Arbeitsmaterialien, Übungen und Unterrichtsmodulen skizziert. Die vielfach praxiserprobten Konzepte sind primär auf SchülerInnen zwischen acht und 14 Jahren ausgerichtet, geben aber auch Anregungen für höhere Schulstufen. Direkte Anknüpfungen gibt es zuallererst zu Fächern wie Sexualkunde, Werte und Normen, Ethik, Biologie, aber auch zu Deutsch, Kunst, Sozialkunde, Gesellschaftslehre, Gemeinschaftskunde, Literatur, Philosophie, Politische Bildung, Psychologie, Theater und Sachunterricht.

Ursula Bertels thematisiert, wie Kinder und Jugendliche mit und ohne Migrationsvorgeschichte häufig mit Fremdbildern konfrontiert werden, die ihrem Selbstbild nicht entsprechen. Dieses führt zu Verunsicherungen. Um interkulturelle Kompetenzen zu lernen, hat sie mit KollegInnen ein Training entwickelt, welches in der Schule umgesetzt wurde. Das Projekt »Wann ist ein Mann ein Mann?« setzt den Schwerpunkt auf Geschlechterrollen, wobei eine Auseinandersetzung mit den eigenen Rollenvorstellungen stattfindet. Das Konzept setzt in der 5. Jahrgangsstufe an und beinhaltet eine Fortsetzung in den zwei darauf folgenden Jahren.

Ute Zillig und *Ute Neumann* begründen aus der sozialpädagogischen Praxis heraus Gewaltprävention als notwendigen Bestandteil geschlechtersensibler Arbeit in der Schule und schildern ihre konkreten Projekterfahrungen. Der Fokus liegt dabei auf den immer wieder vorgetragenen Befürchtungen von PädagogInnen bei der Überlegung, dieses Thema zu bearbeiten, welches oft als »zu heißes Eisen« eingeschätzt wird. Dem gegenüber diskutieren die Autorinnen den Umgang mit dem Thema Gewalt und Gewaltprävention, indem sie u.a. auf entlastendes Wissen, Eckdaten und die Erfahrungen in der Arbeit mit Jugendlichen, die Gewalterlebnisse haben, eingehen. Es werden Orientierungspunkte genannt, die bei dem Thema zu beachten sind. Steht weniger die konkrete pädagogische Arbeit mit den SchülerInnen im Mittelpunkt des Beitrages, so bieten die Autorinnen doch einen Ablaufplan, der eine Orientierung für die Gestaltung des Themas bietet.

Christine Burmann und *Martina Schradi* beschreiben in ihrem Beitrag ein Schulprojekt: Die Comiczeichnerin Schradi sammelt wahre Geschichten und macht daraus biographische Comicreportagen. Mithilfe der Comics sollen Menschen die Gelegenheit bekommen, sich auf niederschwellige Weise mit dem Leben von Lesben, Schwulen, Bisexuellen, Transgender, transidenten und intersexuellen Personen auseinanderzusetzen, eigene Vorurteile infrage zu stellen und gegebenenfalls zu ändern. Das parallel entwickelte Schulprojekt wird in Inhalt und Methode genauer vorgestellt, wobei Ausschnitte aus den Comics präsentiert werden. Für die Schule werden Klassenworkshops und Fortbildungen für Lehrkräfte und MultiplikatorInnen angeboten.

Teil III »Genderwissen vermitteln: Konzepte zur Integration der Gender Studies in die Lehramtsausbildung« zeigt drei verschiedene Ansätze, Genderwissen in die Lehramtsausbildung zu integrieren. *Sandra Winheller* präsentiert ihr erziehungswissenschaftliches Seminarkonzept »Biographische Selbstreflexion und Gender-Kompetenz«, das auf eine Reflexion der eigenen Einstellungen, Handlungsweisen und strukturellen Bedingungen abzielt. Es bietet eine optimale Möglichkeit des Theorie-Praxis-Transfers, denn es werden zum einen Texte zu Theorien und Methoden biographischer Selbstreflexion sowie zu den Gender Studies gelesen und diese in Methodenwerkstätten praktisch in biographischen Übungen umgesetzt. Die Auseinandersetzung mit der eigenen Biographie und das Kennenlernen von Methoden sollen zu einer Erhöhung der Reflexionsfähigkeit der angehenden Lehrkräfte beitragen.

Helene Götschel skizziert konkrete Unterrichtseinheiten zu Queer Theory, Queer Nature und Konstruktionen von Geschlecht und zeigt Ideen für ihre mögliche Integration in universitäre Lehrveranstaltungen auf. Aufbauend auf der Erkenntnis der Geschlechtervielfalt wird die Debatte zum Thema Geschlecht in der Pädagogik kritisch beleuchtet, denn nach wie vor dominieren hier Vorstellungen binärer Geschlechterdifferenzen. Dem gegenüber entwickelt Götschel verschiedene Seminare zur transdisziplinären und erziehungswissenschaftlichen Gender-Forschung, die ›biologisches Wissen‹ dekonstruieren und den Fokus auf die Vielfalt legen. Vorgestellt werden insbesondere die Seminare »Einführung in die Theorien der Geschlechterforschung« sowie »Biologisches Wissen im Geschlechterdiskurs«. Der Beitrag verweist auf Fächer, Themen, Curricula und Kontexte im Fachunterricht bzw. in der Schule, wo diese Themen verhandelt werden können.

Juliette Wedl, *Veronika Mayer* und *Annette Bartsch* beschreiben in ihrem Beitrag verschiedene Schritte der Implementierung von Lehreinheiten aus den Gender Studies in die Lehramtsausbildung. Charakteristisch ist hier, dass es sich primär um überfachliche Angebote handelt und Gender nicht curricular in den Erziehungswissenschaften verankert ist. Durch ein interdisziplinäres Ringseminar und später E-Learning-Lehreinheiten zu den Gender Studies wurde an einer technischen Universität ein interdisziplinäres kontinuierliches Lehrangebot geschaffen. Das Konzept basiert auf dem Einsatz von Lehrenden verschiedenster Fächer und auf einer hochschulübergreifenden Kooperation.

Teil IV »Weiterführende Links und Materialien zu Gender & Schule« versammelt zwei kurze Beiträge. *Silke Gardlo* und *Elke Rühmeier* betreuen die Website »Gender und Schule« mit dem Ziel, Materialien und Informationen zum Thema zur Verfügung zu stellen. Der Beitrag stellt Ziele, Struktur und Inhalt sowie die Geschichte und den Kontext der Homepage vor.

Abschließend haben *Birte Driesner* und die Herausgeberinnen *Juliette Wedl* und *Annette Bartsch* eine Auswahl von Praxishilfen, Materialien und Plattformen zu Gender und Schule zusammengestellt. Dabei werden verschiedene Bereiche unterschieden: Allgemeine Datenbanken und Themenportale; Praxishilfen, Unterrichtsideen und Materialien; Workshops für Schulen und Beratung zu LSBTI*; Chancengleichheit sowie Portale für die Hochschullehre.

Wir möchten mit dieser Publikation die LeserInnen im eigenen pädagogischen und wissenschaftlichen Handeln bestärken und wünschen ihnen inspirierende Reflexionen, weiterbildende Erkenntnisse, neue Ideen und spannende Eindrücke.

Zur geschlechtergerechten Sprache möchten wir noch anmerken, dass wir die Verwendung dieser vorausgesetzt haben und dabei die Verwendung des Binnen-I vorgeschlagen haben. Den AutorInnen war freigestellt, andere Varianten zu verwenden, sodass Sie in dieser Publikation sowohl die Unterstich- als auch die Sternchenvariante finden werden. Wenn dezidiert die Differenz betont wird, werden Doppelnennungen benutzt. Wir wissen, dass sowohl das Binnen-I als auch die Doppelnennung von einer Binarität ausgehen, die nicht aufgebrochen wird. Dennoch ist zu betonen, dass es mehr als zwei Geschlechter und noch weit mehr Formen des Begehrens gibt!

LITERATUR

Allmendinger, Jutta/Haarbrücker, Julia/Fliegner, Florian, 2013: Lebensentwürfe heute. Wie junge Frauen und Männer in Deutschland leben wollen. Kommentierte Ergebnisse der Befragung 2012. Berlin: WZB Discussion Paper. [http://bibliothek.wzb.eu/pdf/2013/p13-002.pdf, eingesehen am: 12.12.2014]

Baumgartinger, Persson Perry/Frketic, Vlatka, 2009: Schule verqueeren?! Ansätze querer Pädagogik. In: Eggermann, Eva/Pritz, Anna (Hg.): class works. Weitere Beiträge zu vermittelnder künstlerischer und forschender Praxis. Wien: Löcker, 145-156.

Beauvoir, Simone de, 1992: Das andere Geschlecht. Sitte und Sexus der Frau. Neuübersetzung. Reinbek bei Hamburg: Rowohlt. [1949]

Beiträge zur Lehrerbildung, 2001: Genderfragen in der LehrerInnenausbildung (Themenheft). 19. Jg. H. 3.

Bittner, Melanie, 2011: Geschlechterkonstruktionen und die Darstellung von Lesben, Schwulen, Bisexuellen, Trans* und Inter* (LSBTI) in Schulbüchern. Eine gleichstellungsorientierte Analyse. Im Auftrag der Max-Traeger-Stiftung. Frankfurt a.M.: Gewerkschaft Erziehung und Wissenschaft.

Budde, Jürgen, 2008: Bildungs(miss)erfolge von Jungen und Berufswahlverhalten bei Jungen/männlichen Jugendlichen. Bildungsforschung Band 23. Bonn: Bundesministerium für Bildung und Forschung. [www.bmbf.de/pubRD/Bildungsmisserfolg.pdf, eingesehen am: 12.12.2014]

Budde, Jürgen/Blasse, Nina, 2014: Thematisierungen von Geschlecht in pädagogischen Kontexten. In: Einsenbraun, Verona/Uhl, Siegfried (Hg.): Geschlecht und Vielfalt in Schule und Lehrerbildung. Münster: Waxmann, 13-27.

Butler, Judith, 1991: Das Unbehagen der Geschlechter. Frankfurt a.M.: Suhrkamp.

Connell, Reawyn, 2013: Gender. Wiesbaden: VS.

Cremers, Michael, o.J.: Unterrichtsbaustein zum Thema »Geschlechterkonstruktionen in einer Kultur der Zweigeschlechtlichkeit«. [www.genderloops.eu/docs/unterrichtsbaustein.pdf, eingesehen am: 12.12.2014]

Crotti, Claudia/Keller, Sarah, 2001: Zur »Geschlechterfrage« im Schweizer Bildungssystem seit 1950. In: Beiträge zur Lehrerbildung (Themenheft Genderfragen in der LehrerInnenausbildung). 19. Jg. H. 3, 352-362.

Dangendorf, Sarah, 2012: Kleine Mädchen und High Heels. Über die visuelle Sexualisierung frühadoleszenter Mädchen. Bielefeld: transcript.

Debus, Katharina, 2012: Dramatisierung, Entdramatisierung und Nicht-Dramatisierung in der geschlechterreflektierten Bildung. Weiterentwicklung des Kurzvortrags vom Fachtag »Geschlechterreflektierte Arbeit mit Jungen in Schule und Jugendarbeit. Konzepte – Erfahrungen – Perspektiven« in Berlin am 01.06.2012. [www.dissens.de/de/dokumente/jus/JUS-AbschlussTagung/Dramatisierung-Entdramatisierung-und-Nicht-Dramatisierung-in-der-geschlechterreflektierenden-Bildung.pdf, eingesehen am: 12.12.2014]

Descharmes, Bernadette, 2015: Von Bürgern und Bärten. Körper, Männlichkeit und Politik im klassischen Athen. [im Erscheinen]

Ernstson, Sven/Meyer, Christine, 2012: Einleitung. In: Ernstson, Sven/Meyer, Christine (Hg.): Praxis geschlechtersensibler und interkultureller Bildung. Wiesbaden: VS, 9-16.

Faulstich-Wieland, Hannelore, 2008: Geschlechtergerechter naturwissenschaftlicher Unterricht – Unterrichtsszenen. In: Faulstich-Wieland, Hannelore/Willems, Katharina/Feltz, Nina/Freese, Urte/Läzer, Katrin L. (Hg.): Genus. Geschlechtergerechter naturwissenschaftlicher Unterricht in der Sekundarstufe I. Bad Heilbrunn: Klinkhardt, 29-60.

Faulstich-Wieland, Hannelore, 2005: Spielt das Geschlecht (k)eine Rolle im Schulalltag? Plädoyer für eine Entdramatisierung von Geschlecht. Vortrag in der Reihe Gender Lectures an der Humboldt-Universität zu Berlin am 11.07.2005. [www.genderkompetenz.info/veranstaltungs_publikations_und_news_archiv/genderlectures/faulstichwieland_manuskript_genderlecture.pdf/at_download/file, eingesehen am: 12.12.2014]

Faulstich-Wieland, Hannelore, 2002: Sozialisation in Schule und Unterricht. Luchterhand: Neuwied, Kriftel.

Faulstich-Wieland, Hannelore/Weber, Martina/Willems, Katharina, 2009: Doing Gender im heutigen Schulalltag. Empirische Studien zur sozialen Konstruktion von Geschlecht in schulischen Interaktionen. 2. Auflage. Weinheim: Beltz Juventa. [2004]

Finsterwald, Marlies, 2008: Geschlechtsrollenstereotype in Schulbüchern. In: Hempel, Marlies (Hg.): Fachdidaktik und Geschlecht. Vechtaer fachdidaktische Forschung und Berichte. Herausgegeben vom Institut für Didaktik der Naturwissenschaften, der Mathematik und des Sachunterrichts. Vechta: Hochschule Vechta, 27-37.

Gildemeister, Regine, 2004: Doing Gender: Soziale Praktiken der Geschlechterunterscheidung. In: Becker, Ruth/Kortendieck, Beate: Handbuch Frauen- und Geschlechterforschung. Frankfurt a.M.: VS, 132-141.

Göres, Joachim, 2014: Fee, Mutter, Bankräuberin. In: die tageszeitung, 22./23.11.2014. [www.taz.de/1/archiv/digitaz/artikel/?ressort=sp&dig=2014%2F11%2F22%2Fa0002&cHash=64fe87df8a89c9f493bc05b4c62e4f38, eingesehen am: 12.12.2014]

Hagemann-White, Carol, 1984: Sozialisation männlich, Sozialisation weiblich. Opladen: Leske + Budrich.

Hierländer, Jeannine, 2014: Spielzeug: Warum Firmen auf Geschlechterrollen setzen. In: Die Presse. 08.02.2014. [http://diepresse.com/home/leben/kreativ/1560149/Spielzeug_Warum-Firmen-auf-Geschlechterrollen-setzen, eingesehen am: 12.12.2014]

Hirschauer, Stefan, 1994: Die Soziale Fortpflanzung der Zweigeschlechtlichkeit. In: Kölner Zeitschrift für Soziologie und Sozialpsychologie. 46. Jg. H. 4, 668-692.

Jäckle, Monika, 2009: Schule M(m)acht Geschlechter. Eine Auseinandersetzung mit Schule und Geschlecht unter diskurstheoretischer Perspektive. Wiesbaden: VS.

Katz, Jonathan, 2000: The Invention of Heterosexuality. In: Ore, Tracy (Hg.): The Social Construction of Difference and Inequality. Mountain View/Ca.: Mayfield, 150-162.

Krais, Beate/Gebauer, Gunter, 2002: Habitus. Bielefeld: transcript.

Langer, Fred, 2012: Alles Bio. Oder? Geschlechter-Forschung: Der Mythos vom Unterschied, Teil 1. In: Geo. H. 7, 29-40.

Lorber, Judith, 2003: Gender-Paradoxien. Opladen: Leske + Budrich. [1995]

Meißner, Hanna, 2008: Die soziale Konstruktion von Geschlecht – Erkenntnisperspektiven und gesellschaftstheoretische Fragen. In: gender politik online. [www.fu-berlin.de/sites/gpo/soz_eth/Geschlecht_als_Kategorie/Die_sozia

le_Konstruktion_von_Geschlecht_____Erkenntnisperspektiven_und_gesell
schaftstheoretische_Fragen/hanna_meissner.pdf?1361541034, eingesehen am:
12.12.2014]

Müller, Sabine Lucia, 2012: »Suche Erklärung für die Unterschiede«: Gender in der Schule und Lernmaterialien. In: Eckert – Das Bulletin. H. 12, 42-45. [www.gei.de/fileadmin/gei.de/pdf/publikationen/Bulletin/Bulletin_11/EB_11_15_Mueller.pdf, eingesehen am: 12.12.2014]

Pfundt, Karen, 2004: Die Kunst, in Deutschland Kinder zu haben. Berlin: Argon.

Quaiser-Pohl, Claudia/Jordan, Kirsten, 2004: Warum Frauen glauben, sie könnten nicht einparken – und Männer ihnen Recht geben. Über Schwächen, die gar keine sind. Eine Antwort auf A. & B. Pease. München: C.H. Beck.

Ricken, Norbert/Balzer, Nicole (Hg.), 2012: Judith Butler: Pädagogische Lektüren. Wiesbaden: VS.

Schneider, Claudia, 2013: Genderkompetenz: Vom alltagsweltlichen Geschlechterwissen zur theoriegeleiteten Professionalität. In: Ernstson, Sven/Meyer, Christine (Hg.): Praxis geschlechtersensibler und interkultureller Bildung. Wiesbaden: VS, 19-40.

Schneider, Claudia, 2009: Geschlechtersensible Pädagogik. Leitfaden für Lehrer/innen und Fortbildner/innen im Bereich Kindergartenpädagogik. 2. Auflage. Wien: Bundesministerium für Unterricht, Kunst und Kultur.

Wahrig, Bettina, 2013: Geschlechterunterschiede und Lebenswissenschaften – historisch betrachtet. In: Miemitz, Bärbel (Hg.): Medizin und Geschlecht. Perspektiven für Lehre, Forschung und Krankenversorgung. Lengerich: Pabst, 18-24.

Wedl, Juliette, 2014: Diskursforschung in den Gender Studies. In: Angermüller, Johannes/Nonhoff, Martin/Herschinger, Eva/Macgilchrist, Felicitas/Reisigl, Martin/Wedl, Juliette/Wrana, Daniel/Ziem, Alexander (Hg.): Diskursforschung. Ein interdisziplinäres Handbuch. Band 1: Theorien, Methodologien und Kontroversen. Bielefeld: transcript, 276-299.

Wedl, Juliette, 2005: Konzepte des Feminismus: Gleichheit, Differenz und (De-)Konstruktion als Perspektiven politischen Handelns. In: Lundt, Beate/Salewski, Michael/Timmermann, Heiner (Hg.): Frauen in Europa. Mythos und Realität. Münster: Westfälisches Dampfboot, 461-489.

West, Candace/Zimmerman, Don, 1987: Doing Gender. In: Gender & Society. 1. Jg. H. 2, 125-151. [http://gas.sagepub.com/content/1/2/125.full.pdf+html, eingesehen am: 24.02.2015]

Wetterer, Angelika, 2009: Gender-Expertise, feministische Theorie und Alltagswissen: Grundzüge einer Typologie des Geschlechterwissens. In: Riegraf, Birgit/Plöger, Lydia (Hg.): Gefühlte Nähe – faktische Distanz: Geschlecht zwischen Wissenschaft und Politik. Perspektiven der Frauen- und Geschlechterforschung auf die »Wissensgesellschaft«. Opladen: Barbara Budrich, 81-99.

Wetterer, Angelika, 2003: Rhetorische Modernisierung: Das Verschwinden der Ungleichheit aus dem zeitgenössischen Differenzwissen. In: Knapp, Gudrun-Axeli/Wetterer, Angelika (Hg.): Achsen der Differenz. Gesellschaftstheorie und feministische Kritik II. Münster: Westfälisches Dampfboot, 286-319.

Teil I
Wie wird Geschlecht gemacht?

Reflexionen zu Gender in Schule und Lehramtsausbildung

Thematisierung oder Dethematisierung
Wie können wir mit Geschlechteraspekten
im Kontext von Schule umgehen?

Barbara Rendtorff

Thematisierung oder Dethematisierung? Diese Frage hatten die VeranstalterInnen der Tagung »Teaching Gender? Geschlecht in der Schule und im Fachunterricht« im Februar 2012 in Braunschweig gestellt, und sie lautet, ausführlicher gesprochen: Sollen wir Geschlecht zum Thema des Unterrichts/der Schule machen? Damit laufen wir Gefahr, Geschlechterunterscheidungen gerade durch das Darüber-Sprechen herbeizureden, zu festigen (zu reifizieren) und die Kinder und Jugendlichen an eine Praxis des Unterscheidens zu gewöhnen. Oder sollen wir es gerade *nicht* zum Thema machen – sei es, weil wir vielleicht annehmen, Geschlecht sei nicht so wichtig, jedenfalls nicht immerzu (omnipräsent), oder weil wir eben das Risiko der Festigung von Stereotypen meiden wollen? Dann laufen wir aber Gefahr, nicht nur die Tatsache zu verharmlosen, dass es hochwirksame Geschlechterstereotype gibt, sondern auch deren strukturelle und individuelle Auswirkungen und die faktisch vorfindlichen erklärungsbedürftigen Unterschiede zwischen Mädchen und Jungen und damit das Fortbestehen dieser Stereotype zu fördern. Wir haben also die Wahl zwischen Skylla und Charybdis, zwischen zwei auf je unterschiedliche Weise problematischen Strategien.

Um diesen komplexen Sachverhalt einigermaßen zu durchschauen, müssen wir ein wenig ausholen. Denn die Ambivalenzen, die mit der Thematisierung von Geschlecht notwendigerweise und stets einhergehen, können sinnvoll nur diskutiert werden, wenn sie in einem historisch-gesellschaftlichen Kontext gesehen werden (d.h. wenn die Hintergründe der aktuellen Situation einbezogen sowie Verbindungen zu allgemeinen geschlechterbezogenen Befunden und Diskursen hergestellt werden). Außerdem muss immer die Ebene der gesellschaftlichen Bedeutung von Geschlecht und seines Stellenwerts in der symbolischen Ordnung der Gesellschaft einbezogen werden, als zentrale Folie, auf der Geschlechtervorstellungen und ihre Bewertungen entstehen. Erst von hier aus lässt sich erkennen, dass die Praxis der Geschlechterunterscheidung in engem Zusammenhang steht mit kulturellen Denkgewohnheiten, die eine generelle Bereitschaft zu Unterscheidung, Wertung und Hierarchisierung erzeugen, und wie dieser Zusammenhang funktioniert.

1 Ein Blick zurück

Wenn man die Debatten um Bildung und Geschlecht in den letzten hundertfünfzig Jahren betrachtet, dann lassen sich einige zeittypische Konjunkturen erkennen. Bis ins 18./19. Jahrhundert hinein stand die Frage der Bildungsfähigkeit von Frauen und Mädchen im Zentrum, die auch zuvor etwa von Christine de Pizan oder von Poullain de la Barre diskutiert worden war (vgl. Friese 1996; Hierdeis 1990). Als man sich gegen Ende des 19. Jahrhunderts zumindest teilweise zu der Auffassung durchgerungen hatte, dass weibliche Menschen grundsätzlich zu Bildung, Wissenserwerb und rationalem Denken in der Lage seien, hatte sich aber bereits die Vorstellung unterschiedlicher bereichsspezifischer Begabungen in den Vordergrund gedrängt. Die grundsätzliche Idee geschlechtsspezifischer und auch domänenspezifischer Fähigkeiten (oder vor allem: Unfähigkeiten) ist zwar viel älter – sie durchzieht ja die gesamte Philosophiegeschichte, allerdings meist als Vorstellung allgemeiner und struktureller Unterlegenheit und Unvollständigkeit des Weiblichen (vgl. Doyé/Heinz/Kuster 2002) –, aber als »aus vielerlei Gründen eine präexistente transzendentale Ordnung oder das seit unvordenklichen Zeiten Gültige zur immer weniger plausiblen Rechtfertigung für soziale Beziehungen wurde, verschob sich das Schlachtfeld für Geschlechterrollen zur Natur hin, zum biologischen Geschlecht«, konstatiert Thomas Laqueur (1992: 175) und datiert die »›Entdeckung‹ des Geschlechtergegensatzes im Leib« auf das 18. Jahrhundert. Dabei gab es durchaus widerstreitende Vorstellungen darüber, in welcher Hinsicht und in welchem Ausmaß die biologische Ausstattung den Geist und die Bildungsfähigkeit von Frauen beeinflusste (vgl. Laqueur 1992: 175) – wichtig ist aber vor allem, dass sich seitdem die Vorstellung einer grundsätzlichen, weil biologisch fundierten Unvergleichbarkeit und Verschiedenheit von Frauen und Männern, von weiblich und männlich etabliert hat, die uns heute noch auf vielfältige Weise beschäftigt. Die Vorstellung, die Menschen hätten ›immer schon‹ so gedacht und immer schon Frauen und Männer als substanziell unterschiedlich angesehen, trifft deshalb in dieser Schlichtheit keineswegs zu, und so gesehen bleibt die Thematisierung von Geschlechterunterschieden dann, wenn sie die Vorstellung bereichs- und domänenspezifischer Begabungen betont, in den Denkfiguren des 18. Jahrhunderts verhaftet.

An der Ausgestaltung und Verbreitung dieser Vorstellung von der Verschiedenheit der Geschlechter ist nun, historisch betrachtet, nicht zuletzt die Pädagogik ursächlich beteiligt, denn diese hatte im 18./19. Jahrhundert, angelehnt an die zeitgenössischen philosophischen Konzepte, die neu entstehenden Vorstellungen der bürgerlichen Gesellschaft in Bezug auf geschlechtsspezifische Eignung und Begabung ausformuliert und systematisiert (vgl. Jonach 1997). Es hatte zwar auch in vorbürgerlicher Zeit geschlechtsspezifische Arbeitsteilungen gegeben – etwa Regelungen, wer für welche Arbeiten in Haus und Hof verantwortlich war –, doch wurden diese eher funktional und mit Verweis auf Sitte und Konvention begründet, weniger mit dem Argument unterschiedlicher natürlicher Konstitution. Mit der Entwicklung der bürgerlichen Gesellschaft gehen Privatisierung und Emotionalisierung der Familie einher – und um die Beschränkung der Handlungsspielräume von Frauen auf den Raum der Familie und des Hauses plausibel zu machen, dazu diente das Konzept unterschiedlicher weiblicher und männlicher Geschlechtscharaktere, das in dieser Zeit populär gemacht wurde (vgl. Hausen 1976). Man kann diesen Punkt nicht deutlich genug hervorheben, denn die Vorstellung von geschlechtstypischen Eignungen oder Veranlagungen, Begabungen und Interessen wird überhaupt erst verständlich, wenn man sie im Rahmen der Ausgestaltung der bürgerlichen Gesellschaft versteht. Auch hier gilt also, dass eine unreflektierte Thematisierung vermeintlicher Geschlechterunterschiede tendenziell biologistische Denkfiguren legitimiert.

Als Kernelement des neu entstehenden Bürgertums hat die Vorstellung unterschiedlicher Geschlechtscharaktere eine gesellschaftspolitische Funktion, und alle späteren Vorstellungen davon, dass Mädchen und Jungen unterschiedliche Vorlieben hätten, verschiedene Arten, sich selbst und die Welt wahrzunehmen usw., haben hier ihre Wurzel. Vor diesem Hintergrund erklären sich nicht zuletzt auch das unterschiedliche Verhältnis zum Lesen und Schreiben und die Vorstellung, dass Männer ihre Erfahrungen durch aktives Handeln machen würden, Frauen aber vermittelt durch die Erfahrungen anderer oder durch Lektüre. Es lässt sich vermuten, dass das Lesen für die Mädchen und Frauen wohl auch eine Kompensation darstellte, einen Ersatz für nicht erlaubtes, nicht mögliches aktives Handeln (vgl. Stocker 2005: 19). Und auch hier wird wieder die logische Figur der Naturalisierung erkennbar, die Übertragung eines sozialen Phänomens auf eine vorgeblich natürliche Ebene: Weil Frauen lesen, handeln sie nicht, und dass sie nicht handeln, zeigt ihre Passivität und Unfähigkeit – so schien es. Allerdings wird es erst umgekehrt plausibel: Weil den Frauen öffentliches gesellschaftliches Handeln untersagt war, zogen sie sich aufs Lesen zurück, und so wurde das Lesen nach und nach zu etwas ›Weiblichem‹. Dieser falsche Gegensatz von Handeln als Aktivität und Lesen als Rezeption und Empathie wirkt sich bis heute auf die Probleme von Jungen in der Schule aus. Wenn heute oft leichtfertig von Interessen oder Vorlieben »der Mädchen« und »der Jungen« gesprochen wird, sollten wir uns an diese Tatsache erinnern: dass die Grundlage für die Vorstellung geschlechtlicher Verschiedenheit im Zusammenhang mit Bildung, Interessen und Begabung im 18./19. Jahrhundert liegt und dass sie einen eindeutigen gesellschaftspolitischen Hintergrund hat.

Es hatte also hunderte von Jahren gedauert, bis einigermaßen akzeptiert wurde, dass Mädchen und Frauen bildungsfähig sind, und es sollte noch einmal hundert Jahre dauern, bis zumindest ein gewisser Teil der PädagogInnen sich auch mit der Vorstellung vertraut gemacht hatte, dass Mädchen nicht nur durch Fleiß gute Noten erreichen können, sondern dass sie aufgrund einer vergleichbaren Begabung in allen Fächern genauso gut sein können wie Jungen – wobei einschränkend festgehalten werden muss, dass auch diese Einsicht noch keineswegs allgemein akzeptiert ist. So sind sich etwa Lehrkräfte, ReferendarInnen und SchülerInnen darin einig, dass Mädchen »nun mal schwächer in Mathe« seien, obgleich die Sachlage bekanntlich sehr viel komplexer ist (vgl. Kane/Mertz 2010; Sprietsma 2011; Becker/Müller 2011).

2 Interventionen aus Frauenbewegung und Frauenforschung

Wichtige Impulse bekam die Diskussion über geschlechterbezogene Leistungsunterschiede, Unterschiede in Selbstvertrauen und Erwartungen dann vor allem durch die seinerzeit als feministische Pädagogik oder Frauenforschung bezeichneten Forschungsaktivitäten der 1970er-Jahre, die überwiegend von weiblichen

Wissenschaftlerinnen und Pädagoginnen getragen wurden, während die männliche akademische Pädagogik sich zunächst für viele Jahre so gut wie gar nicht mit diesen Fragen befasst und auch die Arbeiten der Pädagoginnen nicht rezipiert hat. Mittlerweile gibt es eine Handvoll männlicher Pädagogen, die an geschlechtsbezogener reflexiver Pädagogik interessiert sind, wobei viele zur Väterthematik arbeiten oder in der Jungenarbeit aktiv sind. Außerdem hat die Thematik zunehmend in den Mainstream der Pädagogik und der empirischen Bildungsforschung Eingang gefunden, seit mit der ersten PISA-Studie Bildungsnachteile von Jungen augenfällig geworden sind.

In den 1970er- und 1980er-Jahren waren es jedoch zunächst vor allem die Lehrerinnen (von denen sich viele in der »AG Frauen und Schule« zusammengeschlossen hatten), die diese Fragen intensiv diskutierten (vgl. Enders-Dragässer/Stanzel 1985). Dabei stand naturgemäß zunächst die Benachteiligung der Mädchen im Vordergrund, bildete doch die Erkenntnis, dass Mädchen und Frauen jahrhundertelang von Bildung und Wissen ferngehalten worden waren, einen wichtigen Ausgangspunkt der Frauenbewegung und war damit einer der stärksten Impulse der Debatte. Als die Pädagoginnen feststellten, dass Mädchen zwar nicht mehr gänzlich ausgeschlossen, aber nach wie vor auf bestimmte Bereiche wie Sprachen und musische Fächer orientiert, in Bezug auf andere (vor allem die naturwissenschaftlichen) jedoch entmutigt wurden, ergab sich daraus die erste Notwendigkeit gezielter Intervention in Schule und Unterricht, die politisch durchaus in der Tradition der ersten Frauenbewegung gesehen wurden.

Von hier aus schien also zunächst die Thematisierung von Geschlecht zwingend geboten, weil diese Benachteiligungen nicht als Einzel- und Sonderfälle angesehen wurden, sondern als Effekte gesamtgesellschaftlicher Verhältnisse und der symbolischen Ordnung der Gesellschaft (vgl. Rendtorff 2011). Der aufklärerische Impetus der Pädagogik der 1970er-Jahre verband Veränderung stets mit öffentlicher und offensiver Debatte. Angesichts offenkundiger Benachteiligungen und Festlegungen wäre eine Strategie der Dethematisierung als völlig unangemessen erschienen. Die Idee, dass die Wirkungen von Geschlechterungleichheiten dadurch verschwinden würden, dass man sie nicht zum Thema macht bzw. sie in den Hintergrund rückt, um sie nicht bedeutsam werden zu lassen (zum Ausgangspunkt dieser These vgl. Pasero 1995), entstand erst im Kontext der Frage, ob diese omnipräsent wirksam seien oder ob Geschlecht als ein gesellschaftlicher Faktor neben anderen, als eine Personenvariable unter anderen anzusehen sei. Wenn man Geschlecht jedoch als *Struktur*kategorie auffasst (vgl. Bublitz 2010: 93f.), die alle gesellschaftlichen Bereiche tangiert, müsste die Strategie der Dethematisierung als unpassend oder zumindest als nicht ausreichend erscheinen. Die Entscheidung zwischen einer Strategie der Thematisierung oder aber der Dethematisierung ist also keine pädagogisch-praktische, sondern ist auf einer gesellschaftstheoretischen Ebene lokalisiert.

Die Differenzierungsprozesse innerhalb feministischer Forschungen führten dann auch im Kontext der Schulforschung zu Ausdifferenzierungen – diese erweiterte ihre Perspektive und fragte allgemeiner danach, welche geschlechtsstereotypen Zuschreibungen und Vorerwartungen welche Art von Einschränkungen für Mädchen und/oder für Jungen mit sich bringen. Der mittlerweile populär gewordene Ausdruck *gender* bekam hier seinen Platz, um zu betonen, dass nicht das natürliche Geschlecht (*sex*) für Unterschiede in Verhalten, Interessen und Leistungen verantwortlich ist, sondern die Gesamtheit der sozialisatorischen Einflüsse, die von der Vorstellung über weiblich und männlich und deren Positionierung in der Gesellschaft geprägt sind.

Hier sei ein kleiner Exkurs gestattet. Denn was als Differenzierung der Theoriediskussion gedacht war, erwies sich gewissermaßen als ein Danaergeschenk. Der Ausdruck *gender*, der präzise diese gesellschaftliche Gewordenheit eigener Geschlechterpositionen und der Erwartung an andere (überhaupt die Wahrnehmung von anderen als Geschlechtswesen) mit einem prägnanten Begriff als »soziales Geschlecht«, umschreiben sollte, wurde bald verwässert und wird heute in Literatur und Medien überwiegend in einem banalisierenden Sinne verwendet: Als leer gewordener Begriff dient er heute häufig dazu, verkappte Biologismen hinterrücks wieder einzuführen, und wird zudem oft in einer pseudoerklärenden Weise verwendet, die das genaue Hinschauen und das differenzierte Nachdenken über Geschlecht geradezu ersetzt. Von *gender* zu sprechen, heißt aber eigentlich immer, sich von der Ebene der konkreten Anschauung auf die der Reflexion zu begeben, also von der Frage »Wie sind die Dinge beschaffen und wie hängen sie miteinander zusammen?« weiterzugehen zu der Frage »Welche Struktur und Dynamik verbirgt sich hinter dem, was augenscheinlich stattfindet?«. Reflexion selbst ist immer ein individueller, gedanklicher Prozess, der es auch erforderlich macht, in gewissem Umfang über Sachkenntnisse zu verfügen, anhand derer ich meine eigene Einstellung und Wahrnehmung reflektierend überprüfen kann. Im Reflexionsprozess tritt man also immer gewissermaßen aus den Bahnen des konventionellen Denkens heraus und muss die Verantwortung für das eigene Denken selber übernehmen – und das ist vielen Leuten zu anstrengend. Die Frage der Pädagogik muss also sein, wie Kinder (bzw. Menschen insgesamt) zu dieser Anstrengung befähigt werden können, und es ist ihre Aufgabe, zu einer solchen Befähigung beizutragen.

3 Aktuelle Entwicklungen

Doch immerhin: Im Lauf der Jahre hatte sich als pädagogische Devise die Auffassung etabliert, dass es die Aufgabe der Schule sei, Jungen und Mädchen ein gleichermaßen breites Spektrum an Angeboten, Identifikationsmöglichkeiten und Unterstützung anzubieten, damit sie ihre individuellen Interessen und Fähigkeiten möglichst breit entwickeln können, ohne durch geschlechtstypisierende Festlegungen eingeengt zu werden. Diese Überlegungen sind mittlerweile zum Standard in Schule und Schulpädagogik geworden.

Gerade in letzter Zeit jedoch lässt sich eine merkwürdige Entwicklung beobachten, insbesondere in der Schulpädagogik, aber auch in der populärwissenschaftlichen Literatur und den Medien. Seit etwa zehn Jahren, insbesondere in den Jahren 2007/2008, erscheinen zunehmend, regelmäßig und breit gestreut sexistisch gefärbte Artikel, z.B. im Spiegel, in der Frankfurter Allgemeinen Sonntagszeitung und in diversen populärpädagogischen Büchern, die der Pädagogik und speziell den Lehrerinnen (vor allem auch den »Feministinnen«, wen auch immer sie damit meinen) vorwerfen, diese würden mit ihren Bemühungen um gleichberechtigte Förderung eine gleichmacherische Linie verfolgen und damit das »gattungsgeschichtliche Erbe des Menschen« (Tischner 2008: 356) missachten. Es wird dort in extrem abfälliger Weise über Schule und Lehrerinnen gesprochen, denen unterstellt wird, dass sie absichtlich und gezielt den Jungen schaden wollten – so tauchen noch heute Spiegel-Online-Artikel mit Überschriften wie »Vernachlässigte Jungen: Männlich? Sechs, setzen« (Spiegel Online, 06.08.2004) oder Bild-Unterschriften wie »Den Jungen soll Fußball verleidet werden« (Neukirch 2008) bei jeder Google-Stichwortsuche auf (vgl. auch Rieske 2011: 57ff.).

Begleitet wurde dieses Phänomen durch das Erstarken einer spezifischen Art von Männerdiskurs, der sich zunächst um Stichworte wie »Gleichberechtigung« (von Vätern) und »Benachteiligung« (von Jungen) organisierte. Dort finden sich aber auch dezidiert »antifeministische« Maskulisten- und Männerbünde, die in teilweise schockierendem Stil gegen Frauen und gegen in ihren Augen nichtmännliche Männer hetzen (die sie »(lila) Pudel« nennen). Diese Männerszene ist heterogen und teilweise widersprüchlich. Webseiten, Vereine und das politische Spektrum reichen von extrem rassistischen und sexistischen Portalen wie »Der Maskulist« (auf dessen »Website zur Wahrung des maskulinen Ansehens« es heißt: »Feminismus markiert die Entscheidungsrunde im Kampf des abendländischen Selbsthasses gegen den aufstrebenden Geist des Abendlandes«)[1] bis zu gemäßigteren Gruppen wie »Väteraufbruch«. Manche bezeichnen sich als »Bürgerrechtsbewegung« (so »rettet-unsere-soehne.de« und »Genderama«) oder markieren sich als »freiheitlich« (so etwa die rechte Webseite »Detlef Nolde«). Um die organisierten Gruppen herum findet sich eine Menge eher diffus zustimmender Personen – und das sind die, die uns am meisten interessieren müssen. Am fundamentalistischen Rand gibt es engste Verbindungen zur Rechten; die evangelikalen oder katholischen Gruppen haben teilweise suspekte Seiten wie Angebote zur »Heilung« von Homosexuellen, und am gemäßigten bürgerlichen Ende (was immer noch unerträglich genug ist) suchen sie die Nähe zu konservativen Parteien und Medien. Dabei sind gerade die »diffus Zustimmenden« gut vernetzt und platziert (vgl. Rosenbrock 2012; Gesterkamp 2010a, 2010b).

Auch die Begriffsbildung »Jungen als Bildungsverlierer« ist übrigens in diesem Kontext geprägt und von hier aus kolportiert worden. Denn die These, dass Männer/Jungen Opfer von Frauen werden, ist die zentrale Denkfigur der maskulistischen Gruppen. Den meisten, die leichtfertig und undifferenziert den Begriff »Bildungsverlierer« gebrauchen, ist diese Verbindung nicht bewusst. Ich will damit natürlich nicht bestreiten, dass es offenkundige Nachteile für bestimmte Gruppen von Jungen oder Nachteile an bestimmten Übergängen im Bildungssystem gibt, sondern nur auf die pauschalisierende Geste hinweisen, die *alle* Jungen zu Verlierern erklärt und eine gezielte, auf das Geschlecht der Jungen zielende Beschädigung unterstellt. So heißt es etwa 2009 in Welt Online: »Haben wir möglicherweise ein Schulsystem und eine Lehrerausbildung, in der die Abwertung der Jungen zum guten Ton selbst universitärer Seminare gehört? Haben wir eine Hasskultur, die sich nicht nur gegen Männer, sondern mittlerweile ebenso gegen Jungen richtet? Eine, die tonangebende Lehrerinnen vorgeben und zu der das Kollegium schweigt. [...] Müssen Jungen an solcher atmosphärischen Alltagsvergiftung nicht verzweifeln?« (Amendt 2009). Es ergibt sich hier logischerweise die Frage, ob die Strategie der Dethematisierung gegen solche Einflüsse ein ausreichend starkes Gegengewicht bilden kann, selbst wenn man die These teilt, dass Geschlecht nicht

---

[1] | www.maskulist.de/UEBERSICHT (eingesehen am: 20.04.2014).

immer und überall zentral, sondern nur »ein Ordnungsmuster unter anderen« sei (Pasero 1995: 59).

Weil die Maskulisten mit ihrer männlichen »Opferideologie« (Rosenbrock 2012: 13) den Feminismus zu ihrem zentralen Feindbild ausgerufen haben, kommen sie logischerweise zu einer männlichkeitsbetonenden Auffassung – und das Tragische ist, dass Männlichkeit hier nur noch in ihrer altmodischsten Form erscheinen kann: Die Idee einer zeitgemäß modifizierten und veränderten Männlichkeit verschwindet, wird sogar bekämpft, und wo auf Männlichkeit verwiesen wird, wird sie gewissermaßen als archaisch fundiert dargestellt. So heißt es etwa auf der Webseite »mann-pass-auf«: »Mann und Frau sind nicht gleichwertig. Die Frau gehört dem Manne in Liebe unterworfen. Unterwirft der Mann die Frau nicht, so neigt die Frau dazu, den Mann zu unterwerfen. Daraus entsteht der Geschlechterhass.«[2]

Aber auch seriöse Verlage tragen ihren Teil dazu bei – wenn etwa der S. Fischer Verlag eine neue Buchreihe mit dem Titel *Superhelden für Erstleser* mit der Markierung »nur für Jungs« bewirbt (was sich merkwürdig anhört für eine Generation, in der die Mädchen mit Karl May und den Jungen von *Burg Schreckenstein* aufgewachsen sind) – und die Frankfurter Allgemeine Zeitung kommentiert: »Die Zeiten der Geschlechternivellierung gehen vorüber. Kleine Jungs wollen keine Mädchenbücher lesen. Sie wünschen sich Superhelden, Waffen, Abenteuer« (Weidermann 2012). Auch hier schließt sich die Frage an, ob nicht eher eine Bildung zum kritischen Lesen erforderlich ist als eine Dethematisierung.

4 KONSEQUENZEN: PÄDAGOGISCHE PRAKTIKEN UND GESCHLECHTERWISSEN

Die logische Folge solcher Aktivitäten und Medienbeiträge ist eine Wiederkehr und Re-Dramatisierung von zweigeschlechtlichen Klassifikationsgesten im öffentlichen Diskurs. Folglich werden von hier aus pädagogische Konzepte unterstützt, die Geschlechterunterschiede betonen und auch herbeireden. Die maskulistischen Gruppen sind deshalb nicht zuletzt ein großes Problem für solche Männer/-gruppen, die z.B. in der außerschulischen Jugendarbeit gerade in Richtung auf eine Modernisierung und Modifizierung von Männlichkeitsbildern zielen und die in entsprechender Weise ermutigend und unterstützend mit Jungen arbeiten wollen. Die Wirkung, die solche Artikel und Äußerungen haben, können wir uns als eine Art stiller Gewöhnung vorstellen: Wir gewöhnen uns daran, dass Jungen und Mädchen (wieder) als Wesen unterschiedlicher Art dargestellt werden, dass (wieder) in diesem Stil auf der Basis von Gentlemen-Agreements verächtlich über Frauen gespottet wird, wir gewöhnen uns daran, dass nachweislich falsche Angaben als wahr ausgegeben werden, und wir bemerken nicht, welche Folgen dies auch für das professionsbezogene Handeln hat. Denn diese Entwicklung macht ja nicht vor der Pädagogik oder der Schule Halt. Sie hat vielmehr dazu geführt, dass sich innerhalb der (Schul-)Pädagogik, weitgehend unbemerkt, eine extreme Spaltung entwickelt hat zwischen zwei Linien oder Fraktionen (oder Glaubensrichtungen), die diametral zueinander stehen.

---

2 | http://mann-pass-auf.de/sk66.php (eingesehen am: 20.04.2014).

In dem einen Denkuniversum wird der Ausdruck »geschlechterbewusst/geschlechtergerecht« nach wie vor in dem vorne skizzierten ›modernen‹ Sinne verwendet. Die dieser Denkweise zuneigenden Lehrkräfte bemühen sich, den Kindern beiderlei Geschlechts vielfältige Möglichkeiten zu eröffnen, ohne sie durch eigene Vorurteile und Vorerwartungen geschlechtstypisch einzuengen. Daneben entwickelt sich aber eine zunehmend stärker werdende Haltung, die unter »geschlechtergerecht« das genaue Gegenteil versteht: Mädchen und Jungen sollen entsprechend ihrer angeblich von Natur aus unterschiedlichen Interessenlage unterschiedlich unterrichtet werden. Diese Lehrkräfte verwenden folglich unterschiedliches Material für Mädchen und Jungen, stellen verschiedene Aufsatzthemen für die Geschlechtergruppen und verwenden in Physik für die Jungen als Beispiele Maschinen (Ölpumpe), für die Mädchen Beispiele aus Natur und Alltag (Herzpumpe). Die LehrerInnen finden sich dabei selbst sehr fortschrittlich, da sie sich ja bemühen, die Kinder »da abzuholen, wo sie stehen«, und merken nicht, dass sie zugleich Wege vorgeben und andere mögliche Interessengebiete und Zugänge dadurch versperren, weil sie für das gegengeschlechtliche Kind nun erst recht als unpassend markiert werden.

Beide Gruppen verwenden also dieselben Worte, doch mit völlig gegensätzlicher Bedeutung. Das hat gar nichts mit Monoedukation oder Koedukation selbst zu tun. Beide Varianten lassen sich im Geiste der einen oder der anderen Denkweise gestalten.

Das Schlüsselwort für die Schule ist hier das Wort »Interesse«. Ganz überwiegend wird es in der pädagogischen Literatur in einem Sinne verwendet, der Interessen als etwas Gegebenes betrachtet, wobei oftmals geschlechtsgruppenspezifisch differenziert wird zwischen den Interessen von Jungen bzw. von Mädchen – als hätten alle Jungen/Mädchen dieselben Interessen, was ja nur der Fall wäre, wenn es sich um etwas Naturgegebenes handeln würde. Wenn Interessen allerdings naturgegeben wären, könnte man sie nicht wecken oder fördern. Überhaupt ist die psychologische und pädagogische Fachliteratur hier völlig unmissverständlich: Sie definiert Interesse allgemein als geistige Anteilnahme und als individuelle, individuell unterschiedliche, relativ konstante Bereitschaft, sich mit bestimmten Gegenständen (Themen, Tätigkeiten, Zielen) zu befassen, die als subjektiv und objektiv wichtig empfunden werden. Interessen haben also mit dem *Kopf* zu tun und nicht mit den Genen. Kleine Kinder lernen aus der Interaktion mit Erwachsenen, mit anderen Kindern und ihrer Umwelt, was zu ihnen passt, was ein ›richtiger Junge‹ tut und was ein ›richtiges Mädchen‹ schön findet, sie richten ihre wachsenden Interessen zumindest teilweise danach aus – aber eben nur zum Teil. Interessen können sich geschlechtsübergreifend entfalten, sich anhand der individuellen Lebenserfahrungen ausgestalten und modifizieren, allerdings unter der Voraussetzung, dass sie eben nicht früh und nachhaltig kanalisiert oder mit Entwertungen versehen werden. Jede Etikettierung erzeugt Vereindeutigungen, Festlegungen und Ausschlüsse und befördert die grundsätzliche Gewöhnung an eine Praxis des Unterscheidens – für pädagogische Theorien und Aktivitäten sollte deshalb grundsätzlich die Maßgabe gelten, Etikettierungen zu vermeiden. Um von dieser in der Pädagogik allgemein geteilten Auffassung abzuweichen, muss es also gute Gründe geben, die sich (wie etwa der Gedanke der Kompensation oder des Ausgleichs früher erzeugter Festlegungen) an dem Einwand messen lassen müssen, dass sie – wenn auch ungewollt – letztlich doch zu Vereindeutigungen und Festlegungen führen.

Obwohl Lehrkräfte (ebenso wie die Studierenden der Lehrämter, für die diese Überlegungen auch zutreffen) über Professionswissen verfügen, das ihnen diesen Sachverhalt aufklären könnte, bleiben die Alltagslogik und das Alltagshandeln davon teilweise unberührt. Zunehmend sind (ein Teil der) LehrerInnen geneigt, kollektive geschlechtstypische Interessen zu unterstellen, um dann das vermeintlich Richtige zu tun, indem sie den Kindern die Möglichkeit geben, diesen unterstellten Interessen zu folgen: Sie teilen den Mädchen Arbeitsblätter mit Tieren zu und den Jungen Beispiele mit Technik oder sie formulieren unterschiedliche Aufsatzthemen. Das hat seinen Grund nicht zuletzt in einer professionsspezifischen Schwierigkeit des LehrerInnenberufs. Die Arbeiten der Pädagogischen Psychologie haben gezeigt, dass Lehrkräfte insbesondere beim sogenannten »Handeln unter Druck« (und LehrerInnen handeln nun mal häufig unter Druck) stark auf subjektive Theorien und generalisierte Einstellungen zurückgreifen, die dem Alltagswissen entstammen und offenbar anders und sicherer abgelagert sind als das sachbezogene Professionswissen (vgl. Wahl 1991).

Dies führt uns zu der Frage, wie das alltägliche (subjektive) »Geschlechterwissen« (vgl. Wetterer 2008) beschaffen ist, das ja, wie vorne gesehen, die Grundlage bilden muss für die Befähigung zu selbstständigem Denken. Unter Geschlechterwissen wird hier mit Angelika Wetterer die Menge an Fakten, Deutungsmustern, Stereotypen, Erwartungen usw. verstanden, die wir anwenden, um Geschlechterverhältnisse wahrzunehmen und zu bewerten. Es handelt sich um einen »strukturierten Vorrat an Deutungsmustern« (Dölling 2007: 15), d.h. dieser Wissenspool ist individuell unterschiedlich geordnet. Er entsteht aus individuellen Erfahrungen in verschiedenen gesellschaftlichen Bereichen und deren Interpretationen. Und genauso wie sich zwischen »Alltagswissen« und »wissenschaftlichem Wissen« (Wetterer 2008: 52) unterscheiden lässt, so müssen wir hier unterscheiden zwischen einem sachlichen und bewussten Bereich von objektiviertem Wissen (wir wissen, dass Frauen weniger verdienen und dass Jungen seltener eine Gymnasialempfehlung bekommen; wir wissen, dass dies nicht die Folge ihrer Natur ist, sondern von gesellschaftlichen Strukturen; wir wissen, dass es Geschlechterstereotype gibt und dass sie uns massiv beeinflussen) und dem alltagsweltlichen Geschlechterwissen, das sich unserer Verfügbarkeit entzieht, weil es uns als »selbstevident« (Wetterer 2008: 51) erscheint (wir wissen, dass Männer Sportzeitungen lesen und Frauen Illustrierte, dass Jungen mit Autos spielen und Mädchen mit Barbies). Die Alltagserfahrung scheint also das objektivierte sachhaltige Wissen zu widerlegen, und weil Wissen immer in Interaktion gebildet und sozial konstruiert ist, kann es sozusagen nicht standhalten und wird vom Alltagsdenken affiziert, entkräftet, diskreditiert.

Diesen beiden Formen von Geschlechterwissen liegt das »diskursive Wissen« (Wetterer 2008: 45ff.) zugrunde, d.h. das, worauf sich die jeweils umgebende Gesellschaft und die Szene, in der man lebt, verständigt und geeinigt haben – also das, was man »halt so weiß«, was man in Talkshows hört, was die Nachbarin oder der Freund sagen usw. Dieses diskursive, nicht geprüfte, nicht hinterfragte Allerweltswissen wird aber ständig umgewandelt, naturalisiert und bekommt den Schein von Objektivität angeheftet – etwa wenn ein vielgelesener Autor schreibt: »Männliches Denken, weibliches Denken: Zwei Welten. Dass Frauen gerne telefonieren und Schuhe kaufen, während Männer lieber dübeln und Fußball gucken, hat sich herumgesprochen. Es sind aber nicht bloß Gewohnheiten und erziehungsbedingte Vorlieben, die die Geschlechter trennen. Vielmehr unterscheiden sich männliches und weibliches Verstehen und Erleben auf grundlegende Weise: Die meisten Männer denken systematisch, die meisten Frauen empathisch« (Baron-Cohen 2004).

Der erste, beschreibende Satz ist plausibel, für den letzten (scheinbar begründenden) hingegen gibt es nicht den Schatten eines empirischen Beweises – was dem Autor eigentlich klar sein müsste. Dieser Alltagsdiskurs, die Alltagsrede ist der wichtigste und wesentliche Fundus, aus dem wir unser individuelles alltägliches Geschlechterwissen zusammenbasteln. Der Einfluss des bewussten, des objektivierten Wissens bleibt eher marginal – das ist einerseits erschreckend, zeigt aber auch, wie darauf hingearbeitet werden kann und muss, damit sich Wege finden lassen, um Wissen und Handeln anders zu verbinden.

Wenn wir diese Überlegung erneut auf die Schule beziehen, so zeigt sich, dass dort höchst unterschiedliche Formen und Ausgestaltungen von Geschlechterwissen aufeinandertreffen – in Abhängigkeit von Alter, familiärem Hintergrund, sozialer und kultureller Herkunft, von gruppentypischen allgemeinpolitischen Auffassungen oder Einstellungen zu Andersgläubigen usw. Die Vorstellungen und Einstellungen sind nicht selbstverständlich und sie sind nicht einheitlich. Insofern müsste auch von diesem Punkt der Betrachtung aus die Strategie der Dethematisierung abgelehnt werden, weil sie die Möglichkeit ausschließt, die unterschiedlichen Wissensstände miteinander in Austausch zu bringen und gemeinsam zu reflektieren.

Aber wie wir gesehen haben, kann ein solcher Verständigungsprozess nur gelingen, wenn die Lehrkraft selbst über genügend objektiviertes Wissen verfügt, das es ihr gestattet, sowohl ihre eigenen Vorurteilsstrukturen zu durchschauen als auch die der anderen angemessen zu thematisieren. Wenn jemand hierzu eine sichere und selbstverständlich gewordene Haltung entwickelt hat, ist es wiederum nahezu gleichgültig, auf welche konkrete Weise diese zum Ausdruck kommt, denn eine selbstverständliche und quasi nebenbei Stereotype entkräftende Rede kann vielleicht mehr bewirken als eine bemühte Unterrichtseinheit. Wie groß der Einfluss der einzelnen Lehrkräfte in dieser Hinsicht ist, hat eine neuere Studie gezeigt: Dort fanden sich große Varianzen in der Abhängigkeit der Mathematikleistung vom Geschlecht der SchülerInnen, die auch nach der Kontrolle struktureller Einflussmerkmale bestehen blieben. Sie waren also, so die AutorInnen, Effekte des Unterrichts und der jeweiligen Lehrkräfte mit ihren je individuellen Erwartungen und Überzeugungen, die ihre unterrichtlichen Handlungsweisen beeinflussen (vgl. Dresel/Steuer/Berner 2010: 343).

Zusammenfassend möchte ich festhalten: Aus meiner Sicht der Dinge ist die richtige Frage nicht, *ob* Geschlecht zum expliziten Gegenstand des Unterrichts werden sollte oder nicht, sondern ausschließlich, *wie* es thematisiert wird. Und die Voraussetzung für einen guten Umgang mit dieser Thematik ist vor allem anderen das Geschlechterwissen der jeweiligen Lehrkraft, ihre Bewusstheit und ihre pädagogische Phantasie, die Problematik der Geschlechterverhältnisse auf die eine oder andere Weise in den Unterricht einzubringen und damit zum Gegenstand der Reflexion für die SchülerInnen zu machen.

LITERATUR

Amendt, Gerhard, 2009: Unterdrückte junge Männer. Die Schulkultur wertet Jungen ab – und macht sie zu Verlierern. In: Die Welt, 16.03.2009. [www.welt.de/welt_print/article3382635/Unterdrueckte-junge-Maenner.html, eingesehen am: 24.07.2014]

Baron-Cohen, Simon, 2004: Männliches Denken, weibliches Denken: Zwei Welten. In: Psychologie heute. 31. Jg. H. 3, 44-47.

Becker, Rolf/Müller, Walter, 2011: Bildungsungleichheiten nach Geschlecht und Herkunft im Wandel. In: Hadjar, Andreas (Hg.): Geschlechtsspezifische Bildungsungleichheiten. Wiesbaden: VS, 55-76.

Bublitz, Hannelore, 2010: Geschlecht. In: Korte, Hermann/Schäfers, Bernhard (Hg.): Einführung in die Hauptbegriffe der Soziologie. Wiesbaden: VS, 85-104.

Dölling, Irene, 2007: ›Geschlechter-Wissen‹ – ein nützlicher Begriff für die ›verstehende‹ Analyse von Vergeschlechtlichungsprozessen? In: Gildemeister, Regine/Wetterer, Angelika (Hg.): Erosion oder Reproduktion geschlechtlicher Differenzierungen? Widersprüchliche Entwicklungen in professionalisierten Berufsfeldern und Organisationen. Münster: Westfälisches Dampfboot, 19-31.

Doyé, Sabine/Heinz, Marion/Kuster, Friederike, 2002: Philosophische Geschlechtertheorien. Ausgewählte Texte von der Antike bis zur Gegenwart. Stuttgart: Reclam.

Dresel, Markus/Steuer, Gabriele/Berner, Valérie-D., 2010: Zum Zusammenhang von Geschlecht, kultureller Herkunft und sozialer Herkunft mit Lernen und Leistung im Kontext von Schule und Unterricht. In: Hagedorn, Jörg/Schurt, Verena/Steber, Corinna/Waburg, Wiebke (Hg.): Ethnizität, Geschlecht, Familie und Schule. Wiesbaden: VS, 333-350.

Enders-Dragässer, Uta/Stanzel, Gabriele (Hg.), 1986: Frauen macht Schule. Dokumentation der 4. Fachtagung AG Frauen Schule. Herausgegeben vom Feministischen Interdisziplinären Forschungsinstitut. Frankfurt a.M.: Frauenliteraturvertrieb.

Friese, Marianne, 1996: Christine de Pizan. In: Kleinau, Elke/Mayer, Christine (Hg.): Erziehung und Bildung des weiblichen Geschlechts. Eine kommentierte Quellensammlung zur Bildungs- und Berufsbildungsgeschichte von Mädchen und Frauen. Weinheim: Deutscher Studien Verlag, 17-19.

Gesterkamp, Thomas, 2010a: Die Männer-Rechte. In: die tageszeitung, 07.03.2010. [www.taz.de/!49388/, eingesehen am: 20.04.2014]

Gesterkamp, Thomas, 2010b: Geschlechterkampf von rechts. Wie Männerrechtler und Familienfundamentalisten sich gegen das Feindbild Feminismus radikalisieren. Herausgegeben von der Friedrich-Ebert-Stiftung, Abt. Wirtschafts- und Sozialpolitik. Bonn: Friedrich-Ebert-Stiftung.

Hadjar, Andreas (Hg.), 2011: Geschlechtsspezifische Bildungsungleichheiten. Wiesbaden: VS.

Hausen, Karin, 1976: Die Polarisierung der »Geschlechtscharaktere«. Eine Spiegelung der Dissoziation von Erwerbs- und Familienleben. In: Conze, Werner (Hg.): Sozialgeschichte der Familie in der Neuzeit Europas. Neue Forschungen. Stuttgart: Klett, 363-393.

Hierdeis, Irmgard, 1990: Poullain de la Barre. In: Hohenzollern, Johann Georg von/Liedtke, Max (Hg.): Der weite Schulweg der Mädchen. Bad Heilbrunn: Klinkhardt, 148-167.

Jonach, Michaela, 1997: Väterliche Ratschläge für bürgerliche Töchter. Frankfurt a.M.: Lang.

Kane, Jonathan M./Mertz, Janet E., 2012: Debunking Myths about Gender and Mathematics Performance. In: Notes of the AMS. 59. Jg. H. 1, 10-21. [www.ams.org/staff/jackson/fea-mertz.pdf, eingesehen am: 26.06.2014]

Laqueur, Thomas, 1992: Auf den Leib geschrieben. Frankfurt a.M.: Deutscher Taschenbuch Verlag.

Neukirch, Ralf, 2008: Triumph der Schmetterlinge. In: Der Spiegel. 62. Jg. H. 35 (25.08.2008), 44-45. [www.spiegel.de/spiegel/print/d-59403015.html, eingesehen am: 23.07.2014]

Pasero, Ursula, 1995: Dethematisierung von Geschlecht. In: Pasero, Ursula/Braun, Friederike (Hg.): Konstruktion von Geschlecht. Pfaffenweiler: Centaurus, 50-66.

Rendtorff, Barbara, 2011: Bildung der Geschlechter. Stuttgart: Kohlhammer.

Rieske, Thomas V., 2011: Bildung von Geschlecht. Zur Diskussion um Jungenbenachteiligung und Feminisierung in deutschen Bildungsinstitutionen. Eine Studie im Auftrag der Max-Traeger-Stiftung. Berlin: Gewerkschaft Erziehung und Wissenschaft.

Rosenbrock, Hinrich, 2012: Die antifeministische Männerrechtsbewegung. Denkweisen, Netzwerke und Online-Mobilisierung. Berlin: Heinrich Böll Stiftung.

Spiegel Online, 06.08.2004: Vernachlässigte Jungen: Männlich? Sechs, setzen. [www.spiegel.de/schulspiegel/vernachlaessigte-jungen-maennlich-sechs-setzen-a-311812.html, eingesehen am: 23.07.2014]

Sprietsma, Maresa, 2011: Explaining the Persisting Mathematics Test Score Gap Between Boys and Girls. In: ZEW Zentrum für Europäische Wirtschaftsforschung GmbH: Discussion Paper No. 10-101. [ftp://ftp.zew.de/pub/zew-docs/dp/dp10101.pdf, eingesehen am: 28.06.2013]

Stocker, Christa, 2005: Sprachgeprägte Frauenbilder. Soziale Stereotypen im Mädchenbuch des 19. Jahrhunderts und ihre diskursive Konstituierung. Tübingen: Niemeyer.

Tischner, Wolfgang, 2008: Bildungsbenachteiligung von Jungen im Zeichen von Gender-Mainstreaming. In: Matzner, Michael/Tischner, Wolfgang (Hg.): Handbuch Jungen-Pädagogik. Weinheim: Beltz, 382-403.

Wahl, Diethelm, 1991: Handeln unter Druck. Der weite Weg vom Wissen zum Handeln bei Lehrern, Hochschullehrern und Erwachsenenbildern. Weinheim: Deutscher Studien Verlag.

Weidermann, Volker, 2012: Die bunten Seiten der Macht. In: Frankfurter Allgemeine Zeitung (FAZ), 07.08.2012. [www.faz.net/aktuell/feuilleton/buecher/jungs-wollen-superheldenbuecher-die-bunten-seiten-der-macht-11844058.html, eingesehen am: 20.04.2014]

Wetterer, Angelika, 2008: Geschlechterwissen & soziale Praxis: Grundzüge einer wissenssoziologischen Typologie des Geschlechterwissens. In: Wetterer, Angelika (Hg.): Geschlechterwissen und soziale Praxis. Königstein/Taunus: Ulrike Helmer, 39-63.

Der Einsatz von geschlechterunterscheidenden Materialien in der Schule

Lydia Jenderek

> Früher hat man gesagt, man wird nicht als Mädchen geboren, man wird dazu gemacht durch die Erziehung. Das ist ja widerlegt. Die Hirnforschung ist ja inzwischen auch auf 'nem anderen Stand als vor 30 Jahren, wo man sagte, das ist ja alles gleich.
> DEUTSCHLEHRERIN IM INTERVIEW

Das einführende Zitat einer Deutschlehrerin (DLw1), die im selben Interview von einer starken sozialen Prägung der Geschlechter berichtet und resümiert, dass das Schulbuch Möglichkeiten biete, den Schüler_innen neue Perspektiven aufzuzeigen, steht exemplarisch für die ambivalenten Tendenzen in Bezug auf den Umgang mit Geschlecht in der Schule. So werden z.B. einerseits pseudo-wissenschaftsförmiges Wissen zur Bekräftigung stereotyper Vorstellungen von Geschlecht angeführt und zeitgleich Kenntnisse vom gesellschaftlich etablierten Gleichheitspostulat und Informationen über benachteiligende strukturelle Gegebenheiten im Zusammenhang mit Geschlecht vorgetragen. Dieses und weitere Ergebnisse haben sich im Rahmen eines Forschungsprojektes[1] zum Einsatz von geschlechterunterscheidenden Materialien in der Schule herauskristallisiert.

Von Oktober 2012 bis Januar 2013 wurde am Beispiel des Einsatzes von fachdidaktischen und pädagogischen Materialien in den Fächern Deutsch und Physik untersucht, in welcher Form Geschlechterdifferenzierungen in den Schulunterricht eingeführt und wie diese reflektiert werden. Dabei wurden u.a. nach den Kenntnissen von Lehrkräften an nordrhein-westfälischen Regelschulen der Sekundarstufe I über die Debatte um geschlechterdifferenzierende Maßnahmen in der Schule gefragt und in Gebrauch stehende schulische Materialien auf geschlechterunterscheidende Tendenzen hin überprüft. Es handelte sich bei dem Vorhaben

---

[1] | Das vom Ministerium für Innovation, Wissenschaft und Forschung des Landes Nordrhein-Westfalen geförderte Projekt mit dem Titel »Geschlechterunterscheidende Tendenzen in pädagogischen Materialien« gehört zu den Forschungsarbeiten des Zentrums für Geschlechterstudien/Gender Studies (ZG) an der Universität Paderborn, die im Rahmen des Dachprojekts »Wirksamkeit von Geschlecht in institutionellen Bildungskontexten« unter der Leitung von Prof. Dr. Barbara Rendtorff und Dr. Claudia Mahs realisiert werden konnten.

um eine zeitlich eng begrenzte Vorstudie, in der erste Erkenntnisse als Basis für weitere Projekte gewonnen werden konnten. Die Ergebnisse können insofern lediglich als erste Einblicke in das Forschungsfeld gewertet werden, denen sich weitere Untersuchungen anschließen müssen.

Im Folgenden wird es zunächst um die angewandte Methodik und die theoretischen Grundlagen des Projektes gehen (Kap. 1), bevor einige der wichtigsten Ergebnisse aus der Analyse der Lehrmaterialien und den Expert_innen-Interviews vorgestellt werden (Kap. 2 und 3). Der Beitrag endet mit einem kurzen Fazit (Kap. 4).

1 Forschungsstrategie und Theoriebezug

Aktuelle Forschungsbefunde zeigen, dass in der alltagsweltlichen Sphäre »deutliche Unterscheidungen nach Geschlecht durchgängig üblich sind« (Rendtorff 2011b: 54) und im Nachhilfesektor mittlerweile geschlechterunterscheidende Ansätze eine nicht unbedeutende Rolle spielen (vgl. u.a. Speicher 2009). Es muss davon ausgegangen werden, dass sich in der Schule, versteht man diese mit Monika Jäckle (2011: 32) als ein »machtvolles Wirkungsfeld«, in dem »wahres Wissen über Geschlecht« gesichert wird, ebenfalls populärwissenschaftliche Debatten widerspiegeln. Sie beschreibt Schule als

»[...] Genderregime[, welches dazu heraus]fordert[, ...] den Fokus auf Machtverhältnisse zu richten und genauer auf das diskursiv vermittelte, machtvolle Wissensverhältnis von Männlichkeit und Weiblichkeit [zu achten]. Schule ist einerseits ein machtvolles Wirkungsfeld, insofern durch diskursive Strategien ein ›wahres Wissen‹ über Geschlecht in Form von Geschlechterimperativen gesichert wird, und andererseits ist sie selbst Effekt von Machtverhältnissen, in denen über Normalisierungsprozesse festgelegt wird, was es heißt, ein Mädchen und ein Junge zu sein.« (Jäckle 2011: 32)

Stephanie Maxim (2009: 257), die eine Meta-Analyse zur empirischen Bildungsforschung durchgeführt hat, kommt zu dem Ergebnis, dass trotz des Mangels an auffälligen Befunden zu unterschiedlichen Präferenzen und Erfolgen von Schülerinnen und Schülern im mathematisch-naturwissenschaftlich-technischen und sprachlich-gesellschaftlichen Bereich die Annahme existiere, dass Mädchen in dem einen und Jungen in dem anderen Bereich gefördert werden müssten. Hinsichtlich vorgeblich unterschiedlicher Interessen von Mädchen und Jungen im Fach Physik stellt sie fest, dass zu deren Begründung empirische Forschungen – aus strategischen und politischen Motiven heraus – auf spezifische Weise ausgelegt und empirische Daten fehlerhaft rezipiert werden (vgl. Maxim 2009: 237ff.). In zahlreichen psychologischen Studien wird hingegen direkt nach Differenz gesucht, wobei eher Ähnlichkeiten der Geschlechter belegt werden können (vgl. Connell 2013: 77-104). Im Zusammenhang mit den Fächern Deutsch und Physik spricht Katharina Willems (2007: 42) von zwei Polen der Kulturen, mit denen u.a. unterschiedliche Wertigkeiten, Konnotationen und Zugangsmöglichkeiten verknüpft werden. Dies könne wiederum zu Maßnahmenkatalogen für das pädagogische Handeln in der Schule als Reaktion auf die so hergeleiteten Unterschiedlichkeiten führen, wovor Rendtorff (in diesem Buch: 42) ausdrücklich warnt; jegliche »Etikettierung erzeugt Vereindeutigungen, Festlegungen und Ausschlüsse und befördert die grundsätzliche Gewöhnung an eine Praxis des Unterscheidens«. Auch Renate Tobies und Janina Schneider sprechen in ihrem Beitrag in diesem Buch von negativen Auswirkungen der in die Haltung der Lehrkräfte eingelassenen Geschlechterstereotype auf die Schüler_innen, die ihrerseits Effekte auf die Leistungen der Mädchen und Jungen in der Schule mit sich brächten (*doing difference*).

Um diesen Effekten auf die Spur zu kommen, wurden mithilfe eines *Theoretical Sampling* (vgl. Przyborski/Wohlrab-Sahr 2010: 177 ff.) zunächst die Regelschulen einer mittleren Großstadt in Nordrhein-Westfalen, Studienseminare für die Real- und Hauptschule sowie für das Gymnasium und die Gesamtschule, die Schulmaterialienmesse *Didacta* und schulpädagogische Tagungen in Deutschland aus dem Frühjahr 2012 als Forschungsfelder ausgewählt. Es gab keinerlei Einschränkungen bezüglich der Schulformen, mit Ausnahme der Förder- und Privatschulen, die nicht berücksichtigt wurden. Es sollten möglichst viele Schulen für die Forschung gewonnen und ein recht vielfältiger Einblick in die in der Schullandschaft verhandelten Prozesse in Verbindung mit einer geschlechterunterscheidenden pädagogischen Praxis gewonnen werden. In Anlehnung an die Aussage von Nicola Düro (2008: 228), dass sich die Wirkung der »klassischen Geschlechterstereotype [und] die damit verbundenen Rollenerwartungen und Hierarchisierungen« in der Schule in den Interaktionen von Lehrer_innen und Schüler_innen insbesondere mit Beginn der Pubertät verstärkt auswirkten, stand die Sekundarstufe I im Vordergrund der Untersuchung. Zur Erfassung der dort in Gebrauch befindlichen Materialien und des vorhandenen Wissens über geschlechterunterscheidendes Material kamen verschiedene Forschungsstrategien zum Einsatz. Neben einem an die Schulen versendeten Fragebogen wurden Expert_innen-Interviews mit Physik- und Deutschlehrer_innen sowie Redakteur_innen der Schulbuchverlage durchgeführt. Daraufhin wurde u.a. eine Auswahl der von den Expert_innen genannten alten und neuen Unterrichtsmaterialien, Fachzeitschriften und Verlags-Werbebroschüren einer Analyse unterzogen, bei der gezielt nach Material geschaut wurde, das zunächst ganz allgemein Geschlecht thematisiert und zum anderen sich speziell an Jungen oder Mädchen richtet. Es wurde sich an die Forschungsstrategie von Susanne Thomas (1999) angelehnt, die ebenfalls eine Schulbuchanalyse unter geschlechtsspezifischen Aspekten durchgeführt hat, und eine Methodenkombination ausgewählt: Die Schulbücher wurden mittels wissenssoziologischer Diskursanalyse (vgl. Keller 2007) analysiert, die Fragebögen dienten primär als Informationsquelle und Türöffner für Interviews, die Expert_innen-Interviews (geführt nach den Vorgaben von Przyborski/Wohlrab-Sahr 2010: 131 ff.) wurden – eingebettet in die wissenssoziologische Diskursanalyse – in Anlehnung an die Grounded Theory (vgl. Glaser/Strauss 1967) ausgewertet.

2 FORSCHUNGSMATERIAL UND ERGEBNISSE

Es nahmen neun Schulen, darunter Gymnasien, Realschulen und Hauptschulen sowie eine Gesamtschule, an dem Forschungsprojekt teil. Neben den zwölf Expert_innen-Interviews mit Lehrkräften konnte auch eine Befragung einer Sozialpädagogin und eines didaktischen Leiters der Naturwissenschaft durchgeführt werden. An Schullehrwerken wurden acht Deutschlehrwerk-Reihen und vier Physiklehrwerk-Reihen jeweils mit verschiedenen Jahrgangsstufenausführungen untersucht, die von den Lehrkräften im Interview erwähnt worden waren. Da die in Gebrauch befindlichen Lehrwerke an den Schulen teilweise recht alt waren, wurden sie durch zwei Reihen aus einer Präsenzbibliothek des Studienseminars für die Lehrer_innenausbildung der Stadt und teilweise komplette Zeitschriftenreihen zu den Unterrichtsfächern aus dem Jahr 2011 ergänzt. Neben Werbebroschüren und Flyern der Schulbuchverlage ergänzten Gedächtnisprotokolle von Befragungen einiger Schulbuch-Redakteur_innen der größten Schulbuchverlage die Materialbasis.

Im Folgenden werden die Ergebnisse aus den Interviews und der Schulmaterialien-Analyse miteinander in Bezug gesetzt. Zunächst werden schwerpunktmäßig die Ergebnisse der Schulbuchanalyse für die Unterrichtsfächer Deutsch (Kap. 2.1) und Physik (Kap. 2.2) in den Schulformen erläutert, bevor die Expert_innen-Interviews in den Fokus genommen werden (Kap. 3).

2.1 »Als Mädchen könntest du dir vorstellen, dass Ayşe deine Freundin ist« – Alte didaktische Methoden, Kontinuitäten und (noch immer) aktuelle Debatten in Deutschlehrbüchern

Das Zitat in der Überschrift (Menzel 2002: 9) ist ein Beispiel von vielen (siehe auch Biermann/Schurf/Wagener, Jahrgangsstufe 7, 2007: 61, 70) für die Thematisierung von Geschlecht, indem speziell das eine oder das andere Geschlecht adressiert wird. Die Version dieser Aufgabe für Jungen findet sich gleich darauf: »Als Junge könntest du dir vorstellen, dass Mehmet dein Freund ist. Schreibe ihm einen Brief, in dem du ihm mitteilst, was er seinem Vater sagen sollte. Vielleicht lässt er sich von Mehmet ja einen Rat geben«. Während die Aufgabenstellung für die Mädchen auf der Freundinnenebene verbleibt, erweitert sich das Beispiel für die Jungen durch die Dimension des Vaters, was auf eine weitere Ebene verweist. Neben dem Geschlecht könnten hier implizite Annahmen eine Rolle spielen, die in Verbindung mit der vorgeblich ethnischen Herkunft des Jungen aus der Aufgabe stehen. So wäre vorstellbar, dass die Autor_innen davon ausgehen, dass der Junge in der Hierarchie der Familien mit Einwanderungshintergrund (siehe Namensgebung) besonderes Gewicht hat und der Rat an den Vater alltagsnah erscheint und ernst genommen wird. Eine Erweiterung des Aufgabenschemas findet sich in dem Lehrbuch mit der Intention, die Kommunikation zwischen den Geschlechtern zu fördern: »Dieses Spiel könnt ihr auch abwandeln, indem die Jungen nur Mädchen begrüßen und die Mädchen nur die Jungen« (Menzel 2002: 9). Darin enthalten findet sich die normative Einlassung, dass Mädchen und Jungen dazu angeleitet werden müssen, sich auszutauschen, dies jedoch nicht zur Normalität gehört.

Im selben Buch sollen die Schüler_innen dazu gebracht werden, ihr Augenmerk auf eine vermeintliche Differenz zwischen den Geschlechtern zu richten: »Und sind die Mädchen manchmal anderer Meinung als die Jungen?« (Menzel 2002: 41). Darüber hinaus wird impliziert, dass anhand der Form und des Inhaltes der sprachlichen Äußerungen das Geschlecht erkannt werden könnte. Ähnliches findet sich auch in folgender Formulierung: »Wer spricht in dem Gedicht? Eher ein Mann oder eine Frau? Versuche die Perspektive zu wechseln« (Schurf/Wagener, Jahrgangsstufe 8, 2007: 35). Obwohl die Vorgehensweise in dem Buch, aus dem das zweite Zitat stammt, auf ein offeneres Verständnis von Geschlecht schließen lässt, da hier ein Perspektivwechsel ermöglicht werden soll, findet man in beiden Beispielen die Annahme, dass Mädchen und Jungen unterschiedlich seien, und zwar nicht nur bezogen auf ihr Sozialverhalten, sondern in Bezug auf das Geschlecht als vermeintlichem Wesensmerkmal.

Folgt man der Definition, nach der sich geschlechterunterscheidendes Material dadurch auszeichnet, dass darin eine spezielle Eignung für Mädchen bzw. für Jungen sprachlich kenntlich gemacht wird, so ließen sich in den untersuchten Materialien keine geschlechterunterscheidenden Tendenzen finden. Es wird zwar teilweise auf eine Differenzierung der Aufgaben nach Niveaustufen der Schüler_innen abgehoben (z.B. Brenner et al. 2011), dabei jedoch nicht auf eine Geschlechterunterscheidung abgezielt. Sehr wohl gibt es in einigen Büchern (z.B. Schurf/Wagener, Jahrgangsstufe 8, 2007: 123) für die Schüler_innen die Möglichkeit zur Wahl des Geschlechts, dem sie sich in einer Aufgabe zuwenden oder dessen Perspektive (weiblich oder männlich) sie zur Erledigung der Aufgabe einnehmen möchten.[2] Beispielsweise wird in der Rubrik »Freundschaft im Alltag – Erfahrungen austauschen und Standpunkte einnehmen« folgende Aufgabe gestellt: »Aufgabe 1: Erzähl eine Geschichte, die zwischen den beiden Jungen oder den beiden Mädchen vorgefallen sein könnte«. Weiterhin wird in den Ausgaben der Reihe für die Jahrgangsstufen 7, 8 und 9 in unterschiedlichen Kontexten die Möglichkeit gegeben, das Thema Geschlecht inhaltlich vertiefend zu bearbeiten. Dabei reicht die Bandbreite der Themen von vermeintlich unterschiedlichem Mediennutzungsverhalten der Geschlechter (vgl. Grunow/Schurf/Wagener, Jahrgangsstufe 8, 2008: 273) über »Geschlechterrollenerwartungen« und die Frage, ob es ein unterschiedliches Sprachverhalten bei Jungen und Mädchen gibt (Biermann/Schurf/Wagener, Jahrgangsstufe 8, 2006: 128), bis hin zu Anregungen, anhand des Romans *Die Töchter Egalias* von Gerd Brantenberg (1997) über das Patriarchat zu reflektieren (vgl. Biermann/Schurf/Wagener, Jahrgangsstufe 9, 2008: 230).

Die Redakteur_innen der großen Schulbuchverlage versicherten auf der Messe *Didacta* in Hannover, dass es im Rahmen der Verlagssitzungen keine Debatten über geschlechterunterscheidende Ansätze gegeben habe, im Gegenteil sei man immer noch dabei, seine Ausgaben durch eine geschlechtergerechtere Sprache zu aktualisieren und eine paritätische Nennung beider Geschlechter zu implementieren. Und auch die Recherchen nach neuem Schulmaterial mit geschlechterunterscheidenden Aufgaben, Texten etc. anhand von Werbebroschüren und Flyern, die an den Studienseminaren, den schulpädagogischen Tagungen und auf der Messe *Didacta* auslagen, ergaben keinen Befund. Untersuchungen pädagogischer Zeitschriften im Fach Deutsch brachten ebenfalls selten abweichende Ergebnisse. Lediglich in der Zeitschrift *Praxis Deutsch* (Abraham 2011) wurde ein Buch beworben, das sich anlässlich einer Tagung zum Thema »Literarische Rezeption von Jungen und Mädchen« (Plath/Richter 2010) mit geschlechterunterscheidenden Ansätzen beschäftigte.

---

2 | In dieser Aufgabe werden die oben angesprochenen Ambivalenzen deutlich. Was zunächst als fortschrittliche Aufgabe erscheint, ist doch nur eingeschränkt offen. Die Schüler_innen haben lediglich die Wahl, sich im System der Zweigeschlechtlichkeit zu bewegen. Die Wahl der Geschlechter in den Aufgaben bezieht sich also immer auf das männliche bzw. das weibliche Geschlecht. Die Facetten einer inter- oder transsexuellen Realität werden hier nicht berücksichtigt.

Bei der Betrachtung der untersuchten Schulmaterialien aus dem Deutschunterricht mit Fokus auf die Aufgaben, die auf Geschlecht eingehen, ergeben sich zwei Tendenzen: Einerseits wird darauf abgezielt, die Aufmerksamkeit von Schüler_innen durch eine bestimmte Ansprache zu erhalten, in die eine geschlechterstereotype Sichtweise und teilweise auch Verallgemeinerungen im Zusammenhang mit der ethnischen Zugehörigkeit eingelassen sind. Andererseits findet sich das Bestreben, durch Inhalte die Schüler_innen dazu anzuregen, über Geschlecht nachzudenken und Gemeinsamkeiten von Mädchen und Jungen, Männern und Frauen herauszuarbeiten, wobei sich eine Buchreihe für das Gymnasium besonders hervorgetan hat. Hier wäre es interessant, in einer größer angelegten Studie der Frage nachzugehen, ob die Lehrpläne der einzelnen Schulformen in Nordrhein-Westfalen, an denen die Schulbücher sich orientieren, jeweils eher einen geschlechterdifferenzierenden bzw. geschlechterreflektierenden Ansatz vorgeben. In beiden Fällen wird sich allerdings nicht über das Mann-Frau-Schema hinausgewagt. Möglichkeiten, den Schüler_innen durch das Schulbuch neue Perspektiven aufzuzeigen, von denen die in der Einleitung zitierte Lehrerin gesprochen hat, bieten die Aufgabenstellungen nur, wenn die Lehrkraft auf Basis einer entsprechenden Gender-Theorie, die die Grenzen der dichotomen Geschlechtervorstellungen sprengt, Reflexionen ermöglicht. Ein geschlechterunterscheidendes Material, welches Ähnlichkeiten zu den Veröffentlichungen im angesprochenen Nachhilfesektor aufweist, konnte jedoch anhand des untersuchten Materials nicht gefunden werden.

Die nach solchen Materialien gefragten Deutschlehrkräfte gaben zunächst ausnahmslos an, dass sie kein geschlechterunterscheidendes Material für ihr Fach kennen würden. Im Laufe der Interviews wurden jedoch Beispiele angeführt, die neben der offensichtlich unterschiedlichen Ansprache der Geschlechter von impliziten Einlassungen in den Texten zeugen, bei denen, ohne es benennen zu müssen, für die Beteiligten klar wird, an welches Geschlecht man sich gerade bevorzugt wendet. So knüpften die Bildsprache sowie bestimmte Themen und deren Aufbereitung im Schulbuch an konzeptionelle Überlegungen zur unterschiedlichen »Gedankenwelt« von Mädchen und Jungen an, wie eine Lehrerin beschreibt:

»Es ist dann 'n Text meinetwegen über ein Mädchen und die Gefühle und Gedanken, die es hat, wenn es vorm Spiegel steht oder in einer Freundschaft ist, und parallel kommt dann aber meistens auch 'n ähnlicher Text vor, wo dann die Gedankenwelt des Jungen dargestellt wird und auch aufgegriffen wird.« (DLw1)

Auch der Gebrauch von Materialien, die sich speziell an Jungen bzw. Mädchen wenden, konnte anhand der Interviews nachgezeichnet werden. Eine Lehrkraft berichtet z.B. im Interview, dass sie die Bücher *Alles Machos – außer Tim!* (Brinx/Kömmerling 2003a) und *Alles Hühner – außer Ruby!* (Brinx/Kömmerling 2003b), welche dieselbe Geschichte einmal aus der Perspektive eines Mädchens und einmal aus der eines Jungen erzählen, von den Mädchen und den Jungen in der Klasse lesen lässt. Diese sollen sich dann im Anschluss über »diese klassischen Missverständnisse, die es gibt, und noch so die Heimlichkeiten, die beide Geschlechter haben« austauschen (DLw5). Durch die Zuweisung von fiktiven vergeschlechtlichten Personen an die Schüler_innen werden einerseits die normativen Erwartungen, die an sie als Mädchen bzw. Junge gestellt werden, implizit aufgezeigt und andererseits gesetzt, dass sich in ihrer Klasse zwei unterschiedlich denkende und handelnde Personengruppen befinden. Bei der Betonung von Unterschieden zwischen den Geschlechtern werden jedoch andere Unterschiede vernachlässigt, wie z.B. die innerhalb von Geschlechtergruppen (vgl. Rendtorff 2011b: 21ff.). Eine weitere Problematik von Unterscheidungen liegt darin, dass dabei Oppositionen entstehen und sich daraus eine Hierarchie entwickeln kann, welche ungleiche Machtverhältnisse begünstigt (vgl. Rendtorff 2011b: 22). Als Umgang mit der Lektüre wäre auch denkbar, den Schüler_innen die Wahl zu überlassen, die eine oder andere Perspektive einzunehmen. Der Einsatz der Ganzschrift in dieser Weise zeigt jedoch, dass Inhalte, die die Differenz betonen, gerne in den Unterricht aufgenommen werden und eine differenztheoretische Deutung von Geschlecht von Lehrkräften nicht selten unhinterfragt bleibt (vgl. Düro 2008: 228).

Die Tatsache, dass alle Interviewpartner_innen für das Unterrichtsfach Deutsch zu Beginn angaben, geschlechterunterscheidendes Material für ihr Fach nicht zu kennen, kann als Hinweis auf das Wissen über die gesellschaftliche Übereinkunft der Gleichbehandlung der Geschlechter gedeutet werden, was von Seiten der Lehrkräfte zunächst als wichtig zu verbalisieren erscheint. Beispiele von geschlechterunterscheidenden Materialien, die im Laufe des Gesprächs angeführt werden, machen wiederum deutlich, dass Lehrkräfte längst mit solchem Material arbeiten. Das Material ist jedoch so in die pädagogische Arbeit integriert, dass es nicht gezielt und nicht bewusst als geschlechterunterscheidendes Material, sondern eher als eine unter vielen anderen Möglichkeiten ausgewählt wird.

2.2 Beharrlichkeit traditioneller Geschlechterbilder in Physikschulbüchern

Nur in Bezug auf die Physik gab es in den Expert_innen-Interviews auf Anhieb einen Hinweis auf geschlechterunterscheidendes Material. Dieser bezog sich auf didaktisches Zusatzmaterial für Lehrer_innen. Es war somit nur eine von 14 befragten Personen, die ohne weitere Nachfrage entsprechendes Material nennen konnte. In den vier untersuchten Schulbuchreihen und Zusatzmaterialien der insgesamt 16 in den Interviews bzw. in den Fragebögen erwähnten Schulbüchern konnten im Vergleich zu den Deutschschulbüchern keine besonderen Tendenzen bezüglich einer speziellen Ansprache der Geschlechter in den Aufgaben festgestellt werden. Auffallend sind hingegen die bereits in den 1980er-Jahren als sexistisch monierten Aspekte der Darstellungsweise der Geschlechter durch die ungleichverteilte Anzahl von abgebildeten Männern und Frauen, die geschlechterstereotype Art und Weise der Darstellungen der Geschlechter und die nicht geschlechtergerechte Sprache (vgl. Pechtl 1994). So werden z.B. Frauen immer noch überdurchschnittlich oft im reproduktiven Tätigkeitsfeld gezeigt (beispielsweise an fünf Stellen in einem Buch), während keine Abbildung von Männern in diesem Bereich vorliegt. Eine Festschreibung von stereotypen Geschlechterbildern, bei der der Lebens- und Arbeitsbereich von Frauen hauptsächlich im häuslichen bzw. im sozialen Bereich angesiedelt ist und der von Männern im außerhäuslichen bzw. technischen Bereich, scheint damit gegeben. Für den Physikunterricht sind diese Abbildungen problematisch, da sie die Frage provozieren, warum sich Schülerinnen in Anbetracht dieser Lebensperspektiven für das Fach interessieren sollten. Eventuell wurde das einseitige Bild auf die Geschlechter begünstig durch die nahezu vollständige männliche Autor_innenschaft – lediglich die Umschlaggestaltung und Illustration der Bücher wurde teilweise von Frauen vorgenommen (vgl. Backhaus 2010; Hepp 1997).

In den untersuchten Physikzeitschriften hingegen findet die Mädchenförderung und damit eine weitere Facette eines geschlechterdifferenzierenden Ansatzes Erwähnung. So wird z.B. für die Vernetzung der aktiven Lehrenden zwecks des Austauschs und der Durchführung regionaler Mädchen-Technik-Kongresse (vgl. Buhr 2010: 87) geworben. Ob jedoch bei dem Mädchen-Technik-Kongress geschlechterunterscheidendes Material eingesetzt wird, wie es an manchen Stellen im Deutschunterricht der Fall war, konnte hier nicht weiter verfolgt werden. Im Gegensatz zu den untersuchten Physikschulbüchern wird sich hier um eine geschlechtergerechte Sprache bemüht, wobei zwar z.B. von Mitschülerinnen und Mitschülern gesprochen wird, jedoch die Lehrkraft nach wie vor mit dem generischen Maskulinum bezeichnet wird (vgl. Buhr 2010: 16). Ein weiterer Hinweis auf einen geschlechterunterscheidenden Ansatz bietet ein Artikel zum »Kompetenzbereich Kommunikation« (Sach 2010: 14ff.). Hier wird eine Unterrichtsreihe nach Grundsätzen der themenzentrierten Interaktion beschrieben, in der Mädchen eine Kochshow inszenieren. Es gibt jedoch keinen direkten Anhaltspunkt für die Thematisierung von Geschlecht z.B. im Sinne des Konzepts, bei dem man die Kinder und Jugendlichen mithilfe ihrer vermeintlich geschlechtstypischen Interessen (hier das Kochen bei Mädchen) für ein Fach begeistern will. Vielmehr wird in der Zeitschrift von »binnendifferenziertem Unterricht« (Hepp 2010a: 36-45) bzw. vom »Motivieren« (Hepp 2010b: 14-18) gesprochen und als Begründungen soziale Gerechtigkeit und Ergebnisse einer Meta-Analyse von mehreren Studien[3] (vgl. Hepp 2010a: 37) angeführt, die jedoch nicht näher expliziert werden. Ob z.B. den Schülerinnen im Laufe der Unterrichtsreihe mit der Kochshow auch andere Möglichkeiten zur Wahl gegeben wurden, die sich außerhalb der den Frauen zugeschriebenen Sphäre befunden haben, konnte anhand des Beitrags in der Zeitschrift nicht ermittelt werden. Es ist jedoch auffällig, dass gerade dies als gelungenes Beispiel für eine Unterrichtsreihe nach Grundsätzen der themenzentrierten Interaktion für die Veröffentlichung in der Zeitschrift ausgewählt worden ist. Dies könnte ein Hinweis auf eine differenztheoretische Perspektive auf Geschlecht sein, bei der davon ausgegangen wird, dass man mit dem Thema Kochen den vermeintlich ureigenen Interessen der Schülerinnen gerecht geworden ist. So bleibt die Maßnahme doch in ihrer Konsequenz in den alten Denkstrukturen zu Geschlecht verhaftet, mit dem Unterschied, dass jetzt aufgezeigt wird, warum man auch als Frau, für die der häusliche Bereich bzw. die Sorgetätigkeit vorgesehen ist, Physik brauchen kann (vgl. Kap. 2.2, 1. Absatz).

---

3 | Eine dieser Studien, auf die in dem Artikel angespielt wird, könnte die Forschung von Stephanie Maxim (2009: 249) sein, die davon spricht, dass »Physik [sowohl] für Mädchen [als auch für] Jungen interessanter wird, wenn sie in einen anwendungsbezogenen Kontext eingebettet ist«. Unterschiedliche Interessenlagen bzw. Themengebiete, die man Geschlechtsgruppen zuordnen könnte, konnten laut Maxim jedoch nicht festgestellt werden.

2.3 »Schulbücher [sind] recht träge Medien«

Sabrina L. Müller und Inga Niehaus (2012) haben in ihrem Vortrag auf der Tagung, auf der dieser Sammelband fußt, resümiert, dass Schulbücher »recht träge Medien sind«. Dies kann anhand der vorliegenden Ergebnisse bestätigt werden. In den untersuchten Schulmaterialien fanden sich lediglich Hinweise auf eine problematische geschlechterunterscheidende Sichtweise, z.B. anhand der Aufgaben, bei denen die Schüler_innen als Jungen und Mädchen gezielt (Menzel 2002: 9) oder implizit angesprochen wurden oder eine Geschichte einmal für die Jungen aus der ›Jungensicht‹ erzählt wird und einmal für die Mädchen aus ›Mädchensicht‹ (Brinx/Kömmerling 2003). Das Erscheinungsdatum der jeweiligen Beispiele zeugt davon, dass es sich hierbei nicht um neue Tendenzen, sondern eventuell um die Kontinuität und Vehemenz einer differenztheoretischen Sicht auf Geschlecht handelt und nicht um einen neuen Trend der Implementierung von geschlechterunterscheidendem Material. Es konnten bis jetzt nur ansatzweise neuere Tendenzen im Zusammenhang mit den auf dem Markt gekommenen *PONS Textaufgaben für Mädchen* (Speicher 2009) und *PONS Diktate für Jungs* (Beck 2009) ausgemacht werden, bei denen auf besonders offensive, stereotypisierende Weise (vgl. Rendtorff 2011b: 22) auf Geschlecht eingegangen wird (es werden darin geschlechtliche Zuordnungen vorgenommen mit den Farben Rosa und Blau sowie Inhalten wie u.a. Blumen und Muscheln, Dinosauriern und Piraten). Dies ist noch kein Beweis dafür, dass die in den politischen Diskussionen sowie in den populärwissenschaftlichen und schulpädagogischen Debatten (vgl. z.B. Aussagen von NRW-Schulministerin Löhrmann in Die Welt 2012; Spiewak 2007; Stadler-Altmann 2013) verhandelten geschlechterunterscheidenden Tendenzen nicht in der Schule widerhallen. Der Vorgehensweise geschuldet, dass sich bei der Analyse auf das in Gebrauch befindliche pädagogische Material konzentriert wurde, stammten die neuesten der untersuchten Schulbücher bzw. Zeitschriften aus dem Jahr 2011, waren also bereits etwas älteren Datums. Wird der Aussage einer Schulbuchredakteurin folgend davon ausgegangen, dass man gerade erst damit beschäftigt sei, die geschlechtergerechte Sprache in das Schulbuch zu implementieren (siehe Kap. 2.1), könnte es noch eine gewisse Zeit dauern, bis man geschlechterunterscheidende Materialien verstärkt in den Fokus nimmt. Mit Blick auf andere Medien, wie aktuelle pädagogische Publikationen, die sich durch schnellere Wege von der Entstehungszeit bis zur Veröffentlichung auszeichnen, kann festgestellt werden, dass sich ein Teil davon deutlich für didaktische Ansätze ausspricht, die Geschlechterunterschiede in den Mittelpunkt rücken. Es wird häufig von den Geschlechtern als monolithische Einheiten ausgegangen; Differenzen innerhalb der Geschlechtsgruppen werden vernachlässigt und Kontextbedingungen bei der Entwicklung von geschlechtstypischem Verhalten missachtet (vgl. Rendtorff 2011b: 94; siehe Kap. 1). Michael Matzners Bücher *Handbuch Jungen-Pädagogik* (Matzner/Tischner 2008), *Handbuch Mädchen-Pädagogik* (Matzner 2010) und die oben erwähnte Nachhilfeliteratur (u.a. Speicher 2009) – beides jedoch für die Primarstufe – zeigen z.B. auf, wie in populärwissenschaftlichen und wissenschaftlichen Debatten diskutierte Themen, etwa ein geschlechterunterscheidender Umgang mit Kindern und Jugendlichen, zeitnah in die Pädagogik einfließen können. Michael Matzner und Wolfgang Tischner (2008: 11) rekurrieren in ihrer Einleitung zum *Handbuch Jungen-Pädagogik* auf

»[...] Ergebnisse der Schulleistungsvergleiche zwischen Jungen und Mädchen [die] einen beispielhaften und geradezu klassischen Anlass liefern, die bisherigen Pädagogischen Theorien und Konzepte als ungenügend zu modifizieren. Diese Leistungsvergleiche geben damit einen entscheidenden Impuls für die Revision überkommender Theorien und Konzepte. Die Idee der Gleichbehandlung von Jungen und Mädchen in Erziehung und Unterricht ist an ihre Grenzen gestoßen und bedarf der gründlichen Überarbeitung. Jungen und Mädchen benötigen aufgrund ihrer unterschiedlichen Disposition eine je unterschiedliche Art des Unterrichtens, unterschiedliche Unterrichtsinhalte, -methoden und -materialien, um ihr Interesse zu wecken, ihre Potenziale umzusetzen und der je nach Geschlecht unterschiedlichen Art des Lernens gerecht zu werden.«

Ebenso fordern sie die »Berücksichtigung moderner biowissenschaftlicher Erkenntnisse« (Matzner/Tischner 2008: 12) in der Pädagogik. Zweigeschlechtlichkeit wird im Beitrag Matzners und Tischners anhand einer verengten Rezeption der Evolutionstheorie begründet, und mithilfe von einseitig dargestellten Ergebnissen der Hirnforschung möchten Matzner und Tischner (2008: 13) »die Existenz biologisch verankerter Geschlechtsunterschiede untermauern«.[4]

3 Mangelndes kritisches Bewusstsein – ambivalente Haltungen: Diffuses Geschlechterwissen bei einem Teil der Lehrkräfte

Die Erwartung, dass die Interviews mit den Lehrkräften als Expert_innen für ihr Fach einen besseren Einblick in das in der Schule verwendete Material ermöglichen, konnte nur teilweise erfüllt werden. So fehlt eine Sensibilisierung für die von ihnen benutzten Materialien im Unterricht hinsichtlich deren vergeschlechtlichter Einlassungen (siehe Kap. 2.1). Trotz der Debatten in den Medien (in denen u.a. über Sinn und Zweck von geschlechterunterscheidenden Spielsachen, Unterrichtsmaterialien und geschlechtergerechter Sprache diskutiert wird) haben die Lehrkräfte ihre Lehrbücher teilweise während der Befragung erstmalig kritisch in den Blick genommen, und im Laufe der Interviews änderten einige Personen ihre Einschätzungen bezüglich der Aussage, dass die Lehrwerke keine geschlechterunterscheidenden Tendenzen aufweisen würden (siehe die folgenden Zitate von DLm2 und PLm3). Die beiden Interview-Ausschnitte zeigen exemplarisch den spontanen Erkenntnisweg der Lehrkräfte (1. Unterrichtsfach Deutsch, 2. Unterrichtsfach Physik) und auch, was zunächst mit dem Begriff »geschlechterbewusste Materialien« in Verbindung gebracht wurde:

»Ich habe also überhaupt niemals festgestellt, dass irgendwo eine Gruppe mehr anspränge auf etwas, was vielleicht geschlechterspezifisch aufbereitet wäre. Ist nicht so. Ich arbeite jetzt mit dem *Klartext sechs* in der Klasse sechs. [Thema ist immer] war vorher Sprache betrachten, das war Grammatik, da ist [wenig] geschlechterspezifisch, selbst bei den Namensgebungen sind also Jungen und Mädchen eigentlich gleich stark vertreten. Mir wäre also nie aufgefallen, dass also Mathilde [öfter] vorkäme als Johannes. Bei dem/mhm/bei dem Erzählen ist es sehr schön aufbereitet, da steht [nun] diesmal ein Junge vorm Tor und möchte

---

4 | Um die Auswirkungen solcher Aussagen auf Schulmaterialien zu beobachten, müssen weitere Untersuchungen folgen.

wissen, was dahinter ist, und es wird also sehr spannend gemacht, aber ... ich glaub, ich wär auch nie auf die Idee gekommen (.). Ich seh jetzt erstmalig die Frage vor mir, dass nicht auch Mädchen genauso gespannt vor dieser Tür stehen könnten und nun ... gucken möchten, was auf dem Dachboden sich befindet. Nech, das ist also [von] der Thematik her, Mädchen [gehen] genauso gern auf dem Dachboden stöbern als Jungen. Nur hat man hier (halt) eben einen Jungen davorgestellt, der mit seinem Opa dann ... über dieses Thema spricht(´) [...] Also mir ist das nie und nimmer aufgefallen.« (DLm2)

»Aber Zentralkraftzentrum, hier haben Sie mal [...] 'nen Hammerwerfer, warum haben wir keine Hammerwerferin, und früher konnte man sagen, Hammerwerfer ist vielleicht nicht so ein gutes Beispiel, aber. Die Physiker sind nun mal fast alles Männer, ne. Die aus der Historie, ist nun mal so. Junge und Mädchen, ja hier könnte man vielleicht sagen, das Mädchen hält, ist ein Mädchen, ne, Mädchen hält, der Junge malt das an. Das ist vielleicht, könnt man: oh, warum nicht umgekehrt? [...] Wenn man das mal hinterfragt, ne. Hier haben wir die Polizei. Die Polizei sind mal wieder zwei Bullen, ja [...].« (PLm3)

Darüber hinaus wurde anhand der Interviews deutlich, dass sich die Lehrkräfte bei der Unterrichtsplanung und -durchführung viel weniger auf Schulbücher stützen als auf selbsterstellte Unterlagen bzw. Material, auf das sie durch bestimmte Verteiler oder Werbemaßnahmen aufmerksam gemacht wurden. Eine Analyse, die sich nur auf die Schulbücher bezieht, kann somit lediglich eine begrenzte Aussagekraft haben. Die zuvor erwähnte Deutschlektüre, die einmal aus Jungen- und einmal aus Mädchensicht geschrieben wurde (Brinx/Kömmerling 2003a, 2003b) ist ein solches Zusatzmaterial. Diese Mittel wurden, wie bereits erwähnt, in den Interviews zunächst jedoch nicht genannt, wenn nach geschlechterunterscheidendem Schulmaterial gefragt wurde. Erst im Verlauf der Interviews kam man zu dem einen oder anderen Beispiel aus der eigenen ›Materialkiste‹. So lag auf dem Schreibtisch einer Deutschlehrerin, die gerade erklärte, dass Geschlechtertrennung in ihrem Umfeld kein Thema sei, ein vorbereiteter Klassensatz pinkfarbener Zeitschriften von der Bundesagentur für Arbeit (2011) zur Berufsvorbereitung. Auf dem Deckblatt posiert eine junge Frau mit langen wehenden Haaren und auffälligem Schmuck, darunter erklärt eine Bildunterschrift: »Sängerin Sarah Engels: ›Folge deinem Berufsziel!‹«. Die Zeitschrift richtet sich dem Deckblatt nach an junge Frauen kurz vor dem Ende ihrer Schulzeit. Das Schwerpunktthema der Zeitschrift lautet »Berufe rund um das Essen und Trinken«. Die Anzahl und Qualität der Abbildungen ist nicht geschlechtergerecht: Es sind 14 Frauen abgebildeten (zu 28 Männern), welche (in passiver Art) verschiede Berufe ›verkörpern‹: Sie posieren als Sängerin, sitzen am Fließband, prüfen Produkte im Labor, kaufen ein und fragen das planet-beruf.de-Team (als stilisierte männliche Berater abgebildet) um Rat. Ausgezählt ergeben sich für junge Frauen fünf verschiedene Berufsfelder, während das männliche Geschlecht in neun unterschiedlichen Berufsfeldern abgebildet ist. Auf die Zeitschrift auf ihrem Schreibtisch angesprochen, wiegelte die Lehrerin ab, zeigte Unverständnis dafür, dass an dem Material etwas für die Forschung interessant sein könnte, und forderte dazu auf, mit dem Interview über Schulmaterialien fortzufahren. Hier fällt also entweder das im Unterricht eingesetzte Zusatzmaterial nicht unter die Rubrik Schulmaterial und wird somit nicht einbezogen, wenn nach geschlechterunterscheidenden Materialien in der Schule gefragt wird. Für die Auswahl des Zusatzmaterials könnten außerdem nicht dieselben Maßstäbe im

Sinne des Gleichheitspostulates gelten. Oder die Geschlechterdifferenzierungen in den Materialien werden, wenn nicht explizit darauf hingewiesen wird, nicht als solche erkannt, z.B. da bestimmte stereotype Zuschreibungen zu den Geschlechtern durch Normalisierungsprozesse in der Schule und Einflüsse von außen (vgl. Jäckle 2011: 32) zu impliziten Festschreibungen werden. Nimmt man die Aussagen aus den Interviews, die in Abbildung 1 zusammengefasst wurden, hinzu, erhärtet sich die These von einem ambivalenten Umgang mit Geschlecht in der Schule. Trotz des unbewussten Einsatzes von geschlechterunterscheidendem Material in der Schule finden sich unter den Interviewten nur wenige Lehrkräfte, die geschlechterunterscheidendes Material uneingeschränkt befürworten. Lediglich eine der 14 interviewten Personen ist für den Einsatz von geschlechterunterscheidendem Material in der Schule.

Der unkritische Umgang mit dem verwendeten Material, ob aus dem schulischen Fundus oder aus weiteren Quellen, birgt trotz einer in den Interviews transportierten eher verhalten kritischen Einstellung der Lehrkräfte gegenüber geschlechterunterscheidenden Materialien (vgl. Abb. 1) die Gefahr, dass bestimmte Diskurse über die Hintertreppe Einzug halten in die pädagogischen und didaktischen Konzepte in der Schule, wie – das zeigen die Beispiele – teilweise bereits geschehen.

Pro geschlechterunterscheidende Materialien (6)	Contra geschlechterunterscheidende Materialien (8)
Uneingeschränkt und für beide Fächer (Deutsch und Physik) (3)	Uneingeschränkt ablehnend (6)
Wenn, dann nur eingeschränkt für das Fach Deutsch (2)	Wenn, dann nur eingeschränkt, z.B. für die Fächer Sexualkunde und Religion (1)
Gerechtfertigt aus pragmatischen Gründen (beispielsweise um im Fach Deutsch auf die Eigenschaften der Geschlechter besser eingehen zu können) (1)	Abgelehnt aus pragmatischen Gründen (z.B. größerer Arbeitsaufwand) (1)

Abb. 1: Zusammenfassung der Einstellungen der interviewten Lehrkräfte zu geschlechterunterscheidenden Materialien[5]

Wie Abbildung 1 zeigt, entscheiden sich zwar ein wenig mehr Lehrkräfte gegen geschlechterunterscheidende Materialien, doch erweist sich die Differenz als nicht sehr groß und ist angesichts der geringen Fallzahl auch mit Vorsicht zu genießen. Immerhin nehmen doppelt so viele Lehrkräfte eine uneingeschränkt ablehnende Haltung gegenüber dieser Frage ein. Sichtbar wird auf jeden Fall eine Ambivalenz, sowohl gegenüber der Haltung zu geschlechterunterscheidenden Materialien als auch in den eigenen Positionen. Dieses zeigt sich besonders in weiteren Erläuterungen der Lehrkräfte zum Thema, die eine diffuse Vermischung stereotypisierender Sichtweisen auf Geschlecht offenlegen, welche einerseits an alltagsweltliche

---

5 | Die Zahlen in Abbildung 1 geben die jeweilige Anzahl der Nennungen an.

Erfahrungen angelehnt ist und andererseits an populärwissenschaftliche Debatten der letzten Jahre erinnert. So beziehen sich zehn von 13 interviewten Lehrkräften schwerpunktmäßig auf ihre persönlichen Erfahrungen. Als private Bezüge werden innerfamiliäre Erlebnisse als Mutter, Vater, Tochter, Sohn oder Erkenntnisse aus der eigenen Schulzeit angeführt; weitere Quellen sind die Erlebnisse als Lehrkraft. Das Problem ist hier, dass die persönlichen Erfahrungen, die oft wissenschaftlich nicht haltbar sind, verallgemeinert werden. Gleichzeitig fehlen eine differenzierte Sicht und Kenntnisse der Gender Studies (vgl. Wetterer 2009). Darüber hinaus werden bei dem Rückgriff auf Alltagswissen als Begründung für professionelles Handeln vormals auf Augenscheinlichkeit beruhende Kategorisierungen als vermeintliche Wahrheiten verfestigt. Ohne eine entsprechende Gender-Theorie birgt der Anspruch, in der Schule auf Geschlecht eingehen zu wollen, so die Gefahr, »zur Reproduktion von Ungleichheiten statt zur Geschlechtergerechtigkeit beizutragen« (Stadler-Altmann 2013: 14). Verweise auf populärwissenschaftliche Debatten zu Gender und Schule, die in den Interviews bei der Erläuterung der Probleme in der Schule herangezogen wurden, zeigen sich insbesondere, wenn das Argument einer vermeintlichen Feminisierung der Schule (sechs Nennungen) in Form von mehrheitlich weiblichem Lehrpersonal an Schulen, eine verkopfte Ausrichtung der Schule und eine latente Bevorzugung der weiblichen Perspektive in Schulbüchern angeführt wird. Zudem findet sich ein extrem auf dichotomen Annahmen beruhendes Geschlechterwissen wieder (vgl. Dölling 2006). Die interviewten Lehrkräfte charakterisieren die Mädchen dabei u.a. als »fleißig, akribisch, ordentlich, sauber, adrett« (DLm2), »kooperativ, selbstständig« (PLm11), »ängstlich, sorgfältig, zurückhaltend« (PLm3) und die Jungen mit Begriffen wie »mit Flausen im Kopf, Klassenclown« (PLm11), »schlechter, spritzig, unorthodox, wagemutig, impulsiv« (DLm8), »draufgängerisch« (DLm2) und vor allem als »aggressiv« (DLw13, DLw1). Interessant ist, dass den Mädchen trotz ihrer relativ guten Noten im Fach Physik und der Zuschreibung von günstigen Eigenschaften für ein Vorankommen in allen Fächern abgesprochen wird, darin wirklich talentiert zu sein, und dass die guten Noten im Gegenteil auf den Fleiß der Mädchen zurückgeführt werden. Dies wird deutlich, wenn es z.B. heißt, »es fehle [ihnen] an Liebe dabei« (PLm3). Während den Jungen trotz oder gerade wegen der ihnen zugesprochenen eher weniger zuträglichen Wesensmerkmale zugetraut wird, dass »denen diese Naturwissenschaft, Technik tendenziell eigentlich besser liegt, aber [sie] trotzdem nicht die besseren Leistungen bringen« (PLm8). Diese Aussagen finden sich in ähnlicher Form vielfach in den Interviews, was auf ein implizites und im Unterricht hochwirksames und folgenreiches Doing Gender verweist, welches wiederum die Leistungen der Schüler_innen beeinflusst (siehe auch Tobies/Schneider in diesem Buch). Als Ursachen für die dargelegten geschlechtsspezifischen Verhaltensweisen, Interessen und Fähigkeiten wurden neben biologischen Erklärungen, wie z.B. in dem Zitat am Anfang des Beitrages ersichtlich, auch entwicklungspsychologische, genetische, neurowissenschaftliche und evolutionstheoretische Erklärungen in sehr verkürzter, teilweise verfälschter Weise angeführt:

»Gibt ausreichend viele Untersuchungen darüber, dass eben Jungen einfach aus der Entwicklungsgeschichte der Menschen 'n etwas anderes Verhalten haben müssen. Das ist für sie stammesgeschichtlich sinnvoll, bis hin zum Rüpeln und ihre Reviere abzustecken.« (DLw13)

Eine Hinwendung zu pseudo-wissenschaftsförmigem Wissen aus den Bereichen Biologie und Psychologie bzw. Neurowissenschaft und Genetik verweist auf die Verbreitung von populärwissenschaftlichem Wissen in Medien, die auch durch die Lehrkräfte wahrgenommen werden.[6] Darüber hinaus wird in den Interviews aber auch auf eine soziale Prägung, und hier besonders auf den Einfluss der Eltern, verwiesen, welche u.a. den Erfolg von Mädchen in naturwissenschaftlichen Fächern für nicht wichtig erachten, bei Jungen jedoch nachhaken würden, wenn der erwartete Erfolg ausbliebe:

»Heute ist Elternsprechtag. Ich vermute mal, wenn mich jemand auf Physik anspricht, dann wird das vielleicht n' Vater oder Mutter von einem Jungen sein. Denn die Mütter und Väter, die von Mädchen hier hinkommen, die muss man teilweise daran erinnern ›Und ihr Kind hat auch neben Mathematik auch Physik bei mir‹.« (PLm11)

Sicherlich ist der Einfluss der Eltern von Bedeutung (siehe Tobies/Schneider in diesem Buch). Doch in den zahlreichen Beispielen wird deutlich, dass die Schule selbst, und hier die Lehrkräfte, großen Anteil an der geschlechterstereotypen Entwicklung von Kindern und Jugendlichen haben. Mit der Nennung von quasi-wissenschaftlichen Begründungen für angebliches geschlechtertypisches Verhalten wird die eigene Verantwortung dafür verschoben und die Wirkmächtigkeit der Handlungen als Lehrkraft negiert.

Aus dem dargelegten Wissen über Geschlecht ergeben sich für die interviewten Lehrkräfte zusammengefasst drei Facetten didaktischer Konsequenzen:

(1) Im Unterricht soll den Unterschiedlichkeiten von Jungen und Mädchen Rechnung getragen werden.
(2) Der Unterricht soll so gestaltet werden, dass er vorhandene Unterschiede der Geschlechter abmildert bzw. aufhebt.
(3) Unterricht soll auf die individuellen Fähigkeiten aller Kinder und Jugendlichen abzielen.

Die erste Konsequenz ist die, bei der am wahrscheinlichsten ist, dass geschlechterunterscheidende Aufgaben und Materialien im Unterricht eingesetzt werden: Der Unterricht soll den angenommenen Unterschiedlichkeiten der Geschlechter gerecht werden, indem z.B. im Physikunterricht durch Aufteilung in Geschlechtergruppen eine »Mädchen«- und eine »Jungen«-Physik (PLm3) realisiert werden kann. Die Mädchen beschäftigen sich mit Themen, die ihrem Erfahrungsspektrum näher seien sollen, wie z.B. mit der Funktionsweise eines Induktionsherdes (PLm3). Im Deutschunterricht kann eine Ganzschrift gelesen werden, in der (vermeintlich) männliche und weibliche Perspektiven von den entsprechenden Geschlechtergruppen bearbeitet werden. Hier wird den Schüler_innen jedoch kein Raum zum Anderssein gelassen und im schlimmsten Fall werden »Grenzgänger_innen« zu »Außenseiter_innen« gemacht (Kantsteiner-Schänzlin/Höppel 2008: 165). Eine Alternative zu diesem Konzept wäre es, die Interessen und Erfahrungswelten der Schüler_innen abzufragen und daraus entsprechende Aufgaben

---

6 | Zur Problematik der einseitigen Verwendung empirischer Daten siehe auch Rendtorff (2011b: 27, 49ff.)

zu entwickeln. Bei der Wahl der Aufgaben könnten sich dann geschlechtshomogene oder geschlechtsheterogene Gruppen bilden.[7] Zweitens findet man aber auch die Intention der Lehrkräfte, mit einer selbstreflexiven Haltung den Unterricht zu gestalten und gegebenenfalls auf soziale (Fehl-)Entwicklungen einzuwirken: Wenn in einer bestimmten Altersstufe die Angehörigen des einen oder des anderen Geschlechts bereits spezifische fachliche Präferenzen bzw. Abneigungen entwickelt haben, sind das Situationen, »wo man sich das jetzt vornimmt: da guckst du jetzt mal drauf, da machst du mal was anders. Während man im großen Ganzen natürlich dieses Rollenklischee [...] schon auch in [gewisser] Hinsicht vorlebt« (PLm5). Auch hier besteht die Gefahr, dass mit gut gemeinten Aktionen eine (unbewusste) Dramatisierung von geschlechtertypischem Verhalten der Schüler_innen einhergeht (siehe auch Rendtorff in diesem Buch). Eine Ansprache der Schüler_innen unabhängig vom Geschlecht und zugunsten einer Vielfalt der Interessen und Neigungen wäre auch hier eine Alternative. Rollenklischees im Physikunterricht können z.B. mithilfe der Sichtbarmachung und des Einbezugs von Physikerinnen in den Unterricht, durch das Einladen von Expert_innen und Besuche in Einrichtungen außerhalb der Schule aufgebrochen werden. Drittens wird im Sinne einer Geschlechter-Dethematisierung auf individuelle Förderung abgezielt: Ein Vorgehen nach dem »Think/Pair/Share«-Prinzip zur Förderung selbstständiger Arbeit aller Schüler_innen eigne sich am besten, um den Unterricht zu gestalten (DLw2). Nach diesem Prinzip wird in einem Dreischritt ein Thema erarbeitet bzw. wiederholt. Zunächst erhält das Kind bzw. der/die Jugendliche Zeit, sich allein mit der Thematik zu befassen, bevor erste Antworten mit Mitschüler_innen im Team oder in der Kleingruppe besprochen werden. Schließlich werden die daraus hervorgegangenen Ergebnisse im Plenum präsentiert bzw. diskutiert. Bei der Konzentration auf die Fähigkeiten der einzelnen Schüler_innen im Unterricht wird jedoch außer Acht gelassen, dass in der Gesellschaft gewisse Strukturen in Verbindung mit Geschlecht wirksam sind, die Einfluss auf die Entwicklung der einzelnen Subjekte haben (vgl. Rendtorff 2011a: 232). Fähigkeiten, Abneigungen und Interessen werden also nicht unabhängig von gesellschaftlichen Einflüssen entwickelt. Das pure Dethematisieren von Geschlecht würde somit zu kurz greifen und könnte sogar das Auffrischen traditioneller Klischees in Verbindung mit Geschlecht begünstigen, wenn die Stereotype nicht bewusst bearbeitet werden (vgl. Rendtorff 2011b). In Bezug auf die Schwierigkeit, sich als Lehrkraft in geschlechterbewusster Weise professionell zu verhalten, formuliert Barbara Rendtorff (2011b: 124): »Das Kunststück besteht darin, in Kenntnis der Komplexität des Sachverhalts und wissend um die eigene Verstrickung zu handeln, ohne zu dramatisieren, aber auch ohne zu vereinfachen«.

4 Neue alte Tendenzen

In der Analyse zeigt sich, dass die interviewten Lehrkräfte tendenziell differenztheoretische Annahmen vertreten, die sich dadurch auszeichnen, dass von einem zweigeschlechtlichen Ordnungssystem ausgegangen wird und Unterschiede vorzugsweise in polarer Opposition Männern und Frauen zugeordnet werden. Die

---

7 | Weiter zur Problematik dieses Ansatzes siehe auch Kapitel 2.3.

vermeintliche Differenz von Geschlecht wird somit betont und eine Vielfalt der Geschlechter bzw. innerhalb der Geschlechter ausgeklammert. Damit einher geht oftmals die Vernachlässigung der Perspektive auf die gesellschaftlichen Bedingungen für eine geschlechtstypische Entwicklung zugunsten einer diffusen Übereinstimmung darüber, dass es einen natürlichen Ursprung für die scheinbaren Differenzen gäbe. Die in den Interviews von den Lehrkräften mit dieser Perspektive bevorzugten Konsequenzen für den Unterricht geben erste Hinweise auf den Gebrauch von geschlechterunterscheidendem Material in pädagogischen Bereichen. Dieses speist sich jedoch nicht vorrangig aus den regulären Schulmaterialien. Die Lehrkräfte bedienen sich anderer Quellen oder erzeugen ihr Handwerkszeug selbst, vermutlich da sich entsprechende Vorgaben für Material, das auf Geschlecht eingeht (noch) nicht in ›ausreichendem Maße‹ in den vom Kultusministerium für den Unterricht vorgesehenen Unterlagen wiederfindet. Zudem zeigt sich partiell der Einsatz einer geschlechterdifferenzierenden Didaktik. Diese Unterrichtspraktiken stehen teilweise im Widerspruch zu einer Eigenwahrnehmung und explizit geäußerten Einstellung der Lehrkräfte, die sich zunächst eher kritisch gegenüber solchen Differenzierungen positionieren. Ob die unbewusste Geschlechterunterscheidung in der Schule damit eine neue Qualität erreicht hat oder dies von ihrer Persistenz, d.h. deren Verharrungsvermögen in der Institution, zeugt, kann auf Grundlage der Untersuchung nicht abschließend beantwortet werden. Folgt man den Ausführungen Barbara Rendtorffs (2011b: 24), so gibt es eine Kontinuität von »einander widersprechende[n] Erklärungsmustern [für Geschlechterunterschiede] über die Jahrhunderte« hinweg. Festgehalten werden kann jedoch, dass die in den Interviews wiedergefundenen vereindeutigenden und teilweise verkürzt dargestellten Forschungsergebnisse aus populärwissenschaftlichen Veröffentlichungen zur Begründung von Geschlechterunterschieden und die dadurch geprägten alltagsweltlichen Erfahrungen zusammen mit dem Anspruch, eine professionelle Haltung als Lehrkraft in Anlehnung an die gesellschaftlich etablierte Vorstellung von Gleichbehandlung der Geschlechter einzunehmen, ein problematisches Spannungsfeld erzeugen. Einerseits tragen Fachzeitschriften mit Titeln wie *Genderkompetenz bei Lehrerinnen und Lehrern. Jungen – die neuen Benachteiligten* (Drogand-Strud 2011) und entsprechenden Artikeln dazu bei, dass sich eine auf Differenzen abzielende Perspektive auf Geschlecht durchsetzt bzw. verfestigt, wobei es jedoch bei aufmerksamer Lektüre häufig an einer angemessenen Gender-Theorie (vgl. dazu auch Stadler-Altmann 2013), Belegen für die aufgeworfenen Thesen und konkreten Zielen fehlt. Andererseits tritt in den Interviews implizites Wissen darüber zutage, dass von Lehrkräften erwartet wird, in der Schule Chancengleichheit herzustellen und Schüler_innen gleich zu behandeln (denn die Förderung der Gleichberechtigung von Frauen und Männern ist in den Institutionen im Grundgesetz verankert; vgl. Menzenbach/Netterscheidt/Beckebanze/Kuhn 2009). Die unterschiedlichen und nicht miteinander in Einklang zu bringenden Anforderungen an die Lehrkräfte könnten eine Begründung für die ambivalente Haltung sein, die sich in ihren Aussagen findet. Zur Beurteilung der vielfältigen Debatten – so scheint es – fehlt es sowohl an wissenschaftlichem Wissen auf dem Gebiet der Geschlechterforschung im Kontext von Bildungstheorien als auch an zeitlicher Kapazität für die Auseinandersetzung damit. Auch ein eventuell vorhandenes »abstraktes Wissen« allein, das sich aus wissenschaftlichem Wissen speist, jedoch nicht zum Anlass für Reflexionen des eigenen Denkens und Tuns genommen wird, reicht hier nicht aus (Faulstich-Wieland 2013: 17).

In dem Forschungsvorhaben wurde der Einsatz von Materialien in der Schule auf neue Tendenzen hin überprüft, die geschlechterunterscheidend sind. Dabei wurden sowohl in Gebrauch befindliche Materialien als auch Aussagen von Lehrkräften der Fächer Physik und Deutsch analysiert. In den Materialien fanden sich zwar teils Aufgabenstellungen, die sich einmal an Mädchen und einmal an Jungen richteten, diese tauchten jedoch kontinuierlich immer wieder in den einzelnen Lehrwerken auf und konnten nicht als neue Erscheinungen eingeordnet werden. Die Aussagen der Lehrkräfte zum Einsatz von geschlechterunterscheidenden Materialien können aus den oben beschriebenen Gründen (siehe Kap. 2.1 und 3) als ambivalent bezeichnet werden. Um beide Befunde genauer betrachten und die weitere Entwicklung in der Schule verfolgen zu können, werden Forschungsprojekte folgen. Zu den aktuellen Ungleichzeitigkeiten von Geschlechterkonzepten im Bildungsbereich gibt es bereits ein neues Projekt am Zentrum für Geschlechterstudien/Gender Studies (ZG) der Universität Paderborn, welches die Erkenntnisse dieses Forschungsprojektes aufgreift und sie sowohl auf theoretischer als auch auf methodischer Ebene vertieft. Um den Austausch von schulpädagogischer Forschung und professioneller Praxis in der Schule zu fördern, fand im Juni 2014 ein Kongress mit dem Titel »Gender – Schule – Chancengleichheit?!« (gefördert vom Bundesministerium für Bildung und Forschung) statt.[8] Darüber hinaus wird zurzeit im Rahmen eines Dissertationsvorhabens an der Universität Paderborn dem Geschlechterwissen und den Geschlechterpraktiken von Lehrkräften nachgegangen.

LITERATUR

Buhr, Regina, 2010: Mädchenförderung vernetzen. Workshops und bundesweite Mädchen-Technik-Talente-Foren. In: Unterricht Physik. 21. Jg. H. 117/118, 87-89.
Bundesagentur für Arbeit, 2011: Planet-beruf.de. Mein Start in die Ausbildung. [www.planet-beruf.de/, eingesehen am: 11.01. 2011]
Connell, Raewyn, 2013: Gender. Wiesbaden: VS.
Die Welt, 2012: NRW-Schulministerin fordert getrennten Unterricht. [www.welt.de/regionales/duesseldorf/article106413713/NRW-Schulministerin-fordert-getrennten-Unterricht.html, eingesehen am: 18.07.2014]
Dölling, Irene, 2006: ›Geschlechter-Wissen‹ – ein nützlicher Begriff für die ›verstehende‹ Analyse von Vergeschlechtlichungsprozessen? In: Gildemeister, Regine/Wetterer, Angelika (Hg.): Erosion oder Reproduktion geschlechtlicher Differenzierungen? Widersprüchliche Entwicklungen in professionalisierten Berufsfeldern und Organisationen. Münster: Westfälisches Dampfboot.
Drogand-Strud, Michael, 2011: Genderkompetenz bei Lehrerinnen und Lehrern. Jungen – die neuen Benachteiligten? In: Pädagogik. 3 Jg. H. 63, 28-31.
Düro, Nicola, 2008: Lehrerin – Lehrer. Welche Rolle spielt das Geschlecht im Schulalltag? Eine Gruppendiskussionsstudie (Frauen- und Genderforschung in der Erziehungswissenschaft). Band 8. Opladen: Budrich.

---

8 | Informationen hierzu sowie eine Dokumentation findet sich auf www.genderkongress-paderborn.de (eingesehen am: 04.11.2014).

Faulstich-Wieland, Hannelore, 2013: Geschlechterdifferenzen als Produkt geschlechterdifferenzierenden Unterrichts. In: Stadler-Altmann, Ulrike (Hg.): Genderkompetenz in pädagogischer Interaktion. Opladen: Budrich, 12-28.

Glaser, Barney/Strauss, Anselm, 1967: The Discovery of Grounded Theory. Strategies for Qualitative Research. Chicago: Aldine.

Jäckle, Monika, 2011: Subjektivationsprozesse im Geschlechterregime Schule. Skizze einer (poststrukturalistischen) Dispositivanalyse. In: Zentrum für transdisziplinäre Geschlechterstudien (Hg.): Gender und Schule. Konstruktionsprozesse im schulischen Alltag (Bulletin Texte 37). Berlin: Humboldt-Universität zu Berlin, 32-55.

Kantsteiner-Schänzlin, Katja/Höppel, Dorothee, 2008: Girls' Day und Boys' Day – gelungene Variante der Mädchen- und Jungenförderung an Schulen? In: Forum Pädagogik. 36. Jg. H. 3, 164-168.

Keller, Reiner, 2007: Diskurse und Dispositive analysieren. Die Wissenssoziologische Diskursanalyse als Beitrag zu einer wissensanalytischen Profilierung der Diskursforschung. In: FQS – Forum Qualitative Sozialforschung. 8. Jg. H. 2, Artikel 19. [www.qualitative-research.net/index.php/fqs/article/view/243/537 eingesehen am: 09.12.2014]

Matzner, Michael (Hg.), 2010: Handbuch Mädchen-Pädagogik. Weinheim: Beltz.

Matzner, Michael/Tischner, Wolfgang (Hg.), 2008: Handbuch Jungen-Pädagogik. Weinheim: Beltz.

Maxim, Stephanie, 2009: Wissen und Geschlecht. Zur Problematik der Reifizierung der Zweigeschlechtlichkeit in der feministischen Schulkritik. Bielefeld: transcript.

Menzenbach, Steffi/Netterscheidt, Anja/Beckebanze, Maren/Kuhn, Lena, 2009: Änderungen des Grundgesetzes seit 1949. Inhalt, Datum, Abstimmungsergebnis und Textvergleich. Berlin: Deutscher Bundestag.

Müller, Sabrina L./Niehaus, Inga, 2012: Konstruktion von Geschlecht in Schulbüchern. Vortrag auf der Tagung »Teaching Gender? Geschlecht in der Schule und im Fachunterricht«, 10.02.2012, Braunschweig.

Pechtl, Sandra, 1994: Chancenungleichheit zwischen Knaben und Mädchen. Ein Überblick über die feministische Schulforschung mit Bezugnahme auf das gegenwärtige österreichische Bildungssystem. Frankfurt a.M.: Peter Lang.

Plath, Monika/Richter, Karin (Hg.), 2010: Literatur für Jungen – Literatur für Mädchen. Wege zur Lesemotivation in der Schule. Baltmannsweiler: Schneider.

Przyborski, Aglaja/Wohlrab-Sahr, Monika, 2010: Qualitative Sozialforschung. Ein Arbeitsbuch. 3. Auflage. München: Oldenbourg.

Rendtorff, Barbara (Hg.), 2011a: Geschlechterforschung. Theorien, Thesen, Themen zur Einführung. Stuttgart: Kohlhammer.

Rendtorff, Barbara, 2011b: Bildung der Geschlechter. Stuttgart: Kohlhammer.

Spiewak, Martin, 2007: Die Krise der kleinen Männer. In: Die Zeit Online, 08.06.2007. [www.zeit.de/2007/24/B-Jungen, eingesehen am: 18.07.2014]

Stadler-Altmann, Ulrike (Hg.), 2013: Genderkompetenz in pädagogischer Interaktion. Leverkusen: Budrich.

Thomas, Susanne, 1999: Analyse neuerer Schulbücher unter geschlechtsspezifischen Aspekten – dargestellt an Mathematiklehrbüchern für das 5. bis 10. Schuljahr. Göttingen: Duehrkohp und Radicke.

Wetterer, Angelika, 2009: Gender-Expertise, feministische Theorie und Alltagswissen. Grundzüge einer Typologie des Geschlechterwissens. In: Riegraf, Birgit/ Plöger, Lydia (Hg.): Gefühlte Nähe – faktische Distanz. Opladen: Budrich, 81-99.
Willems, Katharina, 2007: Schulische Fachkulturen und Geschlecht. Physik und Deutsch – natürliche Gegenpole? Bielefeld: transcript.

Schullehrwerke und Lernmaterialien[9]

Abraham, Ulf, 2011: Max Frisch (Themenheft). Praxis Deutsch. 38. Jg. H. 227.
Backhaus, Udo, 2010: Fokus Physik 7-9. Gymnasium Nordrhein-Westfalen. Berlin: Cornelsen.
Beck, Marc, 2009: PONS Diktate für Jungs. 1.–4. Klasse. Stuttgart: PONS.
Biermann, Heinrich/Schurf, Bernd/Wagener, Andrea (Hg.), 2006-2010: Deutschbuch. Neue Grundausgabe 5-10. Sprach- und Lesebuch. Berlin: Cornelsen.
Brenner, Gerd/Campe, Ulrich/Erlach, Dietrich/Fenske, Ute/Gierlich, Heinz/Grunow, Cordula/Joist, Alexander/Schurf, Bernd/Wagener, Andrea (Hg.), 2011: Deutschbuch. Gymnasium Nordrhein-Westfalen. Berlin: Cornelsen.
Grunow, Cordula/Schurf, Bernd/Wagener, Andrea (Hg.), 2008: Deutschbuch. Neue Grundausgabe. Berlin: Cornelsen.
Hepp, Ralph, 2010a: Differenzieren. Herausfordern und Mut machen mit Aufgaben zum Differenzieren. In: Unterricht Physik. 21. Jg. H. 117/118, 36-45.
Hepp, Ralph, 2010b: Mit Aufgaben Freude an der Physik entwickeln. In: Unterricht Physik. 21. Jg. H. 117/118, 14-18.
Hepp, Ralph, 1997: Umwelt. Physik. Bände 9-10. Stuttgart: Klett.
Menzel, Wolfgang (Hg.), 2002: Praxis Sprache 5. Braunschweig: Westermann.
Sach, Michael, 2010: Alles dreht sich. Förderung von Kommunikationskompetenz im Rahmen einer Unterrichtsreihe nach Grundsätzen der Themenzentrierten Interaktion. In: Naturwissenschaft im Unterricht Physik. 21. Jg. H. 116, 14-21.
Schurf, Bernd/Wagener, Andrea (Hg.), 2007: Deutschbuch. Berlin: Cornelsen.
Schurf, Bernd/Wagener, Andrea (Hg.), 2000: Deutschbuch. Berlin: Cornelsen.
Speicher, Katja, 2009: PONS Textaufgaben für Mädchen 2.–4. Klasse. Stuttgart: PONS.

Belletristik

Brantenberg, Gerd, 1997: Die Töchter Egalias. Ein Roman über den Kampf der Geschlechter. 8. Auflage. München: Frauenoffensive.
Brinx, Thomas/Kömmerling, Anja, 2003a: Alles Machos – außer Tim! Stuttgart: Thienemann.
Brinx, Thomas/Kömmerling, Anja, 2003b: Alles Hühner – außer Ruby! Stuttgart: Thienemann.

---

9 | Aufgrund der hohen Anzahl der untersuchten Unterrichtsmaterialien und des analysierten Zusatzmaterials werden hier lediglich diejenigen Quellen aufgeführt, die im Text direkt Erwähnung finden.

»Aber im normalen Unterricht ist das für mich als normaler Lehrer eigentlich in meinen Fächern sehr schwierig«[1]

Herstellung von Gender-›Normalität‹
im berufsorientierenden Unterricht

Barbara Thiessen, Inken Tremel

Ab November 2013 sind im Regionalsender MV1 fünf Folgen einer *science soap* ausgestrahlt worden. Unter dem Titel »Sturm des Wissens«[2] wird die Geschichte dreier Freundinnen erzählt, die an der Rostocker Universität Natur- und Technikwissenschaften studieren. Die Protagonistinnen sollen Lust auf MINT (Mathematik, Informatik, Naturwissenschaft, Technik) machen – und auf ein Studium in einer ostdeutschen Universitätsstadt. Schule und Lehrkräfte spielen im Plot als Impulsgeber für Berufsorientierung keine Rolle. Daher rückt neben Aktivitäten von Hochschulen zur Erhöhung des Anteils von Frauen in MINT-Fächern der Prozess der Studien- und Berufswahl zunehmend auch in den Fokus der Gestaltung allgemeinbildender Schulen. In Bayern wurden mit dem achtjährigen Gymnasium (G8) 2004 auch zwei berufs- und studienorientierende Unterrichtseinheiten (Berufs- und Studienorientierung – BuS – sowie Wissenschafts- und Projektseminar – W-/P-Seminar) in der Oberstufe eingeführt. Dabei sollen auch genderbezogene Fragestellungen kritisch berücksichtigt werden. Im Leitfaden zur Berufs- und Studienwahl für die gymnasiale Oberstufe in Bayern (»BuS-Ordner«), der vom Staatsinstitut für Schulqualität und Bildungsforschung München (ISB) 2005 herausgegeben wurde, heißt es dazu:

»Aufgabe der Berufs- und Studienwahl vorbereitenden Maßnahmen am Gymnasium muss es sein, die Kraft des Einzelnen zu stärken, sich gegen die Erwartungen der Sozialisationsagenten zur Wehr zu setzen. Berücksichtigt man allerdings, wie langfristig der Einfluss der Sozialisationsagenten ist, muss man sich zweifellos in Bescheidenheit üben. [...] Doch bietet die Berufswahlforschung bislang wenig konkrete Modelle, wie solche Maßnahmen aussehen

---

1 | Zitat einer männlichen Gymnasiallehrkraft für naturwissenschaftliche Fächer (GD 00:50:53-6).
2 | Nähere Informationen zur Sendung sind im Internet zu finden unter http://sturm-des-wissens.de (eingesehen am: 28.08.2014).

können, die den Einzelnen gegen geschlechtsrollenspezifische Sozialisationseinflüsse immunisieren. Sicher ist aber, dass es Aufgabe der Berufs- und Studienwahl (BuS) am Gymnasium ist, den Schülern bewusst zu machen, welche Einflüsse auf sie wirken.« (Staatsinstitut für Schulqualität und Bildungsforschung München 2005: Kapitel 4.2.1)

Bislang konnte jedoch noch keine erkennbare Änderung gendertypischer Studienwahlentscheidungen vermerkt werden. An der Hochschule Landshut etwa stagniert der Anteil immatrikulierter Frauen im Studiengang Maschinenbau seit Jahren bei etwa 7%. Gleichzeitig sind im Bachelorstudiengang Soziale Arbeit nur 15% Männer vertreten (vgl. Hochschule Landshut 2013). Das Forschungsprojekt »Landshut goes Gender – Eine gendersensible Untersuchung der Studien- und Berufsorientierung an der Schnittstelle zwischen Schule und Hochschule« nahm diese Situation zum Anlass für eine Untersuchung der Studienwahl an der Schnittstelle zwischen Schule und Hochschule.[3]

Der folgende Beitrag greift auf das Material der Ergebnisse des schulbezogenen Untersuchungsteils zurück, das sich auf drei Untersuchungsmethoden bezieht: Gruppendiskussion, Unterrichtsbeobachtung und Fragebogen. Die im Rahmen des Forschungsprojektes initiierte Gruppendiskussion erfolgte mit LehrerInnen zum Thema »Gendersensible[4] Berufsorientierung von Schülerinnen und Schülern am Gymnasium«. Eine besondere Dynamik erhielt die Diskussion durch die Beteiligung von Lehrkräften sowohl mono- als auch koedukativer Gymnasien. Die teilnehmenden Beobachtungen von Unterrichtseinheiten zur Berufs- und Studienorientierung an Landshuter Gymnasien fanden in der 11. Jahrgangsstufe im Rahmen eines Praxisseminars statt, in dem das Thema Berufs- und Studienorientierung schwerpunktmäßig behandelt wurde. Die Gender-Dynamiken im Unterricht waren aufgrund eines geschlechtsgemischten Teamteachings und einer geschlechtsheterogenen Klasse besonders prägnant. Schließlich wurden Ergebnisse einer Fragebogenerhebung von SchülerInnen der drei Landshuter Gymnasien einbezogen, die zu Beginn der 11. Klasse (N=103) sowie zu Beginn der 12. Klasse (N=102) durchgeführt wurde und damit die Erwartungen und Erfahrungen zum berufsorientierenden Unterricht seitens der SchülerInnen einfängt. Die im Rahmen dieses Forschungsprojektes begrenzte Datenerhebung erlaubt nur Schlaglichter auf die

---

3 | Das Praxisforschungsprojekt »Landshut goes Gender – Eine gendersensible Untersuchung der Studien- und Berufsorientierung an der Schnittstelle zwischen Schule und Hochschule« (Laufzeit: 01.05.2011 bis 31.12.2013; Leitung: Prof. Dr. Barbara Thiessen; wissenschaftliche Mitarbeiterin: Dr. Inken Tremel) konnte aus Mitteln des Professorinnen-Programms des Bundesministeriums für Bildung und Forschung (BMBF) ermöglicht werden. Exemplarisch untersucht wurden einerseits studien- und berufsorientierende Unterrichtseinheiten an drei Landshuter Gymnasien mittels eines Mixed-Method-Designs (Gruppendiskussion mit Lehrkräften, teilnehmende Unterrichtsbeobachtung, Fragebogenerhebung) sowie andererseits Informationsveranstaltungen und genderbezogene Maßnahmen an der Hochschule Landshut mit dem Ziel einer Verbesserung studien- und berufsorientierender Angebote im Hinblick auf deren explizite oder implizite genderbezogene Gestaltung.

4 | Unter Gendersensibilität wird die Fähigkeit verstanden, die Herstellung von Geschlechterdifferenz – auch selbstreflexiv – wahrzunehmen und Doing-Gender-Prozesse (siehe Fußnote 5) vor dem Hintergrund des Wissens über Geschlechterverhältnisse und Ungleichheitsdimensionen zu minimieren (vgl. Thiessen 2005).

gelebten Gender-Prozesse im Schulalltag, die Fachdiskussionen anregen können, jedoch wird kein Anspruch auf Allgemeingültigkeit erhoben.

Die triangulierten Untersuchungsergebnisse werden in vier Dimensionen (Interaktionen, Thematisierungen von Gender und Berufsorientierung, Reflexionen, Organisation) gebündelt und in Kapitel 2 des Beitrags ausgeführt. Der Diskussion der Forschungsergebnisse vorangestellt wird eine kurze historische Betrachtung des Zusammenhangs von Gender-Aspekten, Schule und Berufsorientierung (Kap. 1). Im abschließenden Fazit wird die Frage nach den »Sozialisationsagenten« (Staatsinstitut für Schulqualität und Bildungsforschung München 2005: Kapitel 4.2.14) nochmals kritisch aufgenommen (Kap. 3).

1 GENDER – SCHULE – BERUFSORIENTIERUNG: HISTORISCHE UND AKTUELLE BEFUNDE

Schule, Berufsorientierung und Gender-Dynamiken sind in vielfacher Weise miteinander verbunden. Dafür lassen sich auch historische Gründe finden. Bereits um 1800 diskutierten die Philanthropen über die Ausrichtung von »allgemeiner« und »spezieller« Bildung, also einer Weiterführung des humboldtschen Humanitätsideals moralischer Vollkommenheit versus der Anwendbarkeit von Bildung im Hinblick auf berufliche Tätigkeiten. Peter Villaume (1785, zit.n. Anzenbacher 1999: 15) etwa stellte die Frage, »ob und inwiefern bei der Erziehung die Vollkommenheit des einzelnen Menschen seiner Brauchbarkeit aufzuopfern sei«. Welche Rolle also sollen berufliche Themen in der allgemeinbildenden Schule spielen? Bemerkenswert an der zeitgenössischen Bildungsdebatte ist, dass zeitgleich die desaströse Lage der Mädchenbildung vom selben Kreis der Philanthropen auf die Tagesordnung gesetzt wurde. Joachim Heinrich Campe (zit.n. Mayer 1996: 373) beklagt 1786: »[...] und was das weibliche Geschlecht [...] betrifft, so scheint es den besagten Staaten gleichviel zu sein, ob Menschen oder Meerkatzen daraus werden, so wenig bekümmern sie sich darum«. Gleichwohl wird den Mädchen der gleichberechtigte Zugang zu allgemeiner Bildung auch von den aufgeschlossenen Zeitgenossen versagt.

Erst seit 1908 haben Mädchen in Deutschland einen geregelten Zugang zu höherer Bildung und Berufsbildung (vgl. Mayer 1996: 373). Campe (1789, zit.n. Schmid 1996: 332) plädiert für ein weibliches Berufskonzept als »beglückende Gattinnen, bildende Mütter und weise Vorsteherinnen des inneren Hauswesens«. Mit Begründung des deutschen Berufsbildungssystems zu Beginn des 20. Jahrhunderts reformuliert dessen Begründer Georg Kerschensteiner 1902 (zit.n. Krüger 2003: 499) erneut den Ausschluss von Frauen mit Verweis auf die geschlechterdifferente »Erziehung zum Weibe«. Entstanden ist ein nationaler Sonderweg in Europa (vgl. Krüger 2003: 497) mit dualen Ausbildungsberufen im Handwerk für Jungen und vollzeitschulischen Dienstleistungsberufen für Mädchen – der als »Duales System« zum deutschen Exportschlager reüssierte. Damit sorgt berufliche Bildung jedoch bis heute für horizontale und vertikale Schließungen auf dem Arbeitsmarkt, ein weithin ungebrochenes System von Frauen- und Männerberufen: Auch gegenwärtig haben Frauen und Männer unterschiedliche Einkommens- und Aufstiegschancen (vertikale Segregation) und wählen unterschiedliche Berufe und Ausbildungen (horizontale Segregation) (vgl. Dressel/Wanger 2008). Die geschlechtsbezogene Segregation des Arbeitsmarktes ist somit stark durch Ungleichheiten gekennzeichnet. So weist der Erste Gleichstellungsbericht der Bundesregierung (Bundesministerium für Familie, Senioren, Frauen und Jugend 2011: 109f.) aus, dass Frauen zwar die besseren Schulabschlüsse als Männer haben und Frauenerwerbstätigkeit deutlich gestiegen ist, aber dass Frauen mit geringerem Stundenumfang arbeiten, weniger verdienen als Männer (selbst in der gleichen Position) und ihre Erwerbstätigkeit immer noch häufiger und länger als Männer aus familiären Gründen unterbrechen. Frauen steigen zudem weniger häufig als Männer in Führungspositionen auf. Selbst die Veränderung von Berufsprofilen im Laufe des Rückzugs der Industriekultur und der Ausweitung des Dienstleistungssektors, mithin einer Frauendomäne, verhalf nicht zu einer Gleichstellung.

Die knappen historischen Rückblicke zeigen die 200 Jahre alten Debatten um den Stellenwert der Berufsorientierung in allgemeinbildenden Curricula ebenso wie die genderbezogene Durchdringung von Schule und Berufsorientierung. Schule kann als ein wesentlicher Ort der steten Reformulierung einer binären Geschlechterordnung gelten. Mit der Herstellung von Unterschiedlichkeit ist auch die Aufrechterhaltung genderbezogener Ungleichheitslagen in Schule, Ausbildung, Studium und Berufstätigkeit verknüpft. Dies bestätigen auch die Untersuchungen der Frauen- und Geschlechterforschung der letzten 30 Jahre zum Thema Schule. Dorothea Krüger (2011) teilt den Diskurs in drei Phasen ein: Die frühe feministische Schulforschung in den 1980er-Jahren untersuchte zunächst vor allem die Nachteile von Frauen und Mädchen im Bildungssystem unter Berücksichtigung sexistischer Schulstrukturen und der Feminisierung des LehrerInnenberufs. Dabei ginge es »vor allem um anachronistische Rollenzuweisungen als Orientierung« sowie um die paradoxe Situation von Mädchen »zwischen Gleichberechtigungsanforderungen und geschlechtsspezifischer Arbeitsteilung« (Krüger 2011: 22). In den 1990er-Jahren wurde dann in Theorie und Empirie der Anspruch »Gleichwertigkeit in der Differenz« für die gendersensible Schulpädagogik gefordert. Mädchen und Jungen sollten in ihrer Verschiedenheit wahrgenommen und entsprechend gefördert werden. Ende der 1990er-Jahre wurde dieser Differenzansatz allerdings im Diskurs der genderanalytischen Schulforschung durch den (De-)Konstruktionsansatz abgelöst. Geschlecht wird seither als soziales Konstrukt begriffen, das durch Doing-Gender-Prozesse[5] hergestellt wird. An diesem Herstellungsprozess sind alle AkteurInnen beteiligt, LehrerInnen ebenso wie SchülerInnen (vgl. Krüger 2011:

---

5 | Das Konzept »Doing Gender« (West/Zimmermann 1987) zielt darauf ab, Geschlecht und die Zuordnung zu einer Genusgruppe nicht als ›natürliche‹ Tatsache zu verstehen, sondern soziales Handeln in den Blick zu nehmen, das körperbezogene Geschlechterunterschiede sozial interpretiert, mit Bedeutungen auflädt. Geschlecht lässt sich dadurch als Ergebnis sozialer Praxen und kultureller Konstruktionen verstehen. Im Laufe des Sozialisationsprozesses verselbständigen sich geschlechtsbezogene Darstellungsleistungen, kriechen quasi unter die Haut, werden als ›typisch‹ für ein Geschlecht wahrgenommen. Dagegen kann bei Kindern die Aneignung der je kulturell spezifischen Regeln der Geschlechterdifferenzierung und -inszenierung beobachtet werden, etwa im Rahmen von Sanktionen oder Schamempfinden bei Übertretung der üblichen Geschlechterordnung (Jungen im Prinzessinnenkostüm) (vgl. Gildemeister/Robert 2008). Der Begriff »geschlechtsspezifisch« ist daher irreführend, da er impliziert, es gäbe eine spezifische, quasi natürliche, auf ein Geschlecht bezogene Handlungs- oder Darstellungsweise; der kulturelle und interaktive Herstellungscharakter bleibt unbenannt.

26ff.). Seit 2000 werden schließlich Fragen der Bildungsbenachteiligung von Jungen, des Einflusses von Lehrkräften auf die (Re-)Produktion von Geschlechterdifferenzen und der Beachtung weiterer Differenzkategorien im Sinne von Intersektionalität[6] prominent (vgl. Krüger 2011: 31ff.).

Für den vorliegenden Beitrag sind vor allem die Forschungsergebnisse zum Doing Gender im Unterricht relevant. Hannelore Faulstich-Wieland, Martina Weber und Katharina Willems (2009) identifizieren im Dramatisierungs-/Entdramatisierungs-Konzept das genderpädagogische Dilemma von Lehrkräften: Indem diese im Unterricht besonders auf Geschlechtszugehörigkeit hinweisen (z.B. Gruppeneinteilung nach Geschlecht), besteht die Gefahr, dass Gender-Stereotype verstärkt werden. Verhalten sie sich jedoch geschlechtsblind (Undoing Gender), können Stereotype und Zuweisungen unkommentiert Relevanz erhalten. Mit der Dramatisierung von Geschlechtern geht auch eine Typisierung von Jungen und Mädchen einher. Die Herstellung von Dichotomien bei der Wahrnehmung von Jungen und Mädchen blendet nicht nur erlebte Differenzierungen innerhalb der jeweiligen Genusgruppe aus, sondern findet ihren Niederschlag auch in der Notengebung (vgl. Budde/Scholand/Faulstich-Wieland 2008: 114f., 125). Laut Jürgen Budde (2011: 123) erfordert die Berücksichtigung von Individualität in der Schule Gender-Kompetenz von Lehrkräften:

»Analog zur gesellschaftlichen Definition von Geschlecht als dichotome Kategorie unterscheiden die Lehrkräfte vor allem in zwei Gruppen (die Jungen und die Mädchen) und konzeptualisieren diese als verschieden voneinander. Dies stellt zwar eine Alternative zum traditionellen genderblinden Umgehen dar, die Wahrnehmung von und der Umgang mit (Geschlechter-)Heterogenität führen jedoch nicht zu einer Aufweichung und Flexibilisierung kategorialen Denkens, sondern lediglich zu einer Ausdifferenzierung des Kategoriensystems. Somit wird binäres Denken gefördert anstatt individueller Vielfalt.«

Die Bilanz der genderkritischen Schulforschung zeigt: »Die schulische Sozialisation privilegiert die Mädchen – dies allerdings in einer Weise, die zugleich Benachteiligungen für die nachschulischen Karrieren darstellt« (Faulstich-Wieland/Weber/Willems 2009: 11). Das geschlechterdifferente Lern- und Sozialverhalten von SchülerInnen führt zu entgegengesetzten Erfolgen und Misserfolgen von Mädchen und Jungen in Schule und Beruf. Eklatant sind die Widersprüche der zuletzt von Jutta Allmendinger und Julia Haarbrücker (2013) festgestellten robusten Berufs- und Karriereneigung junger Frauen einerseits und ihrer wenig aussichtsreichen Studien- und Berufswahlentscheidungen andererseits.

Es gilt daher, den Fokus auf den Zusammenhang der Thematisierung von Berufswahl und Geschlecht zu richten. Wurzeln Berufswünsche in – möglicherweise geschlechtstypischen – Fächerpräferenzen? Wie werden Berufe in der Schule vorgestellt? Welche Gender-Leitbilder werden dabei sichtbar? Was halten Lehrkräfte für angemessene Berufe für Jungen und Mädchen? Kann Schule als Ort von Wissensvermittlung und Leistungsbewertung einen Raum für Reflexion über Zukunftsentwürfe, Identitätsentwicklung und diverse Gender-Entwürfe schaffen? Und verfügen Lehrkräfte über die entsprechenden (methodischen) Kompetenzen? Ist sich

---

6 | »Intersektionalität« bezeichnet das Zusammenwirken verschiedener Ungleichheitsdimensionen wie soziale und ethnische Herkunft, Geschlecht, Körper, Sexualität (vgl. Lutz/Vivar/Slupik 2010).

die Organisation Schule der Dimensionen von Vergeschlechtlichung bewusst – auch jenseits der bekannten und vielfach beklagten Feminisierung des Lehrberufes (vgl. Corneließen 2004)? Wirft man also einen Blick auf die Gestaltung der Berufsorientierung in der Schule, muss Gender eine besondere Berücksichtigung finden.

2 Empirische Ergebnisse der Landshuter Studie

Die aufgeworfenen Fragen nach einer gendersensiblen Unterstützung von SchülerInnen bei ihrer beruflichen Orientierung im schulischen Unterricht werden im Folgenden in vier Analysedimensionen operationalisiert: Unter dem Stichwort »Interaktionen« werden erstens Praxen des Doing Gender fokussiert, die ebenso auch der Herstellung von Identität dienen. Zweitens wird nach »Thematisierungen« von Gender und Berufsorientierung im Unterricht gefragt. Das dritte Stichwort »Reflexionen« verweist auf Methoden und Haltungen der Lehrkräfte im Unterricht. Schließlich werden »organisationale« Auswirkungen der Dramatisierung und Entdramatisierung von Geschlecht verfolgt.

2.1 Interaktionen: Doing Gender – Doing Identity

In der Gruppendiskussion präsentieren sich die zwei männlichen und vier weiblichen Gymnasiallehrkräfte im Rahmen einer Geschlechterordnung, sehen sich auch in ihrer beruflichen Rolle vergeschlechtlicht: »Mein Name ist [Lehrerin 1]. Ich bin am [Gymnasium 1] mit der Fächerverbindung Englisch und Französisch. Also man sieht schon den Unterschied Mann Mathe/Physik, Frau Englisch/Französisch« (GD 00:02:07-8)[7].

Die Frage nach der Bedeutung von Geschlecht für die Berufswahl wird vor allem von den Lehrerinnen zunächst mit Erfahrungen aus der eigenen Familie beantwortet, insbesondere dem Aufwachsen eigener Kinder und deren gendertypischen Verhaltensweisen sowie eigener berufsbiographischer Verläufe. Deutlich wird in den Aussagen die scheinbare Unausweichlichkeit einer traditionellen Geschlechterordnung: »Ich glaub, dann is man doch als Frau irgendwie doch so im Grunde des Herzens dann doch Mama und denkt sich: ›Ne, jetzt mach ma doch irgendwie diesen typischen Weg‹« (GD 00:19:53-2). Jedoch fällt den Lehrkräften in ihrem Handeln im Unterricht sowie in der inhaltlichen Aufbereitung von Unterrichtsstoff die Orientierung an traditionellen Geschlechtermustern nicht auf. Im geschlechtsgemischten Teamteaching etwa bleibt eine traditionelle Arbeitsteilung zwischen der Lehrerin und ihrem Kollegen unthematisiert. Die Lehrerin füllt den reproduktiven, zuarbeitenden und motivierenden Bereich aus, indem sie Materialien vorbereitet, austeilt und die SchülerInnen positiv bestärkt. Ihr Kollege hingegen hat eine produktive, leitende Position, indem er für Ruhe sorgt, die Unterrichtsstunde stärker strukturiert und kreative Einfälle einbringt.

Diese traditionellen Muster eines Doing Gender können gleichzeitig als Interaktionsprozesse von Doing Teacher verstanden werden, also wie die Rolle der Lehrkräfte ausgestaltet und in Interaktion mit SchülerInnen hergestellt wird. Die Verhaltenssicherheit, die von traditionellen Interaktionsmustern ausgeht, hat jedoch

---

7 | GD: Transkript der Gruppendiskussion, TnB: Protokoll der teilnehmenden Unterrichtsbeobachtung.

für die Lehrerinnen einen höheren Preis, etwa im Hinblick auf die Übernahme weniger prestigeträchtiger Tätigkeiten sowie das Erleben von Disziplinproblemen mit Schülern, die mit Verweis auf die hierarchische Geschlechterordnung das Lehrerin-Schüler-Verhältnis gelegentlich unterlaufen. Hier geraten die Muster des Doing Gender mit dem Doing Teacher in Konflikt: Da weibliche Geschlechtermuster nicht mit Stärke, Dominanz, Durchsetzung und Macht verbunden sind, fördert dies das Untergraben der Autoritätsposition als Lehrkraft. Bemerkenswert ist, dass gleichzeitig Jungen, die nicht hegemonialen Männlichkeitsmustern[8] entsprechen, von den Lehrkräften eher verniedlicht und emotionalisiert werden, etwa in der Beschreibung von Schülern im hauswirtschaftlichen Unterricht (vgl. GD 00:58:33-2).

Die Persistenz traditioneller Geschlechtermuster zeigt sich beim Versuch, diese im genderkritischen BuS-Seminar aufzubrechen. Die Lehrkraft zeigt dabei mehrere Bilder von Frauen und Männern in beruflichen Situationen. Gleichwohl hierbei genderuntypische Situationen zu entdecken wären, werden Assoziationen der SchülerInnen entlang bekannter Stereotype nicht von den Lehrkräften hinterfragend aufgegriffen, sondern eher noch verstärkt. Auf einem Bild sind zwei Frauen und ein Mann zu sehen. Die Lehrkraft sagt dazu: »Der Mann könnte ein Arzt sein. Wegen der Körperhaltung meint ma, er ist der Chef, oder beeinfluss ich euch da zu stark?« (TnB 2:4). Genderuntypische Abbildungen von Berufstätigen unterschiedlicher Berufe lösen bei den SchülerInnen Irritationen aus. Auf die Frage der Lehrkraft »Wenn eine Frau statt des Mannes abgebildet wäre?«, antwortet eine Schülerin: »Das wäre komisch« (TnB 2:4). Unkommentiert bleibt ebenso die Äußerung einer weiteren Schülerin, wonach Sensibilität bei Frauen vorausgesetzt, bei Männern hingegen als besondere Kompetenz wahrgenommen wird. In dieser Situation möchte die Lehrkraft wissen, was wäre, wenn auf der Abbildung einer integrativen Kindertagesstätte ein Mann abgebildet wäre. Darauf sagt die Schülerin: »Frauen sind sensibel, die können mit behinderten Menschen arbeiten, weil das viel von einem selbst zeigt.« Die Lehrkraft hakt nach: »Wem würdet ihr dann die Sensibilität zutrauen?« Eine Schülerin meint: »Dem Mann, weil er sonst nicht so nen Beruf nehmen würde, weil er weiß, dass er sensibel ist« (TnB 2:4). Sensibilität bei Frauen wird von der Schülerin als Wesensmerkmal oder Charaktereigenschaft biologisiert (»Frauen sind sensibel«), während diese Fähigkeit bei Männern als reflektierte und damit angeeignete Kompetenz gilt (»weil er weiß, dass er sensibel ist«). Die Lehrkraft greift diese bemerkenswerte Interpretation nicht auf, an der Doing-Gender-Prozesse exemplarisch hätten sichtbar gemacht und verstehbar werden können.

Ein wesentlicher Hinweis auf den Zusammenhang von Berufsorientierung, Doing-Gender-Prozessen und Identitätsentwicklung zeigt sich in einem weiteren Dialog aus derselben Unterrichtsstunde. Die Lehrkraft stellt die abschließende

---

8 | Das Konzept der »hegemonialen Männlichkeitsmuster« ist von der Erziehungswissenschaftlerin Robert W. [Raewyn] Connell bereits 1999 entwickelt worden. Insgesamt skizziert Connell vier Grundmuster, wie Männer agieren: Hegemonie, Unterordnung, Komplizenschaft und Marginalisierung. Hegemoniale Muster beziehen sich auf Dominanz über und Ausschluss von Frauen ebenso wie nicht anerkannte andere Männlichkeitsmuster. Dem komplizenhaften Männlichkeitsmuster kann die Mehrheit der Männer zugeordnet werden, die zwar keine Führungspositionen einnehmen, aber gegenüber Frauen sowie eingewanderten oder homosexuellen Männern Vorteile haben. Auch wenn sie diese gar nicht intentional sichern, kommt ihnen die »patriarchale Dividende« (Connell 1999: 98) zu, etwa bei Stellenbesetzungsverfahren.

Frage: »Was kommt raus durch diese Bilder?« Eine Schülerin bilanziert: »Mathe und Naturwissenschaft sind männlich, sozial eher weiblich.« Die Lehrerin zeigt erneut ein Bild, auf dem ein Mann am PC sitzt, und möchte wissen, wie das wäre, wenn eine Frau anstatt des Mannes abgebildet wäre. Eine andere Schülerin antwortet: »Das wäre komisch.« Die Lehrkraft hakt nach: »Was wäre anders, wenn jetzt ne langhaarige Frau da wäre, da dazu noch lächeln würde. Was wäre da komisch dran?« Die Schülerin sagt: »Der sieht aus wie'n Zocker, und Frauen sind keine Zocker. Der Mann da auf dem Bild, das ist in sich stimmig« (TnB 2:5).

Berufswahl bedeutet also, etwas Stimmiges für sich selbst zu finden. Ein Beruf, der zu einem passen könnte, braucht auch eine intersubjektive Validierung der Geschlechtskategorie und kann daher nicht entgegen der eigenen Gender-Performance vorgestellt werden. Dieser Zusammenhang zwischen Doing Gender und Doing Identity zeigt sich auch in der Selbstpräsentation der Lehrkräfte, etwa in der eigenen biographischen Rekonstruktion (»Also man sieht schon den Unterschied Mann Mathe/Physik, Frau Englisch/Französisch«, GD 00:02:07-8). Identität, verstanden als die Herstellung von Kontinuität des Selbsterlebens der eigenen Person (vgl. King 2004) in selbstreflexiven und sozialen Aushandlungsprozessen, erweist sich als in besonderer Weise verknüpft mit der Internalisierung von Geschlechterordnung. Sie ist ebenso sozial vorgegeben wie sie am eigenen Körper plausibilisiert wird. In Anknüpfung an Erik Erikson (1959) erfährt die Identitätsbildung im Zusammenhang mit der Entwicklung der Geschlechtsidentität besonders in der Adoleszenz durch Verarbeitung kindlicher Erfahrungen eine lebensgeschichtlich folgenreiche Fundierung. »Stimmig« mit sich selbst zu sein, meint daher stets auch »stimmige« Geschlechterrepräsentation.

2.2 Thematisierungen: Gender und Berufsorientierung im Unterricht

In der Gruppendiskussion formulieren die Lehrkräfte deutlich, dass sie sich im Hinblick auf Berufsorientierung anwaltlich an der Seite der SchülerInnen verstehen. Wenn sie den Eindruck gewinnen, dass die Eltern die berufliche Orientierung entgegen der Wünsche der SchülerInnen beeinflussen, versuchen sie, die SchülerInnen zu stärken. »Also ein Bereich [bei BuS] ist immer: ›Wo könnte man vom Umfeld geprägt sein? Was halten die Eltern für gut?‹ Damit man sich davon auch bewusst abgrenzen kann« (GD 00:23:19-7). Gemeint sind damit Berufsvorstellungen der Eltern, die eng an deren eigenen beruflichen Entwicklungen anknüpfen. Die Orientierung an klassischen Geschlechtermustern wird dagegen von den Lehrkräften weit weniger kritisch reflektiert, wie bereits in Kapitel 2.1 deutlich wurde.

Dabei wäre die Schulzeit durchaus ein Gelegenheitsfenster für genderbezogene Neuorientierungen. Die Fragebogenerhebung bei über 100 Landshuter SchülerInnen der gymnasialen Oberstufe zeigt, dass die inhaltlichen Vorlieben und Abneigungen in Bezug auf Schulfächer wenig Gender-Typisierungen aufweisen. Sobald jedoch Orientierung in Richtung Beruf stattfindet, wählen die SchülerInnen eher entlang typischer Zuordnungen und scheinen hierfür die Präferenz von Schulfächern aufzugeben, wenn diese nicht in das geschlechtertypische Raster passen, was die Fragebogenerhebung der Jahrgangsstufe 11 ergeben hat. Hier bestätigt sich erneut der Zusammenhang von Doing Gender und Doing Identity.

Der BuS-Unterricht scheint hier wenig gegenzusteuern. Mehrfach zeigen sich Interaktionssequenzen im BuS-Unterricht, in denen bekannte Geschlechterklischees wiederholt und bestätigt – mithin dramatisiert – werden, trotz des vorgegebenen pädagogischen Ansatzes, diese infrage zu stellen, also zu entdramatisieren. Auf eine bilanzierende Frage der Lehrerin (»Was haben wir da herausgearbeitet?«) antwortet eine Schülerin: »Technisches machen mehr Männer als Frauen.« Die Lehrerin hakt nach: »Spielt das ne Rolle bei euch in der Berufswahl?« Die Antwort der Schülerin klingt fast trotzig: »Es soll keine Rolle spielen, aber viele lassen sich davon beeinflussen.« Eine weitere Schülerin ergänzt: »Frauen, die ein Männerfach studieren, müssen absolut taff sein.« Hier bestätigt die Lehrerin: »Wenn eine Frau Medizin studiert hat, muss sie für'n Facharzt Vollzeit arbeiten [...]. Wie stell ich mir mein Leben vor? Wann und wie viele Kinder will ich haben?« Ergänzend fügt die erste Schülerin an: »Eine Ärztin verdient weniger als ein Mann.« Die zweite Schülerin pflichtet ihr bei: »Das ist einfach so, das war schon immer so.« Eine dritte führt dies auf geschlechtsbedingte Wesensunterschiede zurück: »Männer haben nicht das Mitfühlende wie Frauen« (TnB 3:5). Diese Sequenz, die massive Festschreibungen und Dramatisierungen traditioneller Geschlechtermuster in sich birgt, bleibt von beiden Lehrkräften unkommentiert und wird damit bestätigt. Obwohl die Lehrkräfte auf der intentionalen Ebene gerade geschlechtsbezogene Muster durchbrechen wollten, indem sie die geschlechtsbezogene Segregation des Arbeitsmarktes thematisieren, scheinen sie in dieser Sequenz eher hilflos angesichts der die traditionelle Geschlechterordnung bestätigenden Argumente der SchülerInnen.

Bemerkenswert ist, dass sich an diesem wie an vielen anderen Beispielen aus der teilnehmenden Unterrichtsbeobachtung zeigen lässt, wie präsent Gender-Themen im berufsorientierenden Unterricht sind. Dennoch gelten sie in der Gruppendiskussion der Lehrkräfte als »spezielles« Thema, das separat behandelt werden müsste, wofür jedoch Kapazitäten fehlten. Hier präsentieren sich die Lehrkräfte als handlungsunfähig mit dem Argument, dass der berufliche Alltag keine Zeit für »Spezialthemen« zulasse: »Bei uns sind momentan so viele Neuerungen mit dem G8 und den Seminaren und so weiter, dass des jetzt/des müsste speziell für an/für an pädagogischen Tag//Thema aufgegriffen werden« (GD 01:01:47-7). Hier zeigt sich, wie ungewohnt – und damit wie besonders aufwendig vorgestellt – Reflexionen über Doing-Gender-Prozesse sind. Gerade weil sie alltäglich, biographisch dicht und mit der eigenen Identität verknüpft sind, scheint ihre Thematisierung so schwer zu sein. Die De-Thematisierung von Gender stützt jedoch dramatisierende Geschlechtermuster im Alltag.

Trotz der häufig traditionelle Geschlechtermuster verifizierenden Unterrichtssequenzen zeigen sich auch gelingende genderreflektierte Unterrichtsstunden, etwa wenn Kochen im Physikunterricht als Anwendungsbeispiel für naturwissenschaftliche Gesetzmäßigkeiten angeführt wird: »Also, ich hab ja mein Seminar, des erste, was ich angeboten hab, war ja die Naturwissenschaft des Kochens. Und da wurde also auch gekocht, und es war dann scho so, dass dann äh des erst mal so bissl herabgewürdigt wurde. [...] ein anscheinender Widerspruch, Naturwissenschaft und Kochen, und dann halt dieses typische, ja halt in der Küche stehen und so rumrühren. Da hat's a bissl gedauert, bis sich des a bissl gelöst hat« (GD01:04:56-7). Ebenso werden von den Lehrkräften Beispiele genderuntypischer Arbeitsteilung bei Paaren genannt, etwa wenn auf Frauen als Hauptverdienerinnen verwiesen wird. Es zeigt sich, dass Berufsorientierung nicht nur ein Thema mit Gender-Relevanz ist, sondern auch durch soziale Herkunft determiniert ist. SchülerInnen wie Lehrkräfte berichten von Vätern, die trotz niedriger formaler Bildung (»trotz Quali«) studiert hätten.

Berufsorientierung ist in den untersuchten Unterrichtssequenzen immer auch mit Annahmen über Geschlechterdifferenzen unterlegt. Deren kritische Thematisierung gelingt nicht immer. Auch Aufforderungen, sich nicht an die traditionellen Geschlechtermuster zu halten, bestätigen deren Existenz und Wirkmächtigkeit, wenn reifizierende Argumente oder gegenteilige geschlechtsbezogene Interaktionsmuster nicht reflektiert und kritisch aufgegriffen werden.

2.3 Reflektionen: Methodische Ansätze im Unterricht

Im Kollegium gibt es keinen systematischen Austausch und keine gemeinsame Reflexion über Gender-Themen. Gleichwohl sind genderbezogene Themen präsent. Wenn in der Gruppendiskussion mit den Lehrkräften über SchülerInnen gesprochen wird, besteht große Einigkeit im Hinblick auf scheinbar geschlechtertypische Verhaltensweisen. Sie werden entlang geschlechtlich segmentierter Gruppen zugeordnet und dadurch vereinheitlicht: Mädchen gelten als fleißig und konstruktiv, Jungen eher als faul und chaotisch: »Und jetzt ist momentan so, dass da eher die Mädchen dann da so de/des Tempo vorgeben//und//die Jungs eher schaun müssen, dass da wieder mitkommen« (GD: 00:12:24-5) oder »Aber auch die Erfahrung hob i gmocht, dass die Jungs zwar immer große Klappe hatten ((allgemeines Lachen)), aber am Schluss die Mädchen äh den Laden geschmissen hom« (GD: 00:14:32-7). In der teilnehmenden Unterrichtsbeobachtung wurde vom Forschungsteam dagegen ein weniger homogenes Bild wahrgenommen: Es gab ebenso ruhige Schüler wie Schülerinnen, die durch lautes Verhalten und chaotisierende Einwürfe auffielen. Die mangelnde Reflexionskultur im Kollegium unterstützt eine undifferenzierte Wahrnehmung der SchülerInnen, in die auch Gender-Typisierungen einfließen.

Auch im Unterrichtsgeschehen selbst ist Reflexion unüblich. Gleichwohl fordert das Thema Berufsorientierung ein Nachdenken der SchülerInnen über ihre Zukunft. Der eingangs erwähnte ministerielle BuS-Ordner fordert eine »fundierte Selbsteinschätzung« (Staatsinstitut für Schulqualität und Bildungsforschung München 2005: Kapitel 4.2.14). Tatsächlich regen die Lehrkräfte in den beobachteten Unterrichtssequenzen mehrfach Reflexionen in Kleingruppen an. Diese werden jedoch nicht im Plenum ausgewertet. Reflexion gilt als Überschreitung von Privatgrenzen. Zum Abschluss einer Gruppenarbeit sagt eine Lehrkraft: »Ich weiß gar nicht, wo ihr steht. Da will ich auch gar nicht neugierig sein« (TnB 2:95-98). In der Auswertung gilt es als ausreichend, wenn alle »ein bissl für sich reflektiert haben« (TnB 4:7).

Was macht offene Reflexionsprozesse in der Schule schwierig? Die Schulkultur ist bestimmt von Richtig/Falsch-Kategorien, dies wird von den Lehrkräften auch im Anschluss an eine teilnehmende Unterrichtsbeobachtung gegenüber dem Forscherinnenteam geäußert. Reflexion wird mit Wertung und Bewertung gleichgesetzt. Daher wird die Thematisierung persönlicher Gedankengänge nicht nur von den SchülerInnen als riskant erlebt. Auch die Lehrkräfte selbst sind einem System wertender Beurteilungen ausgeliefert. Regelmäßig wird ihr Unterricht von der Schulbehörde beurteilt. Deren Einschätzung dient nicht zuletzt als Grundlage für die Entscheidung über berufliche Aufstiege. Vor diesem Hintergrund wird die Zurückhaltung im Hinblick auf kollegiale Reflexion verständlich. Problematisch an der wertenden Grundhaltung in Schulen ist die Aussparung offener Reflexionsprozesse im Hinblick auf Berufsorientierung ebenso wie auf Gender-Muster. Denn beides erfordert Reflexionsprozesse, um neue Anregungen bewusst integrieren zu können.

2.4 Organisationen:
Dramatisierung und Entdramatisierung von Geschlecht

Berufsorientierung ist ein neues Element gymnasialer Schulbildung, das die Organisation Schule herausfordert. Die SchülerInnen äußern in der Fragebogenerhebung ein großes Interesse an Unterstützung bei dieser für sie wichtigen Zukunftsfrage. In der 12. Klasse wissen 60 % der Jungen und 72 % der Mädchen noch nicht, welchen Beruf sie ergreifen wollen. Sie haben Interesse an Praktika, Schnupperstudium, Betriebsbesichtigungen und Berufsmessen. Den Lehrkräften trauen sie wenig zu. Tatsächlich äußern sich auch die Lehrkräfte skeptisch im Hinblick auf ihr Wissen über den aktuellen Arbeitsmarkt und die rasanten Neuerungen im Berufsspektrum. So wundert es nicht, wenn 90 % der Jungen und 87 % der Mädchen der 12. Jahrgangsstufe im Fragebogen angeben, dass sich ihre Berufsorientierung durch BuS-Unterricht und P-Seminare nicht verändert habe.

Ein zentrales Anliegen des berufsorientierenden Unterrichts, wie er im BuS-Ordner vorgestellt wird, betrifft die genderunspezifische Berufs- oder Studienwahl. SchülerInnen sollen gegen »geschlechtsrollenspezifische Sozialisationseinflüsse immunisiert« (Staatsinstitut für Schulqualität und Bildungsforschung München 2005: Kapitel 4.4) werden. Die angebotenen Materialien werden jedoch aus Sicht der Lehrkräfte als »fast nicht brauchbar« (GD 01:10:08-2) bezeichnet. Sie stellen daher ihre Unterrichtsmaterialien selbst zusammen und lassen sich dabei von KollegInnen unterstützen. Wesentlicher noch scheint, dass die Lehrkräfte Berufsorientierung – im Gegensatz zu ihren SchülerInnen und dem Ministerium – nicht als genuine Aufgabe gymnasialer Schulbildung ansehen (vgl. GD 01:52:39:0). Die Anregungen der SchülerInnen werden von den Lehrkräften gesammelt (vgl. TnB, 6:4), finden jedoch keine weitere Berücksichtigung.

Deutlich wird auch, dass die Schnittstelle zwischen Schule und Hochschule noch keineswegs zufriedenstellend gestaltet ist. Während die Hochschulen sich zunehmend bemühen, mit der Durchführung von Schnupperstudium, Juniorhochschule, Girls' und Boys' Days Kontakt zu Schulen aufzubauen, werden diese Angebote eher als Störfaktoren im Unterrichtsablauf gesehen, umso mehr, seit die curricularen Anforderungen durch die G8-Reform komprimiert und erhöht wurden. Jede Veränderung des eigenen Unterrichtskonzeptes erfordert zunächst einen Mehraufwand, sei es die Integration von Angeboten der Hochschule von Unterrichtsbesuchen in den Unterricht, seien es Unterrichtsangebote außerhalb der Schule wie Schnupperpraktika. In unseren Untersuchungen wurden diese neuen Ansprüche an Lehrkräfte und ihren Unterricht weniger als Chance denn eher kritisch im Hinblick auf den zusätzlichen Arbeitsaufwand kommentiert.

2.5 Bilanzierungen

Abbildung 1 fasst die empirisch gestützten Widersprüche der Themen Gender, Schule und Berufsorientierung zusammen. Vorgestellt werden jeweils zwei Pole von Ambivalenzen:

Widersprüchliche Befunde zu Gender und Berufsorientierung: Lehrkräfte	
Die Geschlechterordnung ist den Lehrkräften bewusst, auch sie selbst sehen sich in dieser verortet, auch wenn ihnen alltägliche Doing-Gender-Prozesse nicht immer bewusst sind.	Es wird ausgeklammert, dass die Geschlechterordnung mit Ungleichheitslagen verknüpft ist.
Die Lehrkräfte schätzen die Veränderung von Geschlechterverhältnissen – gerade in Bezug auf die Berufsorientierung von Mädchen und jungen Frauen – als sehr wichtig ein.	Parallel entziehen sie sich aber in ihrer Funktion als Lehrkraft ihrer Verantwortung, indem sie auf die genetische Determiniertheit von Geschlechtscharakteren und die prägenden Einflüsse der Umwelt in der Vorschulzeit verweisen.
Die Lehrkräfte berichten sehr differenziert von alltäglichen Doing-Gender-Prozessen und Ungleichheitslagen zwischen Mädchen und Jungen im Unterricht.	Die Lehrkräfte betonen, dass der tägliche Unterricht keine Zeit für das Thema Gender bereithält.
Die Lehrkräfte verstehen sich als MentorInnen der SchülerInnen gegen den Einfluss ihrer Eltern.	Die Lehrkräfte verstehen sich nicht als MentorInnen in Bezug auf eine Veränderung gängiger Geschlechterkulturen.
Berufsorientierung wird von den Lehrkräften als ein persönlicher Reflexionsprozess begriffen.	Im Unterricht wird Reflexion zwar methodisch angestoßen, aber nicht gemeinsam reflektiert, sondern zur Privatangelegenheit der SchülerInnen erklärt.
Widersprüchliche Befunde zu Gender und Berufsorientierung: SchülerInnen	
Die SchülerInnen haben großes Interesse am Thema Berufsorientierung.	Die Unterrichtshaltung der SchülerInnen ist eher passiv und an den Vorgaben der Lehrkräfte orientiert. Die methodische Aufbereitung des BuS-Angebots wird von den SchülerInnen als nicht adäquat bewertet (mehr individuelle Betreuung, Praxiserfahrung).
Die SchülerInnen wollen ein breites Berufswahlspektrum/breite Berufswahlmöglichkeiten.	Berufsorientierung bedeutet aber gleichzeitig, »etwas Stimmiges für sich« zu finden – dadurch erfolgt eine Beschränkung auf Berufe, die als konform mit traditionellen Geschlechtermustern gelten.
Die inhaltlichen Vorlieben und Abneigungen (Schulfächer) weisen wenig Gender-Typisierungen auf.	Überlegungen zur Berufsorientierung weisen eher die typischen Zuordnungen nach Geschlecht auf.

Abb. 1: Zusammenfassende Matrix (eigene Darstellung)

In der Gesamtperspektive erweist sich Berufsorientierung als ein komplexes Geschehen, in dem ebenso innere wie äußere Realitäten bedeutsam werden. Es kann nicht durch Einzelmaßnahmen gesteuert werden – auch nicht durch solch bemerkenswerte wie die eingangs skizzierte *science soap*. Herausfordernd bleibt das Gender-Dilemma: Die Dramatisierung der Geschlechterdifferenz erschwert eine Öffnung von Berufsperspektiven jenseits traditioneller Muster. Die Thematisierung von Geschlecht erfolgt meist, um Unterschiede zu markieren. Die Perspektive einer Entdramatisierung von Geschlecht und der Blick auf individuelle Möglichkeiten bleiben verstellt, wenn Jungen und Mädchen zu Genusgruppen ›vereinheitlicht‹ werden. Das eigene Doing-Gender-Verhalten als Lehrkraft bleibt jedoch hinter einer De-Thematisierung von Geschlecht unsichtbar. Ebenso zeigt sich, dass Gender-Themen grundsätzlich Fragen von Gerechtigkeit und Diskriminierung aufwerfen, wie sich dies am Beispiel der geschlechtlichen Arbeitsteilung im Teamteaching-Unterricht zeigte. Sie lösen Unbehagen aus und werden als »privat« markiert.

Gender-Sensibilität und Berufsorientierung erfordern Reflexivität; diese hat in der Schule wenig Raum. Die Schule versteht sich als Ort der Wissensvermittlung, an dem auf der Grundlage der Kategorien »richtig« und »falsch« Leistung erbracht werden soll. Gleichzeitig ist Berufsorientierung ein wesentlicher Bestandteil von Identitätsentwicklung. Da traditionellere Geschlechtermuster stabilisierend wirken, wundert es nicht, dass diese in einer fordernden und labilen Lebensphase aktiviert werden. Die jungen Frauen und Männer gehen mit der Anlehnung an Gender-Traditionen sozusagen auf Nummer sicher. Das Gelegenheitsfenster genderuntypischer Berufswahlentscheidungen schließt sich dadurch schnell wieder.

3 Fazit

Die Ergebnisse der Geschlechterforschung der letzten 15 Jahre haben kaum Eingang in die Schulentwicklung gefunden. Schulen scheinen dem Differenzansatz der 1990er-Jahre (siehe Kap. 1) verhaftet zu bleiben. Der Doing-Gender-Ansatz ist hier weitgehend unbekannt. Ein weiteres Dilemma zeigt sich in der Wertigkeit der Berufs- und Studienorientierung, die nach Auffassung der Lehrkräfte grundsätzlich keine Aufgabe von Gymnasien sei. Deshalb wird das Thema nicht wirklich ernst genommen und angemessen didaktisch aufbereitet. Deutlich wird, dass solche neuen inhaltlichen Anforderungen an Lehrkräfte wie auch Gender-Thematiken insgesamt Raum für einen reflektierenden Austausch erfordern. Weder im Unterrichtsgeschehen noch im kollegialen Austausch sind Räume für Reflexion von biographischem Gewordensein oder Doing-Gender-Erfahrungen vorgesehen. Entsprechend besteht die Gefahr, dass Geschlechterstereotype reproduziert und Geschlechterklischees gefestigt und eben nicht aufgebrochen werden. Vielmehr setzen sich Differenzkonzepte durch, die Benachteiligungen verfestigen, gerade auch entgegen der Absicht mancher Lehrkräfte, die sich durchaus kritisch zu Gender-Fragen positionieren. Die geschlechtstypisierende Segregation des Bildungsbereichs sowie des Arbeitsmarktes, die – wie gezeigt wurde – auf langen und gemeinsamen historischen Entwicklungen beruht, kann auf diese Weise nicht verändert werden, auch wenn dies ökonomisch längst geboten ist.

Schulentwicklung kann daher nicht mehr auf Gender-Kompetenzen (vgl. Thiessen 2005) verzichten. Diese beinhalten neben Gender-Wissen, einem Methodenrepertoire für gendersensible Unterrichtsgestaltung und einer genderbezogenen Sozialkompetenz insbesondere die Selbstreflexion des Doing Gender der Lehrkraft. Auch Solveig Haring und Anita Mörth (2009: 23) sehen in der Reflexion der eigenen Annahmen über Geschlecht eine wesentliche Voraussetzung: »Die Arbeit an den eigenen Stereotypen führt zu einer Erweiterung der Gender-Kompetenz der Lehrenden und ist auch Ausgangspunkt für die Vermittlung von genderrelevanten Inhalten und die Einbeziehung von Gender in alle Aspekte des Unterrichts«. Unverzichtbar ist daher die Integration der Ausbildung von Gender-Kompetenzen in die Ausbildung der Lehrkräfte (siehe dazu Winheller, Götschel sowie Wedl/Mayer/Bartsch in diesem Buch). Ebenso besteht Bedarf an Weiterbildungsangeboten, in denen Gender-Aspekte in allen Veranstaltungen kritisch aufgegriffen werden und dabei geübt werden kann, Doing-Gender-Prozesse »auf frischer Tat« (Hagemann-White 1993) aufzudecken. Ziel wäre eine genderreflektierte Entdramatisierung von Geschlechterdifferenz. Schule könnte dann an Interessen orientierte, aktuelle Berufe erfahrbar machen. Voraussetzung dafür ist eine Dialogkultur, auf deren Basis bedarfsorientierte Angebote entwickelt werden. Gleichzeitig bedarf es eines gendersensiblen Übergangsmanagements zwischen Schule und Hochschule. Gerechtigkeit zwischen den Geschlechtern ist dann realisiert, wenn sich junge Frauen und junge Männer anhand ihrer Fähigkeiten und Interessen beruflich orientieren können, ohne durch Zuschreibungsprozesse qua Geschlecht Einschränkungen zu erfahren.

LITERATUR

Allmendinger, Jutta/Haarbrücker, Julia, 2013: Lebensentwürfe heute. Wie junge Frauen und Männer in Deutschland leben wollen (Discussion Paper P 2013-002). Berlin: Wissenschaftszentrum Berlin für Sozialforschung. [http://bibliothek.wzb.eu/pdf/2013/p13-002.pdf, eingesehen am: 28.08.2014]

Anzenbacher, Arno, 1999: Bildungsbegriff und Bildungspolitik. In: Jahrbuch für Christliche Sozialwissenschaften. Band 40. Herausgegeben vom Institut für Christliche Sozialwissenschaften der Universität Münster unter Mitwirkung der Arbeitsgemeinschaft der deutschsprachigen Christlichen Sozialethikerinnen und Sozialethiker. Münster: Aschendorff, 12-37.

Budde, Jürgen, 2011: Heterogenität und Homogenität aus der Perspektive von Lehrkräften. In: Krüger, Dorothea (Hg.): Genderkompetenz und Schulwelten. Alte Ungleichheiten – neue Hemmnisse. Wiesbaden: VS, 111-128.

Budde, Jürgen/Scholand, Barbara/Faulstich-Wieland, Hannelore, 2008: Geschlechtergerechtigkeit in der Schule. Eine Studie zu Chancen, Blockaden und Perspektiven einer gender-sensiblen Schulkultur. Weinheim: Juventa.

Bundesministerium für Familie, Senioren, Frauen und Jugend (Hg.), 2011: Erster Gleichstellungsbericht. Neue Wege – Gleiche Chancen: Gleichstellung von Frauen und Männern im Lebensverlauf. Berlin: Bundesministerium für Familie, Senioren, Frauen und Jugend.

Connell, Robert W. [Raewyn], 1999: Der gemachte Mann. Konstruktionen und Krisen von Männlichkeit. Opladen: Leske + Budrich.

Cornelißen, Waltraud, 2004: Einige Anmerkungen zur Debatte um die Benachteiligung von Jungen in der Schule. In: Zeitschrift für Frauenforschung & Geschlechterstudien. 2. Jg. H. 1, 128-136.

Dressel, Kathrin/Wanger, Susanne, 2008: Erwerbsarbeit. Zur Situation von Frauen auf dem Arbeitsmarkt. In: Becker, Ruth/Kortendiek, Beate (Hg.): Handbuch Frauen- und Geschlechterforschung. Theorie, Methoden, Empirie. Wiesbaden: VS, 481-490.

Erikson, Erik, 1959: Identität und Lebenszyklus. Frankfurt a.M.: Suhrkamp.

Faulstich-Wieland, Hannelore/Weber, Martina/Willems, Katharina, 2009: Doing Gender im heutigen Schulalltag. Empirische Studien zur sozialen Konstruktion von Geschlecht in schulischen Interaktionen. 2. Auflage. Weinheim: Juventa.

Gildemeister, Regina/Robert, Günther (Hg.), 2008: Geschlechterdifferenzierung in lebenszeitlicher Perspektive. Wiesbaden: VS.

Hagemann-White, Carol, 1993: Die Konstrukteure des Geschlechts auf frischer Tat ertappen? Methodische Konsequenzen einer theoretischen Einsicht. In: Feministische Studien. 11. Jg. H. 2, 68-78.

Haring, Solveig/Mörth, Anita, 2009: Schule und Unterricht aus der Genderperspektive. Geschlechtersensible Didaktik. In: Seemann, Malwine/Kuhnhenne, Michaela (Hg.): Gender Mainstreaming und Schule. Anstöße für Theorie und Praxis der Geschlechterverhältnisse. Oldenburg: BIS, 105-125.

Hochschule Landshut, 2013: Studierendenstatistik. Unveröffentlichtes Dokument.

King, Vera, 2004: Die Entstehung des Neuen in der Adoleszenz. Individuation, Generativität und Geschlecht in modernisierten Gesellschaften. Wiesbaden: VS.

Krüger, Dorothea, 2011: Genderkompetenz und Schulwelten. Bewegungen, Ungleichheiten, Hemmnisse. In: Krüger, Dorothea (Hg.): Genderkompetenz und Schulwelten. Alte Ungleichheiten – neue Hemmnisse. Wiesbaden: VS, 9-18.

Krüger, Helga, 2003: Berufliche Bildung. Der deutsche Sonderweg und die Geschlechterfrage. In: Berliner Journal für Soziologie. 13. Jg. H. 4, 497-510.

Lutz, Helma/Vivar, Maria T. Herrera/Slupik, Linda (Hg.), 2010: Fokus Intersektionalität. Bewegungen und Verortungen eines vielschichtigen Konzeptes. Wiesbaden: VS.

Mayer, Christine, 1996: Die Anfänge einer institutionalisierten Mädchenerziehung an der Wende vom 18. zum 19. Jahrhundert. In: Kleinau, Elke/Opitz, Claudia (Hg.): Geschichte der Mädchenbildung. Band 1. Frankfurt a.M.: Campus, 373-392.

Schmid, Pia, 1996: Weib oder Mensch, Wesen oder Wissen? Bürgerliche Theorien zur weiblichen Bildung um 1800. In: Kleinau, Elke/Opitz, Claudia (Hg.): Geschichte der Mädchenbildung. Band 1. Frankfurt a.M.: Campus, 327-345.

Staatsinstitut für Schulqualität und Bildungsforschung München (Hg.), 2005: Beruf und Studium – BuS. Erarbeitet im Auftrag des Bayerischen Staatsministeriums für Unterricht und Kultur. München: Staatsinstitut für Schulqualität und Bildungsforschung.

Sturm des Wissens, 5 Folgen, Rostock denkt 365° (Regie: André Jagusch). [http://sturm-des-wissens.de/gucken/, eingesehen am: 25.11.2014]

Thiessen, Barbara, 2005: Inter- und Transdisziplinarität als Teil beruflicher Handlungskompetenzen. Gender Studies als Übersetzungswissen. In: Kahlert, Heike/Thiessen, Barbara/Weller, Ines (Hg.): Quer denken – Strukturen verändern. Gender Studies zwischen Disziplinen. Wiesbaden: VS, 249-273.

West, Candace/Zimmerman, Don H., 1987: Doing Gender. In: Gender & Society. 1. Jg. H. 2, 125-151. [http://gas.sagepub.com/content/1/2/125.full.pdf+html, eingesehen am: 24.02.2015]

Studying Gender to Teach Gender
Zur Vermittlung von Gender-Kompetenzen

Corinna Onnen

> Ich kenne das Pädagogische [...] gut genug, um zu wissen, daß eigentlich hauptsächlich Alles darauf ankommt, daß der Mensch einsehen lerne, was ihm fehlt, wodurch er es alsdann gewissermaßen schon erlangt, weil zu der Einsicht des Rechten und Nützlichen sich das Wollen sehr geschwind gesellt.
> JOHANN WOLFGANG VON GOETHE AN FRIEDERIKE UNZELMANN, WEIMAR 14.03.1803

Die Frage danach, wie der Mensch »einsieht«, damit er handeln kann, wurde noch vor 200 Jahren mit der Herstellung von »Einsicht« beantwortet – Einsicht in die Nützlichkeit der Handlung führe zur Entdeckung von Defiziten, die dann behoben werden könnten. Diese Einsicht wurde anerzogen und sozialisiert, ohne infrage zu stellen, woher Menschen überhaupt befähigt werden, diese Einsicht zu erlangen. Heute würde vermutlich das Wort *empowerment* dafür genommen. Seit Goethe hat sich die Gesellschaft stark gewandelt, eine differenziertere Perspektive auf Befähigungen ihrer Mitglieder ist in den Fokus gerückt. Einigkeit herrscht mittlerweile darüber, dass unterschiedliche Sozialisationserfahrungen und -bedingungen ungleiche Zugänge zu den gesellschaftlichen Ressourcen ermöglichen. Seit dem Einzug der Gender Studies in den 1980er-Jahren in die Wissenschaftsdisziplinen und die Entwicklung und Analysemöglichkeit empirischer Daten wird auch nicht mehr infrage gestellt, dass es hier eklatante Unterschiede zwischen Frauen und Männern gibt. Die Suche nach den verursachenden Faktoren wird seit dieser Zeit stark vorangetrieben. Als ein Verursacher für geschlechtsspezifische Ungleichheiten wird seit den 1970er-Jahren das Bildungssystem mit verantwortlich gemacht. Damals hatte die wissenschaftliche Debatte um Koedukation, das gemeinschaftliche Lernen in geschlechtergemischten Gruppen, Konjunktur. Es gab heftige Debatten und starke Kontroversen, oft standen sich die Autor_innen in ihren Ansichten unversöhnlich gegenüber. Die Bildungspolitik wurde in erster Linie dafür verantwortlich gemacht, dass wenige Mädchen den schulischen und danach den beruflichen Aufstieg begannen bzw. darin dann auch reüssierten. Debatten um Sozialisationserfahrungen der Schüler_innen und die Geschlechtsrollentypisierungen werden seitdem allerorten geführt. Lehrmaterialien und ihre Auswirkungen auf die Geschlechterrollenrezeption wurden evaluiert und verschiedene neue Unterrichtsmethoden entwickelt, ohne dass jedoch eine empirisch messbare Änderung hinsichtlich einer faktischen Gleichstellung von Frauen und Männern im Schulsystem erzielt worden wäre (vgl. weiterführend Onnen 2013).

Aber wie geht letztlich der Beitrag der Schule – und auch der Hochschulen – zur Geschlechtsrollendifferenzierung konkret vonstatten? Und wieso führt der schulische Erfolg der Mädchen immer noch nicht auch gleichzeitig zum sozialen Aufstieg? Welchen Anteil haben Lehrer_innen daran? Und schließlich: Würde eine gendersensible Lehre mehr berufs- und aufstiegsorientierte Schülerinnen hervorbringen?

Diese Fragen lassen sich beantworten, wenn man Schule und Hochschule nicht nur als Bildungsinstitution ansieht, in der die Lernenden nicht ausschließlich mit Inhalten des offiziellen Lehrplans konfrontiert werden, sondern auch die Perspektive auf den heimlichen Lehrplan (erneut) in den Blick nimmt (vgl. Kap. 1.2 und 1.3). Schule als Sozialisationsinstanz birgt eine Menge Potenzial für geschlechtsspezifische Sozialisation, insbesondere auch dadurch, dass Jungen und Mädchen im Unterricht und durch die Methode des Unterrichts nicht die gleichen Chancen erhalten (vgl. Spreng 2005: 142). Und diese Einwirkung ist gerade so machtvoll, weil sie verschiedene Dimensionen in der Realität des Schulalltags durchdringt.

Dieser Beitrag führt die zentralen Debatten um ko- und monoedukative Unterrichtsmethoden und »genderblinde« Lernmaterialien mit der Forderung nach einer Entwicklung und Etablierung von Gender-Kompetenzen der Lehrkräfte zusammen und stellt einige Unterrichtsmethoden auf den Prüfstand. Er nähert sich der Thematik der gendergerechten Lehre querschnittartig, unabhängig von den spezifischen Fachdidaktiken. Es wird die These des heimlichen Lehrplans erneut aufgenommen und mit verschiedenen Dimensionen der Sozialisation in Verbindung gebracht (vgl. hierzu Kap. 1.2 und 1.3). Inhaltliche konzeptionelle Überlegungen gehen der Frage nach, was Lehramtsstudierende wissen, können und verstehen müssen, um sich der Komplexität der Gender-Thematik im Schulalltag ebenso wie in ihrer Berufsrolle bewusst zu werden. Üblicherweise bietet das Lehramtsstudium wenig Gelegenheit, um sich dezidiert mit soziostrukturellen und genderspezifischen Themen auseinanderzusetzen – die Gender-Debatte wird allenfalls in den Fachdidaktiken geführt, und hier nur am Rande. Darüber hinaus befindet sich die Forschung über das Studium von Gender für eine gendergerechte Lehre in Deutschland erst am Anfang. So soll in Kapitel 1 ein Beitrag zu einer allgemeinen geschlechtersensiblen Didaktik geliefert werden, um anschließend in Kapitel 2 Überlegungen zu präsentieren, wie angehende Lehrer_innen (am besten noch während ihres Studiums) ihren Blick auf gendersensible Lehre schärfen können.

1 Gender in der Struktur und den Inhalten von Lehre

1.1 Qualität von Lehre mit Gender-Kompetenzen

Wie erlangt also eine Lehrkraft Gender-Bewusstsein? Diese Frage ist eine Frage nach den Kompetenzen und hat sich als ein zentrales Thema im Rahmen der veränderten Lehr- und Unterrichtsbedingungen für Schüler_innen ebenso wie für ihre Lehrkräfte seit gut 20 Jahren herauskristallisiert. Spätestens seit der europäischen Studienreform – der Bologna-Reform[1] – wird auch in der Hochschullehre ein Perspektivenwechsel eingefordert. Die Überlegung ist hier, wegzukommen von der reinen Inhaltsvermittlung über die Lehre und hinzukommen zu einer Kompetenzorientierung der Lernenden, indem nicht mehr die reine inhaltliche Wissensvermittlung im Vordergrund des Unterrichts stehen soll, sondern die Weiterentwicklung inhaltsbezogener und allgemeiner Kompetenzen der Lernenden (vgl. Blum/Drüke-Noe/Hartung/Köller 2008: 15ff.). Hierbei ist festzustellen, dass durch die Kultusministerien an Lehrkräfte in Schulen zwar Anforderungen hinsichtlich eines reflexiven Umgangs mit Geschlechterrollen ihrer Schüler_innen gestellt werden (siehe Thiessen/Tremel in diesem Buch), diese z.B. aber nirgendwo evaluiert und in der Regel auch in keiner Begehung berücksichtigt werden. In der Hochschullehre wird weder eine didaktische noch eine genderdidaktische Ausbildung gefordert (siehe Winheller in diesem Buch). Der Fokus liegt hier vielmehr auf der Äußerung von Wünschen nach bzw. der Einführung eines Anreizsystems zur Steigerung der Qualität der Lehre – jedoch ohne begleitende Evaluationen.

Genau genommen ist hier ein Spagat zu leisten: Hochschullehrende müssten einerseits gendersensibel lehren (und das setzt eine Reflexion der eigenen Geschlechterrolle ebenso voraus wie ein Verständnis für die diesbezügliche (Un-)Sensibilität der Studierenden). Andererseits müssten sie die Studierenden zu Geschlechtersensibilität befähigen und mithilfe der Inhalte der Gender Studies insbesondere angehende Lehrer_innen als Multiplikator_innen für ihre spätere Aufgabe als Lehrkraft in Schulen zu eben diesen Gender-Kompetenzen qualifizieren (siehe Kap. 1.2).

Diese *Kompetenzorientierung* hat über die Kultusministerkonferenz in den Ländergemeinsamen Strukturvorgaben für die Akkreditierung von Bachelor- und Masterstudiengängen (2003) und in den Deutschen Qualifikationsrahmen (DQR 2009) im Rahmen des Konzepts des lebenslangen Lernens Einzug gehalten. Wissenschaftlich wird der Kompetenzbegriff unterschiedlich diskutiert: Während er in den Sozialwissenschaften im Rahmen von Sprache und Kommunikation behandelt wurde (hier sind vor allem die linguistischen Arbeiten von Noam Chomsky, die interaktionstheoretischen Arbeiten von Jürgen Habermas oder die systemtheoretischen von Niklas Luhmann zu nennen; vgl. Baake 1980), wird der Kompetenzbegriff in den Erziehungs- und Bildungswissenschaften seit den PISA-Studien[2] Anfang des Jahrtausends zu einer empirischen Kategorie. Wurde bis zu dieser Zeit eher theoretisch diskutiert, versuchten die PISA-Studien erstmals, der Komplexität des Kompetenzbegriffes durch evidenzbasierte Forschung gerecht zu werden.

---

1 | In Bologna wurde am 19.06.1999 von 30 europäischen Staaten mit der Bologna-Erklärung ein einheitlicher Europäischer Hochschulraum gebildet, was in ganz Europa weitreichende Veränderungen der nationalen Hochschulsysteme nach sich gezogen hat. Eine davon ist die Forderung nach kompetenzorientiertem Studium (vgl. Bundesministerium für Bildung und Forschung 1999).

2 | PISA steht für *Programme for International Student Assessment*. Alle drei Jahre werden in den Kompetenzbereichen Naturwissenschaften, Lesen und Mathematik internationale Schulleistungsvergleiche bei 15-jährigen Schüler_innen durchgeführt, wobei Faktoren wie soziale und kulturelle Herkunft und schulisches Lernumfeld mit ausgewertet werden (siehe zu den PISA-Studien weiterführend www.oecd.org/berlin/themen/pisa-internationaleschulleistungsstudiederoecd.htm, eingesehen am: 04.08.2014).

Dies geschah hauptsächlich, um den Begriff für Vergleichsmessungen zu standardisieren. Kompetenz wurde nun empirisch belegt und vornehmlich verstanden als die *verantwortliche Handlungsfähigkeit* des Menschen, die sich in Selbst-, Sach- und Sozialkompetenz differenziert und damit als Beleg für die theoretischen Diskussionen der 1970er-Jahre gewertet wurde, die damals meistens in der Sozialpsychologie und der beruflichen Bildung geführt wurden (Roth 1971: 180). In der Sozialpsychologie umfasst der Begriff drei Arten von Kompetenzen: die diagnostische, die didaktisch-methodische und die intellektuelle (vgl. Rost 2010: 830). Die kompetenzorientierte Gestaltung von Studiengängen, Lehrveranstaltungen und Prüfungen ist wiederum eine zentrale Forderung der Europäischen Studienreformen und verlangt einen Perspektivenwechsel in der Lehre (vgl. Europäische Union 2006: 13). Der EU-Referenzrahmen[3] umfasst dabei als sogenannte überfachliche und universelle Kompetenzen acht Schlüsselkompetenzen für lebenslanges Lernen:

(1) muttersprachliche Kompetenz;
(2) fremdsprachliche Kompetenz;
(3) mathematische Kompetenz und grundlegende naturwissenschaftlich-technische Kompetenz;
(4) Computerkompetenz;
(5) Lernkompetenz;
(6) soziale Kompetenz und Bürger_innenkompetenz;
(7) Eigeninitiative und unternehmerische Kompetenz;
(8) Kulturbewusstsein und kulturelle Ausdrucksfähigkeit (vgl. Europäische Union 2006: 13).

Dass Gender-Kompetenz mit keinem Wort erwähnt wird, ist augenscheinlich und umso verwunderlicher, da – wie in der Einleitung schon formuliert wurde – die Auseinandersetzung mit geschlechtsspezifischer sozialer Ungleichheit seit der Bildungsexpansion der 1960er-Jahre Fahrt aufnahm.

1.2 Koedukation oder Monoedukation?

Eines der Probleme, denen sich die Debatte um gute Lehre stellen muss, ist der Anspruch, im Lehralltag einer sozialen und geschlechtsspezifischen Segregation zu begegnen.[4] Weitgehende Einigkeit herrscht in der Bildungsforschung darüber, dass Geschlecht sozial konstruiert wird und ein unreflektierter koedukativer Unterricht demzufolge Mädchen im Schulsystem formal benachteiligt (vgl. Herwartz-Emden/Schurt/Waburg 2012: 15ff.). Bis zur Bildungsexpansion und -reform in den 1960-Jahren wurden Mädchen und Jungen monoedukativ, d.h. in geschlech-

---

3 | Der Europäische Referenzrahmen umfasst auf Empfehlung des Europäischen Parlaments und des Rates Schlüsselkompetenzen für lebensbegleitendes Lernen und soll dazu dienen, den europäischen Hochschulraum vergleichbar zu gestalten.

4 | In der Soziologie werden unter Segregation der Zustand einer Ungleichverteilung sowie der Prozess, der zu dieser Ungleichverteilung führt, verstanden. Die soziale Segregation verweist auf die Bedeutung von sozialstrukturellen Merkmalen wie Klasse bzw. Schicht, Reichtum bzw. Armut, Bildungsstatus etc.; ein anderer Grund für Ungleichverteilungen ist das Geschlecht.

tersegregierten Klassen und Schulen getrennt voneinander, unterrichtet. Der Bildungswert an Mädchenschulen wurde allgemein geringer eingestuft als der an Jungenschulen – sie bekamen eine schlechtere Ausstattung und hatten oft auch ein anderes Curriculum (z.B. Handarbeiten, Haushaltslehre, weniger Unterricht in naturwissenschaftlichen Fächern). Hier machte sich an vielen Schulen eine spezifische Hinführung auf damalige traditionelle Frauenrollen bemerkbar. Die folgende Debatte um den heimlichen Lehrplan (siehe weiter unten und Kap. 1.3) resultierte in der Einführung von koedukativem Unterricht, der beide Geschlechter gemeinsam unterrichtet und als Fortschritt hin zu mehr Gleichberechtigung im Unterricht gesehen wurde. Doch in den 1980er-Jahren kehrte sich die Debatte um, da die Bildungsforschung zeigen konnte, dass Mädchen aus monoedukativem Unterricht eine stärkere Affinität zu naturwissenschaftlichen Fächern zeigten als jene aus koedukativem Unterricht, wobei die Lehrpläne der mono- und koedukativen Schulen angeglichen waren. Jungen zeigten wiederum in koedukativem Unterricht schlechtere Schulleistungen als im monoedukativen Unterricht. Aktuell wird versucht, durch einen spezifischen Umgang mit diesen Unterrichtsformen einen optimalen Weg zu finden, um Jungen und Mädchen in ihren jeweiligen Stärken zu fördern, Schwächen, die sie aufgrund ihrer unterschiedlichen geschlechterspezifischen Sozialisation entwickelt haben, auszugleichen und Rollenklischees nicht zu verfestigen, wie es z.B. der Monoedukation stark vorgeworfen wurde (vgl. hierzu Faulstich-Wieland 1994; Faulstich-Wieland/Weber/Willems 2009; Stürzer/Roisch/Cornelißen 2003; Koch-Priewe 2009). Dieser Umgang setzt eine starke inhaltliche und auch strukturelle Auseinandersetzung mit den Rollen der Schüler_innen voraus, sodass vom »reflexiven« Umgang mit Unterrichtsformen gesprochen wird.

Die Konzepte der Ko- versus der Monoedukation (vgl. zur Chronologie Kreienbaum/Urbaniak 2006: 44f.) stehen ebenso zur Diskussion wie das Doing Gender über die direkte Interaktion (vgl. West/Zimmerman 1987) oder die »institutionelle Reflexion« (Goffman 2001: 40). Unter Letzterem versteht man die Auseinandersetzung mit der Frage, inwieweit eine Institution ihre Konzepte stets reproduziert – im konkreten Fall also, wie die Institution Schule durch ihre Struktur und ihren Aufbau sowie den Umgang der Menschen miteinander die Kategorie Geschlecht stets perpetuiert und damit verfestigt. Beiden Ansätzen liegt die Annahme zugrunde, dass Geschlecht eine sozial konstruierte Kategorie sei. Alle diese theoretischen Überlegungen haben zum Ziel, Geschlechterdifferenzen aufzulösen und einer faktischen Gleichstellung von Mädchen und Jungen bzw. Frauen und Männern im Alltag näher zu kommen. Dabei geht es den Verfechter_innen der Monoedukation um die Annahme, dass Schülerinnen in Mädchenklassen aufgrund des Fehlens männlicher Konkurrenz ihre individuellen Fähigkeiten besser entfalten und sich besser ausprobieren können; ferner hätten sie immer weibliche Vorbilder (vgl. Kahlert/Mischau 2000: 61). Heike Kahlert und Anina Mischau (2000: 64) betonen hierzu kritisch, dass dies nur gelänge, indem man »die Hierarchie in den Geschlechterverhältnissen dauerhaft [abbaut]. Machtverschiebungen in den Geschlechterverhältnissen durch Gleichstellung meint also, die Macht von Männern abzubauen und Frauen Zugangsmöglichkeiten zu gesellschaftlichen Machtpositionen [...] zu eröffnen«.

Als Konsequenz aus den Sozialisationsstudien der späten 1970er-Jahre entwickelte sich im Rahmen der Schulforschung die empirische Koedukationsforschung. Erstmalig belegten empirische Befunde einen Zusammenhang zwischen den Sozialisationserfahrungen der Schüler_innen und den Geschlechtsrollentypisierungen, die mit dem Schlagwort »heimlicher Lehrplan« (z.B. Zinnecker 1975; vgl. Onnen-Isemann/Bollmann 2010) belegt wurden.

> »[Unter dem heimlichen Lehrplan] verbirgt sich ein Konzept, das den Beitrag der Schule in der Frage der Entstehung von Geschlechtsstereotypen und geschlechtsspezifischen Verhaltensweisen von Jungen und Mädchen in den Vordergrund stellt, was letztlich zum Nachteil der Mädchen innerhalb der Koedukation führt. Jürgen Zinnecker warf hierzu schon in den 1970er-Jahren die Frage auf, wie es dazu kommt, dass Mädchen zwar sehr gute schulische Leistungen erbringen, was ihnen allerdings nicht – im Gegensatz zu den Jungen – den gesellschaftlichen und beruflichen Aufstieg erleichtert (vgl. Spreng 2005: 136). Es sind gerade die so genannten ›weiblichen Tugenden‹ (Spreng 2005: 136), wie z.B. Anpassungsfähigkeit, Kompromissbereitschaft und Teamfähigkeit, die diese Entwicklung begünstigen und zugleich die Gleichberechtigung von Männern und Frauen blockieren.« (Onnen/Sandkötter 2013: 20)

Als neuere Entwicklung wird die *reflexive Koedukation* gesehen. Hier findet eine gemeinsame, d.h. gemischtgeschlechtliche Erziehung statt und jegliche Rücksichtnahme der Lehrkraft auf das Geschlecht der Schüler_innen wird abgelehnt. Durch eine pädagogische Reflexion und Sensibilisierung soll eine Gleichstellung am ehesten erreicht werden (vgl. Kahlert/Mischau 2000: 64). Sigrid Metz-Göckel (1999: 135) konstatiert: »Bisher wird die kritische Auseinandersetzung zur Koedukation sehr ausführlich für den Schulbereich geführt, kaum jedoch für den Hochschulbereich«, und sie führt Beispiele von exklusiv auf Frauen zugeschnittene Studienfächer, Sommerschulen oder Studiengänge an. Sie pointiert empirische Befunde und zeigt die Probleme der aktuellen Koedukation mit ihren Antagonismen auf: Mädchen hätten nach den allgemeinen Leistungskriterien zwar in der Schule aufgeholt und sogar den Jungen gegenüber einen Vorsprung erzielt, begegneten dem Arbeitsmarkt aber dennoch durch geschlechtsspezifische Fächer- und Berufswahlen typisch. Ferner interessierten sie sich für andere Bereiche als Jungen, die ihnen wiederum einen Nachteil in spezifischen Berufsfeldern bereiteten (als Beispiel könnte man hier die MINT-Fächer[5] oder Sport nennen). Das zeigt eindringlich, dass die genderspezifische Lehre an den Hochschulen den Erfahrungen und Debatten aus dem Schulbereich hinterherhinkt und die Hochschulen ganz allgemein ihre didaktischen Konzepte überarbeiten müssen.

Neuere Forschungen sind allerdings der Ansicht, eine Geschlechtertrennung im Unterricht helfe »ausschließlich in Fächern, die eindeutig maskulin konnotiert sind« (Kuhnhenne 2009: 223; siehe auch Kessels 2002). Zur Herstellung gleicher Lernchancen gelte es vielmehr, die Kompetenzen der Schüler_innen zu stärken (vgl. Kuhnhenne 2009: 143). So bevorzugten auch die Schüler_innen koedukativen Unterricht, wobei Mädchen dann stärker aufgrund ihres Geschlechtes stigmatisiert würden, in dem ihnen z.B. verschiedene Interessensgebiete zugeschrieben würden, während Jungen »unter den Imperativen einer dominanten Männlichkeit« (Kuhnhenne 2009: 137) litten. Schließlich würden Lehrende die Lernenden nicht geschlechtsspezifisch benachteiligen wollen, vermittelten aber dennoch Geschlechtsrollentypisierungen (vgl. Metz-Göckel 1999: 137). Zu dieser doppelten Signalsetzung von Lehrenden, die einerseits reflexiv koedukativ unterrichten

---

5 | »MINT« steht für Mathematik, Informatik, Naturwissenschaften und Technik.

wollen und andererseits durch ihre Geschlechterrollensozialisation Geschlechtertypisierungen ihrer Schüler_innen kaum vermeiden können, kommt noch die Geschlechtsspezifik durch das Lernmaterial hinzu, auf die im folgenden Kapitel näher eingegangen wird.

1.3 Der heimliche Lehrplan

Der »heimliche Lehrplan« ist ein Begriff, der im Zuge der Reformpädagogik Anfang des letzten Jahrhunderts durch den Sozialpsychologen Siegfried Bernfeld (1922) eingeführt wurde und auf Studien zum Unterricht bei Jugendlichen fußt. Er umschreibt die durch soziale Lernerfahrungen vermittelten sozialen Regeln. In den Edukationsdebatten der 1960er-Jahre wurde der Begriff aktualisiert und bezog sich von da an auf geschlechtsspezifische soziale Lernerfahrungen von Schüler_innen im Klassenzimmer. Von Anfang an lag hier ein konstruktivistischer Ansatz (siehe Bartsch/Wedl in diesem Buch) zugrunde, der davon ausgeht, dass Geschlecht in der Interaktion hergestellt wird. Die Dimensionen des heimlichen Lehrplans umfassen im Wesentlichen vier Aspekte:[6]

(1) Lehrmaterialien sind nicht *neutral* und rein auf die inhaltliche Wissensvermittlung orientiert, denn sie haben immer auch eine soziale Komponente. Sie sind eingebunden in eine Gesellschaft, die das Geschlecht als universelle Struktur- und Ordnungsinstanz der Zweigeschlechtlichkeit zugrunde legt, wobei die Lehrenden in diesem System verhaftet sind. Insbesondere in den 1970er-Jahren, aber auch noch bis weit in die 1990er-Jahre hinein waren Schulbücher oft stark geschlechtstypisiert aufbereitet (siehe zu Schulbüchern auch Jenderek in diesem Buch). Studien zur Darstellung von Frauen- und Männlichkeitsbildern insbesondere in Fibeln und Lesebüchern kritisierten die Darstellung geschlechtsstereotyper Rollenbilder, die sich u.a. manifestierten in geschlechtlicher Arbeitsteilung (Frauen in ihrer Rolle als Hausfrau und Mutter, Männer als *breadwinner*), geschlechtstypischer Berufsausübung (Frauen als Sekretärin oder Lehrerin) oder die übergeordnete Rolle des Mannes gegenüber der Frau sowohl in der Familie als auch im Berufsleben durch seine Zuständigkeit für wichtige Entscheidungen. Auch in scheinbar neutralen Mathematikbüchern sind es primär die Jungen, die einen neuen Sachverhalt erklären und falsch berechnete Aufgaben der Mädchen berichtigen (vgl. Hilgers 1994; Spreng 2005: 142).

(2) Daran anknüpfend ist die Präsentation und konkrete Vermittlung der Lehrinhalte ebenfalls ein wichtiger Punkt. Forschungsergebnisse zeigen insbesondere in den Naturwissenschaften, dass hier oftmals die Richtung für eine geschlechtertypische Berufswahl festgelegt wird. Naturwissenschaften gelten gesellschaftlich als abstrakt, rational, emotionsfern und schwerer erfassbar als sogenannte weiche Sozial- und Geisteswissenschaften. Da Jungen eher die Fähigkeit zugesprochen wird, diesen Anforderungen gerecht zu werden, ist die Erwartungshaltung an sie besonders hoch, während Mädchen eine inhären-

---

6 | Einige Teile dieses Kapitels sind entnommen aus Onnen/Sandkötter (2013: 22ff.). Die inhaltlichen Überlegungen zum heimlichen Lehrplan basieren auf Onnen-Isemann/Bollmann (2010: 190ff.).

te schwerere Zugänglichkeit zur Technik und zu den Naturwissenschaften unterstellt wird (siehe Tobies/Schneider in diesem Buch). Aufgrund dieser gesellschaftlichen Erwartungshaltung werden aber die Auswahl der Unterrichtsinhalte, die Zugangsweisen bzw. Präferenzen (z.b. stärkere Sozialkompetenz der Mädchen) sowie die unterschiedlichen Erfahrungshintergründe von Jungen und Mädchen, die sie bis dahin schon mitgebracht haben, nur wenig berücksichtigt, was sich in diesen Fächern zum Vorteil der Jungen auswirkt (vgl. Spreng 2005: 152). Gemeint sind hier z.b. die Erfahrungsvorsprünge einer Sozialisation in der Familie, in der z.B. Jungen stärker ein handwerkliches und Mädchen ein hauswirtschaftliches Geschick entwickeln konnten.

(3) Verschiedene empirische Evidenzen belegen die Annahmen, dass Lehrkräfte durch ihr Verhalten und ihre Benotungen Positionszuweisungen der Schüler_innen vornehmen (vgl. Baar/Fuhr/Michalek/Schönknecht 2012: 108ff.) und diese geschlechtsspezifisch unterschiedlich fördern (vgl. Budde/Scholand/Faulstich-Wieland 2008: 89ff.). In diesem Zusammenhang wurden die Auswirkungen der Leistungserwartungen von Lehrer_innen auf die Selbsteinschätzung und das Leistungsverhalten der Schüler_innen thematisiert und sowohl der Pygmalion-Effekt diskutiert, welcher eine positive Korrelation hoher Leistungserwartungen der Lehrenden und des Leistungsverhaltens der Lernenden beschreibt, als auch der Golem-Effekt, welcher die Korrelation negativer Erwartungen und eines entsprechenden Leistungsverhaltens der Lernenden beschreibt (vgl. Fischer/Rustemeyer 2007: 177f.; Derichs-Kunstmann/Auszra/ Müthing 1999: 42ff.; vgl. Budde/Scholand/Faulstich-Wieland 2008: 116).

(4) Des Weiteren konfrontiert der Schulalltag Schüler_innen von Beginn an mit Hierarchien zwischen den Geschlechtern, z.B. der Überrepräsentanz von weiblichen Lehrkräften an Grund-, Haupt- und Realschulen, dem geringeren Anteil von Frauen in Schulleitungspositionen sowie den nahezu ausschließlich weiblichen Betreuungspersonen in den ersten drei Lebensjahren in Kindertagesstätten, dieser betrug 2011 97% (vgl. Autorengruppe Bildungsberichterstattung 2012: 34). Über zwei Drittel (66,8%) des Lehrpersonals an allgemeinbildenden Schulen waren im Schuljahr 2010/11 weiblich (vgl. Autorengruppe Bildungsberichterstattung 2012: 83). An Grundschulen waren in dem Zeitraum überwiegend weibliche teilzeitbeschäftigte Lehrkräfte tätig, während es an Gymnasien den höchsten Anteil an Vollzeitbeschäftigten unter den männlichen Lehrenden gab (vgl. Autorengruppe Bildungsberichterstattung 2012: 76). Sobald Kinder folglich in öffentliche Betreuungs- und Bildungsinstitutionen gelangen, werden sie mit unterschiedlichen gesellschaftlichen patriarchalen Machtpositionen zwischen den Geschlechtern konfrontiert, in denen Frauen mehrheitlich in betreuenden, helfenden Berufen, Männer hingegen in statushöheren und prestigeträchtigeren Positionen zu finden sind. Jungen und Mädchen lernen somit einerseits im offiziellen Lehrplan, dass grundsätzlich alle Berufe allen Geschlechtern offen stehen, während ihnen der heimliche Lehrplan, verankert in den institutionellen Rahmenbedingungen der Schulrealität, eine eindeutig hierarchische, geschlechtstypische Arbeitsteilung vermittelt (vgl. Spreng 2005: 140).

(5) Als vierte Dimension des heimlichen Lehrplans ist die Mikroebene der alltäglichen sozialen Interaktion zwischen Schüler_innen und Lehrer_innen zu nennen. Jeder Lehrer und jede Lehrerin bringt in seiner oder ihrer Rollenfunk-

tion und meist als Mitglied der oberen Mittelschicht und eines bestimmten (geschlechtlich konnotierten) Gesellschaftssystems bestimmte gefestigte Verhaltensweisen und Erwartungshaltungen an die Schüler_innen mit sich, was – in der Regel nicht intendiert – zu einer Ungleichbehandlung von Jungen und Mädchen führt (vgl. Spreng 2005: 138f.). Auch haben sie bestimmte Vorstellungen von Männlichkeits- und Weiblichkeitsbildern sowie Rollenstereotypen verinnerlicht, welche ihr Handeln im Unterricht unbeabsichtigt beeinflussen. Auch wenn dies in der schulischen Erziehung und angesichts voller Klassen keineswegs als intendiert unterstellt werden kann, so können die Konsequenzen für das Selbstbild und das Vertrauen in die eigene Leistungsfähigkeit der Kinder enorm sein (vgl. Spreng 2005: 146).

Ein erster Schritt im Sinne einer reflexiven (auch reflektierten) Koedukation war es seit den 1970er-Jahren – im Wesentlichen durch die Veröffentlichung von Jürgen Zinnecker (1975) und nachfolgenden Studienergebnissen –, auf die Aspekte und Konsequenzen des heimlichen Lehrplans aufmerksam zu machen und so das Bewusstsein für eine reflexive Koedukation zu stärken. Die *reflexive Koedukation* soll – wie oben bereits angeführt – dabei eine bedürfnisorientierte, situationsangepasste und flexible Handhabung des gemeinsamen Unterrichts von Mädchen und Jungen sein (vgl. Herwartz-Emden/Schurt/Waburg 2012: 90f.). Kinder wachsen in bestimmten, voneinander verschiedenen Kontexten auf und nehmen die darin mitgeführten Botschaften unbewusst auf. Sie lernen so z.B. auch, dass ein hohes Sozialprestige bedeutsam ist, dieses aber von Männern und Frauen verschieden erworben werden kann und auch eine unterschiedliche Anerkennung erfährt. Das Geschlecht wird von ihnen als gesellschaftliches Ordnungsprinzip durch sozial organisierte Praktiken im täglichen Handeln vorgenommen, etabliert und damit sozialisiert (vgl. Hirschauer 1994: 670). Der reflexiven Koedukation liegt die Annahme zugrunde, dass eine Zweigeschlechtlichkeit existiert, und dadurch ist eine Bezugnahme auf biologische Unterschiede zwangsläufig – eine Trennung von Sex und Gender als biologischem und sozialem Geschlecht (siehe Bartsch/Wedl in diesem Buch) wird obsolet, weil sie untrennbar miteinander verschränkt sind: Eine »Sexuierung von Personen wird getragen von der Sexuierung vieler anderer kultureller Objekte und umgekehrt« (Hirschauer 1994: 684) und erfolgt nicht einseitig nur nach dem biologischen Geschlecht. Im Gegensatz dazu fordert Hannelore Faulstich-Wieland (u.a. 1994: 223ff.) eine »Entdramatisierung« von Geschlecht. Mit der Betonung und »Dramatisierung« (Faulstich-Wieland 1994: 223ff.) von Geschlecht werde ein zentraler Weg einer gezielt geschlechterbetonten Erziehung eingeschlagen, wie er nur durch Monoedukation begründet werde. Eine »gender-free education« sei nicht möglich, stattdessen favorisieren Autorinnen wie Faulstich-Wieland eine »gender-sensitive education« im Sinne von Barbara Houston (1985: 131):

»A gender-sensitive perspective is a higher-order perspective than that involved in the gender-free strategy. It encourages one to ask constantly: is gender operative here? How is gender operative? What other effects do our strategies for eliminating gender bias have? A gender-sensitive perspective can also be differentiated from a gender-free strategy by the kind of questions it leaves open – questions that a gender-free strategy threatens to close, for example, questions about possible differences in learning that might be correlated with gender relations. It is not a gender-sensitive perspective claims there *are* significant differences, only that there *could be*, given the way in which gender has functioned as a species creator within our culture.«

Die Monoedukation sei an essentialistischen Konzepten orientiert (z.B. der Vorstellung, Mädchen seien ›von Natur aus‹ naturwissenschaftlich weniger begabt, Jungen hingegen seien technisch interessierter), eine gendersensible Bildung solle sowohl vorhandene als auch potenzielle Sozialisationseinwirkungen reflektieren und sinnvolle didaktische Maßnahmen in allen vier erwähnten Dimensionen entwickeln, welche einer *tatsächlichen* Gleichberechtigung in der schulischen Bildung gerechter würden (vgl. Houston 1985 sowie u.a. Faulstich-Wieland 1994).

2 Gendersensible Didaktik

Die Methoden zur Gestaltung und Vermittlung von Lerninhalten haben ziel- oder problembezogene bzw. empirische und methodische Schwerpunkte. In der konstruktivistischen Perspektive ist Geschlecht eine Handlung – es ist kein absichtsvolles, geplantes Handeln, sondern eine durch Interaktionen, Diskurse und strukturelle Rahmungen geformte – und nach Pierre Bourdieu (1987: 186) »inkorporierte« bzw. nach Robert W. Connell (2006: 81) »körperreflexive«[7] – Praxis (vgl. Budde 2005: 39ff.). Bereits Mitte der 1990er-Jahre forderten Hannelore Faulstich-Wieland und Marianne Horstkemper eine gendersensible Didaktik.

»Für Lehrkräfte bedeutet diese Sensibilisierung jedoch auch mehrere Unsicherheitsebenen:

- Die Infragestellung der persönlichen Identität einerseits als Lehrkraft,
- für die der pädagogische Imperativ, alle Kinder gleich zu behandeln, zur beruflichen Sozialisation und zum beruflichen Selbstverständnis gehört.
- Andererseits wird ihre persönliche Identität auch als Frauen und Männer in ihrem geschlechtlichen Habitus in Schule und Gesellschaft infrage gestellt.
- Damit ist häufig auch die Infragestellung ihrer geschlechtsspezifischen Rolle im privaten und außerschulischen Bereich verbunden. Dies mobilisiert Angst und Abwehr.
- Die Überwindung dieser Unsicherheitsebenen durch reflexive pädagogische Praxis ist jedoch möglich [...].« (Jansen-Schulz 2004: 25f.)

Eine gendersensible Didaktik lässt sich jedoch nur umsetzen, wenn Lehrende selbst über Gender-Kompetenzen verfügen (siehe auch Winheller in diesem Buch). Diese setzen – neben dem Wissen über Gender-Spezifika – auch ein Gender-Be-

---

7 | »Inkorporierte Praxis« nach Bourdieu – und »körperreflexive Praxis« nach Connell – meint eine Konstruktion und Bewertung der als hierarchisch strukturiert erfahrenen sozialen Welt und deren Akzeptanz durch das Individuum. Demnach werden Denkstrukturen, Wahrnehmungen auf die soziale Welt, das Verhalten und soziales Handeln von den Dispositionen und Klassifikationen des strukturell angepassten Habitus gesteuert und realisiert. »Habitus« meint nach Norbert Elias die Gewohnheiten im Denken, Fühlen und Handeln und mit Bourdieu das gesamte Auftreten einer Person. Diese Dispositionen wirken wiederum in eine Vielzahl von Handlungs-, Bewertungs- und Wahrnehmungssituationen hinein (Bourdieu 1987: 186; Connell 2006: 81).

wusstsein der eigenen Person voraus; denn nur wenn ein reflektiertes eigenes Gender-Bewusstsein vorhanden ist, kann auch Gender-Kompetenz entstehen, wie Abbildung 1 verdeutlicht.

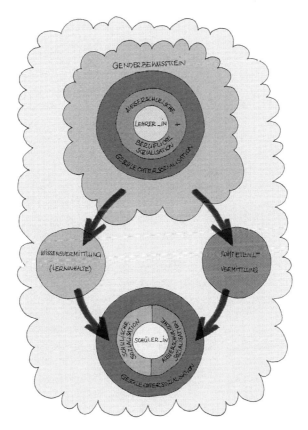

Abb. 1: Gender-Bewusstsein (Zeichnung: Christine Kaiser/
Frank Grunwald)

Was bedeutet es, eine gendersensible Didaktik umzusetzen? Um der Vielfalt der Gesellschaft zu begegnen, müssen Unterschiede zwischen den sozial strukturierenden Kategorien zunächst von allen Beteiligten wahrgenommen werden – vom Lehrpersonal ebenso wie von den Lernenden.[8] Diese spezifische geschlechterbewusste Perspektive wird oftmals mit der Metapher der *Gender-Brille* umschrieben. Sie soll die Gleichstellung von Schülerinnen und Schülern ermöglichen und beiden Geschlechtern einen gleichen Zugang zu den gesellschaftlichen Ressourcen eröffnen, um die Bedürfnisse von Mädchen und Jungen bzw. Frauen und Männern gleichermaßen zu befriedigen (vgl. z.B. Blickhäuser/von Bargen 2006). Die Gender-Brille ermöglicht den Handelnden einen *Gender-Blick*, indem sie eine geschlechterdifferenzierende Perspektive einnehmen. Hierzu ist eine Analyse

---

8 | Hierzu zählen über Gender hinaus weitere nicht veränderbare Strukturkategorien wie ethnische Herkunft und das Lebensalter. Beide Kategorien werden häufig mit dem Begriff der Intersektionalität oder Diversität gefasst.

von gesellschaftlichen Inhalten, Aussagen und statistischem Datenmaterial vonnöten, die zunächst eine Differenzierung nach dem biologischen Geschlecht ermöglicht. Erst durch die Erklärungen der diesen Verteilungen zugrunde liegenden gesellschaftlichen Strukturen und Korrelationen können die genderrelevanten Verhaltensmuster der Handelnden aufgedeckt und hier dann anschließend z.B. der Versuch unternommen werden, sich Geschlechterrollenstereotypisierungen und Rollenerwartungen bewusst zu werden.[9]

Es ist offensichtlich, dass hier die Gender-Kompetenz der Lehrkräfte bedeutsam wird. Lehrer_innen müssen vor dem Hintergrund der reflexiven Auseinandersetzung mit ihrer eigenen Geschlechtersozialisation die Fähigkeiten entwickeln, ihre Unterrichtsmethoden, -materialien und -inhalte auf den Prüfstand zu stellen. Die Geschlechtersensibilität findet somit bereits bei der Vorbereitung der Lehrangebote Berücksichtigung. Um darüber hinaus dem gesellschaftlichen Anspruch nachzukommen, für Schüler_innen die Lernziele geschlechtergerecht zu erreichen, müssen sie neben der Schaffung passender Angebote für Lernende ihre didaktischen Instrumente so anwenden, dass sie allen Lernenden zugutekommen. Insbesondere dem seit Jahren den sogenannten MINT-Fächern gegenüber geäußerten Vorwurf der Geschlechterblindheit könnte durch die Anwendung reflektierter Methoden und Inhalte begegnet werden, die eine bewusste Erweiterung der Lernprozesse ermöglicht (vgl. z.B. Budde 2009; Wiesner 2002: 137ff.; siehe auch Beiträge Augustin-Dittmann, Prechtl/Spitzer, Tobies/Schneider, Glade in diesem Buch). Diesen Anspruch erhoben Maria Anna Kreienbaum und Sigrid Metz-Göckel Anfang der 1990er-Jahre als feministische Antwort auf die Frage, weshalb mehr Mädchen Technikkompetenz entwickeln sollen. Sie konstatierten schon damals drei Frauen systematisch ausgrenzende Faktoren, die es zu beheben gelte, in Bezug auf:

(1) *Verantwortung*: Frauen sollten an neuen Entwicklungen, die das Leben aller in der Gesellschaft bestimmen, teilhaben;
(2) *Geschlechterdifferenz*: Frauen sollten sich im Milieu der männlich geprägten Denk- und Verhaltensmuster von Naturwissenschaften und Technik ebenfalls bewegen (können);
(3) *Arbeitsmarkt*: aus dessen Strukturverschiebungen in Richtung Technisierung würden Frauen durch ihre Nicht-Teilnahme systematisch ausgeschlossen (vgl. Kreienbaum/Metz-Göckel 1992: 77).

Neben den Lehr- und Lerninhalten und -materialien, aber auch dem implizit vermittelten Wissen – dem heimlichen Lehrplan – spielt die Didaktik eine zentrale Rolle für einen gendersensiblen Unterricht. Im Folgenden werden vier gängige Unterrichtsmethoden – der Frontalunterricht (1), der kooperative Unterricht (2), das biographische Lernen (3) sowie der Projektunterricht (4) – hinsichtlich ihrer Gender-Sensibilität geprüft.

(1) *Frontalunterricht*: Eine verbreitete Forderung ist die nach einer Auflösung des fragend-entwickelnden Frontalunterrichts. »Fragend-entwickelnder Frontalunterricht steht sehr stark in der Gefahr, durch Regelbrüche ›gestört‹ zu wer-

---

9 | Vgl. hierzu für den Bereich der Erwachsenenbildung die detaillierten Beschreibungen zu Geschlechtertrainings von Derichs-Kunstmann/Auszra/Müthing (1999: 42ff.).

den. Aktivierende Formen, die alle Kinder und Jugendliche einbeziehen, erlauben eher, Grenzen als notwendige Voraussetzungen für ungestörtes Lernen statt als disziplinierende Anordnungen durch Lehrkräfte zu erfahren« (Faulstich-Wieland 2007: 93; siehe auch Faulstich-Wieland/Weber/Willems 2009). In einer Studie belegte Damaris Güting (2004) das inszenierte geschlechtsspezifische Antwortverhalten von Schüler_innen. Die methodisch verbreitete Form der dreischrittigen Gesprächssequenz »Frage der Lehrkraft – Antwort der Lernenden – Beurteilung durch die Lehrkraft« sehe nicht vor, den Erwerb von Wissen und Fähigkeiten zu ermöglichen, sondern unterliege der »Bewertungshoheit« der Lehrenden und im Klassenzusammenhang sogar noch deren »Bewertungstotalität«, weil die Lehrer_innen alle mündlichen Beiträge bewerteten (Holzkamp 1995: 377ff., zit.n. Güting 2004: 155). Güting stellt in dieser Studie neben den die Bewertungen der Lehrer_innen beeinflussenden Antworten auch Faktoren wie Sprechfluss, Körperhaltung, Mimik und Ausdruck sowie die Lautstärke der Redner_innen als geschlechtsspezifisch unterschiedlich dar und weist gleichzeitig eine Konstruktion von Geschlecht durch die Inszenierungen der Antworten nach. Letzteres wird z.B. als überhöhte Selbstdarstellung in Form eines Bluffs (vornehmlich bei Jungen) und Zögern beim Antworten (vornehmlich bei Mädchen) feststellbar (vgl. Güting 2004: 156ff.). Diese Konstruktion von Geschlecht im Frontalunterricht kann durch unreflektierte Geschlechterrollenstereotype der Lehrenden verstärkt werden. Also wäre der Frontalunterricht unter genderdidaktischen Gesichtspunkten allenfalls mit Vorsicht zu genießen und allenfalls als bloße Wissensvermittlung unter Einbeziehung verschiedener weiterer Methoden effektiv.

(2) *Kooperativer Unterricht*: Demgegenüber ist ein geschlechtergerechter Lehr-Lern-Unterricht bei Abweichung vom Frontalunterricht durch den Einsatz kooperativer Unterrichtsformen möglich. Beispielsweise können Schüler_innen in Zweier- oder anderen Kleingruppen, in denen das Unterrichtsgespräch des skizzierten dreischrittigen Frontalunterrichts entfällt, einen erhöhten Kompetenzerwerb erzielen: Beim Zusammenführen der in diesen Kleingruppen erarbeiteten Ergebnisse können genauso Vor- und Nachteile der verschiedenen Lösungen und Lösungswege diskutiert werden wie z.B. ästhetische und didaktische Aspekte. Der Kompetenzerwerb erfolgt dann durch Kooperation, Kommunikation und Konsensfähigkeit, was wiederum eine Möglichkeit für die Lernenden bietet, bestehende und durch Sozialisation erworbene Bilder durch Reflexionen zu ändern und somit einem geschlechtergerechten Lernen näher zu kommen (vgl. das Beispiel zum Mathematikunterricht von Vogel/Niederdrenk-Felgner/Abel 2006: 33ff.).

(3) *Biographisches Lernen*: Das biographische Lernen – also das Lernen durch Erinnerungen und Erfahrungen entlang des eigenen Lebens – ermöglicht darüber hinaus den Lernenden weiteren Gestaltungsspielraum (vgl. z.B. Lemmermöhle 2006; Schlüter 2008). Lebensweltlich orientierte Lehr-Lern-Formate zeigen den Lernenden (ebenso wie den Lehrenden), dass es keine eindimensionalen Lösungen gibt und stets mehrere Aspekte beleuchtet werden müssen, um eine Aufgabe bewältigen zu können. Mit dem Anstieg des Komplexitätsgrades steigt auch die Möglichkeit der Erlangung von Gender-Kompetenzen der Schüler_innen. Sie werden durch diese Form stärker befähigt, die Verwobenheiten des

eigenen Lebens, Entscheidungsstrukturen und -wege zu erkennen und diese in Bezug auf das eigene Geschlecht und darüber hinaus zu hinterfragen.

(4) Schließlich ist der *Projektunterricht* zu nennen. Ursprünglich von John Dewey (1859-1952) und William Heard Kilpatrick (1871-1965) als »project method« zu Beginn des letzten Jahrhunderts entwickelt, bekam er in den Zeiten der reformpädagogischen Bestrebungen Anfang der 1970er-Jahre Konjunktur (zur Entwicklung des Projektunterrichts siehe Wasmann 2014: 6ff.). Projektunterricht fokussiert handlungsorientiertes Lernen und verändert damit die Prioritäten im Lernsetting, weil sowohl die Lehrmethoden als auch die Lernformen Veränderungen erfahren. Projektunterricht lässt sich nicht zufriedenstellend mit den methodischen Möglichkeiten nur eines Faches bewältigen, es sind meistens mehrere Fachkompetenzen gefragt. Das Ziel ist es, ein Problembewusstsein der Schüler_innen herauszufordern und ein Thema mehrdimensional zu erarbeiten. Diese Unterrichtsform bietet so eine besondere Chance zur Kompetenzförderung (vgl. Wasmann 2014: 50) und zeichnet sich durch wenigstens folgende sieben Anforderungen aus:

(a) die Komplexität der Aufgabe;
(b) die Bedürfnisse der Beteiligten;
(c) einen Bezug zur Lebensumwelt und gesellschaftliche Relevanz;
(d) eine mehrdimensionale Lernbeanspruchung;
(e) Interdisziplinarität;
(f) gemeinsame Planung, Durchführung und Auswertung der Inhalte und
(g) eine Ziel- und Prozessorientierung (vgl. Warwitz/Rudolf 1977: 18ff.).

Diese Anforderungen an den Projektunterricht sind zunächst allgemein, jedoch bieten sie großes Potenzial hinsichtlich einer gendersensiblen Sicht der Lernenden. Hier wird in jeder Phase des »Projektes« reflektiert – und zwar nicht nur die eigene Beziehung zum Lernstoff, sondern auch dessen Entstehung und Ziel. Damit ermöglicht es einen sehr guten Einstieg in gendersensible Sichtweisen.

Gendersensible Didaktik besteht nicht allein aus der bloßen Anwendung dieser Methoden. Um die Ziele der Gender-Kompetenz zu erreichen, bietet sich eine Verknüpfung der verschiedenen Lehr- und Lernformen an. Dagmar Richter schlägt eine Verbindung von hermeneutischen, ideologiekritischen und real-utopischen Lernzielen vor: *Hermeneutische Ziele* lassen durch Fallbeispiele erkennen, dass Mädchen und Frauen ebenso wie Jungen und Männer durch ihre Sozialisation eigene Sichtweisen haben, die auch innerhalb der Gruppen differieren können und als strukturell kenntlich gemacht werden; *ideologiekritische Lernziele* sollen Vorurteile durch direkte Auseinandersetzungen mit ihnen offenlegen und als verkürzte Sichtweisen entlarven; *real-utopische Lernziele* schließlich können durch Zukunftswerkstätten die soziale Phantasie befördern (vgl. Richter 1997: 407, zit.n. Boeser 2001: 94f.; sowie am Beispiel des *English as Foreign Language Teaching* Volkmann 2007). Ergänzende methodische Konzeptionen entwickeln auch Solveig Haring und Anita Mörth (2009), indem sie eine Verknüpfung von Fallbeispielen, Seminarbeschreibungen, Feedback, Reflexionen der Seminarleitungen und Fotodokumentationen vorschlagen. Diese Vorgehensweisen ermöglichen alle, durch Reflexion Gender-Kompetenz zu entwickeln.

3 FAZIT

Die Ziele einer gendersensiblen Didaktik sind vielfältig. Wichtig ist, dass zunächst für die Lernenden eine gute Lernumgebung mit ansprechendem Lernsetting geschaffen wird, in der fächerübergreifende Projektarbeit ebenso möglich wird wie interdisziplinäres Arbeiten, um so bestmöglich die verschiedenen vorhandenen Kompetenzen der Lernenden zu berücksichtigen. Die Lehrenden wiederum sollten bestehende Lernmaterialien weiterentwickeln, damit diese die sich kontinuierlich wandelnden Realitäten mit berücksichtigen. Die Methode der bewussten und reflektierten Koedukation kann nur durch eine adäquate und gendersensible Gestaltung der Lehrangebote erreicht werden, sodass die Lernziele für Jungen und Mädchen, Männer und Frauen gleichermaßen erreichbar sind. Ferner muss durch eine »gewollte Ungleichbehandlung der Geschlechter« (Budde/Scholand/Faulstich-Wieland 2008: 43) ein gleiches Lehrangebot für beide Geschlechter einen ähnlichen Nutzen bringen. Dieser Aspekt verstärkt in der Debatte um gendergerechtes Lehren und die Ablehnung von »gender-free education« nach Houston den oft geäußerten und eher umgangssprachlich formulierten Anspruch, die Lernenden dort abzuholen, wo sie aufgrund ihrer Sozialisationserfahrungen stehen. Hiermit wären – so zumindest nach dem aktuellen Stand der Auseinandersetzungen mit den Themen des heimlichen Lehrplans und der reflektierten Koedukation – die größtmöglichen Überschneidungen zum gendersensiblen Lehren und Lernen gegeben.

Die eingangs gestellte Frage, ob eine konsequent durchgeführte gendersensible Lehre eine größere Berufsorientierung und einen größeren Aufstiegswillen von Schülerinnen hervorbringen würde, kann ohne empirische Langzeitstudien nicht beantwortet werden. Aber Gender-Kompetenz der Lehrenden würde den Schüler_innen sicherlich nicht – wie bisher – die Möglichkeiten auf eine gleichgestellte Teilhabe an gesellschaftlichen Ressourcen verwehren. Ebenso ist es zwingend notwendig, den Kompetenzgedanken des Deutschen Qualifikationsrahmens um den längst fälligen Begriff der Gender-Kompetenz zu erweitern.

LITERATUR

Autorengruppe Bildungsberichterstattung (Hg.), 2012: Onlineversion des Bildungsberichts 2012. Bielefeld: W. Bertelsmann. [www.bildungsbericht.de/daten2012/bb_2012.pdf, eingesehen am: 25.11.2014]

Baake, Dieter, 1980: Kommunikation und Kompetenz. 3. Auflage. München: Juventa.

Baar, Robert/Fuhr, Thomas/Michalek, Ruth/Schönknecht, Gudrun, 2012: Genderkompetenz statt Quote! In: Hurrelmann, Klaus/Schultz, Tanjev (Hg.): Jungen als Bildungsverlierer. Brauchen wir eine Männerquote in Kitas und Schulen? Weinheim: Beltz Juventa, 102-124.

Bernfeld, Siegfried, 1922: Vom Gemeinschaftsleben der Jugend. Beiträge zur Jugendforschung. Wien: Internationaler Psychoanalytischer Verlag.

Blickhäuser, Angelika/Bargen, Henning von, 2006: Mehr Qualität durch Gender-Kompetenz. Ein Wegweiser für Training und Beratung im Gender Mainstreaming. Königstein/Taunus: Ulrike Helmer.

Blum, Werner/Drüke-Noe, Christina/Hartung, Ralph/Köller, Olaf (Hg.), 2008: Bildungsstandards Mathematik: konkret. Sekundarstufe I: Aufgabenbeispiele, Unterrichtsanregungen und Fortbildungsideen. 4. Auflage. Berlin: Cornelsen Scriptor.

Boeser, Christian, 2001: Bei Sozialkunde denke ich nur an dieses Trockene ... Relevanz geschlechtsspezifischer Aspekte in der politischen Bildung. Opladen: Leske + Budrich.

Bourdieu, Pierre, 1987: Sozialer Sinn. Kritik der theoretischen Vernunft. Frankfurt a.M.: Suhrkamp.

Budde, Jürgen, 2009: Mathematik und Geschlecht. Empirische Ergebnisse und pädagogische Ansätze. Herausgegeben vom Bundesministerium für Bildung und Forschung (BMBF). Bonn: BMBF. [www.bmbf.de/pub/band_dreissig_bildungsforschung.pdf, eingesehen am: 26.06.2014]

Budde, Jürgen, 2005: Männlichkeit und gymnasialer Alltag. Doing Gender im heutigen Bildungssystem. Bielefeld: transcript.

Budde, Jürgen/Scholand, Barbara/Faulstich-Wieland, Hannelore, 2008: Geschlechtergerechtigkeit in der Schule. Eine Studie zu Chancen, Blockaden und Perspektiven einer gendersensiblen Schulkultur. Weinheim: Juventa.

Bundesministerium für Bildung und Wissenschaft (BMBF), 1999: Der Europäische Hochschulraum: Bologna Declaration. Gemeinsame Erklärung der Europäischen Bildungsminister, 19. Juni 1999 in Bologna. Bonn: BMBF. [www.bmbf.de/pubRD/bologna_deu.pdf, eingesehen am: 31.03.2014]

Connell, Robert W. [Raewyn], 2006: Der gemachte Mann. Konstruktion und Krise von Männlichkeiten. 3. Auflage Wiesbaden: VS.

Derichs-Kunstmann, Karin/Auszra, Susanne/Müthing, Brigitte, 1999: Von der Inszenierung des Geschlechterverhältnisses zur geschlechtsgerechten Didaktik. Konstitution und Reproduktion des Geschlechterverhältnisses in der Erwachsenenbildung. Bielefeld: Kleine.

DQR, 2009: Diskussionsvorschlag eines Deutschen Qualifikationsrahmens für lebenslanges Lernen. Erarbeitet vom Arbeitskreis Deutscher Qualifikationsrahmen der Kultusministerkonferenz. [www.dqr.de/media/content/Der_Deutsche_Qualifikationsrahmen_fue_lebenslanges_Lernen.pdf, eingesehen am: 31.03.2014]

Europäische Union, 2006: Amtsblatt vom 30.12.2006, L 394. Empfehlung des Europäischen Parlaments und des Rates vom 18. Dezember 2006 zu Schlüsselkompetenzen für lebensbegleitendes Lernen (2006/962/EG). [http://eur-lex.europa.eu/LexUriServ/LexUriServ.do?uri=OJ:L:2006:394:0010:0018:DE:PDF, eingesehen am: 31.03.2014]

Faulstich-Wieland, Hannelore, 2007: Eine Bühne für Inszenierungen. Doing Gender im Schulalltag. In: Bentheim, Alexander/Biermann, Christine/Boldt, Ulrich/Tillmann, Klaus-Jürgen/Siebert, Uwe (Hg.): Jungen. Seelze: Friedrich, 90-93.

Faulstich-Wieland, Hannelore, 1994: Reflexive Koedukation. Zur Entwicklung der Koedukationsdebatte in den Bundesländern. In: Bracht, Ulla/Keiner, Dieter (Hg.): Geschlechterverhältnisse und die Pädagogik (Jahrbuch der Pädagogik 1994). Frankfurt a.M.: Peter Lang, 325-342.

Faulstich-Wieland, Hannelore/Weber, Martina/Willems, Katharina, 2009: Doing Gender im heutigen Schulalltag. Empirische Studien zur sozialen Konstruktion von Geschlecht in schulischen Interaktionen. 2. Auflage. Weinheim: Juventa.

Fischer, Natalie/Rustemeyer, Ruth, 2007: Förderung der Erfolgserwartung im Unterrichtsfach Mathematik. In: Ludwig, Peter/Ludwig, Heidrun (Hg.): Erwartungen in himmelblau und rosarot. Effekte, Determinanten und Konsequenzen von Geschlechterdifferenzen in der Schule. Weinheim: Juventa, 175-201.

Goethe, Johann Wolfgang von, 1803: Goethes Werke. Herausgegeben im Auftrag der Großherzogin Sophie von Sachsen. IV. Abteilung: Goethes Briefe, Band 1-50, Weimar 1887-1912. [www.zeno.org/Literatur/M/Goethe,+Johann+Wolfgang/Briefe/1803, eingesehen am: 01.07.2014]

Goffman, Erving, 2001: Interaktion und Geschlecht. 2. Auflage. Frankfurt a.M.: Campus.

Güting, Damaris, 2004: Soziale Konstruktion von Geschlecht im Unterricht. Ethnographische Analysen alltäglicher Inszenierungspraktiken. Kempten: Klinkhardt.

Haring, Solveig/Mörth, Anita, 2009: Schule und Unterricht aus der Genderperspektive. Geschlechtersensible Didaktik. In: Seemann, Malwine/Kuhnhenne, Michaela (Hg.): Gender Mainstreaming und Schule. Anstöße für Theorie und Praxis der Geschlechterverhältnisse. Oldenburg: BIS, 105-125.

Herwartz-Emden, Leonie/Schurt, Verena/Waburg, Wiebke, 2012: Mädchen und Jungen in Schule und Unterricht. Stuttgart: Kohlhammer.

Hilgers, Andrea, 1994: Geschlechterstereotype und Unterricht. Zur Verbesserung der Chancengleichheit von Mädchen und Jungen in der Schule. Weinheim: Juventa.

Hirschauer, Stefan, 1994: Die soziale Fortpflanzung der Zweigeschlechtlichkeit. In: Kölner Zeitschrift für Soziologie und Sozialpsychologie. 46. Jg. H. 446, 668-692.

Holzkamp, Klaus, 1995: Lernen. Subjektwissenschaftliche Grundlegung. Frankfurt a.M.: Campus.

Houston, Barbara, 1985: Gender Freedom and the Subtleties of Sexist Education. In: Educational Theory. 35 Jg. H. 4, 359-370.

Jansen-Schulz, Bettina, 2004: Gender und Computerkompetenzen in der Grundschule. In: Jansen-Schulz, Bettina/Castel, Conni: Jungen arbeiten am Computer, Mädchen können Seil springen ... Computerkompetenzen von Mädchen und Jungen. Forschung, Praxis und Perspektiven für die Grundschule. München: kopaed, 13-108.

Kahlert, Heike/Mischau, Anina, 2000: Neue Bildungswege für Frauen. Frankfurt a.M.: Campus.

Kessels, Ursula, 2002: Undoing Gender in der Schule. Eine empirische Studie über Koedukation und Geschlechtsidentität im Physikunterricht. Weinheim: Juventa.

Koch-Priewe, Barbara/Niederbacher, Arne/Textor, Annette/Zimmermann, Peter, 2009: Jungen – Sorgenkinder oder Sieger? Ergebnisse einer quantitativen Studie und ihre pädagogischen Implikationen. Wiesbaden: VS.

Kreienbaum, Maria Anna/Metz-Göckel, Sigrid, 1992: Koedukation und Technikkompetenz von Mädchen. Der heimliche Lehrplan der Geschlechtererziehung und wie man ihn ändert. Weinheim: Juventa.

Kreienbaum, Maria Anna/Urbanik, Tamina, 2006: Jungen und Mädchen in der Schule. Konzepte der Koedukation. Berlin: Cornelsen Scriptor.

Kuhnhenne, Michaela, 2009: Gender Mainstreaming und Schule – Ausbildungsfragen. Die Rolle der Hochschulen. In: Seemann, Malwine/Kuhnhenne, Michaela (Hg.): Gender Mainstreaming und Schule. Anstöße für Theorie und Praxis der Geschlechterverhältnisse. Oldenburg: BIS, 143-153.

Ländergemeinsame Strukturvorgaben für die Akkreditierung von Bachelor- und Masterstudiengängen, 2003: Beschluss der Kultusministerkonferenz vom 10.10.2003 in der Fassung vom 04.02.2010. [www.kmk.org/fileadmin/veroeffentlichungen_beschluesse/2003/2003_10_10-Laendergemeinsame-Strukturvorgaben.pdf, eingesehen am: 31.03.2014]

Lemmermöhle, Doris/Große, Stefanie/Schellack, Antje/Putschbach Renate, 2006: Passagen und Passantinnen. Biographisches Lernen junger Frauen. Eine Längsschnittstudie. Münster: Waxmann.

Metz-Göckel, Sigrid, 1999: Koedukation – Nicht um jeden Preis. Eine Kritik aus internationaler Perspektive. In: Behm, Britta L./Heinrichs, Gesa/Tiedemann, Holger (Hg.): Das Geschlecht der Bildung – Bildung der Geschlechter. Opladen: Leske + Budrich, 131-147.

Onnen, Corinna, 2013: Geschlechtsspezifische Arbeitsteilung. Schwerpunktheft der ZSE – Zeitschrift für Soziologie der Erziehung und Sozialisation. 33. Jg. H 4.

Onnen, Corinna/Sandkötter, Stephan, 2013: Die Geschlechtstypik von Bildung, Erziehung und Sozialisation. In: Dippelhofer-Stiem, Barbara/Dippelhofer, Sebastian (Hg.): Enzyklopädie Erziehungswissenschaft Online. Fachgebiet Erziehungs- und Bildungssoziologie, Mikrosoziologische Analysen: Gruppen und Akteure im Lebensverlauf. Weinheim: Juventa.

Onnen-Isemann, Corinna/Bollmann, Vera, 2010: Studienbuch Gender & Diversity. Eine Einführung in Fragestellungen, Theorien und Methoden. Frankfurt a.M.: Peter Lang.

PISA – Internationale Schulleistungsstudie der OECD. [www.oecd.org/berlin/themen/pisa-internationaleschulleistungsstudiederoecd.htm, eingesehen am: 04.08.2014]

Richter, Dagmar, 1997: Geschlechtsspezifische Zusammenhänge politischen Lernens. In: Sander, Wolfgang (Hg.): Handbuch politische Bildung. Schwalbach: Wochenschau, 403-414.

Rost, Detlef, 2010: Handwörterbuch Pädagogische Psychologie, 4. Auflage. Weinheim: Beltz.

Roth, Heinrich, 1971: Pädagogische Anthropologie, Band 2. Hannover: Schroedel.

Schlüter, Anne, 2008: Biographisches Lernen als Bestandteil des Studiums zur Professionalisierung der Erwachsenenbildung? In: Report – Zeitschrift für Weiterbildungsforschung. 31. Jg. H. 4, 33-42. [www.die-bonn.de/doks/schlueter0802.pdf, eingesehen am: 24.07.2014]

Spreng, Maria, 2005: Geschlechtsrollenstereotype von Grundschulkindern. Dimensionen, Ausmaß, Veränderbarkeit. Hamburg: Dr. Kovac.

Stürzer, Monika/Roisch, Henrike/Hunze, Annette/Cornelißen, Waltraud (2003): Geschlechterverhältnisse in der Schule (DJI-Reihe Gender). Opladen: Leske + Budrich.

Vogel, Rose/Niederdrenk-Felgner, Cornelia/Abel, Barbara, 2006: Computereinsatz im Mathematikunterricht. Eine Analyse aus der Geschlechterperspektive. In: Martignon, Laura/Niederdenk-Felgner, Cornelia/Vogel, Rose (Hg.): Mathematik und Gender. Hildesheim: Franzbecker, 25-39.

Volkmann, Laurenz, 2007: Gender Studies and Literature Didactics. Research and Teaching – Worlds Apart? In: Decke-Cornill, Helene/Volkmann, Laurenz (Hg.): Gender Studies and Foreign Language Teaching. Tübingen: Gunter Narr, 161-184.

Warwitz, Siegbert/Rudolf, Anita, 1977: Projektunterricht. Didaktische Grundlagen und Modelle. Schorndorf: Karl Hofmann.
Wasmann, Astrid, 2014: Projektdidaktik für den naturwissenschaftlichen Unterricht. Baltmannsweiler: Schneider.
West, Candace/Zimmerman, Don H., 1987: Doing Gender. In: Gender & Society. Official Publication of Sociologists for Women in Society, 1. Jg. H. 2, 125-151. [http://gas.sagepub.com/content/1/2/125.full.pdf+html, eingesehen am: 24.02.2015]
Wiesner, Heike, 2002: Die Inszenierung der Geschlechter in den Naturwissenschaften. Wissenschafts- und Genderforschung im Dialog. Frankfurt a.M.: Campus.
Zinnecker, Jürgen (Hg.), 1975: Der heimliche Lehrplan. Weinheim: Juventa.

Geschlechterreflektierende Haltung in der Schule

Konrad Manz

Die Normierung von Geschlecht erfolgt zu einem großen Teil in der Lebensphase, in der die jungen Menschen zur Schule gehen (vgl. Budde 2006: 87). Dort treffen sie auf Gleichaltrige und Erwachsene und bekommen zahlreiche Rückmeldungen über die Art und Weise, wie sie ihre Geschlechtlichkeit leben und ausdrücken. Dies ist für viele Beteiligte mit zahlreichen Zwängen und Verletzungen verbunden. Die Erwartungen, die an Kinder und Jugendliche gestellt werden, sich als weiblich oder männlich zu identifizieren und ein entsprechendes Auftreten im Alltag zu zeigen, können zu Verlusten von lieb gewonnenen Dingen, Tätigkeiten, Vorlieben und Menschen führen. Zugleich werden die Geschlechterkonzepte hierarchisiert, was nicht selten mit Grenzüberschreitungen und erheblichen Einschränkungen einhergeht. Auf diesen Prozess, der für die Persönlichkeitsentwicklung der Kinder und Jugendlichen von großer Bedeutung ist, wird in der Schule von den Erwachsenen bisher kaum sichtbar reagiert (vgl. Schabus-Kant 2010: 109ff.).

Dieser Beitrag plädiert für eine geschlechterreflektierende Pädagogik, deren Schwerpunkt auf einer Haltung liegt, die Erwachsene gegenüber Kindern und Jugendlichen einnehmen.[1] Auch wenn Erwachsene in der Schule von Kindern und Jugendlichen meist nicht als Vorbilder gesehen werden, mit denen sie sich identifizieren, so wirken sie dennoch eindrücklich aufgrund der pädagogischen Haltung, die sie einnehmen. Eine Haltung kann wiederum eine Haltung vermitteln (vgl. Klocke 2012: 75).

Deshalb ist es wichtig, nicht nur Geschlechternormierungen zu problematisieren, sondern auch eine respektvolle Haltung zu verschiedensten Geschlechteridentitäten zu zeigen. Eine größere Freiheit bei der Ausformung von Geschlechteridentitäten kann ermöglicht werden, wenn die Lehrer*innen und die pädagogischen Mitarbeiter*innen mit einer Haltung an die Kinder und Jugendlichen herantreten, die von der Überzeugung getragen wird, dass geschlechtliche Vielfalt existiert, wünschenswert ist und von Gleichberechtigung geprägt sein sollte. Die Hierar-

---

1 | Die hier beschriebene pädagogische Haltung geht zu einem großen Teil auf Konzepte der außerschulischen politischen Jugendbildungsarbeit zurück, insbesondere auf Herangehensweisen der Mädchen- und Jungenarbeit des Bremer Jungenbüros (vgl. Mörchen/Jutz/Sott 2012), der Alten Molkerei Frille (vgl. z.B. Rauw/Jantz/Reinert/Ottemeier-Glücks 2001) und der DGB-Jugend Südniedersachsen/Harz (vgl. Autor_innenkollektiv/DGB-Jugend Südniedersachsen/Bremen/Sachsen-Anhalt 2011).

chien unter den Geschlechterkonzepten müssen dabei den Lehrenden bewusst sein, damit in Konfliktsituationen und bei diskriminierendem oder übergriffigem Verhalten adäquat Stellung bezogen werden kann.

In dem vorliegenden Beitrag wird diese Haltung anhand von Beispielen aus dem Schulalltag konkreter und verständlicher gemacht. Die Beispiele beziehen sich auf Situationen, die der Autor als Lehrer in der Sekundarstufe I der Integrierten Gesamtschule und des Gymnasiums erlebt hat.

Das erste Kapitel dient einer theoretischen Klärung der zentralen Begriffe. In den Kapiteln 2 bis 6 werden verschiedene Probleme anhand von Beispielen analysiert: Bündnisangebote durch Schüler*innen gegenüber Erwachsenen (Kap. 2), Umgang mit abwertenden oder normierenden Kommentaren (Kap. 3), Vergeschlechtlichung von Räumen (Kap. 4), intersektionale Perspektiven (Kap. 5) und Grenzen der Lehrer*innenrolle (Kap. 6). Im Schlusskapitel werden die Ergebnisse zusammengefasst und Folgen für das Lehrer*innenhandeln gezogen (Kap. 7).

1 Die Praxis geschlechterreflektierender Haltung in der Schule

Bevor einzelne Aspekte einer geschlechterreflektierenden Haltung dargestellt werden, muss kurz auf das zugrunde liegende Verständnis der Begriffe Geschlecht und Schule eingegangen werden.

Geschlecht wird in diesem Artikel als ein Komplex an Verhaltensmustern und Selbstbildern verstanden, der dadurch entsteht, dass Menschen während ihres gesamten Lebens subtil und offen mit normativen Vorstellungen von Weiblichkeit und Männlichkeit konfrontiert sind und sie daher auch selbst reproduzieren und verinnerlichen. Besonders eindrücklich sind dabei oft negative Rückmeldungen bei normabweichendem Verhalten. Damit sind Normen wirkmächtig, wenn auch nicht allumfassend. Die Verhaltensmuster und Selbstbilder sind trotz Normierung unterschiedlich und vielfältig, unterliegen allerdings einer Hierarchisierung (vgl. Drogand-Strud 2013: 101). Und gerade diese Unterschiedlichkeit ist auch notwendig, damit sich überhaupt eine Hierarchie herausbilden kann.

Die Schule ist für die dort lernenden und arbeitenden Menschen ein Lebensraum. Sie kann nicht auf den eigentlichen Unterricht reduziert werden. Das Erlernen und Umlernen von Wissen über Geschlecht und Techniken der Inszenierung von Weiblichkeit und Männlichkeit in der Schule findet zu einem großen Teil außerhalb des Unterrichts statt.[2] So fasst Hans-Peter Neumann (2002) den Unterricht als nur einen von vier Bereichen der Schule auf, in denen eine »geschlechterbewusste Schule« gedacht werden kann.[3]

Die folgenden Beispiele sollen verdeutlichen, wie eine Haltung konkret in der Schule Anwendung finden kann, die die Schüler*innen darin unterstützt, zwanglos auch normabweichende Geschlechterkonzepte bei sich selbst und anderen anzuerkennen.

---

2 | Zur Rolle des eigentlichen Unterrichts in Form des »heimlichen Lehrplans« siehe Onnen in diesem Buch.

3 | Die anderen drei Bereiche sind Ganztag, Projektlernen und Beratung/Erziehung.

2 Mit Verschwesterungs- und Verbrüderungsangeboten umgehen

Die Schulklasse ist für viele Jugendliche ein wichtiger sozialer Bezugsrahmen. Vor allem im Klassenverband wird verhandelt, welche Geschlechterkonzepte »angesagt« sind und welche nicht. In der einen Klasse können beispielsweise gute Schulleistungen als adäquat für Mädchen angesehen werden, in einer anderen dagegen nicht. Dabei können vielfältige Aspekte Teil des Aushandlungsprozesses werden, wie äußeres Erscheinen, Verhalten, Interessen, Kompetenzen etc. Das Aushandeln solcher Geschlechternormen funktioniert zu einem großen Teil darüber, wer was tut und wer zu wem gehört (vgl. Manz 2010: 258-260). Worin bestehen die »angesagte« Weiblichkeit und die hegemoniale Männlichkeit im Sinne von Robert W. Connell (2006)[4], wer gehört zu dem Kreis der Menschen, die sie jeweils repräsentieren? Auch die Erwachsenen sind in dieses System des Aushandelns von Geschlechterkonzepten eingebunden und müssen sich darin verhalten (vgl. Busche 2013: 113). Dabei spielen Abgrenzungen und Bündnisse zwischen Lehrkräften und Schüler*innen eine bedeutende Rolle.

Erwachsene können innerhalb dieses sozialen Bezugsrahmens als Gegenteil des angestrebten Geschlechterkonzepts fungieren oder auch als dessen Repräsentant*in. Da sie sich als Erwachsene in einer besonderen Position befinden, ist ihr Umgang mit solchen Instrumentalisierungen von besonderer Bedeutung. Wie schwierig es oft ist, sich dabei reflektiert zu verhalten, sollen zwei Beispiele zeigen.[5]

Beobachtete Situation: Kurz vor Stundenbeginn geht die Lehrerin auf dem Flur in Richtung Klassenzimmer. Es sind noch zahlreiche Schüler*innen anwesend. Eine zwölfjährige Schülerin, die vor dem Klassenzimmer steht, läuft ihr entgegen und fällt ihr um den Hals. Die Lehrerin erwidert die Umarmung und lacht. Als sich die beiden voneinander lösen, beginnt die Schülerin, die Lehrerin mit Fragen zu löchern. Diese nickt ihr verständnisvoll zu. Gemeinsam betreten sie daraufhin das Klassenzimmer, während die Schülerin noch auf die Lehrerin einredet. Die Lehrerin schließt die Tür hinter sich.

Was hat diese Szene nun mit der Aushandlung von Geschlechternormen und einer reflektierenden pädagogischen Praxis zu tun? Die Situation kann in vielerlei Hinsicht interpretiert werden. Die folgende Sichtweise ist nur eine davon: Es liegt eine vergeschlechtlichte Verschwesterung vor. Sie würde zwischen einem Jungen und einem männlichen Lehrer in dieser Form vermutlich für Irritationen sorgen. Die körperliche Nähe transportiert gegenseitige Zuneigung und damit ein Bündnis zwischen Schülerin und Lehrerin. Auch die Unterhaltung weist eindeutig auf eine emotionale Nähe hin. Sie wirkt dabei nicht wie eine besondere Situation, sondern eher wie der normale Umgang der beiden. Die Szene findet vor Publikum statt und hat eine Wirkung sowohl nach innen als auch nach außen. Beide profitieren davon:

---

4 | Unter hegemonialer Männlichkeit versteht Connell einen Komplex an Handlungsmustern bei Männern, der männliche Privilegien vergleichsweise unhinterfragt genießt und damit die Unterordnung von Frauen und alternativen Männlichkeiten festigt.

5 | Die in diesem Beitrag geschilderten Situationen wurden jeweils nicht sofort notiert, sondern erst mehrere Stunden oder sogar Tage später schriftlich festgehalten. Ihre Wiedergabe ist daher nicht wie ein Beobachtungsprotokoll im Sinne der Ethnographie zu verstehen, sondern als ungenaue Erinnerung.

Die Lehrerin kann wahrscheinlich durch einen guten Kontakt zu einer Schülerin mit einer höheren Kooperationsbereitschaft von deren gesamter Peergroup rechnen, und die Schülerin verspricht sich womöglich umgekehrt Großzügigkeit der Lehrerin ihr gegenüber bei Regelverstößen und Leistungsbewertungen. Darüber hinaus begünstigt das Verhalten eine Form von Weiblichkeit, die für Wärme und körperliche Nähe steht.

Je nachdem, welche Position die Schülerin in der Klasse und in der Peergroup hat, für was für eine Weiblichkeit sie steht und ob sie damit anerkannt wird, macht die Lehrerin mit ihrer Reaktion aber außerdem weitere Aussagen. Handelt es sich um eine Schülerin, die in der Klasse aufgrund einer als inadäquat geltenden Weiblichkeit gemobbt wird, so könnte eine derartige Privilegierung als Statement der Solidarität mit einem ausgegrenzten Mädchen und damit für geschlechtliche Vielfalt gelesen werden. Steht sie aber in der Klasse für Ausgrenzung von ›normabweichenden‹ Weiblichkeiten, bewirkt die Lehrerin das Gegenteil. Allerdings befinden sich Weiblichkeitskonzepte in Schulklassen oft in Aushandlungsprozessen, und nicht immer kann eine als einzig gültige Norm identifiziert werden. Mit einem Jungen würde eine solche Nähe für Irritationen sorgen, da gewöhnlich Heterosexualität unterstellt wird und die Geste damit zu stark an Handlungsmuster erinnern würde, die Liebesbeziehungen vorbehalten sind. Zusätzlich werden jegliche positive Interaktionen mit Lehrer*innen außerhalb des Unterrichts bei Jungen von der Peergroup eher sanktioniert. Es findet also ein geschlechtsbezogener Ausschluss statt.

Auch zwischen Schülern und Lehrern gibt es vergleichbare Situationen:

Beobachtete Situation: Ein Lehrer geht während der Pause durch die Pausenhalle. Er kommt an einer Gruppe von fünf Jungen der 8. Klasse vorbei. Einer davon macht einen Schritt auf ihn zu, lächelt ihn an und hält ihm die rechte Faust entgegen. Dabei ruft er den Namen des Lehrers. Dieser erkennt das Begrüßungsritual und schlägt seine Faust lässig gegen die des Schülers.

Zunächst bietet es sich an, die Geste als ein männliches Verbrüderungsangebot zu verstehen. In einem Raum, in dem sich viel Publikum befindet, wird – wie auf einer Bühne – eine positive Beziehung zwischen dem Schüler und dem Lehrer inszeniert. Dass diese Inszenierung etwas mit Männlichkeit zu tun hat, wird klar, wenn man sich die gleiche Situation mit einer Schülerin und einer Lehrerin vorstellt: Diese Umkehrung funktioniert nicht ohne Irritation, weil das eigentliche Ritual des Faustgrußes eher männlich konnotiert ist. Es entsteht also eine Verbrüderung, die andere Geschlechter, aber auch andere Formen der Männlichkeit ausschließt. Durch die Faust wird eine Männlichkeit der Stärke und durch den Zusammenstoß der Knöchel Härte zur Schau gestellt. Diese Form der Männlichkeit wird durch das Bündnis zwischen Schüler und Lehrer machtvoll und für andere Jungen und Männer erstrebenswert, denn proletarische Männlichkeiten sind an dieser Schule durch die Zusammensetzung der Schüler*innenschaft keineswegs marginalisiert, sondern genießen insbesondere unter den Schüler*innen spürbare Anerkennung. Beide Akteure profitieren wahrscheinlich von dem Bündnis und beide schließen andere von ihrer besonderen Verbindung aus. Die Jungen, die direkt dabeistehen, profitieren womöglich ebenfalls, wenn auch in geringerem Maße, da sie implizit zu dem Bündnis gehören. Zugleich können sie diejenigen sein, die als Zeugen der Situation in ihrem zukünftigen Verhalten die gewonnenen Privilegien umsetzen.

Aber auch hier werden außer dieser bestimmten Männlichkeit noch andere Signale transportiert. Denn auch dieser Schüler steht womöglich noch für andere Handlungen und Haltungen. Hätte er gerade eine abfällige Bemerkung über eine Schülerin geäußert, die der Lehrer nicht hören konnte, so würde der Lehrer dies unterstützen. Wie dem auch sei, jedenfalls schließt sich der Lehrer recht blind dem Verhalten des Schülers an und stärkt es. Es bleibt ihm also unklar, wofür die Verbrüderung inhaltlich steht. Der Schüler agiert dabei durchaus clever, denn ein Handschlagangebot ist schwer abzulehnen. Die Hand bewusst auszuschlagen, wäre ein Affront. Es würde als generelle Verweigerung einer freundlichen Kooperation zwischen dem Lehrer und dem Schüler gelesen werden können. Außerdem ist das Angebot wahrscheinlich für den Lehrer selbst attraktiv, da sich etwas von der Jugendlichkeit der Geste auf ihn überträgt und ihn näher an seine Klientel rückt. Die Geste könnte aber auch von anderen Schüler*innen als Schwäche des Schülers, nämlich als Anbiederungsversuch, ausgelegt werden.

Es stellt sich also in beiden Situationen die Frage, was für eine vergeschlechtlichte Position es ist, die durch die Angebote jeweils gestärkt wird, und ob sie der restriktiven Normierung von Geschlecht dienen oder einer Bestärkung unterdrückter Geschlechterkonzepte zur Sichtbarkeit verhelfen können.

Pädagog*innen neigen dazu, Charme mit Großzügigkeit zu belohnen (vgl. Busche 2013: 114), was sich die Schüler*innen in diesen Fällen zunutze machen. Innerhalb kurzer Zeit abzuwägen, wie spontan reagiert werden sollte, ist äußerst schwierig. Es sind zahlreiche Faktoren relevant. Letztendlich bedarf es also einer Haltung, die auf unerwartete Situationen wie die beschriebenen angemessen reagiert. Dabei sind die Konsequenzen für vergeschlechtlichte Hierarchien und Ausschlüsse mitzudenken und als relevant einzustufen. Die Haltung, die in solchen Szenen transportiert wird, wirkt über die konkrete Situation hinaus und ist bis in den Unterricht hinein präsent. Denn die Haltungen und Positionen werden mit den Personen langfristig in Verbindung gebracht. Die entscheidenden Fragen, die sich Lehrer*innen bei derartigen Angeboten stellen müssen, sind also: Welche Position hat dieser Mensch? Welche Haltung repräsentiert er*sie? Wen schließe ich eventuell ein und wen aus?

3 Umgang mit zuschreibenden Kommentaren

Beobachtete Situation: Während einer Arbeitsphase im Gesellschaftslehreunterricht beantwortet in einem nicht in der gesamten Klasse hörbaren Nebengespräch eine Schülerin den inhaltlichen Hinweis eines Schülers mit dem Satz: »Dich hab ich nicht gefragt. Du bist nicht cool, du bist schwul.« Der Lehrer hockt direkt hinter der Schülerin und liest die Aufgabe eines anderen Schülers. Offenbar hatte sie ihn nicht bemerkt. Denn sie blickt ihn nur beschämt an, als er ihren Namen sagt und ihr einen strengen und auffordernden Blick zuwirft. »Ja, 'tschuldigung«, sagt die Schülerin zu ihm und sieht daraufhin zu Boden. »Nicht bei mir«, antwortet ihr der Lehrer. Daraufhin entschuldigt sie sich bei dem Schüler. Mit einem knappen »Das müssen wir noch nachbesprechen!« verlässt der Lehrer die Situation und wendet sich einer anderen Schülerin zu.

Wie ist die Beleidigung zu verstehen? Es geht nicht primär um sexuelle Orientierung. Das Wort »schwul« steht in dieser Sequenz vielmehr für unmännliches Auftreten an sich. Der konkrete Kontext ist folgender: Der betroffene Schüler hat kaum Freunde in der Klasse, wurde zwischenzeitlich gemobbt und gilt als unsportlich. Die Mitschülerin äußert klar, er solle sich nicht einbringen, seine Meinung sei nicht gefragt, weil er eben keine Sprecherposition habe, aus der heraus er agieren könne. »Schwul« wird nicht als Gegensatz zu heterosexuell, sondern zu »cool« gebraucht, wobei sich die Schülerin nebenbei den Reim zunutze macht. Auch wenn die sexuelle Komponente von »schwul« mitschwingt, so tritt sie doch eindeutig hinter dem Aspekt des Uncoolen zurück (vgl. Disoski 2010: 125). Das Uncoole ist eine untergeordnete, deutlich von der hegemonialen abgesetzte Männlichkeit. Mädchen könnten mit demselben Satz nicht ebenso als uncool bezeichnet werden, weil das Absprechen ihrer Männlichkeit nicht mit einem Statusverlust verbunden wäre. Häufige Beleidigungen, die auf die Abwertung bestimmter Weiblichkeiten und Männlichkeiten zielen, sind auch die Bezeichnung als »Pussy«, wobei sie gegenüber Jungen die Männlichkeit an sich infrage stellt, während sie bei Mädchen eine bestimmte Weiblichkeit diffamiert, und als »Bitch«. Letzteres wird ausschließlich gegenüber Mädchen und zumeist unspezifisch verwendet. Die Abwertung der Weiblichkeit aufgrund vermeintlich inadäquaten Sexualverhaltens steht nicht immer im Vordergrund, die Konnotation hat aber sicherlich dennoch ihre Wirkung. Offenbar nutzen die Schüler*innen als Beleidigungen häufig Begriffe, die ursprünglich ein Sexualverhalten beschrieben haben, aber inzwischen noch weitere Bedeutungen tragen, die eher die Weiblichkeit bzw. die Männlichkeit betreffen.

Es geht in der oben geschilderten Situation um Normen und Hierarchien von Männlichkeitskonzepten und um die Macht, als Mädchen im Aushandlungsprozess eine Rolle zu spielen. Dass sich Kränkungen auf Weiblichkeit und Männlichkeit beziehen, ist nichts Ungewöhnliches. Sie rühren an die soziale Existenz der Kinder und Jugendlichen und sind deshalb für Erniedrigungen und Ausschlüsse besonders geeignet. Dadurch findet neben der direkten persönlichen Verletzung auch immer eine Konstruktion von Geschlechternormen und deren Hierarchisierung statt, die über die direkt involvierten Personen hinaus wirkt. Anders als in dem oben genannten Beispiel geht Mobbing öfter von Jungen aus (vgl. Alsaker 2004: 69). Sind Mädchen von vergeschlechtlichtem Mobbing betroffen, so wird – im Gegensatz zur Abwertung der Männlichkeit wie im beschriebenen Fall – ihnen entweder eine fehlende oder eine ausufernde Sexualität zugeschrieben (vgl. Disoski 2010: 121, 124). Schüler*innen könnten wohl sehr davon profitieren, wenn Lehrer*innen sich mit diesem Thema intensiver auseinandersetzen würden, damit sie in solchen Situationen eine fundierte und klare Position beziehen können, die normabweichendes Verhalten möglichst gut absichert.

In einer solchen Situation würden wohl nicht alle Lehrer*innen so oder ähnlich reagieren. Oftmals werden homophobe Kommentare von Lehrer*innen heruntergespielt (vgl. Klocke 2012: 88). Die Kränkung ist jedoch offensichtlich und der Umgang des Lehrers wirkt hier weitestgehend mühelos und schnell. Aber es stellt sich die Frage, ob die Reaktion hinreichend reflektiert ist und ob sie z.B. auch in einer Situation mit mehr Zeitdruck erfolgt wäre.

Was müsste die angedrohte Nachbesprechung leisten? Sie müsste bei der Schülerin ein Bewusstsein für die eigentliche Bedeutung der Kränkung erzeugen, eine gewisse Empathie mit dem Betroffenen ermöglichen und eine Wiedergutmachung anregen. Im Idealfall sollte sie auf das Verletzungspotenzial von vergeschlechtlichten Zuschreibungen aufmerksam machen. Da es aber um Ein- und Ausschlüsse aus dem Kreis der Sprecher*innen und um die Anerkennung von Geschlechterkonzepten geht, ist es ein Thema, das auch die gesamte Klasse betrifft. Wenn aber eine nicht von allen Mitschüler*innen wahrnehmbare Situation konkret mit der Klasse besprochen wird, kann die Kränkung einen noch öffentlicheren Charakter bekommen, was den Jungen ein zweites Mal verletzen könnte. Gleichwohl ist die Situation ein eindeutiger Hinweis darauf, dass die Themen Männlichkeit, Ein- und Ausschluss, helfen und helfen lassen sowie Hetero-, Bi- und Homosexualität in der Klasse losgelöst von einem negativen Vorfall besprochen werden müssen. Studien zeigen, dass es sinnvoll ist, diese Themen an möglichst diversen Orten aufzugreifen, und dies nicht primär in Form einer Sanktionierung diskriminierenden Verhaltens, sondern losgelöst davon (vgl. Klocke 2012: 88ff.).[6]

Oft fallen im Unterricht auch Kommentare während eines Klassengesprächs, sodass alle Menschen im Raum es hören können. Dann genügt eine kurze Klärung mit den direkt involvierten Personen keinesfalls. Vielmehr ist dann die sofortige Thematisierung mit der gesamten Lerngruppe notwendig, zumindest aber eine klare eigene Positionierung. Es erscheint einem als Lehrer*in möglicherweise kurzfristig als am einfachsten, halblaute Kommentare zu überhören. Dies beinhaltet aber das Signal, dass die Kränkung in Ordnung sei. Im Unterricht als einem Raum, in dem relativ klare Gesprächsregeln gelten und in dem Sanktionierungen bei Verstößen nicht ungewöhnlich sind, bedeutet das Übergehen solcher Kommentare deren Billigung.

Normierungen leben von ihren unhinterfragten Wiederholungen (vgl. Butler 1997: 21ff.). Vielen Lehrer*innen gelingt es dennoch nicht, konsequent auf Kommentare wie den im obigen Beispiel genannten zu reagieren. Dabei spielen sicherlich unterschiedliche Faktoren eine Rolle: Eine Thematisierung würde dazu führen, dass der Unterricht nicht wie geplant fortgesetzt werden könnte und die didaktische Konzeption ›einstürzen‹ würde. Lehrer*innen fühlen sich oft nicht imstande, pädagogisch adäquat auf diskriminierende oder sexualisierte Sprache zu reagieren, wie sie im Unterricht nicht selten vorkommt (vgl. Disoski 2010: 121), da sie in diesem Punkt selbst Unsicherheit fühlen: Welche Ausdrücke sind angemessen? Wie wirkt sich meine Reaktion auf meine eigene Position aus? Der Kontakt mit der*dem verletzenden Schüler*in kann durch Sanktionierungen gefährdet werden (vgl. Busche 2013: 114). Die Tiefe und die Auswirkung einer vergeschlechtlichten Kränkung werden oft nicht verstanden.

Wie in dem genannten Beispiel ist es aber nicht nur für die betroffene Person und deren Männlichkeits- oder Weiblichkeitskonzept wichtig, bei Kränkungen Partei zu ergreifen. Die gesamte Lerngruppe sieht sich mit dem Umgang der*des Erwachsenen konfrontiert und kann daraus lernen. Denn auch Mitschüler*innen können angesichts diskriminierender Äußerungen vor der Frage stehen, wie

---

6 | Informationen und Materialien für den Unterricht finden sich u.a. auf der Homepage des Projektes »Respekt beginnt im Kopf« des Vereins Gerade e.V. (www.respekt.gerede-dresden.de/index.php, eingesehen am: 26.06.2014) sowie des EU-Projektes »Mit Vielfalt umgehen« (Belling et al. 2004), wo Werkzeuge inklusive Hintergrundinformationen bereitgestellt werden. Fragen rund um das Thema, verbunden mit wissenschaftlichen Erkenntnissen, finden sich bei Meike Watzlawik und Nora Heine (2009).

sie reagieren sollen, oder Unbehagen spüren. Insofern sind auch unterrichtliche Interventionen sinnvoll, da davon auszugehen ist, dass die Lernatmosphäre und die Lernmotivation sich dadurch langfristig verbessern. Ohne dass es für die einzelne Lehrkraft notwendigerweise ersichtlich ist, muss berücksichtigt werden, dass die Diskriminierung nicht notwendigerweise ein Einzelfall ist. Kommen derartige Szenen häufiger vor, so liegt Mobbing vor. Mobbingopfer verzeichnen in der Schule häufig einen deutlichen Leistungsabfall (vgl. Alsaker 2004: 153f.). Um den Kopf für unterrichtliche Inhalte frei zu haben, muss die soziale Atmosphäre in der Klasse in Ordnung sein.

4 Geschützte und ungeschützte Räume

Mädchen und Jungen der Sekundarstufe I bewegen sich in der Schule viel in geschlechtshomogenen Gruppen. Die Stimmung und die Handlungen dieser Gruppen werden oft durch ›angesagte‹ Geschlechterkonzepte dominiert. Z.B. sind in vielen Klassen Mädchen, die sich häufig mit romantischen heterosexuellen Liebesbeziehungen beschäftigen, dominant gegenüber anderen Mädchen. Ähnliches gibt es auch in Jungengruppen. Diese Gruppen können auf Kinder und Jugendliche, die deren Geschlechterkonzepten nicht entsprechen (wollen), einen starken Druck ausüben.

Beobachtete Situation: Einem Lehrer fällt auf, dass ein Junge sich immer wieder in großen Pausen alleine im Klassenzimmerbereich versteckt. Dieser Bereich ist in den Pausen unbeaufsichtigt, und daher schickt er den Jungen jeweils in die Pausenhalle. Auf Nachfrage gibt der Junge an, er wolle einfach seine Ruhe haben.

Tatsächlich gibt es in vielen Schulen nur selten Räume, in denen ein*e Schüler*in ihre*seine Ruhe haben kann. Und dies gilt nicht nur im konkreten Sinne. Denn es herrscht oft nicht nur Lärm, der von vielen als anstrengend empfunden wird, sondern häufig sehen sich die Kinder und Jugendlichen auch einem sozialen Druck ausgesetzt, da von ihnen u.a. »geschlechtsadäquates« Verhalten erwartet wird (vgl. Disoski 2010: 126).

So ist das Ballspielen von Jungen nach wie vor auf vielen Schulhöfen als überaus raumgreifendes und lautes Verhalten deutlich sichtbar. Es ist ein Hinweis auf hegemoniale Männlichkeit, der sowohl Jungen, die eine nicht sportfixierte Männlichkeit leben, als auch Mädchen in ihrem Raum einschränkt.

Erwachsene machen sich oft keine Vorstellung davon, welchen Verletzungen, Ausgrenzungen, Abwertungen und Anfeindungen Kinder und Jugendliche mit abweichenden Geschlechterkonzepten ausgesetzt sind. Teilweise genügt es schon, wenn ein Junge als unsportlich oder ein Mädchen als dick wahrgenommen wird, um von Diskriminierungen in der Gleichaltrigengruppe betroffen zu sein. Nicht immer, aber häufig beziehen sich vergeschlechtlichte Beleidigungen auf den Körper. Die Folgen davon sind u.a., dass in Deutschland 29 % der 11- bis 17-jährigen Mädchen und 15 % der Jungen dieser Altersgruppe Essstörungssymptome zeigen (vgl. Reich/Cierpka 2010: 29), die als Ausdruck von Unzufriedenheit mit dem eigenen Körper verstanden werden können.

Wer ein von der Norm abweichendes Geschlechterkonzept vertritt – und das sind einige –, wird versuchen, eine Möglichkeit zu finden, sich diesem Druck zu entziehen. Daher ist es gerade beim zweigeschlechtlichen Aufteilen einer Klasse in

Mädchen und Jungen und in von den Schüler*innen relativ frei gestaltbaren Räumen wie Pausen besonders wichtig, solche Schüler*innen besonders im Auge zu behalten und gegebenenfalls durch Alternativangebote zu entlasten. Hier ist neben den Lehrer*innen auch die Institution Schule gefragt: Ein vielfältiges Pausenangebot mit unterschiedlichen beaufsichtigten Räumen kann gerade für Kinder und Jugendliche, die keine dominanten Geschlechterkonzepte vertreten (wollen), eine erhebliche Erleichterung sein. Dies kann beispielsweise ein Ruheraum, eine offene Sporthalle oder eine Cafeteria sein. Der entscheidende Punkt ist, dass dort verschiedene Beschäftigungsmöglichkeiten vorhanden sind und dementsprechend unterschiedliche Regeln gelten. Es macht einen Unterschied, ob Handynutzung erlaubt ist, ob man rennen oder gar Ballspielen darf, ob man laut sein kann, ob ungestörte Gespräche geführt werden können, ob Spiele zur Verfügung stehen, ob man von vielen gesehen wird.

5 INTERSEKTIONALITÄT

Mädchen sind nicht gleich Mädchen und Jungen nicht gleich Jungen, und zwar auf mehreren Ebenen. Andere Kategorien, wie Milieu, Bildungshintergrund, Befähigung/Behinderung, ökonomische Ressourcen, Migration, Begehren etc., spielen eine Rolle, was mit dem Begriff Intersektionalität gefasst wird (vgl. Walgenbach 2007). Die immer noch heiß geführte Debatte um »Benachteiligung« von Jungen in der Schule (vgl. Rieske 2011) konzentriert sich teilweise auf Jungen mit Migrationshintergrund, und zwar aus muslimischen oder vermeintlich muslimischen Ländern (z.B. bei Grimm 2009). Was heißt das für das Arbeiten am Thema Geschlecht?

Beobachtete Situation: Ein elfjähriger Schüler schlägt in der Pause eine gleichaltrige Schülerin von hinten mit einem Buch auf den Rücken, während sie die Treppe hinaufsteigt. Auf den ersten Blick scheint es keinen Anlass für diese Tat zu geben. Der Junge muss daraufhin den Pausenhof verlassen, wird vorübergehend vom Unterricht ausgeschlossen und muss weitere disziplinarische Maßnahmen befürchten. Zuvor hatten Jungen aus seiner Klasse berichtet, dass sie Angst vor ihm hätten, weil er sie zu grob behandle. In einem später darauf folgenden Gespräch erklärt der Junge, die anderen Schüler hätten ihn in dieser Situation aufgefordert, »doch auch mal was gegen die zu machen«, denn sie seien in einem Streit mit dem Mädchen gewesen. Konfrontiert mit der Aussage, die anderen Jungen hätten Angst vor ihm, reagiert er mit Erstaunen und gibt an, sie hätten nie etwas Derartiges zu ihm gesagt. Diese anderen Jungen räumen später die Aufforderung an den Jungen, gegen die Schülerin vorzugehen, ein. Dass er sie zu grob behandelt habe, könnten sie ihm jedoch nicht sagen, da er dann nur noch mehr »ausrasten« würde. Deshalb hielten sie Verabredungen vor ihm geheim und mieden seine Nähe.

Der Junge gehört als Einziger aus der Peergroup dem Islam an und wird als Einziger als *person of color*, also als nicht weiß, wahrgenommen. Es zeigt sich, dass die anderen Jungen bei ihm keine Perspektivübernahme schaffen, d.h. dass sie sich nicht vorstellen können, er zu sein, sodass er für sie immer ›der Andere‹ bleibt. Sie kritisieren sein Verhalten ihm gegenüber nicht und spiegeln ihm nicht, dass sie ihn zu grob finden. Sie nutzen aber seine Unüberlegtheit und vielleicht seinen Wunsch, ganz dazuzugehören, um ihre Konflikte mit einem Mädchen für sie auszutragen. Er fühlt sich von ihnen ausgeschlossen und hintergangen, wie sich in einem weiteren Gespräch zeigt.

Auf den ersten Blick war Folgendes zu sehen: ein gewalttätiger Junge mit muslimischem Migrationshintergrund sowie harmlose, unbeholfene Jungen und ein Mädchen ohne Migrationshintergrund, die seine Opfer sind. Auf den zweiten Blick sieht die Sache anders aus: Wenn Männlichkeit u.a. darin besteht, sich in der Jungengruppe durch verschiedene Kriterien zu behaupten und sich gegenüber Mädchen sowie untergeordneten Männlichkeiten abzugrenzen, dann versucht dieser Junge aus seiner marginalisierten migrantischen Männlichkeitsposition heraus, in den Bereich der hegemonialen Männlichkeit vorzurücken, was die weißen Jungen ihm im Grunde verweigern. Er befindet sich in dieser Konstellation also strukturell in einer Diskriminierungssituation, die er aufzulösen versucht, indem er den Wünschen der anderen nachkommt, ihre Interessen durchzusetzen und die Vormachtstellung der Jungen auf dem Schulhof gegenüber selbstbewusster auftretenden Mädchen zu behaupten.

Dies soll das gewaltförmige Verhalten des Jungen nicht rechtfertigen. Ein pädagogischer Umgang aber, der allen Beteiligten gerecht zu werden versucht, muss diese Dynamik einbeziehen. Denn Statusunterschiede innerhalb von Männlichkeit oder Weiblichkeit beziehen sich häufig auf andere herrschaftsförmige Kategorien, insbesondere auf Formen des Begehrens, aber auch auf *race* und *class*.[7] Bei allen Beteiligten muss in diesem Fall also ein Nachdenken über vergeschlechtlichten Rassismus und über rassistische Geschlechternormen angestoßen werden (siehe Bertels in diesem Buch).

Weder eine rassismuskritische noch eine sexismuskritische Perspektive alleine wäre geeignet gewesen, die Situation zu entschlüsseln. Deshalb zeigt sich an diesem Beispiel die Notwendigkeit einer intersektionalen Perspektive. Es geht um das Zusammenwirkung von mehreren Kategorien, die eine komplexe Situation ergeben. Um vergeschlechtlichte Konflikte adäquat lösen zu können, ist es daher äußerst hilfreich, das Zusammenspiel der verschiedenen Faktoren zu verstehen.

Es müsste darauf hingearbeitet werden, dass die gesamte Jungengruppe ein angemessenes Konfliktverhalten, insbesondere mit selbstbewussten Mädchen, lernt. Ein mögliches Konzept dafür ist die Gewaltfreie Kommunikation (vgl. Rosenberg 2013).[8] Des Weiteren müsste unter den Schüler*innen eine Sensibilisierung für unterschwelligen Rassismus und Weißsein erfolgen.

6 Grenzen der eigenen Rolle als Lehrer*in

Es ist wichtig, sich klar zu machen, welche Möglichkeiten die eigene Rolle bietet und welche nicht. Nach dem niedersächsischen Schulrecht ist es Aufgabe der Schule, die Kinder und Jugendlichen zu befähigen, »ihre Beziehungen zu anderen Menschen nach den Grundsätzen der Gerechtigkeit, der Solidarität und der Tole-

---

7 | Ein ähnliches Beispiel liefert Busche (2013: 115) mit dem Problem des Tischabwischens.
8 | Für Kinder eignet sich die vereinfachte Version, die Giraffensprache. Material für die Schule findet sich z.B. im Handbuch von Günther Gugel (2007), insbesondere die Arbeitsmaterialien zu sozialem Lernen (www.schulische-gewaltpraevention.de/gewaltpraevention %20grundschule/4_3_Arbeitsmaterialien.pdf, eingesehen am: 05.07.2014).

ranz sowie der Gleichberechtigung der Geschlechter zu gestalten« (Niedersächsisches Schulgesetz, § 2 Abs. 1). Lehrer*innen sind also offiziell beauftragt, einen geschlechtergerechten Umgang zu vermitteln. Es versteht sich, dass sie dabei Erziehungsarbeit und Sozialisationserfahrungen außerhalb der Schule ergänzen. Sie können andere Aufgaben übernehmen als Eltern und andere als Mitschüler*innen.

Lehrer*innen taugen dabei zumeist nicht als Rollenvorbilder im eigentlichen Sinn. Die Jugendlichen nennen unter den Erwachsenen als Vorbilder eher berühmte Menschen oder die Eltern (vgl. Krebs 2002: 39, 65f.). Gerade in der Debatte um die Verbesserung der Lernmöglichkeiten für Jungen wird diese Tatsache oft nicht zur Kenntnis genommen (vgl. Hurrelmann/Schultz 2012: 15). Das Verhalten der Lehrer*innen ist aber dennoch als Beispiel für Handlungsoptionen und Einstellungen bedeutsam: Die Kinder und Jugendlichen bringen die Lehrer*innen stark mit der Funktion des Beurteilens und Bewertens in Verbindung, wie auch mit der Aufgabe der Regeldurchsetzung. Daher nehmen sie Bewertungen und Werte, die die Lehrer*innen vermitteln, unter Umständen durchaus an.[9] In diesen Bereichen können Lehrer*innen daher auch vorzugsweise agieren.

Beobachtete Situation: Nach der Unterrichtsstunde in der 6. Klasse kramt eine Schülerin noch in ihren Sachen. Der Lehrer wartet, bis sie fertig zu sein scheint. Als alle anderen Schüler*innen das Klassenzimmer verlassen haben, wendet die Schülerin sich an den Lehrer: Sie habe etwas zu besprechen. Es gehe um einen Fall von Eifersucht, da zwei Schülerinnen in denselben Jungen verliebt seien. Der Lehrer fragt, welche Schüler*innen involviert seien und ob sie eine Moderation benötigten. Sie benötigten eine. Auf die Nachfrage, wer diese übernehmen solle, entscheidet sich die Schülerin für »eine Frau, am liebsten Frau T.«.

Oft entziehen sich entscheidende Ereignisse und Dynamiken unter den Schüler*innen der Kenntnis der Lehrer*innen. Für Schüler*innen ist es häufig nicht einfach, Lehrer*innen darauf anzusprechen, wenn sie Unterstützung in gruppendynamischen Prozessen benötigen. Dies sind aber gerade tendenziell Situationen, in denen die Kinder und Jugendlichen emotional stark involviert sind und dementsprechend wichtige Sozialisationserfahrungen machen, die sich unter Umständen auch auf ihr vergeschlechtlichtes Selbstbild auswirken können. Es hat sich immer wieder gezeigt, dass gerade bei Fällen von sexualisierter Gewalt die Hemmschwelle, sich einem anderen Menschen anzuvertrauen, auch in der Schule für viele Kinder und Jugendliche sehr hoch ist (vgl. Anner/Wolf-Bauwens 2002: 52). Dabei handelt es sich aber um einen Bereich, in dem es für die Kinder und Jugendlichen besonders wichtig sein kann, hierarchische und objektivierende Geschlechternormen zu hinterfragen.

Es ist also ein äußerst wichtiger Teil des pädagogischen Umgangs mit Geschlechterverhältnissen und daher von großer Bedeutung, dass es darüber zu Gesprächen zwischen Schüler*innen und Lehrer*innen kommen kann. Zwar kann im Unterricht über Themen wie Liebe, Eifersucht und Sexualität gesprochen werden, doch bietet dieser in der Regel für die persönlichen, konkreten Probleme der Schüler*innen nicht den geeigneten Raum für eine adäquate Thematisierung. Insbesondere bei Fällen von sexualisierter Gewalt, aber auch bei anderen Arten von Konflik-

---

9 | Dies wird immer wieder bei Streitschlichtungen deutlich, wenn die Schüler*innen von der Lehrkraft mehr einen Richterspruch im Sinne von Recht und Unrecht, inklusive Bestrafung, als eine einvernehmliche Konfliktlösung erwarten.

ten kann je nach Thema eine geschlechtshomogene Gruppe sinnvoll sein und wird auch nicht selten von den Betroffenen gewünscht. Dafür bestehen bereits gut ausgearbeitete und veröffentlichte Konzepte (siehe z.B. Mühlbacher 2008; Rhyner 2008).

Außerhalb des Unterrichts gibt es wiederum oft wenig Raum, um Dinge mit Lehrer*innen zu besprechen. Daher kann es äußerst hilfreich sein, gezielt Situationen zu schaffen, in denen Lehrer*innen für Schüler*innen ansprechbar sind, z.B. in der Pause. Manchmal genügt es schon, sich als Lehrer*in beim Einpacken der Sachen Zeit zu lassen, sodass die anderen Schüler*innen bereits den Raum verlassen können. Wer ein Gesprächsinteresse hat, kann ebenfalls trödeln und so die Situation alleine mit der Lehrerkraft nutzen, um einen Gesprächstermin zu vereinbaren, ohne dass andere Schüler*innen dies bemerken. Die Unbemerktheit ist offenbar ein wichtiges Kriterium, denn andernfalls hätte die Schülerin Frau T. auch direkt ansprechen können. Eine erhöhte Aufmerksamkeit gegenüber (scheiternden) Versuchen, einen ungestörten Gesprächsmoment zu finden, kann zudem dazu führen, dass der*die Lehrer*in selbst versucht, solche Momente bewusst zu schaffen. Weiterhin gibt es Lehrer*innen, die zu bestimmten Pausenzeiten regelmäßig eine Sprechstunde anbieten. Schüler*innen nehmen solche Sprechzeiten teilweise dankbar an, um gruppendynamische Konflikte zu besprechen.

Auch wenn es also bei dem zu besprechenden Thema vermeintlich nicht um Geschlecht geht, haben die Schüler*innen dennoch ein Gefühl dafür, dass Geschlecht eine Rolle spielt und wählen daher häufig eine Person des gleichen Geschlechts als Gesprächspartner*in. Diesem Wunsch sollte in einer derartigen Situation meines Erachtens entsprochen werden. Dennoch kann es interessant sein, ihn an anderer Stelle zu thematisieren, da dies eine gute Gelegenheit bietet, um die vermeintliche Homogenität von Weiblichkeit oder Männlichkeit zu hinterfragen. Nichtsdestotrotz kann bei der Stundenverteilung auf Schulleitungsebene darauf geachtet werden, dass der Klasse nicht nur Lehrer*innen mit unterschiedlicher nominaler Geschlechtszugehörigkeit für Gespräche zur Verfügung stehen, sondern auch solche, die verschiedene Geschlechterkonzepte vertreten. Wissen über Geschlecht wird keinesfalls nur anhand der expliziten Thematisierung von Geschlechterverhältnissen gesammelt, sondern auch durch Wiederholungen normativer oder normabweichender Verhaltensweisen.

Um sich der eigenen Rolle klar zu werden und die viel geforderte Selbstreflexion (vgl. z.B. Mörchen/Jutz/Sott 2012: 8) zu realisieren, gibt es strukturelle Möglichkeiten wie Beratungsangebote für Lehrer*innen,[10] auch kollegiale Beratung (siehe z.B. Macha/Lödermann/Bauhofer 2010),[11] oder methodische Werkzeuge wie das Führen eines thematischen Tagebuchs, in dem Raum für gezielte Selbstkritik ist. Im Zuge der fortschreitenden Inklusion an deutschen Schulen häufen sich die Unterrichtsstunden, in denen zwei Lehrer*innen gleichzeitig unterrichten, ein*e Regel-

---

10 | In Niedersachsen beispielsweise kann eine Beratung für Lehrer*innen durch den Mobilen Dienst in Anspruch genommen werden. Dies gilt mittlerweile auch unabhängig von der Frage, ob bei den entsprechenden Schüler*innen ein besonderer Förderbedarf vorliegt. Er kann beim zuständigen sonderpädagogischen Förderzentrum beantragt werden. Zu seinen Aufgaben siehe: www.nibis.de/nibis.php?menid=3826 (eingesehen am 23.10.2014).
11 | Die Einführung in Techniken der Kollegialen Beratung erfolgt teilweise in der Lehramtsausbildung (vgl. http://sts-lg-so.de/kollegiale-beratung-und-supervision-kobesu-als-selbsthilfemodell-fur-lehrkrafte/, eingesehen am: 23.10.2014).

schullehrer*in und ein*e Förderschullehrer*in. Diese Konstellationen bieten durch die selten vorhandene Situation des Team-Teaching an der Schule eine zusätzliche Möglichkeit für gegenseitige Kritik und Beratung. Doch ist dabei zu berücksichtigen, dass diese Form des Unterrichtens häufig Probleme, aber auch Chancen im Bereich der Geschlechteraufteilung beinhaltet. Da die Aufgabenverteilung nicht selten traditionell vergeschlechtlicht ist, kann Team-Teaching genutzt werden, um die Norm zu durchbrechen. Weil Regelschullehrer*innen allerdings oft den Unterricht moderieren, werden Förderschullehrer*innen teilweise als Assistent*innen wahrgenommen. Wissend, dass der Frauenanteil der Förderschullehrer*innen mit 76,4 % deutlich höher als der der Regelschullehrer*innen liegt, und zwar bei allen weiterführenden allgemeinbildenden Schulformen (vgl. Statistisches Bundesamt 2013), ist diese Arbeitsteilung häufig mit einer Retraditionalisierung der Geschlechterkonzepte verbunden. Daher ist besonders darauf zu achten, dass die Aufgabenverteilung im Unterricht emanzipative Geschlechterrollen transportiert. Dies betrifft nicht nur die Frage, wer moderiert, sondern auch die Redeanteile an sich, die Technikbedienung, die spontanen Absprachen während des Unterrichts, assistierende Tätigkeiten, die Verantwortung in der Sorge- und Beziehungsarbeit, die Selbstinszenierung als Fachexpert*in etc. Dieses bewusste Aufbrechen geschlechterhierarchischer Arbeitsteilung muss jedoch ebenfalls aus einer persönlichen Haltung heraus erfolgen, um nicht aufgesetzt oder zwanghaft zu wirken. Wenn derartige Dinge in der Schule normativ vorgegeben oder als solches transportiert werden, ohne dass das Kollegium sie trägt, neigen viele Kinder und Jugendliche zu einer Abwehrreaktion (vgl. Zelger 2010: 84; Schabus-Kant 2010: 115f.). Gleichwohl kann eine Verankerung der geschlechtergerechten Schule im Schulprogramm äußerst hilfreich sein, sofern sie von den Lehrer*innen unterstützt und in den Interaktionen mit den Schüler*innen umgesetzt wird (vgl. Klocke 2012: 92).

7 SCHLUSS

Die Beispiele in den Kapiteln 2 bis 6 haben gezeigt, dass Lehrer*innen sich in komplexen Situationen mit mehreren Unbekannten verhalten müssen. Es ist klar, dass sie dabei nicht immer die ›richtigen‹ Entscheidungen treffen können. Allerdings kann eine geschlechterreflektierende Haltung dazu beitragen, Kindern und Jugendlichen, die unter vergeschlechtlichter Diskriminierung und Ausgrenzung leiden, eine Stütze zu bieten und Normen aufweichen, um Handlungsmöglichkeiten zu erweitern. Dies fällt auf den ersten Blick nicht unter den Begriff »Teaching«, denn darunter wird oft verstanden, dass ein Mensch einem anderen etwas in Form von konkretem Wissen beibringt. Aber das Thema zeigt sehr deutlich, dass dieser Auslegung eine verkürzte Sicht auf Lernen zugrunde liegt: »Teaching Gender« in der Schule kann vielmehr verstanden werden als ein Verhalten gegenüber den Menschen in der Schule, das allen Raum zur freien Entfaltung ihrer vergeschlechtlichten Persönlichkeit bietet. Durch ein solches Verhalten der Erwachsenen können die Kinder und Jugendlichen genau dies lernen. Für ein emanzipatorisches »Teaching Gender« ist also eine hohe Gender-Kompetenz unabdingbar. Sie besteht aber nicht nur aus Wissen und Wissensvermittlung, sondern auch aus einer bestimmten Haltung, und damit aus »Können und Wollen« (vgl. Biermann 2013: 121f.). Die zentrale Voraussetzung für ein großflächig emanzipatorisches »Teaching Gender«

ist daher die »Vermittlung von Genderkompetenz an Fachkräfte« (Drogand-Strud 2013: 102; siehe auch Winheller, Götschel sowie Wedl/Mayer/Bartsch in diesem Buch). Gender-Kompetenz kann dabei von Einzelnen jenseits schulpolitischer Strukturveränderungen realisiert werden.[12]

»Nicht für die Schule, für das Leben lernen wir«, heißt es in einem bekannten Spruch. Das bedeutet, dass die Schule irgendetwas anderes als das Leben sei, etwas außerhalb des Lebens, das erst danach beginne. Dem ist keinesfalls so. Für die Menschen, die in der Schule arbeiten und lernen, ist die Schule in dieser Phase ein Teil des Lebens. Und daher muss sie den Anspruch haben, das Leben in allen Variationen möglich zu machen und ein Raum zu werden, in dem – um es mit Adorno (1977: 115) zu sagen – alle »ohne Angst verschieden sein« können.

Literatur

Adorno, Theodor W., 1977: Minima Moralia. Reflexionen aus dem beschädigten Leben. Frankfurt a.M.: Suhrkamp.

Alsaker, Françoise D., 2004: Quälgeister und ihre Opfer. Mobbing unter Kindern – und wie man damit umgeht. Bern: Hans Huber.

Anner, Annette/Wolf-Bauwens, Gisela, 2002: Sexueller Missbrauch als Anlass für die Schulprogrammarbeit. In: Koch-Priewe, Barbara (Hg.): Schulprogramme zur Mädchen- und Jungenförderung. Die geschlechterbewusste Schule. Weinheim: Beltz, 51-57.

Autor_innenkollektiv/DGB-Jugend Südniedersachsen/Bremen/Sachsen-Anhalt (Hg.), 2011: Geschlechterreflektierende Bildungsarbeit. (K)eine Anleitung. Haltungen – Hintergründe – Methoden. Hannover: Autor_innenkollektiv/DGB-Jugend Südniedersachsen/Bremen/Sachsen-Anhalt.

Biermann, Christine, 2013: Nachhaltige Schulentwicklung. Das Beispiel »Geschlechterbewusste Pädagogik an der Laborschule Bielefeld«. In: Chwalek, Doro-Thea/Diaz, Miguel/Fegter, Susann/Graff, Ulrike (Hg.): Jungen – Pädagogik. Praxis und Theorie von Genderpädagogik. Wiesbaden: VS, 119-129.

Budde, Jürgen, 2006: Dramatisieren, Differenzieren – Entdramatisieren. Männlichkeitskonstruktionen im Unterricht. In: Der Deutschunterricht. 58. Jg. H. 1, 86-91.

Busche, Mart, 2013: Von Unterschieden, die einen Unterschied machen. Heterogenität als Herausforderung für die Jungenarbeit. In: Chwalek, Doro-Thea/Diaz, Miguel/Fegter, Susann/Graff, Ulrike (Hg.): Jungen – Pädagogik. Praxis und Theorie von Genderpädagogik. Wiesbaden: VS, 108-118.

Butler, Judith, 1997: Körper von Gewicht. Die diskursiven Grenzen des Geschlechts. Frankfurt a.M.: Suhrkamp.

Connell, Robert W., 2006: Der gemachte Mann. Konstruktion und Krise von Männlichkeiten. Wiesbaden: VS.

Disoski, Meri, 2010: Geschlechtertheater im Klassenzimmer! Das Ausagieren von Gender-Rollen im szenischen Raum. In: Bidwell-Steiner, Marlen/Krammer, Stefan (Hg.): (Un)Doing Gender als gelebtes Unterrichtsprinzip. Sprache – Politik – Performanz. Wien: Facultas, 119-134.

---

12 | Marianne Friese (2012: 58f.) hat darauf hingewiesen, dass schulpolitische Entscheidungen kaum von Forschungsergebnissen der Geschlechterforschung beeinflusst werden.

Drogand-Strud, Michael, 2013: Normal – oder? Genderpädagogik mit gemischtgeschlechtlichen Jugendgruppen. In: Chwalek, Doro-Thea/Diaz, Miguel/Fegter, Susann/Graff, Ulrike (Hg.): Jungen – Pädagogik. Praxis und Theorie von Genderpädagogik. Wiesbaden: VS, 100-107.

Friese, Marianne, 2012: Didaktik der Arbeitslehre und Geschlechterforschung. In: Kampshoff, Marita/Wiepcke, Claudia (Hg.): Handbuch Geschlechterforschung und Fachdidaktik. Wiesbaden: VS, 55-68.

Grimm, Andrea, 2009: Zur Bildung befähigen. Wie kann das Bildungsscheitern der jungen männlichen Migranten überwunden werden? Rehburg-Loccum: Evangelische Akademie Loccum.

Hurrelmann, Klaus/Schultz, Tanjev (Hg.), 2012: Jungen als Bildungsverlierer. Brauchen wir eine Männerquote in Kitas und Schulen? Weinheim: Beltz Juventa.

Klocke, Ulrich, 2012: Akzeptanz sexueller Vielfalt an Berliner Schulen. Eine Befragung zu Verhalten, Einstellungen und Wissen zu LSBT und deren Einflussvariablen. Berlin: Humboldt-Universität zu Berlin. [www.psychologie.hu-berlin.de/prof/org/download/klocke2012_1, eingesehen am: 26.06.2014]

Krebs, Andreas, 2002: Sichtweisen und Einstellungen heranwachsender Jungen. Ergebnisse einer Befragung an Hamburger Schulen. Hamburg: Behörde für Bildung und Sport.

Macha, Hildegard/Lödermann, Anne-Marie/Bauhofer, Wolfgang, 2010: Kollegiale Beratung in der Schule. Theoretische, empirische und didaktische Impulse für die Lehrerfortbildung. Weinheim: Juventa.

Manz, Konrad, 2010: Sexuierte Positionen in der Schule. Geschlechterverhältnisse Jugendlicher in Zentralamerika. Göttingen: Optimus.

Mörchen, Volker/Jutz, Burkhard/Sott, Alex, 2012: Bremer Leitlinien Jungenarbeit. Bremen: Bremer JungenBüro. [www.bremer-jungenbuero.de/pdf_downloads/leitlinien_jungenarbeit.pdf, eingesehen am: 10.10.2014]

Mühlbacher, Rosmarie, 2008: Bei Krisen von Mädchengruppen intervenieren. In: Rhyner, Tomas/Zumwald, Bea (Hg.): Coole Mädchen – starke Jungs. Impulse und Praxistipps für eine geschlechterbewusste Schule. Bern: Haupt, 198-203.

Neumann, Hans-Peter, 2002: Geschlechterbewusste Schule als System von Unterricht, Ganztag, Projekten, Beratung und Erziehung. In: Koch-Priewe, Barbara (Hg.): Schulprogramme zur Mädchen- und Jungenförderung. Die geschlechterbewusste Schule. Weinheim: Beltz, 121-130.

Niedersächsisches Schulgesetz (NSchG) (2013): in der Fassung vom 3. März 1998 (Nds.GVBl. S. 137), zuletzt geändert durch Art. 1 des Gesetzes vom 19. Juni 2013 (Nds.GVBl. Nr.10/2013 S. 165; SVBl. 8/2013 S. 297) – VORIS 22410 01 [www.schure.de/nschg/nschg/nschg.htm, eingesehen am: 10.10.2013]

Rauw, Regina/Jantz, Olaf/Reinert, Ilka/Ottemeier-Glücks, Franz Gerd, 2001: Perspektiven geschlechtsbezogener Pädagogik. Impulse und Reflexionen zwischen Gender, Politik und Bildungsarbeit. Opladen: Leske + Budrich.

Reich, Günther/Cierpka, Manfred, 2010: Essstörungen und Adipositas. Epidemiologie,. Diagnostik, Verläufe – Grundzüge der Therapie. In: Reich, Günther/Cierpka, Manfred: Psychotherapie der Essstörungen. Krankheitsmodelle und Therapiepraxis – Störungsspezifisch und schulenübergreifend. Stuttgart: Thieme, 27-61.

Rhyner, Thomas, 2008: Als Gewaltberater bei Jungenproblemen intervenieren. In: Rhyner, Thomas/Zumwald, Bea (Hg.): Coole Mädchen – starke Jungs. Impulse und Praxistipps für eine geschlechterbewusste Schule. Bern: Haupt, 204-207.

Rieske, Thomas Viola, 2011: Bildung von Geschlecht. Zur Diskussion um Jungenbenachteiligung und Feminisierung in deutschen Bildungsinstitutionen. Eine Studie im Auftrag der Max-Traeger-Stiftung. Berlin: GEW. [www.gew.de/Binaries/Binary72549/Bro_Bildung_von_Geschlecht_web.pdf, eingesehen am: 26.06.2014]

Rosenberg, Marshall B., 2013: Das können wir klären – wie man Konflikte friedlich und wirksam lösen kann. Gewaltfreie Kommunikation, Ideen und ihre Anwendung. Paderborn: Junfermann.

Schabus-Kant, Elisabeth, 2010: Gegenderte Kommunikationsmuster. Reflexionen über versprachlichte Machtstrategien zwischen LehrerInnen und SchülerInnen. In: Bidwell-Steiner, Marlen/Krammer, Stefan (Hg.): (Un)Doing Gender als gelebtes Unterrichtsprinzip. Sprache – Politik – Performanz. Wien: Facultas, 107-117.

Statistisches Bundesamt, 2013: Allgemeinbildende und berufliche Schulen. Lehrkräfte insgesamt, sowie Anteil der weiblichen Lehrkräfte nach Schularten und Beschäftigungsumfang. [https://www.destatis.de/DE/ZahlenFakten/Gesellschaft Staat/BildungForschungKultur/Schulen/Tabellen/AllgemeinBildendeBerufliche SchulenLehrkraefte.html, eingesehen am: 10.10.2013]

Walgenbach, Katharina, 2007: Gender als interdependente Kategorie. In: Walgenbach, Katharina/Dietze, Gabriele/Hornscheidt, Antje/Palm, Kerstin (Hg.): Gender als interdependente Kategorie. Neue Perspektiven auf Intersektionalität, Diversität und Heterogenität. Opladen: Budrich, 23-65.

Watzlawik, Meike/Heine, Nora (Hg.), 2009: Sexuelle Orientierungen. Weg vom Denken in Schubladen. Göttingen: Vandenhoeck & Ruprecht.

Zelger, Sabine, 2010: Diktate der Form? Gegenderte Lern- und Verweigerungsstrategien im Kontext von Schulbildung, Unterrichtsrahmung und Sozialformen. In: Bidwell-Steiner, Marlen/Krammer, Stefan (Hg.): (Un)Doing Gender als gelebtes Unterrichtsprinzip. Sprache – Politik – Performanz. Wien: Facultas, 73-88.

UNTERSTÜTZENDE MATERIALIEN FÜR DEN UNTERRICHT

Belling, Pascal/Bolter, Flora/Dankmeijer, Peter/Enders, Martin/Graglia, Margherita/Kraan, Karen/Timmermanns, Stefan/Wilhelm, Wolfgang (2004): Mit Vielfalt umgehen. Sexuelle Orientierung und Diversity in Erziehung und Beratung. Herausgegeben vom Ministerium für Gesundheit, Soziales, Frauen und Familie des Landes Nordrhein-Westfalen (MGEPA NRW). Düsseldorf: MGEPA NRW. [www.antidiskriminierungsforum.eu/fileadmin/bilder/Handbuch-Vielfalt-A. pdf, eingesehen am: 13.10.2014]

Gerade e.V.: Homepage »Respekt beginnt im Kopf«. [www.respekt.gerede-dresden. de/index.php, eingesehen am: 13.10.2014]

Gugel, Günther (2007): Handbuch Gewaltprävention in der Grundschule. Grundlagen – Lernfelder – Handlungsmöglichkeiten. Bausteine für die praktische Arbeit. Tübingen: Institut für Friedenspädagogik Tübingen e.V. [www.schulische-gewaltpraevention.de/gewaltpraevention%20grundschule/5_3_Down load.pdf, eingesehen am: 13.10.2014).

Lange, Joachim (2012): Kollegiale Beratung und Supervision (KoBeSu) als Selbsthilfemodell für Lehrkräfte. [http://sts-lg-so.de/kollegiale-beratung-und-supervision-kobesu-als-selbsthilfemodell-fur-lehrkrafte, eingesehen am: 13.10.2014]

**Teil II
Gender reflektieren**

Studien und Konzepte für den Schulunterricht

MATHEMATIK, INFORMATIK,
NATURWISSENSCHAFT UND TECHNIK

MINT und darüber hinaus
Gendersensibler Unterricht als Basis
einer geschlechtergerechten Gesellschaft

Sandra Augustin-Dittmann

Die Erhöhung des Frauenanteils in den MINT-Fächern (Mathematik, Informatik, Naturwissenschaften und Technik)[1] ist seit vielen Jahren ein Thema in der wissenschafts- und wirtschaftspolitischen Debatte. Gründe hierfür sind zum einen die Bemühungen um eine Erweiterung des Berufswahlspektrums von Mädchen und Frauen[2] sowie die damit verbundene Schaffung einer gleichberechtigten Teilhabe an den gut bezahlten Arbeitsplätzen im MINT-Bereich, die zudem – entgegen ihrem Image – durchaus gesellschaftsgestaltend sind. Zum anderen spielt seit einiger Zeit vermehrt der Fachkräftemangel im Zuge des demografischen Wandels eine große Rolle. Der Fachkräftemangel in den MINT-Fächern ist nicht zuletzt ein Mangel an weiblichen Fachkräften. Denn nach wie vor sind Frauen in diesen Fächern unterrepräsentiert. Während 2011 46,6 % aller StudienanfängerInnen bundesweit weiblich waren, lag der Frauenanteil bei den StudienanfängerInnen in den MINT-Fächern bei 27,3 % (vgl. Gemeinsame Wissenschaftskonferenz 2013: 6, 22).

Wie die Gemeinsame Wissenschaftskonferenz (GWK) 2011 bilanziert, hat sich in den letzten Jahren wenig an der Unterrepräsentanz von Frauen in den akademischen MINT-Fächern verändert: Bereits seit dem Ende der 1990er-Jahre lag der Anteil an Studienanfängerinnen in den MINT-Fächern jeweils konstant bei ungefähr 30 % pro Jahrgang. Weitere Steigerungen blieben aus. Vor diesem Hintergrund formulierte die Vorgängerorganisation der GWK, die Bund-Länder-Konferenz für Bildungsplanung und Forschungsförderung (BLK), 2002 Empfehlungen für eine deutliche Steigerung der Frauenanteile in den ingenieur- und naturwissenschaftlichen Studiengängen. Im Zentrum standen dabei strukturelle Maßnahmen im schulischen und hochschulischen Bereich, die von Kontext- und Begleitmaßnahmen sowie Öffentlichkeitsarbeit flankiert werden sollten. Mit den Kontext- und Be-

---

1 | Im Fokus des Beitrags stehen die akademischen MINT-Fächer. Ausbildungsberufe werden nicht berücksichtigt.

2 | Wenn im Folgenden von den Mädchen bzw. den Frauen und von den Jungen bzw. den Männern gesprochen wird, beziehen sich die Angaben stets auf statistische Daten oder Ergebnisse von Studien, die Geschlecht als Analysekriterium verwendet haben, um Ungleichheiten aufzuzeigen. Geschlechterspezifische Zuschreibungen sind ausdrücklich nicht gemeint.

gleitmaßnahmen waren vor allem solche Aktivitäten gemeint, die Schülerinnen dazu motivieren, einen MINT-Beruf anzustreben (Workshops, Selbstwirksamkeitsformate, Mentoring). Bei den strukturellen Maßnahmen ging es um die Gendersensibilisierung der Lehrenden sowie die geschlechtergerechte Umgestaltung von Unterrichtsinhalten und Didaktik im schulischen und hochschulischen Bereich. In ihrer Bilanzierung der durchgeführten Maßnahmen an den Hochschulen stellte die GWK als Nachfolgeorganisation der BLK 2011 fest, dass entgegen der ursprünglichen Intention 75 % der Angebote aus dem Bereich der Kontext- und Begleitmaßnahmen stammten und nur 17 % dem Bereich der strukturellen Umgestaltung der Studiengänge zuzurechnen waren (vgl. Gemeinsame Wissenschaftskonferenz 2011: 6-13).[3]

Die Empfehlung von 2002, eine Doppelstrategie aus Kontext- und Begleitmaßnahmen sowie strukturellen Maßnahmen durchzuführen, wurde somit nicht umgesetzt. Die Forderung nach mehr strukturellen Maßnahmen, die sich nicht individuell an Frauen richten, sondern darauf zielen, die Organisation zu verändern, bleibt nach wie vor aktuell.[4] Ein gendersensibler Unterricht mit gendersensiblen Inhalten und einer gendersensiblen Didaktik in der Schule und an der Hochschule versprechen dabei – so die These dieses Beitrags – nicht nur eine nachhaltige Steigerung der Frauenanteile in den MINT-Fächern, sondern bieten darüber hinaus auch die Möglichkeit, die Geschlechtergerechtigkeit insgesamt zu stärken. Gendersensibel meint dabei, auf die unterschiedlichen Bedürfnisse von Jungen und Mädchen bzw. Männern und Frauen einzugehen und gleichzeitig einen Raum zu schaffen, in dem Geschlechterrollen nicht festgelegt sind und die Einzelnen sich individuell entfalten können. Der Begriff der Geschlechtergerechtigkeit zielt auf einen Zustand, in dem die gesamtgesellschaftlichen Strukturen so gestaltet sind, dass sie den Individuen mit ihren jeweiligen Geschlechterrollen die gleichen Möglichkeiten eröffnen. Vor diesem Hintergrund fragt der Beitrag danach, inwiefern ein gendersensibler Unterricht ein geeignetes Instrument ist, die nach wie vor bestehende Unterrepräsentanz von Frauen in den MINT-Fächern nachhaltig abzubauen und insgesamt zu einer geschlechtergerechten Gesellschaft beizutragen. Zunächst wird das Ausmaß der Unterrepräsentanz von Frauen in den MINT-Fächern beschrieben (Kap. 1.1). Es folgt eine Auseinandersetzung mit den verschiedenen Gründen, die die Unterrepräsentanz verursachen (Kap. 1.2). Die Analyse dieser Mechanismen ist grundlegend wichtig, weil erst darauf aufbauend gezeigt werden kann, wie sie durch einen gendersensiblen Unterricht aufgebrochen werden können, sodass der Frauenanteil in den MINT-Fächern nachhaltig steigen kann (Kap. 2.1). Schließlich geht es um die sich darüber hinaus ergebenden Möglichkeiten, die ein gendersensibler Unterricht insgesamt für die Stärkung der Geschlechtergerechtigkeit eröffnet (Kap. 2.2).

---

3 | In ihrer Studie von 2011 konzentriert sich die GWK auf den hochschulischen Bereich und setzt sich nicht mit dem Bereich Schule auseinander.

4 | Die Unterscheidung in Kontext- und Begleitmaßnahmen sowie strukturelle Maßnahmen liefert einen wichtigen Beitrag zur Erklärung, warum nach über zwei Jahrzehnten Angeboten zur Frauenförderung die Frauenanteile in den MINT-Fächern nur so wenig gestiegen sind: Qualifizierungsangebote, Mentoring und Ähnliches sind wichtige Bausteine auf dem Weg zur Chancengleichheit, sie können ihre volle Wirkung aber nur entfalten, wenn sie in strukturelle Maßnahmen, die auf die Veränderung der Organisation zielen, eingebettet sind.

1 Zur Unterrepräsentanz von Frauen in den MINT-Fächern: Ausmass und Gründe

In einem ersten Schritt wird nun die Unterrepräsentanz von Frauen in den MINT-Fächern anhand ihrer Entwicklung an den deutschen Hochschulen nachgezeichnet und mit einem kurzen Blick ins Ausland verglichen. Im Anschluss folgt eine Darstellung der Gründe für die anhaltende Unterrepräsentanz, die in der Schule, im Übergang zur Hochschule und in der Hochschule zu verorten ist.

1.1 Frauenanteile in den MINT-Fächern

In ihrer jährlichen Statistik zur Chancengleichheit in der Wissenschaft zeigt die GWK 2013 die Frauenanteile in den MINT-Fächern im Vergleich: Anfang der 1990er-Jahre lag der Frauenanteil zu Studienbeginn noch bei 23,7 %, seit dem Ende der 1990er-Jahre hält er sich konstant bei ca. 30 %. Aktuell beträgt der Anteil 27,3 %. Werden ausschließlich die ingenieurwissenschaftlichen Fächern betrachtet, sinkt der Anteil auf 20,6 %. Im Vergleich dazu beträgt der Frauenanteil über alle Fächer 46,6 % und in den Sprach- und Kulturwissenschaften 72,2 %. Auch an der Spitze der wissenschaftlichen Positionen lässt sich dieses Muster beobachten. Insgesamt waren laut GWK 2011 19,9 % aller Professuren in Deutschland mit Frauen besetzt: In den Sprach- und Kulturwissenschaften betrug der Anteil 35 %, während er in den MINT-Fächern bei nur 11,6 % lag. Werden ausschließlich die Ingenieurwissenschaften betrachtet, sinkt der Anteil auf 9,4 % (vgl. Gemeinsame Wissenschaftskonferenz 2013: 6ff., 19ff.).

Abbildung 1 verdeutlicht die fächer- und qualifikationsspezifischen Unterschiede im Hinblick auf die Frauenanteile.

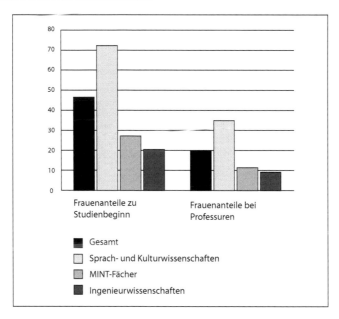

Abb. 1: Frauenanteile nach Fächern in ausgewählten Qualifikationsstufen 2011 (vgl. Gemeinsame Wissenschaftskonferenz 2013, eigene Darstellung)

Das Institut für Arbeitsmarkt- und Berufsforschung hat die Zahlen für Niedersachsen differenziert. Hier betrug die Zahl der MINT-Studienanfängerinnen im Wintersemester 2009/2010 ebenfalls knapp ein Drittel der MINT-Studierenden im ersten Semester. Die Verteilung auf die verschiedenen MINT-Fächer fällt sehr unterschiedlich aus. Während Fächer wie Biologie oder Mathematik zu Studienbeginn einen Frauenanteil von über 60 % aufweisen, beträgt ihr Anteil im Maschinenbau lediglich 12,9 % und in der Elektrotechnik 9,2 %. Hier zeigt sich, dass sich Männer innerhalb des MINT-Bereichs auf die technischen Disziplinen fokussieren, während Frauen bevorzugt in der Mathematik und in den Naturwissenschaften – auch vielfach im Rahmen der Lehramtsausbildung – vertreten sind (vgl. Brück-Klingberg/Althoff 2011: 24f.). Zudem ist aktuell zu beobachten, dass die absolute Zahl der Studienanfängerinnen in den MINT-Fächern zwar steigt, ihr prozentualer Anteil aber leicht sinkt. Zurückgeführt wird diese Tendenz auf den Wegfall der Wehrpflicht und des Zivildienstes, aus dem ein überproportionaler Anstieg bei den Studienanfängern folgt, sodass der prozentuale Männeranteil steigt (vgl. Geschäftsstelle Nationaler Pakt für Frauen in MINT-Berufen 2013).

Ein Blick in andere Länder zeigt, dass das Geschlechterverhältnis nicht zwangsläufig so aussehen muss, wie dies in Deutschland der Fall ist. In Italien und Kanada stellen Frauen über 50 % der AbsolventInnen in den Naturwissenschaften, und auch in den Ingenieurwissenschaften betragen die Frauenanteile bei den AbsolventInnen in Polen, Italien und Spanien über 30 % (vgl. Hochschul-Informations-System 2011).

Eine noch stärkere Beteiligung von Frauen an naturwissenschaftlichen und technischen Fächern gibt es in den Staaten des Nahen Ostens und Nordafrikas. In Algerien beträgt der Frauenanteil bei den Studierenden der Naturwissenschaften beispielsweise 61 % und in den technischen Fächern 31 %. Auch in den Vereinigten Arabischen Emiraten liegt der Studentinnenanteil bei 55 % in den Naturwissenschaften und bei 29 % in den technischen Fächern (vgl. Organisation for Economic Co-operation and Development 2012: 101).

Dieser kurze internationale Vergleich zeigt vor allem zwei Punkte. Erstens: Es bestehen zum Teil große Unterschiede zwischen den verschiedenen Ländern bei den Frauenanteilen in den MINT-Fächern. Zweitens: Diese Unterschiede belegen, dass die Unterrepräsentanz kulturell bedingt und somit veränderbar ist. Bevor es um die Frage der Veränderung geht, folgt zunächst ein Blick auf die Mechanismen, die in Deutschland zu einer anhaltenden Unterrepräsentanz von Frauen in den MINT-Fächern beitragen.

1.2 Gründe für die Unterrepräsentanz von Mädchen und Frauen in MINT-Fächern

Der Bildungserfolg der Mädchen in der Schule ist in den letzten drei Jahrzehnten kontinuierlich gestiegen, sodass Mädchen heute höhere Bildungsabschlüsse erzielen als Jungen. Ausschlaggebend ist hier, dass insbesondere die Mädchen aus den Arbeiterklassen und aus den Mittelschichten aufgeholt und ihre Mitschüler aus den gleichen sozialen Schichten überholt haben (vgl. Becker/Müller 2011: 68ff.). Obwohl mittlerweile mehr Mädchen als Jungen die Allgemeine Hochschulreife erreichen, nehmen sie etwas seltener ein Studium auf als ihre männlichen Kollegen.

Die humankapitaltheoretische Perspektive[5] liefert wichtige Hinweise, warum das Berufs- und Studienwahlverhalten von Jungen und Mädchen so unterschiedlich ist: Laut Markus Lörz und Steffen Schindler schätzen Frauen ihre Arbeitsmarktaussichten nach dem Studium generell schlechter ein als Männer. In den MINT-Fächern ist diese negative Einschätzung sogar noch ausgeprägter. Die Gründe liegen in der sozialisationsbedingten Entwicklung von anderen Interessenprofilen von Frauen, in den häufig anderen Lebensplänen, die eine Vereinbarkeit von Familie und Beruf einschließen, sowie in Diskriminierungsängsten in diesen männerdominierten Fächern. Zudem studieren Frauen häufiger Fächer, die ein soziales Engagement ermöglichen, während Männer zu Fächern tendieren, die ein hohes Einkommen versprechen. Das Studium eines MINT-Faches zieht in den meisten Fällen – und vor allem in den technischen Disziplinen – ein hohes Einkommen nach sich. Mit sozialem Engagement werden diese Fächer gemeinhin eher nicht verbunden. Ein Großteil der Erklärung, warum sich Jungen in viel stärkerem Maß für das Studium eines MINT-Faches entscheiden, liegt bereits in der schulischen Schwerpunktsetzung begründet. Jungen fokussieren sich in der Schule deutlich öfter auf die mathematischen und naturwissenschaftlichen Fächer als Mädchen. Jungen gehen deshalb häufiger davon aus, dass sie ein MINT-Studium meistern, während Mädchen ihre Erfolgswahrscheinlichkeiten beim Studium eines MINT-Faches sehr viel schlechter einschätzen (vgl. Lörz/Schindler 2011: 99-122).

In der PISA-Studie von 2012, die den Schwerpunkt im mathematischen Bereich hatte, zeigen sich in Bezug auf die Geschlechterdifferenzen zwei Hauptergebnisse: Erstens schneiden Mädchen bei den mathematischen Kompetenzen schlechter ab als Jungen und zweitens haben Mädchen deutlich schlechtere Selbstkonzepte und Selbstwirksamkeitserwartungen sowie deutlich mehr Angst.[6] Im OECD-Durchschnitt erzielen Jungen bei der mathematischen Kompetenz 11 Punkte mehr als Mädchen (OECD-Durchschnitt aller SchülerInnen: 501 Punkte[7]). Es gibt mit Island ein Land, in dem Mädchen leicht besser abschneiden und einige Staaten wie Finnland, Schweden, Norwegen, Slowenien, Polen und die Vereinigten Staaten, in denen der Unterschied nicht signifikant ist. In Deutschland erreichen die Jungen 14 Punkte mehr als die Mädchen (Durchschnitt aller SchülerInnen in Deutschland: 514 Punkte), während beispielsweise Jungen in Ländern wie Österreich, Chile und Luxemburg über 20 Punkte mehr erzielen. Deutschland liegt bei der Differenz zwischen Jungen und Mädchen somit leicht über dem OECD-Durchschnitt. Die Ergebnisse aus Ländern wie Island, Schweden oder den Vereinigten Staaten legen nahe, dass es bestimmte Bedingungen geben muss, die dazu führen, dass Mädchen nicht schlechter in Mathematik sind als Jungen (vgl. Sälzer/Reiss/Schipe-Tiska/Prenzel/Heinze 2013: 75ff.).

Während in Deutschland die tatsächlichen Leistungen der Mädchen in der Mathematik zwar schlechter sind als die der Jungen, ist die Leistungseinschätzung der Mädchen deutlich schlechter als die ihrer Mitschüler. Bei den emotionalen und

---

5 | Aus humankapitaltheoretischer Sicht wägen Individuen ab, ob sich eine Investition in Bildung lohnt. Der erwarteten Rendite (z.B. späteres Einkommen oder berufliche Erfüllung) stehen Kosten gegenüber (z.B. Studiengebühren oder Anstrengung im Studium).
6 | Das Selbstbild wiederum hat einen großen Einfluss auf die realen Kompetenzen (siehe Tobies in diesem Buch).
7 | 30 Punkte entsprechen in etwa einem Schuljahr.

motivationalen Orientierungen zeigt sich, dass Jungen deutlich mehr Freude und Interesse an der Mathematik und Mädchen deutlich mehr Angst vor der Mathematik haben. Deutschland ist im OECD-Vergleich das Land, in dem der Unterschied in der Einschätzung, wie wichtig Eltern und FreundInnen Mathematik finden, zwischen Jungen und Mädchen am größten ist. Viele Mädchen gehen demnach davon aus, dass ihr soziales Umfeld der Mathematik eher weniger Bedeutung beimisst. Bei den Selbstbildern setzt sich der Trend fort: Sowohl beim Selbstkonzept als auch bei den Selbstwirksamkeitserwartungen, die nach der Einschätzung, bestimmte Aufgaben und Probleme bewältigen zu können, fragen, schneiden Mädchen deutlich schlechter ab als Jungen (vgl. Schiepe-Tiska/Schmidtner 2013: 105ff.).

An dieser Stelle muss die Frage lauten: Wie kommt es dazu, dass Mädchen sich und ihre Leistungen signifikant schlechter einschätzen als Jungen? Die Beantwortung dieser Frage, so die hier vertretene These, ist der Schlüssel zur Beantwortung der Frage, warum so wenige Frauen ein MINT-Fach studieren. Wie Ursula Kessels und Bettina Hannover zeigen, lernen Mädchen in Deutschland in ihrer Sozialisation sehr früh, dass Mathematik, Informatik, Naturwissenschaften und Technik Bereiche sind, die den Jungen zugeschrieben werden. Mathematische und naturwissenschaftliche Fächer werden als männlich konnotierte Fächer wahrgenommen (vgl. Kessels/Hannover 2006). Sowohl Eltern als auch die verantwortlichen Personen in Kita und Schule sowie die Peers bestärken die Mädchen häufig in dieser Sichtweise. Die geschlechtsspezifische Sozialisation führt dazu, dass das Interesse an MINT bereits in der frühen Kindheit sehr unterschiedlich gefördert wird (nach wie vor aktuell: Hagemann-White 1984). »Cultural beliefs«, kulturelle Überzeugungen über Geschlechterstereotypen, bewirken, dass Mädchen sich als weniger geeignet einschätzen, während Jungen sich als von Natur aus begabter für Naturwissenschaften und Technik betrachten (Correll 2001, 2004). Bereits in der Kita und der Grundschule sind solche Tendenzen erkennbar, hier können die Interessen der Kinder aber noch als eher gleich bezeichnet werden. Ab der siebten Klasse, zu Beginn des naturwissenschaftlichen Fachunterrichts, beginnt eine starke Polarisierung der Interessen und Leistungen von Jungen und Mädchen (vgl. Hannover/Kessels 2002: 341).

Neben der Sozialisation spielen andere kulturelle Faktoren eine Rolle. Wie Katharina Willems zeigt, haben die einzelnen MINT-Fächer jeweils eine Fachkultur, die nicht unabhängig vom Geschlecht ist. Bei der Betrachtung des Fachs Physik fällt z.B. auf, dass das Fach historisch zunächst gar nicht und später in geringerem Umfang für Mädchen angeboten wurde. Das Selbstverständnis der Physik ist das eines exklusiven Faches mit einem sehr hohen Schwierigkeitsgrad. Die Motivation für das Fach wird bei den Lernenden verortet. Es gehört in der Physik dazu, dass nicht alle Kinder die Lernziele erreichen können. Und da diejenigen, die die Ziele erreichen, zu einem Großteil Jungen sind, richtet sich das Fach vor allem an diese (vgl. Willems 2008: 21f.).

Hier wird bereits der Einfluss des Unterrichts auf die Entwicklung von Interessen und Leistungen der SchülerInnen deutlich. Im Sinne des Doing Gender werden im Schulunterricht Geschlechterstereotypen hergestellt. Doing Gender meint dabei, dass Geschlechter deshalb verschieden sind, weil sie aktiv in der sozialen Interaktion unterschieden werden – sowohl in der Fremdwahrnehmung als auch in der Selbstpräsentation. Die Herstellung von Geschlecht ist somit ein permanentes und häufig nicht bewusstes Tun (vgl. West/Zimmerman 1987). Es findet auch in der Schule statt. Im Physikunterricht konnte zum Beispiel beobachtet werden, dass Aufgabenstellungen bei Jungen technisch und bei Mädchen umgangssprachlich formuliert werden (vgl. Faulstich-Wieland 2008: 39ff.). Zudem werden Mädchen häufig bei Wiederholungsaufgaben und Jungen bei neuen Aufgaben aufgefordert (vgl. Thies/Röhner 2000: 164ff.). Bei Beobachtungen im Fach Technisches Werken ist aufgefallen, dass die Lehrkräfte implizit davon ausgehen, dass Jungen technikinteressiert und Mädchen eher zurückhaltend im Umgang mit Technik sind. Sogar wenn es explizit der eigene Anspruch der Lehrkräfte ist, keine Geschlechterstereotype zu bedienen, tauchen sie in der Interaktion im Unterricht auf (vgl. Budde/Scholand/Faulstich-Wieland 2008: 254ff.). Ebenfalls am Beispiel des Physikunterrichts konnte Hannelore Faulstich-Wieland belegen, dass Jungen von den Lehrkräften eher unterstützt und Mädchen eher kritisiert werden. Aber gerade die Anerkennung durch die Lehrenden hat einen erheblichen Einfluss auf die Entwicklung von Interesse und Leistung in einem Fach (vgl. Faulstich-Wieland 2008: 43).

Die skizzierten Mechanismen führen dazu, dass nur wenige Mädchen sich für das Studium eines MINT-Faches entscheiden. Auch Ermutigungen durch die Eltern geschehen nur unter sehr speziellen Bedingungen. Dabei spielt die MINT-Affinität der Eltern eine große Rolle, wie Heike Solga und Lisa Pfahl darlegen: Die Chance auf Ermutigung der Tochter wird größer, wenn Mütter erwerbstätig sind und Väter oder Vater und Mütter selbst im naturwissenschaftlich-technischen Bereich arbeiten. Ein wichtiger Einflussfaktor für die Aufnahme eines Ingenieurstudiums ist beispielsweise, dass der jeweilige Vater selbst Ingenieur ist und seine Tochter ermutigt. Zudem bestärken Eltern ihre Töchter oft erst dann bei der Aufnahme eines MINT-Studiums, wenn diese überdurchschnittlich gute Leistungen in diesen Fächern erbringen (vgl. Solga/Pfahl 2009: 6ff.).

Zusammenfassend kann an dieser Stelle festgehalten werden, dass Frauen viel seltener MINT-Fächer studieren als Männer. Dies liegt vor allem daran, dass Mädchen und Frauen sich in diesem Bereich – auch bei gleichen Leistungen – deutlich schlechter einschätzen als Jungen und Männer. Dies resultiert wiederum vor allem daraus, dass sie in ihrer Sozialisation lernen, dass Mathematik, Naturwissenschaften und Technik männlich besetzte Felder sind. Während die Interessen in Kita und Grundschule noch ähnlich sind, öffnet sich ab der siebten Klasse eine Schere. Neben den Eltern und gleichaltrigen Bezugspersonen hat das Doing Gender im Fachunterricht einen großen Einfluss auf die Entwicklung der Interessen und Leistungen der Jungen und Mädchen. Da es sich hier um eine wesentliche Stellschraube hinsichtlich der Frage, wie die Frauenanteile in den MINT-Fächern erhöht werden können, handelt, werden im Folgenden Potenziale und Ansätze eines gendersensiblen Unterrichts aufgezeigt.

2 GENDERSENSIBLER UNTERRICHT ALS STELLSCHRAUBE FÜR GESCHLECHTERGERECHTIGKEIT

Vor dem Hintergrund, dass die geringen Frauenanteile in den MINT-Fächern vor allem aus der Einschätzung resultieren, dass diese Fächer männliches Territorium sind, und dass dies von Eltern, Gleichaltrigen und Lehrkräften bewusst und unbewusst weitergeben wird, erscheint ein Durchbrechen dieser Einschätzung als wesentlicher Punkt. Auf der einen Seite werden von einigen Teilnehmenden der

Debatte die stärksten Effekte von der tatsächlichen Erhöhung der Frauenanteile in den MINT-Berufen erwartet: Wenn Eltern, Peers und Lehrkräfte (und auch BerufsberaterInnen) sehen, dass Frauen in großer Zahl in MINT-Berufen erfolgreich arbeiten, dann können sie Mädchen und jungen Frauen auch raten, diese Richtung einzuschlagen (vgl. Solga/Pfahl 2009: 29f.). Ein solches Ansetzen am Ende der Bildungskette erfordert, dass Wirtschaft und Wissenschaft eine aktive geschlechtergerechte Personalpolitik betreiben und die Frauenanteile in den MINT-Berufen zügig erhöhen. Erst dann könnte sich eine Sog-Wirkung bis zum Anfang der Bildungskette entfalten. Da infrage gestellt werden darf, dass ein solches Vorhaben zeitnah realisiert wird, bietet die Implementierung eines gendersensiblen Unterrichts auf der anderen Seite eine erfolgversprechende Strategie, die stereotypen Einstellungen gleich zu Beginn der Bildungskette aufzubrechen. Darüber hinaus kann der Ansatz zur Lösung weiterer gesellschaftspolitischer Probleme beitragen – so dem mittlerweile schlechteren Abschneiden von Jungen im Bildungssystem, der nach wie vor bestehenden Altersarmut von Frauen oder der durchschnittlich früheren Sterblichkeit von Männern.

2.1 Gendersensibler Unterricht als Instrument des nachhaltigen Abbaus der weiblichen Unterrepräsentanz in den MINT-Fächern

Wie also kann der Unterricht verändert werden, damit die MINT-Fächer nicht länger als männliche Felder gelten und sich mehr Mädchen für sie entscheiden? Lange Zeit wurde Monoedukation als beste Lösung betrachtet, wie Hannelore Faulstich-Wieland darlegt: Wenn Mädchen unter sich sind, besteht nicht die Gefahr, dass Jungen sich bei der Beantwortung von Fragen »vordrängeln« oder Lehrkräfte sich an den Jungen orientieren. Allerdings suggeriert ein Unterricht, der extra für Mädchen – die im statistischen Durchschnitt schlechter in den MINT-Fächern abschneiden als die Jungen – angeboten wird, eine Defizitorientierung: Mädchen brauchen einen anderen Unterricht, damit auch sie mitkommen können. Zudem gibt es keine einheitlichen Befunde zur Wirkung von monoedukativem Unterricht. Bezüglich Motivations- und Leistungssteigerungen von Mädchen im geschlechtergetrennten Unterricht konnten bisher keine signifikanten Effekte nachgewiesen werden. Die Jugendlichen selbst sprechen sich zudem für die Koedukation aus (vgl. Faulstich-Wieland 2009: 44). Monoedukation steht darüber hinaus im Gegensatz zur Inklusion als einem bestimmenden Paradigma schulischer Gegenwart. Während Geschlechtertrennung die Differenzen zwischen Jungen und Mädchen betont, setzt Inklusion auf den gemeinsamen, reflektierten Umgang mit der Verschiedenheit der Kinder (vgl. Faulstich-Wieland/Scholand 2010: 171ff.). Den Ausführungen von Hannelore Faulstich-Wieland, Martina Weber und Katharina Willems (2004: 215ff.) zu Dramatisierung und Entdramatisierung von Geschlecht folgend bedeutet Monoedukation insofern die Dramatisierung von Geschlecht, da Geschlecht zu einer zentralen Kategorie des schulischen Handelns wird. Der Vorteil dabei ist, dass dies eine aktive Auseinandersetzung mit strukturellen Ungleichheiten ermöglicht. Die Dramatisierung von Geschlecht begünstigt aber auch die Verfestigung von stereotypen Bildern und erschwert die Wahrnehmung der Unterschiede innerhalb einer Gruppe. Aus diesen Gründen vertreten einige Lehrkräfte das Gegenkonzept, die Entdramatisierung von Geschlecht. Sie gehen davon aus, dass sie sich geschlechtsneutral verhalten und dass Geschlecht keine Rolle in ihrem Unterricht spielt. Auf diesem Weg sollen Stereotype vermieden und der Fokus auf die Individualität der einzelnen Kinder gelegt werden. Studien zeigen laut Faulstich-Wieland, Weber und Willems allerdings, dass ein geschlechtsneutrales Verhalten schwer möglich ist. Um die positiven Effekte der Entdramatisierung zu nutzen, ohne unbewusste stereotype Zuschreibungen vorzunehmen, wird eine Balance zwischen Dramatisierung und Entdramatisierung empfohlen.[8] Diese Balance ist allerdings voraussetzungsvoll: Zum einen muss das eigene Doing Gender regelmäßig reflektiert werden und zum anderen benötigen die Lehrkräfte hierfür ausreichend Gender-Kompetenz (vgl. Faulstich-Wieland/Weber/Willems 2004: 215ff.). Geschlecht soll in diesem Sinn als Analysekriterium genutzt, jedoch nicht als Ordnungskategorie verstanden werden: Um Ungleichheiten sichtbar zu machen, wird die Kategorie Geschlecht benötigt; um Stereotypisierungen zu vermeiden, wird sie als normative Orientierung nicht verwendet (vgl. Paseka 2009: 35).

Wie kann ein gendersensibler MINT-Unterricht konkret aussehen? Hier bieten die Überlegungen von Anja Lembens und Ilse Bartosch zur Chemie- und Physikdidaktik sowie von Anita Thaler und Birgit Hofstätter zur Technikdidaktik hilfreiche Ansätze. Eine wichtige Grundlage für den Physik- und Chemieunterricht ist die Ausgewogenheit zwischen der Ausbildung von ExpertInnen und einem »Science for all«. Die Vermittlung der Naturwissenschaften darf nicht nur auf wenige besonders begabte Kinder zielen (meist Jungen), sondern muss möglichst vielen nahegebracht werden. Das exklusive Image der Physik und Chemie, das eng mit dem Bild von isoliert forschenden männlichen Wissenschaftlern (Genies) verbunden ist, würde auf diese Weise geöffnet. Der Beitrag von Frauen für die MINT-Fächer muss sichtbar gemacht werden. Optimal ist die zusätzliche Einbeziehung von Role Models, weiblichen Rollenvorbildern in den MINT-Fächern. Inhaltlich müsste im Unterricht zudem aufgezeigt werden, dass es nicht nur die hochgradig intrinsisch motivierten Forschenden gibt, deren Lebensinhalt nur ihre Arbeit ist, sondern dass MINT-Berufe für viele auch einfach eine Erwerbsarbeit darstellen. Zusätzlich müsste stärker verdeutlicht werden, dass MINT-Berufe einen stark gesellschaftsgestaltenden Charakter haben. Für die SchülerInnen, die in ihrem späteren Arbeitsfeld das Leben der anderen verbessern möchten, bieten MINT-Berufe vielfältige Möglichkeiten – von der Herstellung individualisierter Medikamente über die Erhöhung der Verkehrssicherheit bis hin zu Technologien, die dem Umweltschutz dienen. Für Kinder und Jugendliche, die sich nicht nur für das »Was« und »Wie« interessieren, sondern sich eher durch das »Warum« und »Wozu« angesprochen fühlen, bieten gesellschaftliche Kontextualisierungen gute Ansatzpunkte. Die Auseinandersetzung mit erkenntnis- und wissenschaftstheoretischen Aspekten, wissenschaftshistorischen und -ethischen sowie gesellschaftspolitischen Zusammenhängen führt zu einem stärkeren Interesse vieler Kinder und Jugendlicher an den MINT-Fächern. Ein hoher Grad an Interdisziplinarität ist nicht nur für Mädchen, sondern für die meisten SchülerInnen attraktiv. Es ist darüber hinaus wichtig, sich im Unterricht mit der männlichen Konnotation von MINT-Berufen zu beschäftigen und die dahinterstehenden Mechanismen aufgezeigt zu bekommen. Speziell für Mädchen ist dies wichtig, weil es ihnen zeigt, dass es spezifische Gründe für diese Entwicklung gibt und dass dies nicht zwangsläufig so sein muss. Aber auch

---

8 | Siehe dazu auch Rendtorff in diesem Buch sowie zu der Problematik der Dramatisierung und Entdramatisierung auch Bartsch/Wedl in diesem Buch.

Jungen sollten für diese Zusammenhänge sensibilisiert werden (vgl. Lembens/ Bartosch 2012: 88f.; Thaler/Hofstätter 2012: 289).

Auch didaktisch kann der Unterricht gendersensibel gestaltet werden: Kooperative Lernformen motivieren mehr Kinder als ein klassischer, auf die Lehrkraft zentrierter, fragend-entwickelnder Unterricht, da im klassischen Ansatz deutlich mehr Vorwissen notwendig ist, das in sehr unterschiedlichem Maß von den Jungen und Mädchen mitgebracht wird. Experimente, die zum Diskutieren anregen, bieten vielen Kindern die Möglichkeit, sich unabhängig von ihrem Vorwissen zu beteiligen (vgl. Lembens/Bartosch 2012: 89f.). Aber auch bei kooperativen Lernformen besteht die Gefahr, dass sich stereotype Verhaltensweisen manifestieren. So wurde beispielsweise beobachtet, dass Mädchen bei Experimenten oft die Aufgabe des Protokollierens übernehmen. In solchen Situationen sollten Lehrkräfte sensibel eingreifen und eine gerechtere Aufgabenverteilung herbeiführen (vgl. Benke 2012: 220). Insgesamt erweist sich das Anwenden von vielen verschiedenen Lernformen als geeignete Vorgehensweise, um nicht immer nur den gleichen Lerntyp, sondern möglichst viele Mädchen und Jungen anzusprechen (vgl. Faulstich-Wieland/Horstkemper 2012: 58f.). Ein gut durchdachter, gendersensibler Unterricht kann zusammenfassend stark dazu beitragen, dass sich deutlich mehr Mädchen für MINT-Fächer entscheiden. Er bietet darüber hinaus weitere Möglichkeiten, zu einer geschlechtergerechten Gesellschaft beizutragen. Einige Bereiche sollen im Folgenden exemplarisch benannt werden.

2.2 Gendersensibler Unterricht als Basis einer geschlechtergerechten Gesellschaft

Gendersensibler Unterricht bildet die Basis einer geschlechtergerechten Gesellschaft, wenn Fachinhalte und Didaktik in allen Fächern den Abbau von Barrieren hinsichtlich einschränkender traditioneller Geschlechterrollen befördern. Neben der Möglichkeit, gleiche Chancen für Mädchen in den MINT-Fächern zu schaffen, stellt ein gendersensibler Unterricht einige Ansatzpunkte bereit, um weitere gesellschaftliche Problemfelder zu bearbeiten. Ein viel diskutiertes Thema ist das mittlerweile schlechtere Abscheiden von Jungen im Bildungssystem. In der Vergangenheit fand in Reaktion auf Heike Diefenbach und Michael Klein (2002) eine mediale Debatte statt, in der vielfach die Feminisierung des Lehrberufs dafür verantwortlich gemacht und behauptet wurde, dass Lehrerinnen Mädchen bevorteilen und Jungen benachteiligen würden. Diese These wurde empirisch widerlegt, z.B. indem aufgezeigt wurde, dass Lehrerinnen Jungen keine schlechteren Noten geben als Mädchen (vgl. Helbig 2010), oder indem nachgewiesen wurde, dass Lehrerinnen Mädchen und Jungen bei der Übergangsempfehlung auf das Gymnasium gleich behandeln (vgl. Neugebauer 2011). Dennoch bleibt der Befund, dass Jungen durchschnittlich schlechtere Leistungen vorweisen als Mädchen. Neuere Ansätze sehen die Gründe hierfür in dem sozialisationsbedingten Verhalten von Jungen, das sich an einem traditionellen Bild von Männlichkeit orientiert, welches mit den Anforderungen der Schule kollidiert. Während die traditionelle Männlichkeitsrolle den Jungen beispielsweise nahelegt, sich laut und störend zu verhalten und Lernen »uncool« zu finden, sind Konzentration und Fleiß meist Voraussetzungen für gute Noten (vgl. Helbig 2012). Ein gendersensibler Unterricht ist in der Lage, auf diese Situation einzugehen und die Effekte mit einer Balance aus Dramatisierung und

Entdramatisierung von Geschlecht zu reduzieren. Weitere Bereiche, zu deren Verbesserung ein gendersensibler Unterricht beitragen kann, ist das Aufzeigen von Auswirkungen der Orientierung an traditionellen Rollen im Lebenslauf. Hier kann beispielsweise das Gesundheitsverhalten von Jungen und Männern thematisiert werden. Dass Männer durchschnittlich früher sterben, liegt nur in geringem Umfang an biologischen Ursachen, sondern vor allem an Verhaltensweisen, die die Gesundheit beinträchtigen (vgl. Luy 2012). Dieses Verhalten, wie starkes Rauchen, hoher Alkoholkonsum, risikoreiches Verhalten im Straßenverkehr oder die späte Inanspruchnahme medizinischer Leistungen, orientiert sich ebenfalls am traditionellen Männlichkeitsbild (vgl. Bundeszentrale für gesundheitliche Aufklärung 2011). Für Mädchen und junge Frauen sollte eine Auseinandersetzung mit den Mechanismen stattfinden, die zur statistisch häufigen Altersarmut von Frauen führen. Um Altersarmut vermeiden zu können, müssen die jungen Frauen über die Zusammenhänge von Arbeit, Sozial- und Steuersystem sowie familienpolitischen Leistungen und Scheidungsrecht aufgeklärt werden (vgl. Bundesministerium für Familie, Senioren, Frauen und Jugend 2011). Zu beachten ist, dass auch ein gendersensibler Unterricht Inhalte, die die Geschlechterrollen thematisieren, dosiert einsetzen muss, um eine Übersättigung der SchülerInnen zu vermeiden (vgl. Faulstich-Wieland/Horstkemper 2012: 34). Eine ausgewogene Integration dieser Themen in das gesamte Curriculum bieten aber große Chancen für eine geschlechtergerechte Gesellschaft.

3 Fazit und Ausblick

Eine deutliche Steigerung des Frauenanteils in den MINT-Fächern bedarf struktureller Maßnahmen, wie sie von der BLK gefordert wurden. Es entscheiden sich weniger junge Frauen für einen MINT-Beruf, weil sie MINT als männlich geprägte Fächer wahrnehmen und ihre Leistungen – auch bei Gleichwertigkeit – deutlich schlechter einschätzen als Jungen. Dass MINT-Fächer eng mit Männlichkeit verbunden sind, wird in der gesamten Sozialisation und nicht zuletzt in der Schule vermittelt. Ein geschlechtersensibler Unterricht kann deshalb einen entscheidenden Beitrag zur Chancengleichheit in den MINT-Fächern leisten. Mit der gendersensiblen inhaltlichen und didaktischen Ausgestaltung des Unterrichts können Mädchen in deutlich stärkerem Ausmaß für MINT motiviert werden. Darüber hinaus kann ein gendersensibler Unterricht auch Lösungsmöglichkeiten für weitere gesellschaftliche Schwierigkeiten wie das durchschnittlich schlechtere Abschneiden von Jungen in der Schule, die frühere Sterblichkeit von Männern oder die stark ausgeprägte Altersarmut von Frauen bieten und für diese Problematiken sensibilisieren.

Eine Verwirklichung dieser Ansätze erfordert eine systematische Reform der gesamten Lehramtsausbildung sowie der schulischen Curricula. Ergänzend müssten neben der Geschlechterperspektive auch weitere Diversitätsmerkmale wie Herkunft, Religion oder sexuelle Orientierung einbezogen werden. Hierzu finden sich auch hilfreiche Lehrbücher für den Schulkontext (vgl. Sturm 2013). Eine durchgängige und dauerhafte Erhöhung der Frauenanteile in MINT bedingt zudem Kulturveränderungen in den akademischen MINT-Fächern (vgl. Ihsen 2012). Abschließend liegt es auch in der Verantwortung der natur- und ingenieurwissenschaftlichen ArbeitgeberInnen, eine geschlechtergerechte Personal- und Aufstiegspolitik zu realisieren, sodass ein chancenaufzeigender Schulunterricht seine Entsprechung in der Wirklichkeit von Wissenschaft und Wirtschaft findet.

LITERATUR

Becker, Rolf/Müller, Walter, 2011: Bildungsungleichheiten nach Geschlecht und Herkunft im Wandel. In: Hadjar, Andreas (Hg.): Geschlechtsspezifische Bildungsungleichheiten. Wiesbaden: VS, 55-75.

Benke, Gertraud, 2012: Gender im naturwissenschaftlichen Unterricht. In: Kampshoff, Marianne/Wiepcke, Claudia (Hg.): Handbuch Geschlechterforschung und Fachdidaktik. Wiesbaden: VS, 213-227.

Brück-Klingberg, Andrea/Althoff, Jörg, 2011: Frauen in MINT-Berufen in Niedersachsen. Nürnberg: Institut für Arbeitsmarkt- und Berufsforschung.

Budde, Jürgen/Scholand, Barbara/Faulstich-Wieland, Hannelore, 2008: Geschlechtergerechtigkeit in der Schule. Eine Studie zu Chancen, Blockaden und Perspektiven einer gender-sensiblen Schulkultur. Weinheim: Juventa.

Bundesministerium für Familie, Senioren, Frauen und Jugend, 2011: Neue Wege – Gleiche Chancen. Gleichstellung von Frauen und Männern im Lebenslauf. Erster Gleichstellungsbericht. Bundestagsdrucksache 17/6240.

Bundeszentrale für gesundheitliche Aufklärung (BZgA), 2011: Gesundheit von Jungen und Männern. Hintergründe, Zugangswege und Handlungsbedarfe für Prävention und Gesundheitsförderung. Dokumentation des BZgA-Fachforums am 2. Oktober 2009. Köln: BZgA. [www.bzga.de/pdf.php?id=d8e90a5a7 debd14379c7b12480e31682, eingesehen am: 22.04.2014]

Correll, Shelly, 2004: Constraints into Preferences. Gender, Status, and Emerging Career Aspirations. In: American Sociological Review. 69. Jg. H. 1, 93-113.

Correll, Shelly, 2001: Gender and the Career Choice Process. The Role of Biased Self-Assessments. In: American Journal of Sociology. 106. Jg. H. 6, 1691-1730.

Diefenbach, Heike/Klein, Michael, 2002: Bringing Boys back in. Soziale Ungleichheit zwischen den Geschlechtern im Bildungssystem zuungunsten von Jungen am Beispiel der Sekundarabschlüsse. In: Zeitschrift für Pädagogik. 48. Jg. H. 6, 938-958.

Faulstich-Wieland, Hannelore, 2009: Gender und Naturwissenschaften. Geschlechtergerechter naturwissenschaftlicher Unterricht in der Schule. In: Schweiger, Teresa/Hascher, Tina (Hg.): Geschlecht, Bildung, Kunst. Chancengleichheit in Schule und Unterricht. Wiesbaden: VS, 41-60.

Faulstich-Wieland, Hannelore, 2008: Geschlechtergerechter naturwissenschaftlicher Unterricht. Unterrichtsszenen. In: Faulstich-Wieland, Hannelore/Willems, Katharina/Feltz, Nina/Freese, Urte/Läzer, Katrin Luise (Hg.): Genus. Geschlechtergerechter naturwissenschaftlicher Unterricht in der Sekundarstufe I. Bad Heilbrunn: Klinkhardt, 29-60.

Faulstich-Wieland, Hannelore/Horstkemper, Marianne, 2012: Schule und Genderforschung. In: Kampshoff, Marianne/Wiepcke, Claudia (Hg.): Handbuch Geschlechterforschung und Fachdidaktik. Wiesbaden: VS, 25-38.

Faulstich-Wieland, Hannelore/Scholand, Barbara, 2010: Eine Schule für alle – aber getrennte Bereiche für Mädchen und Jungen? In: Schwohl, Joachim/Sturm,

Tanja (Hg.): Inklusion als Herausforderung schulischer Entwicklung. Widersprüche und Perspektiven eines erziehungswissenschaftlichen Diskurses. Bielefeld: transcript, 159-177.

Faulstich-Wieland, Hannelore/Weber, Martina/Willems, Katharina, 2004: Doing Gender im heutigen Schulalltag. Empirische Studien zur sozialen Konstruktion von Geschlecht in schulischen Interaktionen. Weinheim: Juventa.

Gemeinsame Wissenschaftskonferenz, 2013: Chancengleichheit in Wissenschaft und Forschung. Siebzehnte Fortschreibung des Datenmaterials (2011/12) zu Frauen in Hochschulen und außerhochschulischen Forschungseinrichtungen. Bonn: Materialien der GWK.

Gemeinsame Wissenschaftskonferenz, 2011: Frauen in MINT-Fächern. Bilanzierung der Aktivitäten im hochschulischen Bereich. Bonn: Materialien der GWK. [www.gwk-bonn.de/fileadmin/Papers/GWK-Heft-21-Frauen-in-MINT-Faechern.pdf, eingesehen am: 30.07.2014]

Geschäftsstelle Nationaler Pakt für Frauen in MINT-Berufen, 2013: Für eine Trendwende. Kontinuierliche Steigerung des weiblichen MINT-Nachwuchses nutzen und gezielte Maßnahmen jetzt umsetzen. [www.komm-mach-mint.de/MINT-News/Steigerung-des-weiblichen-MINT-Nachwuchses, eingesehen am: 22.04.2014]

Hagemann-White, Carol, 1984: Sozialisation: Weiblich-männlich. Opladen: Leske + Budrich.

Hannover, Bettina/Kessels, Ursula, 2002: Challenge the Science-Stereotype! Der Einfluss von Technik-Freizeitkursen auf das Naturwissenschaften-Stereotyp von Schülerinnen und Schülern. In: Prenzel, Manfred/Doll, Jörg (Hg.): Bildungsqualität von Schule. Schulische und außerschulische Bedingungen mathematischer, naturwissenschaftlicher und überfachlicher Kompetenzen. Zeitschrift für Pädagogik, Beiheft 45. Münster: Waxmann, 341-358.

Helbig, Marcel, 2012: Warum bekommen Jungen schlechtere Schulnoten als Mädchen? Ein sozialpsychologischer Erklärungsansatz. In: Kölner Zeitschrift für Bildungsforschung. 2. Jg. H. 1, 41-54.

Helbig, Marcel, 2010: Sind Lehrerinnen für den geringen Schulerfolg von Jungen verantwortlich? In: Kölner Zeitschrift für Soziologie und Sozialpsychologie. 62. Jg. H. 1, 93-111.

Hochschul-Informations-System, 2011: Fokus MINT. [www.dzhw.eu/pdf/pub_fh/fh-201113.pdf, eingesehen am: 06.12.2014]

Ihsen, Susanne, 2012: Geschlechterorientierte Didaktik in den Ingenieurwissenschaften. In: Kampshoff, Marianne/Wiepcke, Claudia (Hg.): Handbuch Geschlechterforschung und Fachdidaktik. Wiesbaden: VS, 345-356.

Kessels, Ursula/Hannover, Bettina, 2006: Zum Einfluss des Images von mathematisch-naturwissenschaftlichen Schulfächern auf die schulische Interessenentwicklung. In: Prenzel, Manfred/Allolio-Näcke, Lars (Hg.): Untersuchungen zur Bildungsqualität von Schule. Münster: Waxmann, 350-369.

Lembens, Anja/Bartosch, Ilse, 2012: Genderforschung in der Chemie- und Physikdidaktik. In: Kampshoff, Marianne/Wiepcke, Claudia (Hg.): Handbuch Geschlechterforschung und Fachdidaktik. Wiesbaden: VS, 83-97.

Lörz, Markus/Schindler, Steffen, 2011: Geschlechtsspezifische Unterschiede beim Übergang ins Studium. In: Hadjar, Andreas (Hg.): Geschlechtsspezifische Bildungsungleichheiten. Wiesbaden: VS, 99-122.

Luy, Marc, 2012: Mortalitätsdifferenzen der Geschlechter. Deutsch-Österreichische Klosterstudie. [www.klosterstudie.de/Klosterstudie_geschlechterdifferenzen.pdf, eingesehen am: 15.04.2014]

Neugebauer, Martin, 2011: Werden Jungen von Lehrerinnen bei dem Übergangsempfehlungen für das Gymnasium benachteiligt? Eine Analyse auf Basis der IGLU-Daten. In: Hadjar, Andreas (Hg.): Geschlechtsspezifische Bildungsungleichheiten. Wiesbaden: VS, 235-260.

Organisation for Economic Co-operation and Development, 2012: Closing the Gender Gap. Act Now. Paris: OECD Publishing.

Paseka, Angelika, 2009: Geschlecht lernen rekonstruieren – dekonstruieren – konstruieren. Einige Anmerkungen für eine geschlechtssensible Pädagogik und Didaktik. In: Schweiger, Teresa/Hascher, Tina (Hg.): Geschlecht, Bildung, Kunst. Chancengleichheit in Schule und Unterricht. Wiesbaden: VS, 15-40.

Sälzer, Christine/Reiss, Kristina/Schipe-Tiska, Anja/Prenzel, Manfred/Heinze, Aiso, 2013: Zwischen Grundlagenwissen und Anwendungsbezug. Mathematische Kompetenz im internationalen Vergleich. In: Prenzel, Manfred/Sälzer, Christine/Klieme, Eckhard/Köller, Olaf (Hg.): PISA 2012. Fortschritte und Herausforderungen in Deutschland. Münster: Waxmann, 47-97.

Schiepe-Tiska, Anja/Schmidtner, Stefanie, 2013: Mathematikbezogene emotionale und motivationale Orientierungen, Einstellungen und Verhaltensweisen von Jugendlichen in PISA 2012. In: Prenzel, Manfred/Sälzer, Christine/Klieme, Eckhard/Köller, Olaf (Hg.): PISA 2012. Fortschritte und Herausforderungen in Deutschland. Münster: Waxmann, 99-121.

Solga, Heike/Pfahl, Lisa, 2009: Doing Gender im technisch-naturwissenschaftlichen Bereich. Discussion Paper SP I 2009-502. Berlin: Wissenschaftszentrum Berlin für Sozialforschung.

Sturm, Tanja, 2013: Lehrbuch Heterogenität in der Schule. München: UTB.

Thaler, Anita/Hofstätter, Birgit, 2012: Geschlechtergerechte Technikdidaktik. In: Kampshoff, Marianne/Wiepcke, Claudia (Hg.): Handbuch Geschlechterforschung und Fachdidaktik. Wiesbaden: VS, 287-297.

Thies, Wiltrud/Röhner, Charlotte, 2000: Erziehungsstil Geschlechterdemokratie. Interaktionsstudie über Reformansätze im Unterricht. Weinheim: Juventa.

West, Candace/Zimmerman, Don, 1987: Doing Gender. In: Gender & Society. 1. Jg. H. 2, 125-151. [http://gas.sagepub.com/content/1/2/125.full.pdf+html, eingesehen am: 24.02.2015]

Willems, Katharina, 2008: Ist Physik nur was für Jungs? Blicke auf Fachimages und Konstruktionsprozesse im Unterrichtsfach Physik. In: Faulstich-Wieland, Hannelore/Willems, Katharina/Feltz, Nina/Freese, Urte/Läzer, Katrin Luise (Hg.): Genus. Geschlechtergerechter naturwissenschaftlicher Unterricht in der Sekundarstufe I. Bad Heilbrunn: Klinkhardt, 17-28.

Risikoverhalten und maskuline Performanz von Jungen im Chemieunterricht

Philipp Spitzer, Markus Prechtl

> Tödliche Bombe aus Feuerwerksraketen. Bad Hersfeld – Der am Freitag bei der Explosion einer Rohrbombe getötete 14-Jährige hat den Sprengkörper zusammen mit seinem Freund aus alten Feuerwerksraketen gebastelt. Wie die Polizei in Bad Hersfeld am Samstag mitteilte, fanden Sprengstoffexperten in einem Schuppen der Großeltern des 13 Jahre alten Freundes mehrere Rohrstücke sowie Reste von Silvesterraketen. Daraus hatten die beiden Jungen das explosionsfähige Pulver entnommen und es in ein dünnwandiges Kupferrohr gefüllt. Den Sprengsatz zündeten sie dann nach den Ermittlungen mit einem Feuerzeug und einer Zündschnur an.
> FRANKFURTER RUNDSCHAU, 19.07.2008

Jungen in der frühen und mittleren Adoleszenz, d.h. im Alter zwischen 11 und 17 Jahren, zeigen ein ausgeprägteres exteriorisierendes Risikoverhalten und ein größeres Interesse an risikokonnotierten Umgebungen und Inhalten als gleichaltrige Mädchen. Dies zeigt auch die Sichtung von Polizeiberichten und Pressemeldungen, die anschauliche Beispiele für riskante Verhaltensweisen im Umgang mit gefährlichen Stoffen liefern. So etwa im Rahmen von Mutproben, bei denen die Beteiligten gesundheitliche Schädigungen in Kauf nehmen:

»Bombe explodierte. Pirmasens/Zweibrücken. Bei der Zündung einer selbst gebastelten Bombe sind am Dienstagabend in der westpfälzischen Gemeinde Herschberg bei Pirmasens zwei Jugendliche verletzt worden, einer von ihnen schwer. Wie die Staatsanwaltschaft Zweibrücken am Mittwoch mitteilte, hatte ein 15-jähriger Kfz-Mechanikerlehrling ein Wasserrohr mit einer Mischung aus Unkrautvernichtungsmittel und Zucker gefüllt und mit einem Feuerzeug gezündet. Dabei wurden ihm die Finger der linken Hand abgerissen.« (Nord-West-Zeitung, 01.11.1990)[1]

---

1 | Weitere ältere und aktuelle Exempel finden sich in Kometz/Urbanger/Fraterman (2012). Eine Fundgrube bietet die umfangreiche Sammlung *Die Chemie im Spiegel einer Tageszeitung* von Haupt (1966-2010).

Zudem stellt die Videoplattform YouTube eine schier unerschöpfliche mediale Ressource an Belegen für jugendlichen Leichtsinn dar. Auch hier fällt auf, dass die Videos nahezu ausschließlich Jungen bzw. junge Männer zeigen. Das Spektrum reicht von Szenen, in denen Jungen die eigenen Schuhe bzw. die eigene Bekleidung anzünden oder das Feuerspucken autodidaktisch erlernen, über das Zündeln unter der Schulbank, Silvesterböller in der Schultoilette und Experimente mit Elektrohalsbändern für Haustiere am eigenen Körper bis hin zu Mutproben mit schädigender Wirkung, wie die *Ice-and-Salt-Challenge*[2] oder die *Deo-Mutprobe*[3].

1 »No Risk – No Fun« – A Boy Thing?

Der Konnex Jungen/Risiko lässt sich auch aus Befunden zum Chemieunterricht herauslesen, von denen wir eine Auswahl vorstellen. Da riskante Verhaltensweisen von Jugendlichen im Umgang mit Gefahrstoffen im Unterricht oder im Freizeitbereich prekäre Situationen herbeiführen können, erscheint es notwendig, Erklärungen für jugendliches Risikoverhalten zu finden. Im Beitrag wird das Problem aus verschiedenen Perspektiven beleuchtet, die allesamt *Geschlecht* zum Strukturelement ihrer Analyse machen.

Nach einer Skizzierung des Problemfeldes Risikoverhalten bei Jugendlichen und Definitionen relevanter Begriffe (Kap. 2), wird der Bezug zum Chemieunterricht aufgezeigt (Kap. 3). Danach werden von der Jugendforschung wiederholt aufgegriffene Erklärungsansätze zu geschlechterdifferentem Risikoverhalten dargestellt und kritisch hinterfragt (Kap. 4). Dem folgt ein eigener Erklärungsansatz, der auf die Konzepte *Doing Gender* und *Habitus* rekurriert und Risikoverhalten im Chemieunterricht als maskuline Performanz konzipiert (Kap. 5). Im Rahmen der empirischen Untersuchung wird sodann ermittelt, inwiefern die Risikoaffinität von SchülerInnen mit dem Interesse an spezifischen naturwissenschaftlichen Inhalten korreliert (Kap. 6). Abschließend werden Interventionsansätze für den Chemieunterricht dargelegt (Kap. 7).

2 Grundlagen

2.1 Annäherung an den Konnex Jungen/Risiko

Befunde zum Risikoverhalten von Jungen stellen einige Steine des Mosaiks dar, das den Titel »Typisch Junge!« trägt. Eigentlich sollte dieser Titel als Frage formuliert werden, da die Jungenforschung eine junge Disziplin ist. Sie hat an Popularität ge-

---

2 | Bei dieser Mutprobe geht es darum, den körperlichen Schmerz, der bei Wärmeentzug entsteht, möglichst lange auszuhalten. Hierfür stellen die AkteurInnen eine Kältemischung aus Kochsalz und Eiswürfeln auf der Haut her. Alternativ wird die Kältemischung in der geballten Faust gehalten. Diejenige Person, die die Hand vor Schmerz zuerst öffnet, hat verloren (vgl. Busse 2013: 55ff.).

3 | Bei der Deo-Mutprobe wird der Inhalt einer Spraydose nahe an der Haut entleert. Dabei sinkt die Temperatur auf -43 °C ab. Die Kälte soll von den AkteurInnen solange wie möglich ertragen werden. Hautschädigungen dritten Grades sind bei dieser Mutprobe keine Seltenheit (vgl. Busse 2013: 51ff.).

wonnen, nachdem Jungen seit den 1990er-Jahren und infolge verschiedener Schulleistungsstudien häufig zu Bildungsverlierern erklärt und ihre Verhaltensweisen im schulischen Kontext problematisiert wurden (vgl. Meuser 2013: 46ff.; Koch-Priewe/Niederbacher/Textor/Zimmermann 2009: 9ff.; Beiträge in Matzner/Tischner 2008; eine kritische Übersicht bietet Rieske 2011). Der Diskurs um Jungen als Sorgenkinder ist kein deutsches Phänomen. Eine vergleichbare Debatte etablierte sich im englischsprachigen Raum. Auch hier wurde diese gelegentlich als Opferdiskurs geführt. Über die Schulleistungen hinausgehend, wurden die Aspekte Interessen, Fächerwahl, Lesekompetenz, Gewalt und Schikanen, Sexualität sowie das Sport-, Freizeit- und Gesundheitsverhalten behandelt (vgl. Michalek/Fuhr 2009; Weaver-Hightower 2003; Connell 2000).

Das Risikoverhalten von Jungen im Zusammenhang mit chemischen Substanzen und Reaktionen im Unterricht oder in der Freizeit wurde bislang nicht systematisch untersucht. Für eine Annäherung greifen wir primär auf Befunde zum Verhalten von Jugendlichen zurück, die sich in der Adoleszenz befinden. Diese Phase ist durch die Pubertät und psychosoziale Entwicklungsaufgaben gekennzeichnet. Hierzu zählen die Etablierung des eigenen Status und die Übernahme einer Rolle innerhalb der Peergroup bzw. des Klassenverbandes. Showverhalten und Risikofreudigkeit sind für diese Phase charakteristisch und können als Aspekte des Identitätsbildungsprozesses aufgefasst werden (vgl. Delfos 2008: 62). Vor diesem Hintergrund erweitern wir den Rahmen des Beitrags um Betrachtungen zum Verhalten von Jungen im Unterricht.

2.2 Risiko – Risikobewusstsein – Sensation-Seeking

Zum Begriff *Risiko* liegen verschiedene Definitionen vor, da er in unterschiedlichen Bereichen verwendet wird, etwa im Kontext von Spiel und Wetten, in finanziellen Angelegenheiten oder in Situationen mit Gefährdungspotenzial. Ein intersektionales Konzept liegt nicht vor. Rekurrierend auf Susanne Starke-Perschke (2001: 505), Michael Jost (2009: 91ff.) und Jürgen Raithel (2011: 23ff.) definieren wir Risiko als Maß einer Gefahr, der sich eine Person aussetzt. Mit ansteigendem Risikograd wird ein negativer Handlungsausgang, inklusive der damit verbundenen nachteiligen Konsequenzen, z.B. eine Schädigung für die betroffene Person, wahrscheinlicher.

»Risikoverhalten gilt im Weiteren als ein unsicherheitsbezogenes Verhalten, das zu einer Schädigung führen kann und somit eine produktive Entwicklung – in Bezug auf die Entwicklungsziele Individuation und Integration – gefährdet.« (Raithel 2011: 26)

Weiter grenzen wir *Risikoverhalten* von *Risikobewusstsein* ab. Denn der Risikograd kann der betroffenen Person, je nach Einschätzungsvermögen, in entsprechend hohem bis sehr geringem Ausmaß bekannt sein. Risikoverhalten ist stets abhängig vom Risikobewusstsein und somit kontextabhängig.

Mit *Sensation-Seeking* wird die Suche nach Abwechslung sowie aufregenden Erlebnissen und Erfahrungen – einem *Kick* – beschrieben sowie die Intention, durch körperlich riskante Aktivitäten, Reisen, soziale Stimulation (Partys, erotische Abenteuer) ein beständiges Niveau an Spannung zu erleben und aufrechtzuerhalten (Zuckerman 1988: 175, 1994: 3, 26; vgl. Raithel 2001: 48ff.). In der Literatur werden Bedürfnisse nach Abenteuer- und Erfahrungssuche, die mit der Bereitschaft einhergehen, physische und soziale Wagnisse einzugehen, gewöhnlich mit biopsychologischen Mehr-Ebenen-Theorien begründet (vgl. Brocke/Strobel/Müller 2003: 29ff.).

2.3 Risikoverhalten als Gegenstand der Jugendforschung

Jugendliches Risikoverhalten im Zusammenhang mit chemischen Substanzen und Reaktionen in der Freizeit oder im Unterricht ist ein junges Forschungsfeld, zu dem bislang erst eine umfassende Bestandsaufnahme vorgelegt wurde (Busse 2013). Bis dato war eine Orientierung nur an Forschungsergebnissen der Jugendforschung möglich, die sich primär auf die folgenden sehr umfassenden Kategorien von Risikoverhaltensweisen beziehen (vgl. Raithel 2011: 31f.): substanzspezifisches Risikoverhalten (*Risk Behaviour*) und risikobezogene bzw. explizit risiko-konnotative Aktivitäten (*Risk-Taking Behaviour*). Substanzspezifisches Risikoverhalten ist weit verbreitet unter Jugendlichen. Hierzu zählen der Konsum von Alkohol, das Rauchen von Tabak und Marihuana oder die Einnahme von Partydrogen. Viele risikobezogene Aktivitäten bergen ein latentes Risiko und haben mitunter einen sportlichen oder abenteuerlichen Charakter, wie z.B. Bungee-Jumping oder die Aktivität Parkour[4]. Der Reiz liegt darin, der eigenen Angst zu begegnen und der Gefahr einer Verletzung durch Training der eigenen körperlichen Fähigkeiten gewachsen zu sein. Explizit risiko-konnotative Aktivitäten zeichnen sich hingegen durch ein mitunter nicht mehr zu kontrollierendes Maß an Risiko in der Handlung aus, wie z.B. das S-Bahn-Surfing, das Klettern auf Strommasten oder das Springen von Brücken in Gewässer ungewisser Tiefe. Es handelt sich um äußerst gefährliche Mutproben mit hohem Schädigungspotenzial. Chemiebezogene Aktivitäten, wie Pyromanie, das Herbeiführen von Explosionen, Ice-and-Salt-Challenges oder die Einnahme narkotisierender Gase, können, je nach Kontext, einer dieser Kategorien zugeordnet werden.

3 BEZUGSPUNKTE ZUM CHEMIEUNTERRICHT

Einen Anlass zum Verfassen dieses Beitrags bieten Aussagen von Studierenden zu Verhaltensweisen von Mädchen und Jungen im Rahmen retrospektiver Betrachtungen zum eigenen Chemieunterricht, die in Seminaren zu gendersensiblem Chemieunterricht diskutiert wurden, sowie schriftliche Angaben von LehrerInnen (vgl. Prechtl 2006: 193). Auffällig dabei war, dass bestimmte Verhaltensmuster generalisiert und als geschlechtstypisch ausgewiesen wurden. So wurde angeführt, beim Experimentieren seien die Jungen im Vergleich zu den Mädchen weniger ängstlich und risikofreudiger. Sie neigten eher dazu, Unfug anzustellen, d.h. zu zündeln, größere Substanzmengen als vereinbart zu verwenden und die Versuchsvorschrift ihrer Interessenlage entsprechend abzuändern. Uns interessiert, ob es für diese Aussagen auch eine empirische Grundlage gibt. Für eine Klärung der Frage, wie geschlechtlich Risikoverhalten geprägt ist, greifen wir zunächst auf äl-

---

4 | Parkour ist eine Fortbewegungskunst, bei der ausschließlich Kombinationen akrobatischer Sprünge genutzt werden dürfen, um Hindernisse im urbanen Raum (Geländer, Mauern, Fassaden, Spielplätze etc.) so effektiv wie möglich zu überwinden (vgl. www.parkour-germany.de, eingesehen am: 14.10.2014).

tere Befunde aus der ethnografischen GIST-Studie zurück (Kap. 3.1). Da das Geschlechterverhalten in den letzten Jahren einem starken Wandeln unterliegt, werden wir den über die Darstellung der GIST-Befunde eingeleiteten Gedankenstrang in den Kapiteln 5.2 und 5.3 anhand der Darlegung aktuellerer Studien fortführen und auf das Konzept *Doing Gender* beziehen. Für eine breite Basis der Betrachtungen werden im Folgenden Ergebnisse aus Interessenstudien vorgestellt (Kap. 3.2), die in der Darstellung der empirischen Untersuchung (Kap. 6) aufgegriffen werden.

3.1 Anhaltspunkte aus ethnografischen Unterrichtsbeobachtungen

Die Kernmethode ethnografischer Forschung ist die teilnehmende Beobachtung (Kelle 2004: 636). Dabei sind Interaktionen und soziale Arrangements Gegenstand der Analyse und nicht primär Individuen. Beispielsweise wird nach den Inszenierungsformen von Gender gefragt, die Jugendliche im Unterricht praktizieren, und nach den Reaktionen, die diese bei den Beteiligten hervorrufen. Hinweise zu Jungen, die im Umgang mit Gefahrenpotenzialen vergleichsweise risikobereiter sind, bieten Protokolle zu Unterrichtsbeobachtungen aus dem in den 1980er-Jahren durchgeführten »*Girls into Science and Technology*«-(GIST)-Projekt (Kelly 1985). Insbesondere Experimente, die die Lehrkräfte als potenziell gefährlich ankündigten, schienen auf einige Jungen eine große Faszination auszuüben. Den Hinweis, bei der Bildung und dem pneumatischen Auffangen eines Gases aus einem erhitzten Feststoff bestünde die Gefahr, dass Wasser in die heiße Apparatur zurücksteige und damit das Reaktionsgefäß zum Bersten bringe, kommentierten sie mit dem Ausruf »*Great!*« (Kelly 1985: 139).

Sammelt man auf diese Weise Einzelfälle, verdichtet sich das Gesamtbild. Die Methode hat jedoch auch ihre Schwachpunkte. Letztendlich ist sie in hohem Maße rekonstruierend und nicht registrierend, da auch die Beobachtenden präskriptive, d.h. normative, traditionelle Annahmen mit einbringen, die aufgrund der erwarteten Beobachtungen in der Forschung reproduziert werden. Dies kann dazu führen, dass auffallende und kontrastive Eindrücke verstärkt werden. Die Belastbarkeit empirischer Befunde wird höher, wenn Ergebnisse zu einem Forschungsinhalt aus diversen Untersuchungen mit variierendem Design kombiniert werden.

Ausgehend von diesen Befunden, gehen wir nach der Darstellung von Interessenstudien den Fragen nach, welche Begründungsmomente für Verhaltensweisen, die als »typisch maskulin« klassifiziert werden, in der Literatur herangezogen worden sind und ob Kontexte, die ein gewisses Risikopotenzial bergen, Jungen Anlässe für die Aneignung und Inszenierung des maskulinen Habitus bieten.

3.2 Anhaltspunkte aus Interessenstudien

Weitere Hinweise bietet die jüngere »*Relevance of Science Education*«-(ROSE)-Interessenstudie (Schreiner/Sjøberg 2004). Im Folgenden beziehen wir uns auf spezifische Befunde der deutschen quantitativen Teilstudie, an der 262 SchülerInnen im Alter zwischen 15 und 17 Jahren teilgenommen haben (Holstermann/Bögeholz 2007: 74ff.). Sie zeigen, dass sich Jungen stärker als Mädchen für technische Errungenschaften und gefährliche Anwendungsbereiche naturwissenschaftlicher Forschung interessieren. Zu den zehn beliebtesten Wunschthemen zählen die Items

»Wie eine Atombombe funktioniert«, »Biologische und chemische Waffen und ihre Auswirkungen auf den menschlichen Körper« sowie »Explosive Chemikalien« (vgl. Abb. 1). Bei den Mädchen finden sich diese Angaben nicht unter den zehn häufigsten Nennungen wieder. Sie zeigen vielmehr mehrheitlich Begeisterung für humanbiologische und medizinische Lerninhalte.

Rang des Items	Mädchen	Jungen
1.	Warum wir beim Schlafen träumen und was die Träume bedeuten können	Wie eine Atombombe funktioniert
2.	Was wir über Krebs wissen und wie man ihn behandeln kann	Wie sich Schwerelosigkeit im All anfühlt
3.	Was wir über HIV/AIDS wissen und wie die Verbreitung kontrolliert werden kann	Wie Computer funktionieren
4.	Wie man erste Hilfe leistet und grundlegende medizinische Ausrüstung nutzt	Die neuesten Erfindungen und Entdeckungen in NW und Technik
5.	Wie man trainieren muss, damit der Körper fit und gesund bleibt	Phänomene, die Wissenschaftler noch immer nicht erklären können
6.	Wie sich Schwerelosigkeit im All anfühlt	Biologische und chemische Waffen und ihre Auswirkungen auf den menschlichen Körper
7.	Leben und Tod und die menschliche Seele	Explosive Chemikalien
8.	Über den menschlichen Körper und seine Funktionen	Erfindungen und Entdeckungen, die die Welt verändert haben
9.	Epidemien und Krankheiten, die viele Leben fordern	Schwarze Löcher, Supernovae und andere spektakuläre Phänomene im Weltall
10.	Phänomene, die Wissenschaftler noch immer nicht erklären können	Auswirkungen von starken Elektroschocks und von Blitzen auf den menschlichen Körper

Abb. 1: Lerninhalte, für die sich SchülerInnen interessieren (vgl. Holstermann/Bögeholz 2007)

Auch diese Befragung hat ihre Schwachpunkte. Es wird nicht zwischen (aktualisiertem) individuellem und situativem Interesse unterschieden. Bei einer Abfrage der Interessen sollte zudem berücksichtigt werden, dass Mädchen und Jungen möglicherweise bevorzugt solche Items auswählen, von denen sie annehmen, sie seien für ihre Genus-Gruppe angemessen (Problem der sozialen Erwünschtheit). Da jedoch der Abgleich mit der im Forschungsdesign variierenden Befragung von M. Gail Jones, Ann Howe und Melissa J. Rua (2000), an der 437 SchülerInnen teilnahmen, zu einer konsistenten Befundlage führt, entkräftet der stabile Trend diese Kritik. Auch hier geben Jungen vermehrt an, Interesse am Bau und der Funktion von Atombomben (Jungen: 72 %, Mädchen: 40 %) sowie an Chemikalien (Jungen: 54 %, Mädchen: 32 %) zu haben und vertreten zudem im Vergleich mit den Mädchen häufiger die Ansicht, die Naturwissenschaften seien gefährlich und destruktiv.

Auf der Grundlage dieser Befunde widmen wir uns in unserer eigenen empirischen Untersuchung der Frage, ob das Interesse an spezifischen naturwissenschaftlichen Inhalten mit der Risikoaffinität der ProbandInnen korreliert.

4 ERKLÄRUNGSANSÄTZE ZU RISIKOVERHALTEN UND SENSATION-SEEKING

In der naturwissenschaftlich und psychologisch orientierten Forschung zu Geschlecht ist es üblich geworden, integrative Modelle für die Erklärung geschlechtsbezogenen Verhaltens zu bemühen. Im Folgenden wird eine Auswahl von Ansätzen vorgestellt, die in der Literatur zum Thema Risikoverhalten (vgl. u.a. Raithel 2011; Jost 2009) vielfach angeführt werden. Es ist uns ein Anliegen, unserer Übersicht den Hinweis voranzustellen, dass die folgende Befundlage kritisch gesehen werden sollte, da sie womöglich suggeriert, Beweise für Geschlechterdifferenzen lägen vor. Neben einer fachimmanenten Reflexion (vgl. Palm 2012; Velden 2005) sind die Standards statistischer Verfahren zu berücksichtigen. So weist Alexander Renkl (1993: 115ff.) in Bezug auf die Interpretation von Korrelationen auf den mitunter problematischen Rückschluss von korrelativen Befunden auf kausale Zusammenhänge hin.

4.1 Fokus: Der Einfluss der Hormone

In Untersuchungen der Arbeitsgruppe von Marvin Zuckerman (1988) wurde für männliche Jugendliche ein durchschnittlich höherer Sensation-Seeking-Wert gemessen als für weibliche Jugendliche. Eine Deutung dieses Befundes, der von anderen Arbeitsgruppen bestätigt wurde (Gerra et al. 1999; Dabbs/Morris 1990), basiert auf dem Ergebnis, dass sich die Testosteronkonzentration im Blutserum bei Männern und Frauen deutlich unterscheidet. Sie erscheint plausibel, wenn man berücksichtigt, dass risikokonnotierte Aktivitäten bei Jungen mit Beginn der Pubertät zunehmend verzeichnet werden können. Zuvor liegen die Testosteron-Normwerte von Jungen in einem Bereich von 1 bis 4 nmol/l, im Zuge der Pubertät wird der Normbereich für Männer zwischen 12 und 40 nmol/l erreicht (vgl. Simoni/Nieschlag 2009: 119; Nawroth/Ziegler 2001: 256). Mädchen und Frauen weisen eine vergleichsweise geringe Testosteronkonzentration im Blutserum auf.

Die Zitation zahlreicher Messungen, die Unterschiede in der durchschnittlichen *Testosteron*- und *Östradiol*-Konzentration bei Frauen und Männern identifizieren, verschleiert die Varianz innerhalb einer Geschlechtergruppe sowie die Tatsache, dass die Hormonderivate chemisch ineinander umwandelbar sind (vgl. Palm 2010: 853). Zudem wurde neben dem Einfluss des Testosterons die Rolle der Neurotransmitter *Dopamin* und *Serotonin* diskutiert, die alltagssprachlich als Glückshormone bezeichnet und mit der Suche nach dem *Kick*, z.B. im Rahmen von sportlichen Aktivitäten, in Verbindung gebracht werden (vgl. Netter/Hennig/Roed 1996; Gerra et al. 1999). Positive Korrelationen ergaben sich auch für Sensation-

Seeking-Tendenzen und *Cortisol*, ein Hormon, das aktivierend auf den Organismus wirkt und die Unternehmungslust weckt (vgl. Rosenblitt/Soler/Johnson/Quadagno 2001).

Die Erklärungsrelevanz der Ergebnisse ist wie die Antwort auf die Frage, ob der Hormonspiegel als Prädiktor, also als Vorhersage-Indikator, für Sensation-Seeking, Risikoverhalten oder Dominanzstreben aufgefasst werden kann, mit vielen Unsicherheiten behaftet. So sind die wechselseitigen Abhängigkeiten nicht eindeutig zu bestimmen. Einerseits ist denkbar, dass die Konzentration von Hormonen das Verhalten bedingt: Die Tatsache, dass erfolgreiche Athleten hohe Testosteronkonzentrationen im Serum aufweisen, wird als Indiz dafür gewertet, dass Testosteron SportlerInnen zum Sieg führt. Andererseits zeigen Studien, dass das Verhalten des Individuums und Umwelteinflüsse Auswirkungen auf die Konzentration von Hormonen im Blutserum haben: Der Sieg könnte demnach zu hohen Testosteronwerten führen. Für die zweite Annahme sprechen Befunde von Allan Mazur und Alan Booth (1998) sowie Zuckerman (1994), die für Konkurrenzsituationen im Sport bzw. für konfliktreiche soziale Interaktionen zeigen konnten, dass diese zu einer Erhöhung des Testosteronspiegels bei den von der Situation profitierenden Personen führen. Einen weiteren Befund legten Julie A. Fielden, Candice D. Lutter und James M. Dabbs (1994) vor, die die Testosteronkonzentrationen von männlichen italienischen und brasilianischen Fußballfans ermittelten, die ein Spiel ihrer Mannschaften im Rahmen der Fußballweltmeisterschaft verfolgten. Nach dem Sieg ihres Teams stieg die Konzentration von Testosteron bei den brasilianischen Fans an, während sie bei den italienischen Fans abnahm.

Generalisierende Aussagen über die Erklärungsrelevanz von Hormonen in Bezug auf Verhalten sind beim derzeitigen Forschungsstand nicht möglich, da Hormone vielfältige Wirkungen im Körper ausüben und Konzentrationsverhältnisse lebenszyklischen, saisonalen und tageszeitlichen Schwankungen unterliegen. Die Testosteronkonzentration im Blutserum eines gesunden Mannes ist im Frühjahr deutlich niedriger als im Herbst; frühmorgens durchläuft der Wert ein Maximum, nachmittags ein Minimum (vgl. Simoni/Nieschlag 2009: 119). Zudem können Umwelteinflüsse, etwa chronischer Stress, ein anstrengendes Sporttraining und therapeutische Maßnahmen Veränderungen im Hormonhaushalt verursachen (vgl. Simoni/Nieschlag 2009: 119). Für Frauen ergeben sich Veränderungen während des Menstruationszyklus. Versuche, die Effekte der sogenannten Sexualhormone zu kartieren, sind bisher gescheitert: »Ihre Konzentrationen, relativen Konzentrationen, die unterschiedlichen Effekte bei unterschiedlichen Konzentrationen usw. machen ihre umfassende Untersuchung praktisch unmöglich« (Aloisi 2007: 15).

4.2 Fokus: Der Einfluss der Geschlechtsrollenorientierung

Im Zuge der in den 1970er-Jahren aufkommenden Androgynie-Diskussion und der sich daran anschließenden Ausdifferenzierung des Konzepts der »psychischen Androgynie« (Bock 2010: 103f.) wurden Geschlechtsrollenorientierungen, rekurrierend auf Sandra R. L. Bem (1974) und Janet T. Spence, Robert Helmreich und Joy Stapp (1974), als Typen aufgefasst, wobei Maskulinität und Femininität als unabhängige, unipolare Dimensionen mit den jeweiligen Polen hohe versus niedrige Maskulinität bzw. Femininität betrachtet werden (vgl. Strauss/Möller 1999). Diese Vorstellung beinhaltet, dass ein Individuum gleichzeitig maskuline und feminine

Eigenschaften, die beim androgynen Typus ausgeprägt paritätisch vorliegen, in das eigene Selbstkonzept integrieren kann.[5] Einen interessanten Blickwinkel hat hierzu Bettina Hannover (1999) eingebracht. Sie zeigt, dass für maskuline und feminine Personen in der Regel geschlechtstypisches Selbstwissen zugänglicher ist als geschlechtsuntypisches Selbstwissen. Diese Feststellung kann mit dem Befund in Einklang gebracht werden, »dass die maskuline Geschlechtsrollenorientierung mit der Risikoaffinität in positiver Beziehung steht, während die feminine Geschlechtsrollenorientierung negativ mit der Risikoaffinität korrespondiert« (Raithel 2003a: 26). Dass psychologisch maskuline Mädchen und Jungen eine höhere Risikoaffinität aufweisen, wohingegen feminine Jungen und Mädchen weniger risikofreudig sind, belegen weitere Studien mit dem Schwerpunkt substanzmittelspezifischen Risikoverhaltens. In der Studie von Richard I. Evans, Steven H. Turner, Kenneth L. Ghee und J. Greg Getz (1990) wurden 3.317 SchülerInnen der siebten Jahrgangsstufe hinsichtlich ihres Rauchverhaltens miteinander verglichen, um den Einfluss der vier Geschlechtsrollenkonzepte auf den Konsum von Tabak zu untersuchen. Von den Jugendlichen wurden 30,7 % als androgyn, 20,9 % als maskulin, 25,4 % als feminin und 23 % als undifferenziert mit dem *Personal Attributes Questionnaire* (PAQ) eingestuft. Es konnte durch einen Mittelwertvergleich ein kleiner, aber signifikanter Unterschied in Bezug auf die Häufigkeit des Rauchens für die einzelnen Typen herausgefunden werden: Jugendliche des androgynen Typs rauchen weniger häufig als Jugendliche der anderen Typen. Evans/Turner/Ghee/Getz korrelierten auch das biologische Geschlecht der TeilnehmerInnen mit den verschiedenen Gesundheitsrisiken, fanden hier aber keinen Zusammenhang. Die Ergebnisse legen nahe, dass die Geschlechtsrollenorientierung folglich mehr Einfluss auf derartige Zusammenhänge hat als das biologische Geschlecht (vgl. auch Sieverding 2000). Zu einem ähnlichen Ergebnis kommen Kim Shifren, Robert Bauserman und D. Bruce Carter (1993). An ihrer Untersuchung nahmen 103 Mädchen und 42 Jungen teil. Sie korrelierten ebenfalls die unterschiedlichen Typen, die sie mit dem *Bem Sex Role Inventory* (BSRI) ermittelten, mit Angaben zum Gesundheitsverhalten von Jugendlichen u.a. zum Konsum von Tabak und Alkohol sowie zum Körpergewicht. Androgyne Jugendliche zeigten ein besseres Gesundheitsverhalten als Jugendliche, denen die anderen Geschlechtstypen zugeordnet wurden.

4.3 Fokus: Der Einfluss des Alters

Neben dem Einfluss des Geschlechts spielt das Alter eine wichtige Rolle. Anhand ihrer ethnographischen Analysen können Hannelore Faulstich-Wieland, Martina Weber und Katharina Willems (2004) und Jürgen Budde (2008) zeigen, dass zahlreiche Praktiken von Jugendlichen einerseits als geschlechtsexklusiv, andererseits als ein Zurschaustellen des individuellen Entwicklungsstands (*Doing Adult*) interpretiert werden können. In biographischer Zukunftsschau verknüpfen insbesondere Jungen Vorstellungen von Erwachsensein und Maskulinität miteinander (vgl.

---

[5] | Dem Androgynie-Konzept kann kritisch vorgehalten werden, das gesetzte Ziel, bipolare Zuweisungen aufzulösen, könne nicht erreicht werden, da bei der Konzeptualisierung immer wieder auf die fixe Grenzziehung zwischen Femininität und Maskulinität zurückgegriffen werde. Siehe zur zweigeschlechtlichen Fundierung sozialer Geschlechterkategorien auch Regine Gildemeister und Angelika Wetterer (1992).

Winter/Neubauer 1998: 153). Risikoverhalten im Sinne von »Etwas wagen, das sich Jüngere noch nicht trauen« kann als ein Mittel zur Befriedigung entwicklungsbezogener Bedürfnisse und Orientierungsprobleme interpretiert werden (vgl. Franzkowiak 1987), wobei folgende Aspekte zum Tragen kommen können: a) Das Risikoverhalten ahmt den Erwachsenenstatus nach und versinnbildlicht diesen. Der Konsum von Tabak und Alkohol ist altersbeschränkt und wird folglich mit dem Erwachsensein in Verbindung gebracht. b) Das Risikoverhalten gibt Auskunft über den Entwicklungsstand und liefert Hinweise darauf, inwiefern man entwicklungsspezifische Anforderungen bewältigt. c) Risikoverhalten, z.B. im Rahmen von Mutproben, ist ein Weg, Anerkennung in der Peergroup zu erlangen.

Eine Durchsicht von Studien (vgl. Raithel 2011, 2003b) zeigt, dass der Schwerpunkt von Risikoverhalten in der frühen Adoleszenz (11. bis 14. Lebensjahr) beginnt bzw. vermehrt auftritt. Für diese Phase ist es typisch, dass die Heranwachsenden durch ihr Handeln den Unterschied zu den Eltern betonen. Zwischen dem 15. und 17. Lebensjahr folgt die Phase der Ausführung, die man mit den Stichworten »ausprobieren«, »keine Gefahren sehen«, »denken, alles zu können« sowie »mehr auf Freunde als auf Erwachsene hören« beschreiben kann. Bei Jungen ist in diesem Zeitraum noch einmal ein Anstieg von Risikoverhaltensweisen zu verzeichnen. Danach sinkt die Bedeutung von riskanten Aktivitäten und Mutproben.

Um festzustellen, ob und wie sich das Sicherheitsbedürfnis und die Risikobereitschaft mit zunehmendem Alter ändern, führten Harry Gubler und Norbert Bischof (1993) die Studie »Raumfähre« mit 69 weiblichen und 87 männlichen TeilnehmerInnen im Alter von zehn bis 33 Jahren durch. Mithilfe eines simplen Raumschiffmodells wurde ein Flug im Weltraum simuliert. Die ProbandInnen sollten den für sie unbekannten Orbit erkunden. In der Nähe der Erde oder durch eine Funkverbindung mit der Basis konnten sie einen Schutzschild aktivieren, der sie vor den Gefahren des Weltraums bewahrte. Es tauchten unterschiedliche Planeten auf, von deren Existenz die TeilnehmerInnen nichts wussten und die zur Exploration einladen sollten. Die Befunde der Studie zeigen, dass in allen Altersgruppen die männlichen Teilnehmer eher dazu bereit waren, den fremden Planeten zu erkunden, und sich weiter von der Erde entfernten als die Testteilnehmerinnen. Die ForscherInnen sehen darin einen Beleg dafür, dass »das Bedürfnis und die Toleranz, sich auf Unvertrautes einzulassen, beim männlichen Geschlecht in allen untersuchten Altersklassen zu vergleichsweise höheren Werten tendiert« (Bischof-Köhler 2002: 296). Diese Generalisierung sollte jedoch kritisch betrachtet werden. Denn als Begründung sind auch Unterschiede in den Vorerfahrungen mit Computerspielen denkbar (zum Verhältnis Computer(spiel)-Nutzung und Geschlecht vgl. Sabine Trepte und Leonard Reinecke 2010: 233ff.; Tigges 2008: 43ff.). Von entscheidenderer Bedeutung scheint der registrierte Alterseffekt zu sein. In der Studie fanden sich die ängstlichen Fliegertypen eher unter den jüngeren und die kaltblütigeren Fliegertypen eher unter den älteren ProbandInnen (vgl. Bischof-Köhler 2002: 295).

4.4 Fokus: Der Einfluss der Eltern

Erwartungen von Erwachsenen beeinflussen die Erwartungen von Heranwachsenden in Bezug auf sozial erwünschte Verhaltensweisen. So zeigen Studien, dass Eltern ihre Kinder zu geschlechtsrollenkonsistenten Aktivitäten ermuntern (vgl. Hannover 2008: 350). In Sozialisationsprozessen hat das Geschlecht eine Moderationsfunktion. Dies zeigt die Studie von Lisa Hagan und Janet Kuebli (2007), an der 80 Eltern-Kind-Paare teilnahmen. Die drei- bis viereinhalb Jahre alten Kinder wurden beim Durchlaufen eines Parcours im Freien beobachtet, der verschiedene Aufgaben bereithielt, unter anderem Balancieren und Klettern über Hindernisse. Zudem wurde das Verhalten der Eltern beobachtet, d.h. deren Monitoring, Formen von Unterstützung etc. Die gesammelten Daten legen nahe, dass Jungen im Vergleich zu Mädchen ein höheres Risikoverhalten zeigen. Besonders ausgeprägt ist dies in Paarkombinationen mit Vätern. Das Monitoringverhalten der Väter war in Vater-Sohn-Duos am niedrigsten ausgeprägt; signifikant niedriger im Vergleich zu Mutter-Tochter-, Mutter-Sohn- und Vater-Tochter-Paaren. Auch andere Studien (vgl. Gildemeister/Robert 2008: 40ff.) verweisen darauf, dass das konsensuelle Wissen der Eltern von den je typischen Merkmalen der Geschlechter dazu führt, dass Mädchen und Jungen entsprechend dieser Merkmale sozialisiert werden.

5 Maskuline Performanz verstehen lernen

Die zuvor dargebotenen Erklärungsansätze bilden in ihrer Gesamtheit noch kein einheitliches Gefüge und ferner ist ihnen anzulasten, dass sie zu einer Reifikation von Zweigeschlechtlichkeit beitragen. Diese Problematik können wir in unserem Beitrag nicht aufheben. Bereits an dieser Stelle kündigen wir jedoch an, dass wir mit der Wahl unseres empirischen Forschungsdesigns einen Kompromiss anbieten möchten. Indem wir die Gruppen der Jungen und Mädchen in verschiedene Interessentypen unterteilen und auch die Interessengebiete weiter differenzieren, zersetzen wir stückweise die rein dichotomen Zuschreibungen im Kontext der Forschungsperspektiven zu Risikoverhalten. Doch zuvor möchten wir, als Gegenpol zu den im vorherigen Kapitel skizzierten Erklärungsansätzen, die Konzepte *Doing Gender* und *Habitus* in ihrer Bedeutung für eine maskuline Performanz heranziehen, die uns deutlich erklärungsrelevanter erscheinen.

5.1 Wann ist man(n) im Unterricht ein Mann?

Unterschiedliche gesellschaftliche Kontexte stellen Jungen vor die Herausforderung, diverse Muster von Maskulinität zu balancieren. Hierzu zählt, dem maskulinen Überlegenheitsimperativ gerecht zu werden und zugleich Maskulinität in Abgrenzung zum mittlerweile weniger akzeptierten Macho-/Rowdy-Image darzustellen. Orientierungshilfen bieten Geschlechterstereotype, die sich als zeitlich stabil erweisen (vgl. Eckes 2010: 179) und zudem kulturell invariant sind. Dies zeigt sich anhand einer Aufstellung derjenigen Worte, die in 30 Ländern (N = 2.800) ein Geschlechtsstereotyp beschreiben (vgl. Williams/Best 1982): Männern werden die Adjektive aktiv, abenteuerlustig, aggressiv, mutig, wagemutig, dominant, unternehmungslustig, kraftvoll, unabhängig, progressiv, robust, hart, streng, stark, nicht emotional und weise zugeschrieben. Frauen werden als abergläubisch, abhängig, attraktiv, emotional, furchtsam, herzlich, gefühlsbetont, schwach, sensibel, träumerisch, unterwürfig und weichherzig charakterisiert. Es fällt auf, dass die Adjektive, die gewöhnlich mit Risikoverhalten bzw. Sensation-Seeking-Verhalten in Verbindung gebracht werden, allesamt zum maskulinen Stereotyp zählen.

Für unsere Analyse ist von Bedeutung, dass Stereotype neben deskriptiven auch präskriptive Anteile haben, d.h. selbst das Verhalten mit prägen. »Werden präskriptive Annahmen verletzt, resultiert in der Regel Ablehnung oder Bestrafung« (Eckes 2010: 178). Der Unterricht bietet Gelegenheiten, präskriptive Annahmen zu bestätigen. In der Vergangenheit wurde dieser Zusammenhang systematisch untersucht. Geschlechtstypische Interaktionsstrukturen waren insbesondere in den 1980er-Jahren ein zentrales Thema innerhalb der schulbezogenen Geschlechterforschung, die meist auf teilnehmender Beobachtung oder Tonbandmitschnitten von Unterricht basierte (vgl. Enders-Dragässer/Fuchs 1989; Spender 1982; Frasch/Wagner 1982; für eine Übersicht bzw. kritische Darstellung vgl. Faulstich-Wieland/Horstkemper 2012; Reiss 2000; Drerup 1997). Es zeigte sich, dass Jungen im Unterricht von den LehrerInnen signifikant öfter aufgerufen und häufiger als die Mädchen zum Weiterreden ermuntert wurden. Die beobachteten Jungen riefen ihre Beiträge zudem häufiger unaufgefordert in die Klasse und unterbrachen ihre MitschülerInnen auch öfter. Sie vermittelten subtile Botschaften, die die Mädchen beeinflussen sollten, ihrer Geschlechterrolle zu entsprechen, und verwendeten diverse Techniken, um ihren Status zu definieren. Neben der Feststellung, dass Jungen im Unterricht mehr Aufmerksamkeit erhalten, war und ist von Bedeutung, dass sie im Unterricht auch deutlich häufiger als die Mädchen diszipliniert werden. Die Meta-Analyse von Susan M. Jones und Kathryn Dindia (2004) zeigt, dass im Zeitraum von 1970 bis 2000 diese Befundlage konsistent blieb. Die Ergebnisse wurden für den Chemieunterricht bestätigt (vgl. Wienekamp-Suhr 1992: 86).

Im Vergleich zu gleichaltrigen Mädchen sind Jungen im schulischen Alltag und in der Freizeit durchschnittlich »performanzorientierter« (Finsterwald/Ziegler 2002: 72): Sie markieren ihre Geschlechtszugehörigkeit durch Konkurrenzverhalten sowie innergeschlechtliche Solidarität – den Schulterschluss unter Jungen – und wenden mehr Energie für die Inszenierung ihrer Durchsetzungsfähigkeit sowie für die soziale Dynamik in der Klasse auf. Dies gipfelt nicht selten in regelverletzendem Verhalten u.a. in Unterrichtsstörungen, zu denen Formen von Verweigerung, Spaßaktionen und gezielte Provokationen zählen. Befunde einer quantitativen Befragung weisen aus, dass viele Jungen unter dem Druck stehen, sich stets *cool* geben zu müssen (vgl. Winter 2010: 413). Sie sehen sich dem Sozialisationsstress ausgesetzt, ihren verinnerlichten Überlegenheitsimperativen gerecht zu werden, ausgedrückt etwa in Ansprüchen wie »Jungen müssen sich durchsetzen können« und »Jungen müssen im MINT-Bereich besser sein als Mädchen«. Dies konnte Monika Barz (1984) mit ihrer Studie belegen. Sie wendete die Methode des nachträglichen lauten Denkens an, um zu ermitteln, auf welche Gedankengänge sich SchülerInnen während des Unterrichts begeben. Die Angaben zeigen, dass viele Gedanken um Beziehungen innerhalb der Gruppe kreisen sowie um Strategien, verinnerlichte Imperative einzuhalten und die eigene Überlegenheit bzw. die der eigenen Peergroup bzw. Genus-Gruppe zu inszenieren.

Wie eine frühe amerikanische Studie (Allen 1986) zeigt, verfolgen Lernende im Unterricht vornehmlich zwei Ziele: a) »*socialize*«, d.h. Kontakte herstellen und den sozialen Status innerhalb der Peergroup ausbauen, und b) »*pass the course*«, also den Kurs bestehen. Die Kunst besteht darin, beide Zielsetzungen in Einklang zu bringen. Es gilt herauszufinden, wie man gleichzeitig den Anforderungen der Lehrkraft und denen der MitschülerInnen gerecht wird.

Im Chemieunterricht bieten insbesondere SchülerInnenexperimente, ausgeführt als PartnerInnen- oder Gruppenarbeit, geeignete Anlässe, um die sozialen Kontaktmöglichkeiten untereinander zu stärken. Dies konnte Richard George (1990) anhand von narrativen Interviews mit SchülerInnen zeigen. Urte Freese (2008) und Markus Prechtl (2006: 189ff.) haben der Situation des SchülerInnenexperiments einen besonderen Stellenwert für die Inszenierung maskuliner und femininer Verhaltensskripte zugesprochen: Sie bietet eine Bühne für Geschlechterdifferenzierungen.

Neben der Interaktion zwischen den SchülerInnen ist auch die Sicht der LehrerInnen auf diese Interaktionen zu betrachten. Laut Susan M. Jones und Debra Myhill (2004: 547ff.) nehmen LehrerInnen Jungen als »störend« und Mädchen als »willfährig« wahr. Vordergründig betrachtet, sollte dies den Mädchen zum schulischen Vorteil und den Jungen zum Nachteil gereichen. Auf der Hinterbühne des Unterrichts wandelt sich jedoch ein Nachteil mitunter zum Vorteil und vice versa. Einerseits werden Mädchen für ihr angepasstes Verhalten gelobt und erhalten eine positive Gesamtbeurteilung, andererseits wird ihr Verhalten als ein Mangel an Individuierung ausgelegt. Jungen werden für viele ihrer Verhaltensweisen sanktioniert. Zugleich werden vonseiten der LehrerInnen hinter dem Jungengehabe verdeckte Begabungen angenommen (vgl. Jones/Myhill 2004: 543). Dies gereicht wiederum den Jungen zum Vorteil.

Wechseln wir erneut in die Perspektive der Jungen, die schulische Anerkennung einbüßen, zeigt sich, dass dieser Effekt nur auf der Ebene der Leistungsbewertung nachteilig ist. Denn der Ärger, den sich der Einzelne einhandelt, wenn er Unterrichtsstörungen und riskante Verhaltensweisen als Strategien nutzt, um für die Gruppe der SchülerInnen die Langeweile im Unterricht zu reduzieren, wird als Übel schlichtweg akzeptiert angesichts des Gewinns, die Anerkennung der Peergroup zu erhalten, dem Sprichwort »Man muss eine Fliege opfern, um einen Fisch zu fangen« entsprechend.

Folglich erscheint das registrierte Verhalten von Jungen nachvollziehbar, wenn man berücksichtigt, dass leistungsschwache Jungen, deren Überlegenheit durch leistungsstärkere Mitschülerinnen infrage gestellt ist, sich anstrengen müssen, um ihrem Bedürfnis nach Geltung und Vormachtstellung in der Gruppe gerecht zu werden. Vermeintliche Anerkennung erhoffen sie sich durch auffällige und riskante Verhaltensweisen, wobei sie sich darauf verlassen können, dass andere Jungen ihr Ansinnen, gegen das System Schule zu rebellieren und sich von an die Institution angepasstem Verhalten zu distanzieren, als cool und mutig auffassen, denn Fleiß und Gehorsam gelten als streber- bzw. mädchenhaft.

»Wenn Jungen als unsozial und störend angenommen werden – bisweilen auch als lebendig und chaotisch – resultiert aus dieser Botschaft oft das Dilemma, sich entweder ›wie ein richtiger Junge‹ und damit schulunangemessen zu verhalten, denn Unruhe wird nicht gerne gesehen. Oder sie verhalten sich, wie es in der Schule erwartet wird, entsprechen dann aber nicht dem Bild hegemonialer Männlichkeit. In diesem Zwiespalt entscheiden sich viele Jungen [...] lieber für eine sichere geschlechtliche Identität als für unsicheren schulischen Erfolg [...].« (Budde 2008: 78)

5.2 *Doing Gender* und *maskuliner Habitus*

Das sozial-konstruktivistische Konzept *Doing Gender* (vgl. Gildemeister 2008) rückt interaktive Prozesse in den Mittelpunkt, in denen Geschlechterdifferenzierungen in Gang kommen und die Geschlechtszugehörigkeit relevant wird: »In gewisser Weise sind es die Individuen, die das Geschlecht hervorbringen. Aber es ist ein Tun, das in der sozialen Situation verankert ist und das in der virtuellen oder realen Gegenwart anderer vollzogen wird, von denen wir annehmen, dass sie sich daran orientieren« (West/Zimmerman 1987: 14, zit.n. Gildemeister/Wetterer 1992: 237). Das Konzept misst der situationsspezifischen Bestimmung von Geschlecht eine besondere Bedeutung bei. Indem eine Person spricht, sich bewegt, sich kleidet oder Räume einnimmt, produziert sie ihr Geschlecht nach Maßgabe der sozialen Ordnung. Der Fokus liegt dementsprechend auf den in Interaktionen aufgerufenen und inszenierten Konstruktionsmechanismen, die Differenzen erzeugen. Dabei unterstützen vielfältige kulturelle Objekte, soziale Arrangements und Medien, die Geschlechterstereotype transportieren, Menschen darin, Begegnungen zu choreografieren, in denen Geschlechterdifferenzen wichtig werden. Im Falle der Aneignung und Reproduktion von maskulinen Mustern erfolgt der Vollzug auf der Folie habitueller Alltagspraxen und überwiegend in homosozialen Kontexten, meist innerhalb der Peergroup (vgl. Meuser 2007; Bourdieu 1997: 203). Hier lernen junge Männer, sich von allem Femininen abzugrenzen, und das heißt auch, von Jungen und Männern, die ihrer Auffassung von Männlichkeit nicht entsprechen, weil sie als weich, mädchenhaft oder schwul wahrgenommen werden. So gesehen unterliegen Jungen einer gewissen Notwendigkeit, grenzverletzendes Verhalten zu zeigen, wenn sie unter Gleichaltrigen Anerkennung erhalten und nicht als feminin aufgefasst werden möchten. Der Unterricht eignet sich als Raum, um sozial geteilte Imperative zu bestätigen und für die performative Aneignung bzw. Darstellung des maskulinen Habitus. Mit dem Konzept des *Habitus* beschreibt Pierre Bourdieu verinnerlichte und weitestgehend stabile Wahrnehmungs- und Verhaltensmuster (vgl. Bourdieu 1997: 161f.; Sekundärliteratur: Engler 2010: 224ff.; Krais/Gebauer 2002: 49f.; Krais 1993: 216). Da es sich um kollektiv geteilte Kategorien handelt, sind sie allen Beteiligten vertraut und bedürfen im Alltag keiner kritischen Reflexion mehr.

Die ethnographischen Studien von Faulstich-Wieland/Weber/Willems (2004) und Budde (2008) zeigen, dass geschlechtstypische Praktiken durchkreuzt werden, wenn die SchülerInnen es sich leisten können, mit ihrer Gender-Identität zu spielen oder wenn andere Kategorien als das Geschlecht, etwa das Alter oder die ethnische Zugehörigkeit, in einer Situation wichtiger erscheinen. Rekurrierend auf das Subtyping-Modell[6] (vgl. Eckes 2010: 168ff.), kann die Chance, dass dadurch Geschlechterstereotype verändert werden, jedoch als ziemlich gering eingestuft werden. Denn Menschen, die für andere untypische Rollenmodelle darstellen, werden zumeist als Ausnahme von der Regel betrachtet und infolgedessen in eine eigene Kategorie eingeordnet. Dies verhindert letztendlich den Wandel des Stereotyps und seiner dichotomen Ordnung.

---

6 | Im Kontext der Frauenforschung bedeutet *Subtyping*, dass eine Frau, die aufgrund ihres Verhaltens als Ausnahme von der Regel betrachtet wird, nicht in das Globalstereotyp »Frau«, sondern in einen Subtypus wie z.B. Karrierefrau, Pionierin oder Powerfrau integriert wird. Aufgrund dieser Zuordnung wird das Globalstereotyp »Frau« nicht infrage gestellt und somit der Möglichkeit einer Veränderung entzogen.

5.3 Maskuline Performanz und Chemie(-Unterricht)

Das Habitus-Konzept ist ein nützliches Instrument, mit dem die Erzeugungs- und Ordnungsgrundlagen von *Doing Gender* erklärt werden können: *Doing Gender* ist eine durch das Feld vorstrukturierte soziale Praxis, die keinesfalls beliebig ist. Orientierungshilfen bieten Beobachtungen von AkteurInnen im Feld, explizite Überlieferungen durch LehrerInnen, Eltern und mediale Bezugspersonen, die Enkulturation in der Fachkultur usw. Wie noch gezeigt wird, hinterlassen die Darstellungs- und Rezeptionsweisen eine Spur, die wie folgt gelesen werden kann: *Chemie = Risiko, Chemie = Mann, Mann = Risiko*. Exemplarisch werden hierfür Belege zum (a) »Image von Chemie« und (b) »Habitus von ChemikerInnen« angeführt.

Zum Image von Chemie (a): Die Aussage »Chemie ist, wenn es knallt und stinkt« gehört ebenso zu dem in Industrienationen verbreiteten Image der Chemie wie die Auffassung, das Fachgebiet sei eine Männerdomäne. Hinweise zur Stabilität des Images liefern Kinderzeichnungen, in denen männliche Prototypen dominieren (vgl. Prechtl 2006: 101ff.). Neben Filmen transportieren Printmedien das stereotype Image (vgl. Prechtl 2006: 107ff.). Eine Sichtung von Schulbuchabbildungen (Finsterwald/Ziegler 2007: 129f.) zeigt zudem, dass die abgebildeten Männer ein höheres Risiko eingehen. Aber auch LehrerInnen arbeiten an der Reproduktion von Images unbewusst mit. So beschreibt Freese (2008: 67) in ihrer ethnographischen Analyse einen Lehrer, der Chemie als »potenziell risikoreich und gefährlich« darstellt, um den Unterricht interessanter zu gestalten.

Zum Habitus von ChemikerInnen (b): In Stellungnahmen von ChemikerInnen zu Berufsrisiken deuten sich Denkmuster an, die nahelegen, dass Risiko im Fachbereich Chemie als »männliches Territorium« aufgefasst wird (Nägele 1998: 121). Nägele konstatiert anhand von Interviews, in denen die befragten Personen darstellen, wie sie sich selbst als Professionelle und die Fachdisziplin Chemie sehen, dass das Selbstverständnis der AkteurInnen »von einem klaren Bewusstsein der Gefahren ›ihrer Wissenschaft‹ und der notwendigen Sicherheitsvorkehrungen bestimmt [sei]« (Nägele 1998: 122). Die interviewten Männer kommentieren auffallend häufig das Risiko einer Gesundheitsgefährdung mit Flapsigkeit bzw. Koketterie und sprechen sich für einen abgeklärten Umgang mit Gefahren aus, während in den Angaben der Frauen das Thema Risiko eine untergeordnete Rolle spielt.

6 EMPIRISCHE UNTERSUCHUNG

Oben rekurrierten wir auf Befunde der ROSE-Studie, die ein stärkeres Interesse von Jungen an den Items »Wie eine Atombombe funktioniert«, »Biologische und chemische Waffen und ihre Auswirkungen auf den menschlichen Körper« sowie »Explosive Chemikalien« belegen (Holstermann/Bögeholz 2007: 77). Diese werden unter dem Aspekt »gefährliche Anwendungen der Naturwissenschaften« gebündelt (Holstermann/Bögeholz 2007: 76, 80). Zwar stehen die von den Jungen präferierten Items auffallend häufig in einer Verbindung mit einem gewissen Risikopotenzial, es ließen sich jedoch auch andere Schnittstellen als Risiko ausmachen, da die Inhalte einer mehrperspektivischen Betrachtung bedürfen. Aus diesem Grund gehen wir der Frage nach, ob ein Zusammenhang zwischen der Risikoaffinität der TeilnehmerInnen und ihrem Interesse an diesen Themengebieten besteht und ob dieses für alltagsnahe (»explosive Chemikalien«) und alltagsferne (»Atombombe«) naturwissenschaftliche Themen in vergleichbarer Weise zutrifft.

6.1 Aufbau und Durchführung der Studie

Da uns keine Studien zum Risikoverhalten von Jungen im Chemieunterricht vorlagen, wurde ein eigenes Messinstrument entwickelt (vgl. Spitzer 2011: 31ff.). Der Fragebogen beinhaltet sowohl offene Fragen als auch Fragen mit einer vorgegebenen vierstufigen bipolaren Ratingskala (Likert-Skala), deren verbale Abstufungen durch Icons (Smileys) ergänzt wurden.[7]

6.1.1 Angaben zum Fragebogendesign

Der einleitende Teil des Fragebogens dient der Abfrage personenbezogener Daten. Darauf folgen drei Bereiche mit unterschiedlicher Schwerpunktsetzung. Im ersten Teil erfolgt mittels vorgegebener Skalen die Abfrage des SchülerInnenselbstverständnisses in Chemie, des allgemeinen Verhaltens gegenüber Experimenten und der Risikofreudigkeit beim Experimentieren. Das SchülerInnenselbstverständnis wird mit zwei Items, das allgemeine Verhalten gegenüber Experimenten mit drei Items und die Risikofreudigkeit beim Experimentieren mit fünf Items gemessen (vgl. Abb. 2). Da kein standardisiertes Instrument zur Erfassung der hier fokussierten Aspekte von Risikofreudigkeit von SchülerInnen besteht, wurden eigene Items formuliert. Auf eine verdeckte Fragetechnik wurde jedoch verzichtet.

Variable	Ladung
Faktor: Risikoverhalten beim Experimentieren	
Ich halte mich immer an die Versuchsanleitung. *(recodiert)*	.676
Bei gefährlichen Experimenten halte ich mich zurück. *(recodiert)*	.643
Manchmal probiere ich etwas aus, das nicht in der Versuchsanleitung steht.	.719
Ich würde gerne einmal ein Experiment ausprobieren, das ich aus dem Fernsehen/Internet kenne und in der Schule verboten ist.	.695
Explosionen sind schön anzusehen.	.619

---

7 | Die Verwendung einer ungeraden Skala mit einer vorhandenen mittleren Ausprägung kann zu Problemen in der Validität der Studie (vgl. Rost/Carstensen/Davier 1999) und zur Antwort nach sozialer Erwünschtheit durch Gleichsetzen der Mitte mit einem »Normaltyp« führen (vgl. Moosbrugger/Kelava 2008: 54). Um dies zu verhindern, wurde eine gerade Skala ohne mittlere Ausprägung verwendet. Die nicht vorhandene Mitte der Skala zwingt die TeilnehmerInnen, eine Antwort auszuwählen. Um unentschlossenen Personen und solchen, die zu der Frage keine Meinung abgeben können, eine Ausweichmöglichkeit zu bieten, wurde eine »Weiß nicht«-Kategorie in Form der Antwortmöglichkeit »Nicht sinnvoll beantwortbar« eingeführt. Antworten in dieser Kategorie werden jedoch als fehlende Werte behandelt (vgl. Bühner 2011: 116).

Faktor: Einstellung zu Experimenten allgemein	
Ich bin gut im Experimentieren.	.725
Das Experimentieren macht mir Spaß.	.622
Beim Experimentieren schaue ich lieber zu. *(recodiert)*	.817

Faktor: Selbstbild in Chemie	
Ich beschäftige mich in meiner Freizeit mit Themen der Chemie.	.782
Ich bringe in Chemie gute Leistungen.	.806

Abb. 2: Durch Faktorenanalyse extrahierte Faktoren

Der zweite Teil bezieht sich auf die von Nina Holstermann und Susanne Bögeholz (2007) veröffentlichten Teilergebnisse. Ausgewählt wurden zwei Items mit starkem Interesse bei Jungen: »Wie eine Atombombe funktioniert« und »Explosive Chemikalien«. Bei beiden Fragen wird zunächst noch einmal analog die Höhe des Interesses der befragten Person gemessen. Zusätzlich werden die TeilnehmerInnen gebeten, ihre Wahl in einer offenen Antwortmöglichkeit zu begründen.

Der dritte Teil des Fragebogens dient der Klärung der Vorlieben und Wünsche, indem gefragt wurde: »Nenne ein Experiment aus deinem Chemieunterricht, das man unbedingt einmal gemacht haben sollte« und »Nenne ein Experiment, das du gerne einmal durchführen würdest«. Auch hier soll die jeweilige Wahl begründet werden. Diese Abfrage stellt eine weitere Möglichkeit dar, einen Eindruck von der Risikofreudigkeit der SchülerInnen zu gewinnen.

6.1.2 Angaben zur Stichprobe

Im Rahmen der Studie wurden 215 SchülerInnen im Alter von 14 bis 17 Jahren befragt. Um eine Vergleichbarkeit mit den Bedingungen der ROSE-Studie (vgl. Schreiner/Sjøberg 2004: 95) herstellen zu können, fand die Befragung in Jahrgangsstufen mit einem hohen Anteil Fünfzehnjähriger statt. Hierfür wurden Lernende der Jahrgangsstufen 9 und 10 zweier Gymnasien und einer Realschule befragt. Nach listenweisem Fallausschluss (aufgrund abgegebener »Weiß nicht«-Antworten im ersten Fragebogenteil) verringerte sich die Stichprobe auf N = 168 und setzt sich wie folgt zusammen: Von den 168 befragten Personen sind 90 weiblich (53,6 %) und 78 männlich (46,4 %), 56 besuchten die Realschule (33,3 %) und 112 das Gymnasium (66,7 %). Zwischen den untersuchten Schultypen gibt es keinen nennenswerten Unterschied im Geschlechterverhältnis. Das mittlere Alter der TeilnehmerInnen liegt bei 15 Jahren.

6.2 Befunde

Nach Prüfung der Eignung der Variablen wurden mittels einer Faktorenanalyse drei Faktoren als »Risikoverhalten beim Experimentieren«, »Einstellung zu Experimenten allgemein« und »Selbstbild in Chemie« identifiziert (vgl. Abb. 3). Alle Faktoren sind ausreichend reliabel.

		Risikoverhalten beim Experimentieren	Einstellung zu Experimenten allgemein	Selbstbild in Chemie
Schülerinnen				
Interesse an der Funktion der Atombombe	Korrelationskoeffizient	.165	.026	.052
	Sig. (2-seitig)	.130	.812	.632
Interesse an explosiven Chemikalien	Korrelationskoeffizient	.242	.165	.205
	Sig. (2-seitig)	.025	.129	.058
Schüler				
Interesse an der Funktion der Atombombe	Korrelationskoeffizient	.255	.079	.434
	Sig. (2-seitig)	.036	.520	.000
Interesse an explosiven Chemikalien	Korrelationskoeffizient	.379	.104	.250
	Sig. (2-seitig)	.001	.369	.028

Abb. 3: Korrelation der Interessen mit den extrahierten Faktoren (N = 168)

Die Auswertung der interessenbezogenen Fragen in der vorliegenden Studie erfolgte analog dem Muster von Holstermann/Bögeholz (2007: 74). Das Interesse an der Atombombe variiert signifikant zwischen den Geschlechtern (Mittelwerte: Mädchen 2,38; Jungen 3,00). Die durchschnittliche Zustimmung zu der Aussage »Explosive Chemikalien interessieren mich« liegt bei den Jungen mäßig, aber signifikant höher als bei den Mädchen (Jungen 2,95; Mädchen 2,45). Die Mittelwerte der eigenen Studie sind damit größer als die Mittelwerte der ROSE-Studie, wobei die Differenz der Werte erhalten bleibt. Eine Ursache für die unterschiedlich hohen Werte in beiden Studien kann darin liegen, dass die TeilnehmerInnen der ROSE-Studie möglicherweise bei ihrer Einschätzung die Items miteinander verglichen haben. Da wir jedoch nur zwei Items erfragt haben, war dies bei unserer Studie nicht in gleichem Umfang möglich.

Die gewonnenen Faktoren wurden mit der Höhe der Interessen rangkorreliert *(Spearman-Rho)*.[8] Das Interesse an der Funktion der Atombombe korreliert bei den Jungen am höchsten (moderat bis groß) mit dem Selbstbild in Chemie (ρ = .434, 2-seitig), wohingegen das Risikoverhalten beim Experimentieren lediglich gering bis moderat korreliert (ρ = .255, 1-seitig). Jungen begründen ihr Interesse vor allem

---

8 | Die Faktoren liegen als metrische Variablen vor, das Interesse wurde aber mit einer als ordinal anzusehenden Likert-Skala gemessen. Somit wird der Rangkorrelationskoeffizient nach Spearmann *(Spearman-Rho)* verwendet. Nach Jacob Cohen (1988) kann eine Korrelation von 0,1 als gering, eine Korrelation von 0,3 als mittel und eine Korrelation ab 0,5 als hoch angesehen werden.

mit der *faszinierenden Wirkung* (37%) und der *Ästhetik der Explosion* (18%). Das Interesse an explosiven Chemikalien wird bei ihnen stärker vom Risikoverhalten beim Experimentieren beeinflusst (ρ = .379, 2-seitig) als vom Selbstbild in Chemie (ρ = .250, 1-seitig). Einen möglichen Einfluss der Höhe der Risikoaffinität auf das Interesse an spezifischen Inhalten aus den Naturwissenschaften konnten wir anhand der Korrelation der Risikobereitschaft beim Experimentieren mit dem Interesse an ausgewählten Themen aufzeigen. Ebenso zeigt sich diese bei der Nennung von Experimenten, die Jungen einmal selbst gerne durchführen möchten. Die Jungen führen als Gründe für ihr Interesse *Spaß* (16%), ein *höheres Risiko* (14%), die *faszinierende Wirkung* (14%) und die *Ästhetik der Reaktion* (12%) an.

Im Gegensatz zu den Jungen kann bei den befragten Mädchen keine signifikante Korrelation zwischen Risikoverhalten und der Höhe des Interesses festgestellt werden, auch wenn die abgegebenen Begründungen für (Des-)Interesse dies zunächst nicht vermuten lassen. So wird das Interesse am Inhalt Atombombe mit deren *Funktion* (35%), der *faszinierenden Wirkung* (22%) und der *vernichtenden Wirkung* (»Gefahr«) der Waffe (22%) begründet und das Interesse an *explosiven Chemikalien* auf deren *faszinierende Wirkung* (26%), die *Funktion* (13%) und die *Sichtbarkeit der chemischen Reaktion* (13%) zurückgeführt.

Der Faktor »Einstellungen zu Experimenten allgemein« hatte bei beiden Geschlechtern keinen Einfluss auf die Interessengebiete. Auch hinsichtlich einer Auswahl von im Fragebogen vorgegebenen Experimenten bzw. abgefragten Experimenten, die die SchülerInnen gerne einmal selbst durchführen möchten, ließen sich keine nennenswerten Differenzen ausmachen. Die Begründungen lassen lediglich geringe Unterschiede erkennen. So stehen bei den Jungen eher Spaß und Spannung im Vordergrund und allein in ihren Begründungen tauchen Stichworte wie »Explosion« und »enorme Wirkung« auf.

Entgegen unseren Erwartungen wird das Interesse an risikokonnotierten Inhalten nicht ausschließlich und nicht immer durch die Risikoaffinität beeinflusst. Ausschlaggebend ist laut unseren Ergebnissen, ob das Risikopotenzial von Themen auf der Folie der Alltagserfahrung nachvollzogen werden kann oder nicht. Die Risikoaffinität beim Experimentieren hat somit insbesondere bei alltagsnahen Themen (z.B. »Explosive Chemikalien«) einen entscheidenden Einfluss auf das Interesse der Befragten. Bei dem alltagsfernen Thema »Funktion der Atombombe« rückt das Selbstbild in Chemie in den Vordergrund.

7 Interventionsansätze für den Chemieunterricht

Im Rahmen der empirischen Untersuchung wurde erhoben, inwiefern die Risikoaffinität von SchülerInnen Einfluss auf ihr Interesse an spezifischen Inhalten hat. Innerhalb der Gruppe der Jungen ließen sich solche ausmachen, für die eine größere Risikoaffinität und ein größeres Interesse an alltagsnahen risikokonnotierten Themengebieten (»Explosive Chemikalien«) im Vergleich zu den Mädchen ermittelt werden konnten. Zudem zeigte sich, dass sich die Jungen dieser Subgruppe von Jungen unterscheiden, die ein ausgeprägteres Selbstkonzept in Chemie und ein größeres Interesse an abstrakteren Inhalten (»Atombombe«) haben. Resümierend sehen wir folglich nicht nur eine Varianz innerhalb der Kategorie »gefährliche Anwendungen der Naturwissenschaften« (vgl. Holstermann/Bögeholz 2007: 76, 80), wir können auch eine Varianz innerhalb der Gruppe der Jungen hinsichtlich der Risikoaffinität feststellen. Als Konsequenz hieraus stellt sich die Frage, inwiefern die Interessenlage von Jungen, die sich von risikokonnotierten Inhalten angesprochen fühlen, in Anbetracht der Leitidee der inneren Differenzierung im Chemieunterricht Berücksichtigung finden sollte. Grundlegender ist jedoch die Fragestellung, wie dem ›Imperativ‹ maskuliner Performanz begegnet werden kann.

7.1 Risiko reflektieren

Eine Option besteht darin, SchülerInnen die Gelegenheit zu bieten, die Kontrollierbarkeit von Risiko, z.B. im Rahmen eines Stationenlernens zu »Laborsicherheit« (Saborowski/Prechtl 2006) oder einer Unterrichtsreihe zu »Feuerwerk« (Kometz/ Urbangerl/Fraterman 2012), einschätzen zu lernen. Die Autoren gehen davon aus, dass durch die Einbindung dieser Inhalte in den Unterricht die SchülerInnen zu einem reflektierten und verantwortungsbewussten Umgang mit Chemikalien angeleitet werden. Allerdings ist dieser Ansatz umstritten. Wie eine kritische Stellungnahme (Wöhrle/Thiemann/Jaeger 2007) zu einem Beitrag, in dem Hinweise zur Synthese von Sprengstoffen geliefert werden, zeigt, ist zu befürchten, dass einige SchülerInnen ihr Wissen unsachgemäß anwenden und als Inspirationsquelle für Mutproben verwenden könnten.

In Anbetracht dieser Problematik mag es vernünftiger erscheinen, risikokonnotierte Sachverhalte nur visuell in Szene zu setzen. Dementsprechend sei als Exkurs eine originelle, jedoch disputable Interventionsmaßnahme erwähnt, die von der US-Armee eingerichtet wurde. In der Zeitschrift Army Motors wurden Comics publiziert, in denen der Antiheld Joe Dope Beispiele für gefährliches und tumbes Verhalten liefert (vgl. Hangartner 2013: 25ff.). Anhand seines Versagens sollten die Soldaten u.a. lernen, welche Fehler bei der Instandhaltung der Ausrüstung vermieden werden müssen. Die Botschaft, die der Zeichner Will Eisner mit Joe Dope verband, hat er sinngemäß wie folgt kundgetan: »Du willst doch nicht so ein dämlicher Volltrottel sein wie der, oder? Nein, du willst scharfsinnig sein und gerissen!« (Hangartner 2013: 27). Aus didaktischer Sicht ist die Idee, Bildsequenzen zu nutzen, um Instruktionen oder emotional gefärbte Sachverhalte rezipientInnenadäquat zu transportieren, sehr interessant. Allerdings müssten zahlreiche Darstellungsformen, die im Original sehr sexistisch sind, gendergerecht abgeändert werden. Das Potenzial instruktionaler Comics, die sich für das Vorbildlernen im Chemieunterricht, ob nun in modellimitierender oder modellreaktanter Wendung, als nützlich erweisen könnten, ist bislang nicht eruiert worden. Dies könnte daran liegen, dass sich Unterrichtskonzepte, die über spezifische Gefährdungen aufklären, bislang als wenig effektiv erwiesen haben (vgl. Ruppert 2004: 200ff.).[9] Es ist denkbar, dass die

---

9 | Einen alternativen Ansatz verfolgt die Kampagne »Kenn dein Limit« der Bundeszentrale für gesundheitliche Aufklärung (BZgA), die sich an Jugendliche und junge Erwachsene richtet (www.kenn-dein-limit.info, eingesehen am: 14.10.2014). Anstatt für einen Alkoholverzicht, wirbt sie für einen »risikoarmen Alkoholkonsum«. Das Ziel ist somit nicht eine Vermeidung des Risikoverhaltens, sondern die Sensibilisierung für eine realistische Risikoeinschätzung des Konsums. Der Ansatz basiert auf der Erkenntnis, dass letztendlich die Einflussgrößen *Risikowahrnehmung* (»Wenn ich Alkohol trinke, erkrankt meine Leber.«) und *Bewertung von Handlungen* (»Wer keinen Alkohol trinkt, ist uncool.«) meist wirkungslos sind, wenn sie nicht

geringe Wirkkraft von abschreckenden Bildern, die in kognitions- und emotionsorientierten Ansätzen zum substanzmittelspezifischen Risikoverhalten präsentiert werden (vgl. Ruppert 2004: 200ff.), mit der Wahl des Mediums zusammenhängt. Deshalb sollte der Einsatz von Comics im Kontext von Präventionsmaßnahmen ausgelotet werden, da Comics aufgrund ihrer hohen Visualität eine enorme Wirkkraft haben. Indem sie vielfältige attraktive Verhaltensmuster in Szene setzen, könnten sie den RezipientInnen signalisieren, dass individuelles Verhalten flexibel und vielfältig ist bzw. sein kann, und damit für Jugendliche, die annehmen, sich an Geschlechterstereotypen halten zu müssen, entlastende Orientierungshilfen bieten.

7.2 Doing Gender reflektieren

Anhand der Darstellungen zu Risikoverhalten und zu maskuliner Performanz ist deutlich geworden, dass soziale Prozesse, in denen die Konstruktion von Gender vollzogen wird, gewisse Zwänge implizieren. Vor diesem Hintergrund sollte bedacht werden, dass der Spielraum, in dem Jungen Alternativen zu geschlechtstypischen Verhaltensskripts entwickeln können, begrenzt ist. So gesehen sollte der maskulinen Performanz einzelner Schüler im Unterricht mit Verständnis begegnet werden, vorausgesetzt, dass ihr Verhalten zu keiner Entwertung anderer Schülerinnen führt. Sollte dies der Fall sein, muss problematischen Formen von *Doing Gender* im Unterricht konsequent entgegengewirkt werden.

Bereits bei der Planung von Unterricht sind Lernarrangements in Erwägung zu ziehen, die den in Kapitel 5.1 beschriebenen Inszenierungsformen, die die Zugehörigkeit zu einer Genus-Gruppe übermäßig betonen, weniger Raum bieten. Hierzu zählen kooperative Lernformen wie *Gruppenpuzzles* und *Egg-Races*[10] (vgl. Prechtl 2012: 135ff.), für die ein Aufeinanderangewiesensein der TeilnehmerInnen konstitutiv ist. Da etablierte Sozialisationsmodi standhaft zeitlich begrenzten Interventionen trotzen, ist die Wirkkraft derartiger Lernarrangements begrenzt. Allerdings können sie Anlässe bieten, stereotypische Verhaltensskripts vorübergehend zu durchbrechen und ermöglichen somit ein variantenreicheres Modelllernen.

Letztendlich sollte sich die Wahl einer geeigneten Interventionsmaßnahme an den jeweiligen Voraussetzungen der AdressatInnengruppe und den Bedingungen des Lernumfeldes orientieren und verbleibt damit in der Verantwortung von Leh-

---

durch *positive Erwartungseffekte* (»Ich kann ein Glas Bier ablehnen, auch wenn andere mich dazu drängen.«) unterstützt werden (die auf Ruppert (2004: 206) bezogenen Originalzitate wurden hier von den Autoren auf die Alkoholproblematik übertragen). Deshalb schließen wir uns dem Standpunkt von Maria Limbourg, Jürgen Raithel, Imke Niebaum und Silke Maifeld (2003: 105) an, die in der Förderung von Soft Skills und dem Aufbau von Selbstwertgefühl wichtige Garanten für eine unversehrte Jugendphase sehen, während der »Risiken angemessen ausgewählt und erfolgreich bewältigt werden können«.

10 | *Egg-Races* sind Lernarrangements mit Wettbewerbscharakter, in denen SchülerInnen kreative Lösungsstrategien für knifflige Aufgabenstellungen entwickeln, testen und präsentieren. Sie basieren auf dem Prinzip, dass miteinander konkurrierende Gruppen ihr Ziel nur dann erreichen können, wenn die Kooperation innerhalb der eigenen Gruppe optimal verläuft. Ihr Ursprung geht auf eine von der BBC produzierte Fernsehsendung zurück, in der die Herausforderung gestellt wurde, ein rohes Ei allein mit der Energie eines Gummibandes über eine größtmögliche Distanz hinweg zu transportieren.

rerInnen. Da es im Unterricht, wie in allen Bereichen des Lebens, immer wieder spontan zur Aktivierung des *Doing Gender* kommt, sollten sie immerwährend eine reflexive Distanz zum eigenen Handeln und zu dem ihrer SchülerInnen herstellen, um sich für die bestmögliche Maßnahme entscheiden zu können. Wir freuen uns, wenn unser Beitrag hierbei Anregungen und Hilfestellungen bieten kann.

LITERATUR

Allen, James D., 1986: Classroom Management. Student's Perspectives, Goals, Strategies. In: American Educational Research Journal. 23. Jg. H. 3, 437-459.

Aloisi, Anna M., 2007: Geschlecht und Hormone. In: Lautenbach, Stefan/Güntürkün, Onur/Hausmann, Markus (Hg.): Gehirn und Geschlecht. Heidelberg: Springer, 3-18.

Barz, Monika, 1984: Was Schülern und Schülerinnen während des Unterrichts durch den Kopf geht und wie sich ihr Denken dabei verknotet. In: Wagner, Angelika C./Barz, Monika/Maier-Störmer, Susanne/Uttendorfer-Marek, Ingrid/Weidle, Renate (Hg.): Bewusstseinskonflikte im Schulalltag. Weinheim: Beltz, 92-129.

Bem, Sandra R. L., 1974: The Measurement of Psychological Androgyny. In: Journal of Consulting and Clinical Psychology. 42. Jg. H. 2, 155-162.

Bischof-Köhler, Doris, 2002: Von Natur aus anders. Die Psychologie der Geschlechtsunterschiede. Stuttgart: Kohlhammer.

Bock, Ulla, 2010: Androgynie. Von Einheit und Vollkommenheit zu Vielfalt und Differenz. In: Becker, Ruth/Kortendiek, Beate (Hg.): Handbuch Frauen- und Geschlechterforschung. Theorie, Methoden, Empirie. Wiesbaden: VS, 103-107.

Bourdieu, Pierre, 1997: Die männliche Herrschaft. In: Dölling, Irene/Krais, Beate (Hg.): Ein alltägliches Spiel. Geschlechterkonstruktion in der sozialen Praxis. Frankfurt a.M.: Suhrkamp, 153-217.

Brocke, Burkhart/Strobel, Alexander/Müller, Johannes, 2003: Eine biopsychologische Mehr-Ebenen-Theorie. In: Roth, Marcus/Hammelstein, Philipp (Hg.): Sensation Seeking. Konzeption, Diagnostik und Anwendung. Göttingen: Hogrefe, 29-51.

Budde, Jürgen, 2008: Geschlechterkonstruktionen im Sozialen Lernen in der Schule. Bericht aus einem empirischen Forschungsprojekt. In: Zeitschrift für Frauenforschung & Geschlechterstudien. 26. Jg. H. 1, 69-81.

Bühner, Markus, 2011: Einführung in die Test- und Fragebogenkonstruktion. München: Pearson Studium.

Busse, Marc-Heinrich, 2013: Mutproben aus naturwissenschaftlicher Perspektive. Befunde und Interventionsansätze zu einem aktuellen Internetphänomen. Uelvesbüll: Der andere Verlag.

Cohen, Jacob, 1988: Statistical Power Analysis for the Behavioral Sciences. 2. Auflage. Hillsdale: Lawrence Erlbaum.

Connell, Robert W. [Raewyn], 2000: The Men and the Boys. Sydney: Allen & Unwin.

Dabbs, James M./Morris, Robin, 1990: Testosterone, Social Class, and Antisocial Behavior in a Sample of 4.462 Men. In: Psychological Science. 1. Jg. H. 3, 209-211.

Delfos, Martine F., 2008: Wie meinst du das? Gesprächsführung mit Jugendlichen (13-18 Jahre). Weinheim: Beltz.

Drerup, Heiner, 1997: Die neuere Koedukationsdebatte zwischen Wissenschaftsanspruch und politisch-praktischem Orientierungsbedürfnis. In: Zeitschrift für Pädagogik. 43. Jg. H. 6, 853-875.
Eckes, Thomas, 2010: Geschlechterstereotype. Von Rollen, Identitäten und Vorurteilen. In: Becker, Ruth/Kortendiek, Beate (Hg.): Handbuch Frauen- und Geschlechterforschung. Theorie, Methoden, Empirie. Wiesbaden: VS, 178-189.
Enders-Dragässer, Uta/Fuchs, Claudia, 1989: Interaktionen der Geschlechter. Sexismusstrukturen in der Schule. Weinheim: Juventa.
Engler, Steffani, 2010: Habitus und sozialer Raum. Zur Nutzung der Konzepte Pierre Bourdieus in der Frauen- und Geschlechterforschung. In: Becker, Ruth/Kortendiek, Beate (Hg.): Handbuch Frauen- und Geschlechterforschung. Theorie, Methoden, Empirie. Wiesbaden: VS, 257-268.
Evans, Richard I./Turner, Steven H./Ghee, Kenneth L./Getz, J. Greg, 1990: Is Androgynous Sex Role Related to Cigarette Smoking in Adolescents? In: Journal of Applied Social Psychology. 20. Jg. H. 6, 494-505.
Faulstich-Wieland, Hannelore/Horstkemper, Marianne, 2012: Schule und Genderforschung. In: Kampshoff, Marita/Wiepcke, Claudia (Hg.): Handbuch Geschlechterforschung und Fachdidaktik. Wiesbaden: VS, 25-38.
Faulstich-Wieland, Hannelore/Weber, Martina/Willems, Katharina, 2004: Doing Gender im heutigen Schulalltag. Empirische Studien zur sozialen Konstruktion von Geschlecht in schulischen Interaktionen. Weinheim: Juventa.
Fielden, Julie A./Lutter, Candice D./Dabbs, James M., 1994: Basking in Glory. Testosterone Changes in World Cup Soccer Fans. Psychology Department. Georgia State University.
Finsterwald, Monika/Ziegler, Albert, 2007: Geschlechtsrollenstereotype in Schulbuchabbildungen der Grundschule. In: Ludwig, Peter H./Ludwig, Heidrun (Hg.): Erwartungen in himmelblau und rosarot. Weinheim: Beltz, 117-142.
Finsterwald, Monika/Ziegler, Albert, 2002: Geschlechterunterschiede in der Motivation. In: Bildung und Begabung e.V. (Hg.): Hoch begabte Mädchen und Frauen. Bad Honnef: Karl Heinrich Bock, 67-84.
Franzkowiak, Peter, 1987: Risikoverhalten als Entwicklungsaufgabe. Zur »subjektiven Vernunft« von Zigarettenrauchen und Alkoholkonsum in der Adoleszenz. In: Laaser, Ulrich (Hg.): Prävention und Gesundheitserziehung. Berlin: Springer, 63-84.
Frasch, Heidi/Wagner, Angelika, 1982: Auf Jungen achtet man einfach mehr ... In: Brehmer, Ilse (Hg.): Sexismus in der Schule. Der heimliche Lehrplan der Frauendiskriminierung. Weinheim: Beltz, 260-278.
Freese, Urte, 2008: Geschlechtergerechte Experimente im Chemieunterricht? In: Faulstich-Wieland, Hannelore/Willems, Katharina/Feltz, Nina/Freese, Urte/Lazer, Kathrin L. (Hg.): Genus. Geschlechtergerechter naturwissenschaftlicher Unterricht in der Sekundarstufe I. Bad Heilbrunn: Klinkhardt, 61-70.
George, Richard, 1990: Experimentelle Zugänge zur Realität (Soznat-Band 11). Marburg: Soznat.
Gerra, Gilberto/Avanzini, P./Zaimovic, A./Sartori, R./Bocchi, C./Timpano, M./Zambelli, U./Delsignore, R./Gardini, F./Talarico, E./Brambilla, F., 1999: Neurotransmitters, Neuroendocrine Correlates of Sensation-Seeking Temperament in Normal Humans. In: Neuropsychobiology. 39. Jg. H. 4, 207-213.

Gildemeister, Regine, 2008: Soziale Konstruktion von Geschlecht. Doing Gender. In: Wilz, Silvia M. (Hg.): Geschlechterdifferenzen – Geschlechterdifferenzierungen. Ein Überblick über gesellschaftliche Entwicklungen und theoretische Positionen. Wiesbaden: VS, 167-198.

Gildemeister, Regine/Robert, Günther, 2008: Geschlechterdifferenzierungen in lebenszeitlicher Perspektive. Interaktion – Institution – Biographie. Wiesbaden: VS.

Gildemeister, Regine/Wetterer, Angelika, 1992: Wie Geschlechter gemacht werden. Die soziale Konstruktion der Zweigeschlechtlichkeit und ihre Reifizierung in der Frauenforschung. In: Knapp, Gudrun-Axeli/Wetterer, Angelika (Hg.): Traditionen Brüche. Entwicklungen feministischer Theorie. Freiburg i. Br.: Kore, 201-254.

Gubler, Harry/Bischof, Norbert, 1993: Untersuchungen zur Systemanalyse der sozialen Motivation II. Computerspiele als Werkzeug der motivationspsychologischen Grundlagenforschung. In: Zeitschrift für Psychologie. 201. Jg. H. 3, 287-315.

Hagan, Lisa/Kuebli, Janet, 2007: Mothers' and Fathers' Socialization of Preschoolers' Physical Risk Taking. In: Journal of Applied Developmental Psychology. 28. Jg. H. 1, 2-14.

Hangartner, Urs, 2013: Sequential Art to Teach Something Specific. Sachcomics – Definitorisches, Historisches, Aktuelles. In: Hangartner, Urs/Keller, Felix/Oechslin, Dorothea (Hg.): Wissen durch Bilder. Sachcomics als Medien von Bildung und Information. Bielefeld: transcript, 13-41.

Hannover, Bettina, 2008: Vom biologischen zum psychologischen Geschlecht. Die Entwicklung von Geschlechtsunterschieden. In: Renkl, Alexander (Hg.): Lehrbuch Pädagogische Psychologie. Bern: Huber, 339-388.

Hannover, Bettina, 1999: Androgynie. Die Kontextabhängigkeit der Geschlechtsrollenidentität. In: Bock, Ulla/Alfermann, Dorothee (Hg.): Querelles. Jahrbuch für Frauenforschung: Androgynie. Stuttgart: Metzler, 131-141.

Haupt, Peter, 1966-2010: Die Chemie im Spiegel einer Tageszeitung. Oldenburg: Carl von Ossietzky Universität Oldenburg.

Holstermann, Nina/Bögeholz, Susanne, 2007: Interesse von Jungen und Mädchen an naturwissenschaftlichen Themen am Ende der Sekundarstufe I. In: Zeitschrift für Didaktik der Naturwissenschaften. 13. Jg. H. 1, 71-86.

Jones, M. Gail/Howe, Ann/Rua, Melissa J., 2000: Gender Differences in Students' Experiences, Interests, and Attitudes toward Science and Scientists. In: Science Education. 84. Jg. H. 2, 180-192.

Jones, Susan M./Dindia, Kathryn, 2004: A Meta-Analytic Perspective on Sex Equity in the Classroom. In: Review of Educational Research. 74. Jg. H. 4, 443-471.

Jones, Susan M./Myhill, Debra, 2004: ›Troublesome Boys‹ and ›Compliant Girls‹. Gender Identity and Perceptions of Achievement and Underachievement. In: British Journal of Sociology of Education. 25. Jg. H. 5, 547-561.

Jost, Michael, 2009: Selbstüberschätzung und Risikoverhalten im Jugendalter – Eine Evaluation. Theorien, Befunde, Einsichten. München: Grin.

Kelle, Helga, 2004: Ethnographische Ansätze. In: Glaser, Edith/Klika, Dorle/Prengel, Annedore (Hg.): Handbuch Gender und Erziehungswissenschaft. Bad Heilbrunn: Klinkhardt, 636-650.

Kelly, Alison, 1985: The Construction of Masculine Science. In: British Journal of Sociology of Education. 6. Jg. H. 2, 133-154.

Koch-Priewe, Barbara/Niederbacher, Arne/Textor, Annette/Zimmermann, Peter, 2009: Jungen. Sorgenkinder oder Sieger? Wiesbaden: VS.
Kometz, Andreas/Urbanger, Michael/Fraterman, Thorsten, 2012: Feuerwerk im Chemieunterricht. In: Chemie Konkret. 19. Jg. H. 2, 73-77.
Krais, Beate, 1993: Geschlechterverhältnis und symbolische Gewalt. In: Gebauer, Gunter/Wulf, Christoph (Hg.): Praxis und Ästhetik. Neue Perspektiven im Denken Pierre Bourdieus. Frankfurt a.M.: Suhrkamp, 208-250.
Krais, Beate/Gebauer, Gunter, 2002: Habitus. Bielefeld: transcript.
Limbourg, Maria/Raithel, Jürgen/Niebaum, Imke/Maifeld, Silke, 2003: Mutproben im Jugendalter. In: Schweer, Martin K. (Hg.): Perspektiven pädagogisch-psychologischer Forschung. Das Jugendalter. Opladen: Leske + Budrich.
Matzner, Michael/Tischner, Wolfgang (Hg.), 2008: Handbuch Jungen-Pädagogik. Weinheim: Beltz.
Mazur, Allan/Booth, Alan, 1998: Testosterone and Dominance in Men. In: Behavioral Brain Science. 21 Jg. H. 3, 353-363.
Meuser, Michael, 2013: Jungen- und Männlichkeitsforschung. In: Beirat Jungenpolitik (Hg.): Jungen und ihre Lebenswelten. Vielfalt als Chance und Herausforderung. Opladen: Budrich, 38-60.
Meuser, Michael, 2007: Herausforderungen. Männlichkeit im Wandel der Geschlechterverhältnisse. Köln: Köppe.
Michalek, Ruth/Fuhr, Thomas, 2009: Jungenforschung. Internationaler Forschungsstand. In: Pech, Detlef (Hg.): Jungen und Jungenarbeit. Eine Bestandsaufnahme des Forschungs- und Diskussionsstandes. Baltmannsweiler: Schneider, 205-223.
Moosbrugger, Helfried/Kelava, Augustin, 2008: Testtheorie und Fragebogenkonstruktion. Berlin: Springer.
Nägele, Barbara, 1998: Von ›Mädchen‹ und ›Kollegen‹. Zum Geschlechterverhältnis am Fachbereich Chemie (NUT-Band 6). Mössingen-Talheim: Talheimer.
Nawroth, Peter P./Ziegler, Reinhard, 2001: Klinische Endokrinologie und Stoffwechsel. Berlin: Springer.
Netter, Petra/Hennig, Jürgen/Roed, Ilona S., 1996: Serotonin and Dopamine as Mediators of Sensation Seeking Behavior. In: Neuropsychobiology. 34. Jg. H. 3, 155-165.
Nord-West-Zeitung, 01.11.1990: Bombe explodierte. H. 255, 5.
Palm, Kerstin, 2012: Grundlagen und Visionen einer genderreflexiven Biologiedidaktik. In: Kampshoff, Marita/Wiepcke, Claudia (Hg.): Handbuch Geschlechterforschung und Fachdidaktik. Wiesbaden: VS, 69-82.
Palm, Kerstin, 2010: Biologie. Geschlechterforschung zwischen Reflexion und Intervention. In: Becker, Ruth/Kortendiek, Beate (Hg.): Handbuch Frauen- und Geschlechterforschung. Theorie, Methoden, Empirie. Wiesbaden: VS, 852-859.
Prechtl, Markus, 2012: Mädchen und Jungen im Chemieunterricht. In: Freytag, Kurt/Scharf, Volker/Thomas, Eberhard (Hg.): Handbuch des Chemieunterrichts. Sekundarbereich I. Band 1: Ziele und Wege. Köln: Aulis, 118-147.
Prechtl, Markus, 2006: ›Doing Gender‹ im Chemieunterricht. Zum Problem der Konstruktion von Geschlechterdifferenz – Analyse, Reflexion und mögliche Konsequenzen für die Lehre von Chemie. Dissertation, Universität zu Köln. [kups.ub.uni-koeln.de/1825/, eingesehen am: 26.02.2014]

Raithel, Jürgen, 2011: Jugendliches Risikoverhalten. Eine Einführung. Wiesbaden: VS.

Raithel, Jürgen, 2003a: Riskante Verhaltensweisen im Jugendalter. Ein Literaturüberblick und lebensstilbezogene Forschungsperspektive. In: Zeitschrift für Soziologie der Erziehung und Sozialisation. 23 Jg. H. 3, 286-301.

Raithel, Jürgen, 2003b: Risikobezogenes Verhalten und Geschlechtsrollenorientierung im Jugendalter. In: Zeitschrift für Gesundheitspsychologie. 11. Jg. H. 1, 21-28.

Raithel, Jürgen (Hg.), 2001: Risikoverhaltensweisen Jugendlicher. Formen, Erklärungen und Prävention. Opladen: Leske + Budrich.

Reiss, Kristina, 2000: Die Unsichtbarkeit der Mädchen in der Schule. In: Bombek, Marita (Hg.): Frauen antizipieren Zukunft. Köln: VUB, 13-32.

Renkl, Alexander, 1993: Korrelation und Kausalität. Ein ausreichend durchdachtes Problem in der pädagogisch-psychologischen Forschung? In: Tarnai, Christian (Hg.): Beiträge zur empirischen pädagogischen Forschung. Münster: Waxmann, 115-123.

Rieske, Thomas V., 2011: Bildung von Geschlecht. Zur Diskussion um Jungenbenachteiligung und Feminisierung in deutschen Bildungsinstitutionen. Eine Studie im Auftrag der Max-Traeger-Stiftung. Berlin: GEW.

Rosenblitt, Jon C./Soler, Hosanna/Johnson, Stacey E./Quadagno, David M., 2001: Sensation Seeking and Hormones in Men and Women. Exploring the Link. In: Hormones and Behavior. 40. Jg. H. 3, 396-402.

Rost, Jürgen/Carstensen, Claus H./Davier, Matthias von, 1999: Sind die Big Five Rasch-skalierbar? In: Diagnostica. 45. Jg. H. 3, 119-127.

Ruppert, Wolfgang, 2004: Gesundheitserziehung. In: Spörhase-Eichmann, Ulrike/ Ruppert, Wolfgang (Hg.): Biologie-Didaktik. Berlin: Cornelsen, 200-210.

Saborowski, Jörg/Prechtl, Markus, 2006: Laborgeräte und Sicherheit. Ein kooperativ entwickeltes Stationenlernen. In: Praxis der Naturwissenschaften – Chemie in der Schule. 55. Jg. H. 3, 27-33.

Schreiner, Camilla/Sjøberg, Svein, 2004: Sowing the seeds of ROSE. Background, Rationale, Questionnaire Development and Data Collection for ROSE (The Relevance of Science Education) – a comparative study of students' views of science and science education (Acta Didactica 4/2004). Dept. of Teacher Education and School Development. Oslo: University of Oslo.

Shifren, Kim/Bauserman, Robert/Carter, D. Bruce, 1993: Gender Role Orientation and Physical Health. A Study among Young Adults. In: Sex Roles. 29. Jg. H. 5/6, 421-432.

Sieverding, Monika, 2000: Risikoverhalten und präventives Verhalten im Geschlechtervergleich. Ein Überblick. In: Zeitschrift für Medizinische Psychologie. 9. Jg. H. 1, 7-16.

Simoni, Manuela/Nieschlag, Eberhard, 2009: Endokrine Labordiagnostik. In: Nieschlag, Eberhard/Behre, Hermann/Nieschlag, Susan (Hg.): Andrologie. Grundlagen und Klinik der reproduktiven Gesundheit des Mannes. Berlin: Springer, 115-124.

Spence, Janet T./Helmreich, Robert/Stapp, Joy, 1974: The Personal Attributes Questionnaire. A Measure of Sex-Role Stereotypes and Masculinity–Femininity. In: JSAS Catalog of Selected Documents in Psychology. 52. Jg. H. 4, 43-44.

Spender, Dale, 1982: Frauen kommen nicht vor. Sexismus im Bildungswesen. Frankfurt a.M.: Fischer.

Spitzer, Philipp, 2011: Risikoverhalten von Jungen im Chemieunterricht. Unveröffentlichte Hausarbeit im Rahmen der Ersten Staatsprüfung für das Lehramt an Gymnasien, Universität Siegen.

Starke-Perschke, Susanne, 2001: Der Brockhaus Psychologie. Mannheim: Brockhaus.

Strauss, Bernd/Möller, Jens, 1999: Androgynie. Typ oder Trait? Zur Struktur und Messung des psychologischen Geschlechts. In: Bock, Ulla/Alfermann, Dorothee (Hg.): Querelles. Jahrbuch für Frauenforschung: Androgynie. Stuttgart: Metzler, 200-209.

Tigges, Anja, 2008: Geschlecht und Digitale Medien. Entwicklung und Nutzung Digitaler Medien im hochschulischen Lehr-/Lernkontext. Wiesbaden: VS.

Trepte, Sabine/Reinecke, Leonard, 2010: Medienpsychologie. Gender und Games – Medienpsychologische Gender-Forschung am Beispiel Video- und Computerspiele. In: Steins, Gisela (Hg.): Handbuch Psychologie und Geschlechterforschung. Wiesbaden: VS, 229-248.

Velden, Manfred, 2005: Biologismus – Folge einer Illusion. Göttingen: Vandenhoeck und Ruprecht.

Weaver-Hightower, Marcus, 2003: The ›Boy Turn‹. In: Research on Gender and Education. 73. Jg. H. 4, 471-498.

West, Candace/Zimmerman, Don, 1987: Doing Gender. In: Gender & Society. 1. Jg. H. 2, 125-151. [http://gas.sagepub.com/content/1/2/125.full.pdf+html, eingesehen am: 24.02.2015]

Wienekamp-Suhr, Heidy, 1992: Chemie für Mädchen? Asymmetrische Kommunikation im naturwissenschaftlichen Unterricht. In: Kremer, Armin/Stäudel, Lutz/Zolg, Monika (Hg.): Naturwissenschaftlich-technische Bildung. Für Mädchen keine Chance? Marburg: Soznat, 76-96.

Williams, John E./Best, Deborah L., 1982: Measuring Sex Stereotypes. A Thirty Nation Study. Berkeley: Sage Publications.

Winter, Reinhard, 2010: Jungen. Reduzierte Problemperspektive und unterschlagene Potenziale. In: Becker, Ruth/Kortendiek, Beate (Hg.): Handbuch Frauen- und Geschlechterforschung. Theorie, Methoden, Empirie. Wiesbaden: VS, 411-417.

Winter, Reinhard/Neubauer, Gunter, 1998: Kompetent, authentisch und normal? Aufklärungsrelevante Gesundheitsprobleme, Sexualaufklärung und Beratung von Jungen. Köln: BZgA.

Wöhrle, Dieter/Thiemann, Wolfram/Jaeger, Nils, 2007: Stellungnahme zum Beitrag »Aufklärung tut Not: Gefährliche Peroxide«. In: Chemie Konkret. 14. Jg. H. 1, 43-45.

Zuckerman, Marvin, 1994: Behavioral Expressions and Biosocial Bases of Sensation Seeking. Cambridge: Cambridge University Press.

Zuckerman, Marvin, 1988: Behavior and Biology. Research on Sensation Seeking and Reactions to the Media. In: Donohew, Lewis/Sypher, Howard E./Higgins, E. Tory (Hg.): Communication, Social Cognition and Affect. Hillsdale: Lawrence Erlbaum.

Spurensuche –
TäterInnenermittlung im Chemieunterricht
Ein Unterrichtsentwurf auf der Grundlage eines Romans

Vanessa Broschinski

Im Folgenden wird ein Unterrichtsversuch präsentiert, der auf Grundlage des Romans *Flavia de Luce – Halunken, Tod & Teufel* (Bradley 2012) eine Verknüpfung zwischen Chemie und Literatur herzustellen sucht.[1] Unter dem Titel »Spurensuche – TäterInnenermittlung im Chemieunterricht« (im Folgenden kurz »Spurensuche«) werden sowohl chemische als auch literarische Aspekte in den Fokus genommen. Als Hilfsmittel dienen hierbei ein Arbeitsblatt inklusive Zusatzmaterial, eine Materialienbox und – zur Evaluation – ein Fragebogen.

Im Unterrichtsentwurf erfolgt eine Verbindung von Chemie und Literatur vor dem Hintergrund einer unterschiedlichen Beliebtheit der Fächer bei Mädchen und Jungen. Belegen viele Studien ein insgesamt geringes und vor allem im Laufe der Schulzeit abnehmendes Interesse am Chemieunterricht, so ist die Ablehnung der Schülerinnen noch stärker (vgl. Wanjek 2000: 13-16; Most 2011: 7). Diese Problematik ist auch aus anderen MINT-Fächern (Mathematik, Informatik, Naturwissenschaft und Technik) bekannt (siehe Augustin-Dittmann, Tobies/Schneider sowie Glade in diesem Buch). Gleichzeitig zeigen laut der PISA-Studie[2] von 2006 15-jährige Mädchen ein deutlich höheres Interesse am Lesen als gleichaltrige Jungen. Deren Interesse ist dafür bei den Naturwissenschaften und der Mathematik sehr viel höher (vgl. Exekutivagentur Bildung, Audiovisuelles und Kultur 2010: 49). D.h. besonders die Lesemotivation der SchülerInnen ist geschlechtsspezifisch: Mädchen lesen in ihrer Freizeit deutlich lieber Bücher als Jungen (vgl. Medienpädagogischer Forschungsverbund Südwest 2011: 30), haben dem entsprechend eine aus-

---

1 | Der Beitrag basiert auf der Bachelor-Abschlussarbeit von Vanessa Broschinski, betreut von Prof. Dr. Kerstin Höner (Technische Universität Braunschweig). Die Arbeit hatte zum Ziel, den Chemieunterricht attraktiver zu gestalten und dabei auch die SchülerInnen anzusprechen, die sonst weniger interessiert sind. Dieses sind statistisch gesehen häufiger Mädchen. Der Bezug zu den Gender Studies lag nicht im Fokus, doch bietet das Konzept Anregungen für einen Unterricht, der dem Gender-Bias im Chemieunterricht begegnen möchte. Bei den Ausführungen zu den Gender Studies hat Juliette Wedl unterstützt.
2 | Das Programme for International Student Assessment (PISA) ist eine internationale Schulleistungsuntersuchung, die seit 2000 alle drei Jahre durchgeführt wird.

geprägtere Lesepraxis und damit auch -kompetenz (vgl. Garbe 2003a).[3] Neben dem persönlichen Interesse gibt es auch deutliche Leistungsunterschiede im Bereich Lesen. Die Mädchen sind hierbei deutlich leistungsstärker als die Jungen (vgl. Cornelißen 2005: 39-42). Diese Interessensunterschiede differenzieren sich im Laufe der Schule aus (siehe Thiessen/Tremel in diesem Buch) und münden in stärker geschlechterdifferenten Studienfachwahlen und Berufswahlen (siehe Augustin-Dittmann in diesem Buch). So bietet die Koppelung Chemie und Literatur in drei Richtungen möglicherweise ein motivierendes Potential, welches mit dem Unterrichtsentwurf erschlossen werden soll: Es könnte erstens aufgrund des Interesses an Literatur sowie eines Buches mit einer Heldin den Chemieunterricht für mehr Mädchen interessanter machen, es könnte zweitens das Interesse bei Jungen an Literatur steigen, begünstigt durch ein kriminalistisches abenteuerbezogenes Genre (siehe Spitzer/Prechtl in diesem Buch), und drittens könnte der Alltagsbezug im Sinne einer Verknüpfung von Alltag, Abenteuer und kriminalistischem Einsatz von Chemie das Interesse steigern (vgl. Wanjek 2000).[4]

In Kapitel 1 wird der Inhalt des Romans *Flavia de Luce* näher beleuchtet und in Kapitel 2 der Einsatz des Romans im Chemieunterricht auf verschiedenen Ebenen beschrieben. Zunächst werden die Experimente, die für den Unterrichtsversuch relevant sind, sowohl unter ihrem chemischen als auch unter ihrem literarischen Gesichtspunkt betrachtet (Kap. 2.1). Nach einer Erläuterung zu der möglichen Einbettung des Romans im Unterricht (Kap. 2.2) folgt die Skizzierung des Szenarios im Unterricht (Kap. 2.3) sowie die Beschreibung der Unterrichtsmaterialien (Kap. 2.4). Der Unterrichtsverlauf, wie er in der Durchführung stattfand, wird in Kapitel 3 dargestellt, wobei auf den Unterrichtsrahmen (Kap. 3.1) und den Stundenverlauf (Kap. 3.2) eingegangen wird. In Kapitel 4 werden Verknüpfungen beleuchtet, die dem Unterrichtsentwurf zugrunde liegen – Chemie und Kriminalistik (Kap. 4.1) und Literatur (Kap. 4.2) sowie die curricularen Voraussetzungen geklärt (Kap. 4.3). Rückschlüsse aus dem konkreten Unterrichtsversuch werden in Kapitel 5 ausgeführt und am Ende steht ein kurzer Ausblick (Kap. 6).

1 *Flavia de Luce* – Halunken, Tod & Teufel

Das für den Unterrichtsentwurf verwendete Buch *Flavia de Luce – Halunken, Tod & Teufel* ist der dritte Band der *Flavia-de-Luce*-Reihe des kanadischen Autors Alan Bradley. Insgesamt sind bisher sechs Bände dieser Krimi-Reihe erschienen, in der die elfjährige Protagonistin jeweils mittels ihrer detektivischen und insbesondere auch chemischen Kenntnisse und Fähigkeiten Verbrechen aufklärt. Wenn einige LiteraturkritikerInnen die Reihe als All-Age-Romane einstufen, so entspricht doch die meist empfohlene Altersgruppe den SchülerInnen der 8. Klasse.

---

3 | Bei vergleichbarer Freude am Lesen verschwinden die signifikanten Unterschiede zwischen Jungen und Mädchen, während die Motivation weniger Einfluss auf die Mathematikleistung hat (vgl. Garbe 2003).

4 | Die im Rahmen der Umsetzung des Unterrichtsentwurfs erfolgten Befragungen lassen aufgrund der geringen Fallzahl hier keine belastbaren Rückschlüsse zu, sondern können allenfalls erste Hinweise geben, die weiter zu prüfen sind.

In dem diesem Unterrichtsentwurf zugrundeliegenden Band besucht Flavia zusammen mit ihrer Familie einen Jahrmarkt in Bishop's Lacey, dem Nachbarort des de Luce'schen Herrenhauses Buckshaw. Dort begibt sie sich in das Zelt einer Wahrsagerin namens Fenella, die ihr die Zukunft vorhersagen soll. Nachdem das Zelt durch Flavias Verschulden in Brand geraten ist, bietet Flavia Fenella an, mit ihrem Wohnwagen in dem Gehölz von Buckshaw unterzukommen. Auf dem Weg dorthin treffen sie Mrs. Bull, eine Einwohnerin der Gegend, die Fenella des Mordes an ihrem Baby beschuldigt. Im Gehölz angekommen, kümmert sich Flavia um Fenella, bevor sie nach Buckshaw zurückkehrt. Beim Besuch am folgenden Tag findet Flavia Fenella schwer verletzt in ihrem Wohnwagen vor und bringt sie in das nächste Krankenhaus. Aufgrund des Mordversuchs an Fenella beginnt Flavia mit ihren Ermittlungen. Sie entdeckt am Tatort schnell einige Spuren. Darunter befinden sich ein seltsamer Fischgeruch und einige Blutspuren. Des Weiteren begegnet ihr eine ihr unbekannte Person, die sich als Porcelain, die Enkelin von Fenella, vorstellt. Nach anfänglicher Skepsis lädt Flavia ihre neue Freundin nach Buckshaw ein, damit diese sich dort von dem Schreck des Mordversuches an ihrer Großmutter erholen kann. Auf dem Weg dorthin entdecken die Mädchen die Leiche von Brookie Harewood, aufgespießt an dem Poseidonbrunnen des Anwesens.

Im Verlauf ihrer Ermittlungen erfährt Flavia von einer geheimen Organisation, die seit mehreren Jahrhunderten existiert und deren Mitglieder sich »die Humpler« nennen. Recherchen zeigen, dass die Organisation auch heutzutage noch aktiv ist. Im weiteren Verlauf beobachtet Flavia den Fund einer Babyleiche. Kurze Zeit später besucht sie die verletzte Fenella, um sie nach deren AngreiferIn zu befragen. Fenella antwortet ihr, dass es der so genannte »Rote Bulle« gewesen sei.

Die Polizei und Flavias Vater fühlen sich von den eigenmächtigen Ermittlungen gestört und verbieten Flavia diese. Dennoch ermittelt sie heimlich weiter und entdeckt zusammen mit Porcelain einige Fußspuren im Keller von Buckshaw. Sie geht diesen Spuren alleine nach und findet den festgeketteten Colin Prout[5]. Bei dem Versuch, ihn zu retten, stellt sich Flavia der »Rote Bulle« in den Weg, der sich als Tom Bull entpuppt – der Ehemann der eingangs erwähnten Mrs. Bull. Im letzten Moment können die Zwei ihm entkommen und dafür sorgen, dass er bis zu seiner Festnahme durch die Polizei im Keller gefangen bleibt. Flavia klärt die Polizisten über die verschiedenen Tathergänge auf: Tom Bull wollte Fenella umbringen, weil er dachte, sie hätte sein Baby entführt. Auf diese Fährte führte ihn seine Frau, um ihre eigene Tat zu vertuschen. Mrs. Bull ist eine Anhängerin der Humpler und tötete ihr Baby aus Versehen bei einem Flussritual. Aus Angst vor ihrem Mann beschuldigte sie die Roma Fenella. Flavia erklärt den Polizisten weiterhin, dass der Tod von Brookie Harewood ein Unfall war, wie ihr Colin Prout bei der Befreiung erzählte: Beim handgreiflichen Streit um eine silberne Gabel zwischen Colin und Brookie stieß sich Brookie, als Colin plötzlich losließ, die Gabel selbst in die Nase und starb daran. Trotz ihrer Zweifel am Wahrheitsgehalt dieser Geschichte überzeugt Flavia die Polizei von ihrer Richtigkeit und Flavia de Luce hat somit erneut alle Verbrechen aufgeklärt.

---

5 | Colin Prout half in einem anderen Band Brookie Harewood, einem Wilderer, trotz schlechter Behandlung durch diesen, bei seinen Verbrechen.

2 *Flavia de Luce* im Chemieunterricht

Aufbauend auf dem Buch wurde eine Unterrichtseinheit mit Versuchen für den Chemieunterricht konzipiert. Um die Motivation der SchülerInnen zu steigern, bietet es sich an, Themenfelder, die die SchülerInnen entweder bereits kennen oder die eine gewisse Faszination auf sie ausüben, zu verwenden (vgl. Niedersächsisches Kultusministerium 2007: 48). Bei dem Unterrichtsversuch sind das die Themenfelder Chemie im Alltag und forensische Chemie. Der Krimi bietet hierbei eine Rahmengeschichte. Die Kernidee dabei ist, den Unterricht selbst in Form einer Spurensuche zu gestalten, d.h. die SchülerInnen in die Rolle der ermittelnden Personen zu versetzen, die nach und nach durch die Experimente und aufgrund von Hintergrundinformationen verschiedene Tatverdächtige ausschließen können.

2.1 Die Experimente

Insgesamt besteht der Experimentalteil des Unterrichtsversuchs aus vier Experimenten, die entweder thematisch oder praktisch in der Geschichte von *Flavia de Luce – Halunken, Tod & Teufel* Relevanz haben.

2.1.1 Vertraue deiner Spürnase

Dieses Experiment ist ein Geruchstest und dient sowohl der Einführung in die Experimentierphase als auch der Wiederholung des bereits bekannten Beobachtungsverfahrens, um Gerüche im naturwissenschaftlichen Unterricht festzustellen: Das vorsichtige Zuwedeln mit der Hand statt dem direkten Riechen mit der Nase an den Chemikalien.

Die verwendeten Materialien sind japanisches Minzöl, Zitronen-Backaroma, Vanille-Backaroma und Baumwollstoffstücke. Man gibt einige Tropfen der jeweiligen Geruchssubstanz auf je ein Stoffstück. Die SchülerInnen sollen die Gerüche mit der ihnen bereits bekannten Verfahrensmethode unterscheiden.

Der Versuch nimmt Bezug auf den Geruch am Tatort. Im Vergleich zu dem Roman *Flavia de Luce – Halunken, Tod & Teufel* wurden jedoch einige Abwandlungen vorgenommen. Flavia nimmt wiederkehrenden Fischgeruch wahr, wobei einige Tatverdächtige diesen speziellen Geruch aufweisen (Bradley 2012: 182f.). Im Unterricht wurde der für einige unangenehme ausgeprägte Fischgeruch durch den Pfefferminzgeruch ausgetauscht, um einem möglichen Ekel der SchülerInnen gegenüber dem Fischgeruch vorzubeugen. Der Austausch ändert nichts an der allgemeinen Beobachtung der SchülerInnen. Durch zusätzliches Informationsmaterial (siehe Kap. 4.2.2) erfahren die SchülerInnen, welche Tatverdächtigen welche Gerüche aufweisen und können so Rückschlüsse auf deren Anwesenheit am Tatort ziehen.

2.1.2 Blutnachweis mit Luminol

Der Begriff Luminol leitet sich von dem lateinischen Wort *lumen* ab, welches übersetzt Licht bedeutet. Dieses Licht bzw. das Leuchten wird in der Kriminologie für die Identifizierung von Blutspuren verwendet. Bei der chemischen Reaktion von Luminol mit Blut kommt es zu einer Chemolumineszenz. Hierbei entsteht ein blaues Leuchten (siehe Abb. 1), welches in der Dunkelheit besonders gut sichtbar ist (vgl. Brandl 2012: 30).⁶

Abb. 1: Leuchtendes Luminol (Luminol and Haemoglobine, Quelle: everyone's idle, www.flickr.com/photos/mgdtgd/140282001/, eingesehen am: 18.11.2014)

Bei der Chemolumineszenz wird ein Elektron auf ein energetisch höheres Energieniveau angehoben. Durch die Absenkung in den energetischen Grundzustand kommt es zu der beobachtbaren Lichtstrahlung. Die Energie, die bei dieser Reaktion entsteht, ist demnach in Form von Licht erkennbar. Dieses nennt man auch kaltes Licht, da hierbei im Gegensatz zu dem sonst bekannten Licht keine Wärme frei wird (vgl. Dörfler 2009; Faszination Kaltes Licht 2004).

Der Experimentaufbau im Unterricht setzt sich aus einem positiven und zum Vergleich einem negativen Blutnachweis zusammen. Der negative Nachweis wird mit Rote-Bete-Saft durchgeführt, da dieser in der Farbe Blut ähnelt, aber keine Chemoluminszenz hervorruft. Der positive Nachweis erfolgt mit Schweineblut, welches ebenso wie menschliches Blut mit Luminol wie beschrieben reagiert. Es ist je ein Stück Stoff mit der jeweiligen Substanz vorzubereiten: Stoffstück 1 mit Schweineblut, Stoffstück 2 mit Rote-Bete-Saft. Auf beide Nachweisproben werden mit Hilfe einer Tropfpipette einige Tropfen des Luminolreagenz gegeben, eine Lösung aus Luminol, Natriumhydroxid, Wasserstoffperoxid und destilliertem Wasser. Nacheinander werden die Reaktionen im Dunkeln beobachtet. Die Dunkelheit wird mithilfe eines Schuhkartons mit Guckloch an der Frontseite erzeugt. Das Stoffstück wird zwischen dem unteren und oberen Teil des Kartons eingeklemmt und die Reaktion durch das Loch beobachtet. Während der behandelte Fleck bei Stoffstück 1 blau aufleuchtet, d.h. eine Chemoluminiszenz eintritt, reagiert Stoffstück 2 nicht.

---

6 | Eine genauere Beschreibung der Chemilumineszenz mit Luminol und der Reaktion auf Blut findet sich auf der Homepage von Dieter Weiß der Friedrich-Schiller-Universität Jena unter www.chemie.uni-jena.de/institute/oc/weiss/Luminol.htm (eingesehen am: 02.08.2014).

In dem Blut befindet sich der rote Blutfarbstoff Hämoglobin. Nach dem Trocknen des Bluts wandelt sich das Hämoglobin in Hämatin um, weil sich das Globin von dem Hämoglobin abspaltet. Das Hämatin besitzt ein Fe^{3+}-Ion als Zentral-Ion, welches bei der Luminolreaktion als Katalysator, der die Aktivierungsenergie herabsetzt, dient (vgl. Brandl 2004: 30).

Das Experiment nimmt Bezug auf die blutigen Spuren, die Flavia de Luce nach dem Überfall auf die Wahrsagerin in deren Wohnwagen entdeckt.

2.1.3 (Un-)Sichtbare Spuren

Dieses Experiment beruht auf der Daktyloskopie, der Wissenschaft von Fingerabdrücken. Die SchülerInnen entnehmen mittels eines Adhäsionsmittels und eines Klebestreifens einige Fingerabdrücke, die zunächst unsichtbar erscheinen und nur aufgrund des Adhäsionsmittels sichtbar werden. Fingerabdrücke dienen in der Forensik als Nachweismittel, um TäterInnen zu identifizieren und somit zu überführen (vgl. Rothweiler/Bader 2004: 16f.). Seit dem 01.12.1993 nutzt die deutsche Polizei das Automatisierte Fingerabdruck-Identifizierungssystem, kurz AFIS. Pro Jahr können mit diesem 24.000 Personen anhand ihrer hinterlassenen Fingerabdrücke am Tatort überführt werden (vgl. Bundeskriminalamt 2014).

Um dieses Verfahren im Rahmen eines SchülerInnenexperiments durchführen zu können, werden Graphitpulver, ein feiner Pinsel, eine Porzellanschale, ein Spiegel und Tesafilm benötigt. Der Fingerabdruck befindet sich auf der Spiegeloberfläche.[7] Als Adhäsionsmittel dient das Graphitpulver, das mithilfe des feinen Pinsels vorsichtig auf den Fingerabdruck aufgetragen wird. Der Fingerabdruck wird entnommen, indem ein Streifen Tesafilm auf den bepinselten Abdruck fest angedrückt und dann abgezogen wird (vgl. Rothweiler/Bader 2004: 18). Das Graphitpulver kann aufgrund seiner Adhäsionskräfte molekulare Wechselwirkungen mit den fettigen Bestandteilen des Fingerabdrucks ausbilden.[8]

Im Roman *Flavia de Luce – Halunken, Tod & Teufel* findet die Daktyloskopie Verwendung bei der Spurensicherung der Polizei. Auch Flavia ist sich der Spuren, die sie hinterlässt, durchaus bewusst und versucht, diese zu entfernen, bzw. weist die Polizei absichtlich auf den Fund ihrer Fingerabdrücke hin. Aufgrund ihrer chemischen und detektivischen Neugier kennt sie bereits das Verfahren zur Sicherung von Fingerabdrücken mittels eines Adhäsionsmittels.

2.1.4 Geheime Botschaft

Dieses Experiment besteht aus einer geheimen Nachricht, die die SchülerInnen erst nach dem Anhauchen einer Spiegeloberfläche entdecken können. Die Nachricht wird mit einem Pinsel und Talkum auf die Spiegeloberfläche geschrieben, die zuvor mit einem Tuch von allen übrigen Spuren gereinigt wurde. Nachdem die SchülerInnen den Spiegel angehaucht haben, wird die zuvor unsichtbare Schrift wieder sicht- und somit lesbar.

---

7 | Aufgrund verschiedener Versuche konnte ich feststellen, dass Fingerabdrücke von dieser Oberfläche besonders gut entnommen werden können.

8 | Genauere Ausführungen zur Daktyloskopie finden sich auf der Webseite Crime & Science (http://crimeandscience.de.tl/Daktyloskopie.htm, eingesehen am: 02.08.2014).

Magnesiumsilikathydrat, auch Talkum genannt, ist ein weißes, pulverisiertes Mineral mit lipophilen Eigenschaften. Talkum ist demnach ein Silikat und wird den Schichtsilikaten zugeordnet. Verwendet wird es u.a. im Sport zur Verhinderung des Abrutschens beim Klettern oder am Barren, aber auch in der Lebensmittelindustrie, als Lebensmittelzusatzstoff E553b oder in der Farb- und Lackmittelindustrie.[9]

Beim Anhauchen der kühlen Spiegeloberfläche kondensiert der warme Atem, wodurch sich Wassermoleküle bilden. Wasser hat bekanntlich hydrophile Eigenschaften (vgl. Walker 2008: 128). Das Talkum mit seinen lipophilen Eigenschaften bleibt von dem Wasser unberührt und tritt somit in den Vordergrund. Auf dem Spiegel steht die Botschaft »Der Täter ist ein Mann«.

Im Roman dient dieses Experiment als Streich unter Schwestern: »Ich tauchte einen von Feelys Schminkpinseln in das Talkum und schrieb nach einem kurzen Blick in die Bibel mit kühnen Buchstaben auf das Spiegelglas: *Deuteronomium 28,27*« (Bradley 2012: 168f.). Flavia hofft, dass sich ihre Schwester Feely, die sehr auf ihr Aussehen fixiert ist, erschreckt, sobald sie die Schrift und deren Bedeutung erkennt. Deuteronomium 28,27 beschreibt eine Bibelstelle aus dem 5. Buch Mose, in der es heißt: »Der Herr wird dich schlagen mit den Geschwüren Ägyptens, mit Feigwarzen, mit Grind und Krätze, dass du nicht kannst geheilt werden« (Bradley 2012: 169).

2.2 Die Einbettung des Romans in den Unterricht

Es gibt verschiedene Möglichkeiten, den Roman in den Unterricht zu integrieren. Es können einzelne Auszüge behandelt werden, speziell die Abschnitte, die einen chemischen Hintergrund haben. Diese können z.B. als Hausaufgabe zum Lesen gegeben werden. Die Lehrkraft muss den inhaltlichen Rahmen erläutern, damit die SchülerInnen den Kontext der einzelnen Szenen erfassen sowie einen Bezug zwischen dem Experiment und der Geschichte herstellen können. Eine weitere mögliche Unterrichtsgestaltung wäre die inhaltliche Behandlung des Romans im Deutschunterricht, sodass parallel dazu im Chemieunterricht oder, falls vorhanden, im naturwissenschaftlichen Praxisunterricht die praktische Anwendung und chemische Erklärung der im Roman beschriebenen Experimente erfolgt. Auch der Rahmen einer Projektwoche bietet eine angemessene Grundlage hierfür, in der die Lektüre und die Durchführung der Experimente parallel erfolgen können.

2.3 Das Szenario im Unterricht

Die SchülerInnen experimentieren bei dem Unterrichtsentwurf auf der Grundlage eines (ursprünglich vierseitigen) Arbeitsblattes (siehe Anlage 1)[10], welches alle benötigten Informationen, die Versuchsanleitungen und Aufgaben sowie Platz für die Antworten enthält. Es besteht aus einem inhaltlichen Einführungs- und einem

---

9 | Nähere Informationen zum Speckstein, ein anderer Name für Talkum, siehe www.talcus.at/de/der-speckstein/beschreibung/ (eingesehen am 02.08.2014).
10 | Das Arbeitsblatt wurde für den Unterrichtsentwurf speziell zusammengestellt, da es erstens kein Unterrichtsmaterial zu der Thematik bzw. dem konkreten Kriminalroman gibt und da so zweitens der Unterricht entsprechend der eigenen Vorstellungen und Lernziele gestaltet werden konnte.

Experimentalteil sowie Zusatzmaterialien (Quelle 1 und Quelle 2). Um den SchülerInnen den ausgewählten Kriminalroman näherzubringen, beginnt der Unterricht mit dem Blick auf das Arbeitsblatt. Dessen erste Seite zeigt das Coverbild, das ergänzt wird durch eine kurze schriftliche Inhaltsangabe. Im Anschluss daran beginnt der Experimentalteil mit den beschriebenen vier Versuchen (siehe Kap. 2.1.1 bis 2.1.4), welche die SchülerInnen nacheinander in Gruppen bearbeiten. Das Zusatzmaterial findet sich in Form zweier als solche extra ausgewiesenen Informationsquellen, die den SchülerInnen bei der Bearbeitung der Aufgaben helfen sollen. Die erste Informationsquelle (Quelle 1) umfasst eine kurze Beschreibung der fünf Tatverdächtigen sowie eine knappe Tatortbeschreibung. Diese Informationen unterstützen bei der Lösung des Falls: Um die Tatverdächtigen nach und nach ausschließen zu können, benötigen die SchülerInnen Informationen sowohl über den Geruch am Tatort als auch über das Geschlecht des Täters. Die zweite Informationsquelle (Quelle 2) beinhaltet in Form von Zitaten einige Fakten zum Thema Daktyloskopie. Diese benötigen die SchülerInnen, um die Zusatzfrage aus dem Arbeitsblatt beantworten zu können.

Im Folgenden wird der Ablauf der Versuche beschrieben und in Fließschemata dargestellt, wie anhand des jeweiligen Experiments die Tatverdächtigen nach und nach ausgeschlossen werden und so der oder die TäterIn ermittelt wird. Am Anfang stehen fünf Tatverdächtige (zu ihrer Beschreibung siehe Quelle 1 des Arbeitsblattes).

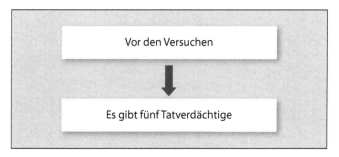

Abb. 2: Fließschema zum Ausschluss der Tatverdächtigen – Ausgangssituation

Für den ersten Versuch – »Vertraue deiner Spürnase« – steht den SchülerInnen auf dem Arbeitsblatt neben einer Materialienliste eine Versuchsanleitung zur Verfügung, die ihnen bei der Durchführung des Experiments helfen soll. Es liegen fünf Stoffe »der Tatverdächtigen« bereit, wobei Stoff 1 nach Vanille, Stoff 2, 4 und 5 nach Pfefferminze und Stoff 3 nach Zitrone riechen. Ihre Beobachtungen tragen die SchülerInnen in eine vorgegebene Tabelle ein. In dieser beschreiben sie die bei den jeweiligen Tatverdächtigen festgestellten Gerüche und schlussfolgern anschließend mithilfe des Zusatzmaterials Quelle 1 (siehe Anhang 1), welche Tatverdächtigen nach diesem Versuch noch übrig bleiben.

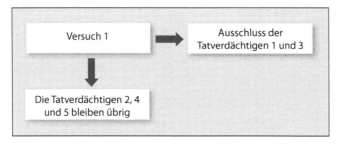

Abb. 3: Fließschema zum Ausschluss der Tatverdächtigen –
Versuch 1 »Vertraue deiner Spürnase«

Da die Wahrsagerin verletzt aufgefunden wurde, untersuchen die SchülerInnen beim zweiten Versuch – »Blutnachweis mit Luminol« – die vorab von der Lehrkraft präparierten Stoffstücke »der noch verbliebenen Tatverdächtigen« auf Blutspuren. Der Versuch gliedert sich in zwei Teile: ein klassischer Blutnachweis mit Luminol, der dann im zweiten Schritt auf die Untersuchung von unbekannten Flecken mit dem Luminolreagenz[11] angewendet wird. Wie bei Versuch 1 finden die SchülerInnen auf dem Arbeitsblatt für beide Versuchsteile eine Materialienliste sowie eine Versuchsanleitung. Nur die Stoffe der Tatverdächtigen 4 und 5 sind mit (Schweine-) Blut versehen, das andere mit roter Lebensmittelfarbe. Ihre Beobachtungen müssen die SchülerInnen für den ersten Versuchsteil selbst beschreiben und für den zweiten im Arbeitsblatt tabellarisch ausfüllen. Nach ihren Beobachtungen schlussfolgern sie erneut, welche Tatverdächtigen übrig bleiben.

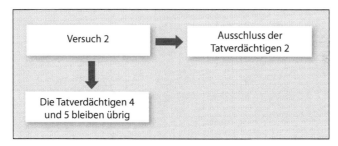

Abb. 4: Fließschema zum Ausschluss der Tatverdächtigen –
Versuch 2 »Blutnachweis mit Luminol«

»(Un-)Sichtbare Spuren« ist der dritte Versuch, bei dem die SchülerInnen Fingerabdrücke abnehmen und identifizieren. Hierfür finden sie ebenfalls eine Materialienliste und eine Versuchsanleitung auf dem Arbeitsblatt. Die SchülerInnen entnehmen die Fingerabdrücke von einem Spiegel und kleben sie auf ihr Arbeitsblatt. Bei diesem Versuch kann keine weitere Person als Tatverdächtige ausgeschlossen werden, da keine Referenzabdrücke vorliegen. Im Kontext dieses Versuches finden die SchülerInnen einige Zusatzfragen, die sie fakultativ mit dem Zusatzmaterial beantworten können.

---

11 | Das Luminolreagenz ist eine Chemikalienmischung. Bei der Chemoluminszenz handelt es sich um einen chemischen Vorgang.

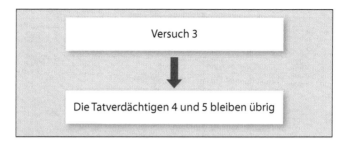

Abb. 5: Fließschema zum Ausschluss der Tatverdächtigen – Versuch 3 »(Un-)Sichtbare Spuren«

Im letzten Versuch – »Geheime Botschaft« – vermuten die SchülerInnen eine Nachricht auf einem Spiegel. Unter Zuhilfenahme der Materialienliste und der Versuchsanleitung entschlüsseln sie die Botschaft: »Der Täter ist ein Mann«. Diese schreiben sie in ihren Beobachtungsteil und können aufgrund des Hinweises auf das Geschlecht den Täter identifizieren.

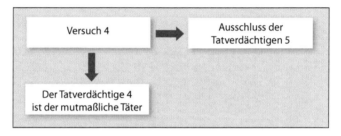

Abb. 6: Fließschema zum Ausschluss der Tatverdächtigen – Versuch 4 »Geheime Botschaft«

2.4 Unterrichtsmaterialien

Neben dem Arbeitsblatt bedarf es für die Versuchsreihe einer Materialienbox, die speziell für diesen Unterrichtsentwurf erstellt wurde.

Die Materialienbox, mit der die SchülerInnen eigenständig arbeiten, dient den SchülerInnen als Hilfsmittel für die Experimentierphase. In der Materialienbox, einem Schuhkarton mit seitlichem Loch, befinden sich fünf Stoffstücke, die unterschiedliche Gerüche aufweisen für das Experiment »Vertraue deiner Spürnase« (Kap. 3.4.1). Für das Experiment »Blutnachweis mit Luminol« gibt es ebenfalls fünf Stoffstücke: jeweils ein Stoffstück mit Schweineblut und eines mit Rote-Bete-Saft getränkt, die im ersten Teil des Versuchs der Nachweisreaktion und anschließend als Vergleich dienen, sowie zwei Stoffstücke mit Schweineblut und eines mit roter Lebensmittelfarbe, die mit den Namen der jeweiligen Tatverdächtigen beschriftet sind, und im zweiten Teil des Versuchs zur Anwendung kommen. Außerdem befinden sich für das Experiment »(Un-)Sichtbare Spuren« ein feiner Pinsel und Einmalhandschuhe in der Box. Zusätzlich zur Materialienbox erhalten die SchülerInnen eine Porzellanschale mit Graphitpulver, einen Spiegel mit der geheimen Nachricht und ein kleines Becherglas mit dem Luminolreagenz inklusive einer Tropfpipette.

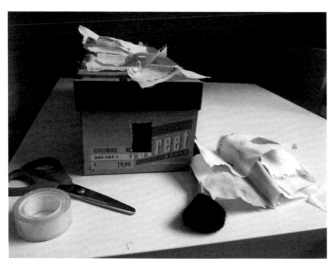

Abb. 7: Materialienbox (ohne Einmalhandschuhe)

3 Der Unterrichtsverlauf

Für jede Unterrichtseinheit sollten die äußeren Rahmenbedingungen im Vorfeld geklärt werden, da je nach Besonderheit die Unterrichtsgestaltung darauf abgestimmt werden muss. Zu den Rahmenbedingungen gehören die Schulform, die Klassenstufe, die Unterrichtsform, die Unterrichtszeit, die Schulstunde, die Raumausstattung, eventuelle Besonderheiten und die Vorkenntnisse der SchülerInnen. Der Unterrichtsentwurf wurde für die Arbeit im Rahmen vom Praxisunterricht in einer 8. Klasse eines Gymnasiums konzipiert, doch lassen sich die einzelnen Bestandteile gegebenenfalls auch unter anderen Rahmenbedingungen anwenden. Die konkrete Adaptierbarkeit ist dabei zu prüfen. So ist ein Chemielabor notwendig, entsprechende Vorkenntnisse müssen vorhanden sowie Regeln im Umgang mit Chemikalien bekannt sein etc. Im Folgenden beschreibe ich den Unterrichtsrahmen und den Stundenverlauf, der dem Unterrichtskonzept zugrunde liegt.

3.1 Unterrichtsrahmen

Die Unterrichtseinheit ist auf 90 Minuten ausgelegt (plus fünf Minuten Pause). Für den Unterrichtsentwurf sind gerade die Vorkenntnisse zum Umgang mit Chemikalien und dem Verhalten während der Experimentierphase relevant. Dieses sollte bekannt sein.

Umgesetzt wurde der Unterrichtsentwurf in einer 8. Klasse des Wilhelmgymnasiums in Braunschweig im Rahmen des Praxisunterrichts.[12] Der Unterricht fand

---

12 | Der Praxisunterricht richtet sich hier an die SchülerInnen, die in der 7. Klasse das mathematisch-naturwissenschaftliche Profil gewählt haben. Sie haben ab der 8. Klasse im zweiwöchigen Wechsel zusätzlich zum Chemie- und Biologieunterricht eine Doppelstunde Praxisunterricht pro Woche. Hierfür wird die Klasse aufgeteilt, sodass immer eine Hälfte Chemie- und die andere Hälfte Biologiepraxisunterricht hat.

im kleinen Chemieraum statt.[13] Der Unterrichtsentwurf wurde zwei Mal mit jeweils einer anderen Lerngruppe durchgeführt. Die erste Lerngruppe bestand aus 25 SchülerInnen (sechs Mädchen, 19 Jungen) und hatte ein geschlechterunabhängig hohes Leistungsniveau. Die zweite Lerngruppe bestand aus 20 SchülerInnen (vier Mädchen, 16 Jungen), mit einem unter dem Notendurchschnitt von drei liegendem Leistungsniveau. Beide Lerngruppen hatten chemische Vorkenntnisse, gerade im Bereich der Experimentalchemie. Die SchülerInnen waren ungefähr 14 Jahre alt und somit in der Pubertät, womit nicht selten eine hohe Lautstärke und eine jugendliche Ausdrucksweise verbunden sind.

3.2 Stundenverlauf

Der Unterrichtsentwurf »Spurensuche« gliedert sich in fünf Unterrichtsphasen. Aufgrund der häufig im Chemieunterricht auftretenden Schwierigkeit, dass nicht alle Gruppen wegen der geringen Anzahl an geeigneten Laborplätzen (z.B. mit Abzugshaube) gleichzeitig Experimente durchführen können, wurde eine zeitliche Einteilung gewählt, in der die nicht experimentierenden Gruppen in anderer Weise beschäftigt wurden, z.B. durch Aufgaben wie Dokumentation, Fragen beantworten, Textlektüre etc. Des Weiteren sind mögliche Reserveparts, Kürzungen bzw. Abbruchpunkte nach der Experimentierphase eingebaut. Je nachdem, wie viel Unterrichtszeit noch vorhanden ist, erfolgt die Auswertung und Erklärung der Versuchsergebnisse als gelenktes Unterrichtsgespräch, Lehrvortrag oder, wenn es sich anbietet, als Diskussion.

Den Einstieg in den Unterricht wählte ich – nach einer Vorstellung meiner Person – über eine kurze Schilderung der Geschichte der Krimi-Reihe *Flavia de Luce*. Nur einem Schüler war sie bereits bekannt. Um die SchülerInnen auf die »Spurensuche« einzustellen, wurde der Inhalt des konkreten Kriminalfalls auch mittels des Arbeitsblattes näher betrachtet. Zu dem verteilten Arbeitsblatt und der erläuterten Vorgehensweise hatten die SchülerInnen zu diesem Zeitpunkt keine Fragen. Nun folgte die lange Experimentierphase, während der die SchülerInnen sach- und fachgerecht in Gruppenarbeit – hier à drei bis vier SchülerInnen – experimentierten.[14] Als Lehrkraft stand ich für Fragen und Hilfestellungen zur Verfügung und beaufsichtigte aus Sicherheitsgründen den Umgang mit den Chemikalien. Die SchülerInnen stellten in dieser Phase sehr viele Fragen, am häufigsten die Folgenden:

- Wieso befinden sich in der Materialienbox mehrere Stoffstücke, auf denen Tatverdächtiger vier bzw. fünf steht?
- Wieso müssen wir die Einmalhandschuhe anziehen?
- Ist das menschliches Blut?

Nach der Experimentierphase räumten die SchülerInnen ihren Arbeitsplatz auf. Hierbei entsorgten alle SchülerInnen die Chemikalien korrekt und hinterließen ihren Arbeitsplatz sauber. Bei der Auswertung stellten die SchülerInnen ihre Er-

---

13 | Der kleine Chemieraum bietet Sitzplätze für ca. 22 SchülerInnen und ist mit vier Abzügen, feuerfesten Tischen und einem Waschbecken ausgestattet.

14 | Die Gruppengröße erfolgt aufgrund der räumlichen Ausstattung in Zusammenhang mit der Anzahl der SchülerInnen.

gebnisse vor. Außer bei Versuch 1 »Vertraue deiner Spürnase«,[15] gab es keinerlei Diskussionsbedarf. Zu jedem Versuch wurde nach dem Vergleich der Ergebnisse eine Begründung bzw. Erklärung der chemischen Relevanz und Phänomene gegeben (vgl. Kap. 2.1.1 bis 2.1.4). Hierbei kam es sowohl zu einer Wiederholung von bereits gelerntem Wissen, z.B. der Wirkungsweise des Katalysators, als auch zum Erlernen von neuen Sachverhalten, z.B. die Funktionsweise des Luminols beim Blutnachweis. Die bereits bekannten Sachverhalte erklärten die SchülerInnen selbst. Bei den unbekannten Sachverhalten sollten sie zunächst einige Hypothesen aufstellen.[16] Zum Abschluss der Stunde fand anhand eines Fragebogens eine Evaluation statt, um Informationen zur Zufriedenheit mit dem und Interesse an dem Unterrichtskonzept, dem Spaß am Experimentieren und der »Spurensuche«, der motivierenden Effekte in Bezug auf den Chemieunterricht und der Lektüre der Krimi-Reihe zu erhalten.

4 Hintergrund für den Unterrichtsentwurf

Auf zwei Ebenen wird in dem Unterrichtsentwurf eine Beziehung zur Chemie hergestellt: In Bezug auf die Kriminalistik (Kap. 4.1) und die Literatur (Kap. 4.2). Zudem berücksichtigt der Unterrichtsentwurf Anforderungen des Kerncurriculums (Kap. 4.3).

4.1 Kriminalistik im Chemieunterricht

Der Begriff *Kriminalistik* leitet sich von dem lateinischen Wort *crimen* ab und bedeutet Verbrechen bzw. Anklage. Die Kriminalistik ist demnach eine Wissenschaft, die sich mit der Aufklärung von Verbrechen befasst. Damit ist die Kriminalistik im Vergleich zur Kriminologie[17] eher praktisch orientiert. Es kommen hierbei vor allen Dingen naturwissenschaftliche Methoden zum Einsatz. Dieser Bereich gehört zur Kriminaltechnik, einer Teildisziplin der Kriminalistik. Naturwissenschaftliche Methoden, wie sie in der Beweismittel- und Spurensicherung verwendet werden, bieten gute Anschlussmöglichkeiten für den naturwissenschaftlichen Unterricht im Allgemeinen und den Chemieunterricht im Speziellen. Beispiele hierfür wären die Daktyloskopie, die Toxikologie oder auch Blutnachweise (vgl. Hillen o.J.). Während die Experimente »Vertraue deiner Spürnase« und »Geheime Botschaft« eher der Chemie im Alltag zuzuordnen sind, findet man bei den Experimenten »Blutnachweis mit Luminol« und »(Un-)Sichtbare Spuren« Bezüge zur forensischen Chemie.

---

15 | Der Zitronengeruch wurde bei einigen SchülerInnen eher als Orangengeruch, und der Vanillegeruch wurde von einem Schüler als Plätzchengeruch eingeordnet. Auf die Vorschläge der Schülerinnen eingehend wurde darauf verwiesen, dass Geruch auch etwas Subjektives ist und dass die vermuteten und realen Gerüche eine ähnliche stoffliche Tendenz aufweisen. Die SchülerInnen konnten trotz der leichten Abweichungen die richtigen Tatverdächtigen ausschließen.
16 | So waren bei dem Versuch »Geheime Botschaft« den SchülerInnen die Begriffe »hydrophil« und »lipophil« nicht bekannt. Jedoch verglich ein Schüler das Phänomen mit dem Öl im Nudelwasser. Daran anknüpfend konnte ich die chemischen Begriffe hierfür einführen.
17 | Die Kriminologie verfolgt einen theoretischen Ansatz, wie beispielsweise die Untersuchung der Ursachen von Kriminalität.

4.2 Literatur und Chemie

Jugend-Kriminalromane bieten eine Brücke von der Kriminalistik in den Schulunterricht. Die Verknüpfung von Literatur und Chemie lässt sich besonders gut im Rahmen von fächerübergreifendem Unterricht realisieren. Der Unterrichtsentwurf »Spurensuche« stellt eine Verbindung zwischen dem Deutsch- und Chemieunterricht her. Eine solche Verknüpfung eines geisteswissenschaftlichen mit einem naturwissenschaftlichen Fach ist im regulären Schulalltag selten, jedoch durchaus möglich.

Im Unterrichtsentwurf wird der Kriminalroman *Flavia de Luce – Halunken, Tod & Teufel* in den Chemieunterricht eingebunden. Dieses bietet sich an, weil der Inhalt des Romans bereits eine Verknüpfung mit der Chemie umfasst. Gleichzeitig knüpft er an die Lesewelt eines Teils der Jugendlichen an und weckt vielleicht das Interesse an diesem Genre. Es lassen sich aber auch nicht kriminalistische Bücher verwenden, da es kaum einen Lebensbereich gibt, der keine Verbindung zur Chemie aufweist. Alltagsweltlicher Unterricht kann darüber hinaus auch Bezug nehmen zum Haushalt und zur Umwelt (vgl. Wanjek 2000: 36-76).

4.3 Kerncurriculum

Jedes Bundesland beschließt sogenannte Kerncurricula für jede Schulform und jedes Unterrichtsfach, um bestimmte Bildungsstandards festzulegen. Es werden u.a. Themenbereiche und zu vermittelnde Kernkompetenzen festgeschrieben. Die Unterrichtsplanung muss im Allgemeinen diesen Grundlagen folgen.

Der vorliegende Unterrichtsentwurf basiert auf dem Kerncurriculum Niedersachsens für die gymnasiale Sekundarstufe I im Bereich Naturwissenschaften, Bereich Chemie. Allgemein heißt es dort zur Grundbildung:

>»Naturwissenschaftliche Grundbildung ermöglicht dem Individuum eine aktive Teilhabe an Meinungsbildung und gesellschaftlicher Kommunikation über technische Entwicklung und naturwissenschaftliche Forschung und ist deshalb wesentlicher Bestandteil von Allgemeinbildung.« (Niedersächsisches Kultusministerium 2007: 7)

Für den Bereich Chemie werden vier Basiskonzepte definiert, die vermittelt werden sollen: das Stoff-Teilchen-Konzept, bei dem die Vielfalt der Stoffe anhand der zahlreichen Kombinationen und Anordnungen einer begrenzten Anzahl von Atomen in den Blick genommen wird, das Struktur-Eigenschafts-Konzept, welches insbesondere den Aufbau und die Struktur von Teilchenverbänden betrachtet, die wesentlich die Eigenschaft eines Stoffes bestimmen, das Konzept der chemischen Reaktion, bei der aus Stoffen neue Stoffe gebildet werden, und das Energie-Konzept, das bei Stoffumwandlungen von Bedeutung ist (vgl. Niedersächsisches Kultusministerium 2007: 47-63). In dem hier vorgestellten Unterrichtsentwurf gibt es Berührungspunkte mit allen Basiskonzepten, ausgenommen dem Struktur-Eigenschafts-Konzept.

Die SchülerInnen sollen zudem ihre Fähigkeiten in den Kompetenzbereichen Fachwissen, Erkenntnisgewinnung, Kommunikation und Bewertung verbessern. Das Kerncurriculum setzt hierfür verschiedene inhaltliche Standards fest, die jeweils mit den vier Basiskonzepten verbunden werden. Im Unterrichtsentwurf

»Spurensuche« werden dabei folgende Kompetenzbereiche und Basiskonzepte gefördert:

- Für den Bereich Fachwissen kommt das Basiskonzept Energie zur Anwendung, indem die SchülerInnen die Wirkungsweise eines Katalysators auf die Aktivierungsenergie behandeln.[18]
- Die SchülerInnen wenden bei den chemischen Experimenten u.a. Nachweisreaktionen an (Blutnachweis), äußern Verbesserungsvorschläge zu den gestellten Anleitungen zur Versuchsdurchführung und verknüpfen die Verwendung der Experimente im Labor mit der Anwendung im Alltag.[19] Diese erkenntnisgewinnenden Fähigkeiten ordnet das Kerncurriculum dem Basiskonzept chemische Reaktion zu.
- Das Basiskonzept Stoff-Teilchen wird im Zusammenhang mit dem Kompetenzbereich Kommunikation gefördert. Hierfür sollen die SchülerInnen unterschiedliche Informationsquellen verwenden und anwenden, was durch die zwei Zusatzmaterialien erfolgt. Des Weiteren sollen sie ein Protokoll in Form einer Beschreibung der eigenen Beobachtung von chemischen Reaktionen anfertigen (siehe Arbeitsblatt Anhang 1).
- Der letzte Bereich, der gefördert wird, ist der der Bewertung. Bei der »Spurensuche« werden zu diesem Bereich zwei Basiskonzepte berührt: Für das Stoff-Teilchen-Konzept stellen die SchülerInnen das gelernte Wissen in Zusammenhang mit alltäglichen Anwendungsbereichen und Berufsfeldern dar. Außerdem »erkennen [sie sowohl], dass chemische Reaktionen in der Alltagswelt stattfinden«, als auch, dass »chemische Reaktionen für Natur und Technik« von sehr großer Bedeutung sind (Niedersächsisches Kultusministerium 2007: 59).

Im Kerncurriculum wird gefordert, dass die SchülerInnen in der Lage sein sollen, mit verschiedenen Informationsquellen umzugehen. Um diese Kompetenz zu fördern, wurde das Zusatzmaterial erstellt. Die Informationsquellen verlangen von den SchülerInnen zwei unterschiedliche Herangehensweisen: Die erste Informationsquelle ist die Grundlage für Versuch 1, 2 und 4. Die SchülerInnen interpretieren und schlussfolgern hierbei nicht nur aufgrund der Experimente sondern auch aus den Informationen der Quelle. Mit der zweiten faktenbezogenen Informationsquelle hingegen müssen die SchülerInnen konkrete Fragen beantworten.

---

18 | Bei der Luminolreaktion wirkt das Hämoglobin, genauer gesagt das Hämatin, als Katalysator (vgl. Kap. 2.1.2 Blutnachweis mit Luminol).
19 | Alle Experimente haben einen Alltagsbezug. Das Experiment »Vertraue deiner Spürnase« behandelt den Geruchssinn, indem die Art des Riechens im (Schul-)Alltag mit der des Laboralltags verbunden wird. Eine Verknüpfung mit der Forensik wird durch die Versuche »Blutnachweis mit Luminol« und »(Un-)Sichtbare Spuren« erreicht. Bei dem Experiment »Geheime Botschaft« erkennen die SchülerInnen die Nützlichkeit eines bereits bekannten Phänomens aus ihrem Alltag.

5 Rückmeldung zum Unterricht

Auf Grundlage der Fragebogenerhebung[20] und persönlicher Beobachtungen lässt sich rückschließen, dass die SchülerInnen bei dem Unterrichtsversuch sehr viel Spaß hatten. Sie wünschten sich, in Zukunft weitere Experimente zum Thema Kriminalistik im Chemieunterricht durchzuführen. Deshalb ist es auch nicht verwunderlich, dass die abschließende Bewertung der SchülerInnen sehr positiv ausfiel: Der Unterricht wurde insgesamt mit einer durchschnittlichen Schulnote von 1,6 bewertet (Mädchen: 1,3; Jungen: 1,9). Die Motivation der SchülerInnen bei dem Unterrichtsversuch »Spurensuche« war sehr hoch, was zum einen an den verschiedenen Experimenten lag,[21] und zum anderen an der zwar bekannten, aber ungewöhnlichen Thematik.

Ohne Anspruch auf Allgemeingültigkeit hier einige Ergebnisse aus der Befragung der 45 SchülerInnen (zehn Mädchen, 35 Jungen): Grundsätzlich hatten die Mädchen und Jungen ungefähr gleich viel Spaß am allgemeinen Chemieunterricht und jeweils mehr Spaß beim Unterrichtsversuch »Spurensuche« als beim regulären Unterricht. Jedoch ist die Differenz zwischen der Bewertung der beiden Unterrichtsvarianten bei den Mädchen höher als bei den Jungen. Auch wenn sich beide Gruppen in Bezug auf das Interesse an der Thematik in ihrer Tendenz einig waren, gab es doch einige Unterschiede: Alle der befragten zehn Mädchen konnten sich vorstellen, in Zukunft weitere Versuche zu dem Thema Kriminalistik zu machen und beantworten die Frage mit »auf jeden Fall« oder »eher ja«, während dieses nur auf ca. zwei Drittel der 35 Jungen zutrifft. Die Motivation, das Buch nach dem Unterricht zu lesen, hatten zwei Drittel der Jungen (eher) nicht, während neun von zehn Mädchen eine zukünftige Beschäftigung mit dem Buch (eher) in Erwägung zogen. Bei der Schülergruppe konnte somit keine unmittelbare Wirkung auf die Lesemotivation bei den Jungen festgestellt werden.

Aus den Ergebnissen lassen sich vorsichtige Rückschlüsse ziehen. Für die SchülerInnen ist die Verknüpfung von Chemie und Literatur sicherlich eine neue Erfahrung, die allgemein auf Interesse stößt. Vielleicht ist damit gerade bei einigen Mädchen eine zusätzliche Motivationsquelle verbunden, die aufgrund des allgemein eher geringeren Interesses bemerkenswert ist. Eine entsprechende kurzfristig messbare Lesemotivation ergibt sich hieraus wahrscheinlich nicht. Beides wäre jedoch mit mehr SchülerInnen und längerfristig zu beobachten.

---

20 | Der Fragebogen dient als Grundlage für die Auswertung des Unterrichtsversuchs »Spurensuche« (siehe Anhang 2). Hierfür wurden zehn Fragen zusammengestellt mittels derer die SchülerInnen ihre Zufriedenheit beim Unterrichtsversuch, den Chemieunterricht im Allgemeinen und die Experimente im Besonderen sowie den Interessantheitsgrad der Experimente und das Interesse an der Thematik für zukünftige Unterrichtsstunden beurteilen sollten. Um festzustellen, wie populär die Krimi-Reihe *Flavia de Luce* bei den SchülerInnen ist, wurden sie zudem gebeten anzugeben, ob sie die Romane kennen und, darauf aufbauend, ob sie nach dem Unterrichtsversuch motiviert sind, diese zu lesen. Der Fragebogen bot den SchülerInnen außerdem die Gelegenheit, eigene Gedanken über den Unterrichtsversuch aufzuschreiben.

21 | Die Experimente haben entweder das Interesse der SchülerInnen geweckt oder ihnen jede Menge Spaß bereitet; bei keinem Experiment wurde weder das eine noch das andere bei der Rückmeldung angegeben.

Das Konzept lässt sich um weitere Versuche erweitern, da zu jedem Band der *Flavia-de-Luce*-Reihe ein analoger Unterrichtsentwurf erstellt werden kann. Durch die hervorgerufene Motivation der SchülerInnen gegenüber dem Unterrichtsversuch bzw. der Thematik wäre eine allgemeine Motivationssteigerung der SchülerInnen gegenüber dem Chemieunterricht denkbar. Um verschiedenste Interessen zu wecken und vor dem Hintergrund, dass sich Leseinteressen von Jungen eher auf Sachbücher richten (vgl. Fenkart 2011), könnten zusätzlich zu dem Kriminalroman einige kriminalistische Zeitungsartikel, Reportagen oder Artikel aus Sachbüchern in den Unterricht integriert werden. Diese Literaturgattungen entsprechen teils mehr den Interessen der Jungen in diesem Alter und würden vielleicht einen zusätzlichen Anreiz schaffen, sich im Anschluss mit dem Kriminalroman *Flavia de Luce – Halunken, Tod & Teufel* auseinanderzusetzen. Zur Interessensteigerung könnten auch bildunterstützte Textgattungen wie Comics oder bebilderte Sachbücher beitragen (vgl. Garbe 2003a).

Kritikpunkte bzw. Verbesserungsvorschläge betrafen insbesondere die Wartezeiten aufgrund der wenigen geeigneten Experimentierplätze. Die räumliche Ausstattung in den Schulen ist immer unterschiedlich, und es sollte versucht werden, eine gute Lösung für derartige Platzprobleme zu finden. In diesem Unterrichtsversuch lag die Lösung in der Gruppenarbeit. Hier könnte überlegt werden, den Gruppen an unterschiedlichen Stellen vergleichbare Zusatzaufgaben zu geben, damit die Rhythmen stärker auseinanderfallen.

Ein weiterer Kritikpunkt wurde bereits bei der zweiten Lerngruppe verbessert. Es wurde das aufwendige Saubermachen beklagt, gerade nach Versuch 3 mit dem Graphitpulver, welches von den SchülerInnen sehr großzügig verwendet wurde. Die zweite Lerngruppe sollte zur einfacheren Entsorgung einige Tücher rund um den Spiegel legen. Des Weiteren wies die Lehrkraft die SchülerInnen ausdrücklich auf das saubere Experimentieren hin, und es gab diesbezüglich keine Kritik in dieser Gruppe.

Die grundsätzliche Durchführung des Unterrichtsversuchs »Spurensuche« im Schulalltag ist differenziert zu betrachten. Die Versuche sind zunächst gut vorzubereiten. Lediglich das Luminolreagenz sollte frisch hergestellt werden. Demnach ist die aufzuwendende Zeit unmittelbar vor dem Unterrichtsversuch sehr gering. Jedoch dauert die Vorbereitung der Materialienboxen recht lange. Des Weiteren sind die benötigten Chemikalien nicht immer in den Schulen vorrätig. Demnach ist eine längere Planungsphase zu beachten, die eine Anwendung während des Schulalltags erschwert. Eine Alternative bietet die Durchführung des Unterrichtsversuchs im Rahmen einer Projektwoche.

Die abschließende positive Bewertung der SchülerInnen motiviert dazu, zukünftig weitere Unterrichtsversuche in ähnlicher Art und Weise zu gestalten. Modifikationen wie die zusätzliche Verwendung von Zeitungsartikeln sollten dabei mit eingebaut werden. Die Eignung der Thematik Kriminalistik für den Chemieunterricht mit Jugendlichen möchte ich abschließend noch besonders in den Vordergrund stellen. Es gibt viele interessante und geeignete SchülerInnenexperimente, die bei geringem Aufwand eine hohe Motivation bei den SchülerInnen hervorrufen können.

6 Ausblick

Der Einfluss von Geschlecht auf Lernleistung, Lernmotivation und Interesse wird in zahlreichen Studien deutlich sowie die Möglichkeit, über eine hohe Konkretisierung chemischer Inhalte »über die Phänomene, Modellierungen, Historie, Umwelt- und Gesundheitsaspekte und/oder Alltagsbezüge sowie über das Mitreden- und Weitererklärenkönnen (›Lernen und Lehren‹) die Attraktivität des Faches spürbar [zu erhöhen], ... und zwar bei Mädchen *und* Buben« (vgl. Anton 2008: 133). An einigen dieser Punkte knüpft der Unterrichtsentwurf an. Gleichzeitig zeigen Markus Prechtl und Christiane Reiners (2007), wie im Chemieunterricht durch Analogien, Schulbuchdarstellungen und die konkrete Unterrichtspraxis immer wieder (geschlechterstereotype) Bilder von Weiblichkeit und Männlichkeit transportiert werden. Hier versucht der Unterrichtsentwurf durch zwei Momente entgegenzuwirken: Zum einen wird (teilweise) mit Geschlechterstereotypen gebrochen, indem eine »Heldin der Kriminalistik« vorgestellt wird, ein Mädchen, welches ihre Kenntnisse der Chemie einsetzt zur Klärung von Verbrechen (und damit auch ein mögliches Berufsfeld aufgezeigt). Zum anderen wird Geschlecht entdramatisiert, insofern Geschlecht nicht selbst zum Thema wird. Vor dem Hintergrund der Erkenntnisse der Geschlechterforschung in der Fachdidaktik (vgl. Kampfshoff/Wiepcke 2012) wären hier weitere Anknüpfungspunkte zu entwickeln und umzusetzen.[22]

Ob ein solcher Unterrichtsentwurf nicht nur das Interesse am Chemieunterricht steigert, sondern zudem die Lesemotivation von Jungen zu fördern vermag, wäre weiter zu klären. Die Lesesozialisationsforschung besagt, dass es zwei Phasen gibt, in denen das Interesse am Lesen schwindet. Der erste »Leseknick« (Garbe 2003a: 17-18) tritt im Alter von acht bis zehn Jahren ein, also kurz nach dem Erlernen der Lesefähigkeit in der Grundschule. Den zweiten, vielleicht bedeutenderen, Leseknick beobachten ForscherInnen im Alter von 12 bis 14 Jahren, also beim Übergang in die Pubertät (vgl. Garbe 2003b: 79), wobei dieser Jungen und Mädchen unterschiedlich stark trifft (vgl. Garbe 2003a). Laut Katja Haug (2006) beträfe dieses jeden siebten Jungen, jedoch nur jedes zwanzigste Mädchen in der siebten Klasse. Da die Lesepraxis einen Einfluss auf die Lesekompetenz hat, ist ein Einbezug von Lektüren auch in andere Fächer als Deutsch sicherlich sinnvoll, auch wenn kein direkter Effekt auf die Lesemotivation feststellbar ist. In Bezug auf die Steigerung von Lesekompetenz und Lesemotivation stellt Gabriele Fenkart (2011: 270) fest:

»Wesentlich ist, dass die Lehrerinnen und Lehrer in bewusster Auswahl der Texte auf Medienvielfalt, Textsorten- und Genrevielfalt Wert legen; dass sie Lehr-Lernmaterialien auch als Texte begreifen, die Lesemotivation und nicht nur Lesekompetenz vermitteln sollen; dass sie auch auf Sachtexte, Sachliteratur und Arbeitsmaterialien Maßstäbe eines geschlechtergerechten Literaturunterrichts (Ausgewogenheit in Thema, Figurenzeichnung etc.) anwenden oder fehlende Geschlechtersymmetrie sichtbar machen; dass sie Anschlusskommunikation und Anschlusshandlungen ermöglichen, die Handlungsspielräume in der Lese- und Persönlichkeitsentwicklung fördern.«

---

22 | Einen ganz anderen konkreten Vorschlag für einen geschlechtersensiblen Chemieunterricht in Form von Chemie-Bildergeschichten und Concept Cartoons stellt auch Anja Lembens (2012) vor (siehe zudem den Beitrag von Spitzer/Prechtl in diesem Buch).

Hier wäre zu überlegen, wie die Literatur um andere Literaturgattungen sowie um Geschichten mit männlichen Hauptfiguren ergänzt werden kann, wobei hier durchaus ungewöhnliche Tätigkeitsfelder in den Blick geraten können, um Geschlechterstereotype zu brechen. Nicht zu vergessen ist hingegen, dass gerade Heldinnen selten Figuren des Schulunterrichts sind und genau dieses auch eine Intention des Unterrichtsentwurfes ist, um Mädchen stärker für den Chemieunterricht zu interessieren.[23] Ob und wie eine Motivationssteigerung für Chemie durch Literatur (bei Mädchen) mit einer Lesemotivation (bei Jungen) in eins gehen kann, wäre weiter zu beleuchten.

LITERATUR

Anton, Michael A., 2008: Kompendium Chemiedidaktik. Bad Heilbrunn: Klinkhardt.

Bader, Hans J./Rothweil, Martin, 2004: Fingerabdrücke. Verräterische Spuren am Tatort. In: Praxis der Naturwissenschaften – Chemie in der Schule. 53. Jg. H. 5, 16-19.

Bradley, Alan, 2012: Flavia de Luce. Halunken, Tod & Teufel. München: blanvalet.

Brandl, Herbert, 2004: Kaltes chemisches Licht im Dienste der Kriminalistik. In: Praxis der Naturwissenschaften – Chemie in der Schule. 53. Jg. H. 5, 30-31.

Bundeskriminalamt, 2014: Fakten und Zahlen zu AFIS. [www.bka.de/nn_206180/DE/ThemenABisZ/Erkennungsdienst/Daktyloskopie/AFIS/afis__node.html?__nnn=true, eingesehen am: 04.08.2014]

Cheng, Hsin-Yi, 2011: Sprachliche Verfahren des Wissensmanagements im Kriminalroman. Ein Beitrag zur dynamischen Texttheorie. Inaugural-Dissertation, Justus-Liebig-Universität Gießen.

Cornelißen, Waltraud, 2005: Gender-Datenreport. 1. Datenreport zur Gleichstellung von Frauen und Männern in der Bundesrepublik Deutschland. Erstellt durch das Deutsche Jugendinstitut e.V. in Zusammenarbeit mit dem Statistischen Bundesamt. 2. Fassung. München: Bundesministerium für Familie, Senioren, Frauen und Jugend. [www.bmfsfj.de/doku/Publikationen/genderreport/01-Redaktion/PDF-Anlagen/gesamtdokument,property%3Dpdf,bereich%3Dgenderreport,sprache%3Dde,rwb%3Dtrue.pdf, eingesehen am: 04.08.2014]

Crime & Science: Homepage zu Chemie im Alltag. http://crimeandscience.de.tl/Daktyloskopie.htm (eingesehen am: 02.08.2014)

Deutscher Bibliotheksverband e.V., 2009: Literatur in Bewegung: Jungenleseförderung von 9 Bibliotheken in Ostwestfalen-Lippe. [www.bibliotheksverband.de/dbv/themen/kulturelle-bildung/projekte-aus-bibliotheken/literatur-in-bewegung.html, eingesehen am: 28.08.2014]

Dörfler, Andreas, 2011: Chemolumineszenz. Vortrag von Andreas Dörfler, überarbeitet von Simone Paff. [http://daten.didaktikchemie.uni-bayreuth.de/umat/chemolumineszenz/chemolumineszenz.htm#wasistchemolumineszenz; eingesehen am: 28.08.2014].

---

23 | Beim Vergleich der Leselisten oder Leseprojekte, die für Jungen im Alter von ungefähr 13 bis 14 Jahren empfohlen werden (vgl. Deutscher Bibliotheksverband e.V. 2009), findet sich hauptsächlich Literatur, deren Geschichten von einer männlichen Hauptfigur handeln.

Exekutivagentur Bildung, Audiovisuelles und Kultur, 2010: Geschlechterunterschiede bei Bildungsresultaten. Derzeitige Situation und aktuelle Maßnahmen in Europa. Brüssel: EACEA P9 Eurydice. [http://eacea.ec.europa.eu/education/Eurydice/documents/thematic_reports/120DE.pdf; eingesehen am: 28.08.2014].

Faszination Kaltes Licht, 2004: Chemolumiiniszenz. [http://kaltes-licht.fsla.at/index2.htm; eingesehen am: 28.08.2014]

Fenkart, Gabriele, 2011: Sachorientiertes Lesen und Geschlecht. Transdifferenz – Geschlechtersensibilität – Identitätsorientierung. Dissertation an der Fakultät für Kulturwissenschaft. Klagenfurt: Alpen-Adria-Universität Klagenfurt. [www.uni-klu.ac.at/deutschdidaktik/downloads/Fenkart_Dissertation.pdf, eingesehen am: 05.08.2014]

Garbe, Christine, 2003a: Mädchen lesen ander(e)s. Für eine geschlechterdifferenzierende Leseförderung. In: JuLit. 29. Jg. H. 2, 14-29. [Ausschnitt unter www.querelles-net.de/index.php/qn/article/view/207/215, eingesehen am 20.11.2014]

Garbe, Christine, 2003b: Warum lesen Mädchen besser als Jungen? Zur Notwendigkeit einer geschlechterdifferenzierenden Leseforschung und Leseförderung. In: Abraham, Ulf/Bremerich-Vos, Albert/Frederking, Volker/Wieler, Petra (Hg.): Deutschdidaktik und Deutschunterricht nach PISA. Freiburg i.Br.: Fillibach, 69-89.

Haug, Katja, 2006: Risikogruppe: Jungen. Das männliche Geschlecht ist in stärkerem Maße von Leseschwäche betroffen. In: Lesen in Deutschland – Projekt und Initiativen zur Leseförderung. Online-Plattform. [www.lesen-in-deutschland.de/html/content.php?object=journal&lid=619, eingesehen am: 05.08.2014]

Hillen, Hergen, o.J.: Kriminalistik (Kriminaltechnik, Kriminalstrategien). In: KrimiLex – Kriminologie-Lexikon Online des Instituts für Kriminologie der Universität Tübingen. [www.krimlex.de/artikel.php?BUCHSTABE=&KL_ID=104, eingesehen am: 28.08.2014]

Lembens, Anja/Bartosch, Ilse, 2012: Genderforschung in der Chemie- und Physikdidaktik. In: Kampshoff, Martina/Wiepcke, Claudia (Hg.): Handbuch Geschlechterforschung und Fachdidaktik. Wiesbaden: VS, 83-97.

Lembens, Anja, 2012: Chemielernen und Gender – Zugänge für ALLE ermöglichen. In: Amon, Heidemarie/Bartosch, Ilse/Lembens, Anja/Wenzl, Ilse (Hg.): Gender_Diversity-Kompetenz im naturwissenschaftlichen Unterricht. Fachdidaktische Anregungen für Lehrerinnen und Lehrer. IMST Gender_Diversitäten Netzwerk. Klagenfurt: Institut für Unterrichts- und Schulentwicklung, 39-54. [https://www.imst.ac.at/app/webroot/files/nawi_auflage2_v1.2.pdf, eingesehen am: 05.08.2014]

Medienpädagogischer Forschungsverbund Südwest (mpfs), 2011: JIM-Studie 2011. Jugend, Information, (Multi-)Media. Basisstudie zum Medienumgang 12- bis 19-Jähriger in Deutschland. Stuttgart: mpfs. [www.mpfs.de/fileadmin/JIM-pdf11/JIM2011.pdf, eingesehen am: 28.08.2014]

Most, Kertin, 2011: Mädchen und Chemieberufe? Der Beitrag des Chemieunterrichts zur Unterstützung von Mädchen bei der Berufsorientierung. Reihe Unterrichtsentwicklung. Herausgegeben vom Amt für Lehrerbildung des Hessischen Kultusministeriums. Frankfurt a.M. [http://lsa.hessen.de/irj/servlet/prt/portal/prtroot/slimp.CMReader/HKM_15/LSA_Internet/med/929/92940051-f8af-4141-f012-f312b417c0cf,22222222-2222-2222-2222-222222222222,true, eingesehen am: 02.08.2014]

Niedersächsisches Kultusministerium (Hg.), 2007: Kerncurriculum für das Gymnasium Schuljahrgänge 5-10. Naturwissenschaften. Hannover.

Nusser, Peter, 2009: Der Kriminalroman. 4.Aufl. Stuttgart: Metzler.

Prechtl, Markus/Reiners, Christiane, 2007: Wie der Chemieunterricht Geschlechterdifferenzen inszeniert. In: Chemkon. 14. Jg. H. 1, 21-29.

Walker, Jearl, 2008: Der fliegende Zirkus der Physik. 9. Aufl. München: Oldenbourg.

Wanjek, Jörg, 2000: Einflüsse von Alltagsorientierung und Schülerexperimenten auf den Erfolg von Chemieunterricht. Empirische Untersuchung zur Entwicklung von Interessen und Einstellungen bei Schülern und Schülerinnen mit Vorschlägen für alltagsorientierte Unterrichtseinheiten. Inauguraldissertation in den Erziehungswissenschaften, Fachbereich 12 – Didaktik der Chemie. Münster: Westfälische Wilhelms-Universität Münster. [http://webdoc.sub.gwdg.de/ebook/dissts/Muenster/Wanjek2000.pdf, eingesehen am: 02.08.2014]

Weiß, Peter: Lumineszenz. [www.chemie.uni-jena.de/institute/oc/weiss/Luminol.htm, eingesehen am: 02.08.2014]

ANHANG 1

»Spurensuche – Täterermittlung im Chemieunterricht«

Ein Unterrichtsentwurf auf der Grundlage von Alan Bradleys *Flavia de Luce – Halunken, Tod & Teufel*

Inhalt

Die elfjährige Flavia de Luce lebt zusammen mit ihren zwei Schwestern, ihrem Vater und einigen Bediensteten auf dem Anwesen Buckshaw. Flavia ist leidenschaftliche Chemikerin und Hobbydetektivin. Mit ihrem feinen Spürsinn gelang es ihr schon häufiger, Verbrechen aufzuklären und somit der Polizei bei ihren Ermittlungen zu helfen.

Während eines Jahrmarktbesuches in Bishop's Lacey verschuldet Flavia versehentlich einen Brand, bei dem das Zelt der Wahrsagerin Fenella zerstört wird. Aus Schuldgefühlen bietet Flavia der Wahrsagerin an, mit ihrem Wohnwagen in einer versteckten Ecke auf Buckshaw zu verweilen. Als Flavia später erneut nach Fenella sehen möchte, findet sie sie verletzt in ihrem Wohnwagen auf. Nachdem Flavia die verletzte Fenella in ein Krankenhaus gebracht hat, beginnt sie mit ihren Ermittlungen. Schnell findet sie einige Spuren, die sie zu dem/der TäterIn führen.

Kannst du ihr helfen, den richtigen bzw. die richtige TäterIn zu ermitteln?

Versuch 1 – Vertraue deiner Spürnase

Materialien
Quelle 1 (siehe unten), Stoffstücke der jeweiligen Tatverdächtigen

Versuchsdurchführung
Ermittle den Geruch der Stoffe. Wedel dir dazu mit der Hand den Geruch zu. Fülle anschließend die Tabelle aus.

	TatverdächtigeR	TatverdächtigeR	TatverdächtigeR	TatverdächtigeR	TatverdächtigeR
	_____	_____	_____	_____	_____
Geruch					

Welche Tatverdächtigen bleiben übrig:

_____

_____

Versuch 2 – Blutnachweis mit Luminol

2.1

Materialien
Luminol-Reagenz, Schuhkarton, Tropfpipette, Stoffstück mit Blutfleck, Stoffstück mit Rote-Beete-Fleck

Versuchsdurchführung
Das Luminol-Reagenz ist ein Nachweismittel für Blut. Hierfür tropft man einige Tropfen des Luminol-Reagenz, mithilfe der Tropfpipette, auf das mit Blut befleckte Stoffstück und legt das präparierte Stoffstück in einen Schuhkarton. Nun wird durch ein Loch die Reaktion im Schuhkarton beobachtet. Notiere deine Beobachtung.

Beobachtung

_____

_____

_____

Wiederhole den Versuch mit dem Stoffstück, das mit Rote-Beete-Saft präpariert ist. Notiere deine Beobachtung.

Beobachtung

_____

_____

_____

2.2

Materialien
Luminol-Reagenz, Schuhkarton, Tropfpipette, drei Stoffstücke mit unbekannten Flecken

Versuchsdurchführung
Siehe Versuchsdurchführung 2.1.
Verwende die Stoffstücke mit unbekannten Flecken.

	TatverdächtigeR	TatverdächtigeR	TatverdächtigeR
	_____	_____	_____
Nachweis +/–			

Welche Tatverdächtigen bleiben übrig:

_____

_____

_____

Versuch 3 – (Un-)Sichtbare Spuren

Materialien
Holzkohlepulver, Pinsel, Spiegel, Einmalhandschuhe, Tesafilm, Quelle 2 (siehe unten)

Versuchsdurchführung
Als erstes werden die Einmalhandschuhe angezogen. Im Anschluss taucht man den Pinsel in das Holzkohlepulver und bepinselt *vorsichtig*(!) die Fingerabdrücke auf dem Spiegel. Sobald die Abdrücke gut sichtbar sind, klebt man je einen Streifen Tesafilm vorsichtig auf die Fingerabdrücke. Achte darauf, dass keine Falten entstehen. Der Tesafilmstreifen wird fest auf den Fingerabdruck gedrückt, im Anschluss abgezogen und auf den unteren Kasten geklebt. Verfahre so mit allen Klebestreifen.

Beobachtung

Zusatzfragen

Aus welchen Substanzen besteht eine daktyloskopische Spur?

_____

_____

Wie viele anatomische Merkmale müssen übereinstimmen, wenn das Grundmuster nicht bestimmbar ist?

___

Versuch 4 – Geheime Botschaft

Materialien
Spiegel, Einmalhandschuhe, Quelle 1 (siehe unten)

Versuchsdurchführung
Ziehe zunächst die Einmalhandschuhe an. Während des ganzen Versuchs ist darauf zu achten, dass der Spiegel nur am Rand berührt wird. Hauche nach und nach den gesamten Spiegel an.

Was steht auf dem Spiegel?

___

WelcheR TatverdächtigeR ist nach deinen Ermittlungen der/die wahre TäterIn?

___

Wie heißt dieseR Tatverdächtige?

___

Viel Spaß und Erfolg beim Experimentieren

Quelle 1: Flavias Notizen zu ihren bisherigen Ermittlungen

Tatverdächtige Person 1
Porcelain ist die Enkelin von Fenella. Sie erschien kurz nach dem Mordversuch. Ich habe sie dabei beobachtet, wie sie ihre Kleider im Fluss wusch. Wollte sie Blutflecken aus ihrer Kleidung entfernen?

Tatverdächtige Person 2
Mrs. Bull drohte Fenella mit einer Axt, weil sie glaubt, dass Fenella für den Tod ihres Babys verantwortlich ist.

Tatverdächtige Person 3
Brookie Harewood war zum Zeitpunkt des Verbrechens in der Nähe des Wohnwagens. Er ist kriminell. Was ist sein Tatmotiv?

Tatverdächtige Person 4
Der rote Bulle. Fenella meinte zu mir, der rote Bulle habe sie umbringen wollen. Wer ist der rote Bulle?

Tatverdächtige Person 5
Hilda Muir. Bevor Fenella schwer verletzt wurde, rief sie zweimal ihren Namen. Wer ist Hilda Muir? Wollte sie Fenella umbringen?

Der Tatort:
Am Tatort befand sich keine Tatwaffe und es roch nach Pfefferminze.

Quelle 2: Daktyloskopie – Die Wissenschaft von den Fingerabdrücken

»Jeder Mensch besitzt so genannte Papillarlinien [...] an den Fingern und Handflächen, im Übrigen auch an den Zehen und Füßen. Diese stellen ein Merkmal jedes menschlichen Individuums dar, das in etwa vom vierten Embryonalmonat bis zur Verwesung des Körpers nach dem Tod unveränderlich ist.« (Rothwell/Baker 2004: 16)

»Jeder Kontakt eines Fingers, einer Hand oder eines Fußes mit einer Oberfläche führt zu einer Spur der durch die Haut ausgeschiedenen Substanzen. Die frische daktyloskopische Spur besteht zu 98 % aus Wasser. Des Weiteren enthält sie anorganische Salze (überwiegend Chloride) und organische Bestandteile wie Fette, Aminosäuren, Peptide und Harnstoff.« (Rothwell/Baker 2004: 17)

»Ein daktyloskopischer Identitätsnachweis gilt als erbracht, wenn beim Merkmalsvergleich mindestens zwölf anatomische Merkmale in ihrer Form und Lage zueinander übereinstimmen. Die Zahl reduziert sich auf acht, wenn zusätzlich das Grundmuster bestimmbar ist.« (Rothwell/Baker 2004: 17)

Rothwell, Martin/Bader, Hans Joachim, 2004: Fingerabdrücke. Verräterische Spuren am Tatort. In: Praxis der Naturwissenschaften. Chemie in der Schule. 53. Jg. H. 5, 16.

ANHANG 2

Fragebogen

Unterrichtsversuch zu dem Thema »Spurensuche – TäterInnenermittlung im Chemieunterricht«

Klasse:						
Geschlecht:	weiblich O		männlich O			
Wie viel Spaß hat dir der Unterrichtsversuch gemacht?						
sehr wenig	O	O	O	O	O	sehr viel
Wie viel Spaß macht dir der Chemieunterricht im Allgemeinen?						
sehr wenig	O	O	O	O	O	sehr viel
Wie fandest du die Versuche, die bei dem Unterrichtsversuch gemacht wurden?						
weniger interessant	O	O	O	O	O	sehr interessant
Welchen Versuch fandest du am intcressantesten?						
	O	O	O	O	O	
	keinen	1	2	3	alle	
Welcher Versuch hat dir am meisten Spaß gemacht?						
	O	O	O	O	O	
	keiner	1	2	3	alle	
Würdest du gerne mehr Versuche zum Thema Kriminologie im Chemieunterricht machen?						
auf keinen Fall	O	O	O	O	O	auf jeden Fall
Bist du nach dem Unterrichtsversuch motiviert, das Buch »Flavia de Luce – Halunken, Tod & Teufel« zu lesen?						
auf keinen Fall	O	O	O	O	O	auf jeden Fall
Hast du bereits einen Band aus der Flavia de Luce – Reihe gelesen?						
	O	O				
	nein	Ja				
Welche Schulnote würdest du der Unterrichtseinheit geben?						
	O	O	O	O	O	O
	1	2	3	4	5	6
Kommentare, Fragen, Anregungen: _____						
_____						
_____						
_____						
Vielen Dank für Eure gute Mitarbeit!						

Wege zum »Traum«-Mathematikunterricht für Mädchen und Jungen

Renate Tobies, Janina Schneider

> Die Eigenart der Begabung ist an kein Geschlecht gebunden, sondern nur an das Individuum. Deshalb hat man allen Kindern gleiche Möglichkeiten zur Entfaltung ihrer Individualität zu geben ohne Rücksicht auf ihr Geschlecht.
> VAERTING (1929: 18)

Das dem Beitrag vorangestellte Zitat stammt von Mathilde Vaerting (1884-1977), der deutschlandweit ersten ordentlichen Professorin für Pädagogik, berufen 1923 an die Universität Jena (Thüringen).[1] Sie hatte ein Lehramtsstaatsexamen für die Fächer Mathematik, Physik und philosophische Propädeutik absolviert, mehrere Jahre als Mathematiklehrerin gearbeitet und war mit neuen mathematikdidaktischen Ansätzen und Arbeiten zur vergleichenden Geschlechterpsychologie bekannt geworden. Sie förderte besonders Mädchen im mathematisch-naturwissenschaftlichen Unterricht. Mit ihrer dezidiert vorgetragenen, aus eigener Erfahrung gewonnenen Auffassung, dass Mädchen in gleicher Weise wie Jungen für diese Fächer begabt seien, war sie eine Vorreiterin der sich allmählich durchsetzenden Ansicht, dass Mädchen ebenso wie Jungen an Mathematik interessiert sein können (vgl. Vaerting 1921, 1923, 1929[1921]).[2] Nur trauen sich Mädchen oft, trotz gleicher Leistungen, weniger zu, wie eine jüngere Studie erneut belegt (Goetz/Lüdtke/Pekrun/Hall 2013).

Im Zentrum des Beitrags stehen folgende Fragen: 1) Woher rührt das Zuordnen bestimmter Fächer zu einem Geschlecht und wie werden die noch immer vorhandenen Klischees verbreitet (Kap. 1)? 2) Wie könnte ein »Traum«-Unterricht aussehen, in dem Mädchen und Jungen in gleicher Weise gefördert werden (Kap. 2)? 3) Welche

---

1 | Der Beitrag beruht auf einem Vortrag von Renate Tobies, der an der Technischen Universität Braunschweig gehalten wurde. Entsprechende Ergebnisse basieren auch auf vorangegangenen Studien (Abele/Neunzert/Tobies 2004; Tobies 2008a, 2008b, 2009).
2 | Mathilde Vaerting und vier ihrer Schwestern gehörten zur Pionierinnen-Generation studierender Frauen, die bewusst Mathematik und Naturwissenschaften studierten (vgl. Tobies 2008a: 21ff.). Eine ihrer Schwestern, Marie Vaerting (1880-1964) promovierte mit einer mathematischen Dissertation an der Universität Gießen im Jahre 1910. Zu den Kurzbiographien in Mathematik promovierter Personen in Deutschland, 1907 bis 1945, vgl. Tobies (2006).

Maßnahmen im Rahmen von Schule und Elternhaus sind geeignet, alle Kinder in ihren mathematischen Interessen gleichermaßen zu fördern (Kap. 3)? Außerdem wird in Kapitel 4 beispielhaft gezeigt, wie der Satz des Pythagoras, ein wichtiger Unterrichtsgegenstand der Mathematik, in einer geschlechtersensiblen Weise vermittelt werden kann.[3] Abschließend bietet Kapitel 5 ein kurzes Fazit.

1 Das Zuordnen von Fächern zu einem Geschlecht

Obgleich bereits vor dem ersten Weltkrieg auch männliche Lehrpersonen positive Erfahrungen mit Mädchen bzw. jungen Frauen in angeblichen Männerfächern gesammelt hatten, hatte sich in der breiten (nicht-mathematischen) Öffentlichkeit die Meinung verfestigt, dass Mathematik, Naturwissenschaften und Technik eher etwas für Jungen seien (vgl. hierzu Abele/Neunzert/Tobies 2004). In der großen Enzyklopädie *Die Kultur der Gegenwart* (Hinneberg 1906) kann die Aufnahme eines gesonderten Abschnitts »Das höhere Mädchenschulwesen« in Band I von Teil I, *Die allgemeinen Grundlagen der Kultur der Gegenwart*, so gedeutet werden, dass höhere Mädchenbildung überhaupt als Bestandteil der damaligen Kultur begriffen wurde. Der Blick in den Beitrag des Autors Hugo Gaudig (1860-1923), der als Reformpädagoge mit einer kommunikativen Arbeitsschuldidaktik in die Geschichte eingegangen ist, offenbart jedoch das noch weit verbreitete konservative gesellschaftlich-kulturelle Ziel höherer Mädchenbildung. Gaudig (1906: 175ff.) betonte die besondere »intellektuelle Eigenart der Frau« und »die Größe des Unterschieds zwischen männlichem und weiblichem Geist«. Er trat gegen Koedukation sowie gegen das Einrichten von Realschulen bzw. Realgymnasien – mit wissenschaftlichem Unterricht in Mathematik und Naturwissenschaften – für Mädchen ein. Damit richtete er sich gegen eine Bewegung, die tatsächlich bereits in vollem Gange war. Realien wie auch alte Sprachen (Voraussetzung für viele Universitätsstudien) sollten zur Vorbereitung akademischer Studien nur begrenzt gelehrt werden. Sein Motto hinsichtlich Mathematik für Mädchenbildung lautete:

»Nur dass man nicht zu viel tun wolle! Man halte dreierlei fest: 1. Die Mathematik ›liegt‹ (trotz aller Beobachtungen sei's gesagt!) der Frauennatur im allgemeinen nicht; darüber hinweg kann nur eine dem Mädchen eigentümliche Kunst täuschen, die Kunst, zu wollen, was man soll; 2. ein fortleitendes, über die Schulzeit hinausführendes Interesse erweckt sie nur sehr selten; 3. eine Panazee [Wundermittel, Anm. RT] gegen die Macht des Unlogischen ist sie nicht; die Meinung, die Mathematik bringe eine ›allgemeine formale Verstandsbildung‹ zustande, gehört endlich in eine Rumpelkammer mit der Vermögenstheorie.« (Gaudig 1906: 228)

---

3 | Der Unterrichtsentwurf wurde von Janina Schneider aus Salzgitter unter Leitung von Renate Tobies im Rahmen des Ringseminars »Geschlechterwissen aus interdisziplinärer Sicht« des Braunschweiger Zentrums für Gender Studies im Wintersemester 2011/12 ausgearbeitet. Er wurde auf der Tagung »Teaching Gender. Geschlecht in der Schule und im Fachunterricht« präsentiert, die am 9./10. Februar 2012 vom Braunschweiger Zentrum für Gender Studies ausgerichtet wurde.

Diese Ansicht stand im Widerspruch zu den Intentionen der zwölfköpfigen Unterrichtskommission der Gesellschaft deutscher Naturforscher und Ärzte, die sich unter der Ägide des Mathematikers Felix Klein (1849-1925) im Jahre 1904 in Breslau gebildet hatte. Klein sah sich auch hierdurch veranlasst, etwas im Sinne mathematisch-naturwissenschaftlicher Fächer unternehmen zu müssen. In einem seiner anderen großen literarischen Projekte, den *Abhandlungen über den mathematischen Unterricht in Deutschland*, stellte einer seiner Doktorschüler, der Hamburger Gymnasialprofessor Johannes Schröder (1865-1937), richtig:

»Früher bestand lange Zeit das Vorurteil, daß Frauen die Beanlagung für mathematisches Denken gänzlich fehle, ihre weibliche Eigenart ziehe sie mehr zu einer Beschäftigung mit literarischen, sprachlichen, historischen und ethischen Fragen als zur streng logischen Denkbetätigung, wie sie nun einmal die Mathematik von jeher erfordert. Treffend hat u.a. Klein darauf aufmerksam gemacht, wie unberechtigt und haltlos die Ansicht ist, daß Frauen die Mathematik nicht liege.« (Schröder 1913: 89)

In der zweiten Auflage der *Allgemeinen Grundlagen der Kultur der Gegenwart* (Hinneberg 1912) hatte Gaudig die zitierte Passage weglassen müssen und notwendigerweise die seit dem Erlass vom 18. August 1908 in Preußen erfolgte Entwicklung des höheren Mädchenschulwesens beschrieben. Jedoch betonte er nach wie vor als »natürliches« und »Hauptberufsziel« für die Frau, »verheiratete Frau« zu sein (Gaudig 1912: 229). Wenn er auch die »im Wandel begriffene Kulturaufgabe« für die Frau hervorhob, so blieb bei ihm die »kulturgemäße« Schule diejenige, die der Frau den dominanten Platz im Haushalt zuwies, auch wenn er andere Berufsrichtungen für die unverheiratete Frau nicht mehr völlig ausschloss (Gaudig 1912).

Es ist nicht uninteressant, dass die ersten Frauen, als sie endlich offiziell zur Immatrikulation an deutschen Universitäten zugelassen worden waren, bevorzugt Mathematik und Naturwissenschaften als Studienfächer wählten (vgl. Tobies 2008a: 26f.; Schröder 1913: 89). Dennoch hielten und halten sich die alten Ansichten hartnäckig. Durch ein Bild von Mathematik, Naturwissenschaft und Technik, das in der Öffentlichkeit präsent ist, wird damals wie heute transportiert, dass dies vorwiegend männliche Domänen sind. Die Wirkung dieser Bilder ist groß, nicht zuletzt auch im Unterricht: Spüren die Schülerinnen, dass eine Lehrperson dieser Fächer weniger von ihnen erwartet, so kann das Auswirkungen auf das Interesse haben.

Wir haben entsprechende Ansichten und auch heute noch vorhandene Klischees im Arbeitskreis »Frauen und Mathematik« der Gesellschaft für Didaktik der Mathematik (GDM)[4] sowie in Publikationen analysiert und diskutiert (vgl. u.a. Kaiser 1999; Krahn/Niederdrenk-Felgner 1999; Niederdrenk 2001; Abele/Neunzert/Tobies 2004). Das soll hier nicht wiederholt werden. Wichtig ist hervorzuheben, dass Mädchen – wenn sie nur die entsprechenden Möglichkeiten erhalten – in gleicher Weise wie Jungen begabt sind. Dies dokumentieren auch internationale Ergebnisse (vgl. z.B. Kane/Mertz 2012). In der Regel sind es die Eltern, die Lehrpersonen und das Umfeld, die positiv oder auch negativ Einfluss nehmen können. Dabei gilt es noch immer, traditionelle Denkweisen zu überwinden. Marginale Zahlen von

---

4 | Zur Homepage des Arbeitskreises: www.ph-ludwigsburg.de/3164.html (eingesehen am: 12.06.2014).

Frauen in höchsten Positionen, z.B. auf Professuren in der Mathematik, können auch darauf zurückgeführt werden.[5] Um hier eine Veränderung zu ermöglichen, ist es notwendig, interessierte, begabte Mädchen bereits in der Schule hinreichend zu fördern und ihren Weg auch in der Folge weiter zu ebnen. Jüngere Studien zeigten, dass Personen mit Abschluss in mathematisch-naturwissenschaftlich-technischen Fächern bessere Berufschancen besitzen und auch mehr verdienen als Personen in vielen anderen Berufsfeldern.[6]

2 »TRAUM«-MATHEMATIKUNTERRICHT FÜR MÄDCHEN UND JUNGEN

Schüler und Schülerinnen in gleicher Weise auf das Leben vorzubereiten, bedeutet, ihnen dieselben Möglichkeiten zu bieten. Ein Unterrichtsfach sollte nicht von vornherein als für ein Geschlecht besonders geeignet erscheinen oder gelehrt werden. Im Rahmen des Arbeitskreises »Frauen und Mathematik« der GDM wurden Diskussionen darüber geführt, wie ein Unterricht auszusehen hat, der sowohl Mädchen als auch Jungen im Mathematikunterricht der Schule fördert. Mitglieder des Arbeitskreises berichteten von eigenen Erfahrungen, publizierten über ihre Unterrichtsergebnisse und/oder führten im Rahmen von Forschungsvorhaben umfangreiche Untersuchungen durch, deren Resultate in Form von Dissertationen, Artikeln und Büchern vorliegen. Über einige dieser Ergebnisse soll hier berichtet werden.

Die Münchener Studiendirektorin Ulrike Schätz unterrichtete lange Jahre Mathematik und Physik am Luisen-Gymnasium, gab an der Universität München im Rahmen der Mathematikdidaktik ihre Erfahrungen weiter und entwickelte die Schulbuchreihe *Mathematik für Gymnasien*, die ganz bewusst gendersensibel gestaltet ist (vgl. Schätz/Eisentraut 2004, 2005, 2007). Sie ließ SchülerInnen der 5. und 8. Jahrgangsstufen aufschreiben, wie sie sich ihren »Traum-Mathematikunterricht« vorstellen. Die Antworten bieten hilfreiche Hinweise für einen guten Unterricht: »›Üben muss unbedingt sein – aber in meinem Traummathematikunterricht sind Möglichkeiten gefunden worden, dass sogar das Üben Spaß macht‹« (Schätz 1999: 18). Hier zeigt sich, dass es weniger das *Was* als das *Wie* ist, das Freude an der Mathematik fördern kann. Andere Äußerungen dokumentieren, wie wichtig es ist, dass die Lehrkraft an jedem einzelnen Kind interessiert ist, dass sie Schülerinnen und Schülern gleichermaßen positiv gegenübertritt und vermeidet, negative Elemente wie Hektik, Zeitdruck, Stoffdruck in den Blickpunkt zu rücken, sowie dass die Methodik abwechslungsreich ist:

---

5 | Die Gründe dafür, dass Frauen in diesen Fächern unterrepräsentiert sind, sind natürlich sehr vielschichtig und beruhen nicht nur auf vorhandenen Klischees (für die Mathematik vgl. die Studie Flaake/Hackmann/Pieper-Seier/Radtke 2006; allgemein zu Frauen in hoch qualifizierten Berufen vgl. Wetterer 1992).
6 | Für die Mathematik bietet Andrea E. Abele, Helmut Neunzert und Renate Tobies (2004) eine detaillierte Analyse, die zeigt, dass Frauen und Männer nach dem Mathematikstudium die gleichen Berufschancen haben.

»›Im Traummathematikunterricht erklärt die Lehrkraft neue Themen langsam und ausführlich und mit abwechslungsreichem Anschauungsmaterial. Die ›Trainingsphase‹, in der Stoff eingeübt und/oder wiederholt wird, sollte in Gruppenarbeit erfolgen. Die Lehrkraft sollte immer dort – aber eben nur dort – helfend eingreifen, wo dies nötig ist. Im Übrigen erklären diejenigen, die sich schon ›auskennen‹, denen, die ›es noch nicht gescheckt‹ haben, Schwieriges, denn durch Erklären lernt man erst richtig‹ [14 Jahre].« (Schätz 1999: 18)

Weitere von den SchülerInnen genannte Elemente eines »Traum«-Mathematikunterrichts waren:

- der Einsatz von mathematischen Spielen, die auch von SchülerInnen selbst entworfen sein können, der Bau von Modellen im Geometrieunterricht und das Ausstellen dieser Modelle;
- das praktische Ausmessen von Flächenmaßen im Schulhof;
- das Einbinden von Aspekten, bei denen »Mathematik im täglichen Leben vorkommt«;
- das Durchführen mathematischer Projekte mit anschließender Posterpräsentation;
- die Verwendung mathematikhistorischer Erkenntnisse, d. h. dass die SchülerInnen begeistert waren zu erfahren, woher die mathematischen Begriffe, Sätze, Theorien stammen und dass auch Frauen daran früh beteiligt waren, in der Mathematik Neues zu kreieren (vgl. Schätz 1999: 18).

Die Ausführungen der Mädchen bei diesem Aufsatz über ihre Vorstellungen zum »Traum«-Mathematikunterricht waren insgesamt ausführlicher als die der Jungen; es gab jedoch viele Übereinstimmungen. Unterschiede zeigten sich darin, dass nur Jungen den Wunsch nach weniger Hausaufgaben äußerten. Und es führten nur Mädchen an, Angst davor zu haben, »ausgelacht zu werden«. Das ist übrigens einer der wichtigsten Gründe dafür, dass Mädchen im monoedukativen Unterricht im Durchschnitt bessere Leistungen erbringen und sich mehr für entsprechende Fächer interessieren.[7] Insbesondere trauen sie sich dann zu fragen, wenn sie etwas nicht verstanden haben. Der Vorschlag, stärker Gruppenarbeit einzubeziehen, kam von Mädchen häufiger als von Jungen.

Ulrike Schätz konnte auf ernsthafte Antworten vertrauen sowie darauf, dass sie der Mehrzahl ihrer SchülerInnen einen derartigen Unterricht geboten hatte. Sie führte zahlreiche AbiturientInnen zu guten Abschlüssen. Ein Vergleich der Unterrichtskonzepte von Schätz mit den Aufzeichnungen der SchülerInnen lässt vermuten, dass sich in deren Antworten auch der Ideenreichtum, die methodische Vielfalt und die angenehme Unterrichtsatmosphäre widerspiegeln, die dieser Unterricht bot. Dies verweist darauf, dass ein »Traum«-Mathematikunterricht durchaus realisierbar ist.

---

7 | Es gibt inzwischen zahlreiche Schulversuche in Mathematik, Physik sowie beim Einsatz des Computers, die belegen, dass Mädchen im (auch nur zeitweisen) monoedukativen Unterricht ein stärkeres Interesse und größeres Selbstvertrauen entwickeln (vgl. z.B. Herwartz-Emden 2007; Ripke/Siegeris 2011; Nyssen/Ueter/Strunz 1996; Schätz 1999; Abel/Niederdrenk-Felgner/Vogel 2006; Fleckenstein 2014; Projekt am Mariengymnasium Essen_Werden, o.J.).

Im Rahmen eines älteren Forschungsprojekts in Österreich fand Helga Jungwirth heraus, dass sich Lehrpersonen – oftmals unbewusst – gegenüber Mädchen und Jungen im Unterrichtsgespräch unterschiedlich verhalten. Wie die Autorin jüngst im Arbeitskreis »Frauen und Mathematik« (Jena, Oktober 2013) urteilte und Erfahrungen weiterer im Arbeitskreis tätiger LehrerInnen bestätigen, sind diese Ergebnisse nach wie vor aktuell. Das differierende Verhalten von Lehrpersonen gegenüber Schülerinnen und Schülern wirkte sich z.T. negativ auf die Leistungen und die Einstellungen von Mädchen zum Fach Mathematik aus. Helga Jungwirth empfahl aufgrund ihrer Studie, die häufig beobachtete Arbeitsweise, Lehrstoff im Einzelgespräch zu erarbeiten bzw. zu wiederholen, weitgehend zu vermeiden. Dagegen haben das schriftliche Erarbeiten von Lehrstoff bzw. das Lösen von Problemen sowie Gruppenarbeit bessere Lerneffekte gezeigt (vgl. Jungwirth 1990).

Mit einer detaillierten Untersuchung von Unterrichtsmethoden und deren Auswirkungen auf Mädchen und Jungen im Mathematikunterricht befasste sich Sylvia Jahnke-Klein im Rahmen ihres Promotionsprojekts, welches sie an der Universität Oldenburg abschloss. Ausgehend von einer Problemanalyse, die ähnliche Ergebnisse brachte, wie sie Schätz aus ihrem Erfahrungsbereich schilderte, bot sie in ihrer Dissertation inhaltliche, methodische und unterrichtskulturelle Ansätze für einen »sinnstiftenden Mathematikunterricht«. Zusammengefasst kann hervorgehoben werden, dass es inhaltlich wichtig ist, ein »ganzheitliches neues Bild« von Mathematik in der Schule zu vermitteln und den SchülerInnen die vielfältigen Dimensionen von Mathematik nahezubringen. Dies sollte in einer Form geschehen, in der die bisherige Monokultur des Unterrichts (der dominant fragend-entwickelnde Unterricht erwies sich insbesondere für Mädchen als nachteilig) durch Methodenvielfalt ersetzt wird (vgl. Jahnke-Klein 2001a).[8]

Mathematik ist geprägt durch Objektivität und Wertneutralität. In der Regel werden Emotionen ausgeblendet. Es wurde bei den empirischen Unterrichtsuntersuchungen von Sylvia Jahnke-Klein wiederholt erkannt, dass die Motivation für den Mathematikunterricht sehr gut gefördert werden kann, wenn mathematische Stoffe mit Personen verknüpft werden, d.h. Mathematikgeschichte in den Unterricht eingebunden wird. Damit kommt ein subjektives Moment in das Unterrichtsgeschehen, an das sich SchülerInnen später nachweislich – in Verbindung mit dem gelehrten Stoff – besser erinnern. Insgesamt ergaben die Studien, dass sich das Zulassen subjektiver Sichtweisen von SchülerInnen auch positiv auf den Lerneffekt auswirkt. Derartige Sichtweisen zu diskutieren und nicht einfach abzutun, heißt die Lösung, denn eine produktive Auseinandersetzung mit Fehlern unterstützt den Erkenntnisprozess. Das Zulassen von Umwegen und das bewusste Anregen einer Suche nach alternativen Lösungen fördern die schöpferischen Prozesse und das Selbstvertrauen der SchülerInnen in ihre mathematischen Fähigkeiten.[9] Dies dient zugleich nachweislich dem Interesse am Fach und der Lernfreude (vgl. Jahnke-Klein 2001a).

---

8 | Vgl. hierzu auch die Übersicht über die Einsatzmöglichkeiten zahlreicher Methoden im Unterricht der Qualitäts- und UnterstützungsAgentur – Landesinstitut für Schule (www.standardsicherung.schulministerium.nrw.de/methodensammlung/liste.php, eingesehen am: 20.11.2014).

9 | Vgl. auch die Materialien zum Problemlösen der Mathematikdidaktikerin Frau Prof. Dr. Regina Bruder der Technischen Universität Darmstadt (www.problemloesenlernen.dvlp.de/, eingesehen am: 20.11.2014), wo u.a. ein Online-Fortbildungskurs angeboten wird.

Da die Ergebnisse internationaler Studien zeigen, dass Mädchen in anderen Ländern durchaus nicht schlechter in Mathematik abschneiden als Jungen (vgl. Baumert/Bos/Watermann 1998), ist es sehr wahrscheinlich, dass eine geeignete, problemorientierte Unterrichtsgestaltung Erfolge bringen kann. Hier ist nicht nur von internationalen Erfahrungen zu lernen, sondern auch aus der Vergangenheit: Bereits die eingangs erwähnte Mathilde Vaerting (1929, zit.n. Abele/Neunzert/Tobies 2004: 31) polemisierte gegen das Auswendiglernen und befürwortete eine sehr moderne, problemorientierte Methode, von ihr »forschendes Lernen« genannt, eine Methode, die besonders das Erziehen zur Selbstständigkeit fördern kann:

»Die Selbständigkeit ist dadurch gekennzeichnet, dass sie dem Schüler eine Aufgabe stellt, die über das Bekannte hinaus etwas Neues verlangt. Der Stoff wird nicht vorher erarbeitet und dann das Verständnis an der Aufgabe geprüft, sondern die Aufgabe wird so gestellt, dass der Schüler selbständig etwas nicht Behandeltes, etwas Neues findet.«

3 MASSNAHMEN IM RAHMEN VON SCHULE UND ELTERNHAUS, UM DAS INTERESSE FÜR MATHEMATIK ZU FÖRDERN

Wie die Gestaltung des Schulalltags und das Elternhaus dazu beitragen können, die besonderen Interessen des einzelnen Kindes zu fördern, ist in der Literatur verschiedentlich diskutiert worden (vgl. besonders Jahnke-Klein 2001a). Hervorzuheben ist auch die ältere Darstellung von Lilly Beermann, Kurt A. Heller und Pauline Menacher (1992), deren Ausführungen nach wie vor aktuell sind. Eltern und Lehrpersonen, die von einem Kind weniger erwarten – wie angedeutet –, werden die Selbstwirksamkeitserwartung[10] des Kindes hemmen. Dabei gilt es, gerade diese durch verschiedene Maßnahmen zu erhöhen. Wie bereits erwähnt, ist einerseits zu vermeiden, dass ein bestimmtes Fach stereotyp einem bestimmten Geschlecht zugeschrieben wird. Andererseits sollten Maßnahmen ergriffen werden, die insbesondere das Selbstvertrauen von Mädchen unterstützen. Diese können auch im Elternhaus realisiert werden.

Das Elternhaus vermag bereits durch geeignetes Spielzeug sowie durch Einbeziehen der Mädchen in technische Vorgänge fördernd zu wirken. Damit kann auch der Erwerb eines guten räumlichen Vorstellungsvermögens unterstützt werden. Die vielfach diskutierten Unterschiede zwischen Mädchen und Jungen in diesem Bereich korrelieren nicht notwendigerweise mit Unterschieden bei den Mathematikleistungen. Bisher nicht reproduzierbare Ergebnisse einer US-amerikanischen Studie der Psychologin Camilla P. Benbow (1980, 1990), derzufolge Mädchen aufgrund hormoneller und anderer biologisch bedingter Aspekte notwendig schlechter im Bereich des räumlichen Vorstellungsvermögens abschneiden als Jungen, was wiederum Auswirkungen auf ihre mathematischen Fähigkeiten habe, wurden in den Medien spektakulär vermarktet. Dadurch wurden die Ansichten von Eltern

---

10 | Das Konzept der »Selbstwirksamkeitserwartung« wurde von dem kanadischen Psychologen Albert Bandura in den 1970er-Jahren entwickelt (Bandura 1977). Es bezeichnet die Erwartung, gewünschte Handlungen aufgrund eigener Kompetenzen erfolgreich ausführen zu können.

nachweislich negativ beeinflusst, wie bereits in Beermann, Heller und Menacher (1992: 43) kritisch vermerkt wurde:

»Mütter, die die Berichterstattungen von Benbow & Stanley[11] gelesen hatten, hielten ihre Töchter für weniger mathematisch begabt, erwarteten weniger Erfolg für die Mathematikleistungen ihrer Töchter und dachten, dass sich diese mehr anstrengen müssten, um gute Leistungen in Mathematik zu erzielen, als jene Mütter, die diese Studie nicht gelesen hatten, und dies, obwohl sich die Mathematiknoten der Mädchen beider Gruppen nicht unterschieden. Theorien können somit als sich selbsterfüllende Prophezeiung wirken, mit dem Effekt der Entmutigung junger Mädchen und jener Personen, die diese beeinflussen.«

Entsprechende Ansichten flossen in populärwissenschaftliche Literatur ein, die seit einigen Jahren auch in deutschsprachigen Ländern in hoher Auflage publiziert wird. Allan und Barbara Pease (2002: 166f) bezogen sich explizit auf Camilla Benbow und schlussfolgerten: »Frauen haben keine guten räumlich-visuellen Fähigkeiten, weil sie von jeher kaum etwas anderes jagen mußten als Männer«. Es ist zu empfehlen, gleich zum wissenschaftlichen Werk zu greifen, das sich mit diesen Ansichten auseinandersetzt (Quaiser-Pohl/Jordan 2004).

Im Elternhaus wie in der Schule kann das Vertrauen in die eigenen Fähigkeiten durch das bewusste Organisieren von Erfolgserlebnissen gefördert werden – natürlich auch für Jungen. Sylvia Jahnke-Klein verweist darauf, dass selbstverständlich auch Jungen in männlich konnotierten Fächern nicht immer hinreichend selbstbewusst seien, dass sie vielmehr hinter der Maske des »Cool-Seins« und ihrem dominanten Verhalten oftmals Unsicherheit verbergen. Sie schlägt vor, Jungen besonders für kooperatives Verhalten zu beloben, um das entsprechende Selbstbewusstsein zu fördern sowie zugleich ein positives Sozialverhalten zu erreichen. Kooperative Unterrichtsmethoden wie Gruppenarbeit zielen – geeignet eingesetzt – nicht nur auf ein entsprechendes Sozialverhalten, sondern fördern auch bessere Leistungen sowohl bei den leistungsschwächeren als auch bei den leistungsstärkeren SchülerInnen (Jahnke-Klein 2001a, 2004, 2005).[12]

Wenn diese Methoden bisher auch stärker von Mädchen gewünscht werden, so gilt doch nach wie vor die Aussage des Physikdidaktikers Martin Wagenschein (1896-1988): »Wenn man sich nach den Mädchen richtet, dann ist das auch für Jungen richtig, umgekehrt aber nicht« (1965: 350). Diese Erkenntnis spiegelt sich bereits in den vorgeschlagenen Maßnahmen für Schule und Elternhaus wider, die bei Beermann/Heller/Menacher (1992: 91-95) zusammenfassend dargeboten werden. Geänderte Lehrpläne und Schulbücher, die stärker an den Interessen von Mädchen orientiert sind, benachteiligen Jungen nicht – wie Analysen bestätigen –, können aber das Interesse von Mädchen fördern (vgl. Kriege 1995). Einen sehr positiven Ansatz einer Mathematik-Lehrbuchgestaltung, die den Geschlechteraspekt und auch mathematikhistorische Ergebnisse vorbildlich berücksichtigt, bietet die bereits er-

---

11 | Camilla Benbow und ihr Kollege Julian Cecil Stanley (1918-2005) vermarkteten ihre biologistischen Ansichten in zahlreichen Publikationen (vgl. z.B. Benbow/Stanley 1983, 1988). Zur Liste dieser Publikationen siehe Beermann/Heller/Menacher (1992: 112).
12 | Vgl. die umfangreiche empirische Studie von Sylvia Jahnke-Klein (2001b), in der 2.043 Fragebögen analysiert wurden und die belegt, dass sich die SchülerInnen bei kooperativen Arbeitsweisen besonders wohlfühlten.

wähnte, mit Preisen ausgezeichnete Schulbuchreihe *Mathematik für Gymnasien* (u.a. Schätz/Eisentraut 2004, 2005, 2007), die inzwischen seit mindestens zehn Jahren in zahlreichen Bundesländern zugelassen ist.

Abschließend soll darauf verwiesen werden, dass es heute im Allgemeinen selbstverständlich ist, dass junge Frauen eine Berufsausbildung absolvieren. Die Empfehlungen, die Mädchen gegeben werden – auch wenn sie in allen Fächern gleich gute Leistungen erzielt haben –, orientieren sich jedoch weiterhin häufig an den gängigen Rollenklischees. Deshalb sollte der Vorbereitung der Berufswahl insgesamt stärkere Aufmerksamkeit gewidmet werden (siehe Beitrag Thiessen/Tremel in diesem Buch). Mathematisch-naturwissenschaftlich-technisch begabte Mädchen sollten darin unterstützt werden, einen Weg außerhalb des verbreiteten Geschlechtsrollenstereotyps zu gehen. Es gibt dazu bereits langfristige, gute Modellversuche, geeignete Programme und umfangreiche Studien, die positive Erfahrungen belegen (Abele 2002; Abele/Neunzert/Tobies 2004).

Im nächsten Kapitel wird der fiktive Unterrichtsentwurf einer Studentin präsentiert, der den wichtigen mathematischen Satz des Pythagoras ($a^2 + b^2 = c^2$), bezogen auf rechtwinklige Dreiecke historisch einbettet, Forscherinnen, die im Kontext damit stehen, besonders hervorhebt und weitere bisher dargestellte Vorschläge bei der Unterrichtsgestaltung berücksichtigt.

Der nach Pythagoras von Samos (* um 570 v. Chr., † nach 510 v. Chr.) benannte Satz war in anderen frühen Kulturen ebenfalls bekannt. Soweit überliefert, befindet sich der erste Beweis dieses Satzes in den *Elementen* des Euklid (um 300 v. Chr.). Theano (6./5. Jhd.) wird in antiken Quellen als Pythagoreerin bezeichnet, als Anhängerin von Pythagoras (ihre Leistungen und ob sie die Ehefrau war, ist nicht vollkommen gesichert, da die vorsokratischen Quellen sehr marginal sind). Ihr werden Weisheit und Tugend zugeschrieben. Hypatia (um 355-415) gilt als erste griechische Frau mit wichtigen mathematischen Leistungen; jedoch gibt es auch davon nur marginale Quellen. Die französische Mathematikerin Sophie Germain (1776-1831) lieferte einen Teilbeweis für eine Gruppe von Primzahlen für den Großen Fermat'schen Satz, den der Mathematiker Pierre de Fermat (1607-1665) ausgehend vom Satz des Pythagoras ($a^2 + b^2 = c^2$) formuliert hatte: $a^n + b^n \neq c^n$, für $n > 2$.

4 Erarbeitung und Anwendung des Satzes des Pythagoras – eine neue Herangehensweise

Der Satz des Pythagoras, so scheint es, ist ein trockener Stoff, der einfach auswendig gelernt und eingeübt werden muss. Der folgende Unterrichtsentwurf, der fiktiv ist und nicht in dieser Form umgesetzt wurde, soll zeigen, wie ein anderer Zugang zum Vermitteln und Lernen anwendbar ist – und vielleicht den Unterricht ansprechender gestalten und stärker zum Lernen motivieren kann.

Im Folgenden werden zunächst die didaktisch-methodischen Aspekte dargestellt (Kap. 4.1), darunter die Voraussetzungen sowie die Lerninhalte und Hauptanliegen. Danach wird der didaktisch-methodische Gang der Stunde skizziert (Kap. 4.2).

4.1 Didaktisch-methodische Begründung der Stunde

4.1.1 Voraussetzungen der Unterrichtsstunde

Der hier projektierte Versuch einer Unterrichtsstunde (90 Minuten) ist für die Zeit eines sechswöchigen Praktikums (Allgemeines Schulpraktikum) in einer 9. Klasse vorgesehen (vgl. auch Kretschmer/Stary 2010).

Vorausgesetzt wird, dass es die SchülerInnen gewohnt sind, auch im Fach Mathematik Vorträge zu halten, um Aspekte der Mathematikgeschichte zu integrieren. Deshalb ist es für die Klasse normal, auch in dieser Stunde zwei Vorträge zu hören. Im Laufe des Schuljahres hat jede Schülerin und jeder Schüler mindestens einen Vortrag zu halten.

4.1.2 Lehrinhalte und Hauptanliegen

Die Kerncurricula des Landes Niedersachsen enthalten auch für den Mathematikunterricht die Vorgabe, die Kompetenzentwicklung der SchülerInnen anzuregen, zu unterstützen, zu fördern und nachhaltig zu sichern (vgl. Niedersächsisches Kultusministerium 2006: 8). Um dieses umzusetzen, werden SchülerInnenvorträge über berühmte Mathematiker und insbesondere über berühmte Mathematikerinnen, die einen Beitrag zum jeweiligen Thema geleistet haben, in den Mathematikunterricht eingebaut. Dadurch sollen – nicht nur, aber auch – die Mädchen für das Fach interessiert werden und eine Selbstwirksamkeit entwickelt werden, die dazu beitragen kann, die eigenen Kompetenzen für das Fach zu erkennen und diese zu verbessern.

In der hier konzipierten Stunde wird mit dem Satz des Pythagoras ein neues mathematisches Thema begonnen: Die Satzgruppe des Pythagoras (vgl. Schätz/Eisentraut 2007: Kap. 2). Der Satz des Pythagoras bedeutet in seiner Einfachheit nichts anderes, als dass in einem rechtwinkligen Dreieck die Summe der Kathetenquadrate, d.h. der Quadrate der beiden kürzeren Seiten in einem rechtwinkligen Dreieck, gleich dem Hypotenusenquadrat ist, wobei die Hypotenuse die längste Seite ist. Dazu passende Stellen im Kerncurriculum verweisen auf folgende inhaltsbezogene Kompetenzen: Die SchülerInnen »formen Terme mit Hilfe der Rechengesetze um«, »berechnen Winkelgrößen mit Hilfe des Thalessatzes und Streckenlängen mit Hilfe des Satzes von Pythagoras« und »schätzen und berechnen Umfang und Flächeninhalt geradlinig begrenzter Figuren« (Niedersächsisches Kultusministerium 2006: 27ff.).

Der Satz des Pythagoras ist nicht nur Bestandteil der Kerncurricula, sondern wird auch in den Schulbüchern explizit behandelt. SchülerInnen sollen die entsprechende Formel auswendig lernen, so der klassische Lehrplan. Um aber die mathematische Kompetenz zu erweitern, ist es hilfreich zu wissen, dass dieser Satz bewiesen wurde, und einen entsprechenden Beweis zu sehen.

Zunächst wird der Satz des Pythagoras an der Tafel visualisiert: Über den Seiten eines rechtwinkligen Dreiecks werden die dazugehörigen Quadrate gezeichnet (vgl. Anhang 3, rechtes Tafelbild). Nachdem den SchülerInnen durch die Lehrperson der Satz des Pythagoras mithilfe des Beweises aus den *Elementen* des Euklid (Buch I, Satz 41) dargelegt wurde (vgl. Roth 2014), sollen sie selbst einen anderen geometrischen Beweis dafür probieren. Dabei sollen bereits bekannte algebraische und geometrische Gesetzmäßigkeiten verwendet werden. Auf diese Weise können die SchülerInnen »ihr Netz aus Wissenselementen und Fertigkeiten aktiv-entdeckend und lokal ordnend [aufbauen] und es beständig weiterentwickeln« (Niedersächsisches Kultusministerium 2006: 8). Beide Beweise sind geometrisch, jedoch völlig unterschiedlich. Das soll genutzt werden, um die Erkenntnis zu vermitteln, dass es bisher mehrere hundert verschiedene Beweise für den Satz des Pythagoras gibt.

Das Hauptanliegen dieser Stunde besteht darin, den SchülerInnen den Satz des Pythagoras in seiner ganzen Tiefe nahe zu bringen. Da es sich um einen der grundlegendsten Sätze der euklidischen Mathematik handelt (vgl. Fraedrich 1995), dessen Kenntnis auch in späteren Themengebieten der Mathematik, z.B. Tangentensteigung oder Entfernung zweier Punkte im kartesischen Koordinatensystem sowie bei der Berechnung der Höhe einer Pyramide, und durchaus auch im Alltag Anwendung finden kann, ist es wichtig, dass dieser Satz den SchülerInnen im Gedächtnis bleibt.

4.2 Didaktisch-methodischer Gang der Stunde

Zur Vorbereitung auf die in Kapitel 4.1.2 beschriebene Stunde wurden im Vorfeld vier Referate verteilt, und zwar zu den Persönlichkeiten Pythagoras, zu Pythagoras' Frau Theano, zu Hypatia und zu Sophie Germain (vgl. Kap. 3). Die ersten beiden Personen werden in dieser Stunde vorgestellt. Die Verbindung des mathematischen Themas mit einer oder mehreren Personen soll dazu beitragen, dass die Thematik von den SchülerInnen insgesamt besser erinnert wird, sodass diese Form des Unterrichtseinstiegs dem späteren Unterricht dienlich ist. Durch die Vorstellung von berühmten Frauen aus dem Bereich der Mathematik sollen sich nicht nur Mädchen ermutigt fühlen, sondern es soll insgesamt die Bedeutung von Frauen in der Mathematik verdeutlicht werden.

Nach den Vorträgen wird die linke Tafelseite durch die Lehrperson aufgeklappt (siehe Anhang 3). Sichtbar wird ein beschriftetes rechtwinkliges Dreieck. Um die jeweiligen Begriffe (Kathete, Hypotenuse, rechter Winkel) erneut in das Gedächtnis der SchülerInnen zu rufen, werden diese aufgefordert, die geometrische Figur zu beschreiben.

Anschließend behauptet die Lehrperson, dass jede Seite eines rechtwinkligen Dreiecks rechnerisch bestimmt werden kann, wenn die Länge der anderen beiden Seiten bekannt ist. Es folgen, an die Tafel geschrieben, die dazu verwendete Formel $a^2+b^2=c^2$ und der dazugehörige Satz: »Die Summe der Kathetenquadrate ist gleich dem Hypotenusenquadrat.« Die SchülerInnen übertragen diese Aussagen in ihre Hefte. Während sie schreiben, klappt die Lehrperson die rechte Tafelseite auf. Hier ist das rechtwinklige Dreieck zu sehen, über dessen Seiten jetzt die Quadrate eingezeichnet sind (siehe Anhang 3). Damit soll Neugierde auf das Thema und zugleich Interesse an dem Beweis für den Satz des Pythagoras geweckt werden.

Die Lehrperson bezeichnet die an der Tafel stehenden Sachverhalte als den »Satz des Pythagoras« und beweist ihn so, wie er am Ende von Buch I der *Elemente* des Euklid geschrieben steht. Dieser Beweis ist etwas umständlich, weil Sätze, die erst in späteren Büchern der *Elemente* eingeführt werden, hier nicht benutzt werden durften. Es mag für die SchülerInnen zunächst etwas schockierend sein, wie kompliziert ein Beweis sein kann, aber die anschließende Aufgabe wird ihnen zeigen, dass es auch einfacher geht: Nachdem der alte euklidische Beweis behandelt wurde, sollen sie in PartnerInnenarbeit einen geometrischen Beweis für den Satz des Pythagoras liefern. Dafür wird ihnen eine Figur vorgegeben, in der sich ein kleines Quadrat so in einem größeren Quadrat befindet, dass jede Ecke des kleinen Quadrates auf je einer Seite des großen Quadrates liegt (siehe Arbeitsblatt 1, Anhang 2.1).

Durch die Erarbeitung eines eigenen Beweises soll den SchülerInnen zum einen gezeigt werden, dass nicht alle Beweise für den Satz des Pythagoras so kompliziert sind wie der in den *Elementen* des Euklid enthaltene Beweis. Zum anderen kann dieses Vorgehen dazu beigetragen, das Selbstwertgefühl der SchülerInnen zu stärken, indem sie erfahren, dass sie in der Lage sind, selbst einen Beweis zu führen. Bei diesem Herangehen besteht die Möglichkeit für PartnerInnenarbeit, etwas, das im Mathematikunterricht oftmals zu kurz kommt. Die SchülerInnen können ihre Ideen für den Beweis gemeinsam entwickeln, somit eventuelle Denkfehler entdecken und den Beweis schneller erbringen als möglicherweise in einer Einzelarbeit. Um ihr Vorgehen reflektieren zu können, erarbeitet die Lehrperson schließlich – nach angemessener Bearbeitungszeit – das Herangehen an den Beweis gemeinsam mit den SchülerInnen.

Es folgt eine Anmerkung seitens der Lehrperson, dass der Satz nur für die zweite Potenz Gültigkeit besitzt und dass die Behauptung der Ungültigkeit für $n>2$ vom Mathematiker Pierre de Fermat aufgestellt wurde. Diese Behauptung ist als Großer Fermat'scher Satz in die Geschichte der Mathematik eingegangen. Leider hatte Pierre de Fermat keinen Beweis hinterlassen. Das Erbringen des Beweises stellte sich als sehr viel schwerer als vermutet heraus. Das gelang erst 1994/95 in voller Allgemeingültigkeit durch einen britischen Mathematiker. Auf dem Weg dahin gab es zahlreiche Fehlversuche und auch Teilergebnisse. Ein Teilergebnis ist mit dem Namen einer französischen Mathematikerin verbunden: Sophie Germain. Sie bewies 1805, dass der Fermat'sche Satz für eine Gruppe von Primzahlen (die heute nach ihr benannt ist: Sophie-Germain-Primzahlen) zutrifft. Die Forscherin soll deshalb im Rahmen eines Vortrags in der folgenden Unterrichtsstunde vorgestellt werden. Die Ausführungen zum Großen Fermat'schen Satz sind geeignet, den SchülerInnen zu verdeutlichen, dass es nicht immer einfach ist, einen allgemeingültigen Beweis zu finden. Ein weiterer Vortrag ist für die folgende Stunde geplant, in der die bedeutende spätantike griechische Mathematikerin, Astronomin und Philosophin Hypatia vorgestellt wird.

Die erste Unterrichtsstunde endet mit Übungsaufgaben (siehe Arbeitsblatt 2, Anhang 2.2), die einen Bezug zum Alltag aufweisen. Neben dem Zweck, den Satz des Pythagoras zu festigen und anzuwenden, soll damit seine Alltagsrelevanz erkannt werden. Bei den Formulierungen der Aufgaben wird bewusst darauf geachtet, dass Mädchen- und Jungennamen in gleicher Anzahl vorkommen, damit sich alle angesprochen fühlen. Zudem wird versucht, keine Geschlechterstereotype zu reproduzieren, d.h. Mädchen bzw. Jungen nicht immer nur in für sie typischen Bereichen vorkommen zu lassen.[13]

Die Hausaufgabe (siehe Arbeitsblatt 3, Anhang 2.3) beschäftigt sich ebenfalls mit der Anwendung des Satzes des Pythagoras. Sie soll dazu dienen zu erkennen, für welche vielfältigen Themenbereiche der Satz des Pythagoras benutzt werden kann.

---

13 | Um eine didaktische Reserve zu haben, wurden auf dem Aufgabenblatt mehr Aufgaben erstellt, als im Unterricht bearbeitet werden müssen.

5 FAZIT

Der in Kapitel 4 vorgestellte Unterrichtsentwurf zeigt anhand des Satzes des Pythagoras, wie Erkenntnisse aus einer Mathematikdidaktik, die unterschiedliche Lernstile berücksichtigt (siehe Kap. 2), konkret umgesetzt werden können. In diesen Entwurf wurden insbesondere mathematikhistorische Erkenntnisse eingebunden und es wurde bewusst nach geeigneten weiblichen Vorbildern gesucht, die einen Bezug zum Thema aufweisen. Zugleich wurde Wert darauf gelegt, den Unterrichtsgegenstand in Wissen einzubetten, welches einen engen Bezug zum Thema hat (Großer Fermat'scher Satz). Außerdem kam es den Autorinnen darauf an, vielfältige Anwendungsmöglichkeiten aufzuzeigen, verschiedene Methoden (Vorträge, PartnerInnenarbeit u.a.) einzusetzen sowie die Aufgaben so zu formulieren, dass Stereotype vermieden werden. Mit dem Unterrichtsentwurf ist das Angebot verbunden, diesen auszuprobieren, zu verändern und neu zu entwerfen. Es lassen sich viele weitere Unterrichtsentwürfe erstellen, und wir hoffen, einige Anregungen für einen sinnstiftenden, abwechslungsreichen und verschiedene Lernkulturen berücksichtigenden Mathematik-Unterricht geliefert zu haben.

LITERATUR

Abel, Barbara/Niederdrenk-Felgner, Cornelia/Vogel, Rose, 2006: Computereinsatz im Mathematikunterricht. Eine Analyse aus der Geschlechterperspektive. In: Martignon, Laura/Niederdrenk-Felgner, Cornelia/Vogel, Rose (Hg.): Mathematik und Gender. Berichte und Beiträge des Arbeitskreises Frauen und Mathematik. Hildesheim: Franzbecker, 25-39.

Abele, Andrea E., 2002: Geschlechterdifferenz in der beruflichen Karriereentwicklung. Warum sind Frauen weniger erfolgreich als Männer? In: Keller, Barbara/Mischau, Anina (Hg.): Frauen machen Karriere in Wissenschaft, Wirtschaft und Politik. Chancen nutzen, Barrieren überwinden. Baden-Baden: Nomos, 49-63.

Abele, Andrea E./Neunzert, Helmut/Tobies, Renate, 2004: Traumjob Mathematik! Berufswege von Frauen und Männern in der Mathematik. Basel: Birkhäuser.

Bandura, Albert, 1977: Self-Efficacy: Toward a Unifying Theory of Behavioral Change. In: Psychological Review, 84. Jg. H. 2, 191-215.

Baumert, Jürgen/Bos, Wilfried/Watermann, Rainer, 1998: TIMSS/III Schülerleistungen in Mathematik und den Naturwissenschaften am Ende der Sekundarstufe II im internationalen Vergleich. Zusammenfassende und deskriptive Ergebnisse. Berlin: Max-Planck-Institut für Bildungsforschung.

Beermann, Lilly/Heller, Kurt A./Menacher, Pauline, 1992: Mathe: nichts für Mädchen? Begabung und Geschlecht am Beispiel von Mathematik, Naturwissenschaft und Technik. Bern: Hans Huber.

Benbow, Camilla P., 1990: Mathematical Talents and Females. From a Biological Perspective. In: Wieczerkowski, Wilhelm/Prado, Tania M. (Hg.): Hochbegabte Mädchen. Bad Honnef: Bock, 95-113.

Benbow, Camilla P., 1980: Sex Differences in Mathematical Reasoning Ability in Intellectually Talented Preadolescents. Their Nature, Effects, and Possible Causes. In: Behavioral and Brain Sciences. 11. Jg. H. 2, 169-232.

Benbow, Camilla P./Stanley, Julian C., 1988: Sex Differences in Mathematical Ability. Fact or Artifact. In: Science. 210. Jg. H. 4475, 1262-1264.

Benbow, Camilla P./Stanley, Julian C., 1983: Sex Differences in Mathematical Reasoning Ability. More Facts. In: Science. 222. Jg. H. 4627, 1029-1031.

Die Elemente des Euklid, Buch 1 (Ostwalds Klassiker der exakten Wissenschaften, 241), 1936. Leipzig: Akademische Verlagsgesellschaft. [Reprint]

Flaake, Karin/Hackmann, Kristina/Pieper-Seier, Irene/Radtke, Stephanie, 2006: Professorinnen in der Mathematik. Berufliche Werdegänge und Verortungen in der Disziplin (Wissenschaftliche Reihe, Band 159). Bielefeld: Kleine.

Fleckenstein, Silke, 2014: Monoedukation im Mathematikunterricht der Sekundarstufe I. Dissertationsprojekt an der Martin-Luther-Universität Halle Wittenberg. [http://blogs.urz.uni-halle.de/zentrumfuerlehrerbildung/2014/04/monoedukation-im-mathematikunterricht-der-sekundarstufe-i/, eingesehen am: 20.11.2014]

Fraedrich, Anna M., 1995: Die Satzgruppe des Pythagoras. Heidelberg: Spektrum Akademischer Verlag.

Gaudig, Hugo, 1906/1912: Höheres Mädchenschulwesen. In: Hinneberg, Paul (Hg.): Die Kultur der Gegenwart. Band I: Die allgemeinen Grundlagen der Kultur der Gegenwart. Berlin: B. G. Teubner, 1906, 175-242; ²1912, 191-257.

Goetz, Thomas/Bieg, Madeleine/Lüdtke, Oliver/Pekrun, Reinhard/Hall, Nathan C., 2013: Do Girls Really Expierence More Anxiety in Mathematics? In: Psychological Science. 24. Jg. H. 10, 2079-2087.

Herwartz-Emden, Leonie (Hg.), 2007: Neues aus alten Schulen. Empirische Studien in Mädchenschulen (Band 1). Opladen: Barbara Budrich.

Jahnke-Klein, Sylvia, 2005: Chancengleichheit für Mädchen und Jungen im mathematisch-naturwissenschaftlichen Unterricht. In: Hellmich, Frank (Hg.): Lehren und Lernen nach IGLU. Grundschulunterricht heute. Oldenburg: Didaktisches Zentrum Oldenburg (diz), 117-132.

Jahnke-Klein, Sylvia, 2004: Wünschen Mädchen sich einen anderen Unterricht als Jungen? In: Mathematik lehren. H. 127, 15-19. [www.staff.uni-oldenburg.de/sylvia.jahnke.klein/download/Aufsatz.pdf, eingesehen am: 20.11.2014]

Jahnke-Klein, Sylvia, 2001a: Sinnstiftender Mathematikunterricht für Mädchen und Jungen (Grundlagen der Schulpädagogik, Band 39). Baltmannsweiler: Schneider-Verlag Hohengehren.

Jahnke-Klein, Sylvia, 2001b: Mädchen, Jungen, Unterrichtskultur: Ergebnisse einer qualitativen Untersuchung zum Erleben von Mathematikunterricht. In: Beiträge zum Mathematikunterricht. Vorträge auf der 35. Tagung für Didaktik der Mathematik vom 5. bis 9. März 2001 in Ludwigsburg. Hildesheim: Franzbecker, 309-312. [www.staff.uni-oldenburg.de/sylvia.jahnke.klein/download/GDM.pdf, eingesehen am: 20.11.2014]

Jungwirth, Helga, 1990: Mädchen und Buben im Mathematikunterricht. Eine Studie über geschlechtsspezifische Modifikationen der Interaktionsstrukturen. Wien: Österreichisches Bundesministerium für Unterricht, Kultus und Sport (BMUK).

Kaiser, Gabriele, 1999: Women's Ways of Knowing? Ein anderer Ansatz zur Geschlechterdiskussion in der Mathematik. In: Janshen, Doris (Hg.): Frauen über Wissenschaften. Die widerspenstigen Erbinnen der Männeruniversität. Weinheim: Juventa, 45-60.

Kane, Jonathan M./Mertz, Janet E., 2012: Debunking Myths about Gender and Mathematics Performance. In: Notices of the American Mathematical Society. 59. Jg. H. 1, 10-21.
Krahn, Helga/Niederdrenk-Felgner, Cornelia (Hg.), 1999: Frauen und Mathematik. Variationen über ein Thema der Aus- und Weiterbildung von Lehrerinnen und Lehrern. Bielefeld: Kleine.
Kretschmer, Horst/Stary, Joachim, 2010: Schulpraktikum. Eine Orientierungshilfe zum Lernen und Lehren. 7. Auflage. Berlin: Cornelsen.
Kriege, Jürgen, 1995: Die Rolle von Mädchen und Frauen in Schulbüchern – am Beispiel Mathematik. Erfahrungen eines Autorenkollektivs. In: Ministerium für Familie, Frauen, Weiterbildung und Kunst Baden-Württemberg (Hg.): Schule der Gleichberechtigung. Eine Handreichung für Lehrerinnen und Lehrer in Baden-Württemberg zum Thema »Koedukation«. Stuttgart: Kohlhammer, 169-173. [http://frauensprache.com/maedchen_schulbuecher.htm, eingesehen am: 20.11.2014]
Niederdrenk-Felgner, Cornelia, 2001: Die Geschlechterdebatte in der Mathematikdidaktik. In: Hoppe, Heidrun/Kampshoff, Marita/Nyssen, Elke (Hg.): Frauenforschung und Geschlechterperspektiven in den Fachdidaktiken. Weinheim: Beltz, 123-144.
Niedersächsisches Kultusministerium, 2006: Kerncurriculum für das Gymnasium Schuljahrgänge 5-10. Mathematik. Hannover: Niedersächsisches Kultusministerium. [http://mathematik-meyer.de/KCs_and_more/KC%20Sek%20II.pdf, eingesehen am: 20.11.2014]
Nyssen, Elke/Ueter, Pia/Strunz, Edda, 1996: Monoedukation und Koedukation im Mathematikunterricht des neunten und zehnten Schuljahres. In: Nyssen, Elke (Hg.): Mädchenförderung in der Schule. Ergebnisse und Erfahrungen aus einem Modellversuch. Weinheim: Juventa, 93-105.
Pease, Barbara/Pease, Allan, 2002: Warum Männer nicht zuhören und Frauen schlecht einparken. 23. Auflage. München: Ullstein. [1998]
Projekt am Mariengymnasium Essen_Werden, o.J.: Parallele Monoedukation am Mariengymnasium Essen-Werden. Essen: Mariengymnasium Essen. [www.marienschule-werden.de/Konzept_Parallele_Monoedukation.pdf, eingesehen am: 20.11.2014]
Quaiser-Pohl, Claudia/Jordan, Kirsten, 2004: Warum Frauen glauben, sie könnten nicht einparken – und Männer ihnen Recht geben. Über Schwächen, die gar keine sind. Eine Antwort auf A. & B. Pease. München: C.H. Beck.
Ripke, Marita/Siegeris, Juliane, 2011: Informatik – ein Männerfach!? Monoedukative Lehre als Alternative. Berlin: Hochschule für Technik und Wirtschaft Berlin. [http://fiw.htw-berlin.de/fileadmin/HTW/Stg/FIW/maennerfach.pdf, eingesehen am: 20.11.2014]
Roth, Jürgen, 2014: Satz des Pythagoras (Beweis aus den Elementen des Euklid). [www.juergen-roth.de/dynageo/pythagoras/pythagoras4.html, eingesehen am: 19.11.2014]
Schätz, Ulrike, 1999: Auch vom Mathematikunterricht kann man träumen ... In: Profil. H. 1-2, 18-21.
Schätz, Ulrike/Eisentraut, Franz, 2007: delta Mathematik 9 für Gymnasien. Bamberg: C.C. Buchner/Duden Paetec Schulbuchverlag.
Schätz, Ulrike/Eisentraut, Franz, 2005: Mathematik für Gymnasien. Ausgabe Baden-Württemberg (delta 2). Bamberg: C. C. Buchner/Duden Paetec Schulbuchverlag.

Schätz, Ulrike/Eisentraut, Franz, 2004: Mathematik für Gymnasien. Ausgabe B (delta 1). Bamberg: C. C. Buchner/Paetec.

Schröder, Johannes, 1913: Die neuzeitliche Entwicklung des mathematischen Unterrichts an den höheren Mädchenschulen Deutschlands (=Abhandlungen über den mathematischen Unterricht in Deutschland, Band I, H. 5). Leipzig: B. G. Teubner.

Tobies, Renate, 2009: Mathematisch-naturwissenschaftlicher Unterricht auch für Mädchen. Tendenzen seit 1900. In: Kirchhöfer, Dieter/Uhlig, Christa (Hg.): Naturwissenschaftliche Bildung im Gesamtkonzept von schulischer Allgemeinbildung (Gesellschaft und Erziehung, historische und systematische Perspektiven, Band 6). Frankfurt a.M.: Peter Lang, 137-156.

Tobies, Renate (Hg.), 2008a: Aller Männerkultur zum Trotz. Frauen in Mathematik, Naturwissenschaften und Technik. Frankfurt a.M.: Campus. [1997]

Tobies, Renate, 2008b: Mädchen und Jungen in Mathematik und Naturwissenschaften, Diskussion aktueller Forschungsergebnisse. In: Buchmayr, Maria (Hg.): Geschlecht lernen. Gendersensible Didaktik und Pädagogik (Studien zur Frauen- und Geschlechterforschung, Band 6). Innsbruck: Studien, 137-147.

Tobies, Renate, 2006: Biographisches Lexikon in Mathematik promovierter Personen (=Algorismus, Studien zur Geschichte der Mathematik und der Naturwissenschaften, Heft 58). Augsburg: Dr. Erwin Rauner.

Vaerting, Mathilde, 1929: Neue Wege im mathematischen Unterricht, zugleich eine Anleitung zur Förderung und Auslese mathematischer und technischer Begabungen (Die Lebensschule, Schriftenfolge des Bundes entschiedener Schulreformer, Band 6). Berlin: C. A. Schwetschke & Sohn. [erweitert um eine praktische Einführung in den mathematischen Anfangsunterricht] [1921]

Vaerting, Mathilde, 1923: Neubegründung der Psychologie von Mann und Weib. Band 2: Wahrheit und Irrtum in der Geschlechterpsychologie, Karlsruhe: G. Braunsche Hofbuchdruckerei und Verlag.

Vaerting, Mathilde, 1921: Neubegründung der Psychologie von Mann und Weib. Band 1: Die weibliche Eigenart im Männerstaat und die männliche Eigenart im Frauenstaat. Karlsruhe: G. Braunsche Hofbuchdruckerei und Verlag. [Reprint 1974]

Wagenschein, Martin, 1965: Ursprüngliches Verstehen und exaktes Denken (Band 1). Stuttgart: Klett.

Wetterer, Angelika (Hg.), 1992: Profession und Geschlecht. Über die Marginalität von Frauen in hochqualifizierten Berufen. Frankfurt a.M.: Campus.

UNTERSTÜTZENDE MATERIALIEN FÜR DEN UNTERRICHT: MATERIALPLATTFORM UND METHODENSAMMLUNG

Arbeitskreis »Frauen und Mathematik« der Gesellschaft für Didaktik der Mathematik (GDM). [www.ph-ludwigsburg.de/3164.html, eingesehen am: 12.06.2014.]

Bruder, Regina: Material Mathe +x, Materialplattform der Arbeitsgruppe Fachdidaktik der Mathematik der TU Darmstadt. [www.problemloesenlernen.dvlp.de/, eingesehen am: 20.11.2014]

Qualitäts- und UnterstützungsAgentur – Landesinstitut für Schule: Methodensammlung. [www.standardsicherung.schulministerium.nrw.de/methodensammlung/liste.php, eingesehen am: 20.11.2014]

ANHANG 1: GEPLANTER UNTERRICHTSVERLAUF

Abkürzungen: S&S = Schülerinnen und Schüler; UG = Unterrichtsgespräch, PA = PartnerInnenarbeit; L = Lehrperson; Ref. = Referat; EA = Einzelarbeit
SdP = Satz des Pythagoras; LV = LehrerInnenvortrag; OHP = Overheadprojektor

Phase	Unterrichtsinhalt	Sozialform	Medien	Kompetenzen	Lernziele
Einstieg	L begrüßt S&S, erinnert an das neue Thema »Satz des Pythagoras«. L weist darauf hin, dass zu diesem Thema zwei S&S-Vorträge geplant sind.	UG			
	SchülerIn mit dem Thema »Pythagoras« hält Vortrag.	Ref.	OHP	Selbstkompetenz/ Medienkompetenz	Fähigkeit, frei vor einer Gruppe zu sprechen
	Beantwortung von Fragen seitens der S&S. L ergänzt fehlende Inhalte.	UG			
	Zweiter Vortrag durch SchülerIn zum Thema »Frau von Pythagoras – Theano«.	Ref.	OHP	Selbstkompetenz/ Medienkompetenz	Fähigkeit, frei vor einer Gruppe zu sprechen sowie Wissen über berühmte Frauen der Antike
	Beantwortung von Fragen seitens der S&S. L ergänzt fehlende Inhalte.	UG			
Hinführung	L bedankt sich bei den Vortragenden und wendet sich dem mathematischen Inhalt zu: L klappt linke Seite der Tafel auf; beschriftetes rechtwinkliges Dreieck ist zu sehen.	UG	Tafel		
	L wiederholt die Begrifflichkeiten zusammen mit den S&S.				Festigung mathematischer Begriffe

Phase	Beschreibung	Methode	Medien	Kompetenz	Ziel
Problem-stellung	L behauptet, dass jede Seite des rechtwinkligen Dreiecks rechnerisch bestimmt werden kann, wenn die Länge der anderen beiden Seiten bekannt ist. L stellt die dazu verwendete Formel $a^2 + b^2 = c^2$ und den dazugehörigen Satz vor: »Die Summe der Kathetenquadrate ist gleich dem Hypotenusenquadrat.« (Tafelanschrieb) L klappt rechte Seite der Tafel auf: rechtwinkliges Dreieck mit den über den Seiten gezeichneten Quadraten.	LV	Tafel		Kennenlernen eines neuen mathematischen Sachverhaltes
Erarbeitung	L beweist SdP mittels euklidischem Beweis.	LV	OHP		Erkenntnis, dass mathematische Behauptungen bewiesen werden können
Sicherung	S&S sollen geometrischen Beweis zum SdP liefern.	PA	Arbeitsblatt 1	Sozialkompetenz	Anwendung bereits bekannter Sachverhalte auf eine neue Aufgabe; Erkenntnis, dass auch S&S in der Lage sind, mathematische Beweise zu entwickeln; Erkenntnis, dass sich nicht alle mathematischen Sachverhalte so einfach beweisen lassen wie der SdP.
	L erarbeitet nach angemessener Arbeitszeit die Lösung zusammen mit den S&S.	UG	OHP		
	L betont, dass der Satz nur für die zweite Potenz Gültigkeit besitzt und bezieht sich dabei auf den Großen Fermat'schen Satz. Weiterer Hinweis, dass auch Frauen zum Beweis des Satzes beigetragen haben und dass u.a. dazu in der nächsten Stunde ein S&S-Vortrag zu hören sein wird.	LV			
Anwendung	S&S lösen Aufgaben 1-4 des Arbeitsblattes zum SdP, z.T. in Form von Textaufgaben.	EA	Arbeitsblatt 2	Methodenkompetenz	Festigung des SdP
	Hausaufgaben: Arbeitsblatt zum Thema Wurzelspirale.	EA	Arbeitsblatt 3	Methodenkompetenz	
Didaktische Reserve	S&S lösen Aufgaben 5 und 6 des Arbeitsblattes.	EA	Arbeitsblatt 2		Übertragung des SdP auf andere Sachverhalte

ANHANG 2: ARBEITSBLÄTTER

Anhang 2.1: Arbeitsblatt 1

Geometrischer Beweis zum Satz des Pythagoras

Beweise anhand unten stehender geometrischer Figur den Satz des Pythagoras. Zur Erinnerung: Zu zeigen ist, dass $a^2 + b^2 = c^2$ ist.

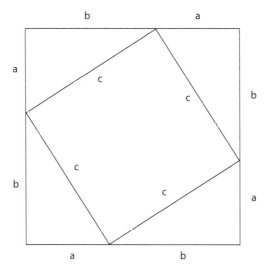

Hinweis: Welche Fläche hat das große Quadrat?

Anhang 2.2: Arbeitsblatt 2

Aufgaben zum Satz des Pythagoras

1. Ergänze die Tabelle

	Kathete a	Kathete b	Hypotenuse c	Umfangslänge U	Flächeninhalt A
a)	9 cm	12 cm			
b)	15 cm		25 cm		
c)	5 dm				30 dm²
d)	0,5 m	37,5 cm			
e)	a = b	b = a			162 cm²

2. Lukas hat auf dem Dachboden seiner Oma einen alten Holzrahmen gefunden. Dieser ist 90 cm lang und 56 cm breit. Er möchte ihn durch eine diagonale Latte verstärken. Wie lang muss die Latte sein?

3. Amelie stellt ihre 3,4 m lange Leiter gegen eine 3 m hohe Mauer. Die Leiter steht 0,5 m von der Mauer entfernt. Wie lang ist das Leiterstück, das über die Mauer ragt?

4. Die Feuerwehr wird zu einem Hotelbrand gerufen. Im 2. Stock in 8 m Höhe steht Paul und ruft um Hilfe. Das Feuerwehrauto hält in 3 m Entfernung. Können die Feuerwehrleute Paul mit ihrer 8,5 m langen Leiter aus dem brennenden Zimmer retten?

5. Sophie behauptet, dass der Flächeninhalt einer Raute mit den Diagonallängen e und f durch $A_{Raute} = 0{,}5\,ef$ gegeben ist.

   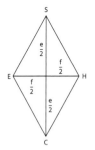

   a. Zeige, dass Sophie recht hat.
   b. Der Flächeninhalt der Raute ECHS beträgt 12 cm²; die Diagonale [EH] ist 4 cm lang. Berechne die Umfangslänge dieser Raute exakt und auf Zentimeter gerundet.

6. Gregor fuhr vorgestern von seiner Wohnung zur Eisdiele auf dem Weg (1); zurück nahm er die Abkürzung (2).

   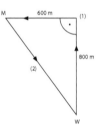

   a. Um wie viel Prozent ist der Weg (1) länger als der Weg (2)?
   b. Um wie viel Prozent ist der Weg (2) kürzer als der Weg (1)?

Anhang 2.3: Arbeitsblatt 3

Hausaufgabe zum Satz des Pythagoras

Natascha hat eine »Wurzelspirale« gezeichnet. Erkläre ihr Vorgehen und gib die Längen der in der Figur vorkommenden Strecken exakt und auf mm gerundet an. Zeichne eine »Wurzelspirale« mit mindestens 12 Schritten in dein Heft.

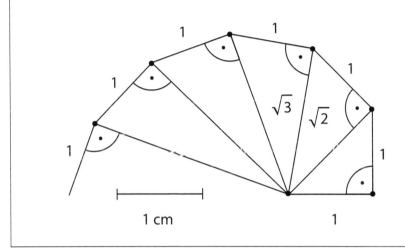

ANHANG 3: TAFELBILDER UND TAFELANSCHRIEB

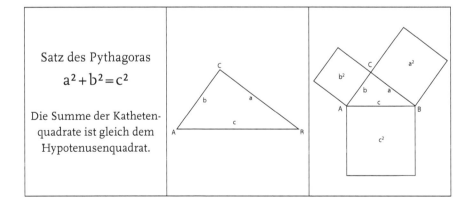

Satz des Pythagoras

$$a^2 + b^2 = c^2$$

Die Summe der Kathetenquadrate ist gleich dem Hypotenusenquadrat.

Einsatz von Geoinformationssystemen im Geographieunterricht
Chancen für einen geschlechtergerechten Unterricht

Nadine Glade

Nach wie vor trägt die koedukative Schule in Deutschland nicht automatisch zu einer gleichberechtigten Behandlung von Mädchen und Jungen bei. Differenzen lassen sich insbesondere in sogenannten typisch weiblichen und typisch männlichen Unterrichtsfächern aufzeigen (vgl. u.a. Jahnke-Klein 2010; Benke 2012). Hierbei prägen Geschlechterstereotype erwiesenermaßen das Lern- wie das Lehrverhalten und bringen immer wieder neu Geschlechterdifferenzen hervor, was mit dem Konzept des Doing Gender theoretisch gefasst wird (siehe dazu die Einleitung von Bartsch/ Wedl in diesem Buch). Dies benachteiligt Jungen und Mädchen in der Wahrnehmung aller ihrer Interessen und setzt sich bei beiden Geschlechtern häufig in einer tradierten Berufs- und Studienwahl fort (vgl. u.a. DGB-Bundesvorstand, Abteilung Arbeitsmarktpolitik 2013: 7-10; DGB-Bundesvorstand, Abteilung Jugend und Jugendpolitik 2013: 52-56).

In Wirtschaft, Politik und Wissenschaft wird dies zunehmend aus der Perspektive eines bevorstehenden Fachkräftemangels in den MINT[1]-Berufen diskutiert – wobei insbesondere der Mangel an weiblichen Nachwuchskräften konstatiert wird.[2] Heike Solga und Lisa Pfahl (2009: 169-179) stellen dar, dass daher in den vergangenen Jahren diverse Maßnahmen, wie Girls' Days oder Mentoring-Programme in Betrieben und Hochschulen, zur Gewinnung von Mädchen und Frauen für den MINT-Bereich initiiert wurden. Gleichzeitig zeigen sie, dass diese Maßnahmen im Hinblick auf die Zahlen von Frauen in MINT-Studiengängen und -Ausbildungsberufen sowie der Teilhabe am MINT-Arbeitsmarkt nur sehr geringe Effekte hatten (siehe dazu Augustin-Dittmann in diesem Buch).[3]

---

[1] | MINT = Mathematik, Informatik, Naturwissenschaften, Technik.
[2] | Laut Gertraud Benke (2012: 217) steigt in Europa die Zahl der an den Naturwissenschaften desinteressierten Jungen ebenfalls, was in der öffentlichen Debatte jedoch kaum verhandelt wird.
[3] | Aus einer Pressemitteilung des Kompetenzzentrums Technik – Diversity – Chancengleichheit (2013) geht hervor, dass der Anteil weiblicher Studierender in den MINT-Fächern 2012 so hoch wie nie zuvor war. Obwohl diese Daten einen positiven Wandel konstatieren,

Wenngleich Mädchen und Frauen MINT-Fächer und -Berufe tendenziell insgesamt seltener wählen, variiert ihr Anteil in den einzelnen Fächern stark. Eine klare Präferenz haben Frauen für sogenannte weiche Naturwissenschaften wie Biologie und jene ingenieurwissenschaftlichen Fächer, in denen künstlerische, sprachliche, ökologische oder ökonomische Anteile bereits im Titel des Studienganges ersichtlich sind oder mit dem jeweiligen Fach in Verbindung gebracht werden, wie z.B. Umwelttechnik (vgl. Jahnke-Klein 2010: 242).

Die Gründe für diese geschlechtstypische Fächer- und Berufswahl sind vielfältig. So haben Eltern und Peergroups sowie das Image naturwissenschaftlich-technischer Unterrichtsfächer und Berufsfelder einen großen Einfluss auf die Fächer- und Berufswahl von Mädchen und Jungen (vgl. Solga/Pfahl 2009: 162f., 165f.). Zudem tragen im Kontext Schule bildungspolitische Rahmenbedingungen sowie die Einstellungen von Lehrkräften und deren Unterrichtsgestaltung zur Festschreibung (oder Aufhebung) herrschender Geschlechterstereotype bei (vgl. Faulstich-Wieland/Horstkemper 2012). All dies führt dazu, dass Mädchen ihre mathematisch-naturwissenschaftlichen Kompetenzen in der Regel insgesamt geringer einschätzen und somit eher geschlechtsstereotype Leistungskurse und Berufe wählen (vgl. Solga/Pfahl 2009: 161f.; siehe auch Tobies/Schneider in diesem Buch).

Ausgehend von diesen Befunden wurde in einem interdisziplinären Projekt an der Jade Hochschule am Studienort Oldenburg untersucht, inwieweit ein verändertes Lernsetting und -konzept dazu beitragen können, Mädchen nachhaltig für naturwissenschaftlich-technische Inhalte zu interessieren.[4] In Anlehnung an das Konzept eines sinnstiftenden Mathematikunterrichts von Sylvia Jahnke-Klein (2001) eignet sich das Fach Geographie besonders gut, um Mädchen für naturwissenschaftliche Inhalte zu begeistern, da sich diese weitaus mehr für naturwissenschaftliche Themen interessieren, wenn sie sich stärker an der eigenen Lebenswirklichkeit orientieren und einen konkreten Gesellschaftsbezug aufweisen. Die Geo*informatik* bietet zudem einen technischen Bezug und trägt zur Technikkompetenz bei.

Im Rahmen des Projektes entwarfen die beteiligten GeoinformatikerInnen und Sozialwissenschaftlerinnen in Zusammenarbeit mit LehrerInnen von Oldenburger Schulen ein Konzept für eine (außer-)schulische geschlechtergerechte Geoinformationssystem-Arbeitsgruppe (GIS-AG), deren Aufbau hier vorgestellt werden soll.[5] Ausgehend von den Erfahrungen aus diesem Projekt, diskutiert dieser Bei-

---

werden die kommenden Jahre zeigen müssen, ob es sich hierbei um einen kurz- oder langfristig anhaltenden Trend handelt.

4 | Das Projekt »Technikinteresse von Mädchen (6./7. Klasse) an Themen der Geoinformatik« wurde vom 01.07.2011 bis zum 30.06.2013 an der Jade Hochschule Oldenburg unter der Leitung von Prof. Dr. Frauke Koppelin und Prof. Dr. Ingrid Jaquemotte durchgeführt. ProjektpartnerInnen waren die Gleichstellungsbeauftragte der Jade Hochschule Oldenburg, LehrerInnen von Oldenburger Schulen sowie das Landesamt für Geoinformation und Landentwicklung Niedersachsen (Regionaldirektion Oldenburg). Hierbei handelt es sich um ein Projekt des Europäischen Fonds für regionale Entwicklung (Projektnummer: ZW S 80122879) der Förderperiode 2007-2013.

5 | Da der Fokus des vorliegenden Buches auf dem Schulunterricht liegt, wird dieser Beitrag das Projekt weder konkret vorstellen noch detailliert auf die Projektergebnisse eingehen. Lediglich in Kapitel 3 werden die Inhalte und Methoden der GIS-AG sowie deren möglicher Einbezug in den Geographieunterricht dargestellt. Ferner werden Ergebnisse der Beobach-

trag die Möglichkeiten und Chancen des Einsatzes von Geoinformationssystemen (GIS) im Geographieunterricht. Hierbei stehen insbesondere der interdisziplinäre und methodenreiche Charakter des Faches Geographie und die daraus resultierenden Möglichkeiten einer geschlechtergerechten Gestaltung des Geographieunterrichts – unter Einbezug von Geoinformationssystemen – im Fokus.

Hierzu werden zunächst die Inhalte und Methoden des Faches Geographie sowie die Möglichkeiten des Einsatzes von GIS im Geographieunterricht dargestellt (Kap. 1). Anschließend werden das Konzept eines sinnstiftenden Unterrichts und dessen mögliche Adaption für das Fach Geographie erörtert (Kap. 2). Zuletzt werden die Inhalte und Methoden der GIS-AG sowie die Erfahrungen der teilnehmenden SchülerInnen vorgestellt und diskutiert (Kap. 3).

1 EINSATZ VON GEOINFORMATIONSSYSTEMEN IM FACH GEOGRAPHIE

1.1 Inhalte, Ziele und Methoden des Faches Geographie

Geographie ist ein interdisziplinäres Fach. Aus Sicht der Deutschen Gesellschaft für Geographie (DGfG) leistet es einen speziellen Beitrag zur Welterschließung, indem es sich mit der Wechselbeziehung zwischen Natur und Gesellschaft in unterschiedlichen Räumen auseinandersetzt (vgl. DGfG 2008: 5). Es wird daher als Brückenfach zwischen den Naturwissenschaften auf der einen und den Kultur-, Wirtschafts- und Geisteswissenschaften auf der anderen Seite angesehen (vgl. Falk 2006: 27). Geographie ist zudem ein zentrales Fach der Umweltbildung. Anhand diverser Umweltthemen in Nah- und Fernräumen wird die Vernetzung von natur- und gesellschaftswissenschaftlichem Denken verdeutlicht (vgl. Niedersächsisches Kultusministerium 2008: 8).

Ziel des Geographieunterrichts ist es, die Zusammenhänge zwischen natürlichen Gegebenheiten und gesellschaftlichen Aktivitäten in verschiedenen Räumen der Erde aufzuzeigen und eine darauf aufbauende raumbezogene Handlungskompetenz zu vermitteln. Anhand ausgewählter Raumbeispiele lernen die SchülerInnen die Wechselwirkungen zwischen Natur und Gesellschaft (Wirtschaft, Politik, Soziales) kennen, die daraus resultierenden Strukturen, Prozesse und Probleme zu verstehen und Problemlösungen anzudenken (vgl. DGfG 2008: 5f.).

Im Niedersächsischen Kerncurriculum des Faches Geographie für weiterführende Schulen (vgl. Niedersächsisches Kultusministerium 2008: 9) ist festgehalten, dass die Kompetenzbereiche *Fachwissen* und *räumliche Orientierung* die inhaltlichen Grundlagen raumverantwortlichen Handelns darstellen.[6] Durch *Methoden*,

---

tungen und Befragungen der TeilnehmerInnen der GIS-AG im Hinblick auf den Mehrwert von GIS für Mädchen und Jungen diskutiert.

6 | Die folgenden Ausführungen beziehen sich auf das Kerncurriculum des Faches Erdkunde in Niedersachsen für weiterführende Schulen (vgl. Niedersächsisches Kultusministerium 2008, 2010). Dies hängt insbesondere damit zusammen, dass das eingangs vorgestellte Projekt in Niedersachsen durchgeführt und somit innerhalb dieser curricularen Vorgaben verortet war. Für das Fach Geographie hat die DGfG Bildungsstandards erarbeitet (vgl. DGfG 2008: 2). Diese sind, anders als die von der Kultusministerkonferenz verabschiedeten Bil-

Kommunikation und *Bewertungen* sollen diese Inhalte angeeignet, diskutiert und vertieft werden. Hierbei gewährleistet das Kerncurriculum, dass »ein Gesamtbild lokaler, regionaler und globaler Räume entwickelt und gefestigt wird« (Niedersächsisches Kultusministerium 2008: 9). Ziel ist es, das raumverantwortliche Handeln der SchülerInnen zu stärken; folgende Kompetenzen sollen hierfür von ihnen erworben werden:

Kompetenz-bereiche	zentrale Kompetenzen
Fachwissen	Fähigkeit, Räume verschiedener Art und Größe als natur- und humangeografische Systeme zu erfassen und die Wechselbeziehungen zwischen Mensch und Umwelt zu analysieren
Räumliche Orientierung	Fähigkeit, sich in Räumen zu orientieren; dazu gehören als spezifisch geografische Kompetenzen einer mobilen Gesellschaft v. a. Kartenkompetenz, topografisches Orientierungswissen, Orientierung in Realräumen und die Reflexion von Raumwahrnehmungen
Erkenntnis-gewinnung durch Methoden	Fähigkeit, Schritte zu Erkenntnisgewinnung in der Erdkunde anzuwenden und dadurch Informationen im Realraum sowie aus Medien zu gewinnen und zu verstehen sowie den Prozess der Erkenntnisgewinnung kritisch zu reflektieren
Kommunikation	Fähigkeit, geografische Sachverhalten zu versprachlichen und zu präsentieren sowie sich im Gespräch mit anderen darüber sach- und situationsgerecht auszutauschen
Beurteilung und Bewertung	Fähigkeit, raumbezogene Sachverhalte und Probleme sowie Informationen in Medien und geografische Erkenntnisse kriterienorientiert zu beurteilen und zu bewerten

(Links: PROZESSBEZOGEN / INHALTSBEZOGEN; Rechts: RAUMVERANTWORTLICHES HANDELN)

Abb. 1: Kompetenzbereiche des Faches Geographie
(Niedersächsisches Kultusministerium 2008: 11)

Die in Abbildung 1 dargestellten Kompetenzen sind stets miteinander verwoben und werden im Unterricht nicht isoliert, sondern im Rahmen einer spezifischen Problemstellung im jeweiligen Kontext von den SchülerInnen erworben (vgl. DGfG 2008: 9).[7]

---

dungsstandards für die Fächer Deutsch, Mathematik, die erste Fremdsprache sowie die Fächer Biologie, Chemie und Physik, *nicht* bundesweit vereinheitlicht und gültig (vgl. DGfG 2008: 2). Wenngleich sich die Kerncurricula aller Bundesländer an den DGfG-Bildungsstandards orientieren, können sich die Kerncurricula und Rahmenlehrpläne in dem Fach Geographie in den einzelnen Bundesländern daher dennoch unterscheiden.

[7] | Weiterführende Informationen zu den fachspezifischen Inhalten der jeweiligen Jahrgangsstufen finden sich in Niedersächsisches Kultusministerium (2008: 12-18).

In Abbildung 1 wird deutlich, dass der Kompetenzbereich Methoden in dem Fach Geographie einen zentralen Stellenwert einnimmt. Dementsprechend bezeichnet die DGfG (2008: 6) die Geographie als ein methoden- und medienintensives Fach, welches es den SchülerInnen ermöglicht, sich sowohl mit traditionellen als auch mit computergestützten Medien vertraut zu machen. So erwerben die Lernenden die Fähigkeit zum effektiven und reflektierten Umgang mit Medien sowie den Umgang mit geographischen Darstellungen aller Art (vgl. DGfG 2008: 6). Eine Vielzahl klassischer Medien, wie Karten, Fotos, graphische Darstellungen, aber auch Texte, können im Geographieunterricht zum Erkenntnisgewinn genutzt werden; Geoinformationssysteme eignen sich zur Erstellung und Auswertung von Karten und zur Orientierung im Raum (vgl. DGfG 2008: 18ff.).

Während die DGfG den Einsatz von GIS im Fach Geographie somit explizit unterstützt, ist dieser für die Bundesländer nicht zwingend vorgeschrieben. So ist beispielsweise im Niedersächsischen Kerncurriculum für das Fach Erdkunde an weiterführenden Schulen der Einsatz von GIS nach wie vor nicht verpflichtend und an die Zustimmung des jeweiligen Schulträgers geknüpft (vgl. Niedersächsisches Kultusministerium 2008: 14f.). Anders die Kerncurricula der Länder Baden-Württemberg und Rheinland-Pfalz, die sich ausdrücklich für den GIS-Einsatz im Geographieunterricht aussprechen (vgl. Falk/Hoppe 2004: 10).

1.2 Mehrwert des Einsatzes von Geoinformationssystemen im Geographieunterricht

1.2.1 Geoinformationssysteme (GIS)

Allgemein versteht man unter einem GIS ein Computerprogramm, mit dem raumbezogene Informationen erfasst, verwaltet, analysiert und ausgegeben werden können (vgl. Hennig 2006: 51). Als Grundlage hierfür dienen Karten. In einem GIS können sowohl geographische Daten verarbeitet werden, welche die Struktur und Beschaffenheit der Erde beschreiben, als auch solche, die menschliches Leben und Handeln in Verbindung mit Orten bringen, so etwa durch Anzeige von Objekten der Infrastruktur (vgl. u.a. de Lange 2006; Mayerhofer 2006). Das wohl bekannteste und am häufigsten genutzte Informationssystem ist das Internet, welches eine Vielzahl an Systemen zur Bearbeitung und Darstellung von Rauminformationen wie Google Earth oder andere geographische Kartensysteme anbietet (vgl. de Lange 2006: 11). Verbreitet sind auch Routenplaner und Navigationssysteme.

1.2.2 Hindernisse und Chancen

Mithilfe von GIS und den dazugehörigen Erfassungsmethoden wie dem Global Positioning System (GPS) lassen sich dementsprechend vielfältige Bezüge zur eigenen Erfahrungswelt von Kindern und Jugendlichen herstellen. Laut Norbert de Lange (2006: 11) kommen SchülerInnen nahezu aller Jahrgangsstufen bereits im Alltag mit entsprechenden (Geo-)Informationssystemen in Berührung. Der Einsatz von GIS bietet somit die Möglichkeit, den Unterricht mit Alltagserfahrungen zu verknüpfen und gleichzeitig Kompetenzen der Technikanwendung sowie der Raumorientierung praxisnah zu vermitteln. Die zunehmende Zahl an geographiedidaktischen Publikationen weist ebenfalls auf den Bedeutungsgewinn von GIS im Unterricht hin (vgl. Schubert/Bartoschek 2010: 128).

Dem steht die nach wie vor geringe Nutzung von GIS im Geographieunterricht gegenüber. Die Gründe hierfür sind vielschichtig. Laut de Lange (2006: 15ff.) sei einer der wesentlichen Aspekte die geringe GIS-Kenntnis der LehrerInnen (vgl. auch Schubert/Bartoschek 2010: 128f.), was auf die nur unzureichende Bedeutung von GIS in der Ausbildung, aber auch in der Weiterbildung verweise. Darüber hinaus führten SchulleiterInnen sowie Lehrkräfte häufig an, dass die benötigte GIS-Software zu teuer und/oder zu komplex sei und dass ihnen die geeigneten Daten und übertragbare Unterrichtsbeispiele fehlten. Zudem würden viele Lehrkräfte auf altbewährte Methoden vertrauen und stünden dem vermeintlichen Mehrwert des GIS-Einsatzes im Erdkundeunterricht eher skeptisch gegenüber.

Diese Argumente gegen den Einsatz von GIS im Geographieunterricht lassen sich jedoch entkräften und verlieren perspektivisch an Bedeutung (vgl. de Lange 2006: 15ff.). Insbesondere im Hinblick auf die Lehramtsausbildung zeichnen sich hier bereits Veränderungen ab, so wird die Arbeit mit GIS zunehmend in die Lehramtscurricula integriert (vgl. Schubert/Bartoschek 2010: 129). Mittlerweile gibt es auch diverse Vorschläge und pädagogische Konzepte für den Einsatz von GIS im Geographieunterricht, an denen sich Lehrende orientieren können.[8] Daneben ist der Einsatz von GIS im Unterricht immer weniger eine Kostenfrage, da den Schulen bereits kostenfreie GIS-Anwendungen wie WebGIS[9] zur Verfügung stehen (vgl. auch Borzner 2008: 28).

Während LehrerInnen somit häufiger Gründe gegen den Einsatz von GIS im Geographieunterricht sehen, verweisen GeowissenschaftlerInnen auf den Mehrwert von GIS (vgl. u.a. de Lange 2006; Hennig 2006; Mayerhofer 2006). Gregor Falk und Wilfried Hoppe (2004: 11) fassen es wie folgt zusammen:

»Der ›Mehrwert‹ des GIS-Einsatzes im Geographieunterricht ist einerseits in effektiven und nachhaltigeren Lernprozessen zu sehen […]. Anderseits eröffnen Geographische Informationssysteme im Unterricht Chancen für eine an die Lebens- und Berufswirklichkeiten orientierte Methodenschulung. Der Geographieunterricht mit dem Medium GIS betont Schüleraktivitäten und fördert die Kreativität und Selbstständigkeit des einzelnen Schülers [und der einzelnen Schülerin; Anm. NG.] im Lernprozess. Die GIS-Projektarbeit schafft zudem Anlass, Schule zu öffnen, Medienkompetenzen aufzubauen und Teamfähigkeit zu entwickeln.«

Das Potenzial, durch den Einsatz von GIS im Fach Geographie den Unterricht für Lernende interessanter, lebensnaher und abwechslungsreicher zu gestalten, sollte insofern genutzt werden. Zudem fördert er die Fähigkeiten der SchülerInnen im Umgang mit digitalen Medien.

---

8 | Die Schriftenreihe *Lernen mit Geoinformation*, die seit 2006 in regelmäßigen Abständen von Thomas Jekel zusammen mit wechselnden Autoren herausgegeben wird, bietet einen guten Überblick über Anwendungsmöglichkeiten von GIS im Schulunterricht.

9 | Mehr Informationen über WebGIS und die Nutzungsmöglichkeiten im Schulunterricht finden sich unter www.webgis-schule.de/(eingesehen am: 02.07.2014).

2 GEOGRAPHIEUNTERRICHT UND GESCHLECHT

2.1 Interessen der LehrerInnen sowie der SchülerInnen im Fach Geographie

Interessen haben einen großen Einfluss auf die Lernmotivation von SchülerInnen (vgl. Hemmer/Hemmer 2010a: 66). Dabei beziehen sich Interessen immer auf bestimmte Objekte oder Lebewesen sowie Themen oder Tätigkeiten (vgl. Reinfried 2006: 52). Um die Lernmotivation der SchülerInnen in einem Fach zu steigern, sollten die Inhalte und Arbeitsweisen daher an den Interessen der SchülerInnen anknüpfen.

In den Jahren 1995 und 2005 führten Ingrid Hemmer und Michael Hemmer (2010a: 67-77) Querschnittsuntersuchungen an 24 bayrischen Haupt- und Realschulen sowie Gymnasien durch, in denen sie das Interesse von SchülerInnen der Jahrgangsstufen fünf bis elf am Geographieunterricht bzw. an geographischen Themen, Regionen und Arbeitsweisen mittels eines Fragebogens erhoben. Insgesamt wurden 2.657 (1995) und 3.741 (2005) SchülerInnen befragt.[10] Die LehrerInnen dieser SchülerInnen wurden anhand desselben Fragebogens ebenfalls zu ihrem Interesse an geographischen Themen und Regionen befragt. Hinsichtlich der Arbeitsweisen wurden sie jedoch zu der Einsatzhäufigkeit und nicht zu ihrem Interesse befragt (vgl. Hemmer/Hemmer 2010a: 68).[11]

Anhand dieser Befragungen stellen Hemmer und Hemmer (2010a: 125) dar, dass es bei den Interessen der Lehrenden und Lernenden für einzelne Themen und Regionen 1995 vergleichsweise viele Übereinstimmungen gab. So interessierten sich beispielsweise beide Gruppen relativ stark für *Umweltthemen* und weniger für *stadt- und wirtschaftsgeographische Themen*. Lediglich bei den Themen *Oberflächenformen*, welches zu den Lieblingsthemen der Lehrenden und zu den zehn unbeliebtesten Themen der SchülerInnen gehörte, sowie *Entdeckungsreisen*, welches bei den LehrerInnen zu den unbeliebtesten und bei den Lernenden zu den beliebtesten Themen zählte, unterschieden sich die Interessen sehr stark voneinander. Bei den Regionen interessierten sich beide Gruppen am meisten für *Nordamerika/ USA* (vgl. Hemmer/Hemmer 2010a: 125f.).

In Bezug auf den Einsatz geographischer Methoden zeigten sich zu beiden Messzeitpunkten jedoch gravierende Divergenzen: Lehrende arbeiteten am häufigsten mit dem Schulbuch, klassischen Karten und dem Atlas, SchülerInnen präferierten Exkursionen und das interaktive, projektbezogene Arbeiten mit klassischen und modernen Medien, Experimenten und Modellen (vgl. Hemmer/Hemmer 2010a: 130-132). Während es somit auf der Ebene der Inhalte und Regionen verhältnismä-

---

10 | Für ausführlichere Informationen zu dem Studiendesign, den einzelnen Items des Fragebogens sowie den Ergebnissen siehe Hemmer/Hemmer (2010a: 67-77). Weiterführende Informationen zu dem Thema SchülerInneninteresse in dem Fach Geographie finden sich bei Hemmer/Hemmer (2010b).

11 | 1995 füllten 88 Lehrkräfte, 2005 nur elf Lehrkräfte den Fragebogen zu den Interessen aus, weshalb für 2005 auf einen Vergleich der Interessen von SchülerInnen und LehrerInnen verzichtet wurde. Für den Fragebogen zur Einsatzhäufigkeit von Medien und Arbeitsweisen lagen 2005 Daten von 38 Lehrkräften vor. Daher wurden diese mit den Daten von 1995 verglichen (vgl. Hemmer/Hemmer 2010a: 125).

ßig viele Gemeinsamkeiten in den Interessen der Lernenden und Lehrenden gibt, scheinen die Unterschiede im Hinblick auf den realen und den von SchülerInnen gewünschten Einsatz geographischer Methoden eklatant zu sein.

Hemmer und Hemmer (2010a: 94-100) untersuchten auch, ob sich die Interessen von Mädchen und Jungen im Hinblick auf die Themen, Regionen und Arbeitsweisen im Geographieunterricht unterscheiden. Für beide Messzeitpunkte kommen sie zu dem Ergebnis, dass sich Mädchen und Jungen gleichermaßen für geographische Themen interessieren. Wenngleich sich bei den thematischen und regionalen Interessen auch Unterschiede zeigten, seien die Themen aus dem Bereich *Naturkatastrophen/Planet Erde* bei beiden Gruppen am beliebtesten. Zudem wären sechs (Naturkatastrophen, Weltraum, Krisen-/Kriegsgebiete, Entdeckungsreisen, Entstehung der Erde, Naturvölker) der zehn Lieblingsthemen beider Gruppen identisch – hier unterscheide sich lediglich die Rangfolge. Vergleichbares stellten sie für das Interesse der SchülerInnen an den Regionen fest (vgl. Hemmer/Hemmer 2010a: 101-105).

Bezüglich des Interesses an den Arbeitsweisen zeigten sich laut Hemmer und Hemmer (2010a: 106f.) zu beiden Zeitpunkten zahlreiche Geschlechterdifferenzen. So seien Mädchen interessierter an der Arbeit mit Texten und konkret-anschaulichen Medien, Jungen hingegen seien eher an der Arbeit mit Karten, Zahlen/Tabellen, Diagrammen, Grafiken und Geräten interessiert. Insgesamt zögen aber Mädchen und Jungen, nähme man die Rangfolge der präferierten Medien und Arbeitsweisen hinzu, die Arbeit mit konkreten Medien den eher abstrakten Medien vor.

Die Suche nach den vermeintlichen und möglicherweise auch gegeben geschlechtsspezifischen Differenzen wird in der feministischen Schulforschung kritisch besprochen, da sie dazu beitragen kann, Verallgemeinerungen über Mädchen und Jungen nahezulegen (vgl. hierzu Horstkemper 2013: 33). Dementsprechend sollten die hier dargestellten Untersuchungsergebnisse und auch deren Interpretation seitens Hemmer und Hemmer (2010a) mit Vorsicht bewertet werden. Dennoch verdeutlichen diese Ergebnisse eben auch, dass die hier befragten Mädchen und Jungen viele Gemeinsamkeiten bezüglich der inhaltlichen und methodischen Gestaltung eines interessanten Geographieunterrichts aufweisen: Beide Gruppen interessieren sich für eine Vielzahl an Themen und Regionen sowie für den Einsatz konkreter Medien. Um einen inhaltlich-didaktisch ansprechenden und abwechslungsreichen Unterricht zu bieten, sind diese Interessen zu berücksichtigen.

In der Unterrichtssituation hängen aber das Bestehen und/oder der Aufbau von Interessen zudem von der Qualität der LehrerInnen-SchülerInnen-Beziehung, der Möglichkeit zur eigenen Ausgestaltung des Lernprozesses und der Erfahrung, den gestellten Anforderungen entsprechen zu können, ab (vgl. Reinfried 2006: 52).

2.2 Geographieunterricht geschlechtergerecht gestalten

2.2.1 Das Konzept eines sinnstiftenden Unterrichts

Empirische Studien belegen, dass sich naturwissenschaftlicher Unterricht verändern muss, um insbesondere mehr Mädchen für ihn zu begeistern (vgl. Faulstich-Wieland/Willems/Feltz 2008: 9). Dementsprechend wird in der Fachliteratur diskutiert, wie naturwissenschaftliche Fächer geschlechtergerechter gestaltet werden können. Eine Förderung von Mädchen im monoedukativen Unterricht wird – je nach Perspektive und herangezogenen empirischen Ergebnissen – positiv, aber auch sehr kritisch besprochen, da Studien diesbezüglich widersprüchliche Ergebnisse aufweisen (vgl. Solga/Pfahl 2009: 63f.).

Eine vollständige Darstellung der Debatte würde an dieser Stelle zu weit führen. Daher sei nur darauf verwiesen, dass BefürworterInnen in monoedukativen Settings die Möglichkeit sehen, Mädchen besser in ihren naturwissenschaftlichen Fähigkeiten zu stärken und so das Selbstvertrauen in ihre eigenen Leistungen zu steigern. Zudem würden Mädchen in monoedukativen Gruppen ihr Geschlecht zeitweilig vergessen und wären dann maskulin konnotierten Fächern gegenüber aufgeschlossener (vgl. Jahnke-Klein 2013: 12f.). Hannelore Faulstich-Wieland (2013: 15-18) verdeutlicht hingegen, dass mit der Trennung der SchülerInnen verschiedene Paradoxien einhergehen. So würde mit einer Trennung unterstellt, dass die Geschlechter unter sich bleiben wollen und dass koedukative Gruppen per se jungendominiert wären. Ferner verstärkt dieser Ansatz die Sichtbarkeit vermeintlicher Geschlechterdifferenzen (vgl. Solga/Pfahl 2009: 64). Zudem ist bisher offen, ob monoedukativ beschulte Mädchen anschließend tatsächlich einen MINT-Leistungskurs oder eine berufliche bzw. universitäre Ausbildung in diesen Bereichen wählen (vgl. Solga/Pfahl 2009: 64).

Aufgrund der dargestellten kontroversen Debatte einer monoedukativen Mädchenförderung soll an dieser Stelle ein Unterrichtskonzept vorgestellt werden, welches das Veränderungspotenzial der Lernsituation im koedukativen Unterricht in den Blick nimmt. Obgleich das Konzept des *Sinnstiftenden Mathematikunterrichts* von Sylvia Jahnke-Klein (2001: 250) bereits etwas älter ist und für den Mathematikunterricht konzipiert wurde, weist es viele Aspekte auf, die im Hinblick auf die geschlechtergerechte Gestaltung des Geographieunterrichts verwendbar sind und an die das Konzept der GIS-AG anknüpft:

»Ausgehend von der Annahme, dass Verstehen mit dem Erleben von Sinn einhergeht, wurde ein Konzept für einen sinnstiftenden Mathematikunterricht entwickelt. Dieses Konzept sieht Veränderungen auf der Ebene der Inhalte, der Methoden und der Unterrichtskultur vor.«

Im Mathematikunterricht seien daher die Vielfalt der Dimensionen von Mathematik und die Bezüge zu unserer Kultur und Gesellschaft zu verdeutlichen, um das Thema für alle SchülerInnen gleichermaßen interessant zu gestalten. Gleichzeitig müssten vielfältige Methoden eingesetzt, kooperative Arbeitsweisen gefördert und eine angenehme Arbeitsatmosphäre geschaffen werden, um eine Unterrichtskultur zu fördern, die den Bedürfnissen von Mädchen und Jungen entspreche (vgl. Jahnke-Klein 2001: 250f.).

Dementsprechend weist ein sinnstiftender Unterricht eine große inhaltliche und didaktisch-methodische Vielfalt auf und trägt so dazu bei, den Interessen und Lernstilen aller SchülerInnen – unabhängig von ihren vermeintlichen geschlechtsspezifischen Interessen und Arbeitsweisen – gerecht zu werden.

2.2.2 Gestaltung eines sinnstiftenden Geographieunterrichts

Vergleicht man die Ausführungen Jahnke-Kleins (2001) mit den Bildungsstandards der DGfG (2008) wird deutlich, dass das Fach Geographie insbesondere aufgrund seines interdisziplinären Charakters viele Aspekte aufweist, die eine sinnstiftende Unterrichtsgestaltung ermöglichen. So ist es im Geographieunterricht möglich, die gesellschaftliche Relevanz geo- und naturwissenschaftlicher Inhalte zu betonen und die Bezüge zur Lebenswirklichkeit der SchülerInnen herzustellen.

Hinzu kommt, dass sich das Fach Geographie insbesondere durch seine Methoden- und Medienvielfalt auszeichnet: Neben der Möglichkeit von Einzel- und Gruppenarbeit sowie Projektphasen gehören Exkursionen und der Einsatz verschiedenster Medienarten zum Fach. Durch den Einbezug von GIS können die Lernenden zusätzlich im Umgang mit digitalen Medien und dem Computer geschult werden. Der formale Charakter des Faches Geographie eignet sich demnach sehr gut für die Gestaltung eines sinnstiftenden Unterrichts.

Ferner zeigen die empirischen Ergebnisse von Hemmer und Hemmer (2010a), dass sich Mädchen und Jungen gleichermaßen für das Fach Geographie interessieren, wenn der Unterricht eine Vielfalt an Themen aufweist und durch den Einsatz unterschiedlicher Methoden und Medien abwechslungsreich gestaltet wird.

3 ANWENDUNGSMÖGLICHKEITEN VON GEOINFORMATIONSSYSTEMEN IM FACH GEOGRAPHIE

3.1 Inhalte und Methoden der GIS-AG

An der eingangs erwähnten GIS-AG, welche an der Jade Hochschule am Studienort Oldenburg für SchülerInnen der 6. und 7. Klasse konzipiert wurde, konnten SchülerInnen aller weiterführenden Schulen in Oldenburg teilnehmen.[12] Die AG wurde in den AG-Katalog der beteiligten Schulen aufgenommen und fand einmal wöchentlich nachmittags für ein Schulhalbjahr in den Räumen bzw. auf dem Campus der Hochschule statt. Im Sommer-Schulhalbjahr 2012 gab es zwei AGs, und im Winter-Schulhalbjahr 2012/2013 wurde eine AG durchgeführt.

Während des Schulhalbjahres wurden insgesamt sieben verschiedene Teilbereiche der Geoinformatik in 15 jeweils eineinhalbstündigen Lehreinheiten behandelt. So war es möglich, ein breites Spektrum an Themen zu bearbeiten und interessante Anwendungsszenarien für alle TeilnehmerInnen zu entwickeln. Teilweise erstreckten sich die Themen über mehrere AG-Termine, wobei die einzelnen Lehreinheiten aufeinander aufbauen. Dies gilt insbesondere für die Themengebiete *Global Positioning System* sowie *Arbeiten mit ArcGIS*. Jeder Themenbereich ist in sich abgeschlossen und kann in dieser oder einer abgewandelten Form für andere Veranstaltungen weiterverwendet werden.[13]

Das Konzept im Überblick:

---

12 | Im Vorfeld wurden alle weiterführenden Oldenburger Schulen durch die Projektbeteiligten angeschrieben und/oder telefonisch kontaktiert und über die GIS-AG informiert. Viele Schulen wurden als KooperationspartnerInnen angeworben. Dennoch konnten nur an fünf beteiligten Gymnasien TeilnehmerInnen für die GIS-AG gewonnen werden.

13 | Im Rahmen des Projektes wurde ein Methodenkoffer erstellt, der von Oldenburger Schulen an der Jade Hochschule am Studienort Oldenburg ausgeliehen und im Unterricht eingesetzt werden kann.

Lehr-einheit	Themen
1	**Einführung** 1. Kennenlernspiel 2. Einführung in das Thema GIS 3. Erste kleine Übungen mit GIS

2
 	
3
	Der Schulweg in Karten
	1. Darstellung des eigenen Schulweges auf einer analogen Karte
	2. Digitalisierung des Schulweges mit Google Maps
	   • Erläuterung des Layer-Prinzips[14]
	   • Erläuterung von Punkt-, Linien- und Flächenobjekten[15]
	Lernziele: Orientierung im Raum, Orientierung auf einer Karte und Übertragung des Schulweges aus der Realität auf eine Karte (analog und digital).

4 5 6 7	**Global Positioning System (GPS)** • Erläuterung von geographischen Koordinaten anhand eines selbst gebastelten Globus • Einführung in das GPS und Anwendung eines GPS-Gerätes • Geocaching: Schatzsuche mithilfe von GPS-Geräten auf dem Campus-Gelände und in der näheren Umgebung • Übertragung der GPS-Tracks nach Google Earth *Lernziele: Verständnis von geographischen Koordinaten/Bezugssystemen, Kenntnis der Grundzüge der Funktionsweise von GPS, Kenntnisse in der Handhabung eines GPS-Gerätes zur Orientierung im Raum und zur Darstellung eines GPS-Tracks in Google Earth.*
8 9	**3D-Modellierung und -Darstellung** • Erstellen von Fotos und Erfassung von Maßen zur Modellierung eines einfachen Gebäudes • 3D-Modellierung und -Texturierung dieses Gebäudes anhand der Fotos und Maße mithilfe von SketchUp[16] • Darstellung des Modells in Google Earth *Lernziele: Kenntnisse zur Modellierung einfacher dreidimensionaler Objekte mit einem CAD-Programm, Verständnis für die Bedeutung eines Maßstabs und die Genauigkeit von Messdaten im Raum.*
10 11 12 13	**Arbeiten mit ArcGIS** • Skizzierung geographischer Objekte wie Bäume, Wege und Grünflächen auf Papierkarten • Erfassung von Objekten mit GPS • Digitalisierung in ArcGIS • Strukturierung der erfassten Objekte in Ebenen • Erfassung von Sachinformationen (z.B. Baumart, Wegpflasterung ...) • Darstellung in Karten mit vorgegebener und selbst erstellter Symbolik *Lernziele: Förderung der Fähigkeiten und Kenntnisse in Bezug auf Lokalisierung geographischer Objekte, Erhebung von Daten durch eigenes Beobachten, Kartieren und Messen, geometrische Modellierung und Strukturierung geographischer Objekte in ArcGIS.*

14	**Vorbereitung der Abschlussveranstaltung**
	• Zu dieser Abendveranstaltung wurden Familienmitglieder sowie LehrerInnen der teilnehmenden SchülerInnen eingeladen.
	• In der AG-Sitzung vor der Veranstaltung erstellten die SchülerInnen in Kleingruppen kurze Präsentationen mit PowerPoint.
	• In den PowerPoint-Präsentationen stellten sie die Inhalte der AG, also die verschiedenen Programme und die dazugehörigen eigenständig erarbeiteten Materialien/Ergebnisse, vor.
	Lernziele: Erläuterung und Darstellung eigener Ergebnisse mittels einer PowerPoint-Präsentation.
15	**Abschluss**
	• Orientierung mit Kompass und Karte auf dem Messturm der Hochschule
	• Besuch des Labors für virtuelle Welten

Abb. 2: Inhalte und Lernziele der GIS-AG (Darstellung von Prof. Dr. Jaquemotte, 2013)

Bei der Entwicklung der Lehreinheiten wurde großer Wert auf die Gestaltung eines abwechslungsreichen Unterrichts gelegt. Der theoretische Unterricht wurde um praktische Übungen ergänzt, welche den vermittelten Lerninhalt vertiefen sollten. Ein großer Teil der praktischen Übungen war mit einer Aktivität im Freien verbunden, womit ein direkter Bezug zwischen der realen Umwelt und dem daraus abgeleiteten Modell hergestellt werden konnte. Die Übungen waren in der Regel als Gruppenarbeit konzipiert, um Kernkompetenzen der SchülerInnen wie Kommunikation und Teamfähigkeit zu stärken. Die einzelnen Module wurden während des gesamten Projektes fortlaufend an die jeweiligen Gegebenheiten, wie unterschiedliche Gruppengrößen oder die unterschiedliche Anzahl von AG-Terminen[17], angepasst.

Wenngleich das hier dargestellte Gesamtkonzept sehr umfangreich ist und insgesamt in unserer Durchführung einen Zeitraum von mehreren Monaten umfasst, können einzelne Themen der jeweiligen Module in den wöchentlichen Geogra-

---

14 | Bei der digitalen Kartenherstellung ist es sinnvoll, die verschiedenen Daten in unterschiedlichen Ebenen zu verwalten, den sogenannten Layern. Mit diesen können einzelne Datensätze betrachtet und miteinander kombiniert werden (z.B. eine reine Straßenkarte mit einer reinen Bebauungskarte). So können auf einfachste Weise neue Karten erstellt werden (vgl. hierzu Cremer/Richter/Schäfer 2004: 4-5).

15 | Punkt-, Linien- und Flächenobjekte dienen zur Vereinfachung von Karten. Linien können z.B. als Straßen, Punkte als Bäume und Flächen als Seen genutzt werden. Um geographische Objekte des gleichen Typs zu unterscheiden, können diese mit Labels (Bezeichnungen) versehen werden (vgl. Kappas 2001: 15-17).

16 | SketchUp ist ein einfach zu handhabendes 3D-Skizzierprogramm, mit dem schnell dreidimensionale Modelle von Häusern oder auch Möbeln entworfen und dargestellt werden können. Diese Modelle können auch in Google Earth eingefügt oder ausgedruckt werden. Google SketchUp ist eine leicht abgespeckte Version von SketchUp, die für PrivatanwenderInnen kostenfrei im Internet erhältlich ist (vgl. Schlenker 2006).

17 | Die Gruppengrößen differierten je nach Anmeldezahlen, die AG-Termine aufgrund von Feiertagen.

phieunterricht integriert werden.[18] Denkbar ist zudem die Gestaltung einer GIS-Projektwoche oder die Nutzung von GIS und GIS-Geräten bei Exkursionen. Die dargestellten Inhalte können dabei an das Alter sowie die Interessen und Vorkenntnisse der SchülerInnen angepasst werden.

3.2 Die Lehreinheiten *Global Positioning System* und *Arbeiten mit ArcGIS* im Detail

Um den abwechslungsreichen Charakter der GIS-AG sowie deren Ablauf besser nachvollziehen zu können, werden nachfolgend zwei der Lehreinheiten ausführlicher dargestellt.

3.2.1 Lehreinheit: *Global Positioning System* (GPS)

In der ersten Stunde dieses Themenblocks lernen die TeilnehmerInnen der GIS-AG zunächst das Gradnetz der Erde kennen, da dies für die Nutzung eines GPS-Gerätes relevant ist. Damit sich die SchülerInnen geographische Koordinaten, also Breiten- und Längengrade, besser vorstellen können, basteln sie zunächst einen Globus aus einer Styroporkugel und einem Gradnetz, das ihnen als Kopie vorliegt.

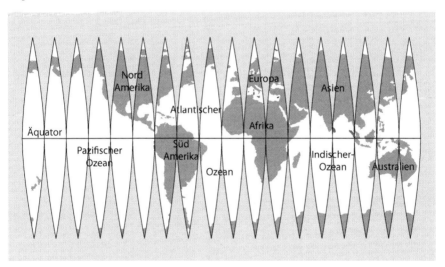

Abb. 3: Kopie des Gradnetzes der Erde

Das Gradnetz wird von allen ausgeschnitten und auf die Styroporkugel geklebt. Mittels des so präparierten Globus sehen sie, was geographische Koordinaten sind, und beschriften den eigenen Globus mit groben Breiten- und Längengraden. Darüber wird ihnen vermittelt, dass jeder Punkt der Erde über die Angabe von Breiten-

---

18 | Am Gymnasium und an integrierten Gesamtschulen beträgt die reguläre Stundenanzahl in dem Fach Erdkunde in der 6. Klasse zwei Stunden pro Woche und in der 7. Klasse eine Stunde pro Woche (vgl. Niedersächsisches Kultusministerium 2012). Aufgrund der sehr geringen Stundenanzahl in der 7. Klasse erscheint eine Übernahme des gesamten Konzeptes in dieser Klassenstufe eher als problematisch.

und Längengrad exakt bestimmt und zugeordnet werden kann. Um die gelernten Informationen zu vertiefen, bekommen die SchülerInnen erneut eine Kopie von einem Gradnetz. Hier sollen sie verschiedene Länder anhand ihrer Längen- und Breitengrade eintragen.

In der zweiten Stunde wiederholen die SchülerInnen zunächst, was sie in der letzten Stunde gelernt haben. Zudem wird ihnen erklärt, dass das ihnen bereits bekannte Gradnetz noch zu grob ist, um eine genaue Position anzugeben, weshalb die Grade zusätzlich in Minuten und Sekunden bzw. Zehntelminuten unterteilt werden. Im Anschluss daran wird vermittelt, was ein GPS ist, woher sie es aus dem Alltag bereits kennen (z.B. Navigationssystem im Auto oder Smartphone) und in welchen Berufsfeldern es eingesetzt wird. Mittels eines kurzen Filmes[19] und einer PowerPoint Präsentation wird ihnen ausführlich erklärt, dass es sich bei einem GPS-System um ein satellitenbasiertes Positionsbestimmungssystem handelt. Hierbei bekommen sie u.a. die Informationen, dass das Globale Positionierungssystem aus 24 Satelliten besteht, die sich in sechs verschiedenen Umlaufbahnen um die Erde bewegen. Um eine Position bestimmen zu können, muss das GPS-Gerät die Signale von mindestens vier Satelliten empfangen. Zudem werden sie darauf hingewiesen, dass ein Satellitenempfang nur unter freiem Himmel und nicht in Gebäuden oder einem dichten Wald möglich ist.

Dieses theoretische Wissen können sie dann auf dem Campusgelände der Jade Hochschule praktisch anwenden. In Kleingruppen bekommen sie je ein GPS-Gerät und eine kurze Einweisung in die Bedienungs- und Funktionsweise. Um den Umgang mit dem Gerät zu üben, erhalten die einzelnen Gruppen geographische Koordinaten, die sie suchen müssen – Ziel ist es, eine Fotodose zu finden, in der sich weitere Koordinaten befinden, welche die SchülerInnen erneut suchen sollen.

Die dritte Stunde knüpft hier an, indem es um das »Geocachen« geht. Dabei handelt es sich um eine Art moderne Schnitzeljagd oder Schatzsuche, bei der ein Schatz versteckt wird, der mittels GPS-Gerät und geographischen Koordinaten gesucht werden kann. Nach einer theoretischen Einführung gehen die SchülerInnen in Kleingruppen geocachen. Der von den MitarbeiterInnen vorbereitete Multicache besteht aus drei Stationen: An den ersten beiden Stationen erhalten bzw. finden sie kleine Rätsel, die sie lösen müssen, um die Koordinaten für die nächste Station herauszufinden. An der dritten Station ist der Schatz versteckt, in unserem Fall Süßigkeiten in einer Tupperdose. Aufgrund der Lage des Hochschulcampus kann der angrenzende botanische Garten gut als Versteck für den Schatz genutzt werden.

Um eine Wettkampfsituation zu vermeiden, erhalten die Gruppen jeweils unterschiedliche Rätsel und Verstecke sowie einen eigenen Schatz.

In der vierten Stunde geht es darum, dass das GPS-Gerät immer eine Spur des zurückgelegten Weges aufzeichnet. Dieser Weg wird auch als »*Track*« bezeichnet. Nach einer Einführung übertragen die SchülerInnen den *Track* ihrer eigenen Geocachingroute auf den Computer und lernen, wie sie diesen *Track* in Google Earth einfügen bzw. darstellen können.

---

19 | ARD.de, 2014: Wie funktioniert das GPS. https://www.youtube.com/watch?v=XWGOnF8TKB4 (eingesehen am: 05.08.2014).

Abb. 4: Teilnehmerinnen der GIS-AG beim Geocaching, Foto: Piet Meyer

3.2.2 Lehreinheit: Arbeiten mit ArcGIS

Zu Beginn der ersten Stunde wird den SchülerInnen kurz erklärt, was sie in den kommenden Wochen mit ArcGIS machen werden: Zunächst werden sie selbst Objekte auf dem Campusgelände der Hochschule erfassen und Schallpegelmessungen durchführen, um diese Daten dann für die digitale Kartenerstellung mit ArcGIS nutzen zu können.

Anhand eines theoretischen Inputs erfahren die AG-TeilnehmerInnen, was sie bei der Objekterfassung und Schallpegelmessung beachten müssen. Dabei wird ihnen auch vermittelt, was ein Schallpegel ist und in welcher Einheit (dB) er gemessen wird. Danach werden Kleingruppen gebildet. Jede Gruppe erhält einen Teil des Campus als Papierkarte (und Stifte), auf der die Objekte aus diesem Abschnitt eingetragen werden sollen.

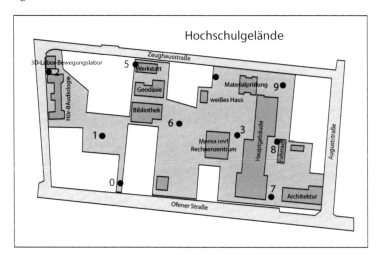

Abb. 5: Gesamtes Campusgelände mit Schallmesspunkten

Zudem bekommt jede Gruppe einen Schallpegelmesser und eine Einweisung in dessen Handhabung. Der Schall wird an ausgewählten Punkten, die in der Papierkarte vermerkt sind, gemessen.

Abb. 6: Teilnehmerin der GIS-AG bei der Schallpegelmessung,
Foto: Elisa Malinowsky

In den folgenden zwei bis drei Stunden (je nachdem wie viele Termine es gibt und wie schnell die TeilnehmerInnen arbeiten) lernen die AG-TeilnehmerInnen ArcGIS kennen. ArcGIS ist ein umfassendes System, mit dem geographische Informationen erfasst, organisiert, analysiert und kommuniziert werden können. Die SchülerInnen erfahren, wie sie ihre in Papierform erfassten Objekte und Schallpegelmessungen in ArcGIS digitalisieren, strukturieren und auswerten können.

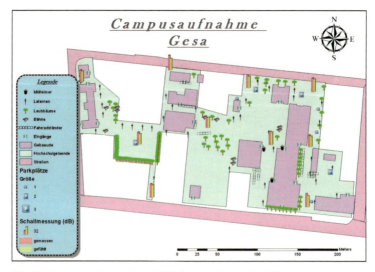

Abb. 7: Kartenerstellung einer AG-Teilnehmerin mit ArcGIS

Sie können sich Symbole für ihre Objekte aussuchen bzw. auch selbst erstellen, sie können den Campus farbig gestalten, eine Legende anlegen, die Ergebnisse der Schallpegelmessungen darstellen und vieles mehr. Hierbei besteht ihre digitale Karte aus verschiedenen *Layern* (Layer oder Ebenen lernen sie schon in den Lehreinheiten zwei und drei kennen), die sie unterschiedlich kombinieren können. Je nach Auswahl können ihre Karten somit verschiedene Daten aufweisen.

3.3 GIS im Geographieunterricht: etwas für Mädchen und Jungen?

Ausgehend von den Beobachtungen und den Befragungen, die im Zuge der wissenschaftlichen Begleitung des in Kapitel 3.1 beschriebenen Projektes erhoben wurden,[20] wird hier kurz dargestellt, wie die SchülerInnen mit den GIS-Anwendungen zurechtkamen und wie sie die Möglichkeit eines GIS-Einsatz im Geographieunterricht beurteilten.

Während ältere Untersuchungen zur Computernutzung von Mädchen noch deren größere Distanz im Umgang mit dem PC darstellten (vgl. hierzu Schinzel 2003: 6), kommen Bettina Jansen-Schulz und Conni Kastel (2004: 63, 82-83) in ihrer Studie zu dem Ergebnis, dass Mädchen zunehmend mehr Computererfahrung und -kompetenz aufweisen. Letzteres bestätigte sich auch bei den Beobachtungen der GIS-AG. Die Teilnehmerinnen arbeiteten sehr selbstbewusst und eigenständig mit und an dem PC. Im Allgemeinen kamen alle TeilnehmerInnen mit den ihnen gestellten Aufgaben und den neuen Programmen (z.B. ArcGIS) und/oder Geräten (z.B. GPS-Gerät) sehr gut zurecht. Leistungsunterschiede zwischen den Geschlechtern wurden nicht beobachtet.

In den Befragungen wünschten sich nahezu alle Mädchen und Jungen gleichermaßen, in der Schule mit GIS zu arbeiten. Sie fanden die Arbeit damit interessant und abwechslungsreich. Es gefiel ihnen, neue Programme kennenzulernen und ausprobieren zu dürfen. Besonders beliebt war das Geocachen, aber auch die Arbeit mit den Programmen ArcGIS und SketchUp. Zudem schätzten sie die Lernatmosphäre in der AG. Besonders gut gefiel ihnen, dass sie viel draußen waren, viel ausprobieren konnten, der Leistungsdruck geringer war und es lockerer zuging als in der Schule.

Auch wenn die hier dargestellten Befragungs- und Beobachtungsergebnisse aufgrund der zu geringen Stichprobengröße (15 Mädchen und elf Jungen) und der relativ homogenen Gruppenstruktur nicht repräsentativ sind, sprechen sie für die Gruppe der Befragten eine eindeutige Sprache: Diese Mädchen und Jungen wünschen sich den Einsatz von GIS im Unterricht. Gleichzeitig stellte sich in den Interviews heraus, dass die TeilnehmerInnen der GIS-AG bisher kaum Kontakt mit GIS im Geographieunterricht und/oder einem anderen Fach hatten.

---

20 | An den drei GIS-AGs nahmen insgesamt 15 Mädchen und elf Jungen von verschiedenen Oldenburger Gymnasien teil. An allen AG-Terminen wurden strukturierte, nicht-teilnehmende Beobachtungen gemeinsam von einer wissenschaftlichen Mitarbeiterin und einer studentischen Hilfskraft durchgeführt. Zudem wurden am Ende der AG alle TeilnehmerInnen mittels leitfadengestützter Interviews zu ihren Erfahrungen in der GIS-AG befragt. Diese wurden zunächst mit dem Tonband aufgenommen und transkribiert. Im Anschluss daran wurden sie inhaltsanalytisch nach Philipp Mayring (2010) ausgewertet.

4 Diskussion

Meine Ausführungen, welche Fragen des Bildungsstandards und Kompetenzerwerbs im Geographieunterricht sowie dem GIS-Einsatz in Schulen nachgegangen sind und ein Konzept zur geschlechtergerechten Gestaltung des Geographieunterrichts vorgestellt haben, zeigen, dass sich das Fach Geographie aufgrund seiner Struktur besonders gut geschlechtergerecht gestalten lässt. Diese Struktur stellt jedoch keine Garantie dar. Um sie sinnvoll im Hinblick auf eine geschlechtergerechte Gestaltung des Geographieunterrichts nutzen zu können, bedarf es geschulter Lehrkräfte. Hierfür müsste der Erwerb von Gender-Kompetenzen in der Lehramtsausbildung verpflichtend werden.

Ferner kann der Einsatz von GIS im Geographieunterricht zu einer Technikkompetenzvermittlung beitragen, die nicht auf einem Defizitansatz basiert, sondern an den Interessen und Erfahrungen der SchülerInnen ansetzt und in Form eines sinnstiftenden Unterrichts alle anspricht. Um dieses Potenzial zu nutzen, müssten (angehende) Lehrende des Faches Geographie befähigt werden, GIS in ihrem Unterricht anzuwenden. Langfristig ließe sich auch dies durch verpflichtende GIS-Aus-, Fort- und Weiterbildungsmaßnahmen realisieren.

Literatur

Benke, Gertraud, 2012: Gender im naturwissenschaftlichen Unterricht. In: Kampshoff, Marita/Wiepcke, Claudia (Hg.): Handbuch Geschlechterforschung und Fachdidaktik. Wiesbaden: VS, 213-227.

Borzner, Martin, 2008: Skalierbarer Einsatz von FreeGIS-Software im Erdkunde-Unterricht. In: Jekel, Thomas/Koller, Alfons/Strobl, Josef (Hg.): Learning with Geoinformation III. Lernen mit Geoinformation III. Heidelberg: Wichmann, 28-39.

Cremer, Paul/Richter, Björn/Schäfer, Dirk, 2004: GIS im Geographieunterricht. Einführung und Überblick. In: Praxis Geographie. 34. Jg. H. 2, 4-7.

De Lange, Norbert, 2006: Geoinformationssysteme in Schulen. Derzeitiger Stand und zukünftiger Einsatz. In: Jekel, Thomas/Koller, Alfons/Strobl, Josef (Hg.): Lernen mit Geoinformation. Heidelberg: Wichmann, 11-22.

Deutsche Gesellschaft für Geographie (DGfG) (Hg.), 2008: Bildungsstandards im Fach Geographie für den mittleren Schulabschluss – mit Aufgabenbeispielen. 5., durchgesehene Auflage. Berlin: Deutsche Gesellschaft für Geographie.

Falk, Gregor, 2006: Geographische Theorien und Konzepte pädagogisch fruchtbar machen. In: Haubrich, Hartwig (Hg.): Geographie unterrichten lernen. Die neue Didaktik der Geographie konkret. München: Oldenbourg, 27-48.

Falk, Gregor/Hoppe, Wilfried, 2004: GIS – Ein Gewinn für den Geographieunterricht? Überlegungen zum Einsatz moderner Geoinformationssoftware im Unterricht. In: Praxis Geographie. 34. Jg. H. 2, 10-12.

Faulstich-Wieland, Hannelore, 2013: Geschlechterdifferenzen als Produkt geschlechterdifferenzierenden Unterrichts. In: Stadler-Altmann, Ulrike (Hg.): Genderkompetenzen in pädagogischer Interaktion. Opladen: Budrich, 12-28.

Faulstich-Wieland, Hannelore/Horstkemper, Marianne, 2012: Schule und Genderforschung. In: Kampshoff, Marita/Wiepcke, Claudia (Hg.): Handbuch Geschlechterforschung und Fachdidaktik. Wiesbaden: VS, 25-38.

Faulstich-Wieland, Hannelore/Willems, Katharina/Feltz, Nina, 2008: Einleitung. Das Projekt GENUS. In: Faulstich-Wieland, Hannelore/Willems, Katharina/ Feltz, Nina/Freese, Urte/Läzer, Katrin L. (Hg.): GENUS – geschlechtergerechter naturwissenschaftlicher Unterricht in der Sekundarstufe I. Bad Heilbrunn: Klinkkardt, 9-15.

Haubrich, Hartwig (Hg.), 2006: Geographie unterrichten lernen. Die neue Didaktik der Geographie konkret. München: Oldenbourg.

Hemmer, Ingrid/Hemmer, Michael, 2010a: Interesse von Schülerinnen und Schülern an einzelnen Themen, Regionen und Arbeitsweisen des Geographieunterrichts. Ein Vergleich zweier empirischer Studien aus den Jahren 1995 und 2005. In: Hemmer, Ingrid/Hemmer, Michael (Hg.): Schülerinteresse an den Themen, Regionen und Arbeitsweisen des Geographieunterrichts. Ergebnisse der empirischen Forschung und deren Konsequenzen für die Unterrichtspraxis. Weingarten: Hochschulverband für Geographie und ihre Didaktik e.V., 65-145.

Hemmer, Ingrid/Hemmer, Michael (Hg.), 2010b: Schülerinteresse an den Themen, Regionen und Arbeitsweisen des Geographieunterrichts. Ergebnisse der empirischen Forschung und deren Konsequenzen für die Unterrichtspraxis. Weingarten: Hochschulverband für Geographie und ihre Didaktik e.V.

Hennig, Sabine, 2006: Umweltbildung und GIS. Widerspruch oder Innovation? In: Jekel, Thomas/Koller, Alfons/Strobl, Josef (Hg.): Lernen mit Geoinformation. Heidelberg: Wichmann, 47-57.

Horstkemper, Marianne, 2013: Genderkompetenz und Professionalisierung: Wie lässt sich Genderkompetenz im Lehrberuf erwerben und ausbauen? In: Stadler-Altmann, Ulrike (Hg.): Genderkompetenzen in pädagogischer Interaktion. Opladen: Budrich, 29-42.

Jahnke-Klein, Sylvia, 2013: Benötigen wir eine geschlechtsspezifische Pädagogik in den MINT-Fächern? Ein Überblick über die Debatte und den Forschungsstand. In: Schulpädagogik heute., 4. Jg. H. 8, 1-19. [www.uni-oldenburg.de/fileadmin/ user_upload/paedagogik/personen/sylvia.jahnke.klein/SH8_14-Jahnke-Klein. pdf, eingesehen am: 30.07.2014]

Jahnke-Klein, Sylvia, 2010: Mädchen und Naturwissenschaften. In: Matzner, Michael/Wyrobnik, Irit (Hg.): Handbuch Mädchen-Pädagogik. Weinheim: Beltz, 242-255.

Jahnke-Klein, Sylvia, 2001: Sinnstiftender Mathematikunterricht für Mädchen und Jungen. Baltmannsweiler: Schneider.

Jansen-Schulz, Bettina/Kastel, Conni, 2004: Jungen arbeiten am Computer, Mädchen können Seil springen ... Computerkompetenzen von Mädchen und Jungen. Forschung, Praxis und Perspektiven für die Grundschule. München: kopaed.

Kappas, Martin, 2001: Geographische Informationssysteme. Braunschweig: Westermann.

Kompetenzzentrum Technik – Diversity – Chancengleichheit, 2013: Komm, mach MINT. Überdurchschnittlicher Anstieg von Studienanfängerinnen in den MINT-Fächern. Pressemitteilung vom 07.11.2013. [www.komm-mach-mint.de/ Presse/Pressemitteilungen/Neue-Daten-Fakten-von-Komm-mach-MINT, eingesehen am: 17.01.2013]

Mayerhofer, Barbara, 2006: AIDS und Epidemien im Geographie- und Wirtschaftskunde-Unterricht – ein Unterrichtsbeispiel. In: Jekel, Thomas/Koller, Alfons/ Strobl, Josef (Hg.): Lernen mit Geoinformation. Heidelberg: Wichmann, 79-87.

Mayring, Philipp, 2010: Qualitative Inhaltsanalyse. Grundlagen und Techniken. 11., aktualisierte und überarbeitete Auflage. Weinheim: Beltz.

Niedersächsisches Kultusministerium (Hg.), 2010: Kerncurriculum für das Gymnasium – gymnasiale Oberstufe, die Gesamtschule – gymnasiale Oberstufe, das Abendgymnasium, das Kolleg. Erdkunde. Hannover: Niedersächsisches Kultusministerium.

Niedersächsisches Kultusministerium (Hg.), 2008: Kerncurriculum für das Gymnasium, Schuljahrgänge 5-10. Erdkunde. Hannover: Niedersächsisches Kultusministerium.

Reinfried, Sibylle, 2006: Interessen, Vorwissen, Fähigkeiten und Einstellungen von Schülerinnen und Schülern berücksichtigen. In: Haubrich, Hartwig (Hg.): Geographie unterrichten lernen. Die neue Didaktik der Geographie konkret. München: Oldenbourg, 49-78.

Niedersächsisches Kultusministerium (Hg.), 2012: Die Arbeit in den Schuljahrgängen 5 bis 10 des Gymnasiums. Runderlass der Ministerkonferenz vom 16.12.2011 – 33-81011 – VORIS 22410. In: Schulverwaltungsblatt für Niedersachsen. 03/2012, 149-157. [www.mk.niedersachsen.de/download/64762/Schulverwaltungsblatt_03_2012_-_Amtlicher_Teil.pdf, eingesehen am 03.12.2014]

Schinzel, Britta, 2003: Curriculare Vorschläge zur Erhöhung des Frauenanteils in der Informatik, Möglichkeiten und Maßnahmen. Gutachten. Freiburg i. Br.: Albert-Ludwigs-Universität. [http://mod.iig.uni-freiburg.de/cms/fileadmin/publikationen/curriculuminf.pdf, eingesehen am: 02.07.2014]

Schlenker, Walter, 2006: 3D kennen lernen mit SketchUp. In: ZPG-Mitteilungen für gewerbliche Schulen. Nr. 35. Stuttgart: Landesinstitut für Schulentwicklung, 1-5.

Schubert, Jan Chr./Bartoschek, Thomas, 2010: Geoinformation im Geographieunterricht. Konzeption eines fachdidaktischen Seminars an der Universität Münster. In: Jekel, Thomas/Koller, Alfons/Donnert, Karl/Vogler, Robert (Hg.): Learning with Geoinformation V. Lernen mit Geoinformation V. Berlin: Wichmann, 128-138.

Solga, Heike/Pfahl, Lisa, 2009: Doing Gender im technisch-naturwissenschaftlichen Bereich. In: Milberg, Joachim (Hg.): Förderung des Nachwuchses in Technik und Naturwissenschaft. Berlin: Springer, 155-219.

Unterstützende Materialien für den Unterricht: Video, Webseiten und weitere Materialien

ARD.de, 2010: Wie funktioniert das GPS. Wissen vor acht. [VideoPodcast 2'07"] [https://www.youtube.com/watch?v=XWGOnF8TKB4, eingesehen am: 05.08.2014]

Lernen mit Geoinformation, Schriftenreihe herausgegeben seit 2006 von Thomas Jekel und wechselnden Autoren.

WebGIS: Informationen und Nutzungsmöglichkeiten im Schulunterricht finden sich unter www.webgis-schule.de/[eingesehen am: 02.07.2014]

Wie wird das Geschlecht festgelegt?
Eine Unterrichtseinheit für den Biologieunterricht
mit 15- bis 16-jährigen SchülerInnen

Heidemarie Amon, Ilse Wenzl

In der gängigen Unterrichtspraxis werden die Möglichkeiten, wie es zur Ausbildung von Geschlechtsunterschieden kommen kann, zu wenig beachtet. Das Ziel der hier vorgestellten Unterrichtseinheit ist nicht, die biologische ›Wahrheit‹ über den Geschlechterunterschied herauszufinden, sondern die verschiedenen Möglichkeiten der Geschlechtsbildung im Rahmen des Biologieunterrichts aufzuzeigen.

Das Unterrichtsbeispiel ist 2012 in Österreich als Ergänzung zum Thema »Entwicklung und Fortpflanzung« für den Biologieunterricht konzipiert worden. Die hier vorgestellten Materialien wurden mit SchülerInnen verschiedener Klassen der 10. Schulstufe (15- bis 16-Jährige) bisher mehrmals durchgeführt. Unsere Erfahrungen und Einschätzungen erörtern wir kurz am Ende des Beitrags.

1 Hintergrund

1.1 Thematisierungen von Geschlecht im klassischen Biologieunterricht

Das im Biologieunterricht zentrale Thema »Entwicklung und Fortpflanzung« thematisiert, wie es zu Geschlechtsunterschieden kommen kann. Dabei ist das soziale Geschlecht kein im Curriculum des österreichischen Biologieunterrichts vorgesehenes Thema.

In der Biologie werden verschiedene Möglichkeiten der Geschlechtsfestlegung unterschieden, z.B. Geschlechtschromosomen, Temperatur und Gene. Üblicherweise werden diese Möglichkeiten im Unterricht in unterschiedlichen Schulstufen besprochen. Die Geschlechtschromosomen werden im österreichischen Curriculum in der 8. Schulstufe (Alter der SchülerInnen: ca. 14 Jahre), die Temperatur als geschlechtsbestimmender Faktor bei manchen Wirbeltieren in der 10. Schulstufe (Alter der SchülerInnen: ca. 16 Jahre) und der Zusammenhang mit den Genen in der 12. Schulstufe (Alter der SchülerInnen: ca. 18 Jahre) besprochen.

1.2 Ein ergänzendes Konzept, um Geschlechtsfestlegung zu thematisieren

Die von uns entwickelte Unterrichtseinheit ist für die 10. Schulstufe vorgesehen, weil es sinnvoll erscheint, mehrere Möglichkeiten der Geschlechtsfestlegung innerhalb einer Unterrichtseinheit zu unterrichten und nicht, wie üblich, im Abstand von zwei Jahren. Damit wird auch die angeblich gesicherte Geschlechtsdeterminierung infrage gestellt (vgl. Götschel in diesem Buch). Bei den SchülerInnen soll ein Bewusstsein dafür geschaffen werden, dass nicht nur eine Möglichkeit besteht, ob ein Lebewesen weibliche oder männliche Geschlechtsorgane ausbildet. Es sollen die verschiedenen Möglichkeiten der Geschlechtsfestlegung, aber auch die Grenzen des aktuellen Wissensstands zu diesem Thema vermittelt werden. Darüber hinaus soll deutlich werden, dass das biologische Geschlecht auch nicht zwingend mit der Geschlechtsidentität gleichzusetzen ist (Beispiel Transsexualität). Die SchülerInnen haben in diesem Alter das Interesse und die nötige Reife, sich mit diesen Fragestellungen auseinanderzusetzen.

Die Unterrichtseinheit erfordert einen kritischen Blick aus der Sicht der Lehrenden auf das Thema. Dieser ist wünschenswert, da Lehrkräfte SchülerInnen in ihrem Denken und Handeln wesentlich beeinflussen. Die Reflexion eigener Geschlechtertheorien ist eine wichtige Voraussetzung für die kritische Auseinandersetzung mit und den Abbau von geschlechterbezogenen Vorurteilen und Klischees. Das Ziel der hier vorgestellten Unterrichtssequenz ist es, nicht nur die biologischen Aspekte der Geschlechtsbestimmung miteinzubeziehen, sondern auch das soziale Geschlecht als wesentlichen Faktor zu thematisieren. Die Jugendlichen sollen ein differenziertes Wissen über biologische Modelle der Geschlechtsfindung und deren gesellschaftliche Bedingtheit entwickeln. Sie sollen zudem das komplexe Wechselspiel zwischen Anlage und Umwelt im Hinblick auf die Geschlechtsidentität verstehen.

2 UNTERRICHTSEINHEIT »GESCHLECHTSBILDUNG«

2.1 Rahmenbedingungen

Jahrgangsstufe	10
Zeit	4-5 Unterrichtsstunden
Kompetenzbereich	Kommunikation, Erkenntnisgewinn, Fachwissen

Abb. 1: Übersicht zur Unterrichtseinheit

Die Unterrichtseinheit ist für die 10. Schulstufe konzipiert und umfasst vier bis fünf Unterrichtsstunden, die im Rahmen des regulären Unterrichts oder auch als Projekttag geplant werden können. Mit dieser Einheit können neben dem Fachwissen weitere Kompetenzbereiche gefördert werden, die im Fach Biologie vermittelt werden sollen, wie Kommunikation, Erkenntnisgewinn und Bewertung.

2.2 Themenbereiche der Unterrichtseinheit

Prinzipiell wird in der Biologie zwischen ungeschlechtlicher (asexueller) und geschlechtlicher (sexueller) Fortpflanzung unterschieden, wobei die ungeschlechtliche Fortpflanzung – hier sind keine Geschlechtszellen beteiligt – vermutlich die ursprünglichere Art der Vermehrung ist. Ungeschlechtliche Fortpflanzung findet man bei vielen Einzellern, z.B. durch Teilung bei Wimpertierchen (Ciliata), einigen Tieren wie bei der Knospung von Korallen (Cnidaria) und bei Pflanzen u.a. bei der Bildung von Ausläufern bei der Erdbeere. Bei der geschlechtlichen Fortpflanzung unterscheidet man die eingeschlechtliche (es gibt nur eine Geschlechtszelle, z.B. bei der Parthenogenese[1] der Honigbiene) und die zweigeschlechtliche Fortpflanzung (es gibt zwei Geschlechtszellen, Ei- und Samenzelle, z.B. beim Menschen).[2]

Die vorliegende Unterrichtseinheit bezieht sich auf die geschlechtliche Fortpflanzung und stellt unterschiedliche Möglichkeiten der Geschlechtsausprägung vor: die genotypische[3], die phänotypische[4] und die soziale Geschlechtsbildung. Die in der Unterrichtseinheit nicht weiter bearbeiteten hormonellen Ursachen betrachtet z.B. Ebeling (2006: 235-246): Beide Geschlechter besitzen männliche und weibliche Sexualhormone, wobei das »hormonelle Geschlecht« anhand des Überwiegens der männlichen bzw. der weiblichen Sexualhormone definiert wird.

2.3 Unterrichtsziele

Im österreichischen Curriculum sind folgende Bildungsziele zum Thema Sexualität und Fortpflanzung sowohl für die 8. als auch für die 10. Schulstufe formuliert: »Die Schülerinnen und Schüler sollen ihr Verständnis und die Wahrnehmung für den eigenen Körper vertiefen und damit zu einem verantwortungsvollen Umgang mit sich selbst und anderen befähigt werden (Akzeptanz des eigenen Körpers, der eigenen Sexualität, Gesundheitsförderung, Suchtprophylaxe, Umgang mit behinderten Menschen, Humangenetik)« (Bundesministerium für Bildung und Frauen 2004: 1).

Damit klar wird, dass Geschlecht mehr ist als körperliche Unterschiede zwischen Mann und Frau sollten im Biologieunterricht die unterschiedlichen Geschlechtsidentitäten ebenfalls zum Thema gemacht werden. So wird das komplexe Wechselspiel zwischen Anlage und Umwelt im Hinblick auf die Geschlechtsidentität erfassbar.

Ziele dieser Einheit:

- Die SchülerInnen lernen verschiedene Möglichkeiten der Geschlechtsbildung bei Organismen kennen.

---

1 | Parthenogenese: eine Form der eingeschlechtlichen Fortpflanzung, bei der die Nachkommen aus unbefruchteten Eizellen entstehen.
2 | Weitere Beispiele verschiedener Fortpflanzungsarten im Tierreich finden sich bei Olivia Judson (2007) sowie Mario Ludwig und Harald Gerhardt (2006).
3 | Genotypische Geschlechtsbestimmung ist die Festlegung eines Geschlechts durch Geschlechtschromosomen.
4 | Phänotypische Geschlechtsbestimmung ist die Festlegung eines Geschlechts durch äußere Bedingungen (z.B. Ernährung, Temperatur).

- Die SchülerInnen setzen sich mit verbreiteten Klischees zu »typisch Mann« bzw. »typisch Frau« auseinander.
- Die SchülerInnen lernen die wechselseitige Beeinflussung von Anlage und Umwelt im Hinblick auf die Geschlechtsidentität kennen.

2.4 Ablauf, Durchführung und Materialien

1. Unterrichtsstunde	Einstieg mit dem Concept-Cartoon »Wie wird das Geschlecht festgelegt?« Klischees sammeln, Fragebogen erstellen
2. Unterrichtsstunde	Fragebogenerhebung und -auswertung, Interpretation der Fragebogenergebnisse
3. Unterrichtsstunde	Aufgabenstellungen (unter Verwendung der Arbeitsblätter im Anhang): • temperaturabhängige Geschlechtsbestimmung • chromosomale Geschlechtsbestimmung • genetische Geschlechtsbestimmung
4. Unterrichtsstunde	Themen der Transsexualität, Intersexualität, Homosexualität etc.

Abb. 2: Übersicht über den Inhalt der einzelnen Unterrichtsstunden

1. Unterrichtsstunde

Thema und Ziel
Abfrage und Diskussion des Vorwissens zum Thema sowie Bearbeitung von Geschlechterstereotypen und die Relativierung von gängigen Klischees zu »typisch Frau« bzw. »typisch Mann«

Material
Concept-Cartoon »Wie wird das Geschlecht festgelegt?« (Anhang 1)

Anleitung
Zu Beginn diskutieren die SchülerInnen in Kleingruppen die Aussagen des Concept-Cartoons und begründen ihre Entscheidung für eine oder mehrere Aussagen schriftlich. Die Lehrkraft sammelt die Cartoons ein, um sie nach der Unterrichtsstunde auszuwerten. Nach Abschluss der Unterrichtseinheit werden diese Ergebnisse der ersten Diskussion zu den Concept-Cartoons gemeinsam mit den SchülerInnen reflektiert.

    Die zweite Unterrichtsphase besteht darin, in PartnerInnenarbeit Klischees zu »typisch Frau« bzw. »typisch Mann« zu sammeln und an der Tafel zu visualisieren, damit die gängigen Klischees für alle sichtbar werden. Anschließend werden jeweils fünf Klischees, die als »typisch Frau« bzw. »typisch Mann« gelten, ausgewählt und es wird ein kurzer Fragebogen erstellt.[5]

---

[5] Der Fragebogenvorschlag im Anhang 2 kann als Anregung für die SchülerInnen verwendet werden.

2. Unterrichtsstunde

Thema und Ziel
Fragebogenerhebung und -auswertung

Material
Fragebogen

Anleitung
Der Fragebogen dient als Grundlage für eine Fallstudie entweder innerhalb der Klasse oder zur Befragung von Klassen der gleichen Altersstufe in der Schule. Der Fragebogen soll von den SchülerInnen in Einzelarbeit ausgefüllt werden. Die Auswertung und Interpretation erfolgt gemeinsam.

3. Unterrichtsstunde

Thema und Ziel
Wissensvermittlung zu verschiedenen Formen der Geschlechtsbestimmung, um die Diversität zu verdeutlichen

Material
Arbeitsblätter (Anhang 3)

Anleitung
Die SchülerInnen erhalten nacheinander die drei Arbeitsblätter zur temperaturabhängigen, chromosomalen und genetischen Geschlechtsbestimmung und müssen die darin enthaltenen Aufgabenstellungen bearbeiten. Damit verbunden ist auch die Planung eines biologischen Experimentes. Die Aufgaben dienen dazu, das Wissen anzuwenden und zu reflektieren. Abbildung 3 enthält ergänzende Informationen für die Lehrkraft zur temperaturabhängigen Geschlechtsbestimmung (Aufgabe 2):

25-27 °C	ca. 100% weiblich
28-30 °C	ca. 50% weiblich und ca. 50% männlich
31-32 °C	ca. 100% männlich

Abb. 3: Übersicht über die temperaturabhängige Geschlechterverteilung beim Leopardgecko

4. Unterrichtsstunde

Thema und Ziel
Weitere Formen der Geschlechtsbestimmung (z.B. Transsexualität, Intersexualität, Homosexualität) aufzeigen, um sichtbar zu machen, dass es noch andere Möglichkeiten der Geschlechtsbildung gibt; Präsentation und Besprechung der Concept-Cartoon-Auswertung: Was hat sich verändert?

Materialien
Siehe Film- und Literaturvorschläge; Auswertung der Concept-Cartoons

Anleitung
Es werden ausgewählte Materialien zu Transsexualität, Intersexualität, Homosexualität etc. bereitgestellt und mit den SchülerInnen besprochen.

Ein Einstieg mit einem Ausschnitt aus dem Film über Balian Buschbaum (siehe Filmvorschlag) ist gut geeignet. Das Thema fesselt die SchülerInnen und regt zu Diskussionen an. Je nach Interessen der SchülerInnen können einzelne Themenbereiche vertieft werden.

Die Unterrichtsstunde sollte so geplant werden, dass noch Zeit für die gemeinsame Reflexion der Concept-Cartoons bleibt.

Film- und Literaturvorschläge
WDR/SWR/ARD-alpha, 2014: Transsexualität. Planet Wissen. (Informationstexte und weiterführende Links)
WDR/SWR/ARD-alpha, 2014: Transsexuell, transvestitisch, intersexuell. Planet Wissen. (Video: 1'33")
WDR/SWR/ARD-alpha, 2013: Balian Buschbaum: Mein Leben im fremden Körper. Planet Wissen. (Sendemitschnitt 58'13")
Balian Buschbaum wurde als Yvonne geboren und war eine erfolgreiche Stabhochspringerin. Nach der Geschlechtsanpassung erzählt und schreibt Balian Buschbaum über seine Lebensgeschichte (Buschbaum 2010).
Heinz-Jürgen Voß (2011): Making Sex Revisited – Dekonstruktion des Geschlechts aus biologisch-medizinischer Perspektive.
Voß beschreibt anhand biologischer Theorien, wie Geschlecht gesellschaftlich ›gemacht‹ ist. Dabei werden die naturphilosophischen und biologisch-medizinischen Modelle verschiedener Epochen dargestellt und mit der jeweiligen Geschlechterordnung in Verbindung gebracht. Der Autor empfiehlt, Unterlagen und Zeitschriftenmaterial auszuwerten, um z.B. der Frage nachzugehen, welche medizinischen Behandlungen durchgeführt worden sind. Weiterhin verweist er auf den Text *Hermaphroditismus beim Menschen* von Franz L. von Neugebauer (1908).

3 Reflexion der Praxiserfahrungen

Unsere bisherigen Erfahrungen haben gezeigt, dass mit der Unterrichtseinheit das Ziel erreicht wurde, Geschlechterfestlegung in ihrer Unterschiedlichkeit zu reflektieren und die Bedeutung des sozialen Geschlechts zu vermitteln. Dabei wird am Rande ersichtlich, dass das biologische und das soziale Geschlecht eng miteinander verwoben sind und nicht isoliert voneinander betrachtet werden sollten.

Der Cartoon »Wie wird das Geschlecht festgelegt?« wird zweimal eingesetzt: einmal zu Beginn der Einheit, um die Vorstellungen der SchülerInnen zu erheben und festzuhalten, und einmal am Ende, um gemeinsam mit den SchülerInnen zu reflektieren, ob und wie sich ihre Sichtweisen verändert haben. Durch diese Methode lässt sich gut die Veränderung der Einstellung der SchülerInnen zum Thema erfassen. Das Thematisieren des sozialen Geschlechts und weiterer, häufig als sozial zusammengefasster Formen der Geschlechtsbestimmung im Rahmen dieser

Unterrichtseinheit verändert den Blick auf das Thema und den Stellenwert: Das soziale Geschlecht ist kein Randthema mehr, sondern entwickelt sich zu einem gleichwertigen Aspekt im Kontext des Themas »Wie wird das Geschlecht festgelegt?«.

Wir haben diese Einheit in gemischten Klassen (ca. 26 SchülerInnen) der 10. Schulstufe (15- bis 16-Jährige) mehrmals durchgeführt. Bei diesen ersten Erfahrungen mit dem Cartoon entschieden sich vor Beginn der Einheit 46 % für die Geschlechtschromosomen als bestimmenden Faktor, 25 % für die soziale Geschlechtsbestimmung, 21 % für die Gene und 8 % für die Temperatur. Bei der gemeinsamen Reflexion am Ende der letzten Unterrichtseinheit war den Beteiligten klar, dass die Aussagen im Cartoon weder als richtig noch als falsch zu werten sind.

Unsere Erfahrung ist, dass die Erstellung des Fragebogens, die Auswertung und Interpretation mit Engagement und Interesse durchgeführt wurden und zu einer angeregten Diskussion zum Thema Klischees führten. Unsere Ergebnisse zeigen, dass die von den SchülerInnen am Anfang sehr bestimmt vorgebrachten Klischees im Verlauf der Fragebogenbearbeitung kaum bestätigt, sondern kritisch hinterfragt wurden. Die Auseinandersetzung mit gängigen Klischees dient zum kritischen Hinterfragen dieser recht stabilen und allgemein bekannten (unreflektierten) Aussagen.

Die Aufgabenstellungen zur temperaturabhängigen, zur chromosomalen und zur genetischen Geschlechtsbestimmung konnten problemlos gelöst werden und machten sichtbar, dass sich jede Form nur in bestimmten Kontexten bzw. Fällen zur Geschlechtsfestlegung eignet.

Das Thema der vierten Unterrichtsstunde war für die Jugendlichen besonders interessant, da es gesellschaftlich immer noch tabuisiert wird und es Wissensdefizite gibt. Die Erfahrung zeigt, dass es wichtig ist, sich im schulischen Kontext damit zu befassen. Es besteht die Möglichkeit, Fragen zu stellen und adäquate Antworten zu bekommen. Die parallele Auseinandersetzung mit den verschiedenen Möglichkeiten der Geschlechtsfestlegung hat bei den SchülerInnen zu einem tieferen Verständnis für diese komplexe Thematik geführt und bietet die Möglichkeit, die Relativität und Kontextabhängigkeit von Biologie zum Thema zu machen.

Es ist bei dieser Unterrichtseinheit interessant zu beobachten, wie das Thema die Aufmerksamkeit und das Interesse der Schülerinnen weckt.

LITERATUR

Bundesministerium für Bildung und Frauen, 2004: Biologie und Umweltkunde. Lehrpläne der AHS-Oberstufe. [https://www.bmbf.gv.at/schulen/recht/erk/lp_ahs_ost_11649.pdf?4dzi3h, eingesehen am: 17.10.2014]

Buschbaum, Balian, 2010: Blaue Augen bleiben blau. Mein Leben. 7. Auflage. Frankfurt a.M.: Kürger.

Ebeling, Smilla, 2006: Wenn ich meine Hormone nehme, werde ich zum Tier. Zur Geschichte der »Geschlechtshormone«. In: Ebeling, Smilla/Schmitz, Sigrun (Hg.): Geschlechterforschung und Naturwissenschaften. Einführung in ein komplexes Wechselspiel. Wiesbaden: VS, 235-246.

Judson, Olivia, 2006: Die raffinierten Sexpraktiken der Tiere. Fundierte Antworten auf die brennendsten Fragen. München: Heyne.

Ludwig, Mario/Gebhardt, Harald, 2006: Küsse, Kämpfe, Kapriolen. Sex im Tierreich. München: blv.

Voß, Heinz-Jürgen, 2011: Making Sex Revisited. Dekonstruktion des Geschlechts aus biologisch-medizinischer Perspektive. 3. Auflage. Bielefeld: transcript.

Unterstützende Materialien für den Unterricht: Filme und andere Materialien

WDR/SWR/ARD-alpha, 2014: Transsexualität. Planet Wissen. Von Ingo Neumeyer. [www.planet-wissen.de/alltag_gesundheit/sexualitaet/transsexualitaet/index.jsp, eingesehen am: 02.08.2014]

WDR/SWR/ARD-alpha, 2014: Transsexuell, transvestitisch, intersexuell. Planet Wissen. [Video 1'33"] April 2014. [www.planetwissen.de/alltag_gesundheit/sexualitaet/transsexualitaet/video_transsexuell.jsp, eingesehen am: 02.08.2014]

WDR/SWR/ARD-alpha, 2013: Balian Buschbaum: Mein Leben im fremden Körper. Planet Wissen. [Sendemitschnitt 58'13"] April 2014. Buch: Michael Ringelsiep. Realisation: Markus Schall. Redaktion: Martin. [www.planet-wissen.de/sendungen/2013/07/12_buschbaum.jsp, eingesehen am: 02.08.2014]

Neugebauer, Franz L. von, 1908: Hermaphroditismus beim Menschen. Leipzig: Dr. Werner Klinkhardt. [http://archive.org/details/hermaphroditismu00neug, eingesehen am: 29.04.2014]

Anhang 1:

Concept-Cartoon »Wie wird das Geschlecht festgelegt?«

Anhang 2: Fragebogen

Bitte kreuze an: ♀ ♂
☐ ☐

Fragebogen
(kreuze an, was *deiner* Meinung nach richtig ist)

		trifft zu	trifft nicht zu
1.	Frauen können mehrere Dinge gleichzeitig erledigen	☐	☐
2.	Männer denken logischer	☐	☐
3.	Für Frauen ist Sex nicht wichtig	☐	☐
4.	Männer können alles reparieren, sind technisch besser	☐	☐
5.	Frauen können nicht Auto fahren	☐	☐
6.	Männer können ihre Emotionen nicht zeigen	☐	☐
7.	Frauen sind einfühlsamer und sozialer	☐	☐
8.	Männer können nicht zuhören	☐	☐
9.	Frauen reden offener über Sex	☐	☐
10.	Männer denken immer nur an Sex	☐	☐

ANHANG 3: ARBEITSBLÄTTER

Temperaturabhängige Geschlechtsbestimmung

Sie kommt bei vielen Reptilienarten vor.
Ein Beispiel sind Krokodile: Hier hängt das Geschlecht von der Umgebungstemperatur des Nestes ab. Bis etwa 30 °C entstehen Weibchen, ab ca. 34 °C entstehen nur noch Männchen. Bei Temperaturen dazwischen schlüpfen männliche und weibliche Krokodile.
Bei Schildkröten ist es umgekehrt: Höhere Temperaturen führen zu weiblichen Nachkommen, niedrigere Temperaturen zu männlichen.
Folgende Möglichkeiten der temperaturabhängigen Geschlechtsbestimmung sind zur Auswahl:

1a: Bei hohen Temperaturen entstehen Weibchen, bei niedrigen Temperaturen entstehen Männchen
1b: Bei hohen Temperaturen entstehen Männchen, bei niedrigen Temperaturen entstehen Weibchen
1c: Bei niedrigen und bei hohen Temperaturen entstehen Weibchen, bei mittleren Temperaturen entstehen Männchen

Aufgabe 1
Ordne 1a, 1b und 1c zu!

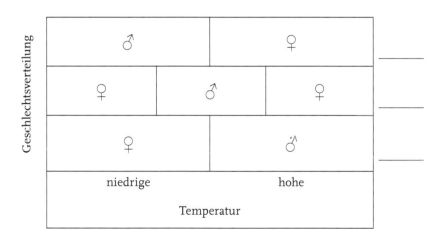

Aufgabe 2

Abb. 1: Wildform eines Leopardgecko (Eublepharis macularius; Foto von Kerstin Franke, Quelle: http://commons.wikimedia.org/wiki/File:Eublepharis_macularius.jpg, eingesehen am: 14.10.2014)

Finde heraus, ob auch der Leopardgecko *(Eublepharis macularius)* zu jenen Reptilien zählt, dessen Geschlechtsentwicklung während der Embryonalentwicklung von der Umgebungstemperatur abhängig ist.

Plane ein Experiment, mit dem du das überprüfen kannst. Du hast die abgebildeten Materialien zur Verfügung. Dokumentiere deine Versuchsplanung so genau, dass auch andere das Experiment nach deinem Protokoll durchführen können. Du hast Eier von einem Leopardgecko und folgende Materialien zur Verfügung:

Abb. 2: Terrarium mit Eiablagebehälter, Wärmeplatte, Thermometer und Barometer

Chromosomale Geschlechtsbestimmung

XX/XY-System

Das XX/XY-System: Beim Menschen und anderen Säugetieren findet man zwei verschiedene Geschlechtschromosomen, die mit X und Y bezeichnet werden. Weibliche Säugetiere haben zwei X-Chromosomen und männliche ein X- und ein Y-Chromosom – somit gibt es unterschiedliche Geschlechtschromosomen.

Das Geschlecht der Nachkommen ist abhängig davon, ob das Spermium ein X- oder ein Y-Chromosom enthält. Auch bei getrenntgeschlechtlichen Pflanzenarten gibt es unterscheidbare Geschlechtschromosomen. Z.B. ist die Verteilung der Geschlechtschromosomen bei der Weißen Lichtnelke *(Silene latifolia)* wie beim Menschen (XX, XY).

X/O-System

Das X/O-System: Bei Heuschrecken, Schaben, Hautflüglern und einigen anderen Insekten findet man nur ein Geschlechtschromosom (=X). Weibchen haben XX und Männchen haben XO. Das männliche Geschlecht ist also dadurch festgelegt, dass nur ein X-Chromosom vorliegt.

ZW/ZZ-System

Bei den Vögeln, den meisten Schlangen und einigen Eidechsen, Fischen und Amphibien gibt es das ZW/ZZ-System. Auch Schmetterlinge, Köcherfliegen und Erdbeeren haben ein ZW-System. Bei diesem System sind die Weibchen hemizygot – sie haben ein W- und ein Z-Chromosom (ZW).
Die Männchen haben zwei Z-Chromosomen (ZZ). Die Buchstaben Z und W werden hier für die Chromosomen genommen, um eine Verwechslung mit X und Y im XX/XY-System zu verhindern.

Aufgabe

Vergleiche die Unterschiede der angeführten Systeme.

Genetische Geschlechtsbestimmung

1990 benannten britische Wissenschaftler das SRY-Gen (Sex-determining Region of the Y-Chromosome) am Y-Chromosom als das hauptverantwortliche Gen für die Hodenentwicklung. Aber schon aus der Bezeichnung wird klar, dass das SRY-Gen als geschlechtsbestimmender und nicht nur als hodenbestimmender Faktor gesehen wird. Die Anwesenheit oder Abwesenheit dieses Gens legt fest, ob es zu einer weiblichen oder einer männlichen Entwicklung kommt. Wie sich aber bald zeigte, erfüllte auch SRY nicht die gewünschten Erwartungen. Kurz darauf wurden Gene beschrieben, die mit der Eierstockentwicklung im Zusammenhang stehen. Die Suche richtete sich nach einem eierstockdeterminierenden Faktor (engl. ovary determining factor, ODF). Das erste Gen, das dafür beschrieben wurde, heißt Dax1. Es befindet sich am X-Chromosom.

Aber auch hier war relativ rasch klar, dass dieses Gen nicht nur für die Eierstockentwicklung zuständig ist, sondern auch noch andere Funktionen hat, z.B. Mitbeteiligung an der Bildung der Spermien.

Insgesamt zeichnet sich ab, dass an der Entwicklung der Geschlechter nicht nur die auf den Geschlechtschromosomen liegenden Gene beteiligt sind, sondern auch Gene, die auf anderen Chromosomen liegen. Aktuell werden in der Biologie Netzwerkmodelle favorisiert, bei denen neben genetischen auch andere Faktoren wirksam sind.

Aufgabe
Erläutere mithilfe des Textes den aktuellen Stand der Wissenschaft zur genetischen Geschlechtsbestimmung.

BILDVERZEICHNIS ANHANG

Bild 1: Concept-Cartoon »Wie wird das Geschlecht festgelegt?«, gezeichnet von Heidemarie Amon und Elisabeth Nowak

Bild 2: Cartoon »Auf die Temperatur kommt es an«, gezeichnet von Heidemarie Amon und Elisabeth Nowak

Bild 3: Eublepharis macularius, Foto: Kerstin Franke, Quelle: http://commons.wiki media.org/wiki/File:Eublepharis_macularius.jpg, eingesehen am: 14.10.2014

Bild 4: Terrarium, Thermometer, Luftfeuchtigkeitsmesser, Wärmeplatte. Foto: Heidemarie Amon, Ilse Wenzl und Franz Radits

Bild 5: Cartoon »Die Geschlechtschromosomen!«, gezeichnet von Heidemarie Amon und Elisabeth Nowak

Bild 6: Cartoon »Das machen die Gene«, gezeichnet von Heidemarie Amon und Elisabeth Nowak

Sprachunterricht

Geschlecht als leerer Signifikant
Gendersensible Didaktik im Fremdsprachenunterricht

Martina Mittag

Längst nicht alle Mädchen und jungen Frauen entsprechen dem, was sich – auch nach den diversen Wellen der Frauenbewegung – landläufig als ›weiblich‹ durchgesetzt hat: kommunikativ, eher an Sprachen als an ›harter‹ Wissenschaft interessiert, eher ästhetischem als abstraktem Denken verpflichtet. Auch die in solchen Zuschreibungen inhärenten binären Gegensätze funktionieren nur noch begrenzt: Dort wo sich bestimmte Weiblichkeitsstereotypen in Reinform fortzupflanzen scheinen, stellen sich diese nicht selten als quasi parodistisches und/oder kokettierendes Zitieren heraus – wenn beispielsweise die 18-jährige Schülerin sich zu ihrer Identität als Mädchen bekennt und sich dabei als hoffnungslosen Fall beschreibt, weil sie – ähnlich wie ihre Mutter zweihundert Paar Schuhe – zweihundert Handtaschen besitze. Ähnliche – je nach kulturellem Kontext zwischen Realität und spielerischer Verwendung oszillierende – Stereotypen finden sich in der schicksalsergebenen Haltung 14- bis 16-jähriger Jungen, die das Verhalten der gerade heftig pubertierenden Mitschülerinnen mit den verständnisvollen Worten entschuldigen: »Sie zicken wieder, aber warten Sie ein paar Minuten, das ist gleich vorbei.« Trotz des darin gezollten Respekts vor der weiblichen Biologie, die von den Mädchen nicht selten selbstbewusst-resigniert bestätigt wird, handelt es sich zum einen um ein zwar selbstbewusstes, aber eher performatives Rollenverständnis[1], das wie in den Beispielen durchaus biologistische Grundlagen bemüht und auf dieser Basis Geschlechterrollen inszeniert, ohne diese jedoch als alleinige Autorität darzustellen. Zum anderen stellen sich die hier bemühten »Weiblichkeiten« als eine von vielen Optionen heraus, die von konventionellen Zukunftsvorstellungen wie Ehe und Familie bis zur genialen Physikerin, Politikerin oder Managerin reichen. Mehr denn je bewegen sich Schülerinnen heute innerhalb eines Spektrums zwischen traditioneller Weiblichkeit und – entsprechend den Identifikationsangeboten von Schule, Peergroup und Elternhaus – ehemals eher männlich konnotierten Rollenbildern. Dazu trägt auch die Tatsache bei, dass die biologischen Grundlagen selbst sich im Zeichen von Intersex (keine eindeutige Geschlechtszuordnung auf genetischer oder anatomischer Grundlage) und Transgender (keine Identifikation mit der

---

1 | Damit ist – angelehnt an Judith Butler – die Inszenierung von Geschlechtsidentitäten unter gleichzeitiger Verschleierung des Konstruktcharakters dieser Identitäten gemeint, womit der Eindruck entsteht, dass es sich um ›natürliche‹ Rollenfestlegungen handle.

jeweiligen Geschlechtszuschreibung) verlagert haben und auch hier keine eindeutige Polarität mehr vorhanden ist. Was traditionell klingt, ist demzufolge im vorgenannten Spektrum neu positioniert, sodass Mädchen heute auf Wahlmöglichkeiten zurückgreifen können, die für die Generation der Mütter und Großmütter nur ansatzweise verfügbar waren. Diese Wahlmöglichkeiten zu erweitern, kritisch zu reflektieren und auch in ihrer historischen Dimension bewusst zu machen, ist die gesellschaftliche Aufgabe, die sich an Schulen und Universitäten gleichermaßen stellt. Dabei dürfen keinesfalls die emanzipatorischen Anstrengungen vorheriger Frauengenerationen aus dem Blick geraten, deren Anliegen auch heute in Form von strukturellen Benachteiligungen, Männergewalt und weiblicher Ohnmacht existieren und den Alltag heutiger SchülerInnen mit prägen. Gleichzeitig jedoch eröffnen sich Räume für – im Idealfall affirmativ gelebte – Gender-Identitäten, von denen beide Geschlechter profitieren und in denen Gender keine eindeutig festlegbare Größe im Sinne eines naturhaft Gegebenen ist. Vielmehr wirkt Gender als »leerer« (Laclau 1996: 36-46) und damit deutungsoffener Signifikant, der je nach kulturellem und sozialem Kontext neu gefüllt werden kann. Damit kann Weiblichkeit durchaus Barbie und Marylin Monroe sowie Angela Merkel und Marie Curie einschließen. Entgegen mancher neo-, vor allem neurobiologistischer Versuche, eine neue Eindeutigkeit in puncto Männlichkeit/Weiblichkeit zu schaffen, bedeutet der leere Signifikant, dass Geschlechterrollen auch eine Frage der kulturellen Verortung und damit eine Frage der Performanz sind. Diese Perspektive schließt an die Thesen Judith Butlers an, die schon in den 1990er-Jahren so weit ging, nicht nur Geschlechtsidentitäten auf institutionelle und soziale Praktiken zurückzuführen (vgl. Butler 1990), sondern auch den Körper selbst (vgl. Butler 1993).

Im Folgenden wird die Frage im Mittelpunkt stehen, was im Klassen- oder Kursraum geschehen kann, um dem Spektrum der Signifikationsmöglichkeiten nicht nur gerecht zu werden, sondern diese auch im Sinne demokratischer Geschlechterstrukturen zu erweitern. Dabei soll zunächst die materiale Grundlage des Fremdsprachenunterrichts, d.h. die Lehrwerke selbst, gesichtet werden (Kap. 1), um dann zentrale Fragen der Literatur- und Kulturdidaktik sowie binnendifferenzierender Unterrichtsmethoden im Hinblick auf eine gendersensible Herangehensweise zu diskutieren (Kap. 2). Die notwendigen Voraussetzungen werden in Kapitel 3 in den Blick genommen.

1 Gender @ Unterricht:
Lehrwerke im Zeitalter des Gender Trouble

Die materiale Grundlage für einen gendersensiblen Unterricht ist in den letzten Jahren zumindest in inhaltlicher Hinsicht gegeben: Insbesondere in Lehrwerken für den Englischunterricht der Oberstufe ist Gender längst ein geläufiges Thema.[2] Während die älteren Ausgaben von *New Summit* (Banzhaf et al. 2002) oder *New Context* (Derkow-Disselbeck et al. 2003) Gender noch im Umfeld von »Family Life« oder »Youth Culture« einfließen lassen, verfügt der zurzeit in Rheinland-Pfalz

---

2 | Die folgenden Beispiele beziehen sich auf Lehrwerke aus den Bundesländern Rheinland-Pfalz und Nordrhein-Westfalen.

gängigste Oberstufenband, *Green Line Oberstufe* (Ashford/Butzko/Carlton-Gertsch 2009), über ein eigenes Kapitel »Gender Issues«, in dem eine recht ausgewogene, unterhaltsame und kontroverse Themensammlung präsentiert wird: Geschlechterrollen, Diskussion einer »real mom«, Geschlecht und Sprache, statistische Daten zu Geschlechterunterschieden in Bezug auf schulische Leistungen, Rollenbilder in den Medien, »nature or nurture«, neurophysiologisch unterstützter Neo-Essentialismus, parodistisch verzerrt innerhalb einer Kritik der bekannten Broadway-Show Rob Beckers *Defending the Caveman*, eine historische Einführung in Women's History und Frauenwahlrecht und Informationen zur beruflichen Situation von Frauen. Folgt man darüber hinaus dem im Lehrwerk angegebenen umfangreichen Online-Material, lässt sich ohne weitere Recherchen ein recht anspruchsvolles Gender-Projekt gestalten, das Geschlechtergeschichte, genetische, psychologische und neurophysiologische Aspekte umfasst und für Gruppenarbeit bestens geeignet ist.

Trotz der schieren Fülle an inhaltlich möglichen Perspektiven für den Unterricht ist anzumerken, dass der kritische Umgang damit eine entsprechende Ausbildung und Bewusstheit auf Seiten der LehrerInnen voraussetzt, die bisher weniger selbstverständlich sind. Zudem ist die Gestaltung solchen Materials gerade in den Fremdsprachen immer auch ein Drahtseilakt zwischen sprachlicher Zugänglichkeit und inhaltlichen Ambitionen.

Kann Gender als *inhaltlicher* Fokus im Oberstufenunterricht also durchaus vorausgesetzt werden, so ist ein gendersensibler Umgang mit literarischen Werken ein komplexeres Anliegen. Lektüre an sich scheint insgesamt – wie in Fachkreisen vermerkt wird (vgl. z.B Sommer 2007; Degenhardt 2013) – Mädchen eher entgegenzukommen als Jungen, sodass die Auswahl der zu lesenden Werke – wenn diese Auswahl im Zuge von Zentralabitur und weiteren Zwängen denn getätigt werden kann – den ersten Stolperstein darstellt. Kann von den SchülerInnen im Leistungskurs Englisch frei gewählt werden, wählen – so meine Erfahrung in der Schule – beispielsweise mädchendominierte Kurse zurzeit, und dies soll keinesfalls absolut gesetzt werden, häufig eine Jane-Austen-Lektüre, wenn es um die Literatur des 19. Jahrhunderts geht, während Jungen sich eher für Sherlock Holmes (Doyle 1986) oder Frankenstein (Shelley 2009) und damit die Welt der Detektive oder der Wissenschaft erwärmen. Im Fach Französisch, das beobachtbar seit vielen Jahren eher Schülerinnen anzieht, ist die Lektüreentscheidung von noch größerer Bedeutung, denn es sollte auf eine explizite Inklusion der Jungen abgezielt werden (vgl. Degenhardt 2013; Sommer 2007).

Wenn auch an dieser Stelle keine komplexe Analyse der solchem Leseverhalten zugrunde liegenden Männlichkeits-/Weiblichkeitsbilder zu leisten ist (hier müssten Ursprungskultur, Alter, Bildungswunsch etc. berücksichtigt werden), sollte eine erste Diagnose der an vielen Gymnasien dominierenden Lesetraditionen die Frage nach positiv besetzter Weiblichkeit in den Lektüren einschließen: Traditionell lässt sich für das Fach Englisch vermerken, dass Mädchen in der gymnasialen Oberstufe einen recht maskulinen Basiskanon durchlaufen, der von *About a Boy* (Hornby 2002) über *Macbeth* (Shakespeare 1986a) bis hin zu *Death of a Salesman* (Miller 1986) reicht, Lektüren also, in denen die Protagonisten ausnahmslos männlich sind und menschliche über männliche Identität abgehandelt wird. Zwar hat der Kanon hier und da Erweiterungen erfahren, aber auch hier wird selten positiv besetzte Weiblichkeit vermittelt: In Margaret Atwoods Roman *The Handmaid's Tale* (Atwood 2005 [1985]), der in Nordrhein-Westfalen als abiturrelevante Lektüre gelesen wurde, sind Männer die Akteure an den Schaltstellen der Macht und Frauen allesamt Opfer in einer allumfassenden Dystopie, in der Männer zwar ebenfalls betroffen sind, aber nie in derselben hautnahen und körperlichen Form wie Frauen. In *About a Boy* von Nick Hornby (2002), einer weiteren gängigen Oberstufenlektüre, kommen Frauen als Punkgirls, schnell abgelegte Geliebte oder als alleinerziehende und meist übertrieben hysterische Mütter vor – unter denen die Söhne fürchterlich leiden. Auch in den Abiturvorgaben des letzten Jahres für das nordrhein-westfälische Abitur sind die starken Frauen nicht häufiger vertreten: Don de Lillos *Falling Man* (De Lillos 2008), Paul Austers *Moon Palace* (Auster 2001), Tennessee Williams' *A Streetcar Named Desire* (Williams 1988) sind allesamt keine hyperfeministischen Unternehmungen und, wie gehabt, geht es im Kern entweder um die Identitätsfindung männlicher Figuren (Paul Auster) oder um stereotype Rollenvorstellungen, die sich bei Tennessee Williams in unterschiedlichen Extremformen männlichen Empowerments und weiblicher Marginalisierung äußern. Abgesehen davon, dass derartige landesweite Lektürevorgaben mit den fachlichen und persönlichen Voraussetzungen der Lehrenden koordiniert werden müssen – in Nordrhein-Westfalen beispielsweise wird ab 2015 ein Lektürerahmen vorgegeben, der nur noch Gattung und Epoche der zu lesenden Werke vorgibt –, ist die Ausgangslage, was die Klassiker angeht, nicht in jedem Fall üppig. Aber auch hier bieten sich Werke an, in denen Frauen durchaus als zentrale Handlungsträgerinnen vorkommen, etwa bei Jane Austen oder in Shakespeares *Viel Lärm um nichts* (Shakespeare 1986b), *Der Kaufmann von Venedig* (Shakespeare 1998a), *Romeo und Julia* (Shakespeare 1998b) oder *Antonius und Cleopatra* (Shakespeare 1986c). Im Gegensatz zu *Macbeth* (Shakespeare 1986a) und *Hamlet* (Shakespeare 2014) sind Frauen in diesen Werken klug, schön, gut – und handlungsfähig. Und es geht nicht in erster Linie um die männliche als menschliche Innerlichkeit.

2 Möglichkeiten der Bewusstmachung von Gender als leerem Signifikanten

Die Lektüreentscheidung – das dürfte offensichtlich sein – bleibt letztlich auch eine Kontextfrage, die sich abhängig von Lerngruppen, deren Neigungen, Interessen und natürlich Eingenommenheiten und Vorurteilen stellt. Bei der Lektüre des *Macbeth* (Shakespeare 1986a) mag man auf die oben erwähnten affirmativen Weiblichkeiten in anderen Dramen Shakespeares verweisen, bei *Viel Lärm um nichts* (Shakespeare 1986b) auf die Ohnmacht Ophelias oder die Machtbesessenheit der Lady Macbeth. Eine ›weibliche‹ Lektüre wie Jane Austen muss nicht zwingend geschlechterdemokratische Ziele fördern und wird mit Sicherheit an den Interessen auch einiger Schülerinnen vorbeigehen, die es beispielsweise völlig kalt lässt, wer wann wen warum heiratet. Wie kann also Vielfalt von Gender-Identitäten berücksichtigt werden, wie kann Diskursoffenheit hergestellt werden und Gender als »leerer Signifikant« in solchen Fällen bewusst gemacht werden? Wie kann gewährleistet werden, dass sich männliche ebenso wie weibliche LeserInnen in der Lektüre wiederfinden und inklusive Lesarten das obengenannte Spektrum der Gender-Identitäten ermöglichen?

Erfolgversprechend wird die gemeinsame Lektüre erst dann, wenn eine Lern- und Leseumgebung geschaffen wird, die im Kontext der spezifischen Lerngruppe ein binnendifferenziertes Arbeiten ermöglicht. Das bedeutet eine Umgebung, die den unterschiedlichen Interessen und Neigungen der TeilnehmerInnen entgegenkommt und gleichzeitig eine – intellektuelle, performative oder kreative – Herausforderung darstellt. Nur so wird ein wahrnehmbarer Lerneffekt erzielt. Gendersensible Projekte implizieren dabei auch eine Entdramatisierung von Geschlechterunterschieden (vgl. Faulstich-Wieland 2005; siehe auch Rendtorff in diesem Buch), und zwar dort, wo sich durch geschlechtsspezifische Verortungen Vorurteile und Stereotypen im Unterricht fortsetzen, weil sie durch die Haltung von Lehrenden und Lernenden unterstützt werden (siehe Thiessen/Tremel und Manz in diesem Buch). Unterschiedliche Thesen, die zurzeit den Gender-Diskurs mitprägen – wie die Behauptung, dass Jungen zu Bildungsverlierern mutieren, oder die auch heute noch geäußerte Feststellung, dass Mädchen im Unterricht häufiger für Fleiß und Sauberkeit gelobt werden (vgl. Buchmayr 2008: 55) – können zu *self-fulfilling prophecies* werden, wenn sie damit bestehende Tendenzen verhärten, wenn nicht durch bewusstes Entgegenwirken Schubladendenken vermieden wird. Sicherlich gibt es tendenziell beobachtbare Unterschiede zwischen Mädchen und Jungen, was Lernprozesse und schulisches Verhalten angeht; wenn diese aber von LehrerInnenseite verinnerlicht werden, so werden aus den Tendenzen harte Realitäten, die sich nur schwer auflösen lassen. Wenn Jungen beispielsweise fraglos der Umgang mit moderner Medientechnik und technisch unterstützten Präsentationsformen überlassen wird, weil sie dort mehr Eifer entwickeln, wird sich naturgemäß bei Mädchen in diesem Bereich eine Kompetenzlücke aufgrund mangelnder Übung verfestigen oder herstellen. Notwendig ist ein gezieltes Methodentraining, wie es bereits in vielen Schulen praktiziert wird, um Schwächen auszugleichen und Stärken sowie Interessen zu fördern. Gut organisierte Gruppenprojekte, ob geschlechterhomogen oder -gemischt, funktionieren meist auch in geschlechterdemokratischer Hinsicht, wenn die Kriterien transparent gemacht werden und die Beurteilungspraxis auf Basis dieser Kriterien erfolgt. Auch Jungen, die – wenn sie nicht die genialen Überflieger sind – häufig mit weniger Ambitionen an ihre schulischen Verpflichtungen herangehen als ihre Mitschülerinnen, ist die Notwendigkeit einer Reihe von Kompetenzen – soziale, kreative, emotionale etc. – mittlerweile meist völlig klar, auch wenn diese zum Teil traditionell weiblich konnotiert sind. Wo dem (aus kulturellen, individualpsychologischen oder ähnlichen Gründen) nicht so ist, mag es hilfreich sein, den Ist-Zustand realer Geschlechterdifferenzen zur Kenntnis zu nehmen und gleichzeitig zu entdramatisieren, d.h. statt Jungen und Mädchen Individuen in den sie prägenden kulturellen Kontexten wahrzunehmen, zu fördern und ihnen ihre geschlechtsspezifischen Verortungen bewusst zu machen – um damit eine Diskursöffnung zu erreichen.

Ein geschlechterkritischer Unterricht kann in literaturdidaktischer Hinsicht sowohl eine Erweiterung des Lektürekanons bedeuten, wie auch das Spiel mit dem Traditionellen, ein *degendering*[3] bei allzu starken Festschreibungen oder ein kriti-

---

3 | Degendering, also Entgeschlechtlichung, »heißt nicht, über Geschlecht nicht mehr nachzudenken, vielmehr beginnt es damit, sich klar zu machen, dass Gender ein binäres System der sozialen Organisation ist. Deshalb setzt Degendering bei den Geschlechterstrukturen an – bei dem, was wir gewöhnlich ›Gegensätze‹ nennen« (Lorber 2004: 10). Damit verbunden

sches Bewusstmachen geschlechtsspezifischer Prägungen. Gerade durch die Beschäftigung mit dem kulturell Anderen – und das kann der Roman eines indischen Autors leisten ebenso wie die Lektüre eines Shakespeare-Stücks – werden SchülerInnen mit einem Spektrum alternativer Gender-Identitäten konfrontiert, die ihnen zeigen, wie sich die Signifikanten von Männlichkeit und Weiblichkeit jeweils neu füllen, wie sie via konkreter Rollenzuweisungen gelebt, verhandelt und (re-)konstruiert werden und dabei an herrschende Machtdiskurse anschließen. Dieses Spektrum in seiner Breite bewusst zu machen, zu erweitern und kritisch zu diskutieren, ist Ziel einer gendersensiblen Didaktik, die auch die jeweiligen Prägungen unterschiedlicher SchülerInnengenerationen berücksichtigt.

Um dem Spektrum unterschiedlicher »Männlichkeiten« und »Weiblichkeiten« zu begegnen, das unsere Gegenwart und die der SchülerInnen prägt, kann – auch und gerade bei sehr männlich orientierten Lektüren – ein methodisches Repertoire zum Einsatz kommen, das mit dem Vorhandenen *spielt* und es dadurch erweitert. Geeignet für diesen Ansatz sind vor allem kreative Schreibaufgaben, die durchaus medial gestützt oder illustriert werden können: Rollenspiele, Neuinszenierung und ›Übersetzung‹ im Sinne einer Übertragung von einer Geschlechterökonomie in eine andere. Ein Beispiel aus meiner eigenen Schulpraxis ist Arthur Millers *Death of a Salesman* (Miller 1986), in dem es im Kern um einen glücklos-deprimierten Außendienstler und Familienvater sowie dessen Söhne in den 1940er-Jahren geht. Literaturdidaktisch sinnvoll und gendersensibel kann diese Oberstufenlektüre ergänzt werden durch ein Schreib- oder Theaterprojekt namens *Life of a Housewife* (Mittag 2010): In meinem Projekt, welches ich 2010 in einem Leistungskurs mit 15 Mädchen und vier Jungen durchführte, mutierte die im Stück als treu sorgende Ehefrau und Mutter porträtierte Linda erstaunlich schnell zur Powerfrau – oder träumte zumindest von einem Dasein als solche. Eine weitere Variante wäre die Übertragung der Handlung in heutige Kontexte, und da ist es nicht unwahrscheinlich, dass der dümmlich-arrogante Vorgesetzte des Handlungsreisenden zur überaus cleveren Chefin wird, die ja nicht zwangsweise positiv dargestellt werden muss.

Ähnlich kann ein kreativer Umgang mit schwierigeren Texten des 19. Jahrhunderts oder der Shakespeare-Zeit sich wandelnde Geschlechterdifferenzen thematisieren und diskutieren und dabei auch begleitende, ihrerseits Gender-Assoziationen unterliegende Kategorien wie Klasse und ethnische Identität ins Visier nehmen. Leichtes Spiel hat man in puncto Gender bei der Shakespeare-Lektüre, weil hier im Werk selbst mit Geschlechtsidentitäten jongliert wird, die sich zu Lebzeiten des Autors im Zuge politischer, kultureller und wissenschaftlicher Entwicklungen neu gestalteten. Darüber hinaus wurden auf der ursprünglichen Shakespeare-Bühne nicht nur die weiblichen Rollen allesamt von männlichen Schauspielern gespielt, sondern auch die dort dargestellten Frauen verkleideten sich ihrerseits wieder als Männer und veranstalteten auf diese Weise ein doppeltes *crossdressing*[4]: Mit der für den frühneuzeitlichen Aufbruch charakteristischen Multiplikation der Rollenzu-

---

ist das Ziel, dass das Geschlecht als Kategorisierungsmerkmal gesellschaftlich seine Bedeutung verliert.

4 | Unter *crossdressing* wird die – meist durch Kleidung erzeugte – optische Verwandlung in das andere Geschlecht verstanden (siehe dazu Penkwitt/Pusse 1999 und Kulessa/Penkwitt 1999; zum elisabethanischen *crossdressing* vgl. Schabert 1997; Howard 1988; Mann 2008).

schreibungen – dem heldenhaften Eroberer und Kolonialherrn, der in die Neue Welt aufbrach; dem sich »männlich« gerierenden, und damit von einer als veraltet angesehenen Naturphilosophie abgrenzenden Wissenschaftler; einer durchaus männliche Züge verkörpernden Königin auf dem englischen Thron; zigarrerauchenden Londoner Frauen, die Männerkleidung trugen; den nach der neuesten italienischen Mode gekleideten, verweichlichten Höflingen, denen man häufig mangelnde Männlichkeit vorwarf – entzieht sich die elisabethanische Zeit allzu einfachen Zuordnungen (vgl. beispielsweise Mittag 2002; Schabert 1997), und das dürfte unseren heutigen SchülerInnen durchaus bekannt vorkommen. Hier sind kreative Ansätze naheliegend: War beispielsweise Ophelia wirklich nur die hilflose kleine Geliebte Hamlets oder lassen sich alternative Ophelias denken? Was passiert, wenn SchülerInnen über die Beweggründe hinter der Machtgier Lady Macbeths nachdenken oder Miranda sich im Sturm (der Bedeutungen) von ihrem Vater Prospero abseilt und eine eigene, selbstbestimmte Weiblichkeit entwickelt? Dem Spiel sind keine Grenzen gesetzt, solange es ein in Bezug auf das Gender-Thema und die historischen Koordinaten ernsthaftes Spiel bleibt.

3 Genderwissen als notwendige Voraussetzung

Ohne informativen Input von LehrerInnenseite lässt sich der Konstruktcharakter von Gender und dessen historische Verankerung natürlich nicht fassen und gerät allzu leicht zum Altbekannten, Immer-schon-Dagewesenen, das der Forschungsmühe nicht lohnt. Insofern bedarf es entsprechend ausgebildeter, kreativer Lehrkräfte, die auf fachwissenschaftlicher Ebene in der Lage sind, zu spontan aufkommenden Fragen Hilfestellung zu geben und in Sachen Gender eine reflektierte Position verkörpern. Nur dann kann ein Bewusstmachungsprozess angeregt werden, der über die üblichen Aspekte von Sprache, Stereotypen und Verhaltenstypisierungen hinausgeht. Dabei sollte auch die Bewusstwerdung der eigenen geschlechtsspezifischen Prägung bei den SchülerInnen angestoßen werden, um letztendlich Handlungsoptionen und Wahlmöglichkeiten zu erweitern.

Damit dies umgesetzt werden kann, muss wiederum auch das Lehramtsstudium hinsichtlich der Gender-Thematik entsprechend vorbereiten. Es scheint diesbezüglich nicht nur in der fachwissenschaftlichen Ausbildung, sondern auch und gerade in der Fachdidaktik Optimierungspotenzial zu geben. Vor allem in der Didaktik sollte ein Repertoire vermittelt werden, das den unterschiedlichen Bedürfnissen wie auch immer gearteter Geschlechtsidentitäten Rechnung trägt, das Schwächen ausmacht und Stärken nutzt, und damit individuelle Förderung ermöglicht. Weit entfernt von der Fokussierung auf die strengen Dichotomien von männlicher Macht und weiblicher Marginalität muss gendersensibler Unterricht eine Dynamik anvisieren, die den leeren Signifikanten Gender immer wieder aufs Neue mit Bedeutung füllt, ohne diese absolut zu setzen, eine Thematisierung von Geschlecht, die diese mit dessen Entdramatisierung verbindet (vgl. Faulstich-Wieland 2005). Statt eines getrennten Angebots für Jungen und Mädchen bieten sich deshalb immer wieder auch didaktische Strategien an, die sich an Methoden der Binnendifferenzierung anlehnen, wie beispielsweise Kolbs Lernstiltypologie (Kolb 1984), die ausgehend von vier Basiskategorien – konkrete Erfahrung, aktives Experimentieren, abstrakte Begriffsbildung und reflektierte Beobachtung – dem jeweiligen Lernstil angemessene Strategien formuliert.[5] Dabei wird der Tatsache Rechnung getragen, dass, wie Michael Cremers (2007: 12) schreibt, »Geschlechtskörper, Identität und Persönlichkeit nicht zwangsläufig übereinstimmen« müssen. Letztlich wird ein Aufbrechen des traditionellen Geschlechterbinarismus gefördert, um damit ein Spektrum an Geschlechtsidentitäten, wie es heutigen Realitäten entspricht, in den – immer auch kritischen – Blick zu rücken.[6]

LITERATUR

Buchmayr, Maria (Hg.), 2008: Geschlecht lernen. Gendersensible Didaktik und Pädagogik. Innsbruck: Studien.
Butler, Judith, 1993: Bodies That Matter. On the Discursive Limits of Sex. New York: Routledge.
Butler, Judith, 1990: Gender Trouble, Feminist Theory, and Psychoanalytic Discourse. Feminism/Postmodernism. New York: Routledge.
Cremers, Michael, 2007: Neue Wege für Jungs?! Ein geschlechtsbezogener Blick auf die Situation von Jungen im Übergang Schule-Beruf (Expertise im Auftrag des Kompetenzzentrum Technik-Diversity-Chancengleichheit e.V.). Herausgegeben vom Bundesministerium für Familie, Senioren, Frauen und Jugend (BMFSFJ). Berlin: BMFSFJ [www.bmfsfj.de/RedaktionBMFSFJ/Broschuerenstelle/Pdf-Anlagen/neue-wege-f_C3_BCr-jungs-brosch_C3_BCre,property=pdf,bereich=bmfsfj,sprache=de,rwb=true.pdf, eingesehen am: 14.10.2014]
Degenhardt, Marion, 2013: Was Jungen gerne lesen. Lektüreempfehlungen für die Mittelstufe. In: Der fremdsprachliche Unterricht. Französisch. 47. Jg. H. 122, 11-14.
Faulstich-Wieland, Hannelore, 2005: Spielt das Geschlecht (k)eine Rolle im Schulalltag? Plädoyer für eine Entdramatisierung von Geschlecht. Vortrag in der Reihe »Gender Lectures« an der Humboldt-Universität Berlin am 11.07.2005. [www.genderkompetenz.info/veranstaltungs_publikations_und_news_archiv/genderlectures/faulstichwieland_manuskript_genderlecture.pdf/at_download/file, eingesehen am: 14.02.2014]

---

5 | Kolb (1984) unterscheidet vier Lernstile, die er im Feld eines Koordinatensystems situiert: Die Pole »konkrete Erfahrungen« und »abstrakte Begriffsbildung« sind auf der vertikalen Y-Achse und die Pole »aktives Experimentieren« und »reflektierte Beobachtung« auf der horizontalen X-Achse platziert. Daraus lassen sich vier Haupttypen generieren, wobei diese Reinformen durchaus weitere Varianzen und Abstufungen erfahren können: »Die Akkomodeure, die mit aktivem Experimentieren am besten durch konkrete Erfahrungen lernen, die Konverger, die theoriegeleitet aktiv experimentieren, die Assimilatoren, die durch Beobachtungen und Erfahrungen theoriegeleitet einen Sachverhalt erschließen und die Diverger, die vor allem mittels konkreter Erfahrungen und reflektierendem Beobachten lernen« (Roche 2013: 40).

6 | Auch hier ist natürlich kritische Bewusstmachung gefordert: Angela McRobbie (2010) untersucht unterschiedliche, auf der Kultur der Zweigeschlechtlichkeit basierende »Weiblichkeits-«Ideale, und demonstriert, wie eine angeblich frei gewählte post-feministische Maskerade von meist männlichen Autoritäten gesteuert wird oder sich die Typen des Working Girl und des Phallic Girl an hegemonialer Männlichkeit orientieren.

Kulessa, Rotraud von/Penkwitt, Meike (Hg.), 1999: Cross-dressing und Maskerade (Themenheft). Freiburger Zeitschrift für GeschlechterStudien – fzg. 5. Jg. H. 8. [www.budrich-journals.de/index.php/fgs/issue/view/560, eingesehen am: 14.02.2014]

Howard, Jean E., 1988: Crossdressing, the Theatre, and Gender Struggle in Early Modern England. In: Shakespeare Quarterly. 34. Jg. H. 4, 418-440. [http://home.uchicago.edu/~jorgea/untitled%20folder/Crossdressing.pdf, eingesehen am: 14.02.2014]

Kolb, David A., 1984: Experiential Learning. Experience as the Source of Learning and Development. New York: Prentice-Hall.

Laclau, Ernesto, 1996: Emancipation(s). London: Verso.

Lorber, Judith, 2004: Man muss bei Gender ansetzen, um Gender zu demontieren. Feministische Theorie und Degendering. In: Zeitschrift für Frauenforschung und Geschlechterstudien. 22. Jg. H. 2+3, 9-24.

Mann, David, 2008: Shakespeare's Women. Performance and Conception. Cambridge: Cambridge University Press.

McRobbie, Angela, 2010: Top Girls. Feminismus und der Aufstieg des neoliberalen Geschlechterregimes. Wiesbaden: VS.

Mittag, Martina, 2010: Life of a Hausewife. Theaterprojekt für den Leistungskurs Englisch. Unveröffentlichtes Manuskript.

Mittag, Martina, 2002: Gendered Spaces. Wandel des »Weiblichen« im englischen Diskurs der frühen Neuzeit. Tübingen: Narr.

Penkwitt, Meike/Pusse, Tina-Karen, 1999: Cross-dressing und Maskerade. In: Freiburger Zeitschrift für GeschlechterStudien (fzg). 5. Jg. H. 8, 9-15. [www.budrich-journals.de/index.php/fgs/article/view/7562/6537, eingesehen am: 14.02.2014]

Roche, Jörg, 2013: Fremdsprachenerwerb Fremdsprachendidaktik. 3. vollständig überarbeitete Auflage. Tübingen: UTB A. Francke.

Schabert, Ina, 1997: Englische Literaturgeschichte aus der Sicht der Geschlechterforschung. Stuttgart: Kröner.

Sommer, Jörg, 2007: Jungen lesen anders. Jörg Sommer über geschlechtsspezifisches Leseverhalten. In: Schule im Blickpunkt. Informationen des Landeselternbeirats Baden-Württemberg. H. 12. [www.rotary1930.de/emmendingen_breisgau/03_projekte/Jungen_lesen_anders_Sommer.pdf, eingesehen am: 14.02.2014]

SCHULLEHRWERKE

Ashford, Stephanie/Butzko, Ellen/Carlton-Gertsch, Louise, 2009: Green Line Oberstufe. Stuttgart: Klett.

Banzhaf, Michaela/Breda, Thomas von/Fritz, Jochen/Kohn, Martin/Mendez, Carmen/Peschel, Alexandra/Peterson, Roland/Thaler, Engelbert (Hg.), 2002: New Summit. Texts and Methods. Paderborn: Schöningh.

Derkow-Disselbeck, Barbara/Green, Jens-Peter/Ringel-Eichinger, Angela/Schubert, Jana/Schwarz, Hellmut/Tudan, Sabine/Whittaker, Mervyn/Woppert, Allen/Schwarz, Hellmut (Hg.), 2003: New Context. Berlin: Cornelsen.

Belletristik

Atwood, Margaret, 2005: The Handmaid's Tale. Stuttgart: Klett. [1985]
Auster, Paul, 2001: Moon Palace. Ditzingen: Reclam.
De Lillo, Don, 2008: Falling Man. A Novel. New York: Scribner.
Doyle, Arthur Canon, 1986: Sherlock Holmes. The Complete Novels and Stories. New York: Bantam.
Hornby, Nick, 2002: About a Boy. Textband mit Annotationen. Berlin: Cornelsen.
Miller, Arthur, 1986: Death of a Salesman. Ditzingen: Reclam.
Shakespeare, William, 2014: Hamlet. Ditzingen: Reclam. [Hamlet. Prince of Denmark, 1603]
Shakespeare, William, 1998a: Der Kaufmann von Venedig. Ditzingen: Reclam. [The Merchant of Venice, 1596]
Shakespeare, William, 1998b: Romeo und Julia. Ditzingen: Reclam. [Romeo and Juliet, 1599]
Shakespeare, William, 1986a: Macbeth. Ditzingen: Reclam. [1623]
Shakespeare, William, 1986b: Viel Lärm um nichts. Ditzingen: Reclam. [Much Ado about Nothing, 1600]
Shakespeare, William, 1986c: Antonius und Cleopatra. Ditzingen: Reclam. [Antony and Cleopatra, 1623]
Shelley, Mary Wollstonecraft, 2009: Frankenstein, or The Modern Prometheus. Ditzingen: Reclam.
Williams, Tennessee, 1988: A Streetcar Named Desire. Ditzingen: Reclam.

Teaching Gender Reflection!
Theoretische Grundlagen
und literaturdidaktische Unterrichtsbeispiele
für einen genderreflektierenden Englischunterricht

Lotta König

Die Auseinandersetzung mit Gender[1] spielt in der Lebenswelt von Kindern und Jugendlichen eine große Rolle, wenn diese sich über die Jahre – gerade die ihrer Schulzeit – verstärkt gesellschaftlichen Vorstellungen von Weiblichkeit und Männlichkeit und (heterosexuellen) Paarbeziehungen gegenübersehen. Anerkennung, aber auch viele Ausschlüsse und Abwertungen erfolgen anhand der damit verbundenen Normen. Schule mit all ihren Akteur*innen ist dabei eine zentrale Instanz in Sachen Geschlechterbildung. Wie die einschlägige pädagogische Forschung belegt, werden geschlechtsspezifische Unterschiede in dieser Zeit ausgebaut (vgl. z.B. Faulstich-Wieland 2008); aus verstärkten Fächerpräferenzen und dem eigenen Kompetenzerleben werden Berufswünsche und Lebensentwürfe (vgl. Faulstich-Wieland 2008) – nicht selten sind die entstehenden Unterschiede mit Ungleichheiten verbunden (vgl. überblicksartig Rieske 2011). Aufgrund dieser Bedeutung von Geschlecht in der Schule kann gar nicht oft genug betont werden, wie wichtig es ist, dass Lehrer*innen und solche, die es werden wollen, sich mit ihrer Rolle als einem (von vielen) Rädchen in diesem Getriebe auseinandersetzen und reflektieren, wie sie in schulischen Interaktionen Geschlecht herstellen und Geschlechternormen vermitteln (siehe Manz in diesem Buch).

Trotz all der – häufig unbewussten oder ungewollten – Reproduktion einschränkender Vorstellungen von Geschlecht und Sexualität im Kontext von Schule bietet schulischer Unterricht zugleich eine große Chance: nämlich genau diese Vorstellungen explizit zu thematisieren, eine kognitive Auseinandersetzung zu fördern, neue Perspektiven zu eröffnen und Reflexionsprozesse anzuregen.

In diesem Beitrag soll zunächst gezeigt werden, dass insbesondere der Fremdsprachenunterricht für eine solche Gender-Reflexion geeignet ist, und ein knapper Überblick über bestehende Ansätze in der Englischdidaktik gegeben werden

---

[1] | Damit sind die an die Geschlechtszuordnung geknüpften sozialen Erwartungen gemeint. Da es in diesem Beitrag ausschließlich um die soziale Dimension von Geschlecht geht, wird auch der deutschsprachige Begriff »Geschlecht« gleichbedeutend mit »Gender« verwendet.

(Kap. 1). Anschließend werden die Bezüge in unterschiedlichen theoretischen Strömungen der Gender Studies geklärt und ein Vorschlag zur Differenzierung genderorientierter didaktischer Ziele gemacht (Kap. 2). Wie sich diese mit dem Einsatz literarischer Texte im Fremdsprachenunterricht verfolgen lassen, wird daran anknüpfend überlegt (Kap. 3) und schließlich exemplarisch mit drei Unterrichtseinheiten gezeigt (Kap. 4). Den Abschluss bilden ein Einblick in Praxiserfahrungen mit der beschriebenen Unterrichtsreihe (Kap. 5) und allgemeine Überlegungen zu Gender-Reflexion im Englischunterricht (Kap. 6).

1 Gender als Unterrichtsgegenstand in der Fremdsprachendidaktik

Der Fremdsprachenunterricht bietet sich für Gender-Reflexion besonders an, da eine Beschäftigung mit Geschlecht als kultureller Kategorie gut zu den zentralen fremdsprachendidaktischen Gegenstandsbereichen (Fremd-)Sprache, Kultur und Literatur passt (siehe auch Lewin in diesem Buch).

1.1 Inhaltliche Passung

Gerade weil Geschlechternormen[2] lebensweltlich so aktuell für die Lernenden sind, bieten Aushandlungen darüber einen authentischen Gesprächsanlass, nach dem im Rahmen eines schüler*innenorientierten kommunikativen Fremdsprachenunterrichts immer gesucht wird, um so Spracherwerbsaufgaben in einen sinn- und bedeutungsvollen Austausch einzubinden und nicht nur sprachliche Formen isoliert zu üben. Genau dieser hohe Lebensweltbezug (und das mit Gender-Normen verbundene Risiko der Abwertung) kann aber auch zu Berührungsängsten dabei führen, dieses Thema in der (nicht freiwillig gewählten) Gemeinschaft der Klasse anzugehen. In dieser Hinsicht hat der Zugang über die Fremdsprache einen Vorteil. Durch die Fremdsprache werden Aushandlungen über Geschlecht zwar verlangsamt und in ihrer Komplexität reduziert, sie bietet aber auch einen gewissen »Schon- und Distanzraum« (Decke-Cornill 2009: 14), der andererseits ein freieres Sprechen als in der Erst- oder Zweitsprache ermöglicht. Gerade Themen und Begriffe, die emotional besetzt, tabuisiert oder anderweitig besonders normativ aufgeladen sind, lassen sich leichter in einer Sprache verhandeln, in der die sprachliche Ausdrucksform noch nicht so eng mit der kulturellen Bedeutung verknüpft ist.

Sowohl der Effekt des Schonraums als auch ein Vergleich mit bekannten (sprachlichen) Strukturen beruhen darauf bzw. werden dadurch verstärkt, dass Sprache immer mit Kultur zusammenhängt. Beim Erlernen einer neuen Sprache werden auch neue

---

2 | Mit Geschlechternormen sind die auf Geschlecht bezogenen gesellschaftlichen Erwartungen gemeint, z.B. Jungen weinen nicht oder Mädchen sind nicht laut und aggressiv. Geschlechternormen führen dazu, dass eine Tätigkeit oder Eigenschaft unterschiedlich bewertet wird, je nachdem, ob ein Junge oder ein Mädchen sie ausübt/erfüllt, z.B. weinen, sexuell aktiv sein, fordernd auftreten oder Ähnliches. Ein eingängiges, auch für den Englischunterricht geeignetes Beispiel, wie sich dies auch in Sprache und der geschlechtsspezifischen Verwendung von Adjektiven niederschlägt, bietet das YouTube-Video »Labels against women« (https://www.youtube.com/watch?v=kOjNcZvwjxI, eingesehen am: 30.07.2014).

kulturelle Zusammenhänge erschlossen – und dabei kann sich ein veränderter Blick auf zuvor unhinterfragte Selbstverständlichkeiten ergeben (vgl. König 2012). Daher lässt sich die Thematisierung von Gender gut mit inter- und transkulturellem Lernen verbinden, wie es im Fremdsprachenunterricht gefördert werden soll (vgl. z.B. Kulturministerkonferenz 2003: 16f., 2012: 20ff.). Der in diesem Rahmen einzuübende Perspektivenwechsel lässt sich auch kulturvergleichend auf die soziale Kategorie Geschlecht fokussieren: Gewissermaßen durch den Umweg über Fremdheitserfahrung und Selbstreflexivität lässt sich erst erkennen, wie sehr Geschlecht kultürlich geprägt ist – statt unausweichlich natürlich. Dies ist gerade angesichts der Allgegenwärtigkeit von Geschlecht als Kategorie, die unsere Wahrnehmung stark strukturiert, Voraussetzung dafür, dass geschlechtsbezogene Normen und soziale Bedingungen überhaupt erst als solche gesehen und kritisch reflektiert werden können.

Als Medium dieses Prozesses bieten sich literarische Text an. Diese fungieren als kulturelle Ausdrucksträger, anhand derer die zielsprachlichen Kulturen Eingang in den Unterricht finden und den Lernenden neue Blickwinkel ermöglicht werden u.a. auch auf Geschlecht. Mehr noch als nicht-fiktionale Texte lassen literarische Texte diese kulturellen Kenntnisse anhand von Einzelschicksalen emotional erfahrbar werden. Durch sie können die Lernenden Einblicke in andere Lebenswelten bekommen und Perspektiven übernehmen, die sich von ihren eigenen Erfahrungen und Denkweisen unterscheiden – auf die sie dann unter Umständen einen anderen Blickwinkel einnehmen können (vgl. auch Nünning/Surkamp 2010: 14f.). Aus diesem Grund wird in der Fremdsprachendidaktik das Potenzial literarischer Texte für interkulturelles Lernen betont, welches in ähnlicher Form für die Reflexion von Gender genutzt werden kann. Denn diese Perspektiven können (je nach Textauswahl) unterschiedliche Verständnisse von Weiblichkeit und Männlichkeit repräsentieren oder über ein binäres, heterosexuell organisiertes Geschlechterverständnis hinausgehen und die jeweils damit verbundenen gesellschaftlichen Bedingungen veranschaulichen. Dabei hat der Einsatz literarischer Texte für das Ziel von Gender-Reflexion außerdem den Vorteil, dass eine (selbst-)reflexive Auseinandersetzung mit den dargestellten Geschlechterverhältnissen anhand des literarischen Figurenpersonals stattfinden kann und dabei persönliche Bezüge auf die Lebenswelt der Lernenden zwar ermöglicht, aber nicht abverlangt werden. Durch diese Stellvertreter*innenfunktion wird der Schonraum, der bereits durch die Fremdsprache geschaffen ist und Zugang auch zu sensiblen Themen erleichtert, noch zusätzlich ausgebaut. Zugleich werden durch das Einbringen verschiedener Perspektiven die Bezugs- und Identifikationsmöglichkeiten der Lernenden erweitert. Durch die besonderen ästhetischen Merkmale literarischer Texte wird darüber hinaus das Augenmerk auf die sprachliche Form, auf die Konstituierung von Geschlecht nicht nur auf der Handlungs-, sondern auch auf der Darstellungsebene gelenkt und dadurch als Bestandteil der Auseinandersetzung mit dem Text analysierbar. So können sowohl Sprache und thematischer Inhalt gut miteinander verknüpft als auch genuin literaturdidaktischen Lernzielen Rechnung getragen werden (ausführlichere Literaturhinweise folgen in Kap. 3.1).

1.2 Stand der Forschung in der Englischdidaktik

Der Fremdsprachenunterricht und insbesondere literaturdidaktische Ansätze sind also dafür geeignet, die Reflexion über Geschlechternormen anzuregen. Aber inwiefern wird dieses Potenzial in der fremdsprachendidaktischen (hier vor allem in der englischdidaktischen) Diskussion aufgegriffen? Noch 2007 konstatiert Laurenz Volkmann große Diskrepanzen zwischen einer inzwischen recht ausführlichen Beschäftigung mit Gender in den philologischen Fächern einerseits, dem vergleichsweise geringen Niederschlag in der fremdsprachendidaktischen Diskussion andererseits und schließlich der noch geringeren Umsetzung in der Schulpraxis und wirft mit seinem Titel eine Frage auf, die sich als Herausforderung lesen lässt: »Gender Studies and Literature Didactics. Research and Teaching – Worlds Apart?« Spätestens mit dem Tagungsband *Gender and Foreign Language Teaching* (Decke-Cornill/Volkmann 2007), in dem auch Volkmanns Artikel erschienen ist, ist in der Englischdidaktik eine Diskussion zu dem Thema in Gang gekommen, die sehr unterschiedliche Aspekte von Geschlecht im Fremdsprachenunterricht beleuchtet: Neben den in dem Band versammelten Artikeln zur Geschichte des Fremdsprachlehrberufs als weiblich konnotiert, zur Verfestigung von Zweigeschlechtlichkeit in der Sprachlernforschung und zu linguistischen Implikationen sowie literatur- und filmdidaktischen Überlegungen von der Warte der Männlichkeitsstudien aus (mit Anleihen bei der Evolutionspsychologie), finden sich auch ein Überblick über queere, d.h. binäre Vorstellungen (u.a.) von Geschlecht und Sexualität durchkreuzende Ansätze in der englischsprachigen Sprachlehrforschung und ein Plädoyer für einen Einbezug dieser Perspektive (vgl. Nelson 2007). Vorbereitet durch einen wegweisenden Beitrag von Helene Decke-Cornill (2004), werden in den folgenden Jahren heteronormativitätskritische[3] Blicke auf die Akteur*innen des Englischunterrichts und ihre literaturdidaktische Auswahl (Decke-Cornill/Hermann/Kleiner/Rhein 2008), Filme (Kleiner/Urban 2010), ein Theaterstück (Volkmann 2010), einen Roman (König 2012) und ein Kurzvideo (Decke-Cornill/Kleiner 2011) veröffentlicht.

Auch unterrichtspraktische Zeitschriften nehmen sich des Themas Gender an, so z.B. *Praxis Fremdsprachenunterricht* (2009) mit dem Themenheft »Gender« und *Englisch betrifft uns* (2009) mit dem Themenheft »Gender Roles«. Bei einer Sichtung der Beiträge in diesen Zeitschriften, die von Lehrer*innen für ihre konkrete Unterrichtsplanung genutzt werden, fällt allerdings auf, dass sich dabei hinter dem Thema Gender sehr unterschiedliche und zum Teil nicht klar benannte Begriffe von Geschlecht und einer entsprechenden Behandlung im Unterricht verbergen können. So stehen geschlechtertheoretisch fundierte Artikel zu »Doing und Undoing Gender«[4] (Decke-Cornill 2009) oder zur kritischen Hinterfragung von Gender-Stereotypisierungen (Schmenk 2009) neben Beiträgen, die ebensolche Stereotype aufrufen – z.B. wenn eine Karikatur des weiblichen Gehirns mit den Arealen Schokolade/Schuhe/Shopping als humoriger Redeanlass dient (Thaler 2009) oder geschlechtstypische Körperhaltungen analysiert, aber nicht kontextualisiert werden, sondern in Flirt-Tipps münden (Baier/Genç/Horsch/Höll 2009). Diese Beiträge lassen dahingestellt sein, wie die darin aufgeworfenen dichotomen, klischeehaft verstärkten Zuschreibungen aufgegriffen werden sollen oder wie sie gegebenenfalls als Ausgangspunkt für eine kritische Einbettung dienen könnten. Sie nutzen zwar die Lebensnähe geschlechtsbezogener Anforderungen bei den Lernenden als motivationsfördernden Bezugspunkt, formulieren aber kein Ziel in Bezug auf eine

---
3 | Eine Erklärung von Heteronormativität folgt in Kapitel 4.3.
4 | Den Begriff Doing Gender entwickeln Candace West und Don Zimmermann (1987). Eine Erläuterung der geschlechtertheoretischen Bezüge von Doing bzw. Undoing Gender folgt in Kapitel 2.

kritische Reflexion der damit verbundenen Normen, sondern riskieren im Gegenteil, diese zu verstärken.

An diesen Beispielen wird zum einen deutlich, dass eine Thematisierung von Gender in den bisherigen Beiträgen nicht automatisch einen kritischen Impetus hat, vor allem wenn Gender dabei bisweilen als Überbegriff für alles zu stehen scheint, was irgendwie etwas mit Männern und Frauen (meist in dieser Gegenüberstellung) zu tun hat. In Ergänzung der mit dem Titel des vorliegenden Sammelbands aufgeworfenen Frage (*Teaching Gender?*) wird sich in diesem Beitrag daher dafür ausgesprochen, Gender-*Reflexion* im Unterricht anzuregen, d.h. die Thematisierung von Gender nicht auf einer deskriptiven Ebene zu belassen, sondern immer mit einem kritisch-emanzipatorischen Unterstützungsangebot an die Lernenden zu verknüpfen. Die sehr unterschiedlich ausfallenden Beiträge zu Gender in der englischdidaktischen Diskussion (siehe Lewin in diesem Buch) verweisen zum anderen darauf, dass der jeweils verwendete Begriff von Geschlecht explizit benannt werden sollte, um die damit verbundenen didaktischen Ziele klar formulieren zu können. Bei der Thematisierung von Gender ist also neben der pädagogischen und selbstreflektierenden Haltung der Lehrkraft (siehe auch Manz in diesem Buch) auch wichtig, deutlich machen zu können, welches Verständnis von Gender zugrunde liegt bzw. welcher kritische Zugang gefördert werden soll.

2 GESCHLECHTERTHEORETISCHE BEZÜGE

Für eine theoretische Fundierung der fremdsprachendidaktischen Auseinandersetzung lässt sich auf das Theorie-Angebot der Gender Studies[5] zurückgreifen. Bereits innerhalb dieses akademischen Feldes – und der politischen Bewegungen, aus denen es entstanden ist und in welche die theoretischen Erkenntnisse hineinwirken – gibt es verschiedene Strömungen, die ganz unterschiedliche Perspektiven auf Geschlecht ermöglichen. Wer sich in diese Diskussionen einliest, kann allerdings den Eindruck gewinnen, dass sich die Ansätze gegenseitig kategorisch ausschließen; wer sie als Chronologie versteht, mag womöglich sogar zu dem Schluss kommen, dass sie einander ablösen und z.B. Forschung zur Benachteiligung von Frauen hinfällig sei. Um dem entgegenzuwirken, ist es sinnvoll, sich die zugrunde liegenden theoretischen Annahmen und Untersuchungsebenen vor Augen zu führen. Dafür ist eine Differenzierung hilfreich, wie sie Nina Degele (2008: 9-22) in ihrer *Einführung Gender/Queer Studies* vornimmt und die hier aufgegriffen werden soll: Sie unterscheidet »strukturorientierte Gesellschaftskritik«, »interaktionistischen Konstruktivismus« und »diskurstheoretischen Dekonstruktivismus« als Strömungen feministischer Theoriebildung.[6]

Der Vorteil der Differenzierung und Verwendung dieser theoretischen Perspektiven ist, dass bei Betrachtung ihrer jeweiligen Untersuchungsgegenstände (vgl. zum Überblick die auf Degele (2008) beruhende Abbildung 1) deutlich wird, dass sie auf unterschiedlichen Beschreibungsebenen argumentieren und entspre-

---

5 | Hier zunächst als disziplinärer Überbegriff für geschlechtertheoretische Auseinandersetzungen allgemein verwendet.
6 | Diese zunächst etwas sperrig wirkenden Begriffe werden in Kapitel 4 als Grundlage für die darauf basierenden Unterrichtsvorschläge veranschaulicht.

chend unterschiedliche Blickwinkel auf Geschlecht einnehmen:[7] Strukturorientierte gesellschaftskritische Studien untersuchen Geschlecht als soziale Kategorie mit einem dezidert kritisch-politischen Impetus, der vor allem mit Geschlecht verbundene strukturelle Ungleichheitsverhältnisse aufzudecken versucht (vgl. Degele 2008: 60ff.). Einen engeren, aber ebenso auf die empirische Wirklichkeit bezogenen Fokus stellen die Rekonstruktionen des interaktionistischen Konstruktivismus dar, welche die Herstellung von Geschlecht in alltäglichen Situationen in den Blick nehmen. Damit prägt und verdeutlicht diese Strömung die Vorstellung vom Doing Gender und kritisiert Zweigeschlechtlichkeit, hat aber nicht notwendigerweise den Anspruch, diese Betrachtungsweise übergreifend gesellschaftskritisch einzubetten (vgl. Degele 2008: 77ff.). Auf einer ganz anderen Basis, nämlich anhand der Analyse von Sprache und Diskursen, untersucht diskurstheoretischer Dekonstruktivismus schließlich Geschlecht auf der Ebene von Bedeutungen und zeigt, wie Geschlecht als Ordnungsprinzip Subjektivierungsprozesse prägt und welche Ausschlüsse dabei produziert werden. Die damit verbundene Kritik an Kategorien und den durch diese Ordnung produzierten Machtverhältnissen stellt ein einheitliches Subjekt grundsätzlich infrage (vgl. Degele 2008: 100ff.). Eine solche Kritik erfolgt notwendigerweise zunächst in der Theorie, nicht anhand der Empirie, geht es doch darum, genau das durch die zu untersuchenden Diskurse unsichtbar Gemachte zu konzeptionalisieren und auf die Ausschlussmechanismen zu verweisen.

	Strukturorientierte Gesellschaftskritik	**Interaktionistischer Konstruktivismus**	**Diskurstheoretischer Dekonstruktivismus**
Zentrale Begriffe	Frau, Geschlecht als Strukturkategorie, Patriarchat, Geschlechterverhältnisse	Interaktion, *doing gender*, Zweigeschlechtlichkeit, Vergeschlechtlichung	Heteronormativität, Macht, Performativität, Identitätskritik
Untersuchungsgegenstand	Sozialstruktur, empirische gesellschaftliche Phänomene auf der Makro- und Mesoebene, Verhältnis von Theorie und Politik	Empirische Interaktionen auf der Mikroebene, methodologische Bedingungen und Konsequenzen	(ebenenübergreifende) Theorien und Diskurse, metaphilosophische Kritik von Theorien
Gesellschaftstheorie	Zentral, Anknüpfung z.B. an Marxismus und Ungleichheitstheorien	Irrelevant, Bezug auf Interaktion	Irrelevant, Kritik der ›großen Erzählungen‹

---

7 | Die verschiedenen Perspektiven entsprechen zwar ungefähr den disziplinären Abgrenzungen – d.h. die Frauenforschung arbeitet zumeist strukturorientiert-gesellschaftstheoretisch und in den Queer Studies werden vor allem diskurstheoretische dekonstruktivistische Ansätze genutzt –, die Benennung der theoretischen Grundlagen (wiewohl auch nicht immer trennscharf) ermöglicht aber einen besseren Blick auf die Kontinuitäten und Überschneidungen (vor allem in der Geschlechterforschung) und ein besseres Verständnis für die unterschiedlichen Herangehensweisen.

Politik und Kritik	Kritische politische Perspektive auf gesellschaftliche Verhältnisse/Strukturen; Gleichberechtigung von Frauen	Schwache sozialkritische Konzepte; Kritik von Kategorien	Schwache strukturkritische Konzepte; Kritik von Kategorien und Machtverhältnissen
Essenzialismus/ Universalismus, Identität	Historisch: Neigung zu essenzialistischen Ideen, aber Weiterentwicklung von universalem und vereinheitlichendem Begriff von ›Frau‹ zu multiplen Identitätskonzepten	Anti-essenzialistische Perspektive; Empirische Rekonstruktion von Identitätskonzepten und -prozessen	Anti-essenzialistische Perspektive; Theoretische Dekonstruktion von Identitätskonzepten

Abb. 1: Überblick über die drei Perspektiven feministischer Theoriebildung nach Degele (2008: 15) (Ausschnitt)

An diesem kurzen Überblick zeigt sich bereits, dass die verschiedenen Strömungen ganz unterschiedlich operieren – und gerade deshalb jeweils einen eigenen Erkenntnisgewinn bieten, weshalb sie auch nebeneinander Bestand haben. In diesem Beitrag sollen daher in Anschluss an Degele (2008) alle drei Perspektiven aufgegriffen werden, in der Annahme, dass sie ein geeignetes Reflexionswerkzeug bieten und auch die blinden Flecken der jeweils anderen Ansätze ausleuchten können. Die fremdsprachendidaktischen Implikationen dieser (sozial- und kulturwissenschaftlichen) Erkenntnisse sollen in Kapitel 4 anhand einer Unterrichtsreihe exemplarisch veranschaulicht werden.

3 Gender-Reflexion mit Literatur – aber wie?

Nachdem in den ersten beiden Kapiteln gezeigt wurde, dass Gender auf der Ebene der Unterrichtsgegenstände thematisiert werden sollte, warum insbesondere der Fremdsprachenunterricht dafür geeignet ist und welche Bezüge in den Gender Studies aufgegriffen werden sollten, stellt sich die Frage, wie sich dies im Unterricht umsetzen lässt. Wenn aus den bereits genannten Gründen mit literarischen Texten gearbeitet werden soll, stellen sich die Fragen nach der Textauswahl, dem vorgegebenen curricularen Rahmen und den (literaturdidaktischen) Zugangsformen.

3.1 Textauswahl

Bereits bei der Auswahl der Texte unter dem Aspekt von Gender lässt sich auf die drei in Kapitel 2 angerissenen geschlechtertheoretischen Perspektiven zurückgreifen. Strukturorientiert-gesellschaftskritisch betrachtet, wäre zunächst darauf zu achten, dass Texte von Autorinnen oder mit weiblichen Perspektiven in gleichem Maße wie männliche gelesen werden. Dies ist eine alte, aber immer noch ausstehende feministische Forderung. Obwohl meistens irgendwie davon ausgegangen wird, dass bei den Lehrinhalten die Gleichberechtigung längst angekommen ist, zeigt ein genaueres Hinsehen, dass immer noch ein großes Ungleichgewicht herrscht. Tatsächlich wurde auf der diesem Sammelband vorausgegangenen Tagung in Braunschweig im Februar 2012 durch Irene Meyer-Herbst[8] eindrücklich darauf hingewiesen, dass der Anteil an Texten von Frauen in den Zentralabiturvorgaben wieder sinkt. Diese Beobachtung bestätigt sich auf drastische Weise in der Tatsache, dass im niedersächsischen Zentralabitur 2014 und 2015 keine einzige Autorin oder Regisseurin vertreten ist. Dieser Zustand zeigt deutlich, dass eine strukturorientierte, gesellschaftskritische feministische Perspektive schon bei der Lektüreauswahl – bzw. gegebenenfalls der Auswahl ergänzender oder kontextualisierender Zusatztexte – dringend notwendig ist.

Für eine Gender-Reflexion unter einem interaktionistisch-konstruktivistischen Blickwinkel, die das Ziel verfolgt, den Schüler*innen ein Verständnis für die soziale Herstellung von Geschlecht (Doing Gender) zu vermitteln, bieten sich nicht konkrete Texte als vielmehr bestimmte Gattungen und Medien besonders an: Die Inszenierung von Geschlecht durch Körpersprache, Kleidung, Accessoires, Sprache und Redeverhalten lässt sich besonders gut an audiovisuellen Texten nachvollziehen. Wird ein weiter Textbegriff zugrunde gelegt, eignet sich also zu einer entsprechenden Analyse der Einsatz von Filmen ebenso wie der von dramatischen Texten, wenn deren Aufführungsdimension einbezogen wird (zu genderorientierter Dramendidaktik und Dramapädagogik vgl. König 2015).

Unter Bezug auf dekonstruktivistische Ansätze ist außerdem nach Texten zu suchen, die Subjektpositionen repräsentieren, die heteronormativen Vorstellungen nicht entsprechen oder diese irritieren. (Diese sind noch seltener als weibliche Positionen im Lektürekanon vorgesehen.) Warum nicht, statt zum x-ten Mal *Catcher in the Rye* (Salinger 1951) zu lesen, mal eine lesbische *Coming-of-age*-Geschichte wählen wie Jeanette Wintersons Roman *Oranges Are Not the Only Fruit* (Winterson 1985) über ein lesbisches Mädchen, das in einem evangelikalen Haushalt aufwächst. Oder die Geschichte der intersexuellen Hauptfigur in *Middlesex* (Eugenides 2002), die mit der Migrationsgeschichte ihrer Familie verknüpft wird und sich wunderbar zur Behandlung des American Dream eignet. Spannend sind auch so mehrstimmige Romane wie *Trumpet* von der Schottin Jackie Kay (1998), in dem aus verschiedenen Perspektiven das Leben eines berühmten Trans*-Trompeters beleuchtet wird.[9] Dies sind alles längere Romane, die eher für höhere Jahrgangsstufen geeignet sind, aber auch in der aktuellen englischsprachigen Kinder- und Jugendliteratur gibt es immer mehr Protagonist*innen, die sich nicht mit herrschenden Ansprüchen an Männlichkeit und Weiblichkeit abfinden mögen, die trans* sind oder homo- bzw. bisexuell begehren, z.B. in Julie Anne Peters *Grl2Grl* (Peters 2007), Meg Rosoffs

---

8 | Irene Meyer-Herbst ist Lehrerin mit langjähriger Erfahrung und in der Gewerkschaft Erziehung und Wissenschaft (GEW) aktiv. Den Einwand, es gebe weniger geeignete Literatur von Autorinnen als Autoren, entkräftete Frau Meyer-Herbst bei der Gelegenheit mit Verweis auf einschlägige Texte, wie die von den Nobelpreisträgerinnen Toni Morrison oder Alice Munro.

9 | Als »intersexuell« werden Menschen bezeichnet, die biologisch (auf anatomischer, hormoneller, gonadaler oder chromosomaler Ebene) männliche und weibliche Anlagen haben. Als Trans* bezeichnen sich Menschen, die in einem anderen als dem ihnen bei der Geburt zugeordneten Geschlecht leben wollen.

What I Was (Rosoff 2008), Malorie Blackmans *Boys Don't Cry* (Blackman 2010) oder David Levithans *Two Boys Kissing* (Levithan 2013). Selbst wenn keine Zeit für eine Ganzschrift ist, lassen sich durch einen oder mehrere kurze literarische Texte (z.B. auch Gedichte oder Songtexte) oder gut gewählte Ausschnitte verschiedene Perspektiven einbringen.

3.2 Curriculare Vorgaben

Welche Texte unter genderorientierten Gesichtspunkten ausgewählt werden und welche sprachlich der jeweiligen Lerngruppe angemessen sind, ist eine genaue Überlegungen wert – vorausgesetzt, dass die Texte überhaupt frei gewählt werden können. In der Mittelstufe, in der die Vorgaben inzwischen vor allem output-orientiert in zu erreichenden Kompetenzen formuliert sind, besteht durchaus der inhaltliche Freiraum, Gender als Thema einzubringen. Tatsächlich wird es gerade in Zeiten von Output-Orientierung wichtig, über die Könnensformulierungen und die vorrangig zu fördernden Kompetenzen nicht die – auch (persönlichkeits-)bildenden – Inhalte aus den Augen zu verlieren. In der Oberstufe hingegen, in welcher der Einsatz von literarischen Texten, insbesondere Ganzschriften, traditionell am verbreitetsten ist,[10] sind die Inhalte und der konkrete Lektürekanon inzwischen durch das Zentralabitur sehr genau vorgegeben und lassen wenig Zeit und Raum für anderes. Zwar waren *gender roles* bereits Schwerpunktthema im Zentralabitur (in Niedersachsen 2007 und in Bremen 2013) und auch sonst und in anderen Bundesländern wird es (meist fakultativ) als mögliches Unterthema von Vorgaben wie *The Individual and Society*, als Aspekt bei der Analyse des globalen Arbeitsmarkts oder im historischen Vergleich vorgeschlagen. Allerdings scheinen sich die fest vorgegebenen Texte auf den ersten Blick nicht immer für eine kritische Thematisierung von Gender zu eignen. Bei genauerem Hinsehen zeigt sich jedoch, dass im Grunde jeder Text unterschiedlich fokussierte genderorientierte Lesarten ermöglicht – und sich insbesondere auch bei den Klassikern des Lektürekanons spannende neue Lesarten ergeben können (vgl. König 2014 am Beispiel von Shakespeares *The Merchant of Venice*).

3.3 Zugangsformen

Zentral für eine genderorientierte Didaktisierung von literarischen Texten ist, dass die spezifischen Ziele, die in Bezug auf Gender mit der jeweiligen Lesart verfolgt werden, klar definiert sind und dass die Zugangsformen darauf ausgerichtet werden: Je nachdem, ob sie hierarchische Geschlechterverhältnisse und Heteronormativität reproduzieren oder Einblicke ermöglichen, die eine kritische Betrachtung begünstigen, lassen sich entsprechende Zugangsformen finden. Für eine eher distanzierende Kritik eignen sich zunächst analytische Methoden, die aber durchaus durch Methoden ergänzt werden können, welche kreativ Gegenperspektiven

---

10 | Aufgrund des Potenzials von literarischen Texten (nicht nur) bei der Thematisierung von Gender und der größeren inhaltlichen Freiheit kann man daher nicht früh genug damit beginnen, literarischen Text gerade auch in der Unterstufe einzusetzen – insbesondere in Schulformen, die nicht auf die gymnasiale Oberstufe vorbereiten und welche die Lernenden sonst verlassen, ohne je Zugang zu englischsprachiger Literatur gehabt zu haben.

entwerfen lassen oder die Aushandlungen der Lernenden unterstützen. Bereits im Text angelegte kritische oder wenig privilegierte Perspektiven hingegen lassen sich durch Methoden ausgestalten und verstärken, die einen Perspektivenwechsel unterstützen und Empathie fördern. Für handlungsorientierte, bereits erprobte Methoden lässt sich außerdem auf das Repertoire außerschulischer Bildungsarbeit zurückgreifen, in der es schon lange bewährte genderreflektierende Konzepte für die pädagogische Arbeit gibt (vgl. z.B. Autor_innenkollektiv/DGB-Jugend Südniedersachsen/Bremen/Sachsen-Anhalt 2011).

4 Exemplarische Unterrichtsreihe: Zentralabitur genderreflektiert

Um zu zeigen, dass genderreflektierender Literaturunterricht auch innerhalb der engen Zentralabiturvorgaben möglich – und angesichts des bereits erwähnten starken (hetero-)sexistischen Ungleichgewichts bei den Textvorgaben auch nötig – ist, soll hier exemplarisch eine Unterrichtsreihe vorgestellt werden, wie sie aktuell an einem Göttinger Gymnasium in Vorbereitung auf das niedersächsische Zentralabitur 2015 durchgeführt wird. In einem wöchentlich vierstündig stattfindenden Kurs mit Erhöhtem Anforderungsniveau (EA) des 11. Jahrgangs werden dabei über ein ganzes Schuljahr verteilt bei jeder größeren thematischen, jeweils um einen literarischen bzw. audiovisuellen Text herum zentrierten Einheit im Schnitt drei Doppelstunden für einen genderreflektierenden Fokus verwendet.

Ein inhaltliches Ziel der Unterrichtsreihe ist es, die verschiedenen Perspektiven der Gender Studies in ihrem jeweiligen Erkenntnisgewinn zu nutzen, um die Schüler*innen anhand der literarischen Beispiele zur Reflexion von Gender-Normen anzuregen. Dies geschieht immer in Verbindung mit den Zielen des Spracherwerbs und -ausbaus, wie sie in den Bildungsstandards formuliert werden. Dazu gehören die Förderung zentraler kommunikativer Fertigkeiten und darüber hinausgehender Aspekte der Entwicklung interkultureller kommunikativer Kompetenz (wie kulturelles Wissen, offene Haltung, kritisches Bewusstsein und praktischer Umgang mit kultureller Differenz) sowie Methodenkompetenzen (vgl. Kultusministerkonferenz 2003, 2012).

Die Medien der Auseinandersetzung, literarische Texte und Filme, sollen dabei nicht nur Mittel zum Zweck sein, sondern auch in ihren spezifischen Charakteristika den Schüler*innen nahegebracht werden. Daher werden als weiterer Schwerpunkt spezifisch literatur- und filmdidaktische Verfahren und Ziele in die Unterrichtseinheit einbezogen. Der Gender-Schwerpunkt kann dabei seinerseits eine Fokussierungshilfe für die einzelnen Textelemente darstellen: So kann Gender z.B. in der Figurendarstellung näher betrachtet werden, ein Aspekt bei der Analyse und Interpretation der Funktionen der Erzählsituation oder Perspektivenstruktur eines Textes bzw. filmdidaktisch der entsprechenden filmischen Darstellungsmittel (Kameraperspektive, -einstellung etc.) sein, zur Analyse von Raumdarstellung dienen oder selbst zum Gattungsverständnis beitragen – wie noch gezeigt werden soll.[11]

---

11 | Die verwendeten Materialien und die einzelnen Unterrichtsverlaufspläne können bei Interesse gerne angefragt werden bei lkoenig@uni-goettingen.de.

4.1 Geschlecht als Kategorie der Ungleichheit in *Accidental Billionaires*

Eine strukturorientierte, gesellschaftskritische Perspektive bezieht sich auf die soziale Kategorie Geschlecht (also *gender*, in Abgrenzung zu *sex*) und macht die gesellschaftlichen Ungleichheiten sichtbar, die an die Einordnung als Mann und Frau geknüpft sind. Entsprechende Untersuchungen (vgl. überblicksartig Degele 2008: 62ff.) verweisen darauf, dass diese Unterscheidung hierarchisch strukturiert ist, wobei Männer die privilegierte Position innehaben und Frauen benachteiligt werden. Diese Ungleichheiten lassen sich – auch im Unterricht – an Fragen der gesellschaftlichen Arbeitsteilung (sowohl im produktiven wie im reproduktiven Bereich) nachvollziehen, etwa an der Schulfächerwahl, an der Berufs- und Lebensplanung oder an der Bezahlung und Bewertung von Tätigkeiten. Sie hängen zusammen mit grundsätzlichen Unterschieden in Bezug auf gesellschaftliche Wertschätzung und Anerkennung oder (Un-)Freiheit von Blicken und Bewegungen – welche je nach Beispielen in der Textvorlage oder von den Lernenden eingebrachten Aspekten verdeutlicht und thematisiert werden können. Eine solche Sensibilisierung ist gerade auch heute wichtig: Diese Ungleichheiten sind zwar dank emanzipatorischer Kämpfe nicht mehr so eklatant und offensichtlich wie noch vor hundert Jahren und der Gleichberechtigung der Geschlechter wurde schon ein großes Stück näher gekommen. Diese Entwicklung hat allerdings auch den Effekt, dass viele eine Gleichberechtigung schon für selbstverständlich halten und dadurch die weiterhin bestehenden Ungleichheiten verdeckt werden oder nicht mehr benennbar sind.[12] Auch Schüler*innen kennen vor allem den Gleichheitsdiskurs – und wollen sich vielleicht auch nicht als Opfer des Patriarchats sehen oder in ihren Privilegien reflektieren –, sodass bei einer gesellschaftskritischen Perspektive womöglich die Tendenz zu Abwehrreaktionen am höchsten ist. Doch gerade dann ist es wichtig, bestehende Ungleichheiten und hierarchische Machtverhältnisse sichtbar zu machen und ein Bewusstsein dafür zu schaffen, schließlich sind die Lernenden in ihrem Alltag und in ihrer Lebensplanung damit konfrontiert. Eine entsprechende Thematisierung kann eine Hilfestellung sein, um die Widersprüche, die durch die Diskrepanzen zwischen Gleichheitsideal und Wirklichkeit entstehen, nicht nur als individuelles, sondern auch als strukturelles, gesamtgesellschaftliches Problem begreifen und kritisieren zu können.

Gleich der erste Text, welcher in der Unterrichtsreihe für das Zentralabitur 2015 vorbereitet wird, veranschaulicht die fortbestehende Relevanz von feministischer strukturorientierter Gesellschaftsanalyse. *Accidental Billionaires* von Ben Mezrich (2012) ist eine fiktionalisierte Version der Geschehnisse um die Gründung von Facebook und basiert auf authentischen E-Mails, Gerichtsprotokollen und Interviews. Sämtliche Protagonisten sind männlich, und die fiktionale Ausgestaltung der Perspektiven der Harvard-Studenten, für die es vor allem um die Aufnahme in elitäre *All-male*-Studentenverbindungen und ihre berufliche Weichenstellung geht, demonstriert geradezu exemplarisch hierarchische Geschlechterverhältnis-

---

12 | Auch die Tatsache, dass trotz langjähriger feministischer Forderungen nach mehr Frauen im Lektürekanon, die bereits ansatzweise eingelöst waren, nun im Zentralabitur 2014 und 2015 wieder keine einzige Autorin vertreten ist, lässt sich als ein Effekt eines solchen Schweigens über Ungleichheiten unter dem Deckmantel der bereits erreichten Gleichberechtigung interpretieren.

se: Die wenigen weiblichen Figuren, die fast alle namenlos bleiben, sind Staffage, Blickobjekte oder Trophäen, die als Indikator für den Erfolg der männlichen Charaktere fungieren. Sie werden vor allem anhand von Äußerlichkeiten porträtiert, ihre einzigen Handlungen sind hysterische oder berechnende Reaktionen auf die Protagonisten.[13]

Um einen eher analytischen Blick auf den Text, die männliche Perspektivengebundenheit und die Darstellung der Frauen zu fördern, wird zunächst mit einem tabellarischen Arbeitsblatt gearbeitet, anhand dessen die Lernenden in exemplarischen Szenen die Erzählsituation bestimmen, die zur Charakterisierung verwendeten Adjektive und Aktivitäten sammeln und die Rolle der Frauen in den jeweiligen Situationen zusammenfassen und kommentieren können. Dabei soll auch die Gestaltung des Titelblatts der Diesterweg-Ausgabe des Textes einbezogen werden,[14] die der sexistischen Perspektivengestaltung Mezrichs bildlich (bewusst?) recht gut entspricht: Darauf ist ein junger Mann in Anzug zu sehen, der breitbeinig auf der Theke einer Bar sitzt und – Longdrink in der Hand – mit gönnerhaftem Gesichtsausdruck auf eine Frau blickt. Sie ist nur von hinten zu sehen, mit langen blonden Haaren und in einem kurzen schwarzen, im Rücken tief ausgeschnittenen Kleid. Ihr Gesicht und der Ausdruck darauf sind nicht zu sehen, sie ist das Objekt der Blicke des Mannes von vorne und des*der Betrachtenden von hinten.

Im Anschluss soll die im Text nicht vorhandene weibliche Perspektive kreativ durch die Lernenden ergänzt werden. Als Aufhänger dafür dient ein Vorfall, welcher den bereits analysierten männlichen Blick auf den weiblichen Körper auch auf der Handlungsebene demonstriert: Noch vor Facebook programmiert Mark Zuckerberg Facemash, eine Seite, auf der gehackte Bilder von Harvard-Studentinnen verglichen und nach Kriterien der *hotness* bewertetet werden können. Im Text wird angedeutet, dass es am Campus Proteste gegen die Seite gibt. Die Aufgabe der Lernenden ist es, einen Leserinnenbrief an die ebenfalls im Text erwähnte Campus-Zeitung zu schreiben, in dem sie aus der Perspektive der Harvard-Studentinnen ihre Meinung zu Facemash schreiben und begründen.

Um nach dieser Auseinandersetzung mit geschlechtsbezogenen Hierarchieverhältnissen – und einem Ansatz zur Kritik daran – anhand dieses literarischen Beispiels noch stärker auf die strukturelle Dimension zu verweisen und weitere Anstöße zur Entwicklung einer eigenen Position zu geben, wird der Text durch einen nicht-literarischen Text ergänzt. Dabei handelt es sich um eine Rede über Frauen in Führungspositionen von Sheryl Sandberg (2010, TED Talk), die seit 2008 Geschäftsführerin von Facebook ist. Sandberg folgt darin zwar einer (mit einem gesellschaftskritischen Ansatz ansonsten nicht gut zu vereinbarenden)

---

13 | Im Film *The Social Network* (USA 2010), der auf dem Buch basiert, wird eine Rahmenhandlung mit einer weiblichen Figur hinzugefügt: Erica ist Mark Zuckerbergs Freundin, die ihn zu Beginn des Films verlässt, woraufhin er auf einer eigens dafür programmierten Webseite (Facemash) versucht, sie bloßzustellen, im Verlauf des Films jedoch wieder nach ihrer Anerkennung sucht. Damit ist eine weibliche Rolle geschaffen, die in ihrer Funktion als moralische Instanz den anderen Pol der ansonsten im Text bedienten weiblichen Klischees darstellt.

14 | Siehe die Buchseite des Verlages: www.diesterweg.de/artikel/The-Accidental-Billionaires-Textbook/978-3-425-04817-8 (eingesehen am: 20.11.2014).

stark neoliberalen Argumentationslogik, indem sie etwa nur auf die Situation von bereits sehr privilegierten Frauen eingeht. Dies wird jedoch zunächst in Kauf genommen (bzw. Raum für Kritik daran gegeben), da die Person und ihre Rede inhaltlich gut zum behandelten literarischen Text passen und zentrale Punkte für das Nachdenken über Geschlechtergerechtigkeit in einer für Schüler*innen gut zugänglichen Form dargelegt werden: So thematisiert Sandberg die Internalisierung geschlechtsspezifischer Normen, das Ziel eines geschlechtergerechten Anteils an Produktions- und Reproduktionsarbeit sowie Überlegungen zur Vereinbarkeit von Beruf und Familie. Bei der Analyse der Rede wird im Sinne einer Erweiterung der Methodenkompetenz der Lernenden der Inhalt in Verbindung mit der Form untersucht. In vier Gruppen konzentrieren sich die Schüler*innen auf die rhetorische Struktur und den Aufbau der Rede, die zentralen inhaltlichen Argumente, die illustrierenden Beispiele und Anekdoten sowie die Art des Vortrags. Diese Beobachtungsaufträge werden zusammengetragen und zueinander in Bezug gesetzt, indem neue Kleingruppen mit jeweils einer Person aus der vorigen Gruppenaufteilung zusammenkommen. Um schließlich eigene inhaltliche relevante Punkte und Aushandlungen einbringen zu können und neben der Rezeption auch die Produktion von Reden zu üben, schreiben und präsentieren die Lernenden anschließend in den Gruppen anhand der erarbeiteten Aspekte eine eigene mini speech. Darin sollen sie dasjenige der Argumente aus Sandbergs Rede herausgreifen, das sie am meisten beschäftigt, und aus ihrer eigenen Perspektive dafür oder dagegen argumentieren. Dies soll mit Beispielen aus der eigenen Lebenswelt oder anderen ihnen bekannten literarischen oder filmischen Beispielen untermauert werden.

Eine strukturorientierte gesellschaftskritische Perspektive auf Geschlecht führt somit in dieser Sequenz zu einem zunächst analytischen Zugang zu Ungleichheiten in der Perspektivenstruktur von *Accidental Billionaires*, der durch eine kreative Ausgestaltung der im Text ausgesparten weiblichen Perspektiven ergänzt wird. Durch Einbezug eines nicht-fiktionalen Texts wird das Bewusstsein für die strukturelle Dimension von Geschlecht noch betont und die Möglichkeit geboten, einen Bezug zur Lebenswelt der Lernenden herzustellen.

4.2 Die Konstruktion von Geschlecht in *Outsourced*

Nachdem die Schüler*innen sich bereits mit den gesellschaftlichen Bedingungen und Ungleichheiten auseinandergesetzt haben, die mit der sozialen Kategorie Geschlecht verknüpft sind, sollen sie einige Wochen später darüber nachdenken, wie Geschlecht hergestellt und ausgestaltet wird, und ein Verständnis dafür bekommen, dass es sich dabei um eine kulturelle und sozial wirkmächtige Konstruktion handelt. Entsprechende Einblicke bietet der interaktionistische Konstruktivismus, die theoretische Richtung, aus der die Formel des Doing Gender (wegweisend von West/Zimmermann 1987) stammt und die davon ausgeht, dass Gender im sozialen Miteinander interaktiv hergestellt wird. Damit ist Geschlecht keine essenzielle Eigenschaft, sondern etwas, das ständig getan wird: Geschlecht wird über Kleidung, die Betonung bestimmter körperlicher Merkmale, Gang, Gestik, Mimik, also durch Körpersprache allgemein, vor allem aber auch durch Auftreten, Tätigkeiten und (Rede-)Verhalten etc. inszeniert. Dies geschieht nicht wertfrei, sondern ist mit bestimmten Idealen und Zuschreibungen von entweder Männlichkeit oder Weiblichkeit verbunden, für die die Individuen haftbar sind: Sie werden an den normativen Erwartungen, die mit ihrer Geschlechtszuordnung verbunden sind, gemessen und müssen der Zuordnung gerecht werden, um gesellschaftlich erklärbar zu sein (vgl. West/Zimmermann 1987: 135ff.). Dabei bietet gleichsam jede Interaktion die Gelegenheit zum Hervorbringen des jeweiligen Geschlechts – von zufälligen Begegnungen auf der Straße oder in der Schule bis hin zu Strukturen in Beziehungen.[15]

Wie bereits erwähnt, eignen sich insbesondere audiovisuelle Texte dafür, die Herstellung von Geschlecht im interaktionistisch-konstruktivistischen Sinne zu veranschaulichen. Der Film *Outsourced* (USA 2006), der in der Themeneinheit zu Globalisierung geschaut werden soll, inszeniert die interkulturellen Lernprozesse eines nach Indien versetzten Amerikaners. Durch die auf der Handlungsebene des Films inszenierte interkulturelle Vergleichssituation lässt sich die kulturelle Prägung von Geschlechternormen besonders gut veranschaulichen. Die Hauptfigur, deren Perspektive im Film verfolgt wird, ist Todd, der als mittlerer Manager eines amerikanischen Versandhandels den Outsourcing-Prozess des Bestellungs-Callcenters optimieren soll. Vorstellungen von Geschlecht und Beziehungen werden in der Begegnung mit der indischen Mitarbeiterin Asha fokussiert, die eine interkulturelle Mittlerinnenposition einnimmt; sie und Todd kommen sich im Laufe des Films näher.

Der genderorientierte Teil, der erst in der *Post-viewing*-Phase der Unterrichtssequenz zum Film angesetzt ist, also nachdem bereits einige Zeit zum Film gearbeitet wurde, beginnt mit einer analytischen Aufgabe, bei der die Prozesse des Doing Gender in Verbindung mit den filmspezifischen Gestaltungsmitteln untersucht werden. Dabei sollen die Lernenden anhand von Screenshots analysieren, wie in diesen Bildern Geschlecht durch Kleidung, Körperhaltung, Gestik, Mimik und Raumeinnahme hergestellt wird und dabei auch die Darstellungsebene, nämlich Kameraperspektive und -einstellung, einbeziehen. Bei einem solchen Hinsehen zeigt sich, dass Todd in Hemd und Krawatte, breitbeinig auf seinem Schreibtisch sitzend, weiträumig gestikulierend in einer Halbnahen (*full shot*), mit einer Kameraperspektive von schräg unten gezeigt und so (amerikanische) Männlichkeit inszeniert wird (vgl. Abb. 3). Asha wird in einer Szene, in der sie viel und selbstbewusst spricht, von schräg oben in Nahaufnahme (*close-up*) mit schräg gelegtem Kopf und einem Lächeln gezeigt; bei Kleidung und Accessoires markieren Ohrringe und bunte, fließende Kleidung (indische) Weiblichkeit (Abb. 4).

---

15 | Aufgrund dieser Allgegenwärtigkeit von Geschlecht wird der Begriff der Geschlechts- »Rolle« bereits von West und Zimmermann (1987: 128f.) kritisiert, da Geschlecht nicht ablegbar sei. Diese Kritik wurde seitdem häufig aufgegriffen und auch bereits in die fachdidaktische Diskussion eingebracht (vgl. Decke-Cornill 2004: 192f.), doch der Rollenbegriff hält sich hartnäckig (vgl. den Titel des bereits erwähnten Sonderheftes »Gender Roles« von *Englisch betrifft uns* (Düwel/Grün 2009) sowie einige der Themenvorschläge in den curricularen Vorgaben).

Abb. 3: Todd in *Outsourced* (USA 2006, Regie: John Jeffcoat, Screenshot 22:11)

Abb. 4: Asha in *Outsourced* USA 2006, Regie: John Jeffcoat, Screenshot 56:42)

An einem Bild, auf dem beide an der Reling eines Bootes stehen, zeigt sich, dass die männliche Haltung mit aufgestützten Armen weit mehr Raum einnimmt als die der Protagonistin, die ihre Arme vor dem Körper verschränkt (00:56:31). Solche Inszenierungen von Weiblichkeit und Männlichkeit lassen sich auch anhand dieses Films analysieren, der auf den ersten Blick keine stereotypen oder stark dichotomisierenden Bilder von starker Männlichkeit und schwacher Weiblichkeit transportiert. Im Detail lässt sich die Herstellung von Geschlecht, das an diesen Polen ausgerichtet ist, jedoch durchaus immer wieder finden. Nach der Analyse einer weiteren Aufnahme, in der die indische Vermieterin und der indische Nachfolger Todds sitzend zu sehen sind (00:14:09), wird zu einer handlungsorientierten Übung zur Wahrnehmung der Verkörperung von Geschlecht bei Sitzhaltungen übergeleitet, die aus der außerschulischen Bildungsarbeit bekannt ist (vgl. Autor_innenkollektiv/DGB-Jugend Südniedersachsen/Bremen/Sachsen-Anhalt 2011). Auf diese Weise werden die Schüler*innen für die körperliche Dimension von Vergeschlechtlichung, also der Annahme und Umsetzung eines binären Geschlechterverständnisses, sensibilisiert. Um den so geschulten Blick auch im Alltag anzuwenden, erhalten sie im Anschluss an die Filmbilderanalyse und die Sitzübung den Auftrag, in der Öffentlichkeit oder in anderen Bildmaterialien Beispiele zu finden und zu fotografieren, an denen sich zeigen lässt, wie Geschlecht hergestellt wird. Diese werden am Ende der Einheit gemeinsam angesehen und sollen nach der Arbeit mit dem Film erneut einen Bezug zur Lebenswelt der Schüler*innen herstellen, indem sie diskutieren, welche normativen Erwartungen durch solche Bilder transportiert werden und wie sich diese auswirken.

Gerade bei einer solchen Analyse von Doing Gender kann die paradoxe Tendenz entstehen, dass die Ausprägung von Zweigeschlechtlichkeit, deren soziale Konstruktion ja eigentlich gerade demonstriert werden soll, sich zunächst im Bewusstsein der Lernenden verfestigt. Oder aber die Konstruktionsprozesse werden nachvollzogen und als neue Tatsache anerkannt, ohne dass sie dadurch hinterfragt würden oder nach Brüchen in diesem sozialen Konsens gesucht würde. Daher ist es sinnvoll nachzufragen, wie es zu diesen Inszenierungen kommt, welche Bedingungen und Einschränkungen damit verknüpft sind und wie Einzelne mit diesen An- und zum Teil Widersprüchen umgehen. Vor diesem Hintergrund wird in der *Outsourced*-Reihe in der nächsten Doppelstunde anhand ausgesuchter Filmszenen untersucht, wo und wie darin implizit Ansprüche an Männlichkeit und Weiblichkeit in Indien und den USA formuliert werden (zunächst allgemein mit einem Blick auf die Unterschiede und Gemeinsamkeiten in den Konstruktionen). Sodann geht es darum, wie die Figuren Asha und Todd damit umgehen. Beide erleben im Laufe des Films einen Wandel: Todd hinterfragt die an ihn gerichteten Ansprüche von absoluter Flexibilität unabhängig von familiären Bindungen, Auftragsausführung ohne Rücksicht auf zwischenmenschliche Auswirkungen und den Erfolgsdruck, unter dem er steht. Asha wird durch das Vertrauen Todds in ihre professionellen Fähigkeiten und ihre Handlungsfähigkeit in ihren beruflichen Wünschen bestärkt, die ihr in ihrem Umfeld kaum zugestanden wurden. Doch in anderer Hinsicht stellt sie seine westlichen Vorstellungen infrage: Als Todd Asha fragt, ob sie auch in den USA leben wolle, stellt sich heraus, dass sie in einer arrangierten Ehe versprochen ist, diese Beziehungsform selbstverständlich vertritt und auch nicht ohne Weiteres ihre Familie verlassen würde. Um die Ambivalenzen und Unterschiede der Figuren herauszuarbeiten, die durch das Aufeinandertreffen der jeweils bekannten mit den neuen kulturellen Vorstellungen von geschlechtsspezifischen Verhaltensmustern und Beziehungen entstehen, und den individuellen Umgang damit nachzuvollziehen, werden zwei handlungsorientierte literaturdidaktische Methoden zur Perspektivenausgestaltung gewählt: Ein Teil der Klasse bildet einen »Stimmkorridor«, in dem die eingangs analysierten geschlechtsbezogenen gesellschaftlichen Normen an die jeweiligen Protagonist*innen (erst Asha, dann Todd) adressiert werden. Deren Perspektiven werden von anderen Lernenden übernommen, die sich wiederum nach dem Gang durch den Stimmkorridor in einer »Stimmskulptur« arrangieren (Nünning/Surkamp 2010: 184f.) mit der Frage, was Asha (bzw. später Todd) fühlt und denkt, als Todd in die USA zurückkehrt. Dabei artikulieren die Lernenden jeweils in der Ich-Perspektive ihre Interpretation und werden von einer Person, die in dem Fall die Rolle von Asha/Todd übernimmt, je nach dem Grad der Übereinstimmung ihrer Interpretationen näher oder weiter entfernt aufgestellt. In der Anschlusskommunikation werden unterschiedliche Interpretationen und individuelle Umgangsformen mit gesellschaftlichen Anforderungen in Bezug auf Geschlecht und Beziehungen ausgehandelt. Dies mündet in einer Aufgabe, in der die Lernenden an das offene Ende des Films anknüpfen, als Asha Kontakt zu Todd aufnimmt. Die Schüler*innen sollen nun das Telefonat und damit den Fortgang der Geschichte entsprechend ihrer Interpretation der Perspektiven als Dialog imaginieren.

Mit dieser Unterrichtssequenz wird eine interaktionistisch-konstruktivistische Perspektive auf Geschlecht verdeutlicht, indem die Lernenden anhand der Analyse audiovisueller Bilder und durch handlungsorientierte Methoden für die kulturellen Herstellungsprozesse von Geschlecht sensibilisiert werden.[16] Die mit der Herstellung von Geschlecht verbundenen sozialen Anforderungen und daraus entstehenden Widersprüche werden durch Perspektivenwechsel fördernde dramapädagogische Übungen verdeutlicht.

---

16 | In der Praxis hat sich gezeigt, dass meist eher eine interkulturelle als eine spezifisch genderbezogene Re-Perspektivierung als Begründungen bei den Interpretationen überwiegt. Da es aber um Konflikte geht, bei denen Geschlecht und Formen des Zusammenlebens verhandelt werden, war dies dem (Gender-)Thema angemessen – und die Lernenden vollzogen im Laufe der Unterrichtseinheit einen bemerkenswerten Perspektivenwechsel.

4.3 Shakespeare heteronormativitätskritisch

Eine diskurstheoretische dekonstruktivistische Perspektive verweist schließlich auf die Performativität von Geschlecht, womit in dieser Theorierichtung nicht nur die Inszenierungsformen von Geschlecht gemeint sind, sondern auch ihre diskursive Hervorbringung: Theoretiker*innen wie Judith Butler (vgl. z.B. 2002) zeigen, wie eine geschlechtsbezogene Subjektkonstitution dadurch entsteht, dass Vorstellungen von Weiblichkeit, Männlichkeit und Heterosexualität ständig aufgerufen und immer wieder zitiert werden. Diese lassen sich nicht auf ein Original oder einen essenziellen Kern zurückführen, doch gerade ihre Gewordenheit wird durch die Wiederholungen verschleiert (vgl. Butler 2002: 206). Eine solche Naturalisierung von Geschlecht und Sexualität wird dekonstruiert, und die zugrunde liegenden Diskurse werden in ihrer Macht untersucht. Da niemand außerhalb jener Diskurse steht, ist dies ein schwieriges Unterfangen; ein mögliches Instrument, um Normierungen von Geschlecht und Sexualität subversiv zu begegnen, ist die Parodie, also ein verfremdendes Zitieren dieser Normen.

In einem genderreflektierenden Unterricht ist der Bezug zu einer diskurstheoretischen dekonstruktivistischen Perspektive geeignet, um Heteronormativität, also der stillschweigenden Annahme, dass alle Menschen sich dem einen oder anderen Geschlecht zuordnen lassen und das jeweils andere begehren, ihre Selbstverständlichkeit zu nehmen. Das ist die Voraussetzung dafür, Vielfalt sichtbar zu machen, denjenigen Identifikationsangebote zu machen, die heteronormativen Ansprüchen nicht entsprechen (wollen), und Diskriminierung (negative ebenso wie positive, exotisierende) vorzubeugen. Das ist keine leichte Aufgabe, doch ein erster Schritt wäre etwa eine Verfremdung der Norm, eine Distanzierung, die diese als Norm überhaupt greif- und diskutierbar macht. Ein solcher Reflexionsprozess lässt sich, wie in Kapitel 1.1 erläutert, im inter- und transkulturell ausgerichteten Fremdsprachenunterricht besonders gut anregen.

Vielleicht (auch gar nicht so) überraschend, eignet sich gerade der unangefochtene Anführer unter den *dead white males* des englischsprachigen Lektürekanons für eine heteronormativitätskritische Re-Lektüre: William Shakespeare (siehe auch Mittag in diesem Buch). An anderer Stelle wurde bereits genauer mit Textbeispielen aus *The Merchant of Venice* (Shakespeare 2011) gezeigt, wie sich dies auch im Unterricht umsetzen lässt (vgl. König 2014, 2015). Besonders reizvoll für eine solche Lektüre sind jene Stücke, in denen Shakespeare seine Heldinnen sich als Männer verkleiden lässt. Solches *cross-dressing* kommt immerhin in mehreren Stücken des Autors vor, neben dem *Merchant* vor allem in *As You Like It* (Shakespeare 2006) und *Twelfth Night, or What You Will* (Shakespeare 2008). Die Gender-Subversion auf der Ebene des Textes (die dort am Ende meist wieder in heteronormative Ordnung gebracht wird) bekommt eine weitere Dimension, wenn man den Kontext der elisabethanischen Bühne einbezieht und sich vergegenwärtigt, dass zu Shakespeares Zeiten alle weiblichen Rollen von Jungen gespielt wurden.[17] Diese Inszenierungsebene des dramatischen Textes lässt sich auch bei *Romeo and Juliet* (Shakespeare 2012) mitdenken, dem Stück, das im Zentralabitur neben *The*

---

17 | In den Komödien mit *cross-dressing* führt das zu einer Verdopplung, die das butlersche Verständnis von Geschlecht als Zitat bzw. Kopie der Kopie ohne Original, ohne wahren Kern erstaunlich greifbar machen kann (siehe auch Mittag in diesem Buch).

Merchant of Venice vorgeschlagen wird. Auch auf der Textebene lässt sich die Beziehung von Romeo und Mercutio homoerotisch verstehen (eine Interpretation, die Baz Luhrmann in seiner Verfilmung des Stoffs von 1996 aufgegriffen hat). Hier soll jedoch nicht näher auf das Stück eingegangen werden, sondern der genderreflektierende Ansatz wiederum in der *post-reading phase* angesetzt und als Ausgangspunkt für das Thema Liebe, Begehren und Beziehungsformen genommen werden. Dies geschieht in Verbindung mit einem vertieften kulturwissenschaftlichen und rezeptionsgeschichtlichen Zugang zu Shakespeares Werk. (Ein solcher Fokus entspricht auch den curricular vorgegebenen Unterrichtsschwerpunkten zu Shakespeares *The world that made him* sowie *His universal appeal*, vgl. Niedersächsisches Kultusministerium 2009: 28.) Als weitere Textbeispiele sollen zu diesem Zweck die Sonette Shakespeares dienen sowie ein Ausschnitt – um an dieser Stelle die einseitige Lektüreliste durch eine lesbische, aktuelle Autorin zu ergänzen – aus Jeanette Wintersons Roman *Written on the Body* (Winterson 1992), dessen Ich-Erzählstimme sich an zahlreiche Affären und eine große Liebe erinnert, ohne jemals aufzulösen, wie sie sich selbst geschlechtlich verortet.

Als offenen, individuellen Einstieg sollen die Lernenden zu Hause Shakespeares Sonett Nr. 18 *Shall I compare thee to a summer's day* (Shakespeare 1997a) lesen. Wahlweise als Möglichkeit der Binnendifferenzierung für diejenigen, denen das Gedicht zu schwer ist oder die Lyrik nicht mögen, können sie stattdessen auch einen Ausschnitt aus Wintersons narrativem Text lesen, der ebenfalls den Charakter einer Liebeserklärung hat. Die Aufgabe dabei ist es, knapp in vier bis fünf Sätzen zusammenzufassen, worum es in dem Text geht. Diese Ergebnisse sollen in der Stunde vorgestellt werden. Dabei soll darauf geachtet und verwiesen werden, welche Identitätskonstruktionen an die Texte herangetragen wurden. In beiden Texten ist die geschlechtliche Selbstdefinition der Ich-Perspektive nicht klar, bei Shakespeare gilt dies zunächst auch für die*den Angesprochene*n, bei Winterson ist die geliebte Person (im Falle dieses Textausschnitts) eine Frau. Folgende Fragen sollen anschließend in einer Diskussion angesprochen werden: Haben die Schüler*innen in der Erzählstimme und den geliebten Personen Männer oder Frauen gelesen oder haben sie es offen gelassen? Haben sie heterosexuelle Beziehungen angenommen, gab es auch homosexuelle Lesarten oder solche, für die derartige Definitionen von Begehren nicht funktionieren, da sie auf der Annahme von Zweigeschlechtlichkeit basieren und die Personen darin nicht zugeordnet werden konnten? An welchen Hinweisen im Text machen die Schüler*innen ihre Aussagen fest? Hat es eine Rolle gespielt, zu wissen, welches Geschlecht der*die Autor*in hat (um dies besser überprüfen zu können, kann der Vorname von Winterson auf der Textkopie auch abgekürzt werden)? Bei einer solchen Diskussion sollen die Lernenden nicht bloßgestellt werden; es geht darum, (gegebenenfalls) für heteronormative Lesegewohnheiten zu sensibilisieren und im Anschluss daran eine Definition von Heteronormativität zu erarbeiten. Außerdem lässt sich an diesen Textbeispielen und ihren Interpretationen gut die literaturdidaktisch wichtige Unterscheidung zwischen Autor*in und Erzähler*in bzw. lyrischem Ich demonstrieren. Anschließend kann die Information zum Shakespeare-Sonett hinzugefügt werden, dass dieses eines der 126 Stücke ist, die durch die Widmung und textinterne Verweise an einen jungen Mann adressiert sind.[18]

---

18 | Alternativ ließe sich auch mit dem Sonett Nr. 20 *A woman's face with nature's own hand painted* (Shakespeare 1997b) arbeiten, in dem der Angebetete in seinen weiblichen und

Die Sonette an den jungen Mann sollen als Anknüpfungspunkt für die anschließend betrachtete Rezeptionsgeschichte Shakespeares dienen. Dabei zeigt sich schnell, dass darin der Unterschied zwischen dem lyrischen Ich und dem Autor nicht gezogen wird und über Jahrhunderte hinweg fieberhaft nach biographischen Parallelen und dem Vorbild für den schönen jungen Mann in Shakespeares Umgebung gesucht wurde. Gleichzeitig liest sich die Beschäftigung mit den Sonetten beinahe wie eine Parodie auf den heteronormativen, meist sogar homophoben Umgang mit Texten, deren homoerotischer Gehalt zum Schweigen gebracht, verdrängt oder pathologisiert wird. Die – unfreiwillig – satirische Note kann auch im Unterricht angestimmt werden, indem die Schüler*innen verschiedene Beispiele meist recht haarsträubender Aussagen oder verlegerischer Eingriffe erhalten, die Shakespeare als unantastbares Genie darstellen und dies nicht mit der Möglichkeit in Einklang bringen können, dass er auch Liebesgedichte für Männer schrieb. Damit wird letztlich nichts über Shakespeare, wohl aber über die Normen und Tabus seiner Interpret*innen ausgesagt. Heike Grundmann (2004) bietet einen guten Überblick über die Reaktionen im Laufe der Jahrhunderte: Die Erklärungsversuche reichen von der Interpretation des schönen Jungen als Shakespeares Sohn (womit er eher noch als pädosexuell denn als homosexuell dargestellt wird) über die These, gemeint sei ein Messias und mit der *Dark Lady* der anderen Sonette die Kirche, hin zu Entschuldigungen, die Sonette seien eine Jugendsünde, die Shakespeare nie zur Veröffentlichung freigegeben hätte oder auch zu Einschätzungen, dass er die Gedichte gar nicht geschrieben habe (vgl. Grundmann 2004). Verleger des 17. und 18. Jahrhunderts erlaubten sich gar, einige männliche Pronomina in weibliche umzuwandeln oder durch andere Titel und hinzugefügte Untertitel zu vereindeutigen (vgl. Grundmann 2004).

Einige dieser rezeptionsgeschichtlichen Blüten können als Zitate oder gegebenenfalls paraphrasiert an die Schüler*innen verteilt werden. Dazu erhalten diese die Aufgabe, die jeweilige Argumentation zu analysieren und zu überlegen, welche Normen in Bezug auf Geschlecht und Sexualität den jeweiligen historischen Lesarten zugrunde liegen. Die Ergebnisse sollen dann den anderen vorgestellt und kommentiert werden. Dabei sollte nochmal deutlich werden, dass es nicht darum gehen kann, festzulegen, ob der historische Shakespeare schwul oder bisexuell war – zumal weder das Modell von Zweigeschlechtlichkeit noch die Kategorien von Homo- und Heterosexualität zu seinen Zeiten existierten –, sondern darum, die Mechanismen von Heteronormativität im Auge der Betrachtenden aufzuzeigen. Dem Autor Shakespeare lässt sich allenfalls Anerkennung dafür zollen, dass er es geschafft hat, mit seinen Texten über Jahrhunderte zu irritieren bzw. vielfältige Lesarten zu ermöglichen.

Die durch den literaturhistorischen Überblick eher analytisch betrachteten heteronormativen bis homophoben Reaktionen auf Shakespeares Sonette sollen anschließend durch einen Perspektivenwechsel und einen aktuellen Bezug in ihren diskursiven Effekten nachvollziehbar gemacht werden. Welche Auswirkung hat es, dass gleichgeschlechtliche Liebeserklärungen oder entsprechende Lesarten zum Schweigen gebracht und wegerklärt werden – gerade auch für diejenigen, denen

---

männlichen Attributen genauer beschrieben wird – was sich auch als (allerdings sehr misogyne) Beschreibung einer Trans*Person lesen lässt. Dieses Sonett ist allerdings in Vokabular und Syntax noch schwieriger als Nr. 18.

solche Texte als Identifikationsmöglichkeit dienen könnten? Dies wird am Bespiel der Protagonisten einer Kurzgeschichte thematisiert, die sich der Shakespeare-Einheit anschließt. In Patrick Ness' jugendliterarischer Kurzgeschichte »Different for Boys« (Ness 2010)[19] werden vier Kindheitsfreunde zu einem Zeitpunkt dargestellt, als sie gerade jeder für sich herausfinden, wie sie begehren. Während einer von ihnen mitten in einem nicht leichten, aber selbstbewussten Outing-Prozess ist, haben zwei andere eine heimliche Affäre, mit der sie auf sehr unterschiedliche Weise umgehen. Auf der Ebene des Textes wird alles, was mit den ersten sexuellen Erfahrungen zu tun hat, durch schwarze Balken verdeckt, was einen guten Anlass bietet, diese Tabuisierung zu thematisieren. Um dies auf Shakespeares Sonett Nr. 18 zurückzubeziehen, findet eine Gruppenpuzzle-Arbeit statt, bei der sich die Lernenden eine Englischstunde im Schulalltag der Protagonisten der Kurzgeschichte vorstellen sollen, in der sie das Gedicht besprechen. In der ersten Phase erarbeiten jeweils mehrere Lernende die Perspektive eines der vier Protagonisten, indem sie diskutieren und am Text begründen, wen sich ihre Figur wohl als Adressat*in des Sonetts vorstellt. In der zweiten Phase kommen jeweils Vertreter*innen der vier Freunde in Gruppen zusammen und erhalten drei verschiedene Szenarien: In einem wird das Sonett ohne weitere Kontextinformationen gelesen, in der Diskussion wird meist eine Adressatin vorausgesetzt; in einem anderen Szenario erwähnt die Lehrkraft, dass das Gedicht durch textinterne Verweise und die Widmung an einen Mann gerichtet ist; dies geschieht auch in der dritten Version, allerdings fügt der Lehrer hinzu, dass er sich nicht vorstellen könne, dass der große Shakespeare schwule Poesie geschrieben habe und er – und wohl auch seine Klasse – sich da lieber eine Frau vorstelle. Um diese Szenarien zu bearbeiten, notieren und diskutieren die Schüler*innen, wie sich ihre Charaktere jeweils (innerlich) fühlen und (nach außen) reagieren. Dies wird dann in einer dritten Gruppenphase wiederum in den ursprünglichen Charakter-Gruppen zusammengetragen und es wird sich darüber ausgetauscht, wie sich die jeweilige Figur in den verschiedenen Unterrichtssituationen gefühlt und verhalten hat. Dies mündet schließlich in einer Diskussion darüber, ob bzw. wie LSBTI*[20]-Lebensweisen im Unterricht thematisiert werden sollten, wobei die Schüler*innen die Ergebnisse der Gruppenarbeit einbringen können, aber auch ihre eigene Einschätzung diskutieren.

Auf diese Weise lassen sich diskurstheoretische dekonstruktivistische Erkenntnisse über Geschlecht nutzen, um schrittweise für eigene heteronormative Lesegewohnheiten zu sensibilisieren, die Mechanismen diskursiver Herstellung von Heteronormativität über die Jahrhunderte zu analysieren und ihre Auswirkung auf Identitätsprozesse erfahrbar zu machen. Gegenstand dieser Auseinandersetzung sind Inhalt und formale Aspekte zweier Kurztexte – vom Lektüreklassiker Shakespeare zu aktueller englischsprachiger Jugendliteratur.

---

19 | Patrick Ness mag einigen Lernenden durch seine *New-World*-Trilogie bekannt sein. »Different for Boys« ist in der Kurzgeschichtensammlung *Losing It* (Hg. Keith Gray) erschienen. Damit wurde ein weiterer Text mit männlichen Perspektiven den dafür bereits als einseitig kritisierten Lektürevorgaben hinzugefügt. Dieser Text entspricht jedoch dem Ziel, nicht-heteronormative Perspektiven einzubringen – auf eine Weise, die sehr nahe an der Lebenswelt der Lernenden dran ist und sehr gut nachvollziehbare Charaktere darstellt.

20 | Lesbische, schwule, bisexuelle, transgender, intersexuelle oder sich selbst anders definierende (dafür das * als Platzhalter) Identitätsentwürfe.

5 REFLEXION DER PRAXISERFAHRUNGEN

Die hier vorgestellten Unterrichtssequenzen sind bereits einmal in der Schulpraxis durchgeführt und evaluiert worden.[21] Auch wenn die tatsächliche Umsetzung sicherlich stark von der jeweiligen Lerngruppe und Lehrkraft abhängig ist, lassen sich einige Erfahrungen festhalten und daraus weitere Aspekte erschließen, die für den Einsatz genderreflektierender Unterrichtsformen allgemein von Relevanz sein mögen. Einige der in Kapitel 1.1 angestellten Überlegungen, warum Gender-Reflexion besonders gut im Fremdsprachenunterricht angeregt werden kann, scheinen sich zu bestätigen. So ist die Redebeteiligung insgesamt sehr hoch, und das Thema scheint als relevanter und dadurch authentischer Sprechanlass wahrgenommen zu werden:[22] Gerade auch die bisweilen spannungsgeladenen Aushandlungen unter den Lernenden werden in dem anonym durchgeführten schriftlichen Feedback mehrmals positiv hervorgehoben, weil es dadurch interessante Diskussionen gegeben habe. Das sprachliche Niveau ist in dieser Gruppe sehr hoch, sodass es keine schwerwiegenden Ausdrucksschwierigkeiten gibt. Auffallend ist, dass insbesondere die Aufgaben und Diskussionsfragen mit lebensweltlichen Bezügen, die jedoch bewusst so gestaltet waren, dass sie auch unpersönlich – im Schutze der literarischen oder filmischen Figuren – beantwortet werden konnten, gerne auf einer persönlichen Ebene aufgegriffen werden. Dies führt nicht nur zu den tiefgreifendsten Diskussionen, sondern wird explizit als positive Möglichkeit benannt, im Unterricht von sich selbst sprechen zu können. Der mögliche Vorbehalt, die Thematisierung von Normen bezüglich Gender und Sexualität im Rahmen von Unterricht könne bei den Schüler*innen auf Widerstände stoßen, verkehrt sich in diesem Fall also in sein Gegenteil. (Allerdings herrschen in der Klasse sehr wertschätzende Umgangs- und Kommunikationsformen, sodass keine abwertenden Kommentare oder Reaktionen zu erwarten sind. Ob dies in anderen Lerngruppen ähnlich ist, liegt in der Einschätzung der jeweiligen Lehrkraft.) Der Vorteil des Zugangs durch

---

21 | Die Unterrichtsvorschläge wurden im Rahmen eines Dissertationsprojekts von einem (erfahrenen) Lehrer durchgeführt, der das Konzept nicht selbst erarbeitet hatte. Die Umsetzung in einem Kurs mit 18 Schüler*innen des 11. Jahrgangs wurde zum Zweck der Evaluation der Aufgaben beobachtet und durch Tonaufnahmen mitgeschnitten. Grund für die personelle Trennung bei Konzeption und Durchführung der Unterrichtsreihe waren zum einen die besseren Evaluationsbedingungen, zum anderen aber auch das Ziel einer hohen – sofern überhaupt möglichen – Übertragbarkeit genderreflektierender Inhalte und Zugangsformen. Weitere Texte im niedersächsischen Zentralabitur 2015, die sich an diese Reihe noch anschließen sollen, sind Hanif Kureishis Kurzgeschichte »My son the fanatic« (Kureishi 1994) und Stephen Daldrys Film *Billy Elliot* (UK 2000). Nachdem die Arbeit mit *Accidental Billionaires* weibliche Geschlechterstereotype und patriarchale Machtverhältnisse in den Blick genommen hat, lassen sich anhand dieser Materialien die Privilegien und Einschränkungen in den Anforderungen an Männlichkeit thematisieren. Hierbei können für die entsprechende Analyse und Didaktisierung männlichkeitstheoretische Erkenntnisse einbezogen werden. Außerdem verweisen die beiden Werke auf die Notwendigkeit einer stärker intersektionalen Betrachtung, d.h. den Einbezug von anderen gesellschaftlichen Differenzkategorien wie z.B. *religion* oder *class* in ihrer Verschränkung mit Gender und Sexualität.
22 | Zu einem ähnlichen Ergebnis kommt Lewin in diesem Buch bezüglich eines Seminars mit Lehramtsstudierenden.

die literarischen und filmischen Texte wird jedoch von den Schüler*innen darin gesehen, dass auf diese Weise nicht ein ausschließlich auf Gender ausgerichteter, auf Zahlen und Fakten basierter Themenschwerpunkt bearbeitet wurde, sondern immer wieder im Kontext der Plots und Figuren darauf eingegangen wurde. Dies wird insbesondere für die Kurzgeschichte »Different for Boys« und die Thematisierung von LSBTIQ*-Lebensweisen angemerkt, welche die Lernenden als wichtig empfinden, eine direkte Thematisierung aber zu moralisch und potenziell exponierend fänden. Diese Rückmeldung kann als Hinweis gewertet werden, dass die literarischen und filmischen Texte in ihrer Funktion als kulturelle Ausdrucksträger wirksam sind und sowohl Einblicke in andere Lebenswelten ermöglichen als auch einen selbstreflexiven Rückbezug anregen. Dass Perspektivenwechsel bzw. veränderte Blicke auf die in den Texten dargestellten wie die eigenen Bezüge angeregt wurden, lässt sich aus einigen Rückmeldungen von Schüler*innen ablesen, in denen Aha-Effekte benannt werden und festgestellt wird, dass sie so noch nie über Bedingungen von Gender nachgedacht oder nun angefangen hätten, dies zu tun.

Interessant ist, dass es einigen Schülern zunächst nicht gut gelingt, eine weibliche Perspektive einzunehmen – und sie dafür Verständnis einfordern, welches teilweise gewährt wird. Innerhalb eines Lektürekanons, in dem fast ausschließlich männliche Perspektiven vertreten sind und von allen Schülerinnen selbstverständlich erwartet wird, dass sie diese bei der Lektüre übernehmen (inklusive einiger sehr patriarchal geprägter Blicke auf weibliche Körper), wird also das Hineinversetzen in eine von diesen hierarchischen Machtverhältnissen benachteiligte weibliche Perspektive von jenen als schwierig empfunden, die sonst in Bezug auf diese Machtverhältnisse eine privilegierte Position einnehmen. Dies ist vielleicht nicht verwunderlich, da die Schüler eine solche Anforderung offensichtlich nicht gewohnt sind, stimmt aber doch nachdenklich. Umso wichtiger ist es, einen kritisch-solidarischen Umgang und die Fähigkeit zum Perspektivenwechsel nicht nur zu fordern, sondern auch zu fördern und schrittweise aufzubauen.[23]

Ein Schritt in die falsche Richtung – wie er aber zum Teil in der aktuellen lesedidaktischen Diskussion eingeschlagen und mit den ausschließlich männlichen Texten im Zentralabitur womöglich (bewusst?) auch schon genommen wurde – wäre es, vermeintlich männliche Interessen und männliche Perspektiven zu verstärken, um solche Irritationen zu vermeiden und die Jungen um jeden Preis zum Lesen zu

---

23 | Als Konsequenz werden beispielsweise in der Einheit zu *Outsourced* die dramapädagogischen Übungen »Stimmkorridor« und »Stimmskulptur« der Gestaltung des Dialogs am Ende des Films vorausgeschickt, um so eine differenzierte Perspektivenübernahme zu unterstützen. Insbesondere wie die Schüler*innen die Figur Asha einordnen, verändert sich maßgeblich im Laufe der Einheit, was auf die eingehendere Beschäftigung mit dem Kontext und dem Innenleben dieser Figur sowie ein vorübergehendes Absehen von eigenen Bewertungsmustern zurückzuführen ist. Auch das Gruppenpuzzle in der Bearbeitung von »Different for Boys« soll eine Perspektivenübernahme unterstützen. Bei Letzterer fällt auf, dass zunächst überproportional viele Schüler sich die literarische Figur zur näheren Auseinandersetzung aussuchen, die durch homophobe Sprüche auffällt (während es den Schülerinnen leichter fällt, sich den anderen Charakteren zuzuordnen). Durch die intensive Kleingruppenarbeit arbeiten sie dann die Widersprüchlichkeit und Zerrissenheit des Charakters sehr differenziert heraus.

motivieren. Dies wird weder den vielfältigen Interessen und Fähigkeiten der Schüler gerecht, die damit einmal mehr festgeschrieben und geschlechterstereotyp verstärkt werden, noch führt es zu einem geschlechtergerechteren und vielfältigeren Kanon, der auch Schüler*innen die – für sie ebenfalls ungewohnte, aber potenziell empowernde – Möglichkeit bietet, an eigene Lebenslagen, Sozialisationserfahrungen und spezifische Anforderungen oder Vorteile anzuknüpfen und aus dieser Perspektive argumentieren zu können. Tatsächlich zeigt sich bei der Durchführung, dass sich einige Lernende, besonders aber die Schülerinnen, zunächst bei einer kritischen Textanalyse, andere dann bei einer empathiefördernden Aufgabe zu einer weiblichen Perspektive lebhaft beteiligen. Gerade die dramapädagogischen Übungen aktivieren einige Schüler*innen sehr, die sich während der rein sprachlichen Interpretationsübungen eher zurückhalten. Im Sinne der (genderreflektierten) Förderung von Lesemotivation spricht dies für inhaltliche und methodische Vielfalt, die möglichst diverse Anknüpfungsmöglichkeiten bietet und verschiedene Lernpräferenzen anspricht, anstatt sich an einer (immer noch männlichen und heterosexuellen) Norm auszurichten und diese zu reproduzieren.

Die Praxiserprobungen zeigen auch, wie zentral die Haltung der Lehrkraft ist (siehe auch Manz in diesem Buch). So gut auch Impulse zu einer Gender-Reflexion durch Texte und Methoden gesetzt werden können, liegt es bei Auswertungen und Klassengesprächen zwischendurch an der Lehrkraft, verschiedene Stränge zusammenzuführen, einzubetten und überzuleiten. Als wichtig erweisen sich dabei Offenheit und ein wirkliches Interesse an den Aushandlungen der Lernenden. Es kann nicht darum gehen, eine kritische Gender-Reflexion aufzuoktroyieren; eigenständige Auseinandersetzungen der Lernenden sollen angestoßen, nicht aber vorweggenommen werden. Dazu gehört auch, dass vorhandene stereotype Vorstellungen artikuliert werden können; nur so können sie kontrovers diskutiert werden. Eine zu starke eigene Positionierung der Lehrkraft kann zu sozial erwünschten Antworten führen, die nichts über die eigentlichen Reflexionsprozesse aussagen. Das bedeutet jedoch auch nicht, dass die Lehrkraft nicht eingreifen oder Denkanstöße geben könnte. Dies kann sie zum einen, wie bereits erwähnt und in diesem Beitrag ausgeführt, durch die Auswahl der Texte und Methoden tun; zum anderen kann sie die Redebeiträge oder Produkte der Lernenden (wertschätzend) aufgreifen und die zugrunde liegenden Annahmen verdeutlichen. Die verschiedenen gendertheoretischen Perspektiven können für eine solche Kontextualisierung hilfreich sein: So kann gegebenenfalls nach Ungleichheitsverhältnissen gefragt, auf die Dynamiken von Doing Gender oder auf die impliziten Annahmen und damit verbundenen Ausschlüsse verwiesen werden, und dies entweder explizit oder indem andere (auch literarische) Perspektiven oder Beispiele eingebracht werden. Die Voraussetzung zur Förderung von Gender-Reflexion der Schüler*innen ist auf Seiten der Lehrkraft also sowohl ein Wissen um zentrale geschlechtertheoretische Erkenntnisse als vor allem auch immer wieder eine Reflexion der eigenen Haltung und Handlungen (für entsprechende Ansätze siehe Winheller in diesem Buch).

6 Ausblick

Abschließend soll noch einmal auf die übergreifende Frage des Sammelbands zurückgekommen werden: *Teaching Gender?* Vor dem Hintergrund, dass Gender und die damit verbundenen normativen Ansprüche und sozialen Bedingungen in schulischen Interaktionen und im (nicht nur heimlichen) Lehrplan[24] vermittelt werden, plädiert dieser Beitrag dafür, auch die Chance von Unterricht zu nutzen, diese Normen explizit zu thematisieren – auf eine Weise, die einen geschlechtertheoretisch fundierten, kritischen Zugang ermöglicht und neben Wissen auch die Haltung der Schüler*innen miteinbezieht: *Teaching Gender Reflection!*

Dieser Beitrag zeigt, wie dies insbesondere im Fremdsprachenunterricht mit literarischen Texten angegangen werden kann. Die vorgeschlagene Differenzierung der geschlechtertheoretischen Bezüge soll helfen, die Ziele bei der Thematisierung von Gender zu benennen und die Zugangsformen entsprechend zu wählen. Die vorgestellten Unterrichtssequenzen sollen eine mögliche Anwendung – vor allem aber eine Übertragbarkeit – demonstrieren, in der Hoffnung, dass sie zum Ausprobieren, (Gender-)Reflektieren und Weiterdenken anregen.

Literatur

Autor_innenkollektiv/DGB-Jugend Südniedersachsen/Bremen/Sachsen-Anhalt (Hg.), 2011: Geschlechterreflektierende Bildungsarbeit. (K)eine Anleitung. Hintergründe. Haltungen. Methoden. Göttingen: Autor_innenkollektiv/DGB-Jugend Südniedersachsen/Bremen/Sachsen-Anhalt.

Baier, Jochen/Genç, Evrin/Horsch, Christian/Höll, Simona, 2009: I Man – You Woman. Delilah's Cat by Martin Forbes. In: Englisch betrifft uns (Themenheft Gender Roles, herausgegeben von Dieter H. Düwel, Jennifer von der Grün). 9. Jg. H. 2, 14-21.

Butler, Judith, 2002: Performative Akte und Geschlechterkonstitution. Phänomenologie und feministische Theorie. In: Wirth, Uwe (Hg.): Performanz. Zwischen Sprachphilosophie und Kulturwissenschaften. Frankfurt a.M.: Suhrkamp, 301-321. [1997]

Decke-Cornill, Helene, 2009: Doing und Undoing Gender im Klassenzimmer. Methodische Grundsätze und einige Anregungen. In: Praxis Fremdsprachenunterricht (Themenheft Gender, herausgegeben von Engelbert Thaler). 61. Jg. H. 6, 14-19.

Decke-Cornill, Helene, 2004: Identities that Cannot Exist. Gender Studies und Literaturdidaktik. In: Bredella, Lothar/Delanoy, Werner/Surkamp, Carola (Hg.): Literaturdidaktik im Dialog. Tübingen: Narr, 181-206.

Decke-Cornill, Helene/Hermann, Marc-Philip/Kleiner, Bettina/Rhein, Sven-Frederik, 2008: Fällt euch eigentlich auf, was hier gerade passiert? Literaturunterricht und Heteronormativität aus Lehrersicht. In: Fremdsprachen lehren und lernen. 37. Jg. H. 2, 252-267.

---

24 | Eine sehr detaillierte Einleitung dazu bietet Onnen in diesem Buch.

Decke-Cornill, Helene/Kleiner, Bettina, 2011: I Wanna Learn How to Be Tougher. Der Kurzfilm Tough Enough. In: Der fremdsprachliche Unterricht Englisch. 45. Jg. H. 38-41, 112-113.

Decke-Cornill, Helene/Volkmann, Laurenz (Hg.), 2007: Gender Studies and Foreign Language Teaching. Tübingen: Narr.

Degele, Nina, 2008: Gender/Queer Studies. Eine Einführung. Paderborn: Wilhelm Fink.

Englisch betrifft uns, 2009: Gender Roles (Themenheft herausgegeben von Dieter H. Düwel, Jennifer von der Grün). 9. Jg. H. 2.

Faulstich-Wieland, Hannelore, 2008: Schule und Geschlecht. In: Helsper, Werner (Hg.): Handbuch der Schulforschung. 2. Auflage. Wiesbaden: VS, 673-695.

Grundmann, Heike, 2004: Bardolatry. Voyeurismus und Verdrängung – Zur Rezeption von Shakespeares Sonnets. [http://shakespeare-gesellschaft.de/en/publications/seminar/issue2004/grundmann.html, eingesehen am: 15.01.2014]

Kleiner, Bettina/Kiu, Urban, 2010: The Transgender Gaze. Perturbationen und Perspektivenwechsel in der Filmbildung? In: Decke-Cornill, Helene/Luca, Renate (Hg.): Jugend – Film – Gender. Medienpädagogische, bildungstheoretische und didaktische Perspektiven. Stuttgart: ibidem, 143-172.

König, Lotta, 2015: Staging Gender. Genderorientierte Dramendidaktik und Dramapädagogik im Fremdsprachenunterricht. In: Hallet, Wolfgang/Surkamp, Carola (Hg.): Handbuch Dramendidaktik und Dramapädagogik. Trier: WVT.

König, Lotta, 2014: Schlüsselthemen der Anglistik und Amerikanistik in der Schule. Gender-orientierte Literaturdidaktik im Englischunterricht. In: Nünning, Ansgar/Kovach, Elizabeth (Hg.): Key Concepts and New Topics in English and American Studies. Schlüsselkonzepte und neue Themen in der Anglistik und Amerikanistik. Trier: WVT. 363-380.

König, Lotta, 2012: Gender in einem kultur- und literaturdidaktischen Englischunterricht. Jeffrey Eugenides' Middlesex. In: Ahrens, Rüdiger/Eisenmann, Maria/Hammer, Julia (Hg.): Anglophone Literaturdidaktik. Zukunftsperspektiven für den Englischunterricht. Heidelberg: Universitätsverlag Winter, 61-76.

Kultusministerkonferenz, 2012: Bildungsstandards für die fortgeführte Fremdsprache (Englisch/Französisch) für die Allgemeine Hochschulreife. Beschluss der Kultusministerkonferenz vom 18.10.2012. Ständige Konferenz der Kultusminister der Länder in der Bundesrepublik Deutschland. [www.kmk.org/filead min/veroeffentlichungen_beschluesse/2012/2012_10_18-Bildungsstandards-Fortgef-FS-Abi.pdf, eingesehen am: 30.07.2014]

Kultusministerkonferenz, 2003: Bildungsstandards für die erste Fremdsprache (Englisch/Französisch) für den Mittleren Schulabschluss. Beschluss vom 04.12.2003. München: Luchterhand. [www.kmk.org/fileadmin/veroeffentlichun gen_beschluesse/2003/2003_12_04-BS-erste-Fremdsprache.pdf, eingesehen am: 30.07.2014]

Nelson, Cynthia D., 2007: Queer Thinking about Language Teaching. An Overview of Published Work. In: Decke-Cornill, Helene/Volkmann, Laurenz (Hg.): Gender Studies and Foreign Language Teaching. Tübingen: Narr, 63-76.

Niedersächsisches Kultusministerium, 2009: Englisch. Kerncurriculum für das Gymnasium – gymnasiale Oberstufe, die Gesamtschule – gymnasiale Oberstufe, das Fachgymnasium, das Abendgymnasium, das Kolleg. Hannover: Niedersächsisches Kultusministerium. [http://db2.nibis.de/1db/cuvo/datei/kc_eng lisch_go_i_2009.pdf, eingesehen am: 30.07.2014]

Nünning, Ansgar/Surkamp, Carola, 2010: Englische Literatur unterrichten. 3. Auflage. Seelze-Velber: Kallmeyer.

Praxis Fremdsprachenunterricht, 2009: Gender (Themenheft herausgegeben von Engelhart Thaler). 61. Jg. H. 6.

Rieske, Thomas V., 2011: Bildung von Geschlecht. Zur Diskussion um Jungenbenachteiligung und Feminisierung in deutschen Bildungsinstitutionen. Eine Studie im Auftrag der Max-Traeger-Stiftung. Frankfurt a.M.: Gewerkschaft Erziehung und Wissenschaft. [www.gew.de/Binaries/Binary72549/Bro_Bildung_von_Geschlecht_web.pdf, eingesehen am: 30.07.2014]

Schmenk, Barbara, 2009: Vorsicht, Stereotype! Gender und Fremdsprachenlernende. In: Praxis Fremdsprachenunterricht (Themenheft Gender, herausgegeben von Engelbert Thaler). 61. Jg. H. 6, 4-7.

Thaler, Engelbert, 2009: Frau oder/und/versus/ist Mann. Gender im Fremdsprachenunterricht. In: Praxis Fremdsprachenunterricht (Themenheft Gender, herausgegeben von Engelbert Thaler). 61. Jg. H. 6, 8-11.

Volkmann, Laurenz, 2010: Identities that Cannot Exist. Bending Gender and Culture in David Henry Hwang's Drama M. Butterfly. In: Antor, Heinz/Merkl, Matthias (Hg.): From Interculturalism to Transculturalism. Mediating Encounters in Cosmopolitan Contexts. Heidelberg: Winter, 193-214.

Volkmann, Laurenz, 2007: Gender Studies and Literature Didactics. Research and Teaching – Worlds Apart? In: Decke-Cornill, Helene/Volkmann, Laurenz (Hg.), 2007: Gender Studies and Foreign Language Teaching. Tübingen: Narr, 161-184.

West, Candace/Zimmerman, Don, 1987: Doing Gender. In: Gender & Society. 1. Jg. H. 2, 125-151. [http://gas.sagepub.com/content/1/2/125.full.pdf+html, eingesehen am: 24.02.2015]

Belletristik

Blackman, Malorie, 2010: Boys Don't Cry. London: Doubleday

Eugenides, Jeffrey, 2002: Middlesex. New York: Farrar, Straus and Giroux.

Kay, Jackie, 1998: Trumpet. London: Picador.

Kureishi, Hanif, 1997: My son the fanatic. In: Kureishi, Hanif (Hg.): Love in Blue Time. New York: Faber and Faber, 119-131. [1994]

Levithan, David, 2013: Two Boys Kissing. London: Egmont Electric Monkey.

Mezrich, Ben, 2012: Accidental Billionaires. Braunschweig: Diesterweg. [2010]

Ness, Patrick, 2010: Different for Boys. In: Gray, Keith (Hg.): Losing It. London: Andersen, 73-117.

Peters, Julie Anne, 2007: Grl2Grl. New York: Little, Brown & Company.

Rosoff, Meg, 2008: What I Was. London: Penguin.

Salinger, Jerome D., 1951: Catcher in the Rye. New York: Little, Brown & Company.

Shakespeare, William, 2006: As You Like It. Herausgegeben von Juliet Dusinberre. London: Arden Shakespeare. [1623]

Shakespeare, William, 2008: Twelfth Night. Herausgegeben von Keir Elam. London: Arden Shakespeare. [1623]

Shakespeare, William, 2011: The Merchant of Venice. Herausgegeben von John Drakakis. London: Arden Shakespeare. [1600]
Shakespeare, William, 2012: Romeo and Juliet. Herausgegeben von René Weis. London: Arden Shakespeare. [1597]
Winterson, Jeanette, 1992: Written on the Body. London: Jonathan Cape.
Winterson, Jeanette, 1985: Oranges Are Not the Only Fruit. London: Pandora Press.

Unterstützende Materialien für den Unterricht: Filme und andere Materialien

Billy Elliot (UK 2000, Regie: Stephen Daldry)
Outsourced (USA 2006, Regie: John Jeffcoat)
The Social Network (USA 2010, Regie: David Fincher)
Sandberg, Sheryl, 2013: Why we have too few women leaders. Ted Talk, 21.12.2010. [Video 14'48''] [www.ted.com/talks/sheryl_sandberg_why_we_have_too_few_women_leaders, eingesehen am: 30.10.2014]
Shakespeare, William, 1997a: Shall I compare thee to a summer's day. Sonnet 18. In: Shakespeare, William: Shakespeare's Sonnets. Herausgegeben von Katherine Duncan-Jones. London: Arden Shakespeare, 147. [1609]
Shakespeare, William, 1997b: A woman's face with nature's own hand painted. Sonnet 20. In: Shakespeare, William: Shakespeare's Sonnets. Herausgegeben von Katherine Duncan-Jones. London: Arden Shakespeare, 151. [1609]
Pantene Philippe, 2013: Labels against women. #ShineStrong #WhipIt [Werbung YouTube-Video 1'01']. [https://www.youtube.com/watch?v=kOjNcZvwjxI, eingesehen am: 30.07.2014]

Mit Bildern das Thema Gender bearbeiten
Praxisanregungen für den Englisch- und Französischunterricht der Sekundarstufe II

Sonja Lewin

Der Fremdsprachenunterricht soll Schüler*innen zur Auseinandersetzung mit ›fremden‹ Kulturen, Identitäten und Perspektiven ermutigen und neue Sichtweisen auf die eigene Lebenswelt eröffnen. Damit eignet er sich hervorragend zur kritischen Reflexion der in hohem Maße gesellschaftsstrukturierenden und identitätsstiftenden Herrschaftskategorie Geschlecht: Einerseits werden Konstruktionen von Geschlecht kulturell hervorgebracht. Als Teil der behandelten Zielkulturen[1] können sie im Fremdsprachenunterricht in ihrem jeweiligen Kontext betrachtet und in ihrer Wirkmächtigkeit analysiert werden. Andererseits werden diese Konstruktionen vor dem Hintergrund eigener kultureller Vorstellungen und Gewohnheiten entschlüsselt. Die mit dieser Entschlüsselung einhergehenden möglichen Interpretationsspielräume machen das Thema für Diskussionen und Aushandlungsprozesse im Fremdsprachenunterricht fruchtbar (vgl. Nelson 2004: 22-23). Das besondere Potenzial des Fremdsprachenunterrichts liegt aber nicht nur in der thematischen Ausrichtung des Faches, sondern auch in der Fremdsprachlichkeit. Geschlecht ist ein sensibles Thema, das die Schüler*innen persönlich betrifft. Die Bearbeitung des Themas in einer anderen als der Muttersprache begünstigt, in den Worten Helene Decke-Cornills (2009: 14), »die Selbst- und Normdistanzierung und eine Haltung der Öffnung für Fremdes«. Diese Haltung kann schließlich auch auf die eigene Lebenswelt übertragen werden, auf die der Alltag sonst oft eine kritische Sicht verstellt (vgl. Schmenk 2009: 7).

Trotz dieser Potenziale steht die Beschäftigung mit diesem Thema in der Fremdsprachendidaktik noch am Anfang (vgl. Haas 2001: 101; Volkmann 2007: 162). Die bereits vorhandenen Vorschläge regen als Zugang zur Thematisierung von Gender vor allem zur Beschäftigung mit literarischen Texten an. Diese ermöglichen als kulturelle Artefakte eine authentische Auseinandersetzung mit der Zielkultur und bieten den Lernenden durch die Fiktionalität gleichzeitig einen Schonraum zur Bearbeitung dieses sensiblen Themas (vgl. König 2012: 62-63 sowie König in diesem Buch). Während in diesen Vorschlägen vor allem narrative Texte

---

1 | Zielkulturen beschreiben diejenige Kulturen, die im Fremdsprachenunterricht des jeweiligen Faches behandelt und auf die die Schüler*innen vorbereitet werden.

und Filme als Medium verwendet werden, gibt es nur wenige Veröffentlichungen zur fremdsprachlichen Bearbeitung des Themas Gender anhand von Bildern. Dies überrascht umso mehr, als gerade in einer Kultur, die zunehmend mediatisiert ist, die Arbeit mit Bildern an Bedeutung gewinnt. In den Kulturwissenschaften wird dieser Tendenz seit den 1990er-Jahren Rechnung getragen: Mit dem Begriff des *iconic turn* wird das Phänomen einer durch die Medien vorangetriebenen Visualisierung unserer Kultur beschrieben, welche die Dominanz des Schriftsprachlichen ablöst (vgl. Bachmann-Medick 2009: 329). Diese Visualisierung beschränkt sich nicht auf den medialen Raum, sondern entwickelt eine Dynamik, die sich auf die gesamte Gesellschaft auswirkt: »Bilder verbreiten sich mit der Geschwindigkeit des Lichts; virusartig stecken sie an« (Wulf/Schäfer 1999: 352). Wie Bilder Geschlecht konstruieren und wie die Wahrnehmung von Bildern zur Aufrechterhaltung der Geschlechterordnung beiträgt, sind daher besonders relevante Fragestellungen für einen gendersensibilisierenden Unterricht. Der folgende Beitrag soll das Potenzial von Bildern für die fremdsprachendidaktische Auseinandersetzung mit dem Thema Gender an je einem Beispiel für den Englisch- und den Französischunterricht aufzeigen.

In einem ersten Schritt möchte ich den Gender-Begriff klären, der meinen Unterrichtsvorschlägen zugrunde liegt, und mich in Bezug auf andere didaktische Konzepte theoretisch verorten (Kap. 1). Anschließend erläutere ich das Potenzial, das Bilder zur Thematisierung von Gender im Fremdsprachenunterricht innewohnt, und die Bearbeitungsebenen, die sich für eine solche Thematisierung anbieten (Kap. 2). Diese arbeite ich in Kapitel 3 detaillierter aus: Ich möchte zeigen, wie einerseits stereotype Bilder genutzt werden können, um die visuelle Konstruktion von Geschlecht auf der Bildebene zu bearbeiten. Dies veranschauliche ich an einem Unterrichtsentwurf für den Französischunterricht. Andererseits möchte ich zeigen, wie irritierende Bilder eingesetzt werden können, um die visuelle Konstruktion von Geschlecht im Rezeptionsprozess zu reflektieren. Dies stelle ich anhand eines Unterrichtsvorschlags für das Fach Englisch vor. Da letzterer in Ansätzen bereits erprobt wurde, folgt eine Praxisreflexion, aus der versucht wird, einige Implikationen für das Unterrichten des Themas Gender abzuleiten.

1 GENDER-BEGRIFF: BETRACHTUNGSWINKEL

In den letzten Jahren hat das fremdsprachendidaktische Interesse am Thema Gender zugenommen. Aus geschlechterkritischer Sicht ist das grundsätzlich zu begrüßen, jedoch fußen die entsprechenden Unterrichtsvorschläge nicht immer auf den grundlegenden Annahmen der Gender Studies (zum Überblick siehe Feldmann/Schülting 2002: 143): Der Begriff »Gender« klingt zwar progressiv, dahinter verbirgt sich aber eine Bandbreite an teils auch sehr traditionellen Vorstellungen, von denen bei Weitem nicht alle Geschlecht als kulturell konstruierte Kategorie verstehen und die Geschlechterordnung als Herrschaftssystem kritisieren. Wie stark Erkenntnisse der Gender Studies und fremdsprachendidaktische Überlegungen zum Thema Gender auseinandergehen können, macht eine Analyse des Themenhefts *Gender Matters – Exploring Male-Female Relationships* (Thaler 2008) deutlich. Dieses Heft soll zur Beschäftigung mit dem Thema Gender im Englischunterricht anregen und stellt dafür vor allem Arbeitsblätter bereit, die Lehrkräfte im Unterricht einsetzen können. Dabei geht das Heft allerdings von (schon im Titel vorausgesetzter) Zweigeschlechtlichkeit und heterosexuellem Begehren als biologisch gegebener Norm aus, von der sich »different sexualities« (Thaler 2008: 21) abgrenzen. Die häufige Einbeziehung »humoristischer« (Thaler 2008: 8) Geschlechterstereotype – viel telefonierender, schokoladenverrückter, anlehnungsbedürftiger Frauen und im Haushalt völlig unfähiger, sexsüchtiger Männer (vgl. Thaler 2008: 11) – trägt außerdem dazu bei, Herrschaftsstrukturen eher zu reproduzieren und zu naturalisieren, als sie zu hinterfragen. Auch die Parallelisierung der Phänomene Frauenhass und Männerhass ohne Reflexion der diametral entgegengesetzten Machtpositionen, aus denen heraus die beiden erwachsen (vgl. Thaler 2008: 44-45), ist fragwürdig und erinnert stark an Diskurse zur »Krise der Männlichkeit« (siehe auch Thaler 2009: 8-9; zur Kritik am Krisendiskurs siehe Budde 2005: 73-75). Solche Unterrichtsvorschläge zum Thema Gender sind nicht im Interesse geschlechterkritischer Bemühungen, denn sie laufen Gefahr, Machtverhältnisse zu verschleiern und die Geschlechterordnung damit zu reproduzieren.

Die Zahl der Fremdsprachendidaktiker*innen, die sich konsequent an aktuellen Positionen der Gender Studies orientieren und eine Dekonstruktion der Geschlechterordnung anstreben, ist eher gering: Die meisten wählen einen Mittelweg (z.B. Donnerstag 2007; Volkmann 2004, 2007), der auf die Pluralisierung gesellschaftlicher Vorstellungen von Geschlecht und Sexualität abzielt, eine radikale Kritik an der Geschlechterordnung aber zugunsten eines Plädoyers für Toleranz zurückstellt (zur Kritik daran siehe Albrecht-Heide/Holzkamp 1998: 23). Helene Decke-Cornill dagegen ist die prominenteste Vertreterin einer Perspektive, die Erkenntnisse der Gender Studies wirklich konsequent umsetzt mit dem Ziel, die Geschlechterordnung zu dekonstruieren (siehe auch Blell 1999; Kleiner/Urban 2010; König 2012). Sie distanziert sich von jeglichem Essentialismus, also der Vorstellung, dass Geschlecht biologisch determiniert sei (vgl. Decke-Cornill 2004: 186-188), kritisiert das heteronormative System der Zweigeschlechtlichkeit und dessen hegemoniale Strukturen (vgl. Decke-Cornill 2004: 181-182, 188) und richtet den Blick vor allem auf die Bruchstellen dieses Systems. Ihre Unterrichtsvorschläge regen zu einer kritischen Auseinandersetzung mit normenkonstituierenden Marginalisierungsprozessen[2] an (vgl. Decke-Cornill 2004: 198; Decke-Cornill 2009: 16-17) und ermutigen die Schüler*innen, (literarischen) Ausgeschlossenen[3] z.B. in

---

2 | Dieser Ausdruck beschreibt die Funktion, die das Ausschließen von bestimmten Menschen für eine Gesellschaft haben kann. Dabei wird hervorgehoben, dass Menschen nicht deshalb ausgeschlossen werden, weil sie nicht ›normal‹ sind, sondern dass Vorstellungen von Normalität überhaupt erst dadurch entstehen können, dass es Menschen gibt, die als nicht-normal definiert und entsprechend ausgeschlossen werden. Diskriminierungen machen so erst die Konstruktion von Normen möglich, und Letztere sind damit per se kritisch zu betrachten.

3 | Hier bezieht sich Decke-Cornill (2004: 198-199) auf Judith Butler (1999) und meint Menschen, die nicht der heterosexuellen Matrix entsprechen (also z.B. Homosexuelle und Transsexuelle). Deren Erfahrungen werden oft aus dem (nicht nur schulischen) Literaturkanon ausgeschlossen und sollten stärker berücksichtigt werden. Entsprechende Materialien oder Aufgaben müssen aber nicht auf ein bestimmtes Diskriminierungsverhältnis festgelegt sein. Gerade Texte und Aufgaben, die dies offen lassen und grundsätzlich transferierbar sind auf Erfahrungen von Ausschluss und Diskriminierung verschiedener Gruppen, bieten besonderes Potenzial zur Aushandlung und Interpretation. Die Lernenden können dabei auch herantra-

kreativen Schreibaufgaben eine eigene Stimme zu geben (vgl. Decke-Cornill 2004: 202), anstatt sie mit Toleranz zu ›beschenken‹.

Meine fremdsprachendidaktischen Unterrichtsvorschläge schließen sich letzteren Überlegungen an. Durch eine konsequente Bezugnahme auf die Gender Studies soll das Thema Gender anhand von Bildern so bearbeitet werden, dass zu einem herrschaftskritischen Hinterfragen der scheinbaren Natürlichkeit der Geschlechterordnung angeregt wird, Vorstellungen von Normalität kritisch betrachtet werden und die Handlungs- und Identitätsoptionen der Lernenden erweitert werden. Dafür werden verschiedene Perspektiven innerhalb der Gender Studies kombiniert: Vielfältige Blickwinkel auf die Herstellung und Wirkung von Geschlecht in unserer Gesellschaft ermöglichen eine besonders produktive Bearbeitung des Themas im Lehrkontext (vgl. Grünewald-Huber/Gunten 2009: 14). Ich möchte zwei Zugänge vorschlagen, die auf unterschiedlichen theoretischen Grundannahmen basieren.

In der Aufgabe für den Französischunterricht wird beispielhaft ein didaktischer Zugang zu solchen Bildern vorgestellt, in denen Geschlecht entsprechend gesellschaftlicher Erwartungen konstruiert wird. Ziel ist dabei, diese Konstruktion als solche zu erkennen, ihr kritisch zu begegnen und sie schließlich durch Gegenbilder aufzubrechen (konkrete Beispiele siehe Kap. 3.1). Damit wird einerseits Bezug genommen auf konstruktivistische Analysen von interaktionalen Praktiken des Doing Gender (vgl. Hartmann-Tews 2002: 211): Ausgehend von der Annahme, dass Geschlecht kulturell hergestellt wird, anstatt biologisch angeboren zu sein, denaturalisiert die konstruktivistische Analyse dieser Herstellungsprozesse die Geschlechterordnung, entlarvt sie als veränderlich und ermöglicht so Kritik an vergeschlechtlichten Herrschaftsstrukturen[4] (vgl. Grünewald-Huber/Gunten 2009). Andererseits sollen dekonstruktivistische Verfahren die Schüler*innen im Anschluss daran ermutigen, diese Strukturen zu unterlaufen. Angelehnt an Jacques Derrida wird die Vorstellung von Binarität kritisch hinterfragt, die immer mit einer Hierarchisierung der binären Pole zueinander verbunden ist und bedingt, dass Zwischenräume verleugnet werden (mehr dazu siehe Heselhaus 2002: 61). Judith Butler (1991) hat dies in ihrem Konzept von der heterosexuellen Matrix auf die Geschlechterordnung angewendet und gezeigt, dass Identitäten nur dann sozial akzeptiert sind, wenn sie sich auf den Ebenen des anatomischen und kulturellen Geschlechts eindeutig als (privilegiert) männlich oder (untergeordnet) weiblich einordnen lassen und das jeweils andere Geschlecht begehren. Ziel des dekonstruktivistischen Ansatzes ist es, diese gesellschaftlich erzwungene Geschlechterbinarität derart zu dekonstruieren, dass »das zuvor Ausgeschlossene in seiner Heterogenität und als Teil des Gewebes von Differenzen« auftaucht (Micus-Loos 2004: 119) und, übertragen auf den Unterricht, Jugendlichen damit neue Handlungsräume jenseits heteronormativer Anforderungen eröffnet.

---

gen, was sie selbst beschäftigt. Als Beispiel für solche Aufgaben bietet sich Decke-Cornills (2009: 16-17) Unterrichtsvorschlag zur Kurzgeschichte *Bird Woman* (Namjoshi 1991) an.

4 | Dieser Ausdruck beschreibt die hierarchische Grundstruktur unserer Gesellschaft in Bezug auf die Kategorie Geschlecht, die nicht als Folge natürlicher Unterschiede, sondern als Manifestation eines Herrschaftsverhältnisses verstanden wird. Damit ist z.B. die kulturelle, politische und ökonomische Dominanz von Männlichkeit über Weiblichkeit ebenso gemeint wie die Setzung von Heterosexualität als Norm, von der ›andere‹ Sexualitäten abgegrenzt werden und daher von Diskriminierung betroffen sind.

In der Aufgabe für den Englischunterricht werden Annahmen und Zugangsweisen aus der Queer Theory didaktisch aufbereitet für die Arbeit mit Bildern, die traditionelle Vorstellungen von Geschlecht irritieren. Damit sollen die Lernenden ermutigt werden, sich mit eigenen Vorurteilen auseinanderzusetzen und neue Sichtweisen auszuprobieren. Ansatzpunkt dieses Zugangs ist die Kritik der Queer Theory am Konzept von Normalität, das als Machtinstrument fungiert und nur durch Ausschlussprozesse wirksam werden kann (vgl. Carter 2007: 4). Der Begriff »Heteronormativität« beschreibt aus Sicht Michael Warners (1993: xxi-xxv) Heterosexualität als wirkmächtigste und damit kritikwürdigste dieser Normen. Queerer Aktivismus setzt an der vermeintlichen Natürlichkeit von Normalität an: Durch die Konfrontation mit dem Ausgeschlossenen, ›Nicht-Normalen‹ wird Irritation ausgelöst, welche die ›Natürlichkeit‹ von Normalität als gesellschaftliches Konstrukt entlarven und andere Sichtweisen ermöglichen kann (vgl. Breger 2002: 328). In der pädagogischen Praxis kann dieser Ansatz Jugendliche anregen, Normen und stabile Identitäten zu hinterfragen und mehr Möglichkeiten jenseits hegemonialer Leitbilder für das eigene Leben zu entdecken (vgl. Hartmann 2004: 264).

2 DAS POTENZIAL VON BILDERN ZUR FÖRDERUNG VON GENDER-SENSIBILITÄT IM FREMDSPRACHENUNTERRICHT

Aufgrund der bereits beschriebenen wachsenden Bedeutung visueller Medien sind Bilder in den letzten Jahren zunehmend in den Fokus der Fremdsprachendidaktik gerückt. Ausgehend von Inge Schwerdtfeger (1989) vertreten inzwischen viele Didaktiker*innen die Forderung nach einer Schulung von *visual literacy* im Fremdsprachenunterricht. Sie verstehen Bilder dabei als ein kulturell hervorgebrachtes Medium, das in einem spezifischen Zeichensystem operiert und dessen Entschlüsselung spezifische Kompetenzen erfordert. Einerseits entsteht die Bedeutung eines Bildes aus dem Zusammenspiel der verschiedenen Bausteine der Bildkomposition, deren Funktionsweise analysiert werden kann (vgl. Rose 2012: 58-74). Andererseits konstruieren die Betrachtenden das Bild und dessen Bedeutung aktiv mit: Sehen ist kein automatisches Wahrnehmen der Wirklichkeit über die Augen, sondern ein Verarbeitungsprozess, bei dem das Gehirn durch Vorerwartungen und Interpretationen das zu Sehende vor dem Hintergrund eigener Erfahrungen filtert und einordnet (vgl. Neisser 1979: 26). Dieser Prozess wird von sozialen und kulturellen Strukturen maßgeblich beeinflusst, wie Christoph Wulf und Gerd E. Schäfer (1999: 347) in folgendem Zitat prägnant zusammenfassen: »Jedes Sehen ist historisch und kulturell ermöglicht und eingeschränkt zugleich.« Unterrichtsvorschläge zur Schulung von *visual literacy* setzen an beiden Ebenen an: Erstens sollen Lernende dazu befähigt werden, Bildinhalte und Darstellungsmittel von Bildern zu verstehen, kritisch zu betrachten und selbst produktiv anzuwenden (vgl. Hecke/Surkamp 2010: 14-19). Zweitens soll der Sehprozess selbst zum Unterrichtsgegenstand gemacht werden: Wolfgang Hallet (2010: 51) spricht in diesem Zusammenhang vom Etablieren einer »Kultur des Sehens«, die den Lernenden verschiedene »viewing cultures« zugänglich machen soll.

Das Fördern von *visual literacy* ist insbesondere im Zusammenhang mit der Schulung interkultureller Kompetenz für den Fremdsprachenunterricht entdeckt worden, birgt aber auch speziell für das Thema Gender außerordentliches Potenzial, das es noch auszuloten gilt. Dieses Potenzial liegt u.a. in der vermeintlichen Natürlichkeit des Mediums: Das (fotografische) Bild an sich und auch dessen Rezeption werden in unserer Gesellschaft oft naturalisiert – gemäß dieser Sichtweise bildet die Fotografie die Wirklichkeit ab und das Auge sieht sie (vgl. Decke-Cornill 2002: 209-211). Sowohl bei der Produktion eines Bildes als auch bei dessen Rezeption strukturieren aber heteronormative Vorstellungen von Zweigeschlechtlichkeit in hohem Maße die Abbildung und Wahrnehmung der Realität, die umso wirkmächtiger ist, desto natürlicher sie erscheint. Genau an dieser Stelle gilt es anzusetzen.

Es gibt eine Vielzahl geschlechterkritischer Studien, die sich damit befassen, wie die Geschlechterordnung durch Bilder visuell hergestellt wird. Die Erkenntnisse dieser Studien können als Ausgangspunkt fremdsprachendidaktischer Überlegungen für die Arbeit mit stereotypen Bildern im Fremdsprachenunterricht dienen. Ein besonders geeigneter Analysefokus ist dabei der Blick auf die Verwendung visueller Kontraste, durch die eine hierarchische Binarität zwischen Männern und Frauen generiert wird. Dies betrifft abstrakte Gestaltungsmittel wie Linienführung (vgl. Hickethier 1996: 51) und die kontrastive Verwendung von Helligkeit und Farben (vgl. Decke-Cornill 1998: 39), aber auch konkrete Inszenierungen von Menschen: Gitta Mühlen Achs (1998) hat eindrucksvoll gezeigt, dass Männer und Frauen in Werbeanzeigen durch entgegengesetzte Körpersprache als Gegensätze konstruiert und Frauen Männern dabei untergeordnet werden. Auch die Kleidung trägt dazu bei, Menschen zu vergeschlechtlichen und ihnen visuell z.B. unterschiedliche Bewegungsfreiräume zuzuweisen (vgl. Seidl 2010: 300-303). Besonders interessant, da nicht auf den ersten, ungeübten Blick ersichtlich, ist die Tatsache, dass auch die Organisation der Blicke innerhalb von Bildern und die Konstruktion der Blickperspektive, die den Betrachtenden dadurch angeboten wird, maßgeblich zur visuellen Konstruktion von Geschlecht beiträgt. In westlichen Kulturen dominieren Bilder, in denen Frauen Blickobjekte und Männer Blicksubjekte repräsentieren, sodass die Organisation der Blicke hierarchische Geschlechterverhältnisse widerspiegelt und festschreibt (vgl. Berger 1972: 39-58). Die Perspektive der Betrachtenden ist meist als männliche Subjektposition konstruiert, die einen »male gaze« (Mulvey 2006: 346) auf das Bild ermöglicht – in seiner extremsten, sexualisiertesten Form in der Pornografie und Aktmalerei. Die Analyse solcher Blickperspektiven kann Lernenden anschaulich vergeschlechtlichte Dynamiken erfahrbar machen, die tief in die Denk- und Gefühlsstrukturen der Individuen hineinreichen und beeinflussen, wie sie die Welt und sich selbst wahrnehmen – und die alles andere als natürlich sind.

Neben Analysen der visuellen Konstruktion von Geschlecht auf der Bildebene gibt es auch Ansätze, die sich mit dem Beitrag von Sehgewohnheiten an der Konstruktion von Geschlecht im Rezeptionsprozess befassen. Ausgehend von den Ergebnissen dieser Untersuchungen können Vorschläge zur kritischen Reflexion dieser Gewohnheiten für den Fremdsprachenunterricht entwickelt werden. Der Fokus kann hier auf normalisierenden, die Geschlechterordnung reproduzierenden Sehpraktiken liegen, die Manuel Zahn (2010: 73) unter dem Begriff »Viewing Gender« in Anlehnung an Doing Gender fasst. Er beschreibt damit den Einfluss des Sehens auf die Konstruktion von Geschlecht, denn es findet ständig »ein Konstruieren, Zuschreiben von geschlechtlichen Identitäten im Sehen« statt. Diese normalisierenden Sehprozesse können eindrucksvoll belegt werden: So hat z.B. Gabriele Blell (1999: 164) festgestellt, dass Proband*innen dazu neigen, Bilddetails, die stereotypen Vorstellungen von Männlichkeit und Weiblichkeit eigentlich entgegenwirken, so umzudeuten, dass das Bild die eigenen Denkstrukturen zu bestätigen scheint. Die Möglichkeit für den gendersensibilisierenden Unterricht liegt in der Tatsache, dass sich Sehgewohnheiten durch unerwartete Seherfahrungen verändern und so ein Lernprozess ausgelöst werden kann (vgl. Neisser 1979: 26, 52): Ungewöhnliche, ambivalente und damit stark irritierende Bilder bergen das Potenzial, einen so großen Kontrast zwischen den Seherwartungen und dem Bildgegenstand zu schaffen, dass Versuche des Normalisierens scheitern. An den Grenzen des Viewing Gender lassen sich Geschlechtervorstellungen sichtbar machen und verschieben. Meiner Meinung nach liegt eine besonders große Stärke solcher Bilder in der Tatsache verborgen, dass nur wenigen Menschen bewusst ist, dass sie die Welt durch stereotype Erwartungen eingeengt wahrnehmen. Diese Erkenntnis ist aber notwendig, um sich selbst reflektieren zu können und bereit zu sein, andere Perspektiven auf das Thema Gender einzunehmen. Irritierende Bilder können damit einen Zugang zu den verleugneten Schemata schaffen, die unsere Realität maßgeblich konstruieren.

Im Folgenden soll gezeigt werden, wie einerseits stereotype Bilder genutzt werden können, um die visuelle Konstruktion von Geschlecht auf der Bildebene zu bearbeiten, und wie andererseits irritierende Bilder eingesetzt werden können, um die visuelle Konstruktion von Geschlecht im Rezeptionsprozess zu reflektieren. Ausgeschöpft sind beide Ansatzpunkte für die Fremdsprachendidaktik noch längst nicht: Lediglich drei Didaktikerinnen haben sich in diesem Zusammenhang mit dem Einsatz von Bildern beschäftigt. Helene Decke-Cornill (z.B. 1997) hat sich vor allem auf die Manifestation der Geschlechterordnung in visuell codierten Subjekt-Objekt-Blickverhältnissen konzentriert, mit dem Ziel, zu einer Reflexion gewohnter Wahrnehmungen und darin enthaltender Geschlechterannahmen zu ermutigen und neue Blickpositionen auszuprobieren (vgl. Decke-Cornill 1998: 39-41). Gabriele Blell (1999: 168-169) hat diese Überlegungen um den Fokus ergänzt, besonders marginalisierte Blickpositionen zu stärken und fehlenden Identitäten in kreativen Aufgaben einen Raum im Bild zu geben. Monika Seidl (2007, 2010) hat sich auf die analytische Auseinandersetzung mit stereotypen Geschlechterkonstruktionen in populärkulturellen Artefakten wie Werbeanzeigen und Computerspielen konzentriert. Meine Überlegungen greifen einige dieser Aspekte auf und setzen sie in neue Unterrichtsvorschläge um; insbesondere die Thematisierung von Sexualität und die Auseinandersetzung mit visuell uneindeutigen Geschlechterinszenierungen weisen aber noch unrealisierte Potenziale auf.

3 Praxisvorschläge für den Fremdsprachenunterricht

Im Folgenden werden zwei Praxisbeispiele für den Englisch- und für den Französischunterricht vorgestellt. Für den konkreten Unterrichtseinsatz sollten je nach Lerngruppe entsprechende Scaffolding-Angebote[5] in Bezug auf sprachliche Mittel (insbesondere Wortschatz) bereitgestellt werden sowie Differenzierungen im Schwierigkeitsgrad der Aufgabenstellungen erfolgen.

---

5 | Scaffolding (englisch für »Gerüst«) bezeichnet Unterstützungsangebote, die Lehrkräfte ihren Schüler*innen zur erfolgreichen Bearbeitung einer Aufgabe bereitstellen können. Je nach Bedarf kann es sich hierbei z.B. um Vokabelangebote handeln oder um eine Vorstrukturierung von Arbeitsschritten in Teilaufgaben.

3.1 Die Arbeit mit visuellen Stereotypen: Eine Aufgabe für den Französischunterricht

Im Fremdsprachenunterricht kann die Arbeit mit Bildern, die Geschlecht heteronormativ konstruieren, zur Förderung von Gender-Sensibilität bei den Lernenden eingesetzt werden. Die vermeintliche Natürlichkeit in der Darstellung von Männern und Frauen kann analytisch als Konstruktion entlarvt, kritisch reflektiert und anschließend kreativ aufgebrochen und erweitert werden. Dies soll an einem Aufgabenbeispiel für den Französischunterricht am Gymnasium der Sekundarstufe II vorgestellt werden, das insbesondere für Lerngruppen mit erhöhtem Anforderungsniveau geeignet ist.

3.1.1 Un regard oblique – et obligatoire?

Ausgangspunkt der Aufgabe ist die Fotografie *Un regard oblique* von Robert Doisneau (1948; siehe Abbildung 1). Die Fotografie (re-)produziert stereotype Annahmen über Männer, Frauen und das Eheleben und soll auf ihre vergeschlechtlichende Organisation der Blicke hin bearbeitet werden.

Abb. 1: Robert Doisneau, 1948: *Un regard oblique*
(© Atelier Robert Doisneau)[6]

Die Fotografie zeigt eine Frau und einen Mann vor dem Schaufenster eines Kunstgeschäfts. Während die Frau über ein für die Betrachtenden nicht sichtbares Gemälde spricht, betrachtet der Mann einen weiblichen Akt. Die sexistische Pointe der Fotografie besteht darin, dass die Frau die Blicke ihres Mannes auf die nackte Frau nicht bemerkt und vermutlich glaubt, er würde ihr zuhören, während wir, durch die uns von der Kamera zugewiesene komplizenhafte Blickposition, Zeuge seines heimlichen Genusses werden: »The joke, like all dirty jokes, is at the wo-

---

6 | Ich danke der Agentur Atelier Robert Doisneau für die Genehmigung, das Bild abzudrucken.

man's expense« (Pollock 1988: 85). Der Blick des Mannes dominiert die Fotografie und macht ihn gleich doppelt zum Subjekt gegenüber den weiblichen Objekten.

Die Fotografie ist das Resultat einer geschickten Positionierung von Akt und Kamera, suggeriert aber gleichzeitig, nur einen zufälligen Alltagsmoment eingefangen zu haben. Sie eignet sich deshalb für konstruktivistische Analysen, die einer solchen Naturalisierung visueller Geschlechterkonstruktionen entgegenwirken können. Sie bietet außerdem eine ganz entscheidende Leerstelle: das Gemälde, das die Frau betrachtet. Eine solche Leerstelle bietet die Chance, subversive Inhalte in das Bild zu integrieren, die Figuren auf dem Bild damit in andere Beziehungen zueinander treten zu lassen und so die sexistische Bildaussage kreativ zu verändern (siehe z.B. Rose 2012: 33). Reizvoll ist der Einsatz dieses Bildes im Unterricht auch deshalb, weil die erste Reaktion der Lernenden sehr unterschiedlich ausfallen kann: Je nachdem, ob die Jugendlichen sich mit der männlichen Blickposition identifizieren oder nicht, können die Reaktionen von Amüsement bis hin zu Wut reichen, die produktiv in die Analyse der Geschlechterkonstruktionen einbezogen werden können.

3.1.2 Über die Konstruktion zur Dekonstruktion: Ziele und curriculare Bezüge

Übergeordnetes Ziel dieser Aufgabe ist die Denaturalisierung und Dekonstruktion der von der Fotografie hergestellten Geschlechterordnung durch die Schüler*innen, die sich damit einen kritischeren Blick auf visuelle Geschlechterkonstruktionen aneignen sollen. In der konstruktivistischen Arbeitsphase sollen die Lernenden die vergeschlechtlichende Organisation der Blicke analytisch herausarbeiten und überlegen, inwiefern mit dieser Einteilung eine gesamtgesellschaftlich wirkmächtige Hierarchisierung verbunden ist. In der darauf folgenden dekonstruktivistischen Arbeitsphase sollen die Jugendlichen sich aus der ihnen aufgezwungenen männlichen Blickposition auf weibliche Objekte lösen und einen anderen Blick auf das Bild einnehmen, indem sie mit dessen Elementen spielen. Ziel ist eine Veränderung der Subjekt- und Objektpositionen der Bildfiguren, die in eine neue Interpretation der gleichen Situation mündet.

Diese Ziele lassen sich gut mit den gesetzlichen Vorgaben für das Unterrichtsfach Französisch verbinden. Laut Niedersächsischem Kerncurriculum (Niedersächsisches Kultusministerium 2011: 11) sollen dessen Inhalte eine Auseinandersetzung mit »individuelle[n] und kollektive[n] [...] Einstellungen, Werte[n] und Konflikte[n]« anregen und »Empathie, Distanz, Reflexion und Selbstreflexion« fördern. Diese Ziele werden im Themenfeld »La société« (Niedersächsisches Kultusministerium 2011: 13) konkretisiert, welches zwischenmenschliche Beziehungen und mediale Einflüsse fokussiert. Eine Auseinandersetzung mit fotografischen Inszenierungen vergeschlechtlichter Beziehungen wie auf der Fotografie *Un regard oblique* lässt sich gut in dieses Themenfeld einpassen. Gleichzeitig kann mit der Aufgabe die in den Bildungsstandards für den Fremdsprachenunterricht geforderte Text- und Medienkompetenz geschult werden: Bei der Analyse des Bildes entwickeln die Schüler*innen die Fähigkeit, »Gestaltungsmittel in ihrer Wirkung erkennen, deuten und bewerten« zu können und diese innerhalb eines »historischen und sozialen Kontext[s zu] interpretieren« (Kultusministerkonferenz 2012: 23). Die dekonstruktivistischen Arbeitsschritte ermöglichen es den Jugendlichen zudem, in produktiven Auseinandersetzungen »Perspektivwechsel« vorzunehmen und »Leerstellen« zu füllen (Niedersächsisches Kultusministerium 2011: 17).

3.1.3 Anregungen zum konkreten Unterrichtsverlauf

Als Einstieg schlage ich vor, das Bild auf die Lernenden wirken zu lassen und sie dann zur Verbalisierung ihres ersten Wahrnehmungseindrucks aufzufordern: »Est-ce que la photo vous faites rire? Pourquoi/Pourquoi pas?« Hier sollte Raum sein für einen Austausch über die unterschiedlichen Wahrnehmungen. Zur Analyse des Bildes eignen sich Aufgabenstellungen, welche die Lernenden gezielt auf die zu analysierende Blickkonstellation der Fotografie aufmerksam machen und sie zur Auseinandersetzung mit den damit einhergehenden vergeschlechtlichenden Machtstrukturen anregen. Dies kann mit der ersten Erfassung der Blickkonstellation beginnen (»Qu'est-ce que la femme regarde? Qu'est-ce que l'homme regarde?«), dann zur Auseinandersetzung mit der ›amüsierenden‹ Bildwirkung führen (»Quelle perspective partageons-nous? Comment cette perspective sert-elle à provoquer l'effet ›amusant‹ de la photo?«), ein Bearbeiten sich daraus ergebender Hierarchisierungen anregen (»Préféreriez-vous être à la place de l'homme où bien à celle de la femme? Justifiez votre réponse.«) und mit einem Transfer auf vergeschlechtlichte Machtstrukturen abschließen (»Dans quelle mesure la photo reproduit-elle la structure sociétale de genre dominante dans notre société?«). Abschließen könnte die konstruktivistische Arbeitsphase mit einer Diskussion über die generelle Einteilung von Männern und Frauen in Blicksubjekte und -objekte, z.B. mit Bezug auf Model-Castingshows, um die Wirkmächtigkeit dieses Konstruktionselements von Geschlecht zu verdeutlichen und an die Lebenswelt der Lernenden anzuknüpfen.

Um die sexistische Blickorganisation des Bildes zu dekonstruieren, bietet sich die produktive Nutzung der Leerstelle des Bildes an, nämlich das von der Frau betrachtete Gemälde, durch das sie zum Blicksubjekt gemacht werden kann. Es gibt verschiedene Möglichkeiten, die Lernenden zu einer solchen Interaktion mit dem Bild aufzufordern. Wenn Jugendliche gerne malen, könnten sie das von ihnen imaginierte Gemälde selbst malen, aufhängen und später beschreiben. Das Gemälde könnte aber auch nur imaginiert und in einem Text beschrieben werden. Darauf könnte eine Aufgabe folgen, in der die Lernenden die von der Frau über das nun von ihnen konkretisierte Gemälde geäußerten Worte verschriftlichen und ihr damit nicht nur einen Blick, sondern auch eine Stimme geben. In einem letzten Schritt könnten diese Arbeitsergebnisse in eine Szene münden, welche die Momentaufnahme der Fotografie in einer Situation kontextualisiert – aber aus einer anderen Perspektive als derjenigen, die die Fotografie uns aufzwingt: Zwei Schüler*innen könnten das Paar mit dem Rücken zur Klasse nachspielen, sodass das Aktbild kaum sichtbar ist, das von der Frau betrachtete Gemälde dagegen im Mittelpunkt der Blicke steht und ihre an den Mann gerichteten Worte damit an Bedeutung gewinnen, während sein Blick auf die nackte Frau gar nicht registriert werden kann. Abschließend sollte diese Arbeitsphase mit intensiven Diskussionen über die von den Jugendlichen erstellten Produkte. Dies könnte zu abstrakteren Überlegungen dahingehend führen, inwiefern Individuen überhaupt den Freiraum zu eigenen, kritischen Interpretationen innerhalb einer durch bestimmte Strukturen einengenden Gesellschaft haben und wie dieser Freiraum zunehmend erschlossen werden kann. Dabei geht es nicht um eindeutige, ›richtige‹ Antworten, sondern darum, Reflexionsprozesse über gesellschaftliche Machtstrukturen und die Beziehung zwischen Individuum und Gesellschaft anhand der Kategorie Geschlecht in Gang zu setzen.

3.2 Die Arbeit mit irritierenden Bildern: Eine Aufgabe für den Englischunterricht

Wie in Kapitel 2 erläutert wurde, können Lernende durch irritierende Bilder dazu ermutigt werden, sich mit ihren eigenen Seherwartungen und Vorstellungen von Normalität zu beschäftigen und diese bestenfalls infrage zu stellen. Im Folgenden soll eine Aufgabe für den Englischunterricht der Sekundarstufe II vorgestellt werden, die sich an der Queer Theory orientiert.

3.2.1 A pregnant man?

Die Aufgabe beschäftigt sich mit einer transidentischen Person namens Thomas Beatie. Er ist in den letzten Jahren zu medialer Berühmtheit gelangt, da er drei Kinder auf die Welt gebracht und sich mit seiner Geschichte an die Öffentlichkeit gewandt hat. Thomas Beatie ist ein Transmann, d.h. er ist als Mädchen zur Welt gekommen und hat sich später Hormonbehandlungen und Operationen unterzogen, bei denen Eierstöcke und Gebärmutter aber erhalten blieben. Als Einarbeitung in das Thema empfiehlt sich die Dokumentation *The Pregnant Man* (USA 2008): Sie porträtiert Thomas Beatie in den letzten Wochen seiner Schwangerschaft bis zur Geburt der Tochter Susan, thematisiert die Hindernisse und Diskriminierungen, denen er und seine Frau Nancy ausgesetzt waren, und stellt Thomas Beaties Identität als schwangerer Mann in den Mittelpunkt. Immer wieder betont dieser in Anbetracht der Schwangerschaft seine Männlichkeit. So antwortet er auf die Frage der Reporterin, ob eine Schwangerschaft für einen Mann anders sei als für eine Frau: »It's hard to make the comparison, because I haven't been a pregnant woman. I don't know, I feel a really close bond with this baby that's growing inside me. I don't have a maternal feeling about it, though. I have a paternal feeling« (USA 2008: 24:24-24:36). In diesen und anderen Momenten der Dokumentation löst sich die heteronormativ als selbstverständlich vorausgesetzte geschlechtliche Übereinstimmung sowohl von Identität und Körper als auch von äußeren Körpermerkmalen und inneren Reproduktionsorganen auf. Schwangerschaft wird von Thomas Beatie nicht als etwas Weiblichkeit Generierendes erlebt; vielmehr wird Geschlecht zur wählbaren Kategorie, deren Zuordnung auf Selbstdefinition beruht: Er ist ein Mann, weil er sich so fühlt. Dieses Gefühl drückt sich unter anderem in der als männlich codierten Körperpraxis des Bodybuilding aus, durch die performativ Geschlecht hergestellt wird. So präsentiert sich der hochschwangere Thomas Beatie auf folgendem Standbild aus der Dokumentation (siehe Abb. 2) mit angespannten Oberarmmuskeln als Mann vor einem Spiegel.

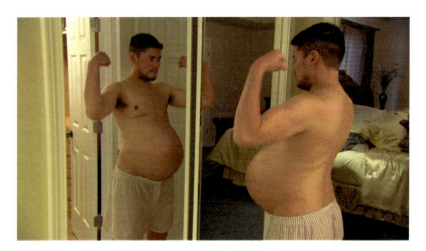

Abb. 2: Thomas Beatie in der Dokumentation *The Pregnant Man* (USA 2008, Regie: Elizabeth McDonald, ©September Films/DCD Media)[7]

Auf dem Standbild entsprechen Thomas Beaties Frisur, sein Körperbau, die Gesichtszüge, der Bart und die Achselbehaarung normalisierenden Vorstellungen von Männlichkeit. Darunter wölbt sich, im Kontrast zur restlichen äußerlichen Erscheinung, sein praller Babybauch. Auch der gewährte Blick auf die Silhouette, die den Babybauch hervortreten lässt, sind in unserer Kultur typischerweise mit Schwangerschaft und Weiblichkeit assoziiert. Dieses wird jedoch gebrochen durch die Männlichkeit betonende Geste des Oberkörpers. Durch den Spiegel wird ein doppelter (voyeuristischer) Blick der BetrachterInnen auf den Babybauch ermöglicht.

In der Dokumentation *The Pregnant Man* gibt es eine Vielzahl ähnlicher Szenen, die als Standbild im Unterricht bearbeitet werden könnten. Zudem können Lehrkräfte im Internet über gängige Suchmaschinen unzählige Abbildungen von Thomas Beatie finden. So finden sich Abbildungen, in denen Thomas Beatie liebevoll seine Hand auf seinen Bauch legt. In gleicher Weise wird die freudige Erwartung der werdenden Mutter oft mit der Berührung des Babybauchs visualisiert. Vor dem Hintergrund visueller Codierungen von Männlichkeit und Weiblichkeit zeigen diese Bilder einen Kontrast zwischen der teils männlichen Erscheinung Thomas Beaties, seinem Babybauch und dem femininen Bildkontext, der auch in dem Screenshot deutlich wird. Die didaktischen Möglichkeiten dieser Bilder liegen in ihrem Irritationspotenzial. Sie visualisieren geschlechtliche Uneindeutigkeit durch die Schwangerschaft sehr provokativ und lassen biologische Erklärungen insofern ins Leere laufen, als gerade äußerliche Merkmale der Person einander widersprechen. Dass diese Ambivalenz teils heftige (Abwehr-)Reaktionen und Aushandlungsprozesse hervorruft, lässt sich z.B. in zahlreichen Internetkommentaren über Thomas Beatie nachlesen und hat sich in einem ersten Praxisversuch zu der Thematik (vgl. Kap. 3.2.4) bestätigt. Solche Reaktionen können im Sinne der Queer Theory im Unterricht produktiv genutzt werden, um die soziale Konstruiertheit geschlechtlicher Normalität und deren hierarchisierende Funktion zu thematisieren.

---

7 | Das Standbild wurde von DCD Media zur Verfügung gestellt. Ich danke für die Abdruckrechte.

Da die Abbildungen Teil einer medial aufgearbeiteten Geschichte über eine wahre Begebenheit sind, bietet sich zusätzlich die Gelegenheit, den Bildkontext einzubeziehen. Schließlich liegt großes Potenzial in der Darstellung der (liebevollen) Beziehung zwischen Thomas Beatie und dem ungeborenen Kind. Dieses ist als bald geborener Mensch greifbar und kann als spätere Identitätsfigur für Jugendliche im Unterricht dienen.

3.2.2 Über Irritation zu neuen Sichtweisen: Ziele und curriculare Bezüge

Übergeordnetes Ziel dieser Aufgabe ist die Anregung einer kritischen Auseinandersetzung der Schüler*innen mit Vorstellungen von geschlechtlicher und sexueller Normalität. Zunächst wird angestrebt, dass die Lernenden sich ihrer eigenen Sichtweisen und gegebenenfalls normierenden Vorstellungen von Geschlecht bewusst werden, die menschlicher Vielfalt nicht gerecht werden. Im Anschluss soll eine vertiefende Arbeit mit dem Kontext Normalität als aushandelbares und damit veränderliches Konstrukt entlarven. Dabei werden die Schüler*innen dazu aufgefordert, durch eine Analyse medialer Diskurse herauszuarbeiten, dass normalisierende Sichtweisen immer einige Menschen ausschließen und Hierarchien festigen. Die Lernenden sollen durch diese Erkenntnis die Legitimität sozialer Hierarchien per se kritisch überdenken. Schließlich sollen sie dazu ermutigt werden, andere, nicht-normalisierende Sichtweisen einzunehmen.

Mit diesen Zielen werden Aspekte interkultureller Kompetenz abgedeckt, deren Schulung das wichtigste Ziel des Fremdsprachenunterrichts ist. Um interkulturell handlungsfähig zu sein, brauchen Jugendliche Einstellungen, die sie zum respektvollen und offenen Umgang mit anderen Menschen befähigen und die Bewusstheit, eigene Werte kritisch reflektieren zu können (vgl. Kultusministerkonferenz 2012: 21). Mit der hier vorgestellten Aufgabe können Schüler*innen, wie von den Bildungsstandards gefordert, lernen, »ihre Wahrnehmungen und (Vor-)Urteile [zu] erkennen, [zu] hinterfragen, [zu] relativieren und ggf. [zu] revidieren« und »einen Perspektivenwechsel [zu] vollziehen« (Kultusministerkonferenz 2012: 22). Der Rückgriff auf queere Verfahren und das Auslösen produktiver Irritation entspricht auch besonders der Absicht des Kerncurriculums Niedersachsen: Interkulturell kompetente Menschen sind demnach »in der Lage, ungewohnte Erfahrungen auszuhalten und mit ihnen sinnvoll und angemessen umzugehen« (Niedersächsisches Kultusministerium 2009: 18). Die Auseinandersetzung mit Thomas Beaties Geschichte bietet Lernenden die Möglichkeit, eine solche Haltung einzuüben.

3.2.3 Anregungen zum konkreten Unterrichtsverlauf

Ein ausgewähltes Bild von Thomas Beatie soll zunächst als stiller Impuls auf die Lernenden wirken. Im Anschluss sollen sie ihre Gefühle bei der Bildbetrachtung stichpunktartig auf Karteikarten festhalten, die dann auf einem großen Poster befestigt werden und als Visualisierung der Gruppenrezeption diskutiert werden. Dies ermöglicht den Austausch über unterschiedliche Bildwahrnehmungen, ohne dass Einzelne ihre persönlichen Gefühle offenbaren müssen. Fragen können auf die ausgelösten Gefühle (»How did it make you feel?«) und erste Spekulationen über die Gründe für die Bildrezeption (»What is it about the picture that made you feel awkward/angry/shocked/amused/happy?«) abzielen. Aufgabe der Lehrkraft ist es, dafür zu sorgen, dass keine eindeutigen Antworten im Klassenkonsens dominieren und alle Meinungen gleichberechtigt im Raum stehen können (vgl. Kleiner/ Urban 2010: 151).

Im Anschluss sollen die durch die Bildrezeption ausgelöste Irritation und wünschenswerterweise auch die so geweckte Neugierde produktiv zur Auseinandersetzung mit gesellschaftlichen Konstruktionen von geschlechtlicher Normalität genutzt werden. Zunächst bietet sich eine Arbeit mit dem Bildkontext an. Die Lernenden könnten im Internet weitere Bilder sowie Informationen zur Person Thomas Beatie suchen und die Gründe für die Veröffentlichung seiner Geschichte herausarbeiten. Das Thema lässt sich anschließend auf abstrakterem Niveau vertiefen. So könnten Definitionen des Begriffs *normality* im Unterricht bearbeitet und anschließend als Analysewerkzeug auf die Berichterstattung zu Thomas Beaties Schwangerschaft übertragen werden: Inwiefern werden Normalität und Nicht-Normalität als Gegensätze zueinander konstruiert? Welche Funktionen erfüllen solche Diskurse? Gibt es diese Strategien auch im Alltag? Dies soll letztendlich in einer Diskussion über eigene Geschlechterinszenierungen und Aushandlungsprozesse münden. Schließlich kann mit einem erneuten Blick auf das gewählte Bild diskutiert werden, inwiefern vielleicht nicht das Bild an sich ungewöhnlich ist, sondern inwieweit Vorstellungen von Normalität das Bild erst ungewöhnlich machen.

Zum Abschluss sollen die Lernenden versuchen, sich Thomas Beatie aus der Perspektive seiner (zum Zeitpunkt der Dokumentation noch ungeborenen) Tochter Susan zu nähern. Als fiktiver Kontext für eine solche Aufgabe eignet sich der 18. Geburtstag Susan Beaties, der als Schnittstelle zwischen Kindheit und Erwachsenenleben Anlass für Reflexionen über das eigene Leben sein kann. Der Arbeitsauftrag (»Write an entry in your internet blog about how you feel.«) könnte folgendermaßen thematisch eingebettet sein: In einer schlaflosen Nacht vor ihrem 18. Geburtstag schaut sich Susan alte Fotografien an, stößt auf ein Bild ihres mit ihr schwangeren Vaters und hat das Bedürfnis, aufkommende Kindheitserinnerungen, Zukunftspläne, eigene Ängste und Wünsche spontan in einem Blogeintrag im Internet zu äußern. Die Aufgabe ist damit so eingerahmt, dass die Lernenden sich mit der Familiensituation der Beaties auf neue Art auseinandersetzen müssen und im Vorfeld gesammeltes Wissen über die Familie einbringen können. Gleichzeitig bietet die Aufgabe viel persönlichen Freiraum, um sich mit eigenen, mit dem Alter verbundenen Gefühlen auseinanderzusetzen – und vielleicht sogar neue Sichtweisen auf die eigene Person zu entdecken.

3.2.4 Reflexion eines Praxisversuches

Einzelne Schritte der hier entwickelten Unterrichtsideen zur Arbeit mit irritierenden Bildern habe ich in einem fachdidaktischen Seminar zum Einsatz visueller Materialien im Englischunterricht im Wintersemester 2013/14 an der Universität Göttingen mit Studierenden erprobt und möchte sie hier als ersten Praxisversuch reflektieren.[8] Die durchgeführte Einheit dauerte circa 50 Minuten. Den Studierenden wurde ein Bild von Thomas Beatie zunächst als stiller Impuls gezeigt. Dann wurden sie aufgefordert, ihren Seheindruck (»The photograph makes me feel …«) auf Karteikarten zu verschriftlichen, die anschließend an der Tafel befestigt und

---

8 | Ich danke Prof. Dr. Carola Surkamp herzlich für die Möglichkeit, meine Unterrichtsideen in ihrem Seminar zu erproben und den teilnehmenden Studierenden der Universität Göttingen für ihre rege Beteiligung.

von den Teilnehmenden geordnet wurden. Das Gesamtbild wurde in einem Rezeptionsgespräch auf verschiedene Reaktionen und Vorstellungen von Normalität hin reflektiert. Schließlich beschäftigten sich die Studierenden mit kritischen Texten zum Thema Normalität und übertrugen diese in einer Gruppendiskussion auf die Bilderfahrung. Abschließend diskutierten sie die Einsatzmöglichkeiten einer solchen Bildarbeit im Englischunterricht. Ich möchte mich in dieser Reflexion auf das Rezeptionsgespräch beschränken, das den Großteil der Unterrichtszeit in Anspruch genommen hat.

Ein Blick auf den ersten Seheindruck der Studierenden offenbarte eine Bandbreite starker Reaktionen auf das Bild: Die von der Fotografie ausgelösten Gefühle reichten von Erstaunen (»surprised«) über Verwirrung (»confused«) bis hin zu starker Ablehnung (»offended«, »disgusted«). Im Rezeptionsgespräch zeigte sich, dass die Verwirrung vor allem dem Wunsch nach geschlechtlicher Eindeutigkeit geschuldet war – die betroffenen Studierenden kannten Thomas Beatie nicht und wollten wissen, ob er Frau oder Mann sei. Damit waren Fragen nach biologischen Details verbunden. Die starke Ablehnung bezog sich vor allem auf den Anblick der körperlichen Uneindeutigkeit. Einen Männerkörper schwanger zu sehen, fanden einige so unerträglich, dass sie den Blick mit verzogenem Gesicht von dem Foto abwandten. Für die Lehrkraft ist das eine Herausforderung: Im Sinne einer queeren Arbeit mit Irritation sind solche Reaktionen legitim und produktiv im Unterricht nutzbar, und sollten entsprechend von der Lehrkraft ausgehalten werden; gleichzeitig ist es wichtig, darauf zu achten, dass sich niemand durch diese starke Ablehnung verletzt fühlt und sie nicht als einzig mögliche Sichtweise gesetzt wird. Für die Anwendung in der Schule ist es unabdingbar, die Lerngruppe gut zu kennen, um vorher einschätzen zu können, welche Dynamik sich zwischen den Lernenden entwickeln wird, und um zu entscheiden, ob die Arbeit mit irritierenden Bildern ohne Verletzung Einzelner möglich ist.

Während einige Studierende ihre Gefühle beim Bildanblick thematisiert haben, war auffällig, dass viele Studierende vom eigentlichen Arbeitsauftrag abgewichen waren und stattdessen eine Wertung vorgenommen hatten. Sie beurteilten das Bild als seltsam (»strange«, »weird«); viele konkretisierten dies, indem sie Thomas Beatie als »unnatural« bezeichneten, teilweise in Abgrenzung zu einer empfundenen Norm, nämlich schwangeren Frauen (»pregnancy is not beautiful in this case«). Dies ist bedeutsam, denn damit entzogen sich diese Studierenden der Auseinandersetzung mit ihren Gefühlen und positionierten sich stattdessen als Wertungsinstanz, die eine Deutungshoheit über die Normalität anderer besitzt. Anstatt sich kritisch mit der Seherfahrung auseinanderzusetzen, haben diese Studierenden das Bild dazu benutzt, die Legitimität eigener Vorstellungen von Geschlecht diskursiv herzustellen. Es ist davon auszugehen, dass hinter solchen Reaktionen Unsicherheiten und Ängste stehen, die die Ambivalenz des Bildes hervorgerufen hat, und dass die diskursive Herstellung der Geschlechterordnung die eigene, fragile Geschlechtsidentität schützen soll. Mit diesen Reaktionen muss deshalb sehr vorsichtig umgegangen werden. Einerseits gilt es, die Ängste und Abwehrhaltungen dieser Lernenden zu respektieren. Jedes weitere Insistieren meinerseits auf die Frage, warum ihre Reaktionen so stark seien und ob das Bild nicht vielleicht doch etwas mit ihnen selbst zu tun hätte, ist ohnehin mit Schweigen oder mit Verweisen auf generelle kulturelle Normen abgeblockt worden. Andererseits verfehlt ein kritischer Unterricht zum Thema Gender sein Ziel, wenn Vorstellungen geschlechtlicher Normalität als legitim gesetzt werden. Eine Möglichkeit, dem zu begegnen, besteht darin, die Gleichzeitigkeit verschiedener Sichtweisen innerhalb der Gruppe zu betonen und Argumente, die die Natürlichkeit von Zweigeschlechtlichkeit belegen sollen, immer wieder zur Diskussion zu stellen. Wie produktiv das innerhalb einer engagiert diskutierenden Gruppe sein kann, möchte ich an einem konkreten Aushandlungsprozess aufzeigen.

Im Reflexionsgespräch zeigte sich die diskursive Herstellung der Geschlechterordnung besonders in Versuchen, Thomas Beaties Schwangerschaft als illegitim zu verurteilen. Eine Studentin griff dafür zunächst das Thema Transsexualität auf und erklärte Geschlechtsumwandlungen für legitim, weil sie es grundsätzlich vorstellbar fand, dass ein Mensch »a female soul« haben könne, die in einem »male body« gefangen sei. Die theologische Körper-Geist-Dichotomie, die dieser Argumentation zugrunde liegt, ermöglichte hier die Aufrechterhaltung geschlechtlicher Eindeutigkeit und Bipolarität trotz der Konfrontation mit dem Thema Transsexualität. Thomas Beaties Schwangerschaft wurde anschließend als Verstoß gegen diese Eindeutigkeit abgelehnt: Der Studentin zufolge müsse jemand, der sich dafür entschieden habe, ein Mann zu sein, auch konsequent ein Mann sein – eine Schwangerschaft sei damit nicht vereinbar, denn Männer wünschten sich nicht, schwanger zu sein. Interessanterweise vermutete sie, dass weibliche Wünsche nach einer Schwangerschaft hormonell bedingt seien. Dieser Sichtweise liegen naturalistische Vorstellungen zugrunde, nach denen ein weiblicher Körper automatisch einen Wunsch nach Schwangerschaft impliziert – und das Fehlen weiblicher Reproduktionsorgane und entsprechender Hormone den Wunsch undenkbar machen. Mit dieser naturalistischen Sichtweise hat die Studentin ihrer zuvor geäußerten Vorstellung einer Körper-Geist-Dichotomie widersprochen, und der Gesprächsverlauf bestätigt damit Ergebnisse empirischer Studien, nach denen Argumente in Gruppendiskussionen inhaltlich austauschbar oder sogar widersprüchlich sein können, solange sie nur vermögen, die bestehende Geschlechterordnung aufrechtzuerhalten (siehe u.a. Wilke 2004). Hier hat die Lehrkraft die Möglichkeit, auf einer Meta-Ebene genau diese Inkohärenz anzusprechen und gemeinsam mit der Gruppe zu analysieren, um die darunterliegenden Prozesse zu entdecken. Dadurch könnte sich zumindest auf kognitive Weise eine erste Auseinandersetzung mit den eigenen Gefühlen ergeben und mit der Bedeutung, welche die Eindeutigkeit von Geschlecht für einige Studierende einnimmt. In unserem Rezeptionsgespräch dagegen rief die naturalistische Aussage direkt inhaltliche Gegenargumente hervor. Eine Studentin berichtete von einem Interview mit einem Comedian, der gesagt habe, er beneide seine schwangere Frau um die Fähigkeit, ein Kind zu bekommen und eine so enge Bindung zu einem anderen Menschen zu spüren. Diese Studentin löste damit den Wunsch nach Schwangerschaft von körperlichen Voraussetzungen und fand dafür relativ viel Zuspruch in der Gruppe. Eine andere Studentin ergänzte, dass ja auch nicht alle Frauen schwanger werden wollten, nur weil sie körperlich dazu in der Lage seien. Naturalistischen Argumentationsmustern wurde damit der Boden entzogen; die Studierenden diskutierten die Begrenztheit von Geschlechterstereotypen und eine Studentin wies darauf hin, dass wir zwar bipolare Geschlechterrollen gewöhnt seien, aber sich nicht alle Menschen darin repräsentiert fühlten und auch andere Identitäten denkbar seien. Diese Aushandlungsprozesse zeigen, dass auch eine wertende Haltung gegenüber dem Bild durchaus kritische Diskussionen über Geschlechtsidentität auslösen kann, wenn sie auf eine (heterogene) Gruppe trifft.

Schließlich zeigte sich bei einigen Studierenden der Wunsch, die Ambivalenz des Bildes zu normalisieren bzw. zu negieren. Manche nannten die Fotografie auf ihren Karten »unrealistic« und vermuteten eine Fälschung (»Photoshop?«). Dahinter verbirgt sich die ›Hoffnung‹, Thomas Beatie als schwangerer Mann existiere nicht – und damit auch keine Bedrohung für die Geschlechterordnung. Die Studierenden waren sich aber auch vor der Konkretisierung des Bildkontextes schnell einig, dass die Fotografie echt sein müsse: Ein Student beschrieb, wie er beim Anblick des Bildes diese Hypothese verfolgt habe, er aber dann aufgrund der vermutlichen Narben auf Thomas Beaties Brust ins Zweifeln gekommen sei. Diese wären bei einer Bearbeitung mit Photoshop sicherlich entfernt worden. Die Narben haben das Porträt für ihn authentisch gemacht und er hat dadurch auf eine Brustoperation und eine Geschlechtsumwandlung geschlossen. Die Reaktion bestätigt, dass Bildbetrachtende auch bei einer Irritation ihrer Seherwartungen zunächst versuchen, diese aufrechtzuerhalten, sie aber überdenken, wenn ein ambivalentes Bild diese Versuche ins Leere laufen lässt und so eine Auseinandersetzung mit diesen Erwartungen bis zu einem gewissen Grad erzwingt (siehe Kap. 3). Bilder von Thomas Beatie sind dazu gut geeignet.

Als Fazit dieses ersten Praxisversuchs lässt sich festhalten, dass die Auseinandersetzung mit einem irritierenden Bild wie erwartet starke Reaktionen hervorgerufen kann. Diese können in produktive Diskussionen über Geschlecht, Identität und Normalität münden und als Ausgangspunkt für eine vertiefende Beschäftigung mit dem Thema Gender dienen. Inwiefern sich Sichtweisen auf das Bild durch meine Unterrichtseinheit verändern lassen, ist nach dieser kurzen Einheit nur zu vermuten. Die meisten Studierenden waren nach dem Rezeptionsgespräch und der folgenden Beschäftigung mit Texten zu Normalität zumindest in der Lage, ihre Reaktionen als Ausdruck eigenkultureller Vorstellungen von Normalität zu betrachten, von denen man sich im Sinne interkultureller Kompetenz zumindest zeitweise lösen können sollte. Einige waren der Ansicht, dass grundsätzlich auch andere Sichtweisen auf das Bild möglich wären. Die Studierenden konnten diese neuen Sichtweisen nach den 50 Minuten noch nicht wirklich für sich entwickeln; es lässt sich jedoch vermuten, dass gerade eine kreative und identifikatorische Auseinandersetzung mit solchen Bildern, die im Anschluss folgen könnte, neue Sichtweisen anregen kann. Bemerkenswert ist schließlich, dass sich ausnahmslos alle Studierenden an der Unterrichtseinheit und insbesondere am Rezeptionsgespräch beteiligt haben. Offensichtlich war das Thema für sie so relevant, dass alle motiviert waren, an einer (auf Englisch geführten) Diskussion darüber aktiv teilzunehmen – für den Fremdsprachenunterricht mit seinem Fokus auf Kommunikation ein nicht zu vernachlässigendes Potenzial.

4 Fazit: Vielfalt fördern

In diesem Beitrag sollte anhand einer Aufgabe für den Französischunterricht und einer Aufgabe für den Englischunterricht aufgezeigt werden, welche Potenziale stereotype und irritierende Bilder für die Auseinandersetzung mit dem Thema Gender im Fremdsprachenunterricht bergen: Sie können Jugendliche dazu anregen, kritisch mit visuellen Darstellungen von Geschlecht umzugehen, diesen andere Darstellungen entgegenzusetzen und mit neuen Sichtweisen auf Altbekanntes und

Neues zu blicken. Letztlich sollen die hier vorgestellten Zugänge es den Jugendlichen ermöglichen, vielfältigere Perspektiven auf die Welt, auf die Menschen um sie herum und nicht zuletzt auf sich selbst zu entwickeln. Damit können bilddidaktische Ansätze die bereits existierenden literaturdidaktischen Vorschläge für den Fremdsprachenunterricht zum Thema Gender erweitern, denn auch auf Ebene der Medienauswahl und der Methodik gilt es, Vielfalt zu fördern und so möglichst viele Schüler*innen anzusprechen.

Auch wenn Aufgabenvorschläge zur Bearbeitung des Themas Gender sehr wichtig sind, darf nicht aus den Augen verloren werden, dass solche Vorschläge allein keinen genderkritischen Unterricht garantieren. Das Gelingen solcher Anregungen hängt maßgeblich von der Bereitschaft der Lehrer*innen ab, sich kritisch mit den eigenen Erfahrungen und Einstellungen im Hinblick auf die Geschlechterordnung auseinanderzusetzen (vgl. Paseka 2009). Nur mit entsprechender Gender-Sensibilität sind Lehrkräfte in der Lage, das Thema auch auf der Ebene pädagogischer Entscheidungen mitzudenken, ihren Blick für die Vielfalt der Jugendlichen zu öffnen (vgl. Budde 2006: 58) und die eigene Unterrichtspraxis stetig zu reflektieren (vgl. Faulstich-Wieland/Weber/Willems 2004: 223-226 sowie Manz in diesem Buch).

Die Bearbeitung des Themas Gender im Fremdsprachenunterricht gibt noch Raum für weitere Überlegungen, der unbedingt genutzt werden sollte. Während wir noch längst nicht in einer gerechten Gesellschaft leben, erlangen Aspekte wie Geschlechterstereotype, Homophobie und Diskriminierungen Intersexueller doch zunehmend gesellschaftliche Aufmerksamkeit, die das Potenzial zum kritischen Reflektieren der derzeitigen Verhältnisse und zum Herausbilden neuer Perspektiven birgt. Dieses Potenzial könnte und sollte sich die Schule zunutze machen und die kommende Generation ermutigen, Vielfältigkeit nicht mit Angst, sondern mit Offenheit zu begegnen. Gerade auch der Fremdsprachenunterricht kann einen solchen Beitrag zu einer gerechteren und offeneren Gesellschaft leisten.

LITERATUR

Albrecht-Heide, Astrid/Holzkamp, Christine, 1998: Lebensformen und Sexualität. Vielfalt quer zu patriarchalen Leitbildern – Dialogreferat. In: Hartmann, Jutta/Holzkamp, Christine/Lähnemann, Lena/Meißner, Klaus/Mücke, Detlef (Hg.): Lebensformen und Sexualität. Herrschaftskritische Analysen und pädagogische Perspektiven. Bielefeld: Kleine, 20-28.

Bachmann-Medick, Doris, 2009: Cultural Turns. Neuorientierungen in den Kulturwissenschaften. Reinbeck: Rowohlt.

Berger, John, 1972: Ways of Seeing. London: Penguin.

Blell, Gabriele, 1999: Transgressing (Gender) Boundaries. Blickordnung und Blickwechsel. In: Blell, Gabriele/Krück, Brigitte (Hg.): Mediale Textvielfalt und Handlungskompetenz im Fremdsprachenunterricht. Frankfurt a.M.: Lang, 155-173.

Breger, Claudia, 2002: Queer Studies/Queer Theory. In: Kroll, Renate (Hg.): Metzler Lexikon Gender Studies – Geschlechterforschung. Ansätze – Personen – Grundbegriffe. Stuttgart: Metzler, 327-329.

Budde, Jürgen, 2006: Wie Lehrkräfte Geschlecht (mit-)machen – doing gender als schulischer Aushandlungsprozess. In: Jösting, Sabine/Seemann, Malwine (Hg.):

Gender und Schule. Geschlechterverhältnisse in Theorie und schulischer Praxis. Oldenburg: BIS, 45-60.

Budde, Jürgen, 2005: Hegemonie und Transformation. Theoretische Einsichten und methodische Fragen kritischer Männlichkeitsforschung. In: Harders, Cilja/Kahlert, Heike/Schindler, Delia (Hg.): Forschungsfeld Politik. Geschlechtskategoriale Einführung in die Sozialwissenschaften. Wiesbaden: VS, 67-87.

Butler, Judith, 1999: Gender Trouble: Feminism and the Subversion of Identity. London: Routledge. [1990]

Butler, Judith, 1991: Das Unbehagen der Geschlechter. Frankfurt a.M.: Suhrkamp.

Carter, Julian B., 2007: The Heart of Whiteness. Normal Sexuality and Race in America, 1880-1940. Durham: Duke University Press.

Decke-Cornill, Helene, 2009: Doing und Undoing Gender im Klassenzimmer. Methodische Grundsätze und einige Anregungen. In: Praxis Fremdsprachenunterricht. 61. Jg. H. 6, 14-19.

Decke-Cornill, Helene, 2004: Identities that cannot exist. Gender Studies und Literaturdidaktik. In: Bredella, Lothar/Delanoy, Werner/Surkamp, Carola (Hg.): Literaturdidaktik im Dialog. Tübingen: Gunter Narr, 181-206.

Decke-Cornill, Helene, 2002: Truth, justice, and other special effects. Die Beweiskraft der Bilder. In: Decke-Cornill, Helene/Reichert-Wallrabenstein, Maike (Hg.): Fremdsprachenunterricht in medialen Lernumgebungen. Frankfurt a.M.: Peter Lang, 209-221.

Decke-Cornill, Helene, 1998: Gender (dis)play. In: Der fremdsprachliche Unterricht Englisch. 32. Jg. H. 4, 26 und 39-41.

Decke-Cornill, Helene, 1997: Blickverhältnisse. Zum Zusammenhang von Wahrnehmung und Macht. In: Siebold, Jörg (Hg.): Sprache und Medien im Fremdsprachenunterricht. Beiträge des 3. Mediendidaktischen Kolloquiums Oktober 1996 in Rostock. Rostock: Universität Rostock, 183-199.

Donnerstag, Jürgen, 2007: The Representation of Masculinity in Hollywood Films. Gender Discourse as Part of Cultural Learning. In: Decke-Cornill, Helene/Volkmann, Laurenz (Hg.): Gender Studies and Foreign Language Teaching. Tübingen: Gunter Narr, 243-259.

Faulstich-Wieland, Hannelore/Weber, Martina/Willems, Katharina, 2004: Doing Gender im heutigen Schulalltag. Empirische Studien zur sozialen Konstruktion von Geschlecht in schulischen Interaktionen. Weinheim: Juventa.

Feldmann, Doris/Schülting, Sabine, 2002: Gender Studies/Gender-Forschung. In: Kroll, Renate (Hg.): Metzler Lexikon Gender Studies – Geschlechterforschung. Ansätze – Personen – Grundbegriffe. Stuttgart: Metzler, 143-145.

Grünewald-Huber, Elisabeth/Gunten, Anne von, 2009: Werkmappe Genderkompetenz. Materialien für geschlechtergerechtes Unterrichten. Zürich: Pestalozzianum.

Haas, Renate, 2001: We Hold These Truths To Be Self-Evident: That All Men and Women Are Created Equal. Geschlechterforschung und Englischdidaktik. In: Hoppe, Heidrun/Kampshoff, Marita/Nyssen, Elke (Hg.): Geschlechterperspektiven in der Fachdidaktik. Weinheim: Beltz, 101-121.

Hallet, Wolfgang, 2010: Viewing Cultures. Kulturelles Sehen und Bildverstehen im Fremdsprachenunterricht. In: Hecke, Carola/Surkamp, Carola (Hg.): Bilder im Fremdsprachenunterricht. Neue Ansätze, Kompetenzen und Methoden. Tübingen: Gunter Narr, 26-54.

Hartmann, Jutta, 2004: Dekonstruktive Perspektiven auf das Referenzsystem von Geschlecht und Sexualität. Herausforderungen der Queer Theory. In: Glaser, Edith/Klika, Dorle/Prengel, Annedore (Hg.): Handbuch Gender und Erziehungswissenschaft. Bad Heilbrunn: Klinkhardt, 255-271.

Hartmann-Tews, Ilse, 2002: Konstruktivismus. In: Kroll, Renate (Hg.): Metzler Lexikon Gender Studies – Geschlechterforschung. Ansätze – Personen – Grundbegriffe. Stuttgart: Metzler, 210-212.

Hecke, Carola/Surkamp, Carola, 2010: Einleitung. Zur Theorie und Geschichte des Bildeinsatzes im Fremdsprachenunterricht. In: Hecke, Carola/Surkamp, Carola (Hg.): Bilder im Fremdsprachenunterricht. Neue Ansätze, Kompetenzen und Methoden. Tübingen: Gunter Narr, 9-25.

Heselhaus, Herrad, 2002: Dekonstruktion. In: Kroll, Renate (Hg.): Metzler Lexikon Gender Studies – Geschlechterforschung. Ansätze – Personen – Grundbegriffe. Stuttgart: Metzler, 61-62.

Hickethier, Knut, 1996: Film- und Fernsehanalyse. Stuttgart: Metzler.

Kleiner, Bettina/Urban, Kiu, 2010: The Transgender Gaze. Perturbationen und Perspektivenwechsel in der Filmbildung? In: Luca, Renate/Decke-Cornill, Helene (Hg.): Jugend – Film – Gender. Medienpädagogische, bildungstheoretische und didaktische Perspektiven. Stuttgart: ibidem, 143-171.

König, Lotta, 2012: Gender in einem literatur- und kulturdidaktischen Englischunterricht. Jeffrey Eugenides' Middlesex. In: Hammer, Julia/Eisenmann, Maria/Ahrens, Rüdiger (Hg.): Anglophone Literaturdidaktik. Zukunftsperspektiven für den Englischunterricht. Heidelberg: Winter, 61-76.

Kultusministerkonferenz, 2012: Bildungsstandards für die fortgeführte Fremdsprache (Englisch/Französisch) für die Allgemeine Hochschulreife. Beschluss der Kultusministerkonferenz vom 18.10.2012. Ständige Konferenz der Kultusminister der Länder in der Bundesrepublik Deutschland. [www.kmk.org/filead min/veroeffentlichungen_beschluesse/2012/2012_10_18-Bildungsstandards-Fortgef-FS-Abi.pdf, eingesehen am: 22.10.2014]

Micus-Loos, Christiane, 2004: Gleichheit – Differenz – Konstruktion – Dekonstruktion. In: Glaser, Edith/Klika, Dorle/Prengel, Annedore (Hg.): Handbuch Gender und Erziehungswissenschaft. Bad Heilbrunn: Klinkhardt, 112-126.

Mühlen Achs, Gitta, 1998: Geschlecht bewusst gemacht. Körpersprachliche Inszenierungen – Ein Bilder- und Arbeitsbuch. München: Frauenoffensive.

Mulvey, Laura, 2006: Visual Pleasure and Narrative Cinema. In: Durham, Meenakshi Gigi/Kellner, Douglas M. (Hg.): Malden Media and Cultural Studies. Keyworks. Malden: Wiley-Blackwell, 342-352.

Neisser, Ulric, 1979: Kognition und Wirklichkeit. Prinzipien und Implikationen der kognitiven Psychologie. Stuttgart: Klett-Cotta.

Nelson, Cynthia D., 2004: Beyond Straight Grammar. Using Lesbian/Gay Themes to Explore Cultural Meanings. In: Norton, Bonny/Pavlenko, Aneta (Hg.): Gender and English Language Learners. Alexandria: Teachers of English to Speakers of Other Languages, 15-28.

Niedersächsisches Kultusministerium, 2011: Kerncurriculum für das Gymnasium – gymnasiale Oberstufe, die Gesamtschule – gymnasiale Oberstufe, das Berufliche Gymnasium, das Abendgymnasium, das Kolleg. Französisch. Hannover: Niedersächsisches Kultusministerium. [http://db2.nibis.de/1db/cuvo/datei/kc_franz_go_i_12_11.pdf, eingesehen am: 22.10.2014]

Niedersächsisches Kultusministerium, 2009: Kerncurriculum für das Gymnasium – gymnasiale Oberstufe, die Gesamtschule – gymnasiale Oberstufe, das Fachgymnasium, das Abendgymnasium, das Kolleg. Englisch. Hannover: Niedersächsisches Kultusministerium. [http://db2.nibis.de/1db/cuvo/datei/kc_englisch_go_i_2009.pdf, eingesehen am 22.10.2014]

Paseka, Angelika, 2009: Geschlecht lernen. Rekonstruieren – dekonstruieren – konstruieren. Einige Anregungen für eine geschlechtssensible Pädagogik und Didaktik. In: Schweiger, Teresa/Hascher, Tina (Hg.): Geschlecht, Bildung und Kunst. Wiesbaden: VS, 17-39.

Pollock, Griselda, 1988: Vision and Difference. Feminity, Feminism and Histories of Art. London: Routledge.

Rose, Gillian, 2012: Visual Methodologies. An Introduction to Researching with Visual Materials. Los Angeles: Sage.

Schmenk, Barbara, 2009: Vorsicht Stereotype! Gender und Fremdsprachenlernende. In: Praxis Fremdsprachenunterricht. 61. Jg. H. 6, 4-7.

Schwerdtfeger, Inge, 1989: Sehen und Verstehen. Arbeit mit Filmen im Unterricht Deutsch als Fremdsprache. Berlin: Langenscheidt.

Seidl, Monika, 2010: Slash Sit und andere Geschichten vom Sitzen. Geschlechterstereotypen in Bildmedien und Computerspielen und ihre Untersuchung im Fremdsprachenunterricht. In: Luca, Renate/Decke-Cornill, Helene (Hg.): Jugend – Film – Gender. Medienpädagogische, bildungstheoretische und didaktische Perspektiven. Stuttgart: ibidem, 123-141.

Seidl, Monika, 2007: Ein Traum von Freiheit und Nützlichkeit. In: Der fremdsprachliche Unterricht Englisch. 41. Jg. H. 87, 10-15.

Thaler, Engelbert, 2009: Frau oder/und/versus/ist Mann. Gender im Fremdsprachenunterricht. In: Praxis Fremdsprachenunterricht. 61. Jg. H. 6, 8-13.

Thaler, Engelbert, 2008: Gender Matters. Exploring Male-Female Relationships. Paderborn: Schöningh.

Volkmann, Laurenz, 2007: Gender Studies and Literature Didactics. Research and Teaching – Worlds Apart? In: Decke-Cornill, Helene/Volkmann, Laurenz (Hg.): Gender Studies and Foreign Language Teaching. Tübingen: Gunter Narr, 163-184.

Volkmann, Laurenz, 2004: Teaching Cultural Studies. Gendered Identities in the Classroom. In: Stierstorfer, Klaus/Volkmann, Laurenz (Hg.): Teaching Postmodernism. Postmodern Teaching. Tübingen: Stauffenburg, 297-320.

Warner, Michael, 1993: Introduction. In: Warner, Michael (Hg.): Fear of a Queer Planet. Queer Politics and Social Theory. Minneapolis: University of Minnesota Press, vii–xxxi.

Wilke, Bettina, 2004: Im Endeffekt ist es ein Trieb – es kommt nix anderes bei raus. Geschlechterkonstruktionen im Spiegel der Pornografie. In: Buchen, Sylvia/Helfferich, Cornelia/Maier, Maja S. (Hg.): Gender methodologisch. Empirische Forschung in der Informationsgesellschaft vor neuen Herausforderungen. Wiesbaden: VS, 267-281.

Wulf, Christoph/Schäfer, Gerd E., 1999: Bild – Phantasie – Täuschung. In: Gogolin, Ingrid/Lenzen, Dieter (Hg.): Medien-Generation. Opladen: Leske + Budrich, 345-362.

Zahn, Manuel, 2010: Das Geschlecht der Bilder. Bildungstheoretische Überlegungen zur geschlechtlichen Codierung des Films. In: Luca, Renate/Decke-Cornill, Helene (Hg.): Jugend – Film – Gender. Medienpädagogische, bildungstheoretische und didaktische Perspektiven. Stuttgart: ibidem, 67-85.

UNTERSTÜTZENDE MATERIALIEN FÜR DEN UNTERRICHT: FILM UND ANDERE MATERIALIEN

The Pregnant Man (USA 2008, Regie: Elizabeth McDonald)

Grünewald-Huber, Elisabeth/Gunten, Anne von, 2009: Werkmappe Genderkompetenz. Materialien für geschlechtergerechtes Unterrichten. Zürich: Pestalozzianum. [Das Inhaltsverzeichnis und eine Vorschau findet sich unter www.primamaedchen-klassejungs.de/userfiles/Aufgaben_zur_Bearbeitung.pdf, eingesehen am: 04.12.2014]

Namjoshi, Suniti, 1991: Bird Woman. In: Scheer-Schäzler, Brigitte (Hg.): Her Own Story. Berlin: Cornelsen, 73.

ÄSTHETISCHE FÄCHER

Das ist doch nichts für echte Kerle!
Zum Zusammenhang zwischen Geschlechtsrollen-Selbstbild und Einstellungen zum Musikunterricht

Frauke Heß

In der Schule werden nicht nur Kompetenzen ausgebildet, sondern auch Fachkulturen etabliert. Neben der Einführung einer Fachterminologie und dem Umgang mit disziplintypischen Methoden vollziehen sich auf der ›Hinterbühne‹ des Unterrichts erstaunlich beständige Zuschreibungsprozesse: Unterrichtsfächer haben den Status von Haupt- und Nebenfächern, sie gelten als harte oder weiche Fächer und werden von den SchülerInnen als Mädchen- oder Jungenfächer eingestuft.[1] Schulfächer sind Domänen oder, mit Pierre Bourdieu (1989: 400) formuliert, Felder mit eigenen (Spiel-)Regeln und einem zugehörigen Habitus.[2] Während es in Bourdieus Analysen um die Reproduktion von Klassenstrukturen geht, interessiert hier die

---

1 | In der von mir durchgeführten und im Folgenden dargestellten Befragung von über 1.000 SchülerInnen der 8. Jahrgangsstufe herrschte große Übereinstimmung in der Unterteilung des Unterrichtsangebots in »Mädchenfächer« (z.B. Kunst und Musik) und »Jungenfächer« (z.B. Physik). Historisch lässt sich dieser geschlechtsbezogene Zuschreibungsprozess an den disziplinären Ausrichtungen von Jungenschulen (zumeist naturwissenschaftlich) und Mädchenschulen (häufig neusprachlich) veranschaulichen (vgl. Willems 2007: 61ff.).

2 | Feld und Habitus sind zwei zentrale Termini in Bourdieus Gesellschaftstheorie. Ein Unterrichtsfach soll im Folgenden im Sinne Bourdieus als Feld begriffen werden, weil es ein sozialer Raum ist, in dem sich gesellschaftliche Ordnungen widerspiegeln, etwa durch die gängige Unterscheidung von »harten« und »weichen« Wissenschaftsdisziplinen. Als soziale Felder sind Unterrichtsfächer deutlich voneinander abgrenzbar und genießen ein je spezifisches gesellschaftliches Ansehen. Während der Feldbegriff gesellschaftliche Aspekte fokussiert, beschreibt »Habitus« Verhaltensmuster des Individuums: Jeder Mensch entwickelt und verinnerlicht in Abhängigkeit von familialen und sozialen Bedingungen innere und äußere Haltungen. Dieser Habitus strukturiert seinerseits wiederum das individuelle Wahrnehmen, Denken und Handeln, ohne dass die AkteurInnen sich dieser Schemata bewusst wären. Trotz des individuellen Vollzugs ist ein Habitus als kollektiv geteiltes Phänomen immer auch überindividuell ausgeformt. So lässt sich etwa der Habitus einer Politikerin leicht von dem einer Sekretärin unterscheiden. Im Habitus kommen somit strukturierte und strukturierende Dimension zusammen. Einen guten Einblick in Bourdieus Denken gibt der von Boike Rehbein (2003) herausgegebene Sammelband *Pierre Bourdieus Theorie des Sozialen*.

Reproduktion geschlechtsbezogener Hierarchien. Auf der Datengrundlage einer Fragebogenstudie wird die Hypothese überprüft, dass das Fach Musik als feminine Domäne marginalisiert wird und dass die zum Fach gehörigen Handlungsmuster vielen männlichen Jugendlichen den Zugang zum Fach erschweren. Ausgehend von der Theorie einer geschlechtsbezogenen Identitätsregulation (vgl. Hannover 2004) wird angenommen, dass eine Fachkultur, in der körperliche Ausdrucksformen wie Singen und Tanzen beheimatet sind, in einem Spannungsverhältnis zu verbreiteten Vorstellungen von Männlichkeit steht und damit bei adoleszenten Jungen mit stereotypen Männlichkeitsvorstellungen quasi zwangsläufig zu Distanzierungen führt. Der folgende Text gliedert sich in vier Teile: Nachdem zunächst der Theoriehintergrund sowie der Forschungsstand vorgestellt werden (Kap. 1), folgt eine Beschreibung des Forschungsdesigns der eigenen Studie »Musikunterricht aus Schülersicht« (Kap. 2), eine Darstellung ausgewählter Ergebnisse (Kap. 3) sowie schließlich als Fazit Überlegungen zu unterrichtlichen Konsequenzen (Kap. 4).

1 Theoretischer Hintergrund und Forschungsstand

Bevor Design und Ergebnisse meiner Studie vorgestellt werden können, erfolgt ein Überblick über die ihr zugrunde liegenden Theorien und Konstrukte. Im Einzelnen sind dies:

- die Theorie der *geschlechtsbezogenen Identitätsregulation*
- das Konstrukt *Selbstnähe*
- das Konstrukt *Fachimage*
- das Konstrukt *psychologisches Geschlecht* (auch *Geschlechtsrollen-Selbstbild*)[3]

1.1 Die Funktion von Selbstnähe und Fachimage im Kontext geschlechtsspezifischer Identitätsregulation

Zahlreiche Jugendstudien zeigen, dass Einstellungen von Heranwachsenden in hohem Maße von Alter und Geschlecht abhängig sind.[4] Der bereits im ersten Lebensjahr einsetzende Prozess der Geschlechtstypisierung ist untrennbar mit sozialen Einflüssen verbunden: »Eltern, Geschwister, Gleichaltrige, Medien, um nur einige soziokulturelle Einflussquellen zu nennen, bestimmen mit, was es bedeutet, Junge oder Mädchen, Mann oder Frau zu sein« (Eckes 2010: 180). Schon vor dem Schuleintritt entwickeln Kinder Vorlieben, die gesellschaftlich normierte Geschlechtsstereotype reproduzieren (vgl. Hannover 2008: 344). Diese geschlechtsabhängige Präferenzbildung verstärkt sich während der Adoleszenz und dient der Identitätsbildung (vgl. Hannover 2004: 92; Athenstaedt/Mikula/Brendt 2009). Die Abgrenzung vom anderen Geschlecht sowie bei Jungen von allen als feminin geltenden

---

[3] | Die Termini »psychologisches Geschlecht« und »Geschlechtsrollen-Selbstbild« werden in diesem Text synonym verwandt, da beide Termini dasselbe Phänomen bezeichnen.
[4] | Gut untersucht sind geschlechtsspezifische Präferenzen z.B. für Computerspiele (vgl. Salisch/Kristen/Oppl 2007). Für Musikpräferenzen zeigt Kerstin Wilke (2012), dass sich musikalische Vorlieben von Mädchen und Jungen bereits in der Grundschule unterscheiden.

Verhaltensweisen und Feldern gipfelt während der Pubertät nicht selten im Phänomen der Homophobie, das bei Jungen besonders stark ausgeprägt ist:

»While homophobic harassment is prevalent across all age groups, it is particularly evident among boys during the transition from primary school to secondary school. [...] Boys will therefore go to considerable length to distance themselves from any association with femininity, for fear to being labelled a ›poof‹.« (Harrison 2009: 53)

Oder mit Nikki Wedgwood und Raewyn Connell (2010: 117) formuliert:

»In der modernen westlichen Kultur z.B. wird das Männliche zweifach negativ definiert: Das Männliche ist nicht weiblich, und es ist nicht homosexuell. [...] Indem das Weibliche und das Homosexuelle als Kategorien in Schach gehalten und zugleich für minderwertig erklärt und zurückgewiesen werden, kann das Männliche weiter als normal, natürlich und unangreifbar erscheinen.«

Weniger offensichtlich, aber mit derselben Abgrenzungsfunktion entwickeln sich im Prozess der Geschlechtsidentitätsbildung Vorlieben für Unterrichtsfächer. So mögen Jungen beispielsweise das Fach Physik im Schnitt lieber als die gleichaltrigen Mädchen (vgl. Furtner-Kallmünzer/Hössl/Janke/Kellermann/Lipski 2002: 116; Siebenaler 2006). Womit hängt diese Präferenz zusammen? Ursula Kessels und Bettina Hannover (2004) gehen dieser Frage nach, indem sie anders als viele Schulstudien nicht Daten zu »Lieblingsfächern« erheben, sondern das Phänomen stärker psychologisch perspektivieren. Sie fragen nicht nach dem Beliebtheitsgrad von Fächern, sondern nach deren »Selbstnähe«. Das Konstrukt der Selbstnähe wird von Kessels und Hannover (2004: 131) definiert als

»das Ausmaß, in dem eine Person glaubt, über ein Objekt die eigene Person definieren und nach außen darstellen zu können. Bei solchen Objekten kann es sich um konkrete Gegenstände handeln [...], aber auch um abstrakte Konzepte wie Werte, Einstellungen oder persönliche Präferenzen (z.B. Einstellung gegenüber einem Schulfach).«

Das Konstrukt der Selbstnähe entwickeln die beiden Autorinnen auf der Basis von Hannovers Theorie der »Identitätsregulation« (vgl. Hannover 2004). Ein Individuum, so die Prämisse der Theorie, umgibt sich gerne mit Objekten und Personen, die zum Selbstbild passen. Die Dinge, denen sich ein Mensch nah fühlt, die also eine große Selbstnähe aufweisen, können genutzt werden, um die Vorstellung von der eigenen Geschlechtsrolle zu bestätigen und nach außen zu präsentieren. Dieser Prozess der geschlechtsbezogenen Identitätsregulation stellt sich als Entwicklungsaufgabe zum einen in der frühen Kindheit, weil ein Kind in dieser Phase u.a. erlebt, dass Geschlecht eine bedeutsame soziale Kategorie darstellt, und zum anderen während der Pubertät durch die Reifung relativ stabiler Selbstkonzepte. Vor diesem Theoriehintergrund dürfen Fachpräferenzen im schulischen Umfeld somit nicht lediglich als Ausdruck von Interessen gewertet werden, sondern fungieren immer auch als ein Mosaikstein im Prozess der Selbstdefinition und Selbstwertregulation.

»Die Feststellung, dass eine andere Person(engruppe) leistungsstärker ist als man selbst, bedeutet nur dann eine Bedrohung des eigenen Selbstwerts, wenn der Vergleich auf einer Dimension stattfindet, die für die Selbstdefinition relevant ist. Deshalb können Schüler/innen ihren Selbstwert u.a. dadurch bewahren, dass sie solche Leistungsdomänen, in denen sie relativ schlechter abschneiden als relevante Vergleichspersonen [...] als unwichtig für ihre Selbstdefinition erklären. [...] Eine Person wird in dem Maße Anstrengung in die Verbesserung ihrer sozialen Kompetenzen bzw. akademischen Fähigkeiten investieren, wie sie die betreffende Inhaltsdomäne für selbstwertrelevant erachtet. [...] Die resultierenden relativen Schwächen in sozialen Kompetenzen oder akademischen Leistungen (im dimensionalen Vergleich oder im sozialen Vergleich mit der jeweils anderen Geschlechtsgruppe) können nun sogar einen selbstaffirmativen Charakter gewinnen. Denn sie bestätigen das geschlechtstypisierte Selbstbild und das geschlechtstypisierte Fähigkeitsselbstkonzept.« (Hannover 2004: 93)

Die Theorie der Identitätsregulation geht also davon aus, dass Jugendliche denjenigen Lernangeboten positiv gegenüberstehen, die sie mit der Vorstellung vom eigenen Selbst zur Deckung bringen können. Kessels und Hannover (2004: 131) sprechen davon, dass »Kinder und Jugendliche das schulische Lernangebot auf seine ›Passung‹ zu ihrem Selbstbild« hin prüfen. Für die Fächer Biologie, Chemie, Erdkunde, Geschichte, Kunst und Musik weist ihre Studie hinsichtlich dieses Passungsphänomens signifikante Geschlechtseffekte nach: Am stärksten fallen sie einerseits für das Fach Erdkunde aus, das der Gruppe der Jungen näher ist als der der Mädchen, sowie andererseits für das Fach Kunst, bei dem es sich genau andersherum verhält (vgl. Kessels/Hannover 2004: 133).

Da Jugendliche nicht nur in den genannten Studien einem Fach relativ konsistent stereotype Charakteristika zuschreiben, soll im weiteren Verlauf von einem *Fachimage* gesprochen werden. Kessels und Hannover (2006) konnten zeigen, dass Jugendliche einer Mitschülerin oder einem Mitschüler mit guten Leistungen in einem bestimmten Fach Eigenschaften zuschreiben, die sich aus dem Fachimage ableiten lassen. So werden beispielsweise Mädchen mit guten Leistungen im »Jungenfach« Physik als wenig feminin eingestuft. Wie dem Fach, so werden auch dem »Physik-Mädchen« mehr maskuline Eigenschaften zugeschrieben als etwa einem Mädchen mit dem Lieblingsfach Musik. Eindrucksvoll vermag die Studie zu zeigen, dass Jugendliche diese Fremdwahrnehmung in ihr Selbstbild integrieren: Mädchen mit guten Physikleistungen glauben, bei den Jungen ihrer Klasse wegen der maskulinen Zuschreibungen nicht besonders beliebt zu sein (vgl. Kessels/Hannover 2006: 356).

Diesen Prozess der Stigmatisierung veranschaulicht Scott D. Harrison (2009) in einer Interviewstudie für Jungen mit einer Vorliebe fürs Musizieren. Diese sehen sich, gerade während der Pubertät, der Gefahr ausgesetzt, belächelt und verhöhnt zu werden. So berichtet einer der interviewten Männer, dass es in der Highschool nicht länger »cool« sei, Musik zu machen, sondern dass ihm diese Vorliebe Häme und Spott einbringe: »From the moment I started high school to the year I finished, came the taunting. The name-calling started. Poofter, Faggot, Queer. You name it, I copped it« (Harrison 2009: 53). Halten Jungen trotz solcher Erfahrungen an ihrem musikalischen Interesse fest, so flüchten sie sich häufig in eine weniger ›verdächtigte‹ Musikpraxis, also z.B. ins technikaffine Bandspiel der Pop-/Rockmusik (vgl. Preiß 2004: 139). Nicht nur das Fach als Ganzes erfährt eine feminine Konnotation, sondern auch innerhalb der Domäne gelten bestimmte Musizierkontexte (Chorsingen) und Instrumente (Flöte oder Geige) als besonders weiblich (vgl. Hoffmann 2002: 15; Harrison 2004: 279; Preiß 2004: 139).

Für die geschlechtsbezogene Identitätsregulation hat geschlechtsstereotypes Denken also eine wichtige Funktion. So wie in Bourdieus Habituskonzept deutet sich in den dargestellten empirischen Ergebnissen eine gleichzeitige Wirksamkeit von strukturierten und strukturierenden Dimensionen an: In der Ausbildung von Interessen und Präferenzen (für Schulfächer, Hobbies und auch Musikstile) reagieren viele Jugendliche auf vorgefundene Deutungsmuster und Zuschreibungen und entwickeln dadurch ein Selbstbild, das diese Strukturen wieder reproduziert. Auch wenn es natürlich durchaus Rockgitarristinnen oder Balletttänzer gibt, so sind diese im Alltag und den Medien nicht so präsent, dass sie sich gegen die gängigen Geschlechtsstereotypen durchzusetzen vermögen.[5]

1.2 Das psychologische Geschlecht

Zwangsläufig schränkt die grobe binäre Konstruktion der Zweigeschlechtlichkeit den Blick auf *den* typischen Jungen oder *das* typische Mädchen ein und vernachlässigt andere Eigenschaften. Für eine genderorientierte Fragestellung, die nicht auf der biologischen Ebene stehenbleiben möchte, bietet sich das Konstrukt »psychologisches Geschlecht« zur Perspektiverweiterung an. Dieses aus der Psychologie stammende Konstrukt erlaubt differenzierte statistische Auswertungen jenseits des biologischen Geschlechts (vgl. Kessels 2002: 64; Strauß/Köller/Möller 1996: 67). Das psychologische Geschlecht ist kein äußeres Merkmal, sondern Ergebnis einer gelenkten Selbstbeschreibung, das deswegen auch als »Geschlechtsrollen-Selbstbild« (vgl. Krahé/Berger/Möller 2007: 196) bezeichnet wird. Die unterschiedlichen Erhebungsinstrumente gehen methodisch ähnlich vor: Die Befragten geben an, wie häufig sie eine Reihe von vorgegebenen Eigenschaften zu zeigen glauben. Die verwendete Eigenschaftsliste stammt aus Vortests, die Aufschluss darüber gaben, welche Merkmale der Großteil einer Gesellschaft als »typisch weiblich« und »typisch männlich« ansieht. Somit macht das Konstrukt Aussagen darüber, wie stark das Geschlechtsbild einer Person an sozial geteilten Vorstellungen von Männlichkeit und Weiblichkeit orientiert ist.

Die Vorstellungen zum psychologischen Geschlecht gehen auf die theoretische Annahme zurück, dass Maskulinität und Femininität nicht als die beiden Pole eines Eigenschaftskontinuums gedacht werden dürfen, sondern dass es sich um zwei vonein-

---

5 | Meine Studie sowie die folgende Darstellung müssen die vorhandene Vielgestaltigkeit von jugendlichen Lebensentwürfen aus methodischen Gründen aussparen. Da die Daten quantitativ gewonnen und statistisch ausgewertet wurden, geht es anders als in der qualitativ orientierten Forschung nicht um den Einzelfall. Ihm sowie interessanten Abweichungen können statistische Berechnungen nicht gerecht werden. Meine Konzentration auf geschlechtsstereotyp denkende Jugendliche halte ich als ersten Schritt der Bestandsaufnahme für sinnvoll, da heteronormatives Denken in der Sozialisation sehr verbreitet ist und in schulischen Kontexten, also in Gruppenprozessen, Distinktionsfunktion hat. Allerdings darf die musikpädagogische Forschung nicht bei einer solchen quantitativ basierten Bestandsaufnahme stehen bleiben. Daher widme ich mich in einer aktuell durchgeführten qualitativ orientierten Anschlussstudie den individuellen Haltungen einzelner Jugendlicher dem Musikunterricht gegenüber.

ander unabhängige (unipolare) Dimensionen handelt. D.h., im geschlechtsbezogenen Selbstbild eines Menschen sind die als feminin und maskulin geltenden Eigenschaften unabhängig voneinander, sodass eine Person z.b. durchaus beide Dimensionen als gleichermaßen stark oder schwach bei sich ausgeprägt beschreiben kann.

Bereits in den frühen 1970er-Jahren formulierte Sandra Bem (1974) ihre »Gender Schema Theory« und entwickelte mit dem »Bem Sex-Role-Inventory« (BSRI) ein erstes Erhebungsinstrument, das den Anstoß zu einer intensiven Diskussion zum *gender role self-concept* gab (vgl. auch Bem 1981a, 1981b).[6] Allen Erhebungsinstrumenten ist gemeinsam, dass sie mehrere Attribute umfassen, die zu einer bestimmten Zeit und in einer bestimmten Gesellschaft als typisch männlich gelten (diese bilden zusammen die eine Skala), und solche, die das typisch Weibliche repräsentieren (sie bilden die zweite Skala).[7] Zur deutlicheren Abgrenzung des psychologischen vom biologischen Geschlecht bürgert sich im deutschsprachigen Raum ein, die in diesen beiden Skalen repräsentierten Dimensionen nicht länger mit »Femininität« und »Maskulinität« zu charakterisieren, sondern sie als »Expressivität« (f-Skala) und »Instrumentalität« (m-Skala) zu bezeichnen.[8]

Um ihre Aussagekraft zu behalten, müssen die in Fragebögen genutzten Adjektivlisten den sich ändernden Vorstellungen von »typisch weiblich« bzw. »typisch männlich« ständig angepasst werden (vgl. Altstötter-Gleich/Eglau 2000). Ein aktuelles und valides Erhebungsinstrument liegt mit der »Geschlechtstypizitätsskala +« (*GTS+*) vor (vgl. Altstötter-Gleich 2004). GTS+ arbeitet mit zwei Skalen, die »jeweils acht Adjektive zur Erfassung von Expressivität und Instrumentalität [umfassen] und [...] sich dabei auf die sozial erwünschten Aspekte dieser Dimensionen [beziehen]« (Altstötter-Gleich 2004: 126). Wie bereits ausgeführt, ist es Aufgabe der Befragten, anzugeben, wie häufig sie im Alltag jede der 16 gelisteten Eigenschaften zeigen.[9]

Da das psychologische Geschlecht den Grad der Orientierung einer Person an kulturellen Normen und sozialen Konstruktionen misst, wird es in Einstellungsstudien häufig als unabhängige Variable genutzt. In einer Untersuchung zum

---

6 | Das BSRI wurde von Marianne Schneider-Düker und André Kohler (1988) für den deutschsprachigen Raum adaptiert und auch im englischsprachigen Raum durchlief es mehrere Überarbeitungen (vgl. u.a. Spence/Helmreich 1981). Eine Übersichtsdarstellung zu den Erhebungsinstrumenten findet sich bei Altstötter-Gleich (2004).

7 | Während über die Unabhängigkeit der Dimensionen »Maskulinität« und »Femininität« sowie das Selbsteinschätzungsverfahren Konsens bestand, bestehen bis heute methodische Kontroversen bezüglich der zugrunde gelegten Adjektive sowie der Auswertungstypologien (vgl. Alfermann 1996; Altstötter-Gleich 2004; Strauß/Köller/Möller 1996).

8 | Andere gebräuchliche Label für die beiden Skalen sind: Wärme/Kompetenz oder communion/agency: »Die inhaltliche Definition von agency umfasst Individualität, Trennungsstreben und -fähigkeit, Selbstbehauptung und Durchsetzung nach außen, Unterdrückung von Gefühlen und Kompetenzstreben (mastery). Communion will ganz im Gegenteil dazu die Gemeinschaft, die Teilhabe an einem größeren Organismus, Harmonie und Gemeinsamkeit betonen (Alfermann 1996, S. 32)« (Altstötter-Gleich 2004: 124).

9 | Ein weiteres Erhebungsinstrument stellten 2007 Krahé, Berger und Möller vor. Es dient speziell der Erfassung des Geschlechtsrollen-Selbstkonzepts im Jugendalter und nutzt anders als das GTS+ auch negative Attribute. Das Instrument überzeugt methodisch allerdings nicht vollständig, da sich mehrere Items als nur bedingt trennscharf herausstellten (vgl. Krahé/Berger/Möller 2007: 200, Tab. 3).

Freizeitverhalten von Jugendlichen zwischen 14 und 16 Jahren berichten Ursula Athenstaedt, Gerold Mikula und Cornelia Brendt (2009) von signifikanten Zusammenhängen zwischen dem psychologischen Geschlecht und der Wahl der Freizeitaktivitäten. So korrelieren z.b. kulturelle Aktivitäten – unabhängig vom biologischen Geschlecht – mit einem stark expressiven Selbstbild:

»The regression analyses provided clear evidence that gender role self-concept explained additional variance of adolescents' leisure activities beyond the adolescents' gender. The analyses further revealed that the gender role self-concept partially mediated the links between gender and the female-typed leisure activities (socializing and culture and education-related activities). No mediation effects were found for the maladjusted behaviors and for the male-typed activities sports and computer use.« (Athenstaedt/Mikula/Brendt 2009: 405)

Oder verallgemeinernd in Hannovers (2010: 30) Worten: »Geschlecht [wird] im sozialen Kontext umso wahrscheinlicher konstruiert, je stärker die Geschlechtsidentität der Beteiligten geschlechtstypisiert ausgeprägt und je stärker schematisch sie ist«.

Es dürfte deutlich geworden sein, dass das psychologische Geschlecht im Prozess der Identitätsregulation eine wichtige Funktion hat und dass Fachpräferenzen immer in einem Bezug zum psychologischen Geschlecht stehen. So bestätigen z,B. Untersuchungen zur Einstellung zum Physik- und Mathematikunterricht das Phänomen der Suche nach Passung nicht nur zwischen Selbstbild und Schulfachpräferenzen, sondern auch für das psychologische Geschlecht (vgl. Pohlmann 2005: 24). Da vergleichbare Untersuchungen für die ästhetisch-literarischen Fächer bislang fehlen, soll diesem Desiderat durch meine Studie begegnet werden.

2 DIE STUDIE »MUSIKUNTERRICHT AUS SCHÜLERSICHT« (MASS 2011)

In meiner Fragebogenstudie »Musikunterricht aus Schülersicht« (MASS 2011) überprüfe ich insbesondere die geschlechtsspezifischen Einstellungen von Jugendlichen zu ihrem Musikunterricht. Dabei wird die Hypothese überprüft, dass Jungen dem Fach besonders kritisch gegenüberstehen, weil sie es schwer in Passung zu ihrem Geschlechtsrollen-Selbstbild bringen können. Die Annahme leitet sich aus Forschungserkenntnissen zum Physikunterricht ab, da sich dort zeigt, dass Jungen der maskulin konnotierten Domäne Physik deutlich positiver gegenüberstehen als Mädchen (vgl. Hoffmann/Häußler/Peters-Haft 1997; Kessels 2002). D.h., für MASS 2011 fungiert das »Jungenfach« Physik als gegenläufiges Modell zum Musikunterricht.

2.1 Stichprobe und Erhebungsinstrumente

MASS 2011 befragte 1024 hessische SchülerInnen (53,6% weiblich) aus 51 Klassen an insgesamt 19 Schulen aller Schulformen.[10] Voraussetzung für die Teilnahme der Klassen war, dass das Fach Musik im laufenden Schuljahr unterrichtet wurde. Die

---

10 | Für Hessen ist die Stichprobe hinsichtlich der Schulformverteilung merkmalsbezogen repräsentativ, wenn man Schulen mit musikalischem Schwerpunkt sowie Waldorf- und Mon-

Beantwortung des umfangreichen Fragebogens nahm 25-40 Minuten in Anspruch. Die Lehrenden konnten die ausgefüllten Fragebögen nicht einsehen, worüber die SchülerInnen im Vorfeld informiert wurden. Neben geschlechtsspezifischen Auswertungen anhand des biologischen Geschlechts wurden Zusammenhänge zwischen dem psychologischen Geschlecht und Einstellungen zum Musikunterricht überprüft. In weiten Teilen nutzt MASS 2011 erprobte Erhebungsinstrumente, so z.B. für das psychologische Geschlecht das bereits vorgestellte GTS+ von Christina Altstötter-Gleich (2004).[11]

2.2 Fragestellung und Erkenntnisinteresse

In Ursula Kessels Studie *Fitting into the stereotype* (Kessel 2005) stufen Jugendliche das Schulfach Musik als typisch feminine Domäne ein. Da dieser Befund für Kessels Fragestellung lediglich ein Begleitergebnis ist, das für das Fach Musik nicht weiter ausdifferenziert oder vertieft interpretiert wird, überprüft meine Studie den Befund des femininen Fachimages zunächst, um dann der Anschlussfrage nachgehen zu können, ob es einen Zusammenhang zwischen dem Fachimage und den Einstellungen von (adoleszenten) Jungen zum Fach Musik gibt. Zudem wird der Einfluss des psychologischen Geschlechts überprüft. Sollte sich bewahrheiten, dass das feminine Fachimage zu einer Distanzierung von Jungen einerseits sowie von Jugendlichen mit einem stark instrumentell ausgerichteten Geschlechtsrollen-Selbstbild andererseits führt, so muss sich die Musikdidaktik fragen, wie darauf zu reagieren ist. Lässt sich die Facheinstellung durch die inhaltliche oder methodische Ausgestaltung des Unterrichts verändern? Muss das Fach Jungen eigene Identifikationsangebote machen oder ist das globale Fachimage vielleicht so stabil, dass Haltungen durch reale Erfahrungen wenig zu beeinflussen sind? Verallgemeinert mit Beate Krais (1993: 216) gefragt: »Wie kann aus einer kulturellen Konstruktion [Fachkultur/-image; Anm. FH] immer wieder soziale Realität [Einstellung; Anm. FH] werden?« Und an welchen Stellen lässt sich der Kreislauf am ehesten durchbrechen?

---

tessori-Schulen unberücksichtigt lässt. Diese wurden von der Untersuchung ausgeschlossen, da dort spezifische musikdidaktische Konzeptionen verfolgt werden und Musik innerhalb des Schullebens eine Sonderrolle spielt. In meiner Untersuchung soll es aber gerade um den »Normalfall Musikunterricht« gehen.

11 | Detaillierte Angaben zu allen Instrumenten, Skalen, Items sowie deskriptive Auswertungen finden sich im Skalenhandbuch. Dieses und der Fragebogen sind über die Projekt-Webseite frei zugänglich (www.uni-kassel.de/go/mass2011, eingesehen am: 21.10.2014). Das GTS+ wurde aufgrund des Alters der Befragten modifiziert: Das vorgesehene Item »Zeige geschäftsmäßiges Verhalten« (Instrumentalitätsskala) entfiel, weil sich im Pretest bei vielen SchülerInnen Verständnisprobleme zeigten. Außerdem wurde für die Expressivitätsskala das Merkmal »sinnlich« ausgespart, das sich rechnerisch als nicht trennscharf erwies. Da es während der Datenerhebung viele Rückfragen der Jugendlichen gerade zu diesem Item gab, lässt sich vermuten, dass ihnen das Adjektiv »sinnlich« nicht geläufig ist (ID, Tab. 7).

3 Ergebnisse

Im Folgenden werden die erhobenen Daten statistisch ausgewertet. Statistisch deskriptive Ergebnisse erlauben zwar Aussagen zu Zusammenhängen, hingegen nur eingeschränkt zu Kausalitäten (Identifikation von Ursache und Wirkung). Die Fragebogenstudie versteht sich als eine Art Bestandsaufnahme, die Ausgangspunkt sein will für musikdidaktisch ausgerichtete Anschlussstudien. Die Ursachenforschung muss die Jugendlichen selbst zu Wort kommen lassen, sodass es also nicht mehr um quantitative Daten, sondern im Sinne Qualitativer Sozialforschung um Einzelfälle gehen muss.

Doch zurück zur statistischen Auswertung von MASS 2011, deren Interesse dem Fachimage des Musikunterrichts sowie den Einstellungen von adoleszenten Jugendlichen diesem Fach gegenüber gilt. In der folgenden Ergebnisdarstellung werden zunächst Gruppenbildungen anhand des biologischen Geschlechts durchgeführt, in einem zweiten Schritt dann anhand des psychologischen Geschlechts. Um diese Ergebnisse auch für Nicht-EmpirikerInnen nachvollziehbar zu machen, wird die detaillierte Darstellung von statistischen Verfahren und Kennwerten in ein Internetdokument ausgelagert, auf das an den entsprechenden Stellen durch das Kürzel ID verwiesen wird. Dort lassen sich alle Berechnungen im Detail nachvollziehen und überprüfen.

Lediglich ein statistischer Kennwert wird hier genutzt, da er anders als viele andere Größen bereits als absoluter Wert Aussagekraft besitzt. Es handelt sich um die Effektgröße d. Mit ihr lässt sich ausweisen, wie aussagekräftig die Unterschiede zwischen zwei Gruppen (also z.B. zwischen Jungen und Mädchen) sind. Für die Effektstärke d hat sich folgende Interpretation etabliert:

$d \geq 0.2$ – kleiner Effekt
$d \geq 0.5$ – mittlerer Effekt
$d \geq 0.8$ – großer Effekt

3.1 Fachimage des Musikunterrichts

Wie bereits zuvor ausgeführt wurde, ist das Image eines Schulfaches Ausdruck seines sozial geteilten Ansehens. In MASS 2011 wird es für das Fach Musik über die Items »Bedeutsamkeit«, »Schwierigkeit«, »Zensurengebung im Fach« sowie »Selbstnähe« operationalisiert.

Die befragten Jugendlichen stufen Musik als wenig bedeutsam ein – wenig wichtig für sie selbst und auch nicht für ihre Eltern und Peergroup (ID, Tab. 1); sie halten den Musikunterricht für nicht besonders schwierig (ID, Tab. 2); die Zensuren fallen im Schnitt positiv aus: 84 % der Noten liegen zwischen sehr gut und befriedigend (ID, Tab. 3). Schließlich rangiert Musik auf der Selbstnähe-Skala unter neun Fächern auf Platz 6 (ID, Tab. 4), also im vorderen Bereich der Schlussgruppe, knapp vor den Fächern Biologie, Geschichte und dem Schlusslicht Physik. Damit entspricht das globale Image des Musikunterrichts den Erwartungen an ein sogenanntes Nebenfach: individuell und sozial wenig bedeutsam sowie nicht besonders anspruchsvoll, bei gleichzeitig wohlwollender Leistungsbewertung.

3.2 Gegendertes Fachimage

Wie verändert sich das Fachimage, wenn die Antworten der Jungen und Mädchen einzeln betrachtet werden? Haben sie unterschiedliche Perspektiven auf das Fach Musik? In der Tat zeigen sich Geschlechtseffekte: Die »Selbstnähe«-Werte ergeben, dass das Fach Musik der Mädchengruppe näher liegt als der Jungengruppe (d=.41) (ID, Tab. 5). Untermauert wird dieses geschlechtsspezifische Ergebnis durch ein Item, bei dem die SchülerInnen vorgegebene Fächer als »Mädchen«- oder »Jungenfächer« einstufen: Musik gilt bei 53,3 % der Befragten als »Mädchenfach«, lediglich 5,5 % klassifizieren es als »Jungenfach«.[12] Nach Kunst ist Musik für die Jugendlichen das typischste »Mädchenfach« (ID, Tab. 6).

Anknüpfend an die bereits dargestellten Ergebnisse Kessels zur maskulinen Attribuierung von Mädchen mit guten Leistungen im »Jungenfach« Physik wäre es interessant zu wissen, welches prototypische Bild Jugendliche von einem Jungen haben, dem das Fach Musik wichtig und nah ist. Für einen Einblick in ihre Gedankenwelt wurden die Jugendlichen gefragt, wie sie sich einen typischen »Musik-Jungen« (also einen Jungen mit dem Lieblingsfach Musik) vorstellen. Unter sechs vorgegebenen »Prototypen«[13] suchten sie den für sie passend erscheinenden Charakter aus.

Mit den sechs Prototypen wird an die Forschungserkenntnisse zum psychologischen Geschlecht angeknüpft: Während dem »Träumer« und dem »Sensiblen« vor allem Eigenschaften der Expressivitätsskala zugeschrieben werden können (z.B. sensibel, einfühlsam, gefühlsbetont), implizieren der Typus »Der Coole« und »Der Chef« Merkmale aus der Instrumentalitätsskala (z.B. entscheidungsfähig, durchsetzungsfähig, selbstbewusst, respekteinflößend, risikobereit). Die beiden weiteren Typen geben Aufschluss über das individuelle Ansehen (das beim »Langweiler« gering sein dürfte) bzw. über das Ansehen des Faches (sollten »Musik-Jungen« als besonders clever eingestuft werden, so lässt dies Rückschlüsse auf das dem Fach inhärente Anforderungsniveau zu).

Typen	Gesamt	Mädchen	Jungen
Der Träumer	34,7 %	38,9 %	29,9 %
Der Sensible	22,6 %	23,9 %	21,0 %
Der Langweiler	16,1 %	10,3 %	23,2 %
Der Coole	15,3 %	16,2 %	13,8 %
Der Clevere	8,2 %	8,1 %	8,4 %
Der Chef	3,1 %	2,6 %	3,7 %
	100 %	100 %	100 %

Abb. 1: Prototyp eines Jungen mit dem Lieblingsfach Musik
(prozentuale Verteilung der Nennungen)

---

12 | Dieser Befund repliziert Ergebnisse der Studie *Challenge the science-stereotype!* von Hannover und Kessels (2003).
13 | Es handelt sich um ein selbst entwickeltes Item, das sich aus dem Pretest zur Studie ergeben hat. Dort konnten die SchülerInnen in halboffenen Fragen selbst Typenbezeichnungen erfinden.

An der Spitze aller Antworten steht »Der Träumer« – also ein mit deutlich expressiven Eigenschaften ausgestatteter Typ. Während bei den Mädchen auf Platz 2 der zweite expressiv attribuierte Typ folgt (»Der Sensible«), steht für die Jungen an dieser Stelle der Negativ-Charakter »Der Langweiler«. Passend zum femininen Fachimage weisen nur wenige Jugendliche dem imaginierten »Musik-Jungen« die Attribute »Coolness« und »Cleverness« zu. Abgeschlagen am Ende des Rankings findet sich der instrumentell ausgestattete Typus »Der Chef« – mit Nennungen um 3%.

MASS 2011 bestätigt somit das *geschlechtlich konnotierte Fachimage* des ästhetischen Faches Musik nachdrücklich. Für ein feminines Fachimage sprechen die berichteten geschlechtsspezifischen Ergebnisse zum Konstrukt »Selbstnähe« sowie die überdeutliche Kategorisierung des Musikunterrichts als »Mädchenfach«. Die assoziativ-spielerische Annäherung über innere Prototypen-Bilder macht darüber hinaus deutlich, dass die Identifikationsangebote des Fachs Musik für Jugendliche mit hegemonialen Männlichkeitsvorstellungen eher schwach sind, denn Engagement und Erfolg im Musikunterricht können in ein Spannungsverhältnis zum Klischee des »typischen Jungen« treten. »Lieber zurückhalten im Musikunterricht«, könnte ein Motto für Jungen sein, wenn sie oder ihre Peergroup stereotypen Männlichkeitsbildern nacheifern.

3.3 Geschlechtsrollen-Selbstbild und Facheinstellungen

Das im Zusammenhang mit dem Konstrukt des psychologischen Geschlechts entwickelte additive Modell (vgl. Spence/Helmreich/Stapp 1975) nutze ich für die folgenden Berechnungen zur Typenbildung. Das Modell unterscheidet vier Typen, die Aufschluss darüber geben, wie stark das Selbstbild an gesellschaftlich normierten Vorstellungen von Femininität (F) und Maskulinität (M) angelehnt ist.[14]

	M stark ausgeprägt	M schwach ausgeprägt
F stark ausgeprägt	Androgyne	Feminine
F schwach ausgeprägt	Maskuline	Undifferenzierte

Abb. 2: Additives Modell

Die Jugendlichen der MASS-Stichprobe verteilen sich relativ gleichmäßig auf die vier Typen (siehe Abb. 3).

---

14 | Anders als in aktuellen Erhebungsinstrumenten, die diese Typen zwar nutzen, aber von Expressivität und Instrumentalität sprechen, ist in den 1970er-Jahren noch von Femininität und Maskulinität die Rede.

Biologisches Geschlecht		Typen des psychologischen Geschlechts				gesamt
		Feminine	Androgyne	Indifferente	Maskuline	
Mädchen	Anzahl	161	154	87	62	464
	Prozent	34,7 %	33,2 %	18,8 %	13,4 %	100 %
Jungen	Anzahl	33	135	132	175	475
	Prozent	6,9 %	28,4 %	27,8 %	36,8 %	100 %
Gesamt	Anzahl	194	289	219	237	939
	Prozent	20,7 %	30,8 %	23,3 %	25,2 %	100 %

Abb. 3: Geschlechtsrollen-Selbstbild-Typologie (Additives Modell)

Ein Abgrenzungsbedürfnis von Jungen gegenüber dem Weiblichen wird auch innerhalb der Typenbildung spürbar: Nur 6,9 % aller Jungen zählen zum Typus »Feminine«, hingegen fallen innerhalb der Mädchengruppe 13,4 %, also fast doppelt so viele, in die »gegengeschlechtliche« Kategorie »Maskuline« (ID, Tab. 8).[15] Zwei Drittel der befragten Jungen orientieren sich in ihrem Geschlechtsrollen-Selbstbild, so zeigen diese Beobachtungen, an stereotypen Vorstellungen von Maskulinität (Maskuline und Androgyne). Dieser Befund verstärkt sich, wenn man das Vier-Typen-Modell durch eine Gegenüberstellung der Skalen »Expressivität« einerseits und »Instrumentalität« andererseits ersetzt. In Abbildung 4 wird ausgewiesen, welche Mittelwerte die befragten Jungen und Mädchen jeweils für die beiden Skalen erreichen:

	Geschlecht	Anzahl	Mittelwert	d
Expressivitätsskala	männlich	448	16.25	0.75
	weiblich	522	19.22	
Instrumentalitätsskala	männlich	451	19.78	0.31
	weiblich	516	18.58	

Abb. 4: Geschlechtsspezifische Mittelwerte für die Expressivitäts- und Instrumentalitätsskala

---

15 | Die genannten Prozentzahlen beziehen sich jeweils auf die Gesamtgruppe der Mädchen bzw. der Jungen (= jeweils 100 %). Konkret lässt sich in der Tabelle also immer zweierlei ablesen: Die Verteilung auf die vier Typen des psychologischen Geschlechts innerhalb der Mädchen- und der Jungengruppe sowie der Anteil von Jungen und Mädchen innerhalb jedes Typus. Lesebeispiel:
- 13,4 % der 464 Mädchen gehören laut Definition zur Kategorie »Maskuline«. Dieser Anteil verdreifacht sich bei den Jungen fast, da von den insgesamt 475 Jungen 175 in diese Kategorie fallen, also 36,8 % aller befragten Jungen.
- Bezieht man die prozentuale Verteilung hingegen auf den Typus »Maskuline«, dem insgesamt 237 Jugendliche angehören (62 Mädchen und 175 Jungen), so entfallen innerhalb der »Maskulinen« 26 % auf die Mädchen und 74 % auf die Jungen.

Die ausgewiesenen Mittelwerte geben Auskunft darüber, wie stark die Jugendlichen die jeweils sieben Attribute der beiden Skalen bei sich ausgeprägt sehen. Auf der Expressivitätsskala weicht der Mittelwert der Jungen (16.25) deutlich gegenüber dem der Mädchen (19.22) ab. Das bedeutet, dass die Gruppe der Jungen angibt, expressive Eigenschaften eher selten zu zeigen. Dass es sich bei dem Gruppenunterschied für die Expressivitätsskala um einen statistisch signifikanten Effekt handelt, zeigt die Effektstärke d (0.75). Dieser Befund gewinnt weiter an Aussagekraft, wenn man ihn mit den Mittelwerten der Jungen und Mädchen auf der Instrumentalitätsskala vergleicht: Diese differieren kaum (19.78 versus 18.58), sodass der Unterschied lediglich als kleiner Effekt ($d=0.31$) gewertet werden kann. Die Zahlen zeigen somit, dass sich Mädchen maskuline Attribute in fast gleichem Maße zuschreiben wie Jungen, Jungen hingegen aber deutlich zurückhaltender gegenüber femininen Merkmalen sind (ID, Tab. 9). Bis heute sind, so lassen sich diese Werte interpretieren, »*typisch männliche* Attribute und Verhaltensweisen bei Frauen weitaus anerkannter als *typisch weibliche* Charakterzüge bei Männern« (Hertling 2008: 179, Herv. i.O.). Auch Thomas Eckes (2010: 179) merkt an, dass sich »in den letzten ca. 25 Jahren die von Frauen über sich selbst berichtete Instrumentalität kontinuierlich erhöht, bei unverändert geringer selbstberichteter Expressivität von Männern«.

Auch für das Konstrukt der »Selbstnähe« (»Wie nah sind Dir die folgenden Fächer?«) zeigen sich unterschiedliche Zusammenhänge mit dem Instrumentalitätswert einerseits und dem Expressivitätswert andererseits. Für vier von neun Fächern ergeben sich signifikante Korrelationen (ID, Tab. 10):

- Sport korreliert mit Instrumentalität: Je höher der Instrumentalitätswert, desto größer die »Selbstnähe«;
- Deutsch, Kunst und Musik korrelieren vergleichbar stark mit Expressivität: Je höher der Expressivitätswert, desto größer die »Selbstnähe«.

Die Korrelationen verdichten die These, dass in der Stichprobe stereotype Geschlechtsrollen-Selbstbilder und Facheinstellungen in engem Zusammenhang stehen, denn während Deutsch, Kunst und Musik über ästhetisch-expressive Unterrichtsdimensionen verfügen, spielt im Sportunterricht der kompetitive Vergleich eine Rolle.

Wie stellt sich nun der Zusammenhang zwischen der Typenbildung und den Facheinstellungen gegenüber Musik dar? Jugendliche mit überdurchschnittlich expressivem Selbstbild (also die »Femininen« und »Androgynen«) bewerten den Musikunterricht als Ganzes sowie seine Relevanz für ihren Alltag und ihre berufliche Zukunft signifikant positiver als jene mit geringen Expressivitätswerten. Das sind interessanterweise Gruppenunterschiede, die sich für die Dimension »Instrumentalität« nicht finden (ID, Tab. 11 und 12). D.h., der Zusammenhang zu den Einstellungen zum Musikunterricht ist für die Dimension »Expressivität« deutlich stärker als für die Dimension »Instrumentalität«.

Zusammenfassend kann konstatiert werden, dass in den MASS-Daten für die hier verfolgte Fragestellung die Expressivitätswerte von besonderer Aussagekraft sind. Während die als instrumentell geltenden Eigenschaften für die Mehrzahl aller Jugendlichen zu ihrem Selbstbild gehören, zeigt sich in den Expressivitätswerten eine größere Varianz. Insbesondere Jungen integrieren expressive Merkmale selten ins Selbstbild. Expressivität dürfte somit ein Gradmesser der Konformität des Geschlechtsbilds sein.

Daher soll im nächsten Schritt allein mit dem Expressivitätswert weitergerechnet werden. Er fungiert als unabhängige Variable für Einstellungsfragen zum Musikunterricht.

3.4 Expressivität und Facheinstellungen

Um die folgenden Berechnungen nachvollziehbar zu machen, möchte ich zunächst ausführen, was sich konkret in den Expressivitätswerten ausdrückt. Die von mir eingesetzte Fragenbatterie zum psychologischen Geschlecht umfasst sieben Merkmale, die zusammen die Expressivitätsskala bilden. Das sind die Adjektive *verständnisvoll, einfühlsam, romantisch, weichherzig, herzlich, sensibel* und *gefühlsbetont*. Auf einer vierstufigen Skala können die Jugendlichen nun ankreuzen, wie häufig sie diese Merkmale zeigen (von *selten* (1) bis *fast immer* (4)). Kreuzt jemand beispielsweise für alle 7 Items *selten* an, so ergäbe sich der kleinstmögliche Expressivitätswert von 7. Das andere Extrem, also bei allen Merkmalen mit *fast immer* zu antworten, ergäbe den Maximalwert von 28.

Für die gesamte Stichprobe liegt der so errechnete Mittelwert für Expressivität bei 17,85. Anhand dieses Mittelwertes wird die Gruppe nun in zwei Gruppen geteilt:[16] Die eine umfasst SchülerInnen mit unterdurchschnittlichen (<17,85), die andere SchülerInnen mit überdurchschnittlichen (>17,85) Expressivitätswerten:

biologisches Geschlecht	Verteilung	Expressivitätswert	
		unterdurchschnittlich	überdurchschnittlich
Mädchen	Anzahl	171	351
	Prozent	37,2 %	68,8 %
Jungen	Anzahl	289	159
	Prozent	62,8 %	31,2 %

Abb. 5: Geschlechtsbezogene Verteilung der Expressivitätswerte

In der Gruppe mit unterdurchschnittlichen Expressivitätswerten beträgt der Anteil der Jungen 62,8 % gegenüber 37,2 % Mädchen, d.h., der bereits beschriebene Zusammenhang mit dem biologischen Geschlecht scheint auch hier auf, dennoch: Psychologisches und biologisches Geschlecht fallen nicht in eins. Immerhin ein Drittel der Jungen integriert in ihr Selbstbild überdurchschnittlich stark expressive Merkmale.

Wie zuvor für die vier Typen des additiven Modells werden hier nun die Einstellungen der beiden Expressivitätswert-Gruppen zum Musikunterricht miteinander verglichen. Auf die offene Frage nach einem persönlich wichtigen Fach nennen insgesamt 61 SchülerInnen Musik. In dieser Gruppe stammen mehr als zwei Drittel der Nennungen von Jugendlichen mit überdurchschnittlichen Expressivitätswerten (ID, Tab. 14). Insgesamt treten auch bei anderen Fragen positive Einstellungen zum Fach und hohe Expressivitätswerte gleichzeitig auf (vgl. Abb. 6):

---

16 | Die Instrumentalitätswerte werden in den Folgeberechnungen nicht berücksichtigt, weil sie, wie bereits ausgeführt, weniger deutlich differenzieren.

Einstellungen	Expressivitätsmittelwert	
	ü	u
Selbstnähe Musik	2,68	3,19
Schwierigkeitsgrad Musik	1,69	1,85
Fach ist wichtig für Zukunft	1,86	1,64
Fach ist wichtig für Eltern	1,76	1,60
Fach ist wichtig für Freundinnen oder Freunde	2,10	1,75
Das Fach ist hilfreich für Alltag	2,33	1,92

Abb. 6: Mittelwerte Facheinstellungen: über- (ü) versus unterdurchschnittliche (u) Expressivität

Items und Antwortoptionen:
Selbstnähe, 5-stufig: [1]=sehr nah, [5]=sehr fern
Schwierigkeitsgrad, 4-stufig: [1]=überhaupt nicht schwierig, [4]=sehr schwierig
Musikunterricht ist wichtig/hilfreich, 4-stufig: [1]=stimmt überhaupt nicht, [4]= stimmt genau

Erneut fällt auf, dass sich ein solcher Zusammenhang für eine analoge Auswertung mit der Instrumentalitätsskala nicht ergibt (ID, Tab. 15 und 16).

Für Jugendliche mit hohen Expressivitätswerten besteht eine gute Passung zwischen ihrem an weiblichen Geschlechtsstereotypen orientierten Selbstbild und dem femininen Image des Faches Musik. Die Positionierung dem Musikunterricht gegenüber kann damit einen Beitrag zu einer möglichst reibungslosen Identitätsregulation leisten.

Befragt nach ihrem Interesse an Inhalten und Tätigkeiten des Musikunterrichts, differieren die Antworten in gleicher Weise wie bei den in Abbildung 6 aufgeführten Facheinstellungen. Die Gruppe mit überdurchschnittlichen Expressivitätswerten interessiert sich stärker für die in Abbildung 7 aufgeführten musikbezogenen Tätigkeiten. Die einzige Ausnahme bildet das Item »mit musikbezogener Software arbeiten«, an dem sich die Gruppe mit unterdurchschnittlichen Expressivitätswerten im Schnitt leicht interessierter zeigt.

Interesse an	Expressivität	n	M	SD	d
Singen	U	460	2,78	1,43	0.73
	Ü	512	3,77	1,28	
Tanzen	U	458	2,29	1,33	0.59
	Ü	509	3,11	1,44	
Etwas für Vorführungen einstudieren	U	461	2,29	1,32	0.42
	Ü	511	2,87	1,41	

Abb. 7: Interesse an musikbezogenen Tätigkeiten (über- versus unterdurchschnittliche Expressivität)

Frage: Wie groß ist dein Interesse an den folgenden Tätigkeiten des Musikunterrichts?
5-stufige Antwortskala: [1]=sehr groß, [5]=sehr gering
M=Mittelwert, SD=Standardabweichung, d=Effektstärke

Die aufgeführten Items präsentieren allein jene Tätigkeiten, für die sich rechnerisch mittlere bis große Effektstärken zeigen. D.h., die Bewertungen, abgebildet über den Mittelwert M, weichen zwischen den Gruppen stark voneinander ab. Auffällig ist, dass es sich bei diesen polarisierenden Tätigkeiten um performative, also äußerlich auszuführende, und körperbezogene Aktivitäten handelt: »Singen« polarisiert am stärksten, gefolgt von »Tanzen« und dem Item »etwas für Vorführungen einstudieren« (ID, Tab. 17).

3.5 Vergleich der Aussagekraft unterschiedlicher Gruppenbildungen

Um die Passungshypothese weiter zuzuspitzen, werden abschließend die unterschiedlichen Gruppenbildungen (weiblich/männlich; Typus Feminin versus Maskulin; überdurchschnittliche versus unterdurchschnittliche Expressivitätswerte) einander gegenübergestellt, um bestimmen zu können, welche Variable am aussagekräftigsten ist.

Zunächst werden jene Typen des additiven Modells gegenübergestellt, deren Selbstbild besonders stark an Geschlechtsstereotypen ausgerichtet ist, also der Typus des »Femininen« (überdurchschnittliche Expressivitätswerte und unterdurchschnittliche Instrumentalitätswerte) und der des »Maskulinen« (Werteverteilung vice versa). Unberücksichtigt bleiben die beiden anderen Typen des bereits vorgestellten 4-Klassen-Modells, nicht weil sie weniger interessant sind, aber weil sie in statistischen Zusammenhängen nicht ausreichend charakterisiert werden können.

Für die Items »Selbstnähe des Fachs Musik«, »Musik ist hilfreich für den Alltag« sowie »Bedeutsamkeit des Faches« ergeben sich deutliche Effekte (d>.50) mit hochsignifikanten Mittelwertdifferenzen (ID, Tab. 18). Die Gegenüberstellung dieser Kategorisierung mit den bisher genutzten Gruppenbildungen (anhand des biologischen Geschlechts einerseits und des Expressivitätsgrads andererseits) offenbart ein interessantes Ergebnis, wie Abbildung 8 zeigt:

Items	Geschlecht	Expressivität	Typen
	w/m	u/ü	M/F
Selbstnähe	0.41	0.38	0.54
Alltagsrelevanz	0.41	0.40	0.54
Wichtigkeit für FreundInnen	0.32	0.40	0.49
Wichtigkeit für berufliche Zukunft	0.29	0.25	0.33
Zensur im MU	0.08	0.19	0.28
Wichtigkeit für Eltern	0.14	0.20	0.21

Abb. 8: Fachbezogene Einstellungen: Effektstärken (d) aus unterschiedlichen Gruppenvergleichen

Kategorien für Gruppenbildungen:
w/m=weiblich/männlich
u/ü=überdurchschnittliche/unterdurchschnittliche Expressivitätswerte
M/F=Typus Maskulin/Typus Feminin (Typenbildung dem additiven Modell entlehnt)

Auch wenn sich diese Tabelle aus Gründen der Übersichtlichkeit bereits auf die Angabe der Effektstärken beschränkt (vollständige Angaben zu allen Gruppenbildungen siehe ID, Tab. 19-22), dürfte sie dennoch erklärungsbedürftig sein. Die Effektstärke *d* gibt an, wie stark sich die jeweils miteinander verglichenen Gruppen in ihren Einschätzungen (hier: Mittelwerte) unterscheiden. Eine hohe Effektstärke bedeutet, dass die Urteile der Gruppen weit auseinanderfallen. Abbildung 8 fördert somit zutage, welche Gruppenbildung am stärksten segregiert, d.h. zu Unterscheidungen führt: In ihren Einstellungen urteilen der Typus »Maskulin« und der Typus »Feminin« am disparatesten. Diese Gruppenbildung führt für alle Items zu den deutlichsten Unterschiedseffekten. Diese beiden Gruppen unterscheiden sich in ihren Einstellungen zum Fach Musik also deutlicher voneinander als Jungen und Mädchen und die zuvor eingeführte Zweiteilung anhand der Expressivitätswerte.

Was sagt dieses statistische Ergebnis inhaltlich aus? Es lässt sich anhand dieser Zahlen zum einen festhalten, dass die fachbezogenen Einstellungen in einem engeren Zusammenhang zum Geschlechtsrollen-Selbstbild als zum biologischen Geschlecht stehen. Damit wird erneut die Passungshypothese bestätigt. Zum anderen zeigt sich, dass die Einstellungen dem »Mädchenfach« Musik gegenüber mit einer zunehmend stereotypen Orientierung des Selbstbilds extremer werden: Eine Orientierung an maskulinen Stereotypen fällt mit negativeren Einstellungen gegenüber dem Musikunterricht zusammen, die Orientierung an femininen Stereotypen hingegen mit positiveren Einstellungen – und das unabhängig vom biologischen Geschlecht (ID, Tab. 23).

4 Unterrichtliche Konsequenzen

Für die befragten Jugendlichen hat der Musikunterricht ein eindeutig feminines Image. Für diejenigen, die sich selbst als wenig expressiv charakterisieren und sich an konventionellen Maskulinitätsidealen orientieren, ist es damit nicht leicht, das Fach Musik zu mögen. In der Adoleszenz leisten Unterrichtsfächer durch ihr gegendertes Image einen Beitrag zur geschlechtsbezogenen Identitätsregulation: »Geschlechterstereotype würden nicht so früh erworben und nicht in so hohem Maße kulturell geteilt, wenn sie sich nicht als nützlich für die individuelle Orientierung und Handlungsplanung in der sozialen Welt erwiesen« (Eckes 2010: 181). Diese Regulationsprozesse sind aber keine Einbahnstraße, sondern lassen sich mit Hannover (2004) als Zirkelbewegung zwischen gesellschaftlichen Stereotypisierungen und individueller Interessensbildung fassen. Beobachtbar ist eine »aktive und interaktive, performative Aneignung und damit Selbstbildung in sozialen Praktiken« (Paseka 2008: 25).

Bereits in der Schule zeichnen sich Vorlieben von Jungen für technische Themenbereiche und der Mädchen für performativ-körperorientierte Tätigkeiten ab, das untermauern auch die Interessenslagen der in MASS 2011 befragten SchülerInnen (ID, Tab. 24). Zwar sind Mädchen durchaus in Popbands aktiv, ihre Rolle beschränkt sich dort aber nicht selten aufs Singen (als Frontfrau oder im Background-Chor). Ilka Siedenburg (2009) zeigt, dass die Beschäftigung mit Musik bei Mädchen häufiger als bei Jungen in institutionellen Lebensräumen wie Schule und Musikschule stattfindet. Jungen nutzen hingegen stärker in informellen Kontexten

Musik, womit eine Beschäftigung mit Populärer Musik quasi automatisch einhergeht – beispielsweise durch die Gründung von eigenen Bands. Dieser Befund lässt Siedenburg (2009: 68f.) zu Recht fordern, »das pädagogische Handeln dahingehend zu überprüfen, ob es geeignet ist, individuelle Interessen und Fähigkeiten von Mädchen und Jungen zu wecken und zu fördern, anstatt sie in erster Linie zur Anpassung an ein vorgegebenes kulturelles System zu bewegen«.

Damit gilt für den Musikunterricht, wie für jede Form geschlechtersensiblen Unterrichtens, dass er sich jeder Form der Stereotypisierung enthalten muss und das Geschlecht nicht durch explizite Thematisierung dieser Kategorie dramatisiert werden sollte. So dürfte etwa ein Beharren darauf, dass sich ein Mädchen ans Schlagzeug setzt und auf der anderen Seite ein Junge beim Tanzen mitmacht, eher falsche Signale aussenden, denn »*Diskriminierungen* [...] entstehen durch *jede Art von Festlegung* eines Menschen auf sein/ihr Geschlecht oder die Herkunft: Auch wenn sie in bester Absicht geschieht und damit eine Kompensation erkannter Benachteiligung erreicht werden soll.« (Kreienbaum 2010: 701; Herv. i.O.) Neue Angebote zu machen, ohne das Geschlecht in den Mittelpunkt zu rücken, erlauben entsprechende Methoden. Denkbar ist beim Musizieren beispielsweise ein regelmäßiges Rotieren, sodass die Schülerinnen und Schüler mit möglichst vielen Instrumenten und Musizierkontexten in Kontakt kommen.

Drei sich ergänzende und ineinandergreifende Unterrichtsprinzipien, die eine Dramatisierung vermeiden und dennoch auf die Geschlechterdifferenzierungen antworten, sind denkbar:

(1) Die Unterrichtsinhalte werden so ausgerichtet, dass die vielfältigen Facetten des Faches gleichermaßen präsent sind (von der Computermusik bis zum Tanzen, vom Singen bis zur Musikanalyse etc.).
(2) Über Personen und Inhalte werden die SchülerInnen mit unkonventionellen Rollenbildern konfrontiert.
(3) Durch temporäre Geschlechtertrennung werden geschützte Räume eröffnet, in denen alle individuell mit erweiterten Handlungsoptionen experimentieren können.

Der erste Weg ist musikdidaktisch zwingend, da es Aufgabe eines jeden Musikunterrichts ist, Jugendliche mit der Vielfalt kultureller und ästhetischer Praxen in Berührung zu bringen und dadurch erfahrungserweiternd zu agieren. Wenn im konkreten unterrichtlichen Handeln von LehrerInnen und SchülerInnen zugleich die Verhaltensspielräume jenseits der normierten Geschlechterkonstruktionen erlebbar werden, besteht zumindest eine Chance, den oben beschriebenen Kreislauf phasenweise zu durchbrechen. Allerdings lässt sich über die inhaltliche Breite das Fachimage nur bedingt verändern. Ein auf der Grundlage der MASS-Daten entwickeltes Strukturgleichungsmodell überprüfte diese Option rechnerisch und förderte zutage, dass der Zusammenhang zwischen den Unterrichtsinhalten und den Facheinstellungen der Jugendlichen gering ist. Deutlicher wird das Fachimage durch die Person der Lehrkraft und deren allgemeinpädagogisches Konzept beeinflusst (vgl. Heß 2013). Damit kann es mit dieser ersten Reaktion nicht darum gehen, stabile *dispositionale* Interessen etablieren zu wollen (beispielsweise bei Jungen, bei denen Singen nicht in ihr Selbstbild passt, ein dauerhaftes Interesse am Singen zu erzeugen). Aber dennoch ist das Ziel realistisch, zumindest *situatives*

Interesse zu wecken, um über den Faktor »Interessantheit« wenigstens im Unterricht die eigenen Erfahrungen von der Orientierung an stereotypen Mustern zu entkoppeln.

Gleiches leistet der unter Punkt 2 aufgeführte Ansatz: Die »vielen Gesichter« musikalischer Aktivität können beispielsweise durch die Zusammenarbeit mit KünstlerInnen im Unterricht sichtbar werden, da diese häufig unkonventionelle Lebensentwürfe verfolgen. Es mag Jugendliche zunächst irritieren, dass ein Mann den Beruf des Tänzers wählt und ausübt, doch zu erfahren, was ein Ballettstudium konkret von seinen Studierenden fordert, erweitert schnell das Bild dieses Berufs. Oder warum nicht einmal eine Komponistin, eine Dirigentin oder eine Schlagzeugerin in den Unterricht einladen und mit ihr über ihren Alltag reden? Ohne das Geschlecht der Jugendlichen in den Mittelpunkt zu rücken, kann der Musikunterricht so Vielfalt jenseits der gesellschaftlichen Norm sichtbar machen.

Explizit lässt sich die Macht von Rollenerwartungen auch durch historische Betrachtungen thematisieren: Welche Probleme erlebte etwa Fanny Hensel im 19. Jahrhundert, als sie sich anschickte, komponieren zu wollen, so wie es für ihren Bruder Felix Mendelssohn Bartholdy eine Selbstverständlichkeit war? Warum gab es bis ins 19. Jahrhundert Kastraten, die mit ihren hohen Stimmen große Stars waren? Ein Film wie *Billy Elliot* (GB 2000) zeigt nicht nur einen ungewöhnlichen Lebenstraum, sondern auch, welcher Druck auf einem Jungen lasten kann, der einfach nur tanzen möchte. Durch die historische oder mediale Distanz dürfte vielen Jugendlichen eine Beschäftigung mit Geschlechtsstereotypen leichter fallen als durch eigene körperbezogene Erfahrungen. Aber lassen sich diese vielleicht auch erweitern?

Der im dritten Punkt beschriebene Weg könnte hier Angebote machen. Erste Unterrichtsversuche lassen vermuten, dass es sich lohnt, Jungen und Mädchen auch im Musikunterricht temporär zu trennen (vgl. Meier 2008). Maria Anna Kreienbaum (2010: 702) spricht vom »Konzept der zufälligen methodischen Trennung innerhalb der Koedukation«:[17] Damit die Rollen und Verhaltensnormen, die sich im Laufe der Zeit in einer Lerngruppe herausgebildet haben dem Experimentieren mit einem anderen Auftreten nicht im Weg stehen, soll durch zeitweilige neue Gruppenzusammensetzung Raum für neue Interaktionsstrukturen gegeben werden: »Erst wenn Kontexte gewechselt werden, bemerkt man, welche

---

17 | Das konkrete Vorgehen sieht wie folgt aus: »Ein Unterrichtsfach (oder zwei) von rund zehn, die pro Halbjahr unterrichtet werden, wird in reinen Mädchen- und Jungengruppen erteilt. Welches Fach ausgewählt wird, bestimmen die beteiligten Lehrerinnen und Lehrer. Da nach jedem Halbjahr ein Wechsel erfolgt, kommen fast alle Fächer einmal an die Reihe. Die Entscheidung dafür ist nicht aus fachlichen Gründen zu treffen. Das Ziel unterschiedlicher Lernarrangements ist es vielmehr, sich in verschiedenen Kontexten zu erleben, zu experimentieren und herauszufinden, welche Bedingungen dem Lernen förderlich sind. Dazu ist es wichtig, dass die Erfahrungen in Mädchen- und Jungenkonferenzen, aber auch in Klassenkonferenzen reflektiert werden. Was tut mir gut, was hindert mich beim Lernen? Welche Bedingungen müssen erfüllt sein? So lauten die Leitfragen der Diskussionen. Schülerinnen und Schüler werden darüber zu ExpertInnen für das Lernen. Sie lernen Situationen und Prozesse wahrzunehmen und sich gegenseitig zu spiegeln. Sie handeln aus, welche Standards für den gemeinsamen Unterricht gelten sollen« (Kreienbaum 2010: 702).

ungeschriebenen Gesetze gelten und welche Mechanismen jeweils zum Tragen kommen.« (Kreienbaum 2010: 702)

Um zu erleben, was es heißt, mit geschlechtshomogenen Gruppen zu arbeiten, entwickelte ich 2011 in einem Lehrforschungsprojekt gemeinsam mit Lehramtsstudierenden des Faches Musik ein Setting für ein Unterrichtsexperiment zum Thema »Musik erfinden«. In mehreren geschlechtshomogenen Kleingruppen einer 8. Klasse sollten perkussive Rhythmusstücke mit Alltagsgegenständen, Sprache und Körperklängen entwickelt werden. Jungen und Mädchen arbeiteten in der Erfindungsphase räumlich voneinander getrennt und zeigten ein fast durchgängig sachorientiertes Verhalten. Auch in der Präsentationsphase, die weiterhin getrennt stattfand, zierten sich die Gruppen nicht lange, so wie es sonst häufig in vergleichbaren Vorführsituationen zu erleben ist. Sowohl Mädchen als auch Jungen stellten ihr Stück zügig vor und besprachen es mit den anderen SchülerInnen. In der abschließenden Reflexionsphase kam nun wieder die gesamte Klasse zusammen. Insbesondere das Verhalten der Jungen wirkte völlig verwandelt im Vergleich zu den geschlechtergetrennten Kleingruppen. Plötzlich bewegte sich die Kommunikation deutlich häufiger auf der Beziehungsebene (fast unablässiges Kommentieren des Verhaltens der anderen und auch Distanzieren vom eigenen Handeln). Nicht nur die Arbeit in Kleingruppen, welche die ›Bühne‹ und damit die Aufmerksamkeit verkleinert, sondern gerade die Geschlechtshomogenität der Gruppe könnte den Anreiz, vermeintlich feminines Verhalten abzuwerten, verringern. Dies legt auch ein Ergebnis von Markus Meier (2008) nahe. Er setzte drei Realschulklassen von der 8. bis zur 10. Jahrgangsstufe neu zusammen (in eine Mädchenklasse, eine Jungenklasse und eine gemischte Klasse) und unterrichtete sie parallel in gleicher Weise. In einer Unterrichtssequenz zum Thema »Musik und Bewegung«, in der die Klassen eine eigene Präsentation entwickeln sollten, war die Mädchenklasse

»die einzige, die eine Präsentation [Gruppentanz, Anm. FH] zuwege brachte. Die Jungenklasse zeigte nach anfänglicher Skepsis ein stärker individualistisches Bewegungsideal, eine Breakdance-Präsentation kam trotzdem nicht zustande. Trotzdem war offensichtlich, dass das Thema ›Körperlichkeit als Expressivität‹ die Jungen ›bewegte‹. In der Koedukationsgruppe ›neutralisierten‹ sich Jungen und Mädchen gegenseitig, Körperlichkeit schien ein weiblich besetzter Begriff.« (Meier 2008: 157)

Ohne mein eigenes Unterrichtsbeispiel hier entfalten und angemessen interpretieren zu können, sollte deutlich werden, dass geschlechtshomogene Gruppen die Erprobung neuer Handlungsformen begünstigen. Dies gilt insbesondere für performative Aktivitäten, denn genau diese häufig schambehafteten Momente tragen dazu bei, dass die kulturelle Konstruktion des Fachimages immer wieder zu einer sozialen Realität wird.

Abschließend soll zumindest erwähnt werden, dass in meinem Text nur *eine* Seite des Faches Musik beschrieben wird. Diese Konzentration auf die als feminin geltenden Fachanteile ergibt sich, weil durch sie, davon zeugen die Daten, das Ansehen des Faches geprägt ist. Es sind die expressiven und performativen Praxen wie Singen oder Tanzen sowie die geläufige Situation, etwas gemeinschaftlich-kooperativ für Vorführungen einzustudieren, die vor allem bei den SchülerInnen Widerstände hervorrufen, deren Geschlechtsrollen-Selbstbild stark instrumentell gefärbt ist. Daneben gibt es im Musikunterricht aber durchaus auch Fachanteile, die sich sowohl in der Schule als auch in der Studien- und Berufswahl bis heute als Männerdomäne behaupten: So sind Frauen extrem unterrepräsentiert in den Studiengängen Komposition (Anteil der Studentinnen: 29 %) und Dirigieren (33 %) sowie im Jazz und der Populären Musik (25 %). Gleiches gilt, wenig überraschend, für den technisch ausgerichteten Studiengang TonmeisterIn (21 %).[18]

5 Ausblick

In der musikpädagogischen Forschung müssen die vorgestellten Ergebnisse durch qualitative Anschlussstudien vertieft werden. Erst wenn wir mehr darüber wissen, wo Jugendliche Passungsprobleme spüren, wo musikbezogene Aktivitäten vielleicht sogar als peinlich empfunden werden, kann die Fachdidaktik veränderte Unterrichtsformen entwickeln und erproben. Wenn Musikunterricht als Reaktion auf das feminine Fachimage versucht, auch unkonventionelles männliches Verhalten zu ermöglichen, das weder in eine unauflösbare Spannung zum Selbstbild eines Individuums tritt noch geschlechtsstereotype Rollenbilder perpetuiert, kann gerade dieses Fach einen wichtigen Beitrag zu einer geschlechtersensiblen Schule leisten. Oder wie es bei Reinhard Winter (2010: 414) mit einem konkreten Blick auf Jungen heißt: Lösungen zeichnen sich ab »in der Trennung von Geschlechterideologie (Männlichkeit) und gelebtem männlichem Verhalten (Jungesein)«. Auch wenn die Musikdidaktik die Jungen nicht aus dem Blick verlieren darf, so bestätigt sich in meiner Studie darüber hinaus, dass die geschlechtlich geprägten Fachimages ein Spiegel gesellschaftlicher Hierarchien sind und damit letztlich hegemoniale Männlichkeitsvorstellungen stabilisiert werden, indem das typisch männliche Fach aufgewertet und damit alles feminin Konnotierte abgewertet wird.

Literatur

Alfermann, Dorothee, 1996: Geschlechterrollen und geschlechtstypisches Verhalten. Stuttgart: Kohlhammer.
Altstötter-Gleich, Christina, 2004: Expressivität, Instrumentalität und psychische Gesundheit. Ein Beitrag zur Validierung einer Skala zur Erfassung des geschlechtsrollenbezogenen Selbstkonzepts. In: Zeitschrift für Differentielle und Diagnostische Psychologie. 25. Jg. H. 3, 123-139.
Altstötter-Gleich, Christina/Eglau, Beatrix/Kramer, Jochen, 2000: Möglichkeiten der Operationalisierung von Expressivität und Instrumentalität. Entwicklung von Skalen zur Erfassung der Geschlechtstypizität (GTS). Forschungsbericht des Fachbereichs Psychologie, Nr. 23. Landau: Universität Koblenz-Landau.
Athenstaedt, Ursula/Mikula, Gerold/Brendt, Cornelia, 2009: Gender Role Self-Concept and Leisure Activities of Adolescents. In: Sex Roles. 52. Jg. H. 60, 399-409.
Bem, Sandra L., 1981a: Gender Schema Theory. A Cognitive Account of Sex Typing. In: Psychological Review. 88. Jg. H. 4, 354-364.

---

18 | Die Zahlen stammen aus den Statistiken des Deutschen Musikinformationszentrums (2014) und bilden das WS 2011/12 ab.

Bem, Sandra L., 1981b: The BSRI and Gender Schema Theory. A Reply to Spence and Helmreich. In: Psychological Review. 88. Jg. H. 4, 369-371.

Bem, Sandra L., 1974: The Measurement of Psychological Androgyny. In: Journal of Consulting and Clinical Psychology. 42. Jg. H. 2, 155-162.

Bourdieu, Pierre, 1989: Antworten auf einige Einwände. In: Eder, Klaus (Hg.): Klassenlage, Lebensstil und kulturelle Praxis. Frankfurt a.M.: Suhrkamp, 395-410.

Deutsches Musikinformationszentrum, 2014: Studierende in Studiengängen für Musikberufe – nach Frauen und Ausländern an Musikhochschulen, Universitäten, Pädagogischen Hochschulen und Fachhochschulen. Bonn: Deutscher Musikrat. [www.miz.org/intern/uploads/statistik10.pdf, eingesehen am: 03.12.2014]

Eckes, Thomas, 2010: Geschlechterstereotype. Von Rollen, Identitäten und Vorurteilen. In: Becker, Ruth/Kortendiek, Beate (Hg.): Handbuch Frauen- und Geschlechterforschung. 3. erweiterte und aktualisierte Auflage. Wiesbaden: VS, 178-189.

Furtner-Kallmünzer, Maria/Hössl, Alfred/Janke, Dirk/Kellermann, Doris/Lipski, Jens, 2002: In der Freizeit für das Leben lernen. Eine Studie zu den Interessen von Schulkindern. München: Deutsches Jugendinstitut.

Hannover, Bettina, 2010: Sozialpsychologie und Geschlecht. Die Entstehung von Geschlechtsunterschieden aus der Sicht der Selbstpsychologie. In: Steins, Gisela (Hg.): Handbuch Psychologie und Geschlechterforschung. Wiesbaden: VS, 27-42.

Hannover, Bettina, 2008: Vom biologischen zum psychologischen Geschlecht. Die Entwicklung von Geschlechtsunterschieden. In: Renkl, Alexander (Hg.): Lehrbuch Pädagogische Psychologie. Bern: Huber, 339-388.

Hannover, Bettina, 2004: Gender revisited. Konsequenzen aus PISA für die Geschlechterforschung. In: Lenzen, Dieter/Baumert, Jürgen/Watemann, Rainer/Trautwein, Ulrich (Hg.): PISA und die Konsequenzen für die erziehungswissenschaftliche Forschung. Weinheim: Beltz, 77-95.

Hannover, Bettina/Kessels, Ursula, 2003: Challenge the science-stereotype! Der Einfluss von Technikfreizeitkursen auf das Naturwissenschaften-Stereotyp von Schülerinnen und Schülern. In: Prenzel, Manfred/Doll, Jörg (Hg.): Bildungsqualität von Schule. Schulische und außerschulische Bedingungen mathematischer, naturwissenschaftlicher und überfachlicher Kompetenzen. Weinheim: Beltz, 341-358.

Harrison, Scott D., 2009: Music Making in Adolescence and Beyond. In: Harrison, Scott D. (Hg.): Male Voices. Stories of Boys Learning Through Making Music. Camberwell: ACER, 48-61.

Harrison, Scott D., 2004: Swinging Back the Gender Pendulum. Adressing Boy's Needs in Music Education Research and Practice. In: Bartel, Lee R. (Hg.): Questioning the Music Education Paradigm. Toronto: Canadian Music Educators Association, 270-289.

Hertling, Thomas, 2008: Jungen und Männer heute. Die erschwerte männliche Sozialisation in der modernen Gesellschaft und ihre Folgen. Münster: LIT.

Heß, Frauke, 2013: ... dass einer fidelt. Klassenmusizieren als Motivationsgarant? Ergebnisse der Studie Musikunterricht aus Schülersicht. In: Eichhorn, Andreas/Keden, Jan H. (Hg.): Musikpädagogik und Musikkulturen. München: Alitera, 78-93.

Heß, Frauke 2012: Forschungsprojekt »Musikunterricht aus Schülersicht«. Fragebogen, Skalenhandbuch und Publikationen. Kassel: Universität Kassel. [www.uni-kassel.de/go/mass2011, eingesehen am: 21.10.2014]

Hoffmann, Freia, 2002: Musiklernen männlich – weiblich. Fünf Thesen. In: Üben und Musizieren. 10. Jg. H. 5, 12-17.

Hoffmann, Lore/Häußler, Peter/Peters-Haft, Sabine, 1997: An den Interessen von Jungen und Mädchen orientierter Physikunterricht. Ergebnisse eines BLK-Modellversuchs. Kiel: IPN.

Kessels, Ursula, 2005: Fitting into the Stereotype. How Gender-Stereotyped Perceptions of Prototypic Peers Relate to Liking for School Subjects. In: European Journal of Psychology of Education. 20. Jg. H. 3, 309-323.

Kessels, Ursula, 2002: Undoing gender in der Schule. Eine empirische Studie über Koedukation und Geschlechtsidentität im Physikunterricht. Weinheim: Juventa.

Kessels, Ursula/Hannover, Bettina, 2006: Zum Einfluss des Image von mathematisch-naturwissenschaftlichen Schulfächern auf die schulische Interessenentwicklung. In: Prenzel, Manfred/Allolio-Näcke, Lars (Hg.): Untersuchungen zur Bildungsqualität von Schule. Münster: Waxmann, 350-369.

Kessels, Ursula/Hannover, Bettina, 2004: Empfundene »Selbstnähe« als Mediator zwischen Fähigkeitsselbstkonzept und Leistungskurswahlintentionen. In: Zeitschrift für Entwicklungspsychologie und Pädagogische Psychologie. 36. Jg. H. 3, 130-134.

Krahé, Barbara/Berger, Anja/Möller, Ingrid, 2007: Entwicklung und Validierung eines Inventars zur Erfassung des Geschlechtsrollen-Selbstkonzepts im Jugendalter. In: Zeitschrift für Sozialpsychologie. 38. Jg. H. 3, 195-208.

Krais, Beate, 1993: Geschlechterverhältnisse und symbolische Gewalt. In: Gebauer, Gunter/Wulf, Christoph (Hg.): Praxis und Ästhetik. Neue Perspektiven im Denken Pierre Bourdieus. Frankfurt a.M.: Suhrkamp, 209-250.

Kreienbaum, Maria A., 2010: Schule. Zur reflexiven Koedukation. In: Becker, Ruth/Kortendiek, Beate (Hg.): Handbuch Frauen- und Geschlechterforschung. 3. erweiterte und aktualisierte Auflage. Wiesbaden: VS, 697-704.

Meier, Markus, 2008: Musikunterricht als Koedukation? Eine dreijährige Longitudinalstudie an einer ländlichen hessischen Gesamtschule. Göttingen: Cuvillier.

Paseka, Angelika, 2008: Wie Kinder zu Mädchen und Buben werden. Einige Erkenntnisse aus der Sozialisation- und Geschlechterforschung. In: Buchmayr, Maria (Hg.): Geschlecht lernen. Innsbruck: Studienverlag, 15-32.

Pohlmann, Britta, 2005: Konsequenzen dimensionaler Vergleiche. Zur Domänenspezifität kognitiver, motivationaler und behavioraler Variablen. Münster: Waxmann.

Preiß, Christine, 2004: Leben und Lernen mit Musik. In: Wahler, Peter/Preiß, Christine/Tully, Claus J. (Hg.): Jugendliche in neuen Lernwelten. Selbstorganisierte Bildung jenseits institutioneller Qualifizierung. Wiesbaden: VS, 131-150.

Rehbein, Boike (Hg.), 2003: Pierre Bourdieus Theorie des Sozialen. Probleme und Perspektiven. Konstanz: UVK.

Salisch, Maria von/Kristen, Astrid/Oppl, Caroline, 2007: Computerspiele mit und ohne Gewalt. Auswahl und Wirkung bei Kindern. Stuttgart: Kohlhammer.

Schneider-Düker, Marianne/Kohler, André, 1988: Die Erfassung von Geschlechtsrollen. Ergebnisse zur deutschen Neukonstruktion des Bem Sex-Role-Inventory. In: Diagnostica. 34. Jg. H. 3, 256-270.

Siebenaler, Dennis J., 2006: Factors that Predict Participation in Choral Music for High-School Students. In: Research and Issues in Music Education. 4. Jg. H. 1, 1-11.

Siedenburg, Ilka, 2009: Geschlechtstypisches Musiklernen. Eine empirische Untersuchung zur musikalischen Sozialisation von Studierenden des Lehramts Musik. Osnabrück: epos.

Spence, Janet T./Helmreich, Robert L., 1981: Androgyny versus Gender Schema. A Comment on Bem's Gender Schema Theory. In: Psychological Review. 88. Jg. H. 4, 365-368.

Spence, Janet T./Helmreich, Robert L./Stapp, Joy, 1975: Ratings of Self and Peers on Sex Role Attributes and Their Relation to Self-Esteem and Conceptions of Masculinity and Femininity. In: Journal of Personality and Social Psychology. 32. Jg. H. 1, 29-39.

Strauß, Bernd/Köller, Olaf/Möller, Jens, 1996: Geschlechtsrollenstereotypologien. Eine empirische Prüfung des additiven und des balancierten Modells. In: Zeitschrift für Differentielle und Diagnostische Psychologie. 17. Jg. H. 2, 67-83.

Wedgwood, Nikki/Connell, Raewyn, 2010: Männlichkeitsforschung. Männer und Männlichkeiten im internationalen Forschungskontext. In: Becker, Ruth/Kortendiek, Beate (Hg.): Handbuch Frauen- und Geschlechterforschung. 3. erweiterte und aktualisierte Auflage. Wiesbaden: VS, 116-125.

Wilke, Kerstin, 2012: Bushido oder Bunt sind schon die Wälder? Musikpräferenzen von Kindern in der Grundschule. Berlin: LIT.

Willems, Katharina; 2007: Schulische Fachkulturen und Geschlecht. Physik und Deutsch – natürliche Gegenpole? Bielefeld: transcript.

Winter, Reinhard, 2010: Jungen. Reduzierte Problemperspektive und unterschlagene Potenziale. In: Becker, Ruth/Kortendiek, Beate (Hg.): Handbuch Frauen- und Geschlechterforschung. 3. erweiterte und aktualisierte Auflage. Wiesbaden: VS, 411-417.

UNTERSTÜTZENDE MATERIALIEN FÜR DEN UNTERRICHT: FILM

Billy Elliot (GB 2000, Regie: Stephen Daldry, Drehbuch: Lee Hall)

(Un-)Doing Gender

Das Konzept des Performativen

in seiner Bedeutung für einen gendersensiblen Theaterunterricht

Sabrina Guse

Dieser Beitrag untersucht, auf welche Weise man sich im Fach Darstellendes Spiel mit Geschlechterverhältnissen auseinandersetzen kann. Dabei werden sowohl die Konstruktion und Dekonstruktion der verschiedenen Rollenbilder als auch die Möglichkeiten des Durchschauens und Veränderns des alltäglichen Doing Gender (vgl. West/Zimmermann 1987) betrachtet. Dass die Schule der Ort ist, an dem vor allem soziales Lernen stattfindet, ist spätestens seit Talcott Parsons (1951; Parsons/ Bales 1955) ein Gemeinplatz der Erziehungswissenschaften. Damit ist Schule zugleich der Ort, an dem vermeintlich richtiges, geschlechteradäquates Verhalten erlernt wird. Dabei spielt Sprache eine wichtige Rolle, was eng mit dem Konzept des Performativen verbunden ist. Doch was ist Gender? Was ist Doing Gender und was Performativität? Und welche Macht kann Sprache haben? Die Relevanz dieser Fragen kann von Schüler_innen kaum erkannt werden. Dennoch sind es genau diese Themenbereiche, denen sie in ihrer Lebenswirklichkeit immer wieder begegnen und die es zu durchschauen gilt, wozu sich das Unterrichtsfach Darstellendes Spiel besonders eignet, was hier zu zeigen sein wird. Zunächst gehe ich auf das Konzept des Doing Gender und des Performativen ein (Kap. 1), worauf eine Betrachtung der Möglichkeiten zur Anwendung in der Schule im Fach Darstellendes Spiel (Kap. 2) folgt. Dieses Fach bietet durch spielerisches Erproben die Möglichkeit, die Konstruiertheit der Kategorie Geschlecht zu erkennen und kreativ mit (Un-)Doing Gender umzugehen. Darauf aufbauend betrachte ich die gendersensible Aufführungsanalyse (Kap. 3 und 4) und die einzelnen gendersensiblen Analysekriterien: Gender-Performance, Körper, Sprache und Gruppe. Die genaue Betrachtung ist nicht nur theaterwissenschaftlich relevant, sondern ermöglicht auch die Entwicklung einer Reflexionsfähigkeit. Die Ausbildung eines kritischen Blicks auf gesellschaftliche Verhältnisse ist die Voraussetzung, um gendersensible Kompetenzen zu entwickeln; denn es ist, wie Melanie Hinz (2008: 69f.) sagt, essenziell, zuerst genau hinzusehen und zu erkennen, welche Klischees bestehen, bevor man diese modifizieren und gegebenenfalls brechen kann. Gerade die Einfühlung in andere Rollen(-Bilder) sowie der Perspektivwechsel und die körperliche, leibhaftige Erfahrung des Doing oder Undoing Gender, die im schulischen Theaterunterricht stattfinden können, ermöglichen das Austesten der eigenen Handlungsfähigkeit. Dadurch kann eine differenzierte Sichtweise auf Gender-Inszenierungen, -Normen und -Klischees entwickelt werden.

1 Zum Konzept des Performativen

Das Konzept des Performativen geht zurück auf den *performative turn*, der eine Wende in den Kulturwissenschaften darstellt. Im Gegensatz zum vorangegangenen *linguistic turn*, der eine »Kultur als Text« prägte, gilt nach dem *performative turn* die »Kultur als Performance« (Fischer-Lichte 2001: 111). Bei der Erforschung kultureller Phänomene, die auf den Prozess des Performativen fokussiert, wird der Blick auf die Handlungen bzw. die Inszenierungen der Personen im jeweiligen Umfeld gerichtet, wobei die textlichen sowie sprachlichen Inhalte bei der Untersuchung durchaus Beachtung finden. Wichtig ist die Unterscheidung zwischen *Performance* und *Performativität*. *Performance* – englisch für Aufführung, Darstellung, aber auch Leistungsfähigkeit – bezeichnet seit den 1960er-Jahren eine Kunstform mit unterschiedlichen politischen, theoretischen oder künstlerischen Ausrichtungen, die in theatralen Experimenten, Aktionen oder Happenings den Prozess und nicht mehr das Kunstprodukt in den Mittelpunkt stellt. Es geht hierbei auch darum, festgelegte Rollen und definierte Kunstformen infrage zu stellen (vgl. Schröder 1992: 734). *Performativität* hingegen ist in Bezug auf Geschlecht eine internalisierte, alltägliche Darstellung von Gender (vgl. Oster/Ernst/Gerards 2008a: 10f.). Der im Folgenden häufig verwendete Begriff der Gender-Performance bezeichnet gerade im Kontext des Darstellenden Spiels die individuelle Darstellung der Geschlechtsidentität, die immer zwischen bewusster Inszenierung (Performance) und internalisiertem Habitus (Performativität) changiert (vgl. Kap. 4.1). Das englische Wort *gender* meint erstmal nur das soziale Geschlecht im Gegensatz zum biologischen Geschlecht *sex*. Die amerikanische Feministin und Gesellschaftsforscherin Gayle Rubin lieferte diese begriffliche Unterteilung: »Von Rubin stammt der Begriff des ›sex/gender-Systems‹, womit sie die Strukturen bezeichnet, durch die in einer spezifischen Kultur aus dem ›biologischen Rohmaterial‹ (*sex*) gesellschaftliche Subjekte (*gender*) produziert werden« (Feldmann/Schülting 2002: 143). Die wohl am häufigsten diskutierte Theoretikerin in diesem Kontext ist Judith Butler (1991), die in ihrem Werk *Das Unbehagen der Geschlechter* (*Gender Trouble*, 1990) die performative Dimension von Geschlecht und ihren konstruktivistischen Charakter herausstellt. Demnach ist jede unserer alltäglichen Handlungen performativ. Dass wir alle Rollen spielen, ist nicht erst seit Butler bekannt (siehe z.B. Goffman 1973), doch hat sie diese Idee weitergeführt und somit die Kategorie Geschlecht als solche infrage gestellt. Butler erklärt, dass die kulturelle Bedeutung eines Körpers – also z.B. das Frau- oder Mannsein ebenso wie der weibliche oder männliche Körper – kulturell hergestellt ist. Auch der Körper ist demzufolge nicht essenziell und natürlich, sondern sozial geformt: Wir haben keine Möglichkeit, ohne gesellschaftlich geprägten Blick auf ›Natur‹ und somit auch auf Körper zu schauen. Die Vergeschlechtlichung geht der Zweigeschlechtlichkeit der Körper voraus bzw. sie sind gleichursprünglich: Erst in dem Moment, in dem von zwei Geschlechtern ausgegangen wird, werden die Körper in Frauen- und Männerkörper unterscheidbar. Butler (2002: 305) verweist hierzu noch einmal auf die Unterscheidung zwischen dem biologischen Geschlecht (Frau/Mann) und der sozialen Dimension davon (weiblich/männlich):

»[...] eine Frau geworden sein heißt, den Körper zwingen, sich einer historischen Idee von Frau anzupassen, heißt, den Körper zu einem kulturellen Zeichen machen, sich selbst in der gehorsamen Befolgung einer historisch beschränkten Möglichkeit materialisieren und dies als nachhaltiges und wiederholtes körperliches Projekt tun.«

Diese Herstellung von Geschlecht ist somit nicht einfach da, sondern wird ständig durch Sprache und Handlungen erzeugt. Die Gender-Inszenierung, die jede_r von uns Tag für Tag vollbringt, ist das, was wir unter Frau- oder Mannsein verstehen – nicht, was uns von ›Natur‹ aus zugeschrieben ist. Nach Butler (2002: 316) sind keine »wahren oder falschen« Akte der Geschlechtsidentität möglich. Dieses alltägliche zeichenhafte Herstellen von Gender fasst Butler als Performativität auf; es ist also das, was man über sein Geschlecht von frühester Kindheit an lernt. Die Geschlechterrollenklischees werden durch Nachahmung performativ trainiert, d.h. körperlich und sprachlich. Wichtig für eine ›erfolgreiche‹ Sozialisation ist es, die Modalitäten des Weiblichen bzw. des Männlichen perfekt zu beherrschen und zwar so gut, dass man selbst gar nicht merkt, wie oder was man ›spielt‹: Das Spiel erscheint als natürlich. Der Begriff »Doing Gender« beschreibt eben diesen komplexen Prozess des Gender-Spiels.[1]

Butlers Überlegungen zum Konzept des Performativen bauen auf der Sprechakttheorie von John L. Austin (1972) auf, die dem Akt des Sprechens Handlungsmacht zuschreibt. Austin erklärt, wie durch Sprache gehandelt wird, wobei er vor allem auf die Zeremonien der Hochzeiten und des Taufens, auf das Befehlen und das Versprechen verweist. All diese Sprechakte sind performativ, d.h. sie beeinflussen und ändern direkt ihre Umwelt, geben den Menschen Namen oder verändern den offiziellen und den rechtlichen Status einer Person (vgl. Bachmann-Medick 2009: 107). Wenn die Schulleitung z.B. die Suspendierung für eine Schülerin/einen Schüler ausspricht, hat das für die betreffende Person deutlich spürbare Konsequenzen. Sprache ist demzufolge handlungsmächtig. Doch zeigt die Kunsthistorikerin Dorothea von Hantelmann (2007: 12f.), dass die performativen Akte nicht nur sprachlich, sondern auch visuell sein können: Sie thematisiert sowohl die gesellschaftliche Wirkung als auch die Handlungsmacht von Kunst. Es geht ihr dabei vor allem um die gesellschaftliche Relevanz des Werkes, insofern dieses performativ Realität zu erzeugen vermag – sowohl durch die materielle Präsenz der Kunst als auch aufgrund ihrer Rezeption durch die Zuschauer_innen. Nach Hantelmann (2007: 9f.) muss sowohl die Realität, in welche das Kunstwerk eingebunden ist, betrachtet werden, als auch die Realität, welche es hervorbringt. Der Aspekt des Performativen geht durch die Betrachtung der Sprechakte in der jeweiligen Aufführung und der Handlungsmacht des Kunstwerkes Theater in die von mir vorgeschlagene gendersensible Aufführungsanalyse ein.

Auch die Theaterwissenschaftlerin Barbara Gronau beschäftigt sich mit der performativen Dimension von Kunstwerken und zitiert hierzu George Brecht: »Das Wort Event schien mir die totale, alle Sinne in Anspruch nehmende Kunsterfahrung auszudrücken, an der ich mehr als an anderen interessiert war« (zit.n. Gronau 2010: 22). Dieses Zitat bietet eine gute Überleitung von den Grundlagen der Theorie zur Praxis in der Schule. Denn gerade diese Kunsterfahrung durch

---

1 | Der Begriff »Doing Gender« wurde von Candace West und Don H. Zimmermann (1987) geprägt.

den Besuch einer Theateraufführung ist es, die die Schüler_innen in der Auseinandersetzung mit dem performancenahen, zeitgenössischen Theater erleben sollen. Viele gegenwärtige Theaterformen setzen sich mit Konstruktions- und Dekonstruktionstheorien auseinander, verschieben die normativen Grenzen zwischen Publikum und Schauspieler_innen und ermöglichen den Zuschauer_innen neue, ungewohnte Formen der Wahrnehmung und alternative Möglichkeiten der Auseinandersetzung mit theoretischen Gender-Konzepten.

2 Zur Anwendung in der Schule: Performativität als Konzept für einen gendersensiblen Unterricht im Fach Darstellendes Spiel

Gerade im schulischen Theaterunterricht ist es meines Erachtens unumgänglich, das Konzept des Performativen zu thematisieren. Dadurch wird den Schüler_innen nicht nur ein aktuelles künstlerisches und kulturelles Phänomen nähergebracht, es zeigt ihnen zugleich ihre eigene Handlungsfähigkeit auf. Durch die Verbindung aus kognitiven, affektiven und psychomotorischen Lernzugängen (Spielpraxis), bietet das Fach Darstellendes Spiel die optimalen Bedingungen für die Schüler_innen, sich mit den theoretischen Grundlagen körperlich und geistig auseinanderzusetzen, dies auf eine künstlerische Ebene zu heben und es so – z.B. durch schulöffentliche Aufführungen – gesellschaftlich verhandelbar zu machen. Dies entspricht auch dem pädagogischen Auftrag: Das Paradigma der ästhetischen Bildung im Fach Darstellendes Spiel besagt, dass das Fach kein reformpädagogisches Spielfach ist, sondern künstlerische Praxis reflektiert und sich an der Kunstform Theater orientiert (vgl. Hentschel 2007: 5). Ulrike Hentschel (2007: 7) nennt die Ausbildung der sogenannten Soft Skills, d.h. der sozialen Kompetenzen im Darstellenden Spiel ein Spin-off-Produkt des Theaterspielens, etwas, das bei der künstlerisch-ästhetischen Praxis quasi nebenbei passiert. Der Unterricht sollte sich demnach mit aktuellen künstlerischen und gesellschaftlichen Entwicklungen – wie z.B. Performance, Performativiät und Gender – beschäftigen (vgl. Hentschel 2007: 7). Hentschel schreibt weiter, dass sich das Fach im Hinblick auf ästhetische Bildung »produktiv und rezeptiv mit der künstlerischen Praxis des Theaters auseinandersetzt« (Hentschel 2007: 7). Das Schulfach Darstellendes Spiel ist noch nicht in allen Bundesländern curricular verankert. In Niedersachsen wird es an vielen Schulen angeboten, wobei es oft in der Sekundarstufe I als Wahlpflichtfach und in der Oberstufe als Kurs angeboten wird. Einige Schulen bieten es sogar als Abiturfach an (vgl. Hentschel 2007: 5).

Die intensive Beschäftigung mit dem performancenahen Theater lässt die Schüler_innen erfahren, wie konstruiert die Welt ist, wie mediale Darstellungsformen scheinbar real sind und wie Realität dar- und hergestellt wird. In den Worten von Jörg Zierfas: »Das Theater zeigt, dass der Alltag nur Theater ist und fungiert in diesem Sinne nicht als Illusions-, sondern als Desillusionsmaschinerie« (zit. n. Hentschel 2007: 9). Durch den geschützten Theaterraum und die Distanz der Bühnenebene können Schüler_innen dazu angeregt werden, nicht unreflektiert Geschlechterrollenklischees zu (re-)produzieren, sondern ihre Darstellungen und Handlungen zu durchdenken. Voraussetzung für das Finden neuer (Umgangs-)Formen ist ein geschützter Theaterraum, in dem, ohne gesellschaftliche Konsequenzen fürchten zu müssen, Handlungsmöglichkeiten erprobt und Denkmuster hinterfragt werden können. Selbstverständlich muss die Spielleitung körperliche, verbale oder andere Gewaltausbrüche verhindern und die Schüler_innen ebenfalls vor zu stark sexuell konnotierten Auftritten schützen. Des Weiteren können in der Probensituation alternative Handlungsmöglichkeiten durchgespielt werden. Dem Thema der Wiederholung widmet sich auch Hajo Kurzenberger (vgl. 2010: 148). Er postuliert die Verknüpfung des kulturwissenschaftlichen Themas des Habitus, also der typischen Handlungsweisen und Verhaltensmustern einer Person (vgl. Simonis 2013: 287) und des Doing Gender, mit der theatralen Praxis der Probenarbeit.

In der Schule ist das Thema Gender ständig (latent) präsent, da jede Alltagshandlung durch das alltägliche Doing Gender bestimmt ist. Im Fach Darstellendes Spiel hingegen kann jedes Drama gendersensibel bearbeitet werden. Das Konzept des Doing Gender ist für die Schüler_innen durch Nachspielen schnell durchschaubar. Im Schutz der Theatergruppe können Rollen bewusst getauscht, Klischees aufgezeigt und kreativ verändert werden. Das Einfühlen in andere Geschlechtsidentitäten kann gegenseitiges Verstehen bewirken. Unter dem Begriff Undoing Gender wird die Dekonstruktion der Geschlechterrollen, d.h. die bewusste Betrachtung und Brechung der Klischees, verstanden. Ziel ist die Entwicklung eines kritisch-reflexiven Blicks auf die Gesellschaft, wie u.a. vom schulischen Theaterunterricht durch den Berliner Rahmenplan für die gymnasiale Oberstufe für das Fach Darstellendes Spiel gefordert (vgl. Senatsverwaltung für Bildung, Jugend und Sport 2006: 9). Die dort verlangten Perspektivwechsel setzen eine kritische Selbstreflexion voraus. Gerade in Zeiten der überpräsenten Medien erscheint dieses unabdingbar, denn die Selbstinszenierung findet nicht nur in der Schule statt, sondern vor allem auch in den *social networks*, die zur ständigen Begleitung der Schüler_innen geworden sind. So stellt Dorothea Hilliger (2011: 9) fest, dass

»Jugendliche heute allerorten einem grassierenden Zwang zur Selbstdarstellung unterliegen und medial mit Formaten konfrontiert sind, die Performance als Leistungsschau funktionalisieren. Das sollte nicht bestätigt, sondern offen gelegt und reflektiert werden. Erkenntnisse über den Alltag werden möglich durch künstlerische Zuspitzung.«

Hilliger (2006: 11) führt in einem anderen Kontext aus, wie wichtig es ist, die Ergebnisse des Probenprozesses und die eigenen Erkenntnisse der Schüler_innen in Bezug auf ihre Gender-Performance zu zeigen und sie damit gesellschaftlich relevant und verhandelbar zu machen. Das Thema kommunizierbar zu machen, ist für eine Gender-Sensibilisierung ausschlaggebend, da Gender durch die Aufführung auch außerhalb des Theaterraumes zum Thema und somit präsent, aber erst durch eine Reflexionsarbeit greifbar wird.

Doch wie kann man im Theaterunterricht an die Erarbeitung solch komplexer Themen herantreten? Die Erziehungswissenschaftlerin Angelika Paseka (2008: 28) schlägt »kreative Irritationen« als Angriffsfläche vor. Solche »kreative[n] Irritationen« können z.B. durch die Beschäftigung mit queeren Themen wie Transsexualität oder Travestie ausgelöst werden. So haben die Forscher_innen im Schulprojekt »(Un)Doing Gender. Sprache – Politik – Performanz« herausgefunden, dass die Schüler_innen offen und interessiert gerade an das selten diskutierte Thema Transgender herantreten (vgl. Müller 2010: 146). Das Projekt, im Jahre 2009 in Wiener Schulen angesiedelt, setzte sich mit Konstruktionen von Geschlecht im Rahmen von Schule und Unterricht auseinander, wobei die Mitarbeiter_innen nicht nur beobachteten, sondern auch durch Unterrichtseinheiten und Workshops die Schüler_innen zur Vertiefung mit dem Thema Gender auf verschiedenen Ebenen anregten. So bearbeiteten die Schüler_innen beispielsweise in einer Fotostory das Szenario, dass eine Transgenderperson neu in die Klasse kommt. Im Laufe der Auseinandersetzung thematisierten sie ihre »Ratlosigkeit, Skepsis, aber auch die Neugier gegenüber nicht zuzuordnenden Geschlechterrollen« (Müller 2010: 147). So muss in einer ersten Begegnung mit dem Gender-Thema nicht zwingend die eigene Geschlechtsidentität hinterfragt oder gar infrage gestellt werden. Gerade hier bietet das Fach Darstellendes Spiel ein besonderes Potenzial des geschützen Sich-Ausprobierens, wobei selbstverständlich auch in anderen Fächern dieser künstlerisch-spielerische Zugang ermöglicht werden kann. Um dieses auf den Punkt zu bringen, möchte ich dieses Kapitel mit einem Zitat aus den Beobachtungen des Projekts »(Un)Doing Gender« als gelebtes Unterrichtsprinzip schließen:

»Als Ergebnis lässt sich festhalten, dass die SchülerInnen durch szenisches Arbeiten besonders gut ermutigt werden konnten, die Haltung von ForscherInnen einzunehmen, als deren Instrumente ihnen alle Sinne und auch der Körper zur Verfügung stehen. Die theatralen Übungen und Improvisationen werden so zu einer Art Recherchearbeit, bei der die Wahrnehmung des eigenen Erlebens und die Sensibilisierung auf Reaktionen von anderen im Vordergrund stehen.« (Bidwell-Steiner/Krammer 2010: 180)

3 Gendersensible Aufführungsanalysekriterien

Die Anfänge der Aufführungsanalyse sind laut Guido Hiß (1993: 8) ab dem Zeitpunkt auszumachen, an dem sich die Theaterreformer um das Jahr 1900 von der Dominanz des Dramentextes lossagten und die Aufführung, das flüchtige Ereignis Theater, als eigenständige Kunstform etablierten. Gerade diese Unwiederbringlichkeit der Aufführung begründete den Wunsch, etwas davon zu dokumentieren, und sei es nur »ihr [gemeint ist die Aufführung, Anm. SG] Abdruck im Bewusstsein des Interpreten« (Hiß 1993: 10). Damit ist schon die wichtigste Feststellung getätigt: Eine Aufführungsanalyse ist immer subjektiv und selbst durch Videoaufzeichnungen nicht zu hundert Prozent rekonstruierbar. So beginnt eine Aufführungsanalyse immer mit einer möglichst genauen Beschreibung des Geschehens (vgl. Mangold 2010: 200) und bedient sich dabei eines ausgedehnten Fragenkataloges zur Inszenierungsanalyse, der von dem Theaterwissenschaftler Patrice Pavis (1988) entwickelt wurde und auf verschiedene Aufführungen oder Situationen, z.B. in der Schule, angepasst und gekürzt werden kann. Dadurch, dass die Fragen dieselben sind, ermöglicht diese genaue Beschreibung fundierte Interpretationen und einen Vergleich zwischen unterschiedlichen Sichtweisen auf eine Aufführung, worüber dann, z.B. im Nachgespräch in der Schule, diskutiert werden kann. Natürlich müssen nicht für jede Aufführungsanalyse genau diese Fragen benutzt werden; sie können aber eine Grundlage auch für Modifikationen bieten, um die Aufführung unter einem bestimmten Schwerpunkt, wie in diesem Falle dem Gender-Aspekt, zu betrachten.

Zeitgenössisches Theater zu sehen und zu reflektieren, ist ein essenzieller Teil der ästhetischen Bildung. Die Aufführungsanalyse ist fest curricular verankert und sollte mit den Schüler_innen durch Beobachtungskriterien, die sich an den oben genannten Fragenkatalog anlehnen, vorbereitet werden. Die im Folgenden vorgestellten Kriterien fokussieren auf das Thema Gender und lassen andere wichtige Bereiche bewusst aus. Bevor Kriterien für eine gendersensible Aufführungsanalyse entwickelt werden können, lohnt sich ein Blick in die aktuelle akademische Diskussion, um diese mit der Aufführungsanalyse zu verbinden.

Die Theaterwissenschaftlerin Erika Fischer-Lichte (1998) prägte einen semiotischen Theaterbegriff: das Theater als Zeichensystem. Nach Mangold (2010: 15) können die Zeichensysteme z.B. Gestik, Musik, Kostüm und Spielweise, einzeln betrachtet und zueinander in Beziehung gesetzt werden, um so Bedeutungen herauszuarbeiten. Diese strukturalistisch anmutende kategorisierende Methode sollte helfen, Aufführungen zu analysieren und die Bedeutung der Zeichensysteme zu verstehen (vgl. Mangold 2010: 15). Der *performative turn* fordert hingegen neue Sichtweisen und wendet sich von einer festgelegten Bedeutungszuschreibung ab. Eine Analyse der Gender-Kriterien auf der Bühne setzt ebendies voraus. Bedeutung wird nicht mehr festgeschrieben; sie ist ganz im Sinne des Poststrukturalismus fließend, d.h. Bedeutung ist nur partiell fixiert und immer uneindeutig.[2] Es ist demnach eine Veränderung des analytischen Blicks weg von der festgelegten Struktur hin zum Prozesshaften zu vermerken. Doch gerade das Zusammenspiel dieser beiden gegensätzlichen Pole, also der festgeschriebenen Zeichen und der offeneren Deutung, ist meines Erachtens für eine kritische, gendersensible Analyse gewinnbringend. Bedeutung erscheint als fixiert, als allgemeinverständlich und allgemeingültig, sodass viele Menschen ohne ständige Missverständnisse kommunizieren können. So ist z.B. in den meisten Kontexten die Bedeutung klar, wenn von Frauen und Männern gesprochen wird. Die Brüchigkeit dieser vermeintlich feststehenden Bedeutung wird erst dann sichtbar, wenn das Dazwischen thematisiert wird und z.B. nicht eindeutige Geschlechter in den Blick genommen werden (wie Transgender, Intersex) oder die mit der Vereindeutigung der Konstruktion Frau/Mann verbundenen Ausgrenzungen und Normierungen zum Thema werden. Eine Analyse, die auf diesen beiden Polen aufbaut – dem Festgeschriebenen und dem Offeneren – schließt somit an die eigene erlebte Welt an, die ebenfalls aus beidem besteht: Auf der einen Seite aus einem Leben mit Zeichen, die mehr oder weniger beständig sind. Aber es gibt auf der anderen Seite auch immer wieder Ausgeschlossenes, Neudefinitionen oder Umdeutungen, die in dieser Vereindeutigung von Bedeutung in den Hintergrund rücken, und diesen Prozess gilt es zu erkennen.

Gerade der Bruch zwischen Alt und Neu, Struktur und Prozess, die kritische Reflexion der eigenen Empfindungen während des Theaterbesuches und der Aus-

---

2 | Jacques Derrida (1988) baut auf dem Strukturalismus auf, in dem Bedeutung nur durch Differenzsetzungen entsteht (hell/dunkel, gut/böse, Frau/Mann), und geht darüber hinaus, indem er Begriffe – eingeschrieben in eine Kette von Begriffen, die quasi ein Gewebe bilden – als immer vorläufig und unabschließbar begreift. Die Dekonstruktion im Sinne Derridas kann als Teil des französischen Poststrukturalismus verstanden werden, der u.a. die Vorstellung ablehnt, dass durch methodische Untersuchungen der Strukturen Bedeutungen erschöpfend erfassbar seien.

tausch darüber mit anderen ermöglichen eine umfassende Analyse. Jens Roselt (2008: 45) bringt die zwei Komponenten der Theateranalyse präzise auf den Punkt:

»Zum einen geht es im Theater um das Verstehen, das Interpretieren und die Sinnzuweisung, bei der Zuschauer nicht nur die Aussageabsichten von Regisseuren und Dramatikern thematisieren, sondern auch den Horizont des eigenen Denkens abschreiten, Ansichten gewinnen und überprüfen. [...] Zum anderen ist die Aufführung auch ein Erfahrungsgeschehen, aus dem selbst semiotisch versierte Theaterwissenschaftler nicht immer einen Sinn zu destillieren vermögen. Dabei handelt es sich um dynamische Wahrnehmungsprozesse und körperliche Erfahrungen, welche Zuschauer anziehen, abstoßen, staunen machen oder verwirren können.«

Der/die Theaterbesucher_in ist das wahrnehmende Subjekt und wird daher immer zusammen mit seinen/ihren Vorerfahrungen sehen und interpretieren. Konsequent weitergedacht bedeutet dies, dass man sich bei einer Aufführungsanalyse kritisch mit dem Theater und mit seiner eigenen Wahrnehmung befassen muss (vgl. Weiler 2008: 30). Roselt (2004: 49) betont, dass es bei der Aufführungsanalyse nicht um richtiges oder falsches Verstehen gehen kann, sondern nur um die präzise Beschreibung der eigenen Erfahrung und damit um eine Auseinandersetzung mit dem Selbst. Dasselbe gilt auch für das in der Aufführung dargestellte Gender-Bild:

»Inwiefern werden auf der Bühne stereotype Geschlechterrollen (Frauen: schwach, zärtlich, hübsch, willenlos; Männer: stark, grob, entschlossen, gewalttätig) wiedergegeben und wo werden sie gebrochen? Werden diese Modelle in der Aufführung lediglich bedient und benutzt oder werden sie ausgestellt und der Lächerlichkeit preisgegeben? Eine Diskussion dieses Aspekts hat auch die eigenen Geschlechterklischees der Zuschauer zu be- und hinterfragen. Wenn also in einem Protokoll Stanley als typischer amerikanischer Machoarsch und Mitch als Muttersöhnchen beschrieben werden, wäre zu fragen, was überhaupt typisch amerikanisch ist und auf welchem Wissen bzw. welcher Erfahrung diese Urteile beruhen.« (Roselt 2004: 54)

Zusammenfassend ist zu sagen, dass obwohl die Prozesshaftigkeit des Theaters zurzeit stark fokussiert wird, Zeichen ihre Bedeutung nicht verloren haben und zu einer umfassenden Analyse beitragen können.

4 Zur Anwendung in der Schule: Gendersensible Aufführungsanalyse im Unterricht

In den folgenden Unterkapiteln möchte ich auf vier Kriterien eingehen – die Gender-Performance, den Körper, die Sprache und die Gruppe –, die sich für eine gendersensible Aufführungsanalyse im Unterricht eignen, wobei auf den bereits ausgeführten Theorien aufgebaut wird. Selbstverständlich können folgende Vorschläge auch in anderen Fächern Anwendung finden, sei es in Deutsch, Kunst oder den Sprachen. Allgemein gesprochen sollen die Schüler_innen durch die präzise Beobachtung und das kritische Hinterfragen bei der gendersensiblen Analyse von Theaterstücken erkennen, dass es mehr als nur die bipolare, heteronormative Inszenierung von Geschlecht gibt. Es soll trainiert werden, dass Grautöne und

Lücken bzw. Brüche erkannt und benannt werden können sowie dass diese nicht immer aufgelöst werden können und müssen: Wie wird Weiblichkeit und Männlichkeit inszeniert? Inwiefern lässt das Stück weitere Deutungen zu bzw. bezieht andere Geschlechtsidentitäten mit ein? Die hier vorgestellten Fragen und Betrachtungsweisen können nicht vollständig sein; sie sind erste Anregungen und sollten zu jeder Aufführung überdacht und zusammen mit den Schüler_innen angepasst werden.

4.1 Gender-Performance

Mit Blick auf die Gender-Performance, also wie Geschlecht zeichenhaft markiert, codiert und hergestellt wird, kann die Naturalisierung der Kategorie Geschlecht kritisch analysiert werden. Dabei geht es um die Frage, wie Geschlecht inszeniert wird: Wer stellt was, wo, wie und vor allem warum in Bezug auf Geschlecht dar? Jenny Schrödl (2005: 126) schreibt:

»Die Untersuchungen der G[ender] P[erformance]s sowie der Genderdiskurse in theaterwissenschaftlichen Bereichen ermitteln somit ganz allg. Status, Funktion und Bedeutung, Regelsysteme, Repräsentationen sowie mögliche Subversionen von Geschlecht und Geschlechterdifferenzen in einem soziokulturellen Kontext.«

Um diese Untersuchung der Gender-Performance greifbarer zu machen, eignen sich Analysekriterien wie der Körper, die Sprache und die Gruppe, die dann in den im Zitat genannten Kontext (z.B. Status, Repräsentation und Regelsysteme) gesetzt werden. Da sich die Gender-Performance aus diesen Elementen zusammensetzt, ist das Betrachten und Analysieren dieser das Ziel. Betrachtet werden muss auch die Entwicklung der Figuren und ob sich die dargestellten Gender-Performances im Laufe des Stücks wandeln oder brüchig werden. Wichtig ist zudem die Unterscheidung zwischen alltäglichen und künstlerischen Gender-Performances: Werden also klischeehafte Darstellungen aufgeführt oder variieren diese? Mit welchen Klischees wird gespielt? Werden diese im Laufe des Stücks gebrochen oder zumindest hinterfragt? All diese Fragen sollen helfen, im Stück genauer hinzuschauen; einige Fragen können bereits vor der Aufführung als Beobachtungsaufträge an die Schüler_innen verteilt werden, weitere werden sich bei der Aufführung und der anschließenden Reflexion stellen. Hierbei ist es wichtig, als Lehrkraft die Planung flexibel zu halten, um mögliche Verwirrungen und Fragen der Schüler_innen würdigen zu können, da gerade das Gender-Thema im Alter der Pubertät hochsensibel behandelt werden sollte. All dies regt zum gemeinsamen Austausch an und führt dazu, die verschiedenen Sichtweisen bewusst zu machen und ermöglicht es den Schüler_innen, andere Blickwinkel einzunehmen und die Mitschüler_innen zu verstehen. Vor der Analyse der Gender-Performance müssen natürlich die Begrifflichkeiten wie Klischee, Habitus etc. je nach Alter und kognitiven Fähigkeiten der Schüler_innen geklärt werden. Abschließend sollten die Schüler_innen dazu aufgefordert werden, sich die selbstkritische Frage zu stellen, wie die eigenen Vorstellungen von Geschlechterrollen aussehen, wodurch diese beeinflusst sind und wie diese mit der eigenen Interpretation des Stücks zusammenhängen, wie auch in der Theorie zur Aufführungsanalyse bereits dargelegt.

4.2 Der Körper als Analysekriterium

Gender-Performance wäre ohne den Körper schlicht nicht möglich.[3] Dem Körper kommt eine entscheidende Rolle bei der Herstellung von Geschlecht zu, wobei er ebenso wie Gender kulturell geformt ist: Er wird sowohl vielfach geformt durch kulturelle Praktiken wie Fitnessstudio, Tätowierung, Piercing, Schönheitsoperationen etc. als auch kulturell unterschiedlich wahrgenommen, d.h. die Wahrnehmungen und Seinsweise in den Kulturen sind verschieden, was sich beispielsweise an den jeweiligen Schönheitsvorstellungen zeigt. Gitta Mühlen Achs (1998: 41) stellt die besondere Funktion des Körpers als Kommunikationsinstrument heraus: Wir können mit dem Körper »niemals schweigen« und repräsentieren durch ihn vor allem unseren Status von Macht/Kraft oder Ohnmacht/Schwäche. In der Persönlichkeits- und Identitätsbildung bekommt der Körper eine besondere Wichtigkeit. Gerade die Phase der Adoleszenz ist hier prägend. Die körperliche Selbstinszenierung ließe sich theoretisch frei entfalten, wäre da nicht die soziale Norm, die uns Schönheitsideale, angemessene Kleidung und vieles mehr vorschreibt. Man denke nur an die unzähligen medialen Vorbilder, durch die ein Inszenierungszwang entsteht – perfekter Körper, perfektes Make-up, perfekte Kleidung, Diäten, Enthaarung, Fitnessstudio –, der gerade in der Schule, sei es bei Mädchen oder bei Jungen, deutlich zu beobachten ist.

Im Alltag und zur Analyse von Stücken auf der Bühne sind demnach die Fragen zu stellen: Wie wird der Körper inszeniert, wie kommt er in dem Stück zum Einsatz? Wo verknüpft sich der Körper mit gesellschaftlichem Zwang, Moral und Ethik und an welchen Stellen verschiebt sich eventuell der (Körper-)Diskurs, d.h. die zeichenhafte (Re-)Präsentation von Körper? In welcher Art und Weise kommt die kulturelle Formung der Körper zum Ausdruck? Sind Hinweise auf diese Prozesse im Stück zu beobachten? Interessant ist des Weiteren das Phänomen der Entkörperung, womit an dieser Stelle das Erscheinen des Körpers in Videoclips während der Aufführung gemeint ist. Dagegen steht die immer wieder zu betonende Erfahrung des Leiblichen, die nicht nur beim Theaterspielen, sondern auch in der Theaterrezeption eine Rolle spielt. In der gendersensiblen Aufführungsanalyse müssen demnach sowohl die tatsächlich anwesenden Körper – in der Darstellung der Schauspieler_innen – als auch die eventuellen Einspielungen durch Videoclips im Stück erörtert werden. Gibt es z.B. einen Unterschied des Verhaltens oder des Aussehens, wenn die Körper im Spiel oder in Videoprojektionen im Stück erscheinen? Auch die eigenen körperlichen Reaktionen der Schüler_innen als Theaterzuschauer_innen – die, wie in oben beschriebener Theorie (siehe Kap. 3) erläutert, von enormer Wichtigkeit für die eigene Wahrnehmung sind – sollten reflektiert werden und in die Analyse einbezogen werden. Denn es spielt gerade bei Schüler_innen in der Pubertät eine große Rolle, ob die Vorstellung langweilig oder spannend war oder ob körperliche Zustände wie Erregung oder erhöhter Herzschlag durch die Schauspieler_innen ausgelöst wurden. Interessant ist in der Nachbereitung eines Theaterbesuchs auch, einige Szenen nachzustellen, zu verändern oder mit alternativen Szenen neue Inszenierungsmöglichkeiten aufzuzeigen. Durch das eigene Spiel erweitert sich die Erfahrung mit der Aufführung. Auch das Einfühlen in die Rollen

---

3 | Umgekehrt ist es ebenfalls schwierig, an Körper zu denken ohne diesen ein Geschlecht zuzuweisen. Probieren Sie es doch einmal!

und Körperhaltungen der Schauspieler_innen ermöglicht sowohl eine intensivere Analyse des Stücks als auch die Auseinandersetzung mit dem eigenen Körper.

4.3 Die Sprache als gendersensibles Analysekriterium

Sprache ist produktiv und mächtig, sie gibt die Muster vor, in denen wir denken und handeln. Ebenfalls sei auf die despektierliche Nutzung von Sprache verwiesen, die verletzend und sogar körperlich schmerzhaft sein kann. Sprache hat demnach auch die Macht über Geschlechternormen, indem sie diese immer wieder benennt und damit hervorbringt (vgl. u.a. Butler 1998).

Es ist also auch zu untersuchen, inwiefern durch Sprache Macht ausgeübt wird: Wird durch Sprache verletzt? Fallen Beleidigungen oder sexistische Schimpfwörter? Und welche Wörter werden überhaupt als verletzend wahrgenommen? Genauso muss auch die positive Wirkung von Worten betrachtet werden: In welchen Situationen in der Aufführung hat Sprache eine bestärkende, aufbauende und hilfreiche Funktion? Wann helfen Worte dabei, eine Figur zu verändern oder zu deren Selbststärkung beizutragen? Man kann also danach fragen, was auf der Bühne durch Worte ›getan‹ wird und wer mit wem wie spricht. Dadurch können die Verhältnisse der Figuren zueinander deutlich werden.

4.4 Die Gruppe als gendersensibles Analysekriterium

Die Gruppe – hierbei wäre z.B. an Jugendgruppen, Gangs, Grüppchen innerhalb einer Klasse oder eines Bezirks zu denken – kann für die Analysearbeit als wichtiges genderspezifisches Kriterium angewandt werden, da sie durch ihre verstärkende Macht (Stimmgewalt, Gruppendynamik) auch Gender-Zeichen überhöhen kann und z.B. durch das Ein- bzw. Ausgrenzen Einzelner Parallelen zu den Erfahrungen der Menschen aufweist, die sich dazu entscheiden, nicht dem gesellschaftlichen Standard zu entsprechen.

Um Gruppenprozesse bzw. Gruppenkräfte auf der Bühne zu erkennen, lohnt sich eine kurze Betrachtung des theoretischen Hintergrundes des Theaterchors, da Gruppen auf der Bühne oft chorisch agieren. Der Chor galt, laut dem *Metzler Lexikon Theatertheorie*, im antiken Griechenland als »eine eigenständige, vielgestaltige, metrisch komplexe, nicht dramatische, theatrale Gattung« (Haß 2005: 49). Es heißt dort weiter, dass aus dieser stark entindividualisierten Gruppe später der Protagonist der Handlung trat; d.h. das Individuum exponierte sich und verließ somit auch den Schutz der Gruppe. Je nachdem, wie es dargestellt wird, kann davon gesprochen werden, dass sich der Einzelne freiwillig von der Gruppe trennt oder ausgestoßen wird. Beides kann im genderspezifischen Kontext auf gesellschaftliche Verhältnisse angewandt werden, wenn sich ein Individuum nicht mehr der Gruppe zugehörig fühlt oder die Gruppe das Individuum nicht länger toleriert. Hier erkennt man deutlich einen der wichtigsten Gruppenaspekte: den des Dazugehörens. Gerade Menschen, die nicht der heteronormativen Direktive entsprechen, sexuell frei oder anders orientiert leben, treffen immer noch auf Ablehnung und/oder Ausgrenzung.

Beim Theaterchor geht es vor allem um die Wirkung auf das Publikum. Die Gruppe verstärkt die Kraft und die Stimmgewalt der einzelnen Mitglieder oder, wie Malte Pfeiffer und Volker List (2009: 106) schreiben: »Der Chor verleiht dem Individuum Kraft [...]«. Daran ist abzulesen, dass das Individuum nur durch den Chor Kraft bekommt und dementsprechend anders handelt als ohne die Rückendeckung des Chores. Hier können folgende analytische Fragen gestellt werden: Wird auch innerhalb der Gruppe noch geschlechterrollentypisches Verhalten gezeigt oder darf im Schutz der Gruppe der ›rollenadäquate‹ Habitus verändert werden? ›Dürfen‹ weibliche Figuren innerhalb der Gruppe z.B. Parolen mitgrölen oder sogar Gewalt anwenden? ›Dürfen‹ Männer innerhalb der Gruppe tratschen oder Gerüchte verbreiten? Auch die Frage nach den Zuschauenden ist an dieser Stelle interessant: Wie verhält sich die Publikumsgruppe zu der oder den Gruppen auf der Bühne? Gibt es beispielsweise eine nennenswerte Solidarisierung von Männern mit männlichen Figuren auf der Bühne? Welche Gruppenprozesse können die Schüler_innen gut nachvollziehen? Wo gibt es Erfahrungsparallelen?

Grundsätzlich ist demnach zu fragen, wie viel Schutz, wie viel Zwang oder wie viel Druck die Gruppe auf ihre Mitglieder ausübt und inwiefern die Gruppe die Gender-Performance des Individuums unterstützt, verändert oder bricht.

5 Zusammenfassung

Es kann festgehalten werden, dass gerade die Mischung aus eigener künstlerischer Praxis und der Analyse theaterkünstlerischer Aufführungen viele Möglichkeiten zur Reflexion des Gender-Themas bietet. Das Konzept des Performativen ist in beiden Fällen essenzielle Grundlage. Das Kennenlernen der Theorien zum Thema Gender bedeutet nicht nur eine kognitive Horizonterweiterung und die Entwicklung eines kritischen Potenzials gegenüber gesellschaftlichen Strukturen und Verhältnissen, sondern kann im kreativen Umgang mit Doing und Undoing Gender die Vielfalt der Lebensmodelle darstellen und Normen hinterfragen, brechen und zur Diskussion stellen. Sicherlich muss der komplexe, für Schüler_innen teilweise schwer zugängliche Rahmen der Gender-Theorien bedacht werden, doch auch hier können spielerische Herangehensweisen zur begrifflichen Klärung Anwendung finden. Gerade das Schulfach Darstellendes Spiel bietet durch seine didaktische und methodische Vielfalt die Bühne, sich mit wichtigen gesellschaftlichen Entwicklungen auseinander- und individuelle Handlungspotenziale freizusetzen.

Literatur

Austin, John L., 1972: Zur Theorie der Sprechakte. Stuttgart: Reclam. [1965]
Bachmann-Medick, Doris, 2009: Cultural Turns. Neuorientierung in den Kulturwissenschaften. Reinbek: Rowohlt.
Bidwell-Steiner, Marlen/Krammer, Stefan (Hg.), 2010: (Un)Doing Gender als gelebtes Unterrichtsprinzip. Sprache – Politik – Performanz. Wien: facultas.
Butler, Judith, 2002: Performative Akte und Geschlechterkonstitution. Phänomenologie und feministische Theorie. In: Wirth, Uwe (Hg.): Performanz. Zwischen Sprachphilosophie und Kulturwissenschaften. Frankfurt a.M.: Suhrkamp, 301-320.
Butler, Judith, 1998: Haß spricht. Zur Politik des Performativen. Berlin: Berlin Verlag.

Butler, Judith, 1991: Das Unbehagen der Geschlechter. Gender Studies (Edition Suhrkamp). Frankfurt a.M.: Suhrkamp.
Derrida, Jacques, 1988: Die différance. In: Derrida, Jacques (Hg.): Randgänge der Philosophie. Wien: Passagen, 29-52. [1972]
Feldmann, Doris/Schülting, Sabine, 2002: Gender Studies/Gender-Forschung. In: Kroll, Renate (Hg.): Metzler Lexikon Gender Studies Geschlechter-Forschung. Ansätze – Personen – Grundbegriffe. Stuttgart: Metzler, 143-145.
Fischer-Lichte, Erika, 2001: Vom »Text« zur »Performance«. Der »performative turn« in den Kulturwissenschaften. In: Stanitzek, Georg/Voßkamp, Wilhelm (Hg.): Schnittstelle. Medien und kulturelle Kommunikation. Köln: DuMont, 111-115.
Fischer-Lichte, Erika, 1998: Das System der theatralischen Zeichen. Tübingen: Narr.
Goffman, Erving, 1973: Wir alle spielen Theater. Die Selbstdarstellung im Alltag. München: Piper.
Gronau, Barbara, 2010: Theaterinstallationen. Performative Räume bei Beuys, Boltanski und Kabakov. München: Wilhelm Fink.
Hantelmann, Dorothea von, 2007: How to Do Things with Art. Zur Bedeutsamkeit der Performativität von Kunst. Zürich: Diaphanes.
Haß, Ulrike, 2005: Chor. In: Fischer-Lichte, Erika/Kolesch, Doris/Warstat, Matthias (Hg.): Metzler Lexikon Theatertheorie. Stuttgart: Metzler, 49.
Hentschel, Ulrike, 2007: Theater und Schule. In: Roßnagl, Michael (Hg.): Theater und neue Dramatik in der Schule. Sechs Unterrichtseinheiten zu den Künstlern Andrea Breth, Dea Loher, Luk Perceval, René Pollesch, Falk Richter, Johan Simons. München: Siemens, 4-12.
Hilliger, Dorothea, 2011: Schule und Theater. Kooperationen im Wechselspiel von Rahmen und Lücke. Unveröffentlichtes Manuskript.
Hilliger, Dorothea, 2006: Theaterpädagogische Inszenierungen. Beispiele – Reflexionen – Analysen. Berlin: Schibri.
Hinz, Melanie, 2008: Kollektive Körperpraktiken und erlaubte Fouls. Das Theaterprojekt Bodycheck als szenisch-theatrale Auseinandersetzung mit Gendertheorien und einem alltäglichen Doing Gender. In: Oster, Martina/Ernst, Waltraud/Gerards, Marion (Hg.): Performativität und Performance. Geschlecht in Musik, Theater und MedienKunst. Hamburg: Lit, 67-75.
Hiß, Guido, 1993: Der theatralische Blick. Einführung in die Aufführungsanalyse. Berlin: Reimer.
Kurzenberger, Hajo, 2010: Wiederholen – Reproduzieren – Wiederbeleben. Theatrale Verfahren der Vergegenwärtigung. In: Vaßen, Florian (Hg.): Korrespondenzen Theater – Ästhetik – Pädagogik. Berlin: Schibri-Verlag, 147-155.
Mangold, Christiane, 2010: Grundkurs Darstellendes Spiel. Theatertheorien. Braunschweig: Schrödel.
Mühlen Achs, Gitta, 1998: Geschlecht bewusst gemacht. Körpersprachliche Inszenierungen – ein Bilder- und Arbeitsbuch. München: Frauenoffensive.
Müller, Gini, 2010: School Soaps, Genderinszenierungen und performative Strategien des (Un)Doing Gender. In: Bidwell-Steiner, Marlen/Krammer, Stefan (Hg): (Un)Doing Gender als gelebtes Unterrichtsprinzip. Sprache – Politik – Performanz. Wien: Facultas, 135-149.
Oster, Martina/Ernst, Waltraud/Gerards, Marion, 2008a: Einleitung. In: Oster, Martina/Ernst, Waltraud/Gerards, Marion: Performativität und Performance. Geschlecht in Musik, Theater und MedienKunst. Hamburg: Lit, 10-17.

Parsons, Talcott, 1955: Family, Socialization and Interaction Process. Glencoe: The Free Press.
Parsons, Talcott/Bales, Robert, 1951: The Social System. Glencoe: The Free Press.
Paseka, Angelika, 2008: Wie Kinder zu Mädchen und Buben werden. Einige Erkenntnisse aus der Sozialisations- und Geschlechterforschung. In: Buchmayr, Maria (Hg.): Geschlecht lernen. Gendersensible Didaktik und Pädagogik. Innsbruck: Studienverlag, 15-31.
Pavis, Patrice, 1988: Semiotik der Theaterrezeption. Tübingen: Narr.
Pfeiffer, Malte/List, Volker, 2009: Kursbuch Darstellendes Spiel. Stuttgart: Klett.
Risi, Clemens/Roselt, Jens/Weiler, Christel (Hg.), 2008: Strahlkräfte. Festschrift für Erika Fischer-Lichte. Berlin: Theater der Zeit.
Roselt, Jens, 2008: Feedback der Zeichen. In: Risi, Clemens/Roselt, Jens/Weiler, Christel (Hg.): Strahlkräfte. Festschrift für Erika Fischer-Lichte. Berlin: Theater der Zeit, 42-54.
Roselt, Jens, 2004: Kreatives Zuschauen. Zur Phänomenologie von Erfahrungen im Theater. In: Der Deutschunterricht. 20. Jg. H. 2, 46-56.
Senatsverwaltung für Bildung, Jugend und Sport Berlin (Hg.), 2006: Rahmenplan für die gymnasiale Oberstufe. Gymnasien, Gesamtschulen mit gymnasialer Oberstufe, Berufliche Gymnasien, Kollegs, Abendgymnasien. Darstellendes Spiel. Berlin: Senatsverwaltung für Bildung, Jugend und Sport.
Schröder, Johannes L., 1992: Performance. In: Brauneck, Manfred/Schneilin, Gérard (Hg.): Theaterlexikon. Begriffe und Epochen, Bühnen und Ensembles. 3. Auflage. Reinbek: Rowohlt, 734-735.
Schrödl, Jenny, 2005: Gender Performance. In: Fischer-Lichte, Erika/Kolesch, Doris/Warstat, Matthias (Hg.): Metzler Lexikon Theatertheorie. Stuttgart: Metzler, 125-127.
Simonis, Linda, 2013: Habitus. In: Nünning, Ansgar (Hg.): Metzler Lexikon Literatur- und Kulturtheorie. Ansätze – Personen – Grundbegriffe. 5. Auflage. Stuttgart: Metzler.
Weiler, Christel, 2008: Weiter denken – analytisch und wild zugleich. In: Risi, Clemens/Roselt, Jens/Weiler, Christel (Hg.): Strahlkräfte. Festschrift für Erika Fischer-Lichte. Berlin: Theater der Zeit, 28-42.
West, Candace/Zimmermann, Don H., 1987: Doing Gender. In: Gender und Society. 1. Jg. H. 2, 125-151. [http://gas.sagepub.com/content/1/2/125.full.pdf+html, eingesehen am: 24.02.2015]

GESELLSCHAFT LERNEN

Gender-Re-Skripting
Eine Methode zur Reduktion stereotyper Verhaltensweisen im Unterricht

Bernhard Ertl, Kathrin Helling

> [Die Mädchen ...] trauen sich da nicht, und wenn sie merken, dass des gar nicht so schwierig ist, dann wiederum sind sie sehr viel forscher als die Jungen und viel neugieriger.
> AUS EINEM INTERVIEW MIT EINER LEHRERIN[1]

Schülerinnen und Schüler in Deutschland zeigen systematische Leistungsunterschiede in Mathematik und den naturwissenschaftlichen Fächern sowie im Fach Deutsch. Dies bestätigen internationale Schulleistungsstudien wie TIMSS (Trends in International Mathematics and Science Study; vgl. Bos u.a. 2008: 7f.) und PISA (Programme for International Student Assessment; vgl. OECD 2007: 114f., 303f., 320f., 323f.). Die unterschiedlichen Schulleistungen lassen sich jedoch nicht ausreichend durch Unterschiede in der Begabung erklären (siehe auch Else-Quest/Hyde/Linn 2010: 120), sondern können auf verschiedene Ursachen zurückgeführt werden. Trotzdem wirken sich diese von Schülerinnen und Schülern wahrgenommenen Leistungsunterschiede auf ihr Selbstkonzept (vgl. Hannover/Kessels 2002: 212), ihre Lernmotivation (vgl. Steinmayr/Spinath 2009: 87) und den Erfolg in einem bestimmten Fach (vgl. Ziegler/Schober 2001: 19f.) aus. Schlussendlich kann dies die Berufswahl, d.h. die Entscheidung für oder gegen mathematisch-naturwissenschaftliche Berufsfelder, beeinflussen (vgl. Ertl/Luttenberger/Paechter 2014).

Aus Perspektive der Lehr-/Lernforschung wird in diesem Kontext untersucht, wie sich individuelle Unterschiede zwischen den Lernenden in den Lernvoraussetzungen, also etwa im Vorwissen, in der Motivation oder im Selbstkonzept, auf die Lernprozesse und Lernergebnisse auswirken und inwieweit Unterschiede in diesen Variablen mit der Zugehörigkeit zu einem bestimmten Geschlecht einhergehen. Vor diesem Hintergrund betrachtet der vorliegende Beitrag Geschlechterphänomene und beschreibt, wie Stereotype über Mädchen/Frauen und Jungen/Männer die Inter-

---

[1] | Lehrerin D (07:24), siehe Kapitel 1 Abschnitt »Exemplarische Belege aus den Studien des Projekts PREDIL«.

aktionen im Schulkontext beeinflussen können (vgl. Ertl/Helling 2010: 149; Webb 1989: 34f.[2]) und damit auch Auswirkungen auf Sozialisationsprozesse haben (vgl. Hannover 2010: 32). Ein Merkmal solcher Interaktionen ist, dass die entsprechenden Handlungen oft mit einer stereotypen Rollenwahrnehmung unbewusst durchgeführt werden und dadurch die Stereotype bestätigen, aber auch Auswirkungen auf das Selbstkonzept, die Motivation und somit auch auf die Lernergebnisse haben.

Hier setzt die Methode des Gender-Re-Skripting an, indem sie versucht, stereotype Verhaltensweisen und vorherrschende Rollen aufzulösen und den SchülerInnen Erfahrungsräume für die Anwendung verschiedener Rollen bereitzustellen. Der Beitrag stellt die Methode des Gender-Re-Skripting vor, die zum Ziel hat, gendersterotype Verhaltensweisen im Unterricht zu reflektieren und zu reduzieren. Kapitel 1 stellt dar, wie Geschlechterdifferenzen im Unterricht auftreten können, sowohl auf Basis der Literatur als auch mit Beispielen aus eigenen empirischen Forschungsarbeiten. Darauf aufbauend wird das Konzept der Gender-Skripts eingeführt, mit dem sich genderspezifische stereotype Verhaltensweisen allgemein (Kap. 2) und deren Auswirkungen im Unterricht (Kap. 3) beschreiben lassen. Kapitel 4 beschreibt eine Perspektive auf Skripts als didaktische Methode zur Strukturierung von Lernprozessen, auf der der Ansatz des Gender-Re-Skripting (Kap. 5) aufbaut. Kapitel 6 setzt diesen Ansatz in ein konkretes Unterrichtsbeispiel um. Zum Abschluss werden in Kapitel 7 Praxiserfahrungen und Transfermöglichkeiten erläutert.

1 GESCHLECHTERDIFFERENZEN IM UNTERRICHT

Internationale Schulleistungsstudien deuten darauf hin, dass die eingangs beschriebenen Unterschiede zwischen Lernenden in einigen Ländern zwar weit verbreitet sind, allerdings nicht verallgemeinert werden können. Insbesondere weist eine Meta-Studie (Else-Quest/Hyde/Lynn 2010: 120) darauf hin, dass es im internationalen Vergleich solcher Studien keine systematischen Unterschiede zwischen Schülerinnen und Schülern bezüglich der Leistungen in Mathematik gibt – auch wenn in einzelnen Ländern, z.B. in Deutschland, signifikante Unterschiede erkennbar sind. Daher argumentieren die Autorinnen der Meta-Studie, dass die Leistungsunterschiede kulturell bedingt sind (siehe auch Augustin-Dittmann in diesem Buch). Brian Nosek u.a. (2009: 10596) konnten darüber hinaus belegen, dass sich die Leistungen in Mathematik und den Naturwissenschaften über verschiedene Länder hinweg durch implizite genderstereotypische Annahmen in Bezug auf die Naturwissenschaften und deren Auswirkungen auf Schulleistungen vorhersagen lassen (siehe auch Tobies/Schneider in diesem Buch). Ein weiteres Ergebnis aus der deutschen Analyse der TIMSS-Studie (Bos u.a. 2008: 8) zeigt, dass das schlechtere Abschneiden von Schülerinnen fast ausschließlich auf eine niedrigere Selbstein-

---

2 | Noreen Webb (1989) beschreibt aus einer Perspektive der kognitiven Elaboration, wie die elaborativen Aktivitäten in Kleingruppen zur Wissenskonstruktion der Lernenden im Klassenzimmer beitragen. Unter dieser Perspektive haben viele Folgestudien (u.a. Ding/Harskamp 2006) die elaborativen Prozesse von Lernenden untersucht; auch die Ansätze der Unterstützung des Lernens durch Kooperationsskripts (Ertl/Mandl 2005; Rosenshine/Meister 1994) argumentieren aus dieser Perspektive.

schätzung ihrer Fähigkeiten im betreffenden Fach zurückgeführt werden konnte. Dies wirkt sich zudem auf das Interesse und die Motivation der Schülerinnen aus (vgl. Gunderson/Ramirez/Levine/Beilock 2012: 163f.), wodurch auch die weiteren Anstrengungen in diesen Fächern negativ beeinflusst und die Unterschiede mit der Zeit verstärkt werden (vgl. Heckhausen 1989: 431ff.).

Selbsteinschätzungen werden durch die Art der Zuschreibung von Ursachen für Erfolg und Misserfolg entwickelt und festgeschrieben, ein Prozess, den man als Attribution bezeichnet. Hierzu konnte beispielsweise Albert Ziegler (2002: 87ff.) zeigen, dass Schülerinnen ihre schlechten Noten in Mathematik ihrer (unveränderbaren) mangelnden Begabung zuschreiben, während Schüler ihre schlechten mathematischen Leistungen eher auf weniger selbstkonzeptschädliche, äußerliche oder veränderbare Ursachen (z.B. Lehrer, Zufall, mangelnder Fleiß) zurückführen. Die Zuschreibung von Ursachen kann dabei sowohl von der betroffenen Person selbst erfolgen (Selbstattribution) als auch von anderen wie etwa Lehrpersonen, Eltern oder der Peergroup, und kann von den tatsächlichen Ursachen abweichen.

Solche Attributionsmuster werden oft durch genderstereotype Verhaltensweisen[3] im schulischen und familiären Umfeld der betreffenden SchülerInnen angelegt und verstärkt. So schätzen zum Beispiel Lernende, die annehmen, kein Talent für Mathematik zu haben (Selbstattribution), die eigenen mathematischen Leistungen von vornherein schlechter ein als Lernende, die sich prinzipiell für talentiert halten, aber annehmen, die Lehrkraft sei bei der Notenvergabe nicht fair. Die dabei auftretenden geschlechterspezifischen Unterschiede sollen an dieser Stelle noch einmal verdeutlicht werden: Jungen neigen eher dazu, motivationsförderlich zu attribuieren, also Erfolge auf internale Ursachen wie Begabung und Misserfolge auf externale Ursachen wie etwa den Zufall zurückführen, während Mädchen eher motivationshinderliche Zuschreibungen durchführen und ihre Erfolge external attribuieren (Glück gehabt), während Misserfolge auf mangelnde Begabung zurückgeführt werden (vgl. Ziegler/Schober 2001: 87ff.). Vergleichbare Auswirkungen auf die Selbsteinschätzungen zeigen sich auch hinsichtlich Fremdattributionen. Insbesondere sind die Attributionen von Eltern essenziell für den Erfolg von Schülerinnen (vgl. Dresel/Schober/Ziegler 2007: 73ff.). Hierbei spielt es vor allem eine Rolle, dass Eltern ihre Töchter in Mathematik und den Naturwissenschaften oft – unabhängig von deren tatsächlichen Leistungen im Klassenvergleich – stereotyperweise als mathematisch-naturwissenschaftlich wenig begabt einschätzen und Schulleistungen entsprechend attribuieren, ohne weitere Einflussfaktoren zu berücksichtigen. Durch eine derartige Stereotypisierung werden die Unterschiede individueller Lernender, die quer zum Geschlecht auftreten, einseitig dem Geschlecht zugeschrieben und durch fortwährende gleichlautende Attributionen als Teil des indivi-

---

3 | Betrachtet man Schulleistungsstudien, ist dort eine der Variablen das (biologische) Geschlecht der Lernenden, eine weitere Differenzierung findet nicht statt. Geht es allerdings um die Konstruktion von Identität, spielt zudem eine Rolle, wie sehr sich Jugendliche selbst mit ihrem Geschlecht identifizieren, gerade wenn es um Schulfächer oder andere Kontexte geht, die durch Stereotypen mit dem jeweils anderen Geschlecht konnotiert sind (vgl. Kessels/Hannover 2006: 360; Heß in diesem Buch). In diesem Beitrag verwenden wir daher den Begriff »Geschlecht« für Ausführungen, in denen das tatsächliche Geschlecht als Variable vorkommt, während wir den Begriff »Gender« für Ausführungen verwenden, die von geschlechtlichen Zuschreibungen handeln.

duellen Selbstbildes festgeschrieben. Dieser Prozess verstärkt die Möglichkeit, dass sie so zu einem Teil der Gender-Konstruktion von Jugendlichen werden.

Exemplarische Belege aus den Studien des Projekts PREDIL
Die oben beschriebenen Phänomene lassen sich exemplarisch anhand einiger Daten aus eigenen qualitativen Studien veranschaulichen. Hierzu werden im Folgenden kursorisch ausgewählte Forschungsergebnisse aus dem Projekt PREDIL (Promoting Equality in Digital Literacy[4]) dargestellt. Für die hier beschriebene Studie wurden acht Schülerinnen und sechs Schüler der Schulstufen 11 und 12 interviewt sowie vier Lehrerinnen und zwei Lehrer, die sich mit Digital Literacy im Unterricht befassten. Die Interviews bezogen sich auf computerbasiertes Arbeiten im Unterricht; ein besonderes Augenmerk der Analyse lag dabei auf genderspezifischen Kompetenzzuschreibungen und Selbsteinschätzungen, Attributions- und Interaktionsmustern.

In der Studie konnte beispielsweise festgestellt werden, wie unterschiedliche Kompetenzzuschreibungen erfolgen und welche Auswirkungen diese auf die Interaktionen in der Klasse haben. So berichtete etwa Lehrerin C (II[5] 03:05): »[...] die Mädchen sind [...] viel selbstkritischer als die Jungs [...] und schätzen sich, also auch wenn die objektiv gesehen genauso gut sind, schlechter ein [...]«. Dabei brachten insbesondere die Lehrerinnen Beispiele für im Unterricht ablaufende genderspezifische Interaktionen, die auf unterschiedlichen Selbsteinschätzungen beruhten und diese weiter verstärkten. Neben dem eingangs erwähnten Zitat beschrieb etwa Lehrerin A (15:33):

»[Die Mädchen] haben sich das [Fragen] oft nicht getraut, weil da sind immer ein paar Burschen in der Klasse, die ziehen das dann ins Lächerliche und schmeißen dann halt so blöde Äußerungen ›Hast du das immer noch nicht kapiert?‹, ›Das hab ich dir doch schon mal erklärt‹, ›Ach ja, Frauen und so‹, diese typischen Macho ...«

Solche Phänomene wurden auch von Lehrerin C (II 03:39) beschrieben und auf entsprechende Interaktionen in der Klasse zurückgeführt:

»Naja, dass die Mädchen sich schlechter einschätzen, vielleicht liegt's auch daran, dass die Jungs mit ihrem Wissen mehr ähm aus sich herausgehen [...] und dass das dann also einschüchtert [...] und das ist schon auffällig bei den Jungs, dass [...] die das Wissen sehr gerne raushängen lassen [...] und das schüchtert die Mädchen aus meiner Sicht schon ein.«

Schülerinnen antizipieren solche Interaktionen und richten ihr Verhalten daran aus. So berichtete etwa Schülerin B (B39:17:3[6]): »[...] weil, wenn ich's dann sage,

---

4 | Der Begriff der Digital Literacy bezeichnet die Medienkompetenz von Jugendlichen, insbesondere in Bezug auf digitale Medien wie Computer und Mobiltelefon (siehe Ertl/Helling 2013: 10ff.). Nähere Informationen sind im Internet zu finden unter http://predil.iacm.forth.gr/project.php (eingesehen am: 29.09.2014) bzw. www.unibw.de/hum/personen/ertl/predil (eingesehen am: 29.09.2014).
5 | Interview Teil II.
6 | Auf die Stellen aus den Interviews mit den SchülerInnen wird über das Band (Aufnahmedatei): den Turn (SprecherInnenwechsel): und die Utterance (Äußerung) verwiesen.

dann ernte ich dafür solche ähhhhöghs [gemeint sind negative Kommentare, Anm. BE/KH] oder so«. Dabei entsteht gerade bei den Schülerinnen der Eindruck einer höheren Begabung ihrer Mitschüler. So attribuieren Schülerin C (B40:10:3) »[Die Jungs] wissen immer alles«, und Schülerin D (B39:19:3) »[...] weil die [...Jungs] schon technisch begabt sind« die Beiträge ihrer Mitschüler auf stereotype Begabungsmuster.

Insgesamt macht es den Anschein, dass die Schülerinnen im Umfeld solcher genderspezifischen Interaktionen eine größere Sicherheit benötigen, um sich entsprechend am Unterricht zu beteiligen. Von den Jungen scheint die Unsicherheit der Mädchen auf eine mangelnde Kompetenz zurückgeführt zu werden. So stellte etwa Schüler A fest (D11:15:4/5): »[...] die einfachen Fragen [...] muss ich jetzt, glaub ich, ned beantworten, und die Mädels sind da immer glei voll dabei [...] die hängen sich da so richtig rein.«

Neben diesen offensichtlichen Attributionen im Unterricht, die Lehrkräften die Möglichkeit geben, diese aufzugreifen und entsprechend zu intervenieren (siehe dazu auch Manz in diesem Buch), finden jedoch oft auch unbewusste Zuschreibungen von Begabung und Fähigkeit statt, die sich entsprechend auf Handlungen auswirken. So beschreibt etwa Bettina Hannover (2002: 38) genderspezifische Einflussfaktoren auf die Erfolgserwartung bei geschlechtskonnotierten Aufgaben. Sie zeigt, dass insbesondere Frauen bei Aufgaben, die aufgrund von stereotypen Annahmen oder durch Priming[7] männlich konnotiert sind, eine deutlich reduzierte Erfolgserwartung haben. Die Effekte eines solchen Priming wurden unter dem Begriff *stereotype threat* (also der Bedrohung durch Stereotype) in Bezug auf den ethnischen Hintergrund (z.B. Owens/Massey 2011: 151ff.) oder Gender (z.B. Keller 2007; Shapiro/Williams 2012) analysiert. Priming kann durch Lehrpersonen, Eltern, die Interaktion im Klassenzimmer oder durch die Peergroup stattfinden, indem nach Sylvia Buchen und Ingo Straub (2006: 4ff.) im Gruppenprozess bestimmte Fähigkeiten einem Geschlecht zugeschrieben werden. Solche Prozesse sind oft Teil der Identitätsentwicklung von Jugendlichen (siehe Kessels/Hannover 2004: 403ff.). Mädchen und Jungen orientieren sich an solchen stereotypisierten Geschlechterrollenerwartungen und führen die dazugehörigen Verhaltensweisen aus – dies zeigt sich zum Beispiel, wenn Jungen im Kontext von Computern versuchen, sich als möglichst kompetent darzustellen (siehe Buchen/Straub 2006: 4ff.). Solche wiederkehrenden genderspezifischen Verhaltensmuster von SchülerInnen sollen im Folgenden unter dem Begriff Gender-Skript zusammengefasst werden.

---

7 | Als Priming wird eine bewusste oder unbewusste Veränderung des Handlungskontexts durch zuvor vermittelte Informationen bezeichnet. Ein Beispiel dafür ist, wenn die Lehrperson vor einer Leseprobe der Klasse erläutern würde, dass sich die Jungen bei dieser Aufgabe mehr anstrengen müssten, da ihre Leseleistungen unter denen von Mädchen liegen. Ein solches Priming hat in der Regel zur Folge, dass die betroffene Gruppe im Test tatsächlich schlechter abschneidet. Erfolgt das Priming auf Basis kulturell verankerter Stereotypen, spricht man auch vom *stereotype threat*, der Bedrohung durch Stereotype (siehe z.B. Owens/Massey 2011: 151ff.).

2 GENDER-SKRIPTS

Der Begriff der Skripts, auf den die Gender-Skripts zurückgehen, stammt aus der Kognitionspsychologie. Nach Roger Schank und Robert Abelson (1977: 36ff.) sind Skripts ein Teil der kognitiven Wissensorganisation. Sie beschreiben eine zeitlich organisierte Ereignisabfolge im Kontext von Standardsituationen zwischen verschiedenen Personen. Als Beispiel wird dafür zumeist der Bestellprozess in amerikanischen Restaurants angeführt, der aus einer standardisierten Interaktion zwischen Personal und Restaurantgästen besteht (man wartet am Eingang, bekommt einen Tisch zugewiesen, wird nach den Getränken gefragt etc.). Derartige Skripts werden von den beteiligten Personen mit der Zeit internalisiert, also so weit verinnerlicht, dass sie einer bewussten Reflexion nicht mehr zugänglich sind. Durch ihre Internalisierung können sie den Individuen helfen, sich in Standardsituationen leichter zurechtzufinden, diese zu interpretieren und das vom Gegenüber erwartete Verhalten zu antizipieren und entsprechend zu handeln. Neben den konkreten Handlungsabläufen werden mit dem Skript Rollenerwartungen internalisiert, die im Kontext der jeweiligen Situationen von Bedeutung sind.

Finden solche Skripts im Gender-Kontext statt, ist zu beachten, dass die mit den Geschlechtern verbundenen Rollenerwartungen sehr viel differenzierter sind als in dem Beispiel mit dem Restaurant, da sie in sehr vielen unterschiedlichen Situationen zum Tragen kommen. Insbesondere werden mit dem Geschlecht deutlich mehr Rollenerwartungen assoziiert als zum Beispiel mit der Rolle »Personal im Restaurant«. Betrachtet man also die Komplexität dieser genderspezifischen Rollenerwartungen, kann man daher von umfassenden, gesellschaftlich bedingten Gender-Schemata sprechen (vgl. Bem 1981: 355). Kinder passen ihr Selbstkonzept an diese Gender-Schemata an und richten die Prozesse der Informationsverarbeitung daran aus, ebenso wie Vorlieben, Einstellungen, Verhalten und persönliche Merkmale: »As children learn the contents of the society's gender schema, they learn which attributes are to be linked with their own sex and, hence, with themselves« (Bem 1981: 355). Sandra Bem (1981: 356) bezeichnet dieses Phänomen als »sex typing«, d.h. Geschlechtstypisierung, welche die Entwicklung der Geschlechterrollen beeinflusst. Dabei kann möglicherweise ein Teil dieser Geschlechterrollen auf offensichtliche biologische Unterschiede zwischen den Geschlechtern zurückgeführt werden, der weitaus größere Teil jedoch auf die Zuschreibung stereotyper sozialer Geschlechterrollenerwartungen. Dies tritt etwa dann auf, wenn SchülerInnen ihre Wahl von Schulfächern an stereotypen Rollenmustern ausrichten (vgl. Kessels/Hannover 2004: 404ff.) oder wenn sich Jugendliche beim Zugang zu Berufsfeldern an stereotypen Gender-Schemata orientieren – etwa, dass »Technik [...] als *männliches Territorium* [gilt], als stereotypisch mit ›männlichen‹ Kompetenzen und Leistungen verbundener Aktivitätsraum« (Solga/Pfahl 2009: 155; Herv. i.O.). In diesem Kontext stellen die Gender-Schemata stereotype Rollenerwartungen dar, vor deren Hintergrund die Gender-Skripts als geschlechtsbezogene Ereignisabfolgen ablaufen. Gary Levy und Robyn Fivush (1993: 133) benennen die folgende Definition für Gender-Skripts:

»Gender scripts are [...] temporally organized event sequences. But in addition [to generic scripts], gender scripts possess a gender-role stereotype component which defines which sex stereotypically performs a given sequence of events.«

Skripts beschreiben also ebenso Strukturen für längere oder kürzere Ereignisabfolgen, die aus Erfahrungen, sozialen Normen oder Stereotypen internalisiert wurden, wie die dazugehörenden sozialen Rollen, die den einzelnen Beteiligten zugeordnet werden. Gender-Skripts zeichnen sich darüber hinaus dadurch aus, dass sie im geschlechtlichen Kontext stattfinden. Ihrem Ablauf liegen Gender-Schemata und geschlechterstereotype Rollenerwartungen zugrunde, die durch die Gender-Skripts auch thematisiert werden. Damit können sie stereotype Verhaltensweisen reproduzieren und verfestigen.

3 Gender-Skripts im Kontext Schule

Genderspezifische Sozialisationsprozesse und stereotype Vorstellungen geschlechter-adäquater Verhaltensweisen (Gender-Skripts) reproduzieren sich in alltäglichen Situationen. In diesem Abschnitt werden verschiede Studien vorgestellt, die beispielhaft zeigen, welche stereotypen Gender-Schemata im Kontext Schule auftreten, und wie sich diese als Gender-Skripts auf Ereignisse und Verhalten im Unterricht auswirken können.

Der negative Einfluss von Geschlechterrollenerwartungen zeigt sich für Mädchen im Bereich der MINT-Fächer (vgl. Solga/Pfahl 2009: 26ff.) und für Jungen vornehmlich für die Lesekompetenz. Allerdings sind die Auswirkungen verschieden: In den Schulleistungsstudien schneiden Schülerinnen in Deutschland etwas schlechter in Mathematik und den Naturwissenschaften ab – die bereits beschriebenen Studien verweisen aber auf deutliche Einflüsse auf das Selbstkonzept (vgl. Bos u.a. 2008: 7f.; OECD 2007: 114f., 320f.) und starke Sanktionen des sozialen Umfelds, wenn dem Stereotyp nicht entsprochen wird (vgl. Kessels/Hannover 2006: 360). Im Gegensatz dazu schneiden Schüler weitaus schlechter in der Lesekompetenz ab (vgl. OECD 2007: 303f.). Allerdings ist das Selbstkonzept davon weniger beeinflusst und auch die sozialen Sanktionen für Schüler mit hoher Lesekompetenz eher gering. Daher soll die Diskussionslinie dieses Beitrags auf Schülerinnen in den MINT-Fächern liegen.

3.1 Gender-Schemata in der Schule

Spezifischen Einblick in stereotype Gender-Schemata liefert eine Studie zum Einsatz von neuen Medien in der Schule: Während Technikkompetenz und Selbstbewusstsein im Umgang mit neuen Medien sowohl von Lehrkräften als auch von Jugendlichen primär den Jungen zugeschrieben wurden, wurden Zielorientierung, Medienkompetenz (verstanden als sinnvoller Einsatz von Medien) und soziale Kompetenz als typisch weibliche Attribute angesehen (vgl. Stürzer 2003: 212ff.). Ergänzend weisen die Ergebnisse einer deutschen Studie von Hannelore Faulstich-Wieland und Elke Nyssen (1998: 192ff.) deutlich auf vorhandene genderstereotype Erwartungen und dementsprechende Attributionen hin, die Unterschiede in der Kompetenzwahrnehmung von Mädchen und Jungen festigen (vgl. Dresel/Schober/Ziegler 2007: 77ff.).

Gender-schematische Darstellungen finden sich auch in schulischen Inhalten (vgl. Faulstich-Wieland 2004: 176ff.) und bieten Identifikationsmöglichkeiten, die durch die stereotypische Repräsentation von Geschlecht (vgl. Hunze 2003: 77ff.)

verzerrt sind. Monika Finsterwald und Albert Ziegler (2007: 135ff.) zeigen z.b. in einer Analyse von Abbildungen in Schulbüchern der Grundschule, dass eine stereotype Darstellung von Geschlechterrollen im beruflichen Kontext erfolgt. In Berufen, die hohes technisches Wissen erfordern, werden weniger Frauen abgebildet. Auch verwenden Frauen eher alltägliche technische Geräte, wie z.b. ein Telefon, während Männer mit Computern oder Laborgeräten abgebildet werden (siehe auch Helling/Ertl 2011: 53ff.).

Solche Gender-Schemata haben Auswirkungen auf das Lernen: So zeigen Levy und Fivush (1993: 127f.), dass Kinder eine tiefere und komplexere Informationsverarbeitung an den Tag legen, wenn sie Aktivitäten durchführen, die als typisch für ihr eigenes Geschlecht gelten – beziehungsweise weniger Interesse und Engagement zeigen, wenn sie Aktivitäten durchführen, die geschlechtsuntypisch sind (siehe auch Jurik/Gröschner/Seidel 2013: 35; Kessels/Hannover 2004: 408f.; eine differenziertere Analyse zur Wirkung von Geschlechterstereotypen auf Lernmotivation und das fähigkeitsbezogene Selbstkonzept beschreiben wir in Ertl/Luttenberger/Paechter 2014). Ursula Kessels (2002: 45) formuliert die Annahme, dass in den sogenannten MINT-Fächern, d.h. Mathematik, Informatik, Naturwissenschaft und Technik, »geschlechtsbezogenes Selbstwissen« von Nachteil sein kann, wenn Mädchen dadurch ein als typisch männlich angesehenes Schulfach, z.B. den Physikunterricht, für sich aufgrund ihres Geschlechts als unwichtig bewerten. Somit tendieren Mädchen in diesen Fächern eher dazu, sich zu unterschätzen und sich dementsprechend weniger in diesen Fächern einzubringen. Auf der anderen Seite tendieren viele Jungen dazu, sich zu überschätzen und deswegen ihre Lernaktivitäten zu reduzieren – wodurch auch Jungen ihre Potenziale nicht nutzen.

3.2 Gender-Skripts in der Schule

Es kann angenommen werden, dass genderstereotype Rückmeldungen oder Darstellungen in Lehrmaterialien sowie die Unterscheidung von weiblichen und männlichen Kompetenzen und Begabungen die Interaktion im Unterricht explizit und implizit beeinflussen. Geschlechtszugehörigkeit und Geschlechterrollen werden sichtbar, Attributionsmuster vorgegeben und die damit verbundenen Erwartungen verfestigen und reproduzieren sich als Gender-Skripts: Interaktionen werden sowohl von internalisierten Geschlechterrollen bestimmt als auch durch deren wiederholte Anrufung weiter verfestigt.

Gender-Skripts beeinflussen den Ablauf von Lehr- und Lernprozessen und sozialen Interaktionen im Unterricht, wenn sie als bestehende Wissensstrukturen auf die Informationsbearbeitung und die Selbsteinschätzung von SchülerInnen wirken oder die Handlungen und Rückmeldungen von Lehrkräften bestimmen. Dies zeigt sich laut Angelika Paseka (2007: 53) in modellhaften Handlungen, die aufgrund ihrer Praktikabilität allgemein akzeptiert werden, etwa wenn mit technischen Aufgaben im Klassenzimmer grundsätzlich Jungen betraut werden (z.B. den Computer für den Unterricht vorbereiten) oder Mädchen gefragt werden, ob sie gestalterische Tätigkeiten übernehmen können (z.B. ein Plakat für ein Schulfest zu entwerfen). Wenn jedoch von Jungen Computerkompetenz erwartet wird, fühlen diese sich oft genötigt, ihr Verhalten danach auszurichten (vgl. Buchen/Straub 2006: 4f.). Dabei erhalten Jungen die Möglichkeit, ihr Selbstkonzept zu verfestigen, während bei Mädchen eher der stereotype Eindruck, nicht begabt zu sein, verfestigt wird.

Die Beispiele aus den Interviews in Kapitel 1 illustrieren weitere Gender-Skripts: Mädchen trauen sich oft nicht, in technischen Fächern Wortmeldungen abzugeben, antworten also nicht auf Fragen, oder Jungen machen oft negative Kommentare zu den Wortmeldungen von Mädchen in den technischen Fächern. Solche Phänomene treten zudem in kooperativen Aktivitäten im Klassenzimmer auf. Hierzu beschreiben Ning Ding und Egbert Harskamp (2006: 336ff.), dass Jungen, die gemeinsam eine Aufgabe bearbeiteten, sich gegenseitig generell weniger elaborierte Erklärungen gaben als Mädchen. Dieser Effekt verstärkte sich allerdings in gemischtgeschlechtlichen Dyaden mit der Konsequenz, dass Schüler ihren Kooperationspartnerinnen erheblich weniger ausführliche Erklärungen gaben oder sie sogar weniger an der Kooperation partizipieren ließen (siehe Underwood/Underwood/Wood 2000: 453ff.). Auch Paul Light, Karen Littleton, Stuart Bale, Richard Joiner und David Messer (2000: 493ff.) berichten von unausgewogenen Interaktionen in gemischten Dyaden. In ihrer Studie bezogen sich die Lernaktivitäten auf Problemlösen am Computer. Jungen übernahmen sehr viel öfter die Kontrolle über Tastatur und Maus und waren seltener bereit, diese zu teilen bzw. abzuwechseln.

Hannelore Faulstich-Wieland (2008) beschreibt in ihrem Kapitel über Unterrichtsszenen differenziert Gender-Skripts von Lehrkräften. Sie beobachtete, wie Lehrkräfte zwischen Mädchen und Jungen unterscheiden, wenn Aufgabenstellungen formuliert wurden: Für Jungen erfolgte eine eher technische Formulierung, während dieselbe Aufgabe den Mädchen eher umgangssprachlich erklärt wurde (Faulstich-Wieland 2008: 39). Auch hier hat eine gendersterotype Fähigkeitszuschreibung der Lehrkräfte Einfluss auf das Unterrichtsgeschehen. Oft wird bei solchen unreflektierten Versuchen, Kinder und Jugendliche beiderlei Geschlechts zum Unterricht zu motivieren, das Geschlecht überhaupt erst dramatisiert, also unbeabsichtigt herausgestellt, wodurch stereotype Gender-Schemata und Gender-Skripts noch verstärkt und reproduziert werden können (Doing Gender).

Die beschriebenen Phänomene zeigen, dass SchülerInnen während der Interaktion oft auf spezifische Rollen im Rahmen eines Gender-Skripts festgelegt sind, die es ihnen erschweren, positive Kompetenzerfahrungen zu machen (z.B. wenn Mädchen selbst aktiv den Computer bedienen) und ein positives Selbstbild aufzubauen. Um diese Rollen und die damit verbundenen Interaktionen zu verändern, soll im Folgenden mit dem Ansatz der Kooperationsskripts eine Methode vorgestellt werden, mit der sich Interaktionen und Lernprozesse im Klassenzimmer gezielt strukturieren lassen. Im Anschluss wird diese Methode auf die Reduktion von stereotypen Gender-Skripts im Unterricht übertragen (Gender-Re-Skripting).

4 Didaktische Skripts zur Strukturierung kooperativer Lernprozesse

Die bisherige Verwendung des Skriptbegriffes bezog sich primär auf automatisierte, oft intuitiv ablaufende Handlungsweisen, die im Prozess der Sozialisation, häufig durch unbewusste Lernprozesse, internalisiert wurden. Skripts können aber auch gezielt eingesetzt werden, um Handlungsabläufe bewusst zu machen und um spezifische Interaktionsmuster zu erlernen. In diesem Zusammenhang werden Skripts im pädagogischen Kontext als eine didaktische Struktur für die Interaktion zwischen Lernenden und mit den Lernmaterialien verwendet (siehe z.B. O'Donnell/King 1999). Bernhard Ertl und Heinz Mandl (2005: 275f.) beschreiben drei Kennzeichen solcher Skripts: Den Lernenden werden erstens unterschiedliche *Rollen* zugewiesen, die einen Rahmen für Aktivitäten und spezifizierte Interaktionen geben. Ein zweites Kennzeichen ist eine *Sequenzierung* des Lernprozesses. Dabei wird der Lernprozess in verschiedene Phasen eingeteilt, während denen die Lernenden jeweils unterschiedliche Aktivitäten wahrnehmen. Ein weiteres Kennzeichen ist die Anwendung spezifischer kognitiver oder kooperativer *Strategien*. Im Rahmen von kooperativen Lernaktivitäten spricht man von sogenannten Kooperationsskripts. Hier werden Rollen durch das Verteilen von Rolleninformationen und durch die Instruktion des Lernszenarios den Lernenden zugewiesen. Sie werden gebeten, sich mit dieser Rolle auseinanderzusetzen, d.h. auch mit den spezifischen Aufgaben, Sichtweisen oder Erfahrungen, die mit dieser Rolle zusammenhängen. Die Lernenden betrachten die Lernsituation dadurch jeweils durch eine spezifische Perspektive, die den weiteren kooperativen Handlungsablauf bestimmt.

Des Weiteren werden im Kooperationsskript Phasen für die Anwendung verschiedener kognitiver und kooperativer Strategien vorgegeben, wie individuelle Aufgabenbearbeitung oder die kooperative Lösungsfindung für ein Problem. Die Phasen können sich auch auf die Verwendung von Lernmaterialien beziehen, etwa durch die zeitlich strukturierte, abwechselnde Nutzung eines Computers für die Dokumentation von Lernergebnissen. Kooperationsskripts wurden Ende der 1970er-Jahre zur Verbesserung des Leseverständnisses von US-amerikanischen SchülerInnen entwickelt. Zur Veranschaulichung des Ablaufs und der Wirkungsweise solcher Skripts soll exemplarisch das sogenannte MURDER-Skript von Dansereau u.a. (1979) an dieser Stelle vorgestellt werden. Dieses wurde ursprünglich für individuelles Textverständnis konzipiert, dann aber zunehmend in Zweiergruppen eingesetzt (siehe O'Donnell/Dansereau 1992). Es strukturiert den Prozess der gemeinsamen Textbearbeitung in sechs Phasen, von denen die ersten beiden individuell und die weiteren in der Kooperation stattfinden.

(1) Zuerst versetzen sich die Lernenden in eine konzentrierte Stimmung zur Textbearbeitung (*Mood*).
(2) Anschließend bearbeiten die Lernenden den ersten Textabschnitt individuell: Sie lesen die Passage und arbeiten Kerngedanken und weitere wichtige Aspekte heraus (*Understand*).

Daran knüpfen die kooperativen Phasen an, in der beide Lernende unterschiedliche Rollen einnehmen: eine Wiederholen-Rolle und eine Überprüfen-Rolle.

(3) Die Wiederholen-Rolle fasst den Textabschnitt aus dem Gedächtnis zusammen und wiederholt dabei die einzelnen Inhalte (*Repeat*).
(4) Die Überprüfen-Rolle kontrolliert die wiedergegebenen Textinhalte auf ihre Richtigkeit (*Detect*). Sie achtet auf eventuelle Widersprüche und Fehlkonzepte und ergänzt fehlende Aspekte.
(5) Anschließend findet eine Vertiefung und gemeinsame Ausarbeitung der Inhalte statt (*Elaborate*). Beide Lernende stellen dabei Verknüpfungen zu ihrem Vorwissen her.

(6) In der letzten Phase gehen die Lernenden noch einmal gemeinsam über den Textabschnitt (*Review*) und überprüfen Vollständigkeit und Richtigkeit.

Für den darauffolgenden Textabschnitt starten die Lernenden mit dem Skript von vorne, tauschen dabei jedoch ihre Rollen.

Meta-Studien haben die positive Wirkung von Kooperationsskripts beim Textlernen in vielen verschiedenen Anwendungen gezeigt und sie als wirkungsvolle Lernstrategie identifiziert (vgl. Rosenshine/Meister 1994: 509ff.)[8]. In darauffolgenden Studien haben sich Kooperationsskripts aus der Anwendung zum Textverständnis emanzipiert und werden u.a. im Kontext von Problemlöseaufgaben, beim fallbasierten Lernen oder zur Unterstützung argumentativer Prozesse angewendet. Ergebnisse dieser Arbeiten zeigen beispielsweise, dass sich durch die Anwendung solcher Skripts die Aufgabenbearbeitung so gezielt gestalten lässt, dass die Lernenden ihre Aufmerksamkeit auf die intendierten Aktivitäten fokussieren (siehe z.B. Fischer/Kollar/Mandl/Haake 2007).

5 GENDER-RE-SKRIPTING

Als Gender-Re-Skripting soll nun der Ansatz des Kooperationsskripts auf die Strukturierung von Interaktionsprozessen im Klassenzimmer zur Reduzierung von Gender-Skripts übertragen werden. Dabei werden die Möglichkeiten von Kooperationsskripts zur Restrukturierung der Interaktion aufgegriffen. Durch die Vorgabe spezifischer Rollen und deren Wechsel wird es für die SchülerInnen möglich, im sicheren Kontext des Skripts verschiedene Rollen wahrzunehmen und Erfahrungen damit zu sammeln. Damit werden neue Handlungsweisen erprobt und es wird ermöglicht, gegebenenfalls festgefahrene Gender-Skripts in Bewegung zu bringen, bestenfalls um Handlungsoptionen zu erweitern. Zudem erlauben es die durch die Instruktion vorgegebenen Rollen, Geschlecht zu entdramatisieren (vgl. Faulstich-Wieland/Weber/Willems 2004: 215f.). Hierzu werden spezifische Aktivitäten und Interaktionen, die sonst eher genderstereotyp belegt wären, durch die Lehrperson bestimmten Rollen zugewiesen, die nicht mit dem Geschlecht verbunden sind – etwa dadurch, dass Aktivitäten, die bisher primär von einem Geschlecht wahrgenommen wurden, jetzt reihum oder in alphabetischer Reihenfolge vergeben werden. Durch die vorgegebenen Rollen können SchülerInnen traditionelle Geschlechterrollen in der Interaktion im Klassenzimmer verlassen und Erfahrungen außerhalb dieser machen.

Im Folgenden wird das Grundgerüst des Gender-Re-Skripting dargestellt, das in der konkreten Anwendung entsprechend den spezifischen Unterrichtssituationen angepasst und z.B. durch weitere Rollen ergänzt werden kann. In Kapitel 6 wird dieses mit Vorschlägen für eine konkrete Umsetzung im Unterricht illustriert.

Gender-Re-Skripting ermöglicht eine Umstrukturierung von Interaktionsprozessen. Die SchülerInnen bekommen bei kooperativen Aktivitäten im Klassenzimmer verschiedene Rollen zugewiesen, die sie regelmäßig wechseln. In Klein- bzw.

---

8 | Die hier dargestellten Kooperationsskripts zum Textverständnis eignen sich auch hervorragend, um der am Anfang beschriebenen Leseschwäche von Jungen entgegenzuarbeiten.

Zweiergruppen bearbeiten sie kooperativ eine Aufgabe und wechseln nach jeder Teilaufgabe ihre zugeordneten Rollen. Die genaue Spezifikation der Rollen hängt von der jeweiligen Aufgabe ab. Bei Aufgaben zur Verständnissicherung kann eine Rolle das Erklären sein, eine weitere das Nachfragen, eine das Zusammenfassen und eine andere das Ergänzen; wenn es etwas zu beobachten gibt, kann eine Person beobachten und eine andere die Beobachtungen notieren, und wenn es ein gemeinsames Arbeitsmittel (Computer, Mikroskop etc.) gibt, kann in der Benutzung des Arbeitsmittels abgewechselt werden. Bei fallbasierten Problemlöseaufgaben sind die verschiedenen an einem Fall beteiligten Personen und ihre spezifischen Sichtweisen auf eine Situation von Bedeutung, die dann für unterschiedliche Aspekte gewechselt werden können. Bezüglich der Reduktion genderstereotyper Verhaltensweisen sollte dabei auf zwei Aspekte ein besonderes Augenmerk gelegt werden:

- *Fragen stellen*: Nachfragen im Unterricht wird oft als Zeichen von Unverständnis gewertet. Durch die oben beschriebenen Interaktionsphänomene kann es vorkommen, dass sich vor allem Schülerinnen im Klassenkontext mit Fragen zurückhalten. Die Meta-Studie von Barak Rosenshine und Carla Meister (1994) konnte jedoch sehr deutlich belegen, dass gerade das Nachfragen eine wichtige Strategie zur Sicherung der Lernerfolge ist. Daher sollte einer Rolle spezifisch die Strategie des Nachfragens zugeordnet sein, um Nachfragen zu legitimieren und aus dem Kontext des Unverständnisses herauszulösen. Diese Rolle kann sowohl für die Arbeit in Kleingruppen eingeführt werden als auch für die Gesamtklasse – etwa indem jede Stunde vorgesehen ist, dass am Ende immer eine Person reihum zwei Fragen zum Unterrichtsgeschehen stellt.
- *Kontrolle des gemeinsamen Arbeitsmittels*: Wenn die Lernenden ein gemeinsames Produkt erstellen oder eine Lernaufgabe am Computer bearbeiten, ist es meist sinnvoll, auch den Umgang mit Tastatur und Maus oder einem anderen Arbeitsmedium in die Rollen einzubeziehen, um Dominanzphänomene, wie bei Light/Littelton/Bale/Jones/Messer (2000: 493ff.) beschrieben, zu vermeiden. Hierbei ist es sinnvoll, Lernende in der Nachfrage- oder Ergänzen-Rolle die Kontrolle über die Tastatur bzw. die gemeinsame Gruppenlösung zu geben.

Im Basisskript sind somit neben dem Erklären auch das Fragenstellen und die Kontrolle über das gemeinsame Arbeitsmaterial in die Rollenstruktur eingebunden. Auf diese Weise lassen sich viele Ansatzpunkte für genderstereotype Verhaltensweisen durch die spezifischen Rollen strukturieren. Je nach Klassensituation sollten den Rollen gegebenenfalls noch zusätzliche Aktivitäten zugeordnet werden, wobei eine Überstrukturierung der Rollen zu vermeiden ist, da zu viele oder zu differenzierte Vorgaben den Erfahrungsradius und die individuelle Ausgestaltung der Aktivitäten zu sehr einschränken bzw. die Lernenden überfordern (vgl. Dillenbourg 2002: 85f.). Die Basisform kann, abhängig von den Lernzielen und der Unterrichtssituation, um folgende Aspekte erweitert werden:

(1) *Reflexion*: Jenseits der Umstrukturierung der Rollen ist es sinnvoll, die Erfahrungen der SchülerInnen mit der Wahrnehmung ihrer Rollen zu reflektieren. Dies kann durch eine Frage nach der Schwierigkeit der Rollenübernahme erfolgen, d.h. wie leicht oder schwer es den jeweiligen SchülerInnen gefallen ist, die mit einer Rolle verbundenen Aktivitäten auszuführen. Für die Reflexion bietet

es sich an, dass die SchülerInnen nach jedem Abschnitt ein Arbeitsblatt mit Reflexionsfragen individuell bearbeiten. Nach der Aufgabenbearbeitung können die Reflexionsbögen in der Klasse gemeinsam besprochen werden. Dabei können etwa stereotype Fähigkeitszuschreibungen aufgedeckt werden oder es kann herausgefunden werden, ob vorhandene genderstereotype Verhaltensweisen die Interaktion dennoch beeinflusst haben. Darüber hinaus kann die Reflexion auch Geschlecht explizit thematisieren, was allerdings eine hohe genderspezifische Kompetenz der Lehrkraft voraussetzt (siehe Manz in diesem Buch). Dabei werden die SchülerInnen zur Reflexion angeleitet, wie beispielsweise die Rolle des Erklärens zu ihrem jeweiligen Selbstverständnis passt und inwieweit sie sich in dieser Rolle wohlgefühlt haben. Dadurch lassen sich Rollenkonflikte zwischen der stereotypen Geschlechterrolle und der wahrgenommenen Skriptrolle aufdecken und reflektieren. Hierbei ist darauf zu achten, die individuellen Fähigkeiten und Verhaltensweisen der SchülerInnen von genderstereotypen Zuschreibungen und Mustern zu differenzieren – beispielsweise durch eine Gegenüberstellung der Rollenwahrnehmung von einem Mädchen mit hoher und einem Mädchen mit niedriger Kompetenz.

(2) *Reattribution:* Als Sonderfall der Reflexion, die im Klassenverband stattfindet, kann zudem eine Analyse individueller Attributionsmuster erfolgen. In der Reflexion durchscheinende, ungünstige/selbstkonzeptschädliche Attributionsmuster können dann anhand eines Reattributionstrainings (z.B. nach Ziegler/Schober 2001) individuell mit den jeweiligen SchülerInnen besprochen und verändert werden. Dies geschieht beispielsweise durch eine Analyse der Ursachen für eine bestimmte Leistung und dem Anbieten eines geeigneten Attributionsmusters (s. Ziegler/Schober 2001).

(3) *Restrukturierung*: Die Restrukturierung setzt an einer systematischen Zusammensetzung der Kleingruppen an. In der Basisform ist die Kleingruppenzusammensetzung spontan und unstrukturiert – die SchülerInnen schließen sich selbstständig zu Gruppen zusammen. Im Zuge der Restrukturierung lassen sich die Gruppen speziell vorstrukturieren, um Prozesse transparent zu machen oder zu unterbinden. Es lassen sich etwa die Gruppen gezielt geschlechterhomogen oder geschlechterheterogen bilden. In geschlechterhomogenen Gruppen lassen sich innerhalb der Gruppen genderstereotype Interaktionen vermeiden. Bei einer genderheterogenen Strukturierung der Gruppen lassen sich genderstereotype Interaktionen gezielt provozieren. Diese können und sollen in einer abschließenden Reflexion systematisch aufgegriffen und thematisiert werden. Eine Mischform kann darin bestehen, bei mehreren Abschnitten zwischen genderhomogenen und genderheterogenen Gruppen abzuwechseln.

Wie bereits beschrieben, stellt Gender-Re-Skripting SchülerInnen einen sicheren Rahmen für die Wahrnehmung verschiedener, auch genderuntypischer Rollen im Unterricht bereit. Je nach Zeit und Ziel lässt sich diese Methode mit gezielter Reflexion, der Reattribution ungünstiger, d.h. selbstkonzeptschädlicher Erklärungsmuster oder einer Restrukturierung der Arbeitsgruppen verbinden. Diese weiteren Möglichkeiten hängen jedoch immer von der Lehrkraft und den Gruppenprozessen in der Klasse ab. Es kann durchaus sein, dass die Gruppenstruktur einer Klasse genderreflexive Prozesse nicht geeignet umsetzen lässt. Dies einzuschätzen, bleibt der jeweiligen Lehrkraft überlassen und erfordert selbstverständlich entsprechende gendersensitive Kompetenzen auf Seiten der Lehrkräfte (siehe Manz in diesem Buch), um nicht entgegen der eigentlichen Absicht eine Dramatisierung und Verfestigung von Gender-Skripts hervorzurufen. Ein konkretes Unterrichtsbeispiel für den Ansatz des Gender-Re-Skripting wird im folgenden Kapitel beschrieben.

6 Unterrichtsbeispiel

Nachdem die bisherigen Ausführungen primär im Kontext des Textlernens stattgefunden haben, soll für das Unterrichtsbeispiel die Bearbeitung einer kooperativen Aufgabe im Fach Wirtschaftsinformatik illustriert werden. Dabei wird die Basisversion des Skripts zusammen mit einer Reflexion angewendet. Das konkrete Beispiel könnte so in der 11. Schulstufe umgesetzt werden, wobei die Grundstruktur des Skripts je nach Aufgabe sehr flexibel in unterschiedlichen Schulstufen angewendet werden kann.

In der Aufgabe geht es darum, dass die SchülerInnen ihr Wissen in der Zinsrechnung vertiefen und ein Programm zur Tabellenkalkulation benutzen, um eine Beispielberechnung durchzuführen. Die Lernenden arbeiten in Zweiergruppen, wofür eine gerade Anzahl konkreter Übungsaufgaben auf Papier oder an der Tafel hilfreich ist. Für die Bearbeitung der Übungsaufgaben sollte in etwa die Hälfte der Schulstunde angesetzt werden. Zudem wird für alle SchülerInnen je ein Arbeitsblatt mit der Rollenbeschreibung und eines mit den Reflexionsfragen empfohlen.

Sequenzierung der Unterrichtseinheit

Die Unterrichtseinheit läuft in sechs Phasen ab:

(1) *Einführung*: Die SchülerInnen werden mit der Thematik der Stunde vertraut gemacht und gebeten, sich in Zweiergruppen am Computer aufzuteilen. Darüber hinaus werden die Übungsaufgaben und die Rollen vorgestellt (ca. fünf Minuten).
(2) *Kooperative Phase I*: Die Lernenden bearbeiten die erste Übungsaufgabe mit verteilten Rollen (ca. zehn Minuten).
(3) *Individuelle Reflexionsphase I*: Die Lernenden bearbeiten individuell die Reflexionsfragen im Kontext der aktuellen Rolle auf dem Arbeitsblatt (ca. fünf Minuten).
(4) *Kooperative Phase II*: Die Lernenden tauschen ihre Rollen und bearbeiten die zweite Übungsaufgabe mit vertauschten Rollen (ca. zehn Minuten).
(5) *Individuelle Reflexionsphase II*: Die Lernenden bearbeiten individuell die Reflexionsfragen im Kontext der aktuellen Rolle auf dem Arbeitsblatt (ca. fünf Minunten).
(6) *Gemeinsame Reflexion*: Die Lernenden beschreiben ihre Erfahrungen mit der jeweiligen Rolle im Plenum (ca. zehn Minuten).

Die zeitliche Aufteilung hängt von den gewählten Aufgaben und der Interaktion in der Klasse ab. Gegebenenfalls können die individuellen Reflexionen etwas kürzer und die gemeinsame Reflexion etwas länger ausfallen; unter Umständen kann es sinnvoll sein, sich in der nächsten Stunde noch einmal darüber auszutauschen, wie die SchülerInnen ihre Erfahrungen retrospektiv betrachten.

Rollenzuteilung

Für das Skript sind grundsätzlich zwei Rollen vorgesehen:

- *Erklären und Finden*: Die Rolle Erklären und Finden analysiert und beschreibt die Problemstellung der Aufgabe und findet einen Weg zu ihrer Lösung.
- *Nachfragen und Umsetzen*: Die Rolle Nachfragen und Umsetzen begleitet den Lösungsprozess. Ihre Aufgabe ist es, für die einzelnen Schritte des Lösungswegs nach Begründungen zu fragen und, falls nötig, diese selbst zu ergänzen. Im Klassenkontext ist darauf hinzuweisen, dass die Nachfragen ein wichtiger Schritt zur Vertiefung des Stoffes sind und dass Nachzufragen auch dann wichtig ist, wenn der Prozess bereits verstanden wurde. Das Umsetzen bezieht sich auf das Nachvollziehen der einzelnen Berechnungsschritte in der Tabellenkalkulation und damit auf die Überprüfung des Lösungsweges.

Für den Fall, dass die Klasse aus einer ungeraden Anzahl von SchülerInnen besteht, bietet es sich an, in einer Gruppe die Rolle des *Nachfragens und Umsetzens* auf zwei Personen aufzuteilen, sodass eine Person Nachfragen stellt und den Lösungsprozess kritisch begleitet, während die andere die Umsetzung mit dem Programm zur Tabellenkalkulation realisiert.

Reflexion

Für die Reflexion werden allgemeine Fragen zum Rollenverhalten und zur Kooperation empfohlen, etwa:

- Wie habe ich mich in meiner Rolle gefühlt?
- Was ist mir an meiner Rolle besonders leichtgefallen?
- Was ist mir an meiner Rolle besonders schwergefallen?
- Wie habe ich das gemeinsame Arbeiten empfunden?

Diese allgemeinen Fragen haben den Vorteil, dass eine Dramatisierung von Geschlecht, die die nachfolgende Kooperationsphase beeinflussen könnte, vermieden werden kann. Das Hauptziel der Reflexion bezieht sich auf die Wahrnehmung der Rollen durch die SchülerInnen. Sie kann inhaltliche Schwierigkeiten, Attributionen, Gruppenphänomene, aber auch stereotype Zuschreibungen aufdecken. Auf inhaltlicher Ebene kann sich, ohne Bezug zum Geschlecht, beispielsweise herausstellen, dass beide Lernende einer Zweiergruppe auf einem sehr niedrigen Kompetenzniveau kooperierten – hier lässt sich für die Zukunft eine andere Gruppenaufteilung mit jeweils stärkeren PartnerInnen anregen, um zu vermeiden, dass sich in solchen Gruppen Fehlkonzepte manifestieren. Auch bei sehr ungleichen Zweiergruppen, bei denen eine Person trotz vergleichbaren Wissens die Interaktion dominiert, ist solch ein Procedere ratsam.

Ein zweiter Aspekt sind die Attributionen der Lernenden. Hierbei lassen sich gegebenenfalls Muster erkennen, z.B. dass sich Schülerinnen für unbegabt halten und sich unterschätzen bzw. dass Schüler sich entgegen ihrer Leistungen für begabt halten und sich überschätzen. Dies kann ein Ansatzpunkt sein, in Zukunft differenzierte Rückmeldungen bezüglich des Leistungsstands zu geben. In der aktuellen Situation kann die Lehrkraft solche abträglichen Attributionen in den Kontext der letzten Leistungen stellen, etwa wenn sich ein Schüler mit mäßigen Leistungen für sehr begabt hält, ihn darauf hinzuweisen, dass es für die nächste Klassenarbeit durchaus hilfreich wäre, mehr zu lernen.

Schließlich können genderstereotype Zuschreibungen genannt werden, wie etwa »Sekretärinnenrolle«. Solche Zuschreibungen legen nahe, dass in einer Gruppe stereotype Gender-Skripts abgelaufen sind, und bieten einen geeigneten Anlass zum Aufgreifen und zur Reflexion dieser Skripts. Wenn etwa eine Person mit dem *Nachfragen und Umsetzen* beauftragt war und dafür den Begriff »Sekretärinnenrolle« verwendet, kann darauf hingewiesen werden, dass gerade das Fragenstellen und das schriftliche Elaborieren kognitiv hoch anspruchsvolle Prozesse sind.

Falls in der Reflexion vermehrt solche Zuschreibungen auftreten oder im Zuge der Restrukturierung Geschlecht bereits bei der Gruppenbildung ein Kriterium war, bietet es sich jedoch an, auch genderstereotype Aspekte der jeweiligen Rolle zu reflektieren, etwa:

- Wie hat meine Rolle zu meiner Identität und meinem Selbstbild gepasst?
- Hätte ich mich lieber anders verhalten, als es mir meine Rolle vorgegeben hat, und wenn ja, warum?

Bei der Diskussion dieser Fragen sollte darauf geachtet werden, die Schülerinnen und Schüler für ihre Stereotype zu sensibilisieren und ihnen bewusst zu machen, dass stereotype Rollenzuschreibungen sozial konstruiert sind. Dabei sollte darauf hingewiesen werden, dass Geschlechterstereotype in verschiedenen Gesellschaften sehr unterschiedlich sind und in der Regel die Unterschiede in den Begabungen innerhalb einer geschlechtshomogenen Gruppe weitaus größer sind als zwischen den Geschlechtern.

7 Praxiserfahrungen und Transfer

Eine positive Wirkung didaktischer Skripts zur Strukturierung kooperativer Lernprozesse konnte in vielen verschiedenen Jahrgangsstufen und Anwendungsgebieten nachgewiesen werden (siehe Fischer/Kollar/Mandl/Haake 2007; Rosenshine/Meister 1994). In den Studien zum Textverständnis wurden die Skripts oft über viele Sitzungen hinweg angewendet (vgl. Rosenshine/Meister 1994: 500) und haben positive Effekte auf die Lernerfolge gezeigt. Im Kontext des Gender-Re-Skripting bietet es sich daher an, das Basisskript regelmäßig bei kooperativen Aufgaben anzuwenden, um seine lernförderliche Wirkung einzubringen und dies stellenweise mit einer gezielten Reflexion zu verbinden.

Die Reflexion ist ein wichtiger Aspekt zur Überprüfung der Frage, inwieweit die Lernenden spezifische Rollen entsprechend dem instruktionalen Skript wahrnehmen oder ob diese eine eigene Interpretation der Rollen anwenden (vgl. Kollar/Fischer/Slotta 2007: 718f.). Dies kann auf Stereotypisierungen von Rollenbildern zutreffen wie auch auf andere, nicht geschlechtlich zugeordnete Rollen. So könnte es beispielsweise bei der Rolle des *Erklärens* sein, dass SchülerInnen ein sehr absolutistisches Rollenverständnis haben, etwa dass die erklärende Person nicht hinterfragt werden darf, und deswegen dem Gegenüber keine Nachfragen erlauben. Solche Phänomene sollten im Rahmen der Möglichkeiten thematisiert werden. Gegebenenfalls wecken manche an Beispielen verankerte Rollen, etwa Lehrkraft oder ForscherIn, spezifische Assoziationen. Dann sollte überlegt werden, inwieweit solche Begriffe beibehalten werden, damit sie im Anschluss reflektiert werden können, oder ob sie verändert werden, um die Aufmerksamkeit weg von den Rollen hin zu den Tätigkeiten und Interaktionsprozessen zu lenken. Je nach Ziel kann man sich überlegen, die Rollen bzw. Rollenbeschreibungen zu re-definieren.

Konkrete Praxiserfahrungen mit dem Gender-Re-Skripting konnten bereits mit einer Umstrukturierung der Klassengruppen im Kontext des Wirtschaftsinformatikunterrichts der 11. und 12. Schulstufe gemacht werden. Hier war es aufgrund organisatorischer Gegebenheiten nötig, die Klasse jede zweite Stunde in zwei getrennte Gruppen aufzuteilen. Im Zuge eines Gender-Re-Skripting wurden dabei eine Mädchen- und eine Jungengruppe für partiell monoedukative Aktivitäten gebildet[9] (vgl. Faulstich-Wieland/Nyssen 1998: 183f.). Auch wenn die Effekte nicht systematisch untersucht werden konnten, zeigten die Interviews mit den SchülerInnen einige interessante Punkte. So berichteten Schülerinnen, die die partiell monoedukative Unterrichtsform überwiegend wertschätzten, von einem ruhigeren Klassenklima und der positiven Erfahrung, Fragen stellen zu können, ohne dass diese von den Klassenkameraden kommentiert wurden. Die Schüler fanden diese Unterrichtsform nicht notwendig und eher langweilig. Jedoch bemerkten auch einige der Schüler ein ruhigeres und konzentrierteres Arbeiten.

Auch wenn Gender-Re-Skripting ausschließlich auf das Geschlecht fokussiert, lassen sich durch eine entsprechende Gruppenzusammensetzung auch andere Aspekte inklusiver Pädagogik aufgreifen, indem weitere Strukturmerkmale berücksichtigt werden – etwa bezüglich des ethnischen Hintergrundes von SchülerInnen oder verschiedener individueller Lernpotenziale. Hierdurch lassen sich Konzepte der Intersektionalität integrieren, die die Verschränkung verschiedener sozialer Ungleichheiten in den Blick nehmen. Geschlechtergruppen sind damit per se nicht mehr homogen, sondern zeichnen sich zudem etwa durch die Zugehörigkeit zu einer ethnischen Gruppe, einem sozioökonomischen Status oder die Familienstruktur aus.

Acknowledgements
Teile des vorliegenden Beitrags wurden durch die EU (LLP-Programm, Projekt PREDIL 141967-2008-LLP-GR-COMENIUS-CMP) und den DAAD (Projekt D0813016, Comparative study on gender differences in technology enhanced and computer science learning: Promoting equity) gefördert.

---

9 | Die geschlechterspezifische Aufteilung wurde gewählt, da sich die Klasse neu gebildet hatte und dabei verstärkt Prozesse der Gruppenfindung und Abgrenzung, insbesondere auch zwischen den Geschlechtern, abliefen und dabei gerade im Unterricht der Wirtschaftsinformatik stereotype Verhaltensweisen auftraten.

Literatur

Bem, Sandra L., 1981: Gender Schema Theory. A Cognitive Account of Sex Typing. In: Psychological Review. 88. Jg. H. 4, 354-364.

Bos, Wilfried/Bonsen, Martin/Baumert, Jürgen/Prenzel, Manfred/Selter, Christoph/Walther, Gerd, 2008: TIMSS 2007. Mathematische und naturwissenschaftliche Kompetenzen von Grundschulkindern in Deutschland im internationalen Vergleich (Zusammenfassung). Münster: Waxmann

Buchen, Sylvia/Straub, Ingo, 2006: Die Rekonstruktion der digitalen Handlungspraxis Jugendlicher als Theoriegrundlage für eine geschlechterreflexive schulische Medienbildung. In: MedienPädagogik. Nr. 26.04.2006, 1-19.

Dansereau, Donald F./Collins, Karen W./McDonald, Barbara A./Holley, Charles D./Garland, John C./Diekhoff, George M./Evans, Selby H., 1979: Development and Evaluation of a Learning Strategy Training Program. In: Journal of Educational Psychology. 71. Jg. H. 1, 64-73.

Dillenbourg, Pierre, 2002: Over-scripting CSCL. The Risks of Blending Collaborative Learning With Instructional Design. In: Kirschner, Paul A. (Hg.): Three Worlds of CSCL. Can We Support CSCL? Heerlen: Open Universiteit Nederland, 61-91.

Ding, Ning/Harskamp, Egbert G., 2006: How Partner Gender Influences Female Students' Problem Solving in Physics Education. In: Journal of Science Education and Technology. 15. Jg. H. 5-6, 331-343.

Dresel, Markus/Schober, Barbara/Ziegler, Albert, 2007: Golem und Pygmalion. Scheitert die Chancengleichheit von Mädchen im mathematisch-naturwissenschaftlich-technischen Bereich am geschlechtsstereotypen Denken der Eltern? In: Ludwig, Peter H./Ludwig, Heidrun (Hg.): Erwartungen in himmelblau und rosarot. Effekte, Determinanten und Konsequenzen von Geschlechterdifferenzen in der Schule. Weinheim: Juventa, 61-81.

Else-Quest, Nicole M./Hyde, Janet S./Linn, Marcia C., 2010: Cross-National Patterns of Gender Differences in Mathematics. A Meta-Analysis. In: Psychological Bulletin. 136. Jg. H. 1, 103-127.

Ertl, Bernhard/Helling, Kathrin, 2013: Gleiche Chancen im Medienzeitalter? Gender Differenzen in der Digital Literacy von Jugendlichen. In: Computer + Unterricht. 23. Jg. H. 92, 10-14.

Ertl, Bernhard/Helling, Kathrin, 2010: Genderunterstützung beim Lernen mit neuen Medien. In: Hug, Theo/Maier, Ronald (Hg.): Medien – Wissen – Bildung. Explorationen visualisierter und kollaborativer Wissensräume. Innsbruck: Innsbruck University Press, 144-161.

Ertl, Bernhard/Mandl, Heinz, 2005: Kooperationsskripts. In: Mandl, Heinz/Friedrich, Helmut F. (Hg.): Handbuch Lernstrategien. Göttingen: Hogrefe, 273-281.

Ertl, Bernhard/Luttenberger, Silke/Paechter, Manuela, 2014: Stereotype als Einflussfaktoren auf die Motivation und die Einschätzung der eigenen Fähigkeiten bei Studentinnen in MINT-Fächern. In: Gruppendynamik und Organisationsberatung. 45. Jg. H. 4, 419-440.

Faulstich-Wieland, Hannelore, 2008: Geschlechtergerechter naturwissenschaftlicher Unterricht – Unterrichtsszenen. In: Faulstich-Wieland, Hannelore/Willems, Katharina/Feltz, Nina/Freese, Urte/Läzer, Katrin L. (Hg.): Genus. Geschlechtergerechter naturwissenschaftlicher Unterricht in der Sekundarstufe I. Bad Heilbrunn: Klinkhardt, 29-60.

Faulstich-Wieland, Hannelore, 2004: Konstruktivistische Beiträge zur erziehungswissenschaftlichen Frauen- und Geschlechterforschung. Doing Gender. In: Glaser, Edith/Klika, Dorle/Prengel, Annedore (Hg.): Handbuch Gender und Erziehungswissenschaft. Bad Heilbrunn: Klinkhardt, 175-190.

Faulstich-Wieland, Hannelore/Nyssen, Elke, 1998: Geschlechterverhältnisse im Bildungssystem. Eine Zwischenbilanz. In: Rolff, Hans-Günter/Bauer, K.-O./Klemm, Klaus/Pfeiffer, Hermann (Hg.): Jahrbuch der Schulentwicklung. Weinheim: Juventa, 163-199.

Faulstich-Wieland, Hannelore/Weber, Martina/Willems, Katharina, 2004: Doing gender im heutigen Schulalltag. Empirische Studien zur sozialen Konstruktion von Geschlecht in schulischen Interaktionen. Weinheim: Juventa.

Finsterwald, Monika/Ziegler, Albert, 2007: Geschlechtsrollenerwartungen vermittelt durch Schulbuchabbildungen der Grundschule. In: Ludwig, Peter H./Ludwig, Heidrun (Hg.): Erwartungen in himmelblau und rosarot. Effekte, Determinanten und Konsequenzen von Geschlechterdifferenzen in der Schule. Weinheim: Juventa, 117-141.

Fischer, Frank/Kollar, Ingo/Mandl, Heinz/Haake, Jörg M. (Hg.), 2007: Scripting Computer-Supported Communication of Knowledge. Cognitive, Computational, and Educational Perspectives. Berlin: Springer.

Gunderson, Elizabeth A./Ramirez, Gerardo/Levine, Susan C./Beilock, Sian L., 2012: The Role of Parents and Teachers in the Development of Gender-Related Math Attitudes. In: Sex Roles. 66. Jg. H. 3-4, 153-166.

Hannover, Bettina, 2010: Sozialpsychologie. Sozialpsychologie und Geschlecht. Die Entstehung von Geschlechtsunterschieden aus der Sicht der Selbstpsychologie. In: Steins, Gisela (Hg.): Handbuch Psychologie und Geschlechterforschung. Wiesbaden: VS, 27-42.

Hannover, Bettina, 2002: Auswirkungen der Selbstkategorisierung als männlich oder weiblich auf Erfolgserwartungen gegenüber geschlechtskonnotierten Aufgaben. In: Spinath, Birgit/Heise, Elke (Hg.): Pädagogische Psychologie unter gewandelten gesellschaftlichen Bedingungen. Dokumentation des 5. Dortmunder Symposions für Pädagogische Psychologie. Hamburg: Kovac, 37-51.

Hannover, Bettina/Kessels, Ursula, 2002: Monoedukativer Anfangsunterricht in Physik in der Gesamtschule. Auswirkungen auf Motivation, Selbstkonzept und Einteilung in Grund- und Fortgeschrittenenkurse. In: Zeitschrift für Entwicklungspsychologie und Pädagogische Psychologie. 34. Jg. H. 4, 201-215.

Heckhausen, Heinz, 1989: Motivation und Handeln. Berlin: Springer.

Helling, Kathrin/Ertl, Bernhard, 2011: Repräsentation von Geschlecht in Lernmedien für Informatik. In: merz medien + erziehung. 55. Jg. H. 5, 51-56.

Hunze, Annette, 2003: Geschlechtertypisierung in Schulbüchern. In: Stürzer, Monika/Roisch, Henrike/Hunze, Annette/Cornelißen, Waltraud (Hg.): Geschlechterverhältnisse in der Schule. Opladen: Leske + Budrich, 53-81.

Jurik, Verena/Gröschner, Alexander/Seidel, Tina, 2013: How Student Characteristics Affect Girls' and Boys' Verbal Engagement in Physics Instruction. In: Learning and Instruction. 23. Jg. H. 1, 33-42.

Keller, Johannes, 2007: Stereotype Threat in Classroom Settings. The Interactive Effect of Domain Identification, Task Difficulty and Stereotype Threat on Female Students' Maths Performance. In: British Journal of Educational Psychology. 77. Jg. H. 2, 323-338.

Kessels, Ursula, 2002: Undoing gender in der Schule. Eine empirische Studie über Koedukation und Geschlechtsidentität im Physikunterricht. Weinheim: Juventa.

Kessels, Ursula/Hannover, Bettina, 2006: Zum Einfluss des Image von mathematisch-naturwissenschaftlichen Schulfächern auf die schulische Interessensentwicklung. In: Prenzel, Manfred/Allolio-Näcke, Lars (Hg.): Untersuchungen zur Bildungsqualität von Schule. Abschlussbericht des DFG-Schwerpunktprogramms. Münster: Waxmann, 350-369.

Kessels, Ursula/Hannover, Bettina, 2004: Entwicklung schulischer Interessen als Identitätsregulation. In: Doll, Jörg/Prenzel, Manfred (Hg.): Bildungsqualität von Schule. Lehrerprofessionalisierung, Unterrichtsentwicklung und Schülerförderung als Strategien der Qualitätsverbesserung. Münster: Waxmann, 398-412.

Kollar, Ingo/Fischer, Frank/Slotta, James D., 2007: Internal and External Scripts in Computer-Supported Collaborative Inquiry Learning. In: Learning and Instruction., 17. Jg. H. 6, 708-721.

Levy, Gary D./Fivush, Robyn, 1993: Scripts and Gender. A New Approach for Examining Gender-Role Development. In: Developmental Review. 13. Jg. H. 2, 126-146.

Light, Paul/Littleton, Karen/Bale, Stuart/Joiner, Richard/Messer, David, 2000: Gender and Social Comparison Effects in Computer-Based Problem Solving. In: Learning and Instruction. 10. Jg. H. 6, 483-496.

Nosek, Brian A./Smyth, Frederick L./Sriram, N./Lindner, Nicole M./Devos, Thierry/Ayala, Alfonso/Bar-Anan, Yoav/Bergh, Robin/Cai, Huajian/Gonsalkorale, Karen/Kesebir, Selin/Maliszewski, Norbert/Neto, Felix/Olli, Eero/Park, Jaihyun/Schnabel, Konrad/Shiomura, Kimihiro/Tulbure, Bogdan T./Wiers, Reinout W./Somogyi, Monica/Akrami, Nazar/Ekehammar, Bo/Vianello, Michelangelo/Banaji, Mmahzarin R./Greenwald, Anthony G., 2009: National Differences in Gender-Science Stereotypes Predict National Sex Differences in Science and Math Achievement. In: Proceedings of the National Academy of Sciences of the United States of America. 106. Jg. H. 26, 10593-10597.

O'Donnell, Angela M./Dansereau, Donald F., 1992: Scripted Cooperation in Student Dyads. A Method for Analyzing and Enhancing Academic Learning and Performance. In: Hertz-Lazarowitz, Rachel/Miller, Norman (Hg.): Interactions in Cooperative Groups. The Theoretical Anatomy of Group Learning. New York: Cambridge University Press, 120-141.

O'Donnell, Angela M./King, Alison (Hg.), 1999: Cognitive Perspectives on Peer Learning. Mahwah: Erlbaum.

OECD, 2007: PISA 2006. Science Competencies for Tomorrow's World. Band 1. Analysis. Paris: OECD.

Owens, Jayanti/Massey, Douglas S., 2011: Stereotype Threat and College Academic Performance. A Latent Variables Approach. In: Social Science Research. 40. Jg. H. 1, 150-166.

Paseka, Angelika, 2007: Geschlecht lernen am Schauplatz Schule. In: SWS-Rundschau. 47. Jg. H. 1, 51-72.

Rosenshine, Barak/Meister, Carla, 1994: Reciprocal Teaching. A Review of the Research. In: Review of Educational Research. 64 Jg. H. 4, 479-530.

Schank, Roger C./Abelson, Robert P., 1977: Scripts, Plans, Goals and Understanding. Hillsdale: Erlbaum.
Shapiro, Jenessa R./Williams, Amy M., 2012: The Role of Stereotype Threats in Undermining Girls' and Women's Performance and Interest in STEM Fields. In: Sex Roles. 66. Jg. H. 3-4, 175-183.
Solga, Heike/Pfahl, Lisa, 2009: Doing Gender im technisch-naturwissenschaftlichen Bereich. In: Milberg, Joachim (Hg.): Förderung des Nachwuchses in Technik und Naturwissenschaft. Berlin: Springer, 155-219.
Steinmayr, Ricarda/Spinath, Birgit, 2009: The Importance of Motivation as a Predictor of School Achievement. In: Learning and Individual Differences. 19. Jg. H. 1, 80-90.
Stürzer, Monika, 2003: Mädchen, Jungen und Computer. In: Stürzer, Monika/Roisch, Henrike/Hunze, Annette/Cornelißen, Waltraud (Hg.): Geschlechterverhältnisse in der Schule. Opladen: Leske + Budrich, 187-216.
Underwood, Jean/Underwood, Geoffrey/Wood, David, 2000: When Does Gender Matter? Interactions During Computer-Based Problem Solving. In: Learning and Instruction. 10. Jg. H. 5, 447-462.
Webb, Noreen M., 1989: Peer Interaction and Learning in Small Groups. In: International Journal of Educational Research. 13. Jg. H. 1, 21-39.
Ziegler, Albert, 2002: Reattributionstrainings. Auf der Suche nach den Quellen der Geschlechtsunterschiede im MNT-Bereich. In: Wagner, Harald (Hg.): Hoch begabte Mädchen und Frauen. Begabungsentwicklung und Geschlechterunterschiede. Tagungsbericht. Bad Honnef: Karl Heinrich Bock, 85-97.
Ziegler, Albert/Schober, Barbara, 2001: Theoretische Grundlage und praktische Anwendung von Reattributionstrainings. Regensburg: S. Roderer.

»DAS machen?«
Herausforderungen eines anti-normativen Bilderbuches zu Sexualität und Identität mit Arbeitsmaterialien für den Unterricht

Christine Aebi, Lilly Axster

Abb. 1

»Ist das ein Mädchen oder ein Junge?« Diese Frage kommt nicht nur, wenn Schwangere oder Eltern von Babys nach dem Geschlecht ihres Kindes gefragt werden, diese Frage kommt auch, wenn Darstellungen von Kindern uneindeutig oder ungewohnt, jedenfalls nicht sofort oder gar nicht als Mädchen oder Junge lesbar sind. Besonders in einem Bilderbuch. Die eindeutige Zuordnung der dargestellten Kinderfiguren ist also ein Bedürfnis, das ist zumindest unsere Erfahrung mit den Illustrationen des Bilderbuches *DAS machen? Projektwoche Sexualerziehung in der Klasse 4c* (Axster/Aebi 2012). In Schulklassen, in Jugendgruppen, im Einzelsetting beim (Vor-)Lesen, immer kommt diese Frage.

Auch wir selbst waren als Autorin bzw. Illustratorin des Buches mit dieser Frage beschäftigt. So haben wir in verschiedenen Entwurfsphasen die Mädchen und Jungen unter unseren Kinderfiguren gezählt. Keine Figur konnte sich dabei als unzugeordnet behaupten, auch uns gegenüber nicht. Umso mehr haben wir versucht, anhand einiger Figuren »Queerness« als selbstverständliche Realität im Alltag der fiktiven Klasse 4c sichtbar zu machen. Dabei verstehen wir den Begriff Queerness weit gefasst als ein gesellschaftlich oder individuell gewähltes Dagegenstehen und bewusstes Abweichen von der jeweiligen Mehrheit und ihren offenen oder versteckten Regeln, Normen und Erwartungen. Dieses Dagegenstehen kann sowohl entlang sexueller Orientierungen als auch entlang sogenannter Herkünfte, Vorder- und Hintergründe, entlang von Achsen des Behindertwerdens und sonstiger Zuschreibungen als minorisiert erfolgen. Es ging uns darum, Normativitäten zu vermeiden oder jedenfalls als konstruiert kenntlich zu machen, Gender-Nonkonformität zu unterstützen und vielfältigen Formen von Verweigerung Platz zu geben. In dem Versuch aber, diesen selbst gestellten Ansprüchen gerecht zu werden, sind wir immer wieder steckengeblieben, mussten Umwege gehen oder sogar zurück an den Start.

Abb. 2   Abb. 3

Das aktive Unterlaufen von Geschlechter- und anderen Normierungen[1] blieb also und bleibt für uns ein *learning by doing*, unabgeschlossen, offen, wie wir im Folgenden anhand von Illustrationen aus dem Bilderbuch sowie Entwürfen aus dem mehrjährigen Arbeitsprozess nachvollziehbar machen möchten.

Zunächst schildern wir das Bilderbuch und seinen Hintergrund sowie die dazugehörige Webseite[2] (Kap. 1). Anschließend beschreiben wir Normierungskategorien und Stereotype, über die wir in jeder Arbeitsphase gestolpert sind, und unsere Strategien zur ›Verflüssigung‹ derselben (Kap. 1.1). Um den Transfer unserer Bemühungen um Anti-Normativität zu den Adressat_innen des Buches und um die Vermittlung des Uneindeutigen im Setting Schule geht es in Kapitel 1.2. Außerdem stellen wir Übungen für die Arbeit mit Schüler_innen vor (Kap. 2), ergänzt durch Erfahrungen und Rückmeldungen aus Workshops in Schulklassen verschiedener

---

1 | Wir verstehen Geschlecht mehr als konstruierte denn als biologische Kategorie. Daher verwenden wir Geschlecht gleichbedeutend mit Gender. Es ist uns wichtig, mit beiden Begriffen zu operieren, um spürbar zu machen, dass sie und ihre Bedeutungsfelder divers verstanden und verwendet werden.
2 | www.dasmachen.net (eingesehen am: 05.09.2014).

Altersstufen. Unsere Konzepte für den Unterricht sind vielfach praxiserprobt und primär auf Schüler_innen im Alter zwischen acht und 14 Jahren ausgerichtet, geben aber auch Anregungen für den Unterricht in höheren Schulstufen. Direkte Anknüpfungen gibt es zuallererst zu Fächern wie Sexualkunde, Werte und Normen, Ethik, Biologie, aber auch zu Deutsch, Kunst, Sozialkunde, Gesellschaftslehre, Gemeinschaftskunde, Literatur, Philosophie, Politische Bildung, Psychologie, Theater und Sachunterricht. Kapitel 3 schließlich widmet sich der Selbstreflexion, für die wir einen Auszug aus einem Theaterstück und Fragen zur Verfügung stellen, die für uns selbst in der Arbeit mit Kindern und Jugendlichen hilfreich waren.

Wir haben – mit und ohne Einsatz des Bilderbuches – langjährige Erfahrungen in der Arbeit mit Kindern und Jugendlichen zum Thema Sexualität. Christine Aebi, Illustratorin und Kunstlehrerin, hat mit dem Buch zahlreiche Workshops in Schweizer Schulen mit Schüler_innen aller Altersstufen gemacht. Ausgangspunkt war immer die Beschäftigung mit Illustrationen. Lilly Axster, Autorin und Mitarbeiterin des Vereins »Selbstlaut gegen sexualisierte Gewalt an Kindern und Jugendlichen« in Wien, macht im Rahmen dieser Tätigkeit seit vielen Jahren Sexualerziehungs- und Präventionsprojekte in allen Schulstufen.[3] Wichtig ist immer der sehr praktische Zugang, bei dem die Schüler_innen selbst in verschiedenster Weise aktiv werden (können). Das Buch *Das machen?* ist oft Bestandteil der Workshops, aber nicht immer. Zahlreiche Workshops mit Schulklassen und besonders auch mit Gruppen aus Einrichtungen der Behindertenbetreuung fanden und finden im Rahmen der interaktiven Ausstellung »Achtung Ampel & Ganz schön intim« statt, in der die Schüler_innen sich an Spiel- und Informationsstationen mit sexualpädagogischen Themen befassen können.[4]

1 »DAS MACHEN?« – DAS BUCH

DAS machen? ist ein Bilderbuch über und für Kinder, die sich dafür interessieren, warum Leute Sex haben, welche verschiedenen Arten von Liebe es gibt, welche Worte im Zusammenhang mit Sex verdächtig klingen, wie Binden aussehen könnten, was in der Beschäftigung mit Körpern und Berührungen verletzend ist und warum, wieso Erwachsene erstaunliche Unterwäschemodelle haben, wie es sich anfühlt, verliebt zu sein, ob es neben X und Y auch andere Buchstaben gibt, die Rückschlüsse auf Geschlechter zulassen, wieso Erwachsene beim Sex manchmal gerne Rollen spielen, ob Orgasmus mit zwei, drei oder vier »S« geschrieben wird,

---

3 | Die Mindestdauer von zwei Stunden trifft auf Workshops im Rahmen von kulturellen Veranstaltungen wie Kinderliteraturwochen zu. Ansonsten beträgt die Mindestdauer drei bis vier Schulstunden. Für manche Workshops gibt es konkrete Auslöser, wie deutlich bekundetes Interesse der Schüler_innen an Fragen zu Sexualität, eine Projektwoche oder Themenreihen wie »Mein Körper«, »Wer bin ich?« und »Sexualität«. Manchmal sind auch sexuelle Übergriffe unter Kindern Anlass für einen Workshop. Projekte sind teils einmalig, teils laufen sie über mehrere Wochen oder sogar Monate. Es kommen je nach Klasse, Schule und den Rahmenbedingungen verschiedene Übungen zum Einsatz (von denen einige in Kapitel 2 vorgestellt werden).
4 | Auf www.selbstlaut.org (eingesehen am: 05.09.2014) finden Sie einen Videorundgang durch die Ausstellung sowie ein Handout, in dem auch einige der Übungen aus diesem Beitrag beschrieben sind.

wie viele Mütter ein Kind haben kann und vielerlei mehr.[5] Im Mittelpunkt stehen Fragen zur Sexualität, Antworten werden kaum direkt gegeben. Wenn doch, dann dienen sie eher zur Erweiterung des Blicks, zur Verschiebung der Perspektive und basieren auf Antworten von Kindern aus Schulprojekten.

Wir wollten mit diesem Buch in mehrerlei Hinsicht Lücken schließen und Neuland betreten:

- Unseres Wissens ist die Queerness des Buches im deutschsprachigen Raum in der sogenannten Aufklärungsliteratur für Kinder bislang einmalig.
- Fast alle Aufklärungsbücher drehen sich um vier Themen: Reproduktion (Geschlechtsverkehr, Zeugung), Entwicklung der befruchteten Eizelle zum Baby (Schwangerschaft, Geburt), Pubertät und – heterosexuelle – Sexualität, wie sie für Kinder später, wenn sie erwachsen sind, sein wird. Unser Wunsch aber war es, ein Buch zu machen, das sich damit auseinandersetzt, was Kinder in ihrer je eigenen kindlichen Sexualität beschäftigt: Intimität, Schamgrenzen, Ideen von Geschlechtern, Aktbilder, verdächtige Wörter, Sich-selbst-Berühren, Verliebtsein, Kleidung, Haare, Lebensformen, beunruhigende Bilder, Witze, Vorstellungen von Sex.[6]
- Groß ist inzwischen die Palette der sexualpädagogischen Bücher, die aber unseres Wissens ausnahmslos den Informationsaspekt ins Zentrum stellen. Das bedeutet immer auch einen Gestus des Erklärens und Vermittelns von erwachsenen Expert_innen an mehr oder weniger unwissende kindliche und jugendliche Leser_innen. Wir haben uns im Gegensatz zu solch einer pädagogisch aufklärenden Herangehensweise für einen erzählenden Ansatz entschieden und sprechen die Kinder als Expert_innen zum Thema kindliche Sexualität an. Unserer Erzählerin, Chronistin der Ereignisse in ihrer Klasse, trauen wir zu, die wichtigen Aspekte und Fragen ganz selbstverständlich und nebenbei auf den Punkt zu bringen. Sie erklärt nicht. Sie weiß nicht mehr oder weniger als die anderen Schüler_innen, die sie vielstimmig zu Wort kommen lässt. Sie berichtet.
- Schließlich war es uns ein Anliegen, dem Prozesshaften, sich stetig Verändernden, auch Flüchtigen in der Beschäftigung mit gesellschaftlichen Werten rund um Sexualität ein Forum zu geben. Dazu erschien uns eine Verbindung vom Buch ins Internet passend. Um zudem Schüler_innen und vor allem auch Eltern, Erziehungsberechtige und Pädagog_innen mit den im Buch aufgeworfenen Fragen und Themen nicht allein zu lassen, haben wir eine Webseite eingerichtet. Hier gibt es Vorschläge für Antworten, vertiefende Informationen, Einblicke in den Arbeitsprozess, Illustrationsentwürfe, Spiele, eine Video- und eine Audiotour durch das Buch, Übungen für den Unterricht, Links, Rezensionen etc. Auf neu entwickelte sexualpädagogische Materialien und aktuelle Diskurse, auch auf Kritik und Anregungen können wir mit der Webseite reagieren, im gedruckten Buch ist das nicht möglich.

---

5 | Auf unserer Webseite finden Sie eine Videotour durch das Bilderbuch sowie den Buchtext auf Deutsch, Türkisch und Englisch als Audiofile.

6 | So heißt es in dem Bilderbuch beispielsweise: »Carole dachte, Sexualität bedeutet, zwei Verliebte schauen Videos.« Oder: »Zoltan hat gehört, dass manche Menschen sich dafür extra verkleiden und Rollen spielen.« Oder: »Tami meinte, Unterhosen und BHs seien irgendwie wichtig, aber sie wusste nicht, warum genau«.

Abb. 4

1.1 Textliche und illustratorische Werkzeuge gegen Normierung und stereotype Darstellungen

Bei der Konzeption des Bilderbuches und der Webseite wurde uns schnell klar, dass ein Buch zu kindlichen Vorstellungen von Sexualität auch ein Buch über Körperlichkeit und Geschlechterrollen sein muss. Es sollte ein Buch sein, in dem viele Kinder zu Wort kommen.[7] Wer aber könnten diese Kinder sein, wie heißen sie, wie sehen sie aus? Das Erfinden unserer Protagonist_innen hat zunächst einmal Namen erfordert. Namen lassen in der Regel schnelle Rückschlüsse auf das Geschlecht und den sprachlichen Hintergrund des Kindes zu. Deshalb gab es beispielsweise den Versuch, ganz ohne Namen auszukommen. Aber Beschreibungen wie »das Kind im roten Pullover« oder »das Kind, das an der Tür sitzt« waren einem flüssigen Leseerlebnis abträglich. Die Verwendung von Initialen oder rückwärts geschriebenen Namen (z.B. Lüg statt Gül), von Geheimsprache oder frei erfundenen Namen, waren weitere Versuche, den Zuordnungen zu entkommen. Aber auch diese Varianten waren zu bemüht, verkopft oder einfach zu umständlich. Wir haben keine Lösung gefunden, die uns stimmig erschien. Daher fiel die Entscheidung unspektakulär auf Namen, die es gibt, Namen aus verschiedenen Sprachräumen. Ein erzählender Text fordert außerdem Personalpronomina ein, und zwar ständig. Diese wiederum ordnen in der deutschen Sprache bekanntlich

---

7 | Üblicherweise trägt in Bilderbüchern eine Heldin oder ein Held die Handlung oder aber ein Paar, fast immer aus einer Mädchen- und einer Jungenfigur bestehend, als Verweis auf ein (zukünftiges) heterosexuell organisiertes Begehren.

rigoros Geschlechter zu. So haben wir vor dem Anspruch der sprachlichen Uneindeutigkeit weitgehend kapituliert. Lediglich einige Unisex-Namen überlassen es den Betrachter_innen, ob sie Ashley, Niki, Kris und andere als Mädchen, als Junge, als inter- oder transident[8] oder als nicht bestimmt sehen. Insgesamt waren die textlichen Werkzeuge in Bezug auf Benennungen also äußerst beschränkt. Über den bereits beschriebenen textlichen Zugang in Form einer Chronik haben sich deutlich mehr Möglichkeiten aufgetan, um Stereotype auszuhebeln.[9]

In den Illustrationen konnten wir mit queeren Figuren Uneindeutigkeiten realisieren. Und auch jene Kinderfiguren, die anhand der Frisur und/oder der Kleidung zweifelsfrei als Mädchen oder Junge gelesen werden, haben wir so angelegt, dass Momente von Scheu und Unbehagen oder ein bewusstes, fast trotziges Entgegnen des Betrachter_innenblicks spürbar werden. Dies ist Ausdruck dafür, dass es für jedes, auch das der Norm entsprechende Kind Augenblicke gibt, in denen es sich ausgesetzt fühlt und das eigene Sein auf dem Prüfstand sieht. Es stellt für uns ein zentrales illustratorisches Werkzeug dar, um vermeintliche Normalität zu ›verflüssigen‹, sie also als angreif- und veränderbar zu setzen.

Stereotype ethnische Zuordnungen, die Illustrationen von (Kinder-)Figuren sofort aufrufen, haben wir mittels unterschiedlicher Maltechniken und Versuchsanordnungen zu unterlaufen versucht. So zeigt z.B. das Cover ein mit Kreide auf eine Tafel gemaltes Mädchen. So weit, so klar, mit Kleid und Zopf. Aber es ist nicht bloß das Bild eines Mädchens, sondern das Bild eines Tafelbildes, das ein Mädchen zeigt. Das klingt kompliziert, ist aber für Betrachter_innen nichts anderes als eine Kreidezeichnung auf einer Schultafel, vielleicht in einer Unterrichtspause entstanden. Und doch entsteht Raum für Gedanken dazu, wie dieses Kind aus weißer und blauer Kreide tatsächlich aussehen könnte. Andere Illustrationen arbeiten mit Umrissen auf verschiedenfarbigen Papieren, wieder andere mit transparenten Folien, auf denen Motive, die unter der Folie liegen, ergänzt und übermalt werden. An den Schnittstellen verschiedener Darstellungsweisen zeigt sich deren, auch veränder-

---

8 | Die Vorsilbe »inter« in diesem Kontext – häufig auch mit * als eigenständiger Begriff verwendet, wobei das * als Platzhalter für verschiedene Komposita steht – hat sich aus der Community entwickelt und bezeichnet »als ein emanzipatorischer und identitärer Überbegriff die Vielfalt intergeschlechtlicher Realitäten und Körperlichkeiten« (Sauer o.J.: Begriff Inter*). Sie wird verwendet, wenn Menschen in ihrem Geschlecht nicht der Norm entsprechen, die für weibliche und männliche Geschlechter festgelegt wurde, und genetische, hormonelle oder körperliche Merkmale von beiden Geschlechtern vorhanden oder nicht eindeutig einem Geschlecht zuordbar sind. Als »trans«, ebenfalls in der Schreibweise mit * üblich, »bezeichnen sich sowohl Menschen, die in einem anderen Geschlecht leben, als ihnen bei der Geburt zugewiesen wurde, als auch Menschen, die sich gar nicht einer Geschlechterkategorie zuordnen, die Geschlechter wechseln oder sich mehreren Geschlechtern zugehörig fühlen« (Barth/Böttger/Ghattas/Schneider 2013: 118). »Ident« verweist hier auf den Aspekt der Identität. Weitere Begriffserklärungen finden sich auf www.meingeschlecht.de/begriffe/(eingesehen am: 05.09.2014) und auf http://queeropedia.com (eingesehen am 05.09.2014).

9 | Folgender Auszug illustriert dieses Prinzip: »Ranjit war nur wichtig, später auf jeden Fall auch Kinder zu haben. ›Geht auch ohne Geschlechtsverkehr!‹ Diese Auskunft kam von Ronni. Ronni Plessnik hat zwei Mütter. Und einen Vater. Wir wissen nicht, ob Ronni mit oder ohne Geschlechtsverkehr gezeugt wurde. Oder wie sonst. Und von wem genau« (Axster/Aebi 2012: 45).

bare, Konstruktion von Wirklichkeit. Verbunden werden die einzelnen Stile durch formale Elemente, die mit dem Vorgang des Archivierens, Sammelns und Ordnens assoziiert werden.

Zusammenfassend waren für uns Vielstimmigkeit, Offenheit, selbstverständliche Repräsentation minorisierter Positionen, Komplexität, Genauigkeit in Gefühlsausdrücken, Beschreibung statt Interpretation und das Konzept der Versuchsanordnung wichtige Werkzeuge, um Stereotype so weit wie möglich zu vermeiden.

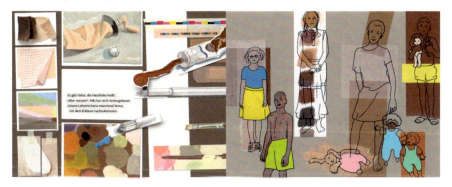

Abb. 5: Es gibt Farbe, die Hautfarbe heißt. »Aber wessen?« Niki hat nicht lockergelassen. Unsere Lehrerin hatte manchmal Stress, mit dem Erklären nachzukommen.

1.2 Transfer – Die Vermittlung des Uneindeutigen

Wenn es sogar in der künstlerischen Arbeit derart schwierig ist, mit Erwartungshaltungen, Sehgewohnheiten und Sprechregeln zu brechen, um wie viel herausfordernder ist es im Alltag in der Schule? Die Schüler_innen sind in der Regel in Mädchen und Jungen eingeteilt. Ob sich in diesen Kategorien alle wiederfinden, wird nicht gefragt. Jungen, die sich vermeintlich mädchenhaft verhalten, sehen sich häufig mit dem Etikett »schwul« konfrontiert. Mädchen, die sich »wie Jungen« verhalten, gelten als burschikos oder als »kein richtiges Mädchen«, bestenfalls als androgyn. Die sanitären Räume sind nach (zwei) Geschlechtern getrennt. Schulen als Ort der Wissensvermittlung mit dem Anspruch, Leistungen zu vergleichen und zu messen, lassen wenig Platz für Uneindeutigkeiten. Der Anpassungsdruck unter den Schüler_innen ist allermeist immens, aber auch die Lehrenden schreiben, oft unbewusst, Kinder auf ihr Geschlecht und erwünschte oder jedenfalls bekannte Verhaltensmuster fest.

Wie reagieren nun Schüler_innen unter solchen Bedingungen auf *DAS machen?* und die Vielheiten? Nach unseren bisherigen Erfahrungen mit dem Bilderbuch, der Webseite und in Workshops mit Schulklassen ermöglichen die oben beschriebene Differenziertheit (versus kindertümelnder Reduktion), Beschreibung (versus Belehrung) und Komplexität (versus Klischee) den Schüler_innen, die vielen Varianten von Gender-Auftritten zu akzeptieren, ihnen vielleicht sogar etwas abzugewinnen. Sie spüren schnell, dass ihnen nichts erklärt wird und dass die Kinderfiguren im Buch ähnlich vielschichtig denken und fühlen wie sie selbst, wenn es den Raum dafür gibt. Häufig entspinnen sich entlang der Meinungsverschiedenheiten, ob diese Figur ein Mädchen, jene ein Junge sei, ausgiebige Gespräche. Diese gehen mitunter weit über eine traditionelle Sichtweise auf Gender-Rollen hinaus und machen ein immenses Wissen auch jüngerer Kinder zu Themen wie Transidentitäten, Intersexualität und Queerness sichtbar. Natürlich basiert ihr Wissen nicht auf diesen Begriffen, ist aber dadurch nicht weniger komplex. Im Gegensatz dazu durchschauen Kinder und Jugendliche es sehr schnell, wenn ihnen eine Figur als etwas anderes vermittelt werden soll als das, was sie eigentlich ist, etwa durch das schlichte Umdrehen von Geschlechterrollen oder das banale Austauschen von Stereotypen. Dann, so unsere Erfahrung, verlieren die Schüler_innen schnell das Interesse, weil sie sich nicht ernst genommen fühlen.

Wie in der Schule konkret die Vermittlung des Uneindeutigen bzw. das Angebot zum Ausheben von Gender-Normen aussehen kann, wird im folgenden Kapitel vorgestellt.

2 »Das könnte ich sein. Das möchte ich sein« – Übungen für die Arbeit in der Klasse

In diesem Kapitel stellen wir folgende sechs Übungen vor:

- Nins Kleiderkasten
- Von Gewürzen und Suppennudeln: Haar-, Bart-, Schmink- und Chromosomenstation
- Stell dir vor, ich wäre ein Mädchenjunge oder ein Jungemädchen
- Piktogramme – Wegweiser durch den öffentlichen Raum
- »Ich wollte alles sein« – Interviews und Hörgeschichten
- Mit und ohne Flügel – Binden entwerfen und gestalten

Alle sechs Übungen, die auch mit Stationen als Parcours aufgebaut werden können, sind praktische Versuche, der Zweigeschlechterordnung attraktive andere Modelle entgegenzusetzen. Sie sind für sich stehend konzipiert, unabhängig von dem Buch *DAS machen?*. Wir weisen ausdrücklich darauf hin, dass unsere Erfahrungen sich aus Workshops speisen, die wir als außerschulische Personen durchgeführt haben.

Als erfolgreich schätzen wir Prozesse in der Klasse ein, die erhellende Begegnungen ermöglichen, durch Diskussionen bereichern, zum gemeinsamen Denken und zur Kreativität anregen und Spaß machen. Am besten nebenbei, ohne dass das Thema »Teaching Gender« als solches abgearbeitet wird. Dazu ist unserer Erfahrung nach ein Einstieg über kreative Zugänge hilfreich. Mehr dazu in der Beschreibung der einzelnen Übungen (Kap. 2.2).

Je unpädagogischer und ohne vorgegebenes Lernziel eine Übung sich präsentiert, desto eher begleiten Leichtigkeit, Humor, Interesse und ein Gefühl von Freiheit die Beschäftigung mit Körper, Sexualität und Gender-Fragen. Um zu solch einer Leichtigkeit zu kommen, braucht es Zeit. Ein Projekt über einen längeren Zeitraum bietet mehr Möglichkeiten für diese so wichtigen Zwischentöne oder aber ist geeignet für Klassen, in denen es tägliche Praxis ist, Dinge ausprobieren zu dürfen und selbst zu wählen, mit was jede_r sich intensiver beschäftigen möchte.

Abb. 6

2.1 Voraussetzungen

Für alle Übungen ist ein respektvolles, wertschätzendes Klima in der Klasse notwendig. Ist das nicht vorhanden, lässt sich nach unserer Erfahrung kaum über Vorstellungen davon sprechen, wer wie zu sein hat und wer wie sein will, ohne dass es zu Abwertung und Spott kommt. Die Themen eignen sich leider allzu gut, um minorisierte Standpunkte in der Klasse und Kinder in Außenseiter_innenpositionen durch diejenigen auf ihre Plätze zu verweisen, die in der Klasse bestimmen, was angesagt und erwünscht ist. Vonseiten der Lehrkraft ist das Bemühen um Durchlässigkeit nicht nur hilfreich, sondern Voraussetzung. Durchlässigkeit meint hier so viel wie greifbar zu sein für die Schüler_innen, einen eigenen Standpunkt zu vertreten, auf Fragen wirklich zu antworten und an kleinen oder großen Prozessen, die womöglich in Gang kommen, selbst ein erkennbares Interesse zu haben und zu zeigen. Das heißt aber auch, sich auf das einzulassen, was in den Übungen entsteht und diesen nicht ein Lernziel überzustülpen.

Voraussetzung ist auch die Bereitschaft der Lehrenden zur Selbstreflexion. Schüler_innen haben ein gutes Gespür dafür, ob die Lehrkraft sich einem Thema zuwendet, weil es sein muss, oder weil es sie (auch) persönlich interessiert und etwas mit ihr selbst zu tun hat. Wir stehen als Erwachsene nicht über der Auseinandersetzung mit Geschlechterrollen, sondern mittendrin. Die Übungen richten sich folglich nicht nur an die Schüler_innen, sondern auch an die Lehrenden. Die Materialien sollen nicht den Status quo fortschreiben, sondern überraschen, anregen, herausfordern. Und zwar zuallererst die Erwachsenen. Wenn eine Lehrkraft sich in einer Übung zu Gender-Fragen vielleicht zum ersten Mal mit Intersexualität auseinandersetzt oder in einer anderen Übung darüber nachdenkt, wie sie selbst zu ihrer Gender-Identität gefunden hat, dann ist bereits ein Prozess in Gang gesetzt, der im Sinne des Themas in den Schulalltag zurückwirkt.

Wir haben häufig erlebt, dass Lehrer_innen zunächst enttäuscht sind, weil ihre Schüler_innen eben nicht die Geschlechterordnung auf den Kopf stellen, sondern im Gegenteil anhaltend klischiertes Verhalten zeigen. Unsere Erfahrung ist, dass die oft minimalen Verschiebungen in der Beurteilung von Geschlechterrollen, der Ansatz von Neugierde auf Ungewohntes, die Ahnung einer Erkenntnis nebenbei im Tun entstehen und nicht unbedingt als messbares Ergebnis zu fassen sind. Die Schüler_innen werden nach keiner der Übungen andere sein. Aber sie haben im besten Fall etwas erlebt, das sie berührt oder bestärkt oder irritiert oder das ihnen neu ist oder das sie fröhlich macht oder das Mitschüler_innen in einem neuen Licht zeigt. Solche Momente haben wir in der Arbeit mit Schulklassen oft erlebt und wir halten sie für das eigentliche Ziel der sechs vorliegenden Übungen.

Sorge vor den möglichen Reaktionen der Eltern und Erziehungsberechtigten halten Lehrer_innen häufig davon ab, ihren Schüler_innen die Komplexität von Fragen zu Geschlechterrollen sowie die Beschäftigung mit dem Körper und Sexualität zuzutrauen. Es erscheint sicherer, in einer kurzen Einheit zu vermitteln, dass ein X bzw. Y festlegen, ob jemand eine Frau oder ein Mann ist, als den Schüler_innen, symbolisch gesprochen, neue Buchstabenkombinationen anzubieten. Eltern werden sich nicht wundern, wenn in der Schule die Bedeutung und Geschichte von Piktogrammen und Zeichensprachen vermittelt wird. Wenn aber das anerkannte Ordnungssystem dieser kleinen Wegweiser durch veränderte Piktogramme infrage gestellt wird, können Verunsicherung und Aggression ausgelöst werden. Wenn nicht (nur) gelehrt wird, welches die fruchtbaren Tage während des Zyklus sind, sondern Binden als Augenklappe, Liebesbrief oder Geschenkpapier verwendet werden, mag das Erstaunen, Irritation oder auch Empörung hervorrufen. Es war noch nie reibungslos, sicher geglaubte gesellschaftliche Parameter zur Diskussion zu stellen oder versuchsweise auszuhebeln. Nichts anderes aber tun Lehrer_innen, wenn sie Schüler_innen eine große Bandbreite an Gender-Verständnis zur Verfügung stellen und Fragen zur sexuellen Identität anti-normativ aufbereiten.[10]

2.1.1 Spielregeln

Regeln für das Sprechen auszumachen und einzufordern, macht ein solches Projekt manchmal überhaupt erst möglich. Folgende Spielregeln[11] empfehlen wir, im Vorfeld mit den Schüler_innen zu vereinbaren:

- Jede_r ist eingeladen, neue Ideen anzudenken und auszuprobieren.
- Jede_r ist eingeladen, sich in der eigenen Sprache auszudrücken.
- Es ist erlaubt, verschiedener Meinung zu sein.
- Es ist nicht okay, andere Personen zu beschuldigen oder abzuwerten.
- Jede_r ist verantwortlich dafür, dass wir das, was wir wollen, auch bekommen.
- Wenn große Gefühle in dir aufkommen, versuche, sie in der Gruppe mitzuteilen.
- Jede_r sollte von sich sprechen und nicht über andere.
- Jede_r hat die Wahl, sich zu beteiligen oder nicht teilzunehmen.

---

10 | Das Bilderbuch *DAS machen?* fordert darüber hinaus Eltern und Bezugspersonen auf, komplexe Fragen von Kindern zu Sexualität zu beantworten. Das kann überfordern. Nicht zufällig ist das Spannungsfeld zwischen Sexualität und Pädagogik eines heftigster gesellschaftlicher Kontroversen. Falls Sie mit *DAS machen?* arbeiten sollten, möchten wir Sie dazu ermutigen, sich auf solche Auseinandersetzungen mit Eltern einzulassen, da wir sehr gute Erfahrungen mit dem Buch auf Elternabenden gemacht haben. Es führt zu heiterer Stimmung, auch zu Erstaunen darüber, was schon Volksschulkinder für Fragen und Gedanken zu Sexualität haben. Auch das Teilen von Erinnerungen an die eigene Kindheit mit den (nicht) beantworteten Fragen zu Sexualität öffnet auf Elternabenden Türen und Herzen. Ausnahmen gibt es immer und überall. Aber voreilige Projektionen auf die Elternschaft als per se verzopftes Gegenüber verunmöglichen unserer Erfahrung nach sowohl Sexualpädagogik als auch eine interessante Beschäftigung mit Gender-Fragen in der Klasse.
11 | Vgl. auch Early learning resource unit (1997: 224).

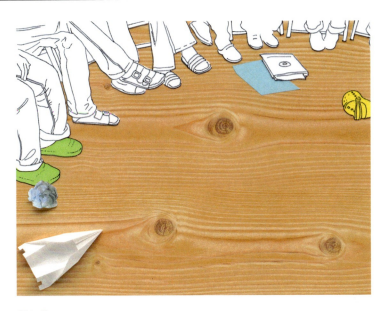

Abb. 7

2.1.2 Zielgruppe

Die meisten Erfahrungen mit dem Einsatz der Übungen haben wir mit Schüler_innen zwischen acht und 14 Jahren gemacht. Lehrer_innen, die Schüler_innen ihrer Klasse kennend, können am besten einschätzen, was für wen passt. Natürlich variiert der Zugang zu einer Übung, je nachdem ob die Schüler_innen neun Jahre alt sind, elf oder 14 Jahre alt, ob sie Lernschwierigkeiten oder eine Behinderung haben, eine Sprache teilen, einander zuhören können oder freies Arbeiten gewöhnt sind. Alle Übungen haben wir auch mit älteren Jugendlichen gemacht und gemerkt, dass wir nach oben hin keine Altersgrenze ziehen würden.

2.1.3 Zeitrahmen

Die für die jeweilige Übung benötigte Zeit variiert je nach Gruppengröße, Interesse, Alter der Kinder, räumlichen und sonstigen Gegebenheiten. Wir geben einen ungefähren Rahmen an.

2.1.4 Gruppen

Alle Übungen eigenen sich für ganze Klassen. Wenn die Schüler_innen es gewohnt sind, sich in Gruppen aufzuteilen, dann empfehlen wir im Sinne des Themas, Gruppen nach anderen Aspekten zusammenzustellen als nach Mädchen und Jungen. Bei der Gruppenfindung ist alles möglich, von Zufallskriterien wie Farbe der Schuhe über geteilte Vorlieben bei Eissorten bis zu gemeinsamen Interessen wie Musikrichtungen, Mediennutzung etc. So wird den Schüler_innen signalisiert, dass Humor mitspielt, persönliche Interessen ernst genommen werden, Zuordnungen variabel sind. Gerade diese drei Signale fehlen oft, wenn es darum geht, sich mit Geschlechterrollen auseinanderzusetzen bzw. ist der Druck vieler Schüler_innen, den Erwartungen an ihre (Gender-)Rolle entsprechen zu müssen, alles andere als humorvoll und fühlt sich alles andere als beweglich an.

Abb. 8

2.1.5 Persönliche Fragen an die Lehrkraft

Es ist wichtig und richtig, die eigenen Grenzen und Möglichkeiten im Auge zu behalten. Bloßes Schweigen als Reaktion auf Interaktion im Schulraum ist allerdings eine ungünstige Botschaft, weil es Sprachlosigkeit vermittelt bei einem Thema, welches gerade aus seinem Schweigen herausgeholt werden soll. Von Fragen zu Geschlechterrollen aus der eigenen Kindheit zu erzählen, ist eine gute Möglichkeit, um ins Gespräch zu kommen, und dasselbe gilt für Antworten, die damals wichtig bzw. die damals unangenehm oder verzichtbar waren. Wenn eine Frage Grenzen verletzt – die der Lehrkraft oder die anderer Schüler_innen – oder als Provokation gedacht ist, sollte thematisiert werden, wo genau das Problem liegt und wieso die Frage nicht beantwortet wird.

2.2 Die Übungen

2.2.1 Nins Kleiderkasten – (Virtuelles) Anziehspiel

Material

Mehrere Computer mit Internetanschluss oder/und Materialien wie farbige Papiere, Zeitschriften, Pappe, Folien, Dekorationsartikel, Stifte, Kleber, Scheren und Vorlagen für Anziehfiguren

Kontext und Ziel

Ziel der Übung ist es, durch lustvolles (virtuelles) Ausprobieren von verschiedenen Kleidungsstücken herkömmliche Kombinationen und Vorgaben, Rollenzuteilungen und Verbote aufbrechen zu können. Angezogen werden darf, was gefällt. Manchmal purzeln dabei Kleidungsteile durch die Gegend, manchmal auch Geschlechterrollen. Gedankliche Assoziationen zu Kleidung sollen damit beweglich gemacht werden. Das Spiel ist im Rahmen der Kindertheaterproduktion *Nin's Archiv* entwickelt worden.[12]

Anleitung
Wird die virtuelle Variante aus dem Internet gewählt, kann mit der Maus jedes der Kleidungsstücke und Accessoires verschoben und anprobiert werden. Jede Kombination ist eine neue Mode. Wie möchte ich heute aussehen? Was möchte ich morgen tragen? Aber auch mittels Collagen können Selbstporträts angefertigt oder Phantasiefiguren entworfen und mit Kleidungsstücken und Accessoires ausgestattet werden. Jede_r ist Modeschöpfer_in der eigenen Kollektion.

Im Anschluss an die Übung kann in der Klasse (hier eher mit 8- bis 10-Jährigen) darüber gesprochen werden, wie es ist, etwas anziehen zu wollen, aber nicht zu dürfen, oder etwas anziehen zu müssen, das sich nicht gut anfühlt. Was Kleidung über einen Menschen aussagt und wie man sich darin auch oft täuschen kann. Es bietet sich, für alle Altersstufen, auch an, anhand von historischen Bildern den Wandel von Kleidungsgewohnheiten aufzuzeigen.

Erfahrungen aus Workshops
Leider gibt es das virtuelle Spiel nur mit einem Modell. Das ist ein Manko. Dennoch haben sich interessante Gespräche über Kleidung und Mode entwickelt und wurden immer wieder jene (nebenbei) gestärkt, die sich nicht den Erwartungen konform kleiden oder stylen. Das Anziehen der Figur geht, sobald es vermeintlich gegengeschlechtlich wird, nicht ohne Lachen vonstatten, aber da die meisten Schüler_innen gerne alle möglichen Kombinationen ausprobieren und die zur Verfügung stehenden Kleidungsstücke und Accessoires selbst augenzwinkernd daherkommen, tut das der Übung keinen Abbruch. Diese Online-Variante braucht nicht viel Zeit, je nach Anzahl der Internetzugänge 15 bis 30 Minuten.

Falls aus verschiedensten Materialien Collagen geklebt werden, ist es hilfreich, wenn einige (papierne) Vorlagen für Figuren, die angezogen werden sollen, zur Verfügung stehen. Wichtig ist es, den jungen Modeschöpfer_innen ganz die Freiheit in der Gestaltung zu lassen, damit sie sich selbst oder ein erdachtes, gebasteltes Modell darstellen können, wie sie möchten. Oft werden Geschlechterstereotype gewählt, aber mindestens genauso oft werden diese durch Details gebrochen oder mit Überraschendem ergänzt. Es ist durchaus ein ermächtigendes und befriedigendes Gefühl, eine (Papier-)Figur anzuziehen und auszustatten.

Mit älteren Jugendlichen empfiehlt sich diese Übung in einem künstlerischen Fach. Dann bekommen sie nicht das Gefühl, in einer Bastelstunde zu sitzen. Der Fokus liegt dann eher auf dem Gestalterischen, einem künstlerischen Modestatement und dem Umgang mit dem Material.

Die Kreation eigener Mode dauert lange, wenn sie ernst genommen wird. Unter einer Schulstunde macht diese Variante keinen Sinn, besser wären zwei bis drei Schulstunden.

---

12 | Das virtuelle Anziehspiel und Informationen über Nins Archiv finden Sie unter www.theaterfoxfire.org/eseix_nin_anziehen/dress_me.html (eingesehen am: 05.09.2014).

Abb. 9

2.2.2 Von Gewürzen und Suppennudeln: Haar-, Bart-, Schmink- und Chromosomenstation

Material
Handspiegel, Gewürze, Mohn, feinste Suppennudeln, Salatblätter, Kunstpelz, Holzspäne, Watte etc., alles Mögliche, aus dem ein vorübergehender Bart, temporäre Koteletten und/oder Augenbrauen geklebt werden können, Bartkleber (leider teuer, aber Vaseline oder andere Fettcreme kann auch verwendet werden), Taschentücher, Abschminkcreme, Perücken/Haarteile (viele Kinder haben Perücken zu Hause und könnten die mitbringen, zudem gibt es sehr billige Perücken zu kaufen), Schminkutensilien, Nagellack, Brillengestelle, Federn, gegebenenfalls verschiedene Kopfbedeckungen, Glitzerpuder etc., Buchstaben zum Aufkleben, Etiketten, Stifte, Papier, Scheren, Kleber, gegebenenfalls (Kartoffel-)Stempel, Fotos aus dem Buch *Kriegen das eigentlich alle?* (Helms/Holleben 2013)

Kontext und Ziel
Haare sind ein Riesenthema und eines, über das ununterbrochen Geschlecht zugeordnet wird.

Mit diversen Materialien aus dem Alltag, so auch Gewürzen und Suppennudeln, und/oder mit einschlägigem Zubehör wie Perücken, Bartkleber und Kunsthaar (von Perücken millimeterweise abgeschnitten) können die Schüler_innen ihr Gesicht kurzzeitig verändern, sich als verschiedene Typen ausprobieren. Die intensive öffentliche Beschäftigung mit dem eigenen Gesicht ist nicht alltäglich und macht zunächst vielleicht auch verlegen. Besonders durch ungewöhnliche Materialien, die nicht mit Styling, Haaren und Schönheit in Verbindung gebracht werden, ist ein unpeinlicher, witziger Zugang möglich und das Spiel mit Rollen und Bärten eröffnet.

Zum Stylen gehören natürlich auch Tattoos, Markennamen, Kleiderlabel, Aufnäher etc. Diese können in diesem Kontext mittels Buchstaben nachgeahmt, karikiert, selbst kombiniert und ganz einfach aufgeklebt werden. Nebenbei können sich dabei auch neue Kombinationen der Chromosomenbuchstaben X und Y ergeben und kann das Thema der Geschlechtervielfalt eingebunden werden, zu der die weiteste Perspektive ist, dass genauso viele Geschlechter wie Menschen existieren. Mit einem Augenzwinkern lassen sich Geschlechterzuordnungen außer Kraft setzen oder ad absurdum führen. Die XX- und XY-Konnotationen werden durch Zitate von (Mode-)Labels, SMS- und Websprache, dem Spielen mit Corporate Identities für einen Moment ausgehebelt. XX und XY mischen sich mit Initialen, Icons und SMS-/Chat-/Web-Ausdrücken, mit Abkürzungen, Namen und Lauten zu jeweils individuellen Statements. Label und Schubladen können unterlaufen oder überhöht und damit als beweglich, veränder- und gestaltbar erlebt werden. X und Y sind letztendlich einfach auch nur Buchstaben.

Abb. 10

Anleitung
Die Fotos aus dem Buch *Kriegen das eigentlich alle?* (Helms/Holleben 2013) sind ein guter Einstieg, um Ideen zu bekommen. Die Kinder bzw. Jugendlichen denken sich aus, was sie gerne verwenden würden und bringen das entweder am nächsten Tag mit oder die Lehrkraft stellt eine Auswahl an Materialien zur Verfügung. An mehreren Tischen können die Schüler_innen sich selbst oder einander Bärte, Koteletten, Augenbrauen, Frisuren, Fingernägel, Aufkleber gestalten, sich gegenseitig schminken und stylen. Buchstaben(-Kombinationen) werden wie Markennamen oder ein temporäres Tattoo auf die Kleidung, auf die Haut oder auf einen persönlichen Gegenstand geklebt, umgehängt oder angesteckt.

Die Übung 2.2.3 »Stell dir vor, ich wäre ein Mädchenjunge oder ein Jungemädchen« empfiehlt sich als Vorbereitung, um dem Spiel mit den Buchstaben XX und XY mehr inhaltlichen Boden zu geben.

Erfahrungen aus Workshops
Empfehlenswert ist, einige der Materialien und Klebetechniken zunächst selbst einmal auszuprobieren, bevor in der Klasse damit gearbeitet wird. Natürlich möchten alle ein Foto von sich haben, wenn sie fertig sind. Es ist eine Materialschlacht, ohne Frage, aber je mehr Möglichkeiten die Station bzw. Übung bietet und je einladender sie aufgebaut ist, desto besser klappt der Einstieg. Es macht einen großen Unterschied, ob ich fertige Bärte zum Aufkleben und gekaufte Tattooaufkleber bereitstelle oder Material, das erst einmal ungewohnt ist. Wenn die Schüler_innen die Möglichkeit haben, aus Kümmel, Sesam oder Mohn Bärte und Koteletten zu kreieren und aus Buchstaben selbst gemachte Label oder Chromosomensätze, ist der Spielraum größer und es kann mehr entstehen, weil die Veränderung nicht eins zu eins vorgenommen wird und auf diese Art mehr Distanz eingenommen werden kann. Solch eine Art Sicherheitspolster ist wichtig, falls die Veränderungen im Aussehen abwertend kommentiert oder verhöhnt werden. Niemand sollte etwas aufgedrängt bekommen oder mit Buchstaben oder Accessoires versehen werden, die nicht selbst gewählt oder gewünscht sind. Hier ist die Lehrkraft gefordert, Übergriffe zu stoppen.

Diese Übung braucht Zeit, mindestens eine Schulstunde. Hastig Gestaltetes und Geklebtes sieht meist nicht gut aus und ist dann frustrierend.

Jüngere steigen meist unbelasteter in diese Übung ein. Jugendliche in der Pubertät haben mehr mit Scham zu kämpfen. Ab circa 16 Jahren hilft die größere Souveränität. Für alle Altersstufen gilt nach unserer Erfahrung aber, dass, wenn das Eis gebrochen ist, einige Schüler_innen viel Ausdauer und Hingabe zeigen, sich neu zu stylen.

Wir empfehlen, diese Übung nicht ohne alternative Möglichkeiten der Beschäftigung durchzuführen. Dann können die Schüler_innen wählen, und es schauen nicht alle zu. Wenn parallel etwas anderes stattfindet, ist es leichter, sich darauf einzulassen.

Abb. 11

2.2.3 Stell dir vor, ich wäre ein Mädchenjunge oder ein Jungemädchen

Material
Hörgeschichte »Stell dir vor ...«, Abspielgerät, Papier, Stifte

Kontext und Ziel
Die Vermittlung von grundlegendem Wissen über die Vielfalt von Geschlechteridentitäten und die Möglichkeit zum Gespräch über Intersexualität ist für viele Kinder und Jugendliche neu, jedenfalls ungewohnt. Die Geschichte skizziert Gedanken und Gefühle eines intergeschlechtlichen Kindes und gibt Raum, um Fragen zu stellen, zu assoziieren, sich zu äußern oder einfach das Gehörte auf sich wirken zu lassen.

Die Häufigkeit von intergeschlechtlich zur Welt kommenden Personen wird auf circa 1/2000 geschätzt, wobei die Dunkelziffer sehr hoch ist. Viele Initiativen setzten sich dafür ein, Intergeschlechtlichkeit/Intersexualität nicht als zu behandelnde Krankheit zu pathologisieren, sondern die Vielfalt von Geschlechteridentitäten anzuerkennen. Dieses Bestreben stellt den eng gesteckten, künstlich geschaffenen Rahmen der angenommenen Zweigeschlechtlichkeit infrage.

Geschichte (Audiofile)[13]
Stell dir vor ...

»Ich bin nicht als Mädchen oder Junge auf die Welt gekommen, sondern als beides gleichzeitig. Ich hatte bei meiner Geburt eine Scheide und ein Glied, beides ungefähr halb so groß wie bei anderen Neugeborenen. Halb, halb. Daran kann ich mich natürlich nicht erinnern, weil ich erst kurz auf der Welt war, aber es wurde mir später, als ich neun Jahre alt war, erzählt. Meine Eltern und die behandelnden Ärztinnen oder Ärzte wollten, dass ich entweder ein Mädchen oder ein Junge sei. Dabei war ich dazwischen. Inter. Heißt auf lateinisch dazwischen. Ich war ein Intersex-Kind. Stell dir vor, ich hätte jeden Tag entscheiden können, ob ich heute ein Mädchen oder Junge sein will. Ob ich Karla oder Karl heiße, Johanna oder Johannes. Meine Eltern haben mich Lara genannt und die Leute im Krankenhaus haben mich so lange operiert, bis ich kein Glied mehr hatte. Stell dir vor, ich könnte mir aussuchen, auf das Klo zu gehen, wo die Schlange kürzer ist, oder ich könnte im Sport in der Schule aussuchen, ob ich lieber bei den Jungen mitturne oder bei den Mädchen, je nachdem, welche Gruppe zum Beispiel Fußball spielt und welche Geräteturnen macht. Stell dir vor, ich könnte mich in Mädchen und Buben verlieben und dabei selber ein Mädchen oder Bub sein. Stell dir vor, ich könnte beim Pinkeln entscheiden, wo das Urin herauskommen soll. Stell dir vor, meine Lehrer und Lehrerinnen wüssten nicht, ob ich ein Junge oder Mädchen bin. Stell dir vor, das wäre auf regend und würde mich glücklich machen. Stell dir vor, es wäre belastend und würde mich unglücklich machen. Das hätte ich gerne selber entschieden. Stell dir vor, ich würde mit dem Intercity nach Interlaken fahren und dort im Internet surfen, bis ich andere Intersexuelle kennenlerne. Stell dir vor, wozwischen ich alles sein könnte. Zwischen Hier und Dort, zwischen kalt und heiß, zwischen Nord und Süd, zwischen Wachsein und Schlafen, zwischen meinen Eltern, zwischen meinen Freundinnen und Freunden, ich wäre nie mehr allein.«

---

[13] | Alle Audiofiles finden sich unter www.dasmachen.net (eingesehen am: 05.09.2014) als Download.

Abb. 12

Anleitung
Kopien der Geschichte werden ausgeteilt und gelesen oder die Erzählung wird gemeinsam angehört. In Kleingruppen oder jede_r für sich versuchen die Schüler_innen anschließend, das Leben von Lara zu beschreiben. Das kann einen sehr realistischen Charakter haben oder auch ganz phantastisch sein.

Falls das zu schwierig ist, können die Schüler_innen auch gemeinsam überlegen, wie ihr eigenes Leben wäre, wenn sie weder ein Mädchen noch ein Junge wären. Wie würden sie heißen wollen, wie würde ein ganz normaler Tag aussehen, wie würden andere sie ansprechen etc.?

Diese Übung eignet sich auch als Vorbereitung für Übung 2.2.2.

Erfahrungen aus Workshops
Wichtig ist es, im Hinterkopf zu behalten, dass anwesende Kinder intergeschlechtlich sein oder sich transident fühlen können. Häufig wird auch die Institution Schule von den Eltern oder Erziehungsberechtigten nicht darüber informiert, dass ihr Kind intersexuell oder geschlechtlich uneindeutig geboren wurde. Eine wertschätzende Atmosphäre und das Reagieren auf Witze oder Kommentare, die möglicherweise gemacht werden und verletzend wirken können, ist auf jeden Fall wichtig (siehe Manz in diesem Buch). Diese Übung macht nur Sinn, wenn die Schüler_innen einige Grundsatzinformationen zu Intersexualität erhalten.[14] Je älter die Schüler_innen, desto detaillierter fallen die Informationen aus. Biologie

---

14 | Weiterführende Informationen finden Sie auf folgenden Webseiten: http://de.wikipedia.org/wiki/Tintenfischalarm; http://blog.zwischengeschlecht.info; http://www.transinterqueer.de; www.intersexualite.de; www.die-katze-ist-kein-vogel.de/ (alle eingesehen am: 03.09.2014).

bietet sich als Fach an, aber auch alle anfangs genannten anderen Fächer können Anknüpfungspunkte bieten.
Wir empfehlen eine Schulstunde für diese Übung.

Informationen für die Schüler_innen
Es ist durchaus möglich, auch wissenschaftlich davon auszugehen, dass es so viele Geschlechter wie Menschen gibt. Medizinisch und gesellschaftlich betrachtet, wird das Geschlecht eines Kindes derzeit allerdings an folgenden Merkmalen festgemacht:

(1) das chromosomale Geschlecht (XX-Chromosom = weiblich, XY-Chromosom = männlich),
(2) das gonadale Geschlecht (Eierstöcke oder Hoden),
(3) das hormonelle Geschlecht (geschlechtstypische Mischung aus sogenannten männlichen oder weiblichen Hormonen),
(4) das genitale Geschlecht innen (Vagina, Uterus und Eierstöcke oder Prostata),
(5) das genitale Geschlecht außen (Klitoris und kleine bzw. große Schamlippen oder Penis und Hodensack).[15]

Gemeinhin werden Neugeborene aufgrund ihrer äußeren Genitalien (Penis bzw. Klitoris) einem Geschlecht zugeordnet. Wenn diese jedoch nicht der Norm entsprechen und als »auffällig« eingestuft werden, findet eine Prüfung der anderen Geschlechtermerkmale statt, um eine Festlegung vorzunehmen. Stimmen diese verschiedenen Merkmale nicht überein, wird das Kind als intersexuell angesehen.[16]
Dabei gibt es bei jedem dieser Merkmale unzählige Möglichkeiten, wie es aussehen kann. Genau genommen gibt es also nicht nur zwei Geschlechter: Es gibt Personen mit verschiedengeschlechtlichen Merkmalen (Intersexuelle, auch Hermaphroditen oder Zwitter genannt). Andere wechseln das Geschlecht von Frau zu Mann oder umgekehrt (Transgender-Personen). Viele Kinder, Jugendliche und Erwachsene möchten sich nicht einordnen lassen, sie fühlen sich mal so und mal so. Es gibt einfach viele Formen, sich zum Geschlecht zu verhalten. Und wie kann ich wissen, ob die anderen ihr Geschlecht genauso sehen, wahrnehmen, fühlen wie ich? Warum trotz dieser Vielfalt fast alle in Mädchen und Jungen eingeteilt werden, ist eine lange Geschichte. Wir sind es gewohnt, Neugeborene in Mädchen und Jungen einzuteilen und Erwachsene als Frauen und Männer zu sehen. Es gibt uns (meist) ein Gefühl der Sicherheit, wenn wir alle anderen und auch uns selbst einteilen und zuordnen können. Aber alle Kinder und Erwachsenen haben das Recht, so zu sein, wie sie sich fühlen bzw. fühlen möchten. Auch wenn es schwierig sein kann, darauf zu bestehen, selbst am genauesten zu wissen, was gerade am besten passt.

---

15 | Mit leichten Veränderungen zitiert nach Melanie Jilg (2007a: 3)
16 | Sehr informativ ist hier das visuelle Hörstück von Melanie Jilg (2007b), *Die Katze ist kein Vogel*, in welchem vier intersexuelle Menschen von ihren Erfahrungen, Gedanken und Gefühlen erzählen. Unter dem Stichwort »Intersex« finden sich auf der Webseite www.die-katze-ist-kein-vogel.de (eingesehen am: 05.09.2014) auch hilfreiche Informationen zum Thema.

Abb. 13

2.2.4 Piktogramme – Wegweiser durch den öffentlichen Raum

Material
Piktogramme (aus dem Internet, Fotos, aus Zeitungen), Papier, Plakate, Stifte, gegebenenfalls Etiketten

Kontext und Ziel
Ziel der Übung ist es, alltägliche Bilder, Zeichen und Piktogramme bewusst zu sehen und als eine Art optische Sprache zu erkennen, die unseren Alltag im öffentlichen Raum organisiert und die sich Menschen ausgedacht haben. Gerade Piktogramme ordnen Geschlechterrollen meist sehr eindeutig zu und prägen damit die gesellschaftlichen Vorstellungen von weiblich und männlich, wie auf eindeutig zweigeschlechtlichen WC-Schildern oder auf Verkehrsschildern: Eine männlich konnotierte Figur weist auf Bauarbeiten hin, ein »benutzungspflichtiger Fußweg« wird mit einer Person mit Kleid und Kind an der Hand angezeigt oder eine Spielstraße mit einem Schild, auf dem eine ungeschlechtlich oder männlich zu lesende Person Fußball mit einem Kind spielt. Piktogramme sehen in verschiedenen Ländern und Kulturkreisen sehr unterschiedlich aus. Es empfiehlt sich, auch Piktogramme mitzubringen, die den Kindern aus dem Alltag vor Ort nicht unbedingt bekannt sind. Auch Piktogramme ohne ausdrücklichen Bezug zum Geschlecht können aufschlussreich sein als Beispiel für die Allgegenwärtigkeit normierender Zeichen.

Die Veränderung von Piktogrammen in Wiener Verkehrsmitteln im Jahr 2006 im Rahmen einer städtischen Gender-Mainstreaming-Kampagne – seitdem ist z.B. auf den Hinweisschildern zum Überlassen der Sitzplätze auch ein Mann mit einem Baby auf dem Arm zu sehen – hat zu massiven Protesten geführt. Machtverhältnisse und Rollenverteilungen in der sonst scheinbar nebensächlichen Zeichensprache des öffentlichen Verkehrs wurden plötzlich sichtbar.[17]

Die eigene Schule mit neu erfundenen Piktogrammen zu versehen und nach den eigenen Wünschen zu verändern, ermächtigt und ermöglicht zugleich, Zuordnungen zu unterlaufen oder aber sie besprechbar zu machen.

Abb. 14

Anleitung

Zu Beginn steht eine kurze Erklärung. Ein Piktogramm ist ein Symbol, das grafisch einfach dargestellt und häufig eine Art Wegweiser im öffentlichen Raum ist.

Die Schüler_innen werden aufgefordert, in den nächsten Tagen die Augen offen zu halten und sich Piktogramme, die ihnen begegnen, zu merken, zu fotografieren oder aufzuzeichnen. Alternativ kann die Lehrkraft Beispielpiktogramme mitbringen oder sie sich gemeinsam mit den Schüler_innen im Internet anschauen.[18] Nachdem die Schüler_innen mehrere Piktogramme gesammelt haben, werden diese zusammengetragen und Bedeutungen zugeordnet. Anschließend können die Schüler_innen neue Piktogramme erfinden oder an vorhandenen etwas ändern. Es können auch Piktogramme für Klassenregeln erstellt oder für Bereiche in der Schule, wie den Gang oder den Schulhof, neu gestaltet und dort angebracht werden.

---

17 | Eine kurze Beschreibung findet sich in der Presseerklärung der Stadt Wien (Rathauskorrespondenz 2006).
18 | Z.B. zu finden unter Google/Bilder/Piktogramme.

Erfahrungen aus Workshops
Wir selbst haben diese Übung nur im Rahmen von einigen Schulstunden mit Schüler_innen gemacht. Möglich und sinnvoll ist es auch, einen Zeitraum von mehreren Tagen oder auch Wochen zur Verfügung zu haben, in dem immer wieder an dem Projekt gearbeitet wird. Aus Erzählungen von Lehrer_innen, die mit 12- bis 14-Jährigen zu Piktogrammen gearbeitet haben, wissen wir, dass ausgetauschte Schilder in der Schule Auslöser von Diskussionen waren und schon bald viele Nachahmungen und Neukreationen nach sich gezogen haben. Gerade die Debatte um WC-Kennzeichnungen verlief äußerst kontrovers. In einer Schule sind leider auch sexistische und diskriminierende selbst gemachte Piktogramme aufgetaucht, sodass schlussendlich nach weiteren Debatten alle Neukreationen wieder abgehängt wurden. Aber auch in diesem Fall hielt die Lehrerin die Übung für sehr anregend und sinnvoll, weil diskutiert wurde, was im öffentlichen Raum welche Wirkung erzielen kann und warum. Die Wirkkraft von Vereinfachung und die Reduktion komplexer Inhalte auf Schlagworte und Symbole war ebenso Thema wie das ihnen innewohnende Potenzial an Diskriminierung und Verhöhnung.

2.2.5 »Ich wollte alles sein« – Interviews und Hörgeschichten

Material
Audiofiles zum Download, Abspielgerät, Papier, Stifte

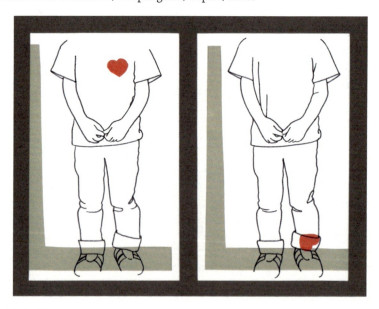

Abb. 15

Kontext und Ziel
Es geht um die Erkundung verschiedener Formen von geschlechtlicher Identität. Dabei kann jede_r Reporter_in sein und ein Interview mit einer vertrauten erwachsenen Person führen, die früher auch einmal Kind und mit normierenden Gender-Vorgaben konfrontiert war. Ziel der Übung ist es, das, was eine Person alles zu einem Mädchen, zu einem Jungen, zu dem jeweiligen Gender-Ich werden lässt,

mit einer erwachsenen Person zu besprechen. Durch die Situation, in der das Kind interviewt und die Erwachsenen Auskünfte aus ihrer Kindheit geben, werden die üblichen Rollen getauscht. Damit kann das Vertrauensverhältnis gestärkt und den Kindern signalisiert werden, dass Fragen zur (Geschlechts-)Identität besprechbar sind.

Anleitung
Jede_r Schüler_in bekommt die Aufgabe, darüber nachzudenken, wen aus dem familiären Bereich oder welche sonstige vertraute erwachsene Person sie_er gerne interviewen würde. Wenn allen eine Person eingefallen ist, geht es darum, sich konkrete Fragen zu überlegen und diese wie für eine Reportage aufzuschreiben. Das Überthema ist Mädchen-Sein, Junge-Sein, Ich-Sein.
Mögliche Fragen wären z.B.:

- Was hat dir in deiner Schulzeit an anderen in deiner Klasse besonders gefallen und was hat dich am meisten gestört?
- Wie war die Klassengemeinschaft?
- Wie sind diejenigen Mädchen und Jungen aufgetreten, die eine wichtige positive oder negative Rolle in der Klasse gespielt haben?
- Als was haben die anderen dich angesprochen, als Mädchen, als Junge oder wie sonst? Und wie hat sich das für dich angefühlt? Hat es für dich gepasst?
- Wie sind deine Lehrer_innen damit umgegangen, wenn es Gemeinheiten unter den Schüler_innen gab, wenn welche von anderen geärgert oder fertiggemacht wurden? Gab es das, und an was erinnerst du dich?
- Was war deine Rolle in der Klasse?
- Was hättest du gerne für eine Rolle in deiner Klasse gespielt?

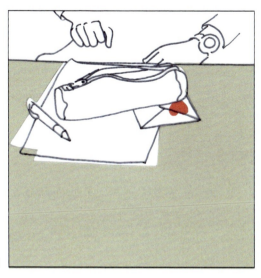

Abb. 16

Die Schüler_innen können die Interviews auf einen Tonträger aufnehmen, mitschreiben oder sie per E-Mail führen. Aus diesen Interviews kann dann etwas vorgestellt werden. Zuvor bietet sich die Frage an, wie es den Interviewer_innen gegangen ist und ob sie etwas Neues erfahren haben. Die Schüler_innen sollten ausdrücklich von der Anforderung, korrekt zu schreiben, befreit werden. Angst vor Rechtschreibfehlern erschwert einen lustvollen und spontanen Zugang zum Umgehen mit Interviewfragen und Geschichten.

Auf unserer Webseite gibt es die folgenden Kurztexte als Audiofiles zum Download. Es sind Ausschnitte aus Erzählungen von Erwachsenen, die über ihre Kindheit und ihr Gender-Verständnis oder das der Menschen um sie herum erzählen. Personen verschiedener Sprachhintergründe sprechen die Geschichten, die von uns gesammelt, transkribiert und sprachlich bearbeitet wurden.

Erzählungen (Audiofiles)

»Vater werden, viele Kinder haben, war schon als Jugendlicher mein größter Wunsch. Aber als meine Freundin und ich das erste Mal miteinander geschlafen haben, hatte ich danach einen Albtraum: Ich schiebe einen Kinderwagen einen Berg hinauf und lasse ihn oben los, der Kinderwagen rast hinunter, zum Glück bleibt er unten auf dem Weg irgendwann stehen. Ich habe so ein schlechtes Gewissen, dass ich am Kinderwagen vorbeigehe, als gehöre er nicht zu mir. Aber der Kinderwagen rächt sich, er fährt mir nach, ich gehe schneller, der Kinderwagen folgt mir weiter, ich laufe, ich renne. Der Kinderwagen rast mir nach. Ich war sechzehn. Schweißgebadet bin ich aus dem Albtraum aufgewacht.«

»Nichts habe ich mir so sehnlichst gewünscht wie ein Barbiehaus mit mindestens einer Barbie und viel Gewand. Meine Mutter war gegen Barbie. Sie erklärte mir, wieso Barbies nicht gut seien für Mädchen und dass irgendeine Firma sich eine goldene Nase verdiene daran, Mädchen für blöd zu verkaufen mit diesen öden Barbies. Kurz, meine Mutter konnte diese blonden, dürren Modepüppchen nicht ausstehen. Sie redete auf mich ein, dass ich diesen Mist nicht nötig hätte und dass ich ein starkes, mutiges Mädchen sei, viel cooler als alle Barbies dieser Welt und so weiter und so fort. Je mehr sie sich ereiferte, umso mehr wollte ich nur noch eins, ein Barbiehaus mit vielen blonden, langbeinigen, gut gekleideten Barbies. Und am liebsten einen starken Ken dazu.«

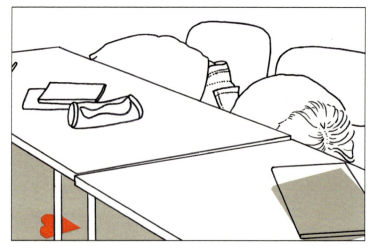

Abb. 17

»Ich hatte Zöpfe. Die längsten an der Schule. Das Mädchen mit den Zöpfen. Ich. Bekannt wie ein bunter Hund. Im ganzen Ort. Beim Fußballspielen knotete ich beide Zöpfe hinten auf meinem Rücken zusammen. Ich war in der Klassenfußballmannschaft. Ich spielte auch mit meinem älteren Bruder Fußball. Fast täglich. Wenn nicht Fußball, dann spielte ich für mich, dass ich er sei. Ein Junge. Die Zöpfe haben mich dabei nie gestört. Ich war ein Mädchen, wollte im Spiel ein Junge sein, gut Fußball spielen und meine langen Zöpfe tragen. Ich wollte Alles. Sein. Auf einmal. Und will es noch.«

»Es war einer dieser Winterabende, die ich liebte. Mein Vater saß stundenlang über Walnüssen, die er schälte, um dann die Mini-Nuss-Stückchen an alle weiterzureichen. An diesem einen Abend fragte ich ihn: ›Wieso bist du ein Mann geworden?‹ Bis heute verstehe ich nicht, wieso er nicht antwortete. Er schaute mich an und er sah traurig aus. Knackte die nächste Nuss auf und verteilte die zwei Hälften an meine Schwester und mich. Ob er keine Antwort wusste? Oder wollte er sie mir nicht geben?«

»Ich bin Leon, ein Mann, aber an mir ist kein Penis dran. Ich fühle mich einfach so. Ich werde sehen, was später ist, ob mit oder ohne. Früher war ich ein Mädchen und ich bin stolz auf sie, sie hieß Leonie.«

Abb. 18

»Meine beste Freundin und ich gaben uns ein ernstes, fast heiliges Versprechen: Wer von uns beiden zuerst heiraten würde, sollte der anderen binnen eines Jahres auch einen Mann zum Heiraten organisieren. Sonst wäre die Freundinnenschaft für immer vorbei. Da waren wir zehn Jahre alt. Sie heiratete früh, wir waren schon längst nicht mehr befreundet, und ich war lesbisch geworden. Eines Tages, ich war gerade einkaufen, fiel mir unsere Verabredung von damals ein. Und ich musste lachen. Offenbar erinnerte sie sich nicht mehr daran.«

»Ich stand oben an der Treppe, früher Abend, und habe laut nach oben zu meinen Geschwistern und nach unten Richtung Eltern gerufen: ›Ich hab sie, ich hab sie!‹ Niemand konnte wissen, dass ich die Regel meinte, meine erste Monatsblutung. Von meiner Mutter wusste ich, wie das sein würde, rötlich-braune Flecken in der Unterhose, und ich war stolz. ›Endlich‹, rief mein älterer Bruder von oben. Ich hatte ihn schon den ganzen Nachmittag verrückt gemacht, weil ich meine Zahnspange nicht finden konnte. ›Nicht die Zahnspange!‹, rief ich nach oben. Keine Antwort. Was wissen Brüder schon von der ersten Regel. Unten hatte mich vermutlich niemand gehört. Ich bin die Treppe hinunter gerannt, die letzten paar Stufen gesprungen, in die Küche gelaufen, dort hing meine Mutter am Telefon und mein Vater war damit beschäftigt, laut bruzzelnde Spiegeleier zu salzen. Kein Wunder, hatten sie mich nicht gehört. Ich beschloss, es ihnen nicht so leicht zu machen. Bis kurz nach den aufgegessenen Spiegeleiern mit Bratkartoffeln habe ich durchgehalten, dann wollte ich endlich mit meiner Neuigkeit herausrücken, als mein älterer Bruder mir zuvor kam und sagte: ›Du hast sie?‹ Ich nickte und sagte: ›Ja.‹ Er sagte: ›Cool.‹ Ich sagte: ›Ja, cool.‹ Ich genoss die ratlosen Gesichter meiner Eltern, die nicht wussten, von was die Rede war. Bis heute weiß ich nicht, ob mein Bruder wusste, was ich hatte, wenn nicht die Zahnspange. Aber es war cool. Und das war das Wichtigste.«

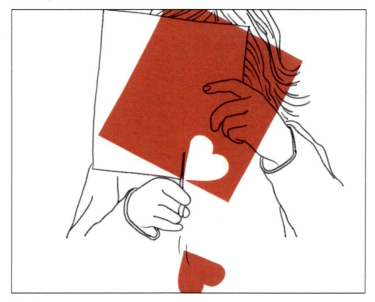

Abb. 19

»Jahrelang habe ich mir immer dieselben Fragen gestellt: Bin ich schön? Bin ich schnell? Bin ich besonders? Bin ich ich? Wer ist ich? Bin ich bereit? Bin ich wirklich wer? Bin ich aufgeregt? Bin ich eine Attrappe? Bilde ich mir das ein? Wie sollte alles sein? Bin ich alt genug? Bin ich so wie die anderen? Bin ich speziell, wie ich, wie nur ich? Bin ich auf den Mund gefallen? Bin ich neu? Bin ich schüchtern? Wer noch? Ich bin kindlich, ich bin erwachsen. Ich bin übrig. Ich bin nicht bereit. Für das Leben als Junge. Aus den Fragen wurden Feststellungen. Was für ein Stress.«

»Ich sah anders aus als die anderen in meiner Familie, ich wollte ein Junge sein wie mein älterer Cousin und ich wollte schon als Kind möglichst dramatisch leben. Nur nicht einfach ein Mädchen sein wie viele andere auch. Also wurde ich von Tag zu Tag sicherer, im Spital verwechselt worden zu sein, so eine Art tragischer Irrtum. Ich war gar nicht ich. Ich hätte eigentlich ganz anders ausgesehen. Ich wäre eigentlich ein Junge gewesen. Alles würde phantastisch werden.«

»Ich wollte keine Busen kriegen. Ich wollte nicht, dass sie hüpfen beim Rennen. Ich wollte flach bleiben. Ich hätte auch nichts zwischen meinen Beinen haben wollen, das herumschlackert. Ich wollte partout nichts Wackelndes an mir haben.«

»Ich war sechs und acht Jahre alt, als meine kleinen Geschwister auf die Welt kamen. Sie waren zum Aufessen süß, alle beide, Babys eben. Aber sie haben auch geschrien, in die Hose gemacht, meine Spielsachen die Treppe hinuntergeworfen, sie wollten in meinem Bett schlafen und am liebsten quer liegen. Mit zehn Jahren habe ich verkündet: ›Ich werde nie Mutter‹, und habe mich daran gehalten, bis heute. Das hält ja niemand aus.«

»Ich habe einmal zum Geburtstag, ich glaube, es war mein vierter, Puppen geschenkt bekommen. Drei auf einmal. Eine aus Holz, eine aus Plastik, eine aus Stoff. Keine war als weibliche oder männliche Puppe zu erkennen. Sie waren geschlechtslos. Ich fühlte mich zu einem ahnungslosen Kleinkind degradiert. Zudem hatte ich vorher nie mit Puppen gespielt. Ich erinnere mich an mein ratloses Gefühl an diesem Geburtstag.«

Erfahrungen aus Workshops
Die Geschichten und Interviewbeiträge können natürlich auch gemeinsam gelesen werden. Es erzeugt aber eine viel dichtere Atmosphäre, wenn die Erzählungen oder eine Auswahl davon gemeinsam angehört werden. Die Schüler_innen merken, dass sie von den Erwachsenen, die hier aus ihrer eigenen Kindheit oder Jugend erzählen, nicht für dumm verkauft werden. Die Erfahrungen und Gedanken erschließen Räume, sich selbst zu imaginieren, sich die eigenen erwachsenen Bezugspersonen als Kinder oder Jugendliche vorzustellen und sie als Personen zu erleben, die (auch) einmal danach gesucht haben, wer sie sind und wer sie sein wollen und die eine Meinung zu dem hatten, was ihnen vorgegeben wurde. Manche Schüler_innen können sich nicht vorstellen, jemandem aus ihrem Umfeld solche Fragen zu stellen oder überhaupt Antworten zu bekommen. Es ist wichtig, in diesem Fall gemeinsam zu überlegen, wer als Interviewpartner_in infrage käme, z.B. Bezugspersonen einer Freundin_eines Freundes oder Großeltern. Möglich ist auch, ein solches Interview zu imaginieren, sich also beispielsweise eine berühmte Persönlichkeit auszusuchen und diese imaginär zu interviewen. Das Kind kann in der Rolle dieser Person selbst die Antworten geben, also z.B. als Filmstar, als Model oder Idol aus der Welt des Spitzensports.

Es ist sehr wahrscheinlich, dass die meisten interviewten Erwachsenen zum Thema unreflektiert erzählen und Prozesse von Normierung so verinnerlicht haben, dass sie ihnen nicht bewusst sind oder sie sie sogar verklären. Solcherlei und überhaupt die Erzählungen sollten von der Lehrkraft und auch von den anderen Schüler_innen möglichst nicht gewertet werden. Die Interviewer_innen können sich zu dem, was ihnen erzählt wurde, selbst Gedanken machen und z.B. überlegen, wie es ihnen gegangen wäre, hätten sie in der Zeit gelebt und wären sie in diese Klasse gegangen. So bleibt Raum, sich abzugrenzen von der Erzählung, ohne sie abzuwerten, oder, wenn es das Bedürfnis danach gibt, auch für Identifikation, ohne sich zu sehr möglicher Kritik am Erzählten auszusetzen. Die von uns erfragten und aufgeschriebenen Geschichten eröffnen jedenfalls ein Spektrum an verschiedenen Zugängen und Ebenen der Auseinandersetzung.

Für diese Übung macht ein längerer Zeitraum, z.B. von einer Woche, Sinn, innerhalb derer die Übung immer wieder aufgenommen wird.

2.2.6 Mit und ohne Flügel – Binden entwerfen und gestalten

Material
Viele Binden (möglichst verschiedene Modelle), Tampons, Stifte, Scheren, Kleber, Hefter, Federn, Glitzerpuder, Perlen, Wackelaugen oder einfache Spielaugen zum Aufkleben, diverses Bastelmaterial

Kontext und Ziel
Binden mit Mustern zu versehen oder verschiedene Formen von Binden zu entwerfen, macht Spaß und geht ganz einfach. Schließlich gibt es Toilettenpapier mit verschiedenen Mustern oder aufgedruckten Texten oder in unterschiedlichen Farben. Wieso also nicht auch Binden?

Durch das praktische Hantieren mit Binden und Tampons kommen Gespräche auf, wird viel gelacht und die Vorstellung tritt in den Hintergrund, dass das nur Mädchen angehe oder ein Tabu sei. Die Konnotation von Binden und Tampons bzw. allgemein vom Zyklus als unangenehm, schmerzvoll, eklig etc. kann spielerisch unterlaufen und, jedenfalls für eine Weile, weggebastelt werden.

Anleitung
Das vorhandene Material können die Schüler_innen frei verwenden. Die Binden und Tampons können einfach einmal in die Hand genommen, bedruckt, beklebt, bemalt, ausgeschnitten, verziert und zum Basteln, für Objekte und Bilder verwendet werden. Im Verlauf der Übung sollte angeregt werden, möglicherweise einen Platz in der Klasse oder einen anderen Ort in der Schule zu vereinbaren, an dem Binden und Tampons zur Entnahme bereitliegen. Das ist für manche Mädchen erleichternd und beruhigend. Es empfiehlt sich auszumachen, wer diesen Platz verwaltet oder wie Mädchen an das Depot kommen können, wenn sie es benötigen.

Erfahrungen aus Workshops
Die Verwendungen waren vielfältig und kreativ. Aus Binden und Tampons wurden Brillen und Glücksbringerfiguren gebastelt, Kistchen und Mobiles gebaut, Krokodile, Miniaturkleidungsstücke, Broschen, Anstecker, Aufkleber oder Bilder gestaltet. Vielleicht werden sie auch einfach nur zusammen- oder an die Wand geklebt. Manche arbeiten gerne gemeinsam mit anderen, manche ganz für sich. Viele Schüler_innen müssen erst ihre Berührungsangst ablegen und anderen Binden auf den Rücken kleben, aber meist entstehen viele kleine Kunstwerke oder spontane Accessoires. Begleitend zu dieser Art kreativer Aktivität sind Gespräche zum Thema viel unbelasteter als in einem Diskussionssetting. Vielfältige Gefühle werden leichter und nebenbei geäußert und so, wenn auch nicht immer besprechbar, zumindest doch hörbar. Das Material an sich hat einen Sog, den ein Sitzkreis zum Thema Menstruation kaum je entwickeln kann. Soweit jedenfalls unsere Erfahrungen aus vielen Begegnungen mit Kindern, Jugendlichen und Erwachsenen.

Diese Übung hat sowohl mit Kindern ab acht Jahren wie auch mit 17-Jährigen viel ermöglicht. Hilfreich sind Fotos von ›Bindenkunstwerken‹ als Inspiration. Diese gibt es auch auf unserer Webseite zum Download. Manchmal braucht es eine Weile, bis Mutige beginnen. Aber dann sind die Kinder oder Jugendlichen mitunter kaum mehr zu stoppen. Als Zeitrahmen empfehlen wir mindestens 30 Minuten. Günstig ist es, diese Übung parallel mit einer anderen, z.B. mit der Haar-, Bart-, Schmink- und Chromosomenstation, anzusetzen.

Abb. 20

3 SELBSTREFLEXION FÜR LEHRER_INNEN

Für Erwachsene ist eine gendersensible Haltung begleitet von der Auseinandersetzung mit der eigenen Identität, Sexualität, Sozialisation, mit eigenen Wertvorstellungen und Vorlieben. Folgende Fragen und Themen halten wir für einen guten Einstieg in die Selbstreflexion und empfehlen einen Austausch mit Kolleg_innen dazu:

- Welche Personen waren in Ihrer Kindheit und Jugend in positiver wie in negativer Hinsicht wichtig für die Entwicklung Ihrer geschlechtlichen Identität? Für Informationen, Gefühle und Ideen dazu? Konnten Sie Fragen stellen und (wie) wurden diese beantwortet?
- Was war eine besondere Frage eines Kindes aus Ihrer Klasse zu Gender und Geschlecht?
- Wenn Sie eigene Kinder haben oder hätten, was würden Sie sich für diese in der Schule zum Thema Gender wünschen und was würden Sie für Ihr Kind ablehnen oder zu verhindern suchen?

- Was muss gewährleistet sein, damit Sie sich in Ihrem Kollegium gern über Geschlechterfragen austauschen und diese in Ihre Klasse bringen?
- Stellen Sie sich vor, Sie wären ein Kind in Ihrer Schule: Was finden Sie in puncto Gender-Bewusstsein und Sexualerziehung gut und was gefällt Ihnen überhaupt nicht?
- Gibt es Fragen oder Verhaltensweisen oder Äußerungen eines Kindes zu diesen Themen, die Sie zurzeit sehr beschäftigen?

Abb. 21

Zum Abschluss finden Sie noch einen kurzen Text aus dem Theaterstück *Nin's Achiv* für Kinder ab 8 Jahren, und wir möchten Sie dazu ermutigen, gedanklich oder auch im Austausch mit Kolleg_innen auf die Fragenflut zu antworten und auch zu überlegen, wie Sie darauf eingehen könnten, dass das Kind offenbar sehr aufgeregt ist, da es Buchstaben und Worte vertauscht. Stellen Sie sich also vor, ein Kind, das sich manchmal Nino, manchmal Nina und meistens Nin nennt, wendet sich wie folgt an Sie:

»Wenn ich verliebt wäre, wie könnte das gehen? Würde das andere Kind wissen wollen, ob ich ein Junge oder ein Mädchen bin? Kann man sich verlieben, egal als wer? Und in wie viele Personen gleichzeitig? Und müssen die alle dasselbe Geschlecht haben? Gibt es nur Männer und Frauen oder auch andere? Wer wäre dann alles in wen verliebt? Kann man eine Familie haben oder eine Freundin oder einen Freund, wenn man manchmal eine Frau ist und manchmal ein Mann? Wie geht dann Es.e.ix., ich meine S.e.x.? Könnte ich dann eine Freundin und einen Freund haben für Es-c-h-fix, ich meine, müsste dann die andere Person auch immer tauschen? Oder ist das egal? Warum heißt yes-e-ix auf Englisch Geschlecht? Hat das etwas mit schlecht zu tun? Oder ist das gut? Ich bin nur da, weil Mama und Papa Es-nix-geh-fix gemacht haben, oder? Du bist doch auch durch x-y-z entstanden und du hast auch x-p-320. Kann ich das auch haben? Und könnte ich auch x-nin-juchhé ganz für mich alleine haben, auch wenn ich ein Kind bin, auch wenn ich Nin bin? Und glaubst du, die anderen Kinder aus meiner Klasse interessieren sich auch alle für es-geht-eh und x-x-x und a-b-c?« (Axster 2007: 11f.)

Abb. 22

Literatur

Axster, Lilly, 2007: Nins Archiv. Frankfurt a.M.: Verlag der Autoren.
Axster, Lilly/Aebi, Christine, 2012: DAS machen? Projektwoche Sexualerziehung in der Klasse 4c. Wien: Dea. [als Video und Audiodatei unter www.dasmachen.net]
Barth, Elisabeth/Böttger, Ben/Ghattas, Dan Christian/Schneider, Ina (Hg.), 2013: Inter. Erfahrungen intergeschlechtlicher Menschen in der Welt der zwei Geschlechter. Berlin: NoNo.
Early Learning Resource Unit, 1997: Shifting Paradigms. Using an anti bias strategy to challenge oppression and assist transformation in the South African context. Südafrika: Lansdowne.
Helms, Antje/Holleben, Jan von, 2013: Kriegen das eigentlich alle? Die besten Antworten zum Erwachsenwerden. Stuttgart: Thienemann.
Jilg, Melanie, 2007: Intersex. Allgemeine Informationen zu »Die Katze wäre eher ein Vogel...« – ein visuelles Hörstück von Melanie Jilg. [www.die-katze-ist-kein-vogel.de/intersex/nur%20INTERSEX.pdf, eingesehen am: 05.09.2014]
Mein Geschlecht: Begriffe. [www.meingeschlecht.de/begriffe/, eingesehen am: 04.09.2014]

Queeropedia: Lexikon. [www.queeropedia.com/lexikon.php#, eingesehen am: 04.09.2014]

Rathauskorrespondenz, 2006: Wehsely/Theimer: Wien startet Kampagne zu Gender Mainstreaming. Pressemeldung vom 14.12.2006. Magistratsabteilung 53. [www.wien.gv.at/rk/msg/2006/1214/010.html, eingesehen am: 03.12.2014]

Sauer, Arn, o.J.: Glossar. Rassismus im Zweigeschlechtersystem. Zentrale Konzepte und Begriffe. [http://transintersektionalitaet.org/?page_id=36, eingesehen am 12.11.2014]

UNTERSTÜTZENDE MATERIALIEN FÜR DEN UNTERRICHT: HÖRSPIELE, PROGRAMME UND ANDERE MATERIALIEN

Audiofiles zu den Übungen zum Download sowie ergänzendes Bild- und Anschauungsmaterial, Fotos aus Workshops und weitere Anregungen auf www.dasmachen.net [eingesehen am: 04.09.2014]

Audiofile-Texte in: Axster, Lilly, 2007: Nins Archiv. Frankfurt a.M.: Verlag der Autoren.

Ausstellung »Achtung Ampel & Ganz schön intim. Interaktive Stationen zu Sexualpädagogik und Prävention von sexueller Gewalt. Mobile Präventionsstationen.« Erstellt vom Verein Selbstlaut gegen sexualisierte Gewalt an Kindern und Jugendlichen. [www.selbstlaut.org/cgi-bin/TCgi.cgi?target=home&p_kat=16, eingesehen am 04.09.2014]

Jilg, Melanie, 2007b: Die Katze ist kein Vogel. Visuelles Hörstück. [www.die-katze-ist-kein-vogel.de/film/film.htm, eingesehen am 04.09.2014]

Mein Geschlecht – ein Portal für inter*trans*genderqueere Jugendliche [Homepage]. [www.transinterqueer.de/, eingesehen am 04.09.2014]

Nins Kleiderkasten. Virtuelles Anziehspiel. [www.theaterfoxfire.org/eseix_nin_anziehen/dress_me.htm, eingesehen am: 04.09.2014]

TransInterQueer e.V., Internationale Vereinigung Intergeschlechter Menschen (IVIM), OII-Deutschland [Homepage]. [www.intersexualite.de/, eingesehen am 03.09.2014]

Zwischengeschlecht.org [Blog]. [http://blog.zwischengeschlecht.info, eingesehen am: 03.09.2014]

ABBILDUNGSVERZEICHNIS

Copyright Illustrationen: Christine Aebi

Abbildung 1: DAS machen? Projektwoche Sexualerziehung in der Klasse 4c. Wien: Dea, 14f.

Abbildung 2: DAS machen? Projektwoche Sexualerziehung in der Klasse 4c. Wien: Dea, 24. [Ausschnitt]

Abbildung 3: DAS machen? Projektwoche Sexualerziehung in der Klasse 4c. Wien: Dea, 25. [Ausschnitt]

Abbildung 4: DAS machen? Projektwoche Sexualerziehung in der Klasse 4c. Wien: Dea, 4.

Abbildung 5: DAS machen? Projektwoche Sexualerziehung in der Klasse 4c. Wien: Dea, 26f.
Abbildung 6: DAS machen? Projektwoche Sexualerziehung in der Klasse 4c. Wien: Dea, 16f.
Abbildung 7: DAS machen? Projektwoche Sexualerziehung in der Klasse 4c. Wien: Dea, 45.
Abbildung 8: DAS machen? Projektwoche Sexualerziehung in der Klasse 4c. Wien: Dea, 2.
Abbildung 9: DAS machen? Projektwoche Sexualerziehung in der Klasse 4c. [Entwurf]
Abbildung 10: DAS machen? Projektwoche Sexualerziehung in der Klasse 4c. Wien: Dea, 35.
Abbildung 11: DAS machen? Projektwoche Sexualerziehung in der Klasse 4c. [Entwurf]
Abbildung 12: DAS machen? Projektwoche Sexualerziehung in der Klasse 4c. Wien: Dea. 34.
Abbildung 13: DAS machen? Projektwoche Sexualerziehung in der Klasse 4c. [Entwurf]
Abbildung 14: DAS machen? Projektwoche Sexualerziehung in der Klasse 4c. [Entwurf]
Abbildung 15: DAS machen? Projektwoche Sexualerziehung in der Klasse 4c. [Entwurf, Ausschnitt]
Abbildung 16: DAS machen? Projektwoche Sexualerziehung in der Klasse 4c. Wien: Dea, 48. [Ausschnitt]
Abbildung 17: DAS machen? Projektwoche Sexualerziehung in der Klasse 4c. Wien: Dea. 21. [Ausschnitt]
Abbildung 18: DAS machen? Projektwoche Sexualerziehung in der Klasse 4c. [Entwurf]
Abbildung 19: DAS machen? Projektwoche Sexualerziehung in der Klasse 4c. [Entwurf]
Abbildung 20: DAS machen? Projektwoche Sexualerziehung in der Klasse 4c. Wien: Dea, 30.
Abbildung 21: DAS machen? Projektwoche Sexualerziehung in der Klasse 4c. Wien: Dea, 44.
Abbildung 22: DAS machen? Projektwoche Sexualerziehung in der Klasse 4c. Wien: Dea, 13.

Anmerkung: Die Kinderporträts in den Abbildungen 1, 5 und 20 sind inspiriert von Fotografien der Künstlerin Rineke Dijkstra.

Wann ist ein Mann ein Mann?
Geschlechterrollen im interkulturellen Vergleich

Ursula Bertels

> Ich habe verschiedene Kulturen kennengelernt und weiß nun, dass nichts typisch ist für ein Geschlecht.
> FAZIT EINER SCHÜLERIN ODER EINES SCHÜLERS DES GESCHWISTER-SCHOLL-GYMNASIUMS, MÜNSTER

Kinder und Jugendliche sind für den Integrationsprozess in einer multikulturellen Gesellschaft von zentraler Bedeutung. Ihnen wird häufig – freiwillig und/oder unfreiwillig – eine besondere Rolle in diesem Prozess in unserer Gesellschaft zugeschrieben. Kinder und Jugendliche prägen die Zukunft einer Gesellschaft und sind somit auch für das erfolgreiche Zusammenleben in einer multikulturellen Gesellschaft wichtige AkteurInnen. Umso wichtiger ist es, Kindern und Jugendlichen Interkulturelle Kompetenz zu vermitteln, damit sie den Integrationsprozess aktiv mitgestalten können (siehe auch Bertels/Eylert/Lütkes/Vries 2004: 9ff.).

Gerade in Bezug auf Geschlechterrollen werden Kinder und Jugendliche mit und ohne Migrationsvorgeschichte[1] zudem oft mit Fremdbildern konfrontiert, die ihrem Selbstbild nicht entsprechen und zu Verunsicherung führen. Das in diesem Beitrag vorgestellte Projekt »Wann ist ein Mann ein Mann? – Förderung der Identitätsbildung und des Rollenverständnisses bei Jungen und Mädchen in der Migrationsgesellschaft[2] durch Trainings zur Interkulturellen Kompetenz mit dem Schwerpunkt Geschlechterrollen« verdeutlicht, wie Kinder und Jugendliche dabei unterstützt werden können, sich mit ihrer eigenen (Geschlechter-)Rolle in der Gesellschaft auseinanderzusetzen. Die Auseinandersetzung mit unterschiedlichen Geschlechterrollen wird dabei als ein Aspekt von Interkultureller Kompetenz verstanden (vgl. auch Kap. 1.1).

---

1 | In Münster wurde im Rahmen der Diskussion um das Leitbild Migration und Integration, an der auch VertreterInnen von »Ethnologie in Schule und Erwachsenenbildung e.V.« (ESE) teilgenommen haben, der Begriff »Menschen mit Migrationshintergrund« ersetzt durch den Begriff »Menschen mit Migrationsvorgeschichte« (siehe auch Stadt Münster 2008).
2 | Die Bundesrepublik Deutschland gilt seit 2006 offiziell als Einwanderungsland. Um die aktive Rolle aller zum Gelingen eines Zusammenlebens in einem Einwanderungsland zu betonen, wird vorzugsweise allerdings von einer Migrationsgesellschaft gesprochen.

Grundlage für das Projekt sind die theoretischen Konzepte zur Vermittlung von Interkultureller Kompetenz, die der Verein »Ethnologie in Schule und Erwachsenenbildung e.V.« (ESE) in den letzten 20 Jahren entwickelt hat. Diese werden daher im ersten Teil (Kap. 1) des Beitrags beschrieben, bevor im zweiten Teil (Kap. 2) die Projektidee anhand der Umsetzung im Schulkontext erläutert und einzelne Module vorgestellt werden.

1 DIE VERMITTLUNG INTERKULTURELLER KOMPETENZ IN DER SCHULE

Betrachtet man die gesellschaftlichen Veränderungen der letzten Jahrzehnte in Deutschland, so ist festzustellen, dass multikulturelle Begegnungen hier wie in vielen Ländern zum Alltag gehören. Aufgrund der weltweit zunehmenden Globalisierung und Migration nehmen die Kontakte zwischen Personen unterschiedlicher Kulturen stetig zu. Interkulturelle Kompetenz ist zu einem Schlagwort geworden.

Auch von politischer Seite wurde die Bedeutung von Interkultureller Kompetenz in einer zunehmend multikulturellen Gesellschaft erkannt. So wurde auf der Konferenz der Kultusminister der Bundesrepublik Deutschland im Jahr 1996 die Empfehlung ausgesprochen, dass die Vermittlung von Interkultureller Kompetenz zum Bildungsauftrag der Schule gehören sollte (vgl. Sekretariat der Ständigen Konferenz der Kultusminister der Länder 1996). Denn die Schule hat die Aufgabe, Kinder und Jugendliche auf ein Leben in der Gesellschaft vorzubereiten, und wenn diese Gesellschaft multikulturell ist, umfasst diese Aufgabe auch die Vermittlung von Interkultureller Kompetenz.

1.1 Multikulturelle und Interkulturelle Kompetenz: Einige Begriffsbestimmungen

Obwohl das Thema Interkulturelle Kompetenz in den letzten Jahrzehnten ständig an Bedeutung gewonnen hat, fällt auf, dass es an einer allgemeingültigen Definition für die Begriffe *multikulturell* und *interkulturell* nach wie vor fehlt. Daher erscheint es unerlässlich zu klären, wie die Begriffe multikulturell, interkulturell und – immer verbreiteter – *transkulturell* im Rahmen des Beitrags zu verstehen sind.[3] ESE versteht unter einer multikulturellen Gesellschaft eine Gesellschaft, in der Menschen vieler Kulturen leben. Jedes Mitglied dieser Gesellschaft kann gleichzeitig mehreren Kulturen angehören. Zwischen den Kulturen bzw. Individuen einer multikulturellen Gesellschaft gibt es sowohl Gemeinsamkeiten als auch Unterschiede. Die Mitglieder verschiedener Kulturen können die jeweiligen Gemeinsamkeiten nutzen, um einen transkulturellen Raum zu schaffen. Um mit den Unterschieden umgehen zu können, ist es dagegen notwendig, sich interkulturell miteinander auseinanderzusetzen (vgl. auch Steiner 2009: 271f.).

Grundlage für diese Begriffsbestimmungen ist die Kulturdefinition, mit welcher ESE arbeitet:

---

[3] | Die folgenden Erläuterungen beruhen auf Ursula Bertels und Claudia Bußmann (2013: 9). Eine ausführliche Diskussion der unterschiedlichen Definitionen von multikulturell, interkulturell und transkulturell findet sich in Bertels (2011).

- Kultur ist die vom Menschen geschaffene Welt.
- Sie verändert sich ständig und folgt weder starren Regeln noch ist sie an Grenzen gebunden.
- Menschen unterscheiden sich in ihrer Kultur. Sie leben und interpretieren sie auf ihre eigene Weise (vgl. Bertels/Bußmann 2013: 9).

Diese Definition weist einerseits darauf hin, dass Kultur etwas Dynamisches und in ständiger Veränderung Begriffenes ist – ein Aspekt, dem im Kontext von Globalisierung und Migration eine immer größere Bedeutung zukommt. Andererseits betont sie die vielfältigen individuellen Formen von Kultur, wie sie im jeweils eigenen Alltagszusammenhang von Menschen gelebt werden.[4] Gleichzeitig steht diese Definition im Einklang mit dem Allgemeinen Gleichbehandlungsgesetz (AGG) von 2006, in dessen § 1 Folgendes steht:

»Ziel des Gesetzes ist, Benachteiligungen aus Gründen der Rasse oder wegen der ethnischen Herkunft, des Geschlechts, der Religion oder Weltanschauung, einer Behinderung, des Alters oder der sexuellen Identität zu verhindern oder zu beseitigen.«

Gerade im Hinblick auf das im zweiten Teil des Beitrags vorgestellte Projekt »Wann ist ein Mann ein Mann?« verdeutlicht dieser Ansatz der Kulturdefinition, dass Interkulturelle Kompetenz nicht nur im Zusammenleben zwischen Menschen unterschiedlicher ethnischer Herkunft, sondern z.B. auch unterschiedlichen Geschlechts eine wichtige Rolle spielt. Denn Gender als das kulturelle Geschlecht prägt das Verhalten der Menschen so sehr, dass man durchaus von »Männerkulturen« und »Frauenkulturen« sprechen kann. Auch in der Begegnung dieser unterschiedlichen Kulturen ist Interkulturelle Kompetenz daher sehr hilfreich.

Doch was versteht man unter *Interkultureller Kompetenz*? Auch hier gibt es noch keine allgemeingültige Definition. Je nach Fachrichtung – u.a. Pädagogik, Psychologie oder Kommunikationswissenschaften – wird der Begriff der Interkulturellen Kompetenz anders definiert.[5] ESE hat im Rahmen seiner langjährigen Arbeit folgende Definition entwickelt:[6]

»Interkulturelle Kompetenz ist die in einem Lernprozess erreichte Fähigkeit, im mittelbaren oder unmittelbaren Umgang mit Menschen anderer Kulturen einen möglichst hohen Grad an Verständigung und Verstehen zu erzielen.« (Bertels/Bußmann 2013: 33)

Einige Begriffe dieser Definition werden zur besseren Verständlichkeit im Folgenden erläutert:

---

[4] | Eine ausführliche Diskussion dieses Kulturbegriffs findet sich in Bertels/Bußmann (2013: 12ff.).
[5] | Zu den ethnologischen Beiträgen zur Vermittlung von Interkultureller Kompetenz siehe Ursula Bertels, Sabine Eylert, Christiana Lütkes und Sandra de Vries (2004: 26ff.) und Bertels/Eylert (2006: 112f.).
[6] | Zur Entwicklung der Definition von Interkultureller Kompetenz sowie der im Folgenden vorgestellten Lernziele siehe Bertels/Eylert/Lütkes/Vries (2004: 32ff.) sowie Bertels/Bußmann (2013: 33ff.).

- *Lernprozess*: Der Erwerb Interkultureller Kompetenz wird als lebenslanger Lernprozess betrachtet, da immer wieder kulturelle Missverständnisse auftreten können.
- *Unmittelbar/mittelbar*: Unmittelbarer Umgang meint die persönliche Begegnung mit Menschen anderer Kulturen, mittelbarer Umgang den Umgang mit Wissen über diese Kulturen, z.B. in Form von Medienberichten oder Informationen in Schulbüchern.
- *Verständigung*: Verständigung mit Menschen anderer Kulturen ist notwendig, um mit ihnen erfolgreich zusammenarbeiten oder zusammenleben zu können.
- *Verstehen*: Ein vollkommenes Verstehen von Menschen anderer Kulturen ist nicht möglich, da schon das Verstehen von Personen mit gleichem kulturellem Hintergrund schwierig sein kann. Eine Annäherung ist durch Interkulturelle Kompetenz aber möglich (vgl. auch Bartmann 2012: 30; Maletzke 1996: 34ff.).

Eine Grundlage für Interkulturelle Kompetenz ist die Auseinandersetzung mit anderen Kulturen.[7] Diese Auseinandersetzung kann in der direkten Begegnung erfolgen. Es ist aber auch möglich, im schulischen Kontext Kulturen in den Mittelpunkt zu stellen, die zunächst einmal keinen Bezug zum Lebensalltag der SchülerInnen haben. ESE arbeitet daher seit seiner Gründung mit der sogenannten Dritt-Kultur-Perspektive[8].

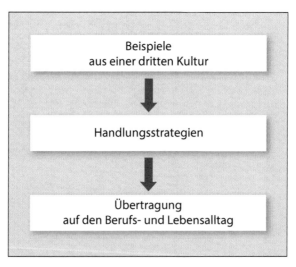

Abb. 1: Darstellung der Dritt-Kultur-Perspektive

Die Dritt-Kultur-Perspektive beinhaltet, dass man sich exemplarisch mit Kulturen beschäftigt, zu denen man zunächst keinen persönlichen Bezug hat, um dann in einem zweiten Schritt den Umgang mit fremden Kulturen im eigenen Umfeld zu

---

7 | Die folgenden Erläuterungen sind Bertels/Bußmann (2013: 9f.) entnommen.
8 | Dieser Ansatz wurde in Anlehnung an William B. Gudykunst, Mitchell R. Hammer und Richard L. Wisemann (1977) entwickelt. 2003 erhielt ESE für den Ansatz der Dritt-Kultur-Perspektive, der der gesamten Arbeit von ESE zugrunde liegt, den Preis für Innovationen des Deutschen Instituts für Erwachsenenbildung.

erlernen. Die Beschäftigung mit Regionen, die vom Alltag der Zielgruppe sehr weit entfernt sind (z.B. Ghana oder Tonga), oder mit Kulturen, die im Lebensalltag kaum eine Rolle spielen,[9] ermöglicht es den SchülerInnen, sich relativ unvoreingenommen auf eine andere kulturelle Sichtweise einzulassen. Werden dagegen Kulturen behandelt, denen einzelne SchülerInnen mit Migrationsvorgeschichte angehören, so kann dies eventuell dazu führen, dass sie sich exponiert fühlen. Durch den Ansatz der Dritt-Kultur-Perspektive wird diese Situation vermieden. Gleichzeitig wird den SchülerInnen mit Migrationsvorgeschichte die Möglichkeit gegeben, freiwillig ihre eigenen kulturellen Aspekte einzubringen.[10]

1.2 Interkulturelle Kompetenz im Schulunterricht

Um Interkulturelle Kompetenz im Unterricht vermitteln zu können, sollten folgende Lernziele erreicht werden:

Lernziel 1: Aneignung und Beschaffung von Informationen und Entwickeln von Interesse

Bei diesem Lernziel werden wissenschaftlich fundierte Informationen über fremde Kulturen vermittelt. Darüber hinaus sollen die SchülerInnen in die Lage versetzt werden, sich solche Informationen selbst beschaffen zu können. Dabei bildet das Interesse an fremden Kulturen eine wichtige Voraussetzung. Dieses Interesse kann z.B. durch authentische Berichte oder Gegenstände geweckt werden.

Methoden zur Umsetzung dieses Lernziels sind u.a. Beispiele für interkulturelle Begegnungssituationen, Berichte von persönlichen Erfahrungen, die Vorstellung einer Identifikationsfigur oder der Einsatz von Bildmaterial und Texten.

Lernziel 2: Einüben des Perspektivenwechsels

Bei diesem Lernziel stehen die Fragen »Wie sehen die anderen uns?« und »Wie sehen die anderen sich selbst, wie sehen wir die anderen?« im Vordergrund. Dabei lenkt die Technik des Perspektivenwechsels den Blick der SchülerInnen zunächst auf ihre eigene Kultur bzw. auf ihr eigenes Geschlecht. Dieser Blick verliert durch den Vergleich mit anderen Sichtweisen an Selbstverständlichkeit. Darüber hinaus lernen die SchülerInnen, ihre Sicht auf fremde Kulturen bzw. das andere Geschlecht zu hinterfragen. Ziel ist es, die Relativität der jeweiligen Sichtweisen zu erkennen (siehe auch Lewin und König in diesem Buch).

Methoden zur Umsetzung dieses Lernziels sind u.a. der Einsatz von Comics, deren Bearbeitung verschiedene Sichtweisen erfordert, oder die Auseinandersetzung mit Erklärungen von Mitgliedern anderer Kulturen über deren Kultur in Form von Berichten oder Zitaten.

---

9 | In einem Projekt, das im Rahmen des Bundesprogramms »Vielfalt tut gut« in Münster realisiert wurde, hat man z.B. den interkulturellen Dialog mit Obdachlosen oder GefängnisinsassInnen gesucht.

10 | Ein Beispiel hierfür ist folgende Äußerung einer Schülerin im Rahmen des Moduls 6 (»Familie und Verwandtschaft«): »Also da, wo meine Familie herkommt [...], wird man nach dem Tag benannt, an dem man geboren wird, also Montag oder Mittwoch.«

Lernziel 3: Erkennen und Überwinden des Ethnozentrismus

Ethnozentrismus basiert auf der Annahme, dass die Gegebenheiten der eigenen Kultur universal gültig sind. Dieser beinhaltet dabei meistens eine Höherbewertung der eigenen Kultur und eine Abwertung der anderen Kulturen (vgl. Bertels/Eylert/Lütkes/Vries 2004: 32ff.; Bertels/Bußmann 2013: 33ff.). Um ethnozentrisches Denken zunehmend zu überwinden, sollen sich die SchülerInnen mit ihren Auffassungen von anderen Kulturen auseinandersetzen und erkennen, dass diese in hohem Maße durch die eigene Kultur geprägt sind und infrage gestellt werden müssen.

Methoden zur Umsetzung dieses Lernziels sind u.a. die Auseinandersetzung mit Vorurteilen und Wertungen oder die Analyse von Zitaten aus Reiseführern, Presse, Literatur etc.[11]

Lernziel 4: Reflektieren von Situationen des interkulturellen Umgangs

Bei diesem Lernziel steht der kompetente Umgang mit Mitgliedern anderer Kulturen im Vordergrund. Konkrete Situationen der interkulturellen Begegnung werden analysiert und reflektiert. Die SchülerInnen sollen so Verhaltensstrategien entwickeln, die eine möglichst konfliktfreie und gelingende Kommunikation ermöglichen.

Methoden zur Umsetzung dieses Lernziels sind u.a. die Analyse und Reflexion eigener Erfahrungen der SchülerInnen oder das Einüben von Verhaltensstrategien z.B. durch Rollenspiele.

Lernziel 5: Fördern von Einstellungen und Werten

Werte und Einstellungen (wie z.B. Offenheit, Toleranz, Akzeptanz oder Respekt) sind als Grundhaltung zum Erwerb von Interkultureller Kompetenz notwendig. Da sich Werte und Einstellungen jedoch nur durch eine umfassende und lang andauernde Erziehung verändern lassen (vgl. u.a. Schlöder 1988), können langfristig sicherlich nur Tendenzveränderungen erzielt werden.

Die vorgestellten Lernziele bauen zum Teil inhaltlich aufeinander auf. Allerdings kann dieser Aufbau in der praktischen Umsetzung im Unterricht nicht immer beachtet werden. Wie die im Folgenden vorgestellten Unterrichtseinheiten jedoch zeigen, ist es oft möglich, mehrere Lernziele in einer Unterrichtseinheit (vgl. Kap. 2.2) zu erreichen.

2 Das Projekt »Wann ist ein Mann ein Mann?«

Gerade für Kinder und Jugendliche stellt die Selbstverortung in der Gesellschaft eine große Herausforderung dar (vgl. Bertels/Eylert/Lütkes/Vries 2004: 9ff.). Damit sie ihre besondere Rolle in einer Migrationsgesellschaft wahrnehmen können,

---

11 | Je nach Aufbereitung der Materialien können diese schon im Grundschulalter eingesetzt werden. Das Projekt richtet sich an die 5.-7. Schulklasse (siehe Kap. 2).

ist es daher notwendig, sie u.a. bei der Auseinandersetzung mit ihrer eigenen (Geschlechter-)Rolle in der Gesellschaft zu unterstützen.[12]

In dem Projekt »Wann ist ein Mann ein Mann? – Förderung der Identitätsbildung und des Rollenverständnisses bei Jungen und Mädchen in der Migrationsgesellschaft durch Trainings zur Interkulturellen Kompetenz mit dem Schwerpunkt Geschlechterrollen« setzen sich SchülerInnen in Münster mit ihrem Selbstbild sowie den Fremdzuschreibungen auseinander, mit denen gerade Kinder und Jugendliche mit Migrationsvorgeschichte konfrontiert sind (vgl. auch Huxel 2013). Hierdurch wird ihre Selbstwahrnehmung gestärkt und gleichzeitig das Verständnis dafür gefördert, die Relativität der eigenen Sichtweise wahrzunehmen.

2.1 Projektdesign

Das vom Bundesamt für Migration und Flüchtlinge finanzierte Projekt »Wann ist ein Mann ein Mann?« wird vom Institut für Ethnologie der Westfälischen Wilhelms-Universität in Münster und ESE vom 1. September 2012 bis zum 31. August 2015 durchgeführt.[13]

KooperationspartnerInnen des Projektes sind die Waldschule Kinderhaus, die Hauptschule Coerde, die Geschwister-Scholl-Realschule und das Geschwister-Scholl-Gymnasium in Münster. Alle vier Schulen befinden sich in Stadtteilen, in denen ein hoher Anteil an Menschen mit Migrationsvorgeschichte wohnt.

An den beteiligten Schulen erhielten alle SchülerInnen, die im Schuljahr 2012/2013 die 5. Jahrgangsstufe besuchten, über acht Doppelstunden ein Training zur Interkulturellen Kompetenz mit dem Schwerpunkt Geschlechterrollen.[14] Um die Thematik zu vertiefen und die Nachhaltigkeit zu sichern, erhielten bzw. erhalten dieselben SchülerInnen in der Jahrgangsstufe 6 (Schuljahr 2013/2014) sowie in der Jahrgangsstufe 7 (Schuljahr 2014/2015) weitere Trainings im Rahmen von jeweils acht Doppelstunden.[15]

Konzipiert und durchgeführt werden die Trainings von zwei ESE-Referentinnen und einem ESE-Referenten. Unterstützt wird das Team von durchschnittlich drei PraktikantInnen.[16]

---

12 | Einen guten Überblick über das Thema Gender in der Interkulturellen Pädagogik geben Marianne Krüger-Potratz und Helma Lutz (2004).

13 | Die Förderung erfolgte aufgrund eines Beschlusses des Deutschen Bundestages vom Bundesministerium des Inneren.

14 | An der Geschwister-Scholl-Realschule und am Geschwister-Scholl-Gymnasium wurden die Unterrichtseinheiten in unterschiedlichen Fächern und in Anwesenheit von unterschiedlichen Lehrkräften durchgeführt. An der Waldschule Kinderhaus und der Hauptschule Coerde fanden die Unterrichtseinheiten in den Stunden der KlassenlehrerInnen statt und wurden auch von diesen begleitet.

15 | Im Schuljahr 2012/2013 waren dies insgesamt acht Klassen. Da im Schuljahr 2013/2014 eine der Klassen geteilt wurde, wurden die Trainings ab diesem Schuljahr in neun Klassen durchgeführt.

16 | Hierbei handelt es sich vorwiegend um Studierende der Kultur- und Sozialanthropologie sowie der Erziehungswissenschaft.

Um die Trainings möglichst effektiv auf die Bedürfnisse der Kinder und Jugendlichen abstimmen zu können, wird sowohl im Klassenverband als auch in nach Geschlecht getrennten Gruppen gearbeitet (siehe Kap. 2.2). Alle Module werden im Hinblick auf die Eignung der Inhalte, Methoden und Materialien evaluiert und gegebenenfalls entsprechend modifiziert (siehe Kap. 2.3). Es ist geplant, die Module nach Abschluss des Projektes als Download zu veröffentlichen, um so zu ermöglichen, dass das Konzept an interessierten Schulen nachhaltig umgesetzt werden kann.

2.2 Inhalte und Methoden

Um einen Einblick in die Projektarbeit zu geben, werden im Folgenden die acht im Schuljahr 2012/2013 durchgeführten Module kurz vorgestellt. Ein besonderer Schwerpunkt wird dabei auf die Module gelegt, in denen die SchülerInnen mit sogenannten »ethnologischen Inputs« konfrontiert wurden. Diese Konfrontation mit fremdkulturellen Phänomenen bietet eine Möglichkeit, die SchülerInnen aufzufordern, ihre eigene kulturelle Herkunft zu reflektieren.[17]

Im *Modul 1: Einführung* wurde den SchülerInnen das Projekt vorgestellt. Hierbei wurden auch das Fach Ethnologie erläutert sowie eine Annäherung an den Begriff Kultur erarbeitet. Bereits das anschließende Kennenlernspiel, mit dem die ESE-ReferentInnen und die SchülerInnen sich gegenseitig kennenlernten, entsprach dem Thema des Projektes: Die SchülerInnen wurden aufgefordert, sich zu Aussagen wie »Papa kocht«, »Mama geht arbeiten« oder »Ich sehe mich gerne im Spiegel an« zuzuordnen. Dabei standen die SchülerInnen, die der jeweiligen Aussage zustimmten, auf. Nach dem anschließenden Aufstellen bzw. Wiederholen von Klassenregeln, z.B. »Ich höre zu, wenn andere sprechen«, wurden die Assoziationen der SchülerInnen zu der Frage »Männlich – weiblich – was ist das?« gesammelt und von den ReferentInnen schriftlich festgehalten.

Lernziele des Moduls 1 waren das Entwickeln von Interesse und die Aneignung von Informationen.

Das *Modul 2: Typisch Mann – Typisch Frau?* startete mit einer interkulturellen Begegnung. Im sogenannten Marktplatzspiel erhielten die SchülerInnen folgende Aufgabenstellung (Bertels/Bußmann 2013: 41f.):

»Stellt euch vor, ihr seid auf einem Markt und schlendert herum. Allerdings folgt ihr dabei bestimmten Anweisungen.
(1) Die Jugendlichen gehen herum, sollen dabei aber auf den Boden schauen.
(2) Die Jugendlichen schauen sich beim Aufeinandertreffen über die rechte Schulter.
(3) Nun begrüßen die Jugendlichen sich, indem sie sich in die Augen blicken und dabei eine Hand auf die rechte Schulter ihres Gegenübers legen.
(4) Alle zupfen sich beim Aufeinandertreffen leicht an den Ohrläppchen.
(5) Die Jugendlichen fassen ihrem Gegenüber an die Schultern und schütteln es leicht.«

Nachdem die SchülerInnen sich auf diese Weise begrüßt hatten, wurden in Form eines Unterrichtsgespräches u.a. folgende Fragen geklärt:

---

17 | Vgl. auch den in Kapitel 1.1 beschriebenen Ansatz der Dritt-Kultur-Perspektive.

(1) Welche Erfahrungen habt ihr gemacht?
(2) Wie habt ihr euch bei den unterschiedlichen Begrüßungen gefühlt?
(3) Welche Möglichkeiten gibt es, Unwohlsein und Unsicherheiten aufzufangen?

Im Anschluss daran zogen die ESE-ReferentInnen folgendes Fazit:

- Die erste Begegnung entscheidet oft über Sympathie oder Antipathie. Man geht mit einer gewissen Erwartung in eine Begrüßungssituation hinein – wenn diese enttäuscht wird, ist dies kein optimaler Start für eine weitere Beziehung.
- Gefühle wie Unwohlsein und Unsicherheit spielen bei der ersten Begegnung eine große Rolle.
- Jeder Mensch neigt dazu, unangenehme Begegnungen persönlich zu nehmen.
- Die Vorstellung von körperlicher Nähe und Distanz ist entscheidend. Sie wird bei ersten Begegnungen ganz stark von der Kultur bestimmt.
- Da die SchülerInnen durch die vorgegebene Begrüßung unterschiedliche Rollen übernommen haben, wurde verdeutlicht, dass auch die Aspekte Geschlecht, Status oder Alter die Art der Begrüßung beeinflussen können.

Im Anschluss daran wurde die Klasse nach Jungen und Mädchen getrennt, um zunächst so ungestörter ihre jeweiligen Meinungen, Aussagen, Bilder im Kopf etc. diskutieren zu können. Beide Gruppen arbeiteten zu den folgenden Fragen:

- Was ist eine Frau?
- Was braucht eine Frau, um eine Frau zu sein?
- Wie muss eine Frau aussehen?
- Was muss eine Frau können?

und

- Was ist ein Mann?
- Was braucht ein Mann, um ein Mann zu sein?
- Wie muss ein Mann aussehen?
- Was muss ein Mann können?

Die Ergebnisse wurden von den SchülerInnen zunächst auf Arbeitsblättern festgehalten. In einem weiteren Schritt wurden die gesammelten Aussagen auf großen blauen bzw. pinkfarbenen Pappen[18] gesammelt und nach den Oberbegriffen »Aussehen – Kleidung – Schönheit« und »Arbeit – Hobby – Rollen« geordnet.

Im Klassenverband wurden dann die Pappen der beiden Gruppen entsprechend den Kategorien nebeneinander platziert. Die ReferentInnen erläuterten die Ergebnisse und wiesen dabei besonders auf die daran festzustellende unterschiedliche Wahrnehmung der beiden Geschlechter hin. Zum Abschluss der Stunde wurden den SchülerInnen Bildausschnitte, z.B. ein muskulöser Arm oder strickende Hände, gezeigt mit der Bitte, diese einem Geschlecht zuzuordnen. So wurden von dem überwiegenden Teil der SchülerInnen der muskulöse Arm einem Mann (Zitat:

---

18 | Die Farbwahl nimmt das Logo des Projekts auf, das sich aus einem pinkfarbenen Mann und einer blauen Frau zusammensetzt.

»Frauen kriegen solche Arme nicht.«) und die strickenden Hände einer Frau zugeordnet. Im Anschluss daran wurde das gesamte Bild gezeigt. So erfuhren die SchülerInnen, dass der muskulöse Arm einer Frau und die strickenden Hände einem Mann gehörten.

Lernziele des Moduls 2 waren somit die Aneignung von Informationen und, durch gezieltes Hinterfragen von Geschlechterzuordnungen, das Einüben des Perspektivenwechsels.

Das *Modul 3: Aussehen – Kleidung – Schönheit* diente dazu, den SchülerInnen zu verdeutlichen, dass die Vorstellungen hiervon weltweit sehr unterschiedlich sind. Hierzu wurde mit ethnologischem Material gearbeitet.

Zunächst wurden die SchülerInnen in vier Gruppen aufgeteilt. Die Mitglieder jeder Gruppe wurden nun als ExpertInnen für eine Ethnie ausgebildet. Vorgestellt wurden folgende Ethnien:

- Tuareg (Algerien, Mali, Niger und Nigeria)
- Tongaer (Tonga)
- Kayan (Thailand und Myanmar)
- Wodaabe (Kamerun, Niger, Nigeria und Tschad)

Die SchülerInnen erhielten sowohl Bildmaterial als auch Arbeitsblätter zu den jeweiligen Ethnien. ProjektmitarbeiterInnen und PraktikantInnen standen darüber hinaus für Fragen zur Verfügung. Ziel der Gruppenarbeit war es, einen ExpertInnenvortrag vorzubereiten, der anschließend vor den anderen Gruppen gehalten wurde.

Bei den Wodaabe bekamen die SchülerInnen u.a. das in Abbildung 2 dargestellte Bild

Abb. 2: Wodaabe-Mann (© Kieron Nelson 2008, »Vanishing Cultures Photography«, all rights reserved)

sowie diesen Lückentext:[19]

Lippen – Rinder – Kamerun – Haar – Spiegel – Mann – Zähne

Die Wodaabe leben in den Ländern Niger, Nigeria, _____ und Tschad als Hirtennomaden. Sie halten große Herden von Zebu-Rindern und ernähren sich von der Milch. Sie wandern das ganze Jahr mit ihren Herden umher, um gute Weidegründe für das Vieh zu finden. Die Wodaabe besitzen wenige materielle Güter, aber was sie haben, soll »schön« sein – die _____, die Kleidung und sie selber. Deshalb tragen sie viel Schmuck. So wie sie Rinder mit besonders langen Hörnern schön finden, gelten auch Menschen mit langem _____ als besonders stark und schön. Deshalb schneidet man sich nie die Haare. Wichtig ist der eigene _____, um sich am Morgen zu schminken, für die Frauen, aber besonders für die Männer.

Einmal im Jahr wird ein großer Schönheitswettbewerb veranstaltet. Für den Yaake-Tanz, bei dem der schönste _____ gewinnt, kleiden und schminken sich die Männer einen ganzen Tag lang. Dann wird die ganze Nacht und den folgenden Tag getanzt, und am Ende entscheidet eine Jury aus jungen Frauen, wer gewonnen hat. Als besonders schön gilt, wer gut singen kann, wer groß und schlank ist und die weißesten Augen und _____ hat.

Damit die Zähne besonders weiß aussehen, tätowieren sich die Frauen oft die _____ schwarz, und auch andere Muster werden ins Gesicht tätowiert.

Nachdem alle Gruppen ihren Vortrag gehalten hatten, wurde auf die in Modul 2 erstellten Pappen zu der Kategorie »Aussehen – Kleidung – Schönheit« zurückgegriffen. Durch den Vergleich mit den Aspekten von Aussehen, Kleidung und Schönheit in den vorgestellten Ethnien war es möglich, die in Modul 2 gemachten Aussagen zu relativieren. Fazit einer Schülerin: »Bei den pinken [Pappen] steht Schminken, aber das muss ja bei den blauen auch stehen.« So wurde den SchülerInnen verdeutlicht, wie unterschiedlich Sichtweisen sein können und wie wichtig es ist, seine eigene Sichtweise zu hinterfragen.
  Lernziele des Moduls 3 waren das Entwickeln von Interesse, die Aneignung von Informationen, das Einüben des Perspektivenwechsels sowie das Erkennen und Überwinden des Ethnozentrismus.
  Der Einstieg in *Modul 4: Typische/Untypische Berufe* erfolgte über die Frage »Gibt es typische Berufsfelder von Frauen und Männern?«. Hierzu wurden den SchülerInnen unterschiedliche Berufsfelder vorgestellt, die sie mit blauen (typisch Mann), mit roten (typisch Frau) oder mit grünen (beide Geschlechter) Punkten bewerten sollten. Nachdem die Ergebnisse kurz besprochen worden waren, starteten die SchülerInnen zu einem »Museumsrundgang«. Verteilt auf zwei Klassenräume, fanden sich vier dreiseitige Aufsteller, auf denen untypische Berufsfelder für Frauen und Männer vorgestellt wurden. Über ihre Arbeit berichteten ein Kosmetiker, eine Jetpilotin, eine Pannenhelferin und ein Sekretär. An jeder Station mussten die SchülerInnen Aufgaben lösen, um so das abschließende Lösungswort zu erhalten. Nach der Auflösung erfolgte ein Unterrichtsgespräch zu den Erfahrungen der SchülerInnen mit den untypischen Berufen. In diesem Unterrichtsgespräch

---

19 | Der Text basiert auf den Informationen von Mette Bovin (2001).

wurde beispielsweise gefragt: »Hättet ihr gedacht, dass es einen Kosmetiker gibt?«, oder: »Wer von den Jungen kann sich vorstellen, als Kosmetiker zu arbeiten?« etc.

Im Anschluss erhielten die SchülerInnen ein Arbeitsblatt, auf dem unterschiedliche Fragen zu ihrem derzeitigen Berufswunsch standen (z.B. »Welchen Beruf würdest du wählen?« oder »Kennst du jemanden, der den Beruf ausübt?«).

Zum Abschluss wurde auch hier auf die in Modul 2 erstellten Plakate zum Thema »Arbeit – Hobby – Rollen« zurückgegriffen, um erneut auf die Bedeutung des Perspektivenwechsels hinzuweisen.

Lernziele des Moduls 4 waren die Aneignung von Informationen und das Einüben des Perspektivenwechsels.

Es folgten die *Module 5* und *6: Familie und Verwandtschaft*. Zunächst wurden in Modul 5 im Rahmen eines Ampelspiels (»stimme zu«/»stimme nicht zu«/»weiß nicht«) grundlegende Begriffe wie Generation geklärt. Danach wurde die Klasse in sechs Gruppen eingeteilt. Jede Gruppe erhielt eine Kinderbiographie. Insgesamt wurde mit drei Kinderbiographien gearbeitet, in denen unterschiedliche Konzepte von Familie vorgestellt wurden, sodass jeweils zwei Gruppen dieselbe Biographie kennenlernten:

- Ayarik für die Bulsa (Nord-Ghana)
- Yagshim für die Khampa (tibetisches Hochland)
- Cedar für die Mohawk (USA und Kanada)

Jedes Kind der Gruppe erhielt eine Biographie und damit verbunden den Auftrag, auf einem Arbeitsblatt zu der in der Biographie beschriebenen Familie ein Familienhaus (z.B. Aufteilung der Generationen) zu erstellen. Im Anschluss daran wurden die zwei Gruppen mit derselben Biographie gebeten, die angefertigten Familienhäuser zu einem gemeinsamen zusammenzufügen und auf eine große Pappe zu übertragen. Hierzu wurden auch Bilder aus der jeweiligen Kultur zur Verfügung gestellt.

Abschließend wurden die unterschiedlichen Biographien sowie die erstellten Familienhäuser den anderen Gruppen vorgestellt. Hierdurch wurde den SchülerInnen verdeutlicht, dass es ganz verschiedene Konzepte von Familie gibt.

Unter dem Titel »Familie – weltweit gleich?« wurde in Modul 6 auf die in Modul 5 erstellten unterschiedlichen Familienhäuser eingegangen, indem die SchülerInnen noch einmal die Besonderheiten der drei Beispielfamilien zusammenfassten. Danach erläuterten Filmsequenzen den Wandel, der sich in Deutschland im Hinblick auf Familie seit der Nachkriegszeit vollzogen hat. Anhand eines Arbeitsblattes dokumentierten die SchülerInnen diesen Wandel mithilfe von Leitfragen wie »Wie groß ist eine Familie?« oder »Wer lebt mit wem zusammen?«. So konnte der Kulturwandel im Hinblick auf die Familie in Deutschland anschließend in einem Tafelbild zusammengefasst werden.

Zum Abschluss des Moduls erhielten die SchülerInnen die Aufgabe, in einem Brief an das Kind, dessen Biographie sie in Modul 5 kennengelernt hatten, ihre eigene Familie zu beschreiben. Auf freiwilliger Basis wurden einige der Briefe vorgelesen.

Lernziele der Module 5 und 6 waren die Aneignung von Informationen, das Einüben des Perspektivenwechsels sowie das Erkennen und Überwinden des Ethnozentrismus.

Zu Beginn von *Modul 7: Interkulturelle Verständigung* wurde durch das Zeigen eines Bildes aus Bangladesh, auf dem sich zwei erwachsene Brüder an den Händen halten, zunächst noch einmal auf das Thema Familie (z.B. »Wer zeigt wie Zuneigung?«) Bezug genommen. Hier reichten die Äußerungen von »Die sind ja schwul« bis zu »Vielleicht ist das ja normal in Bangladesh«.

Durch Rückgriff auf die Erfahrungen des Marktplatzspiels im Modul 2 wurde verdeutlicht, dass unterschiedliche Vorstellungen von Nähe und Distanz zu interkulturellen Missverständnissen führen können. Dies war dann Thema eines weiteren Spiels (vgl. auch Bertels/Bußmann 2013: 40f.):

»Stellt euch vor, ihr seid auf einer internationalen Tagung und habt die Möglichkeit, euch mit Menschen aus der ganzen Welt auszutauschen. Am Anfang einer jeden Begegnung steht die Begrüßung. Und wie ihr alle wisst, können Begrüßungen sehr unterschiedlich sein. Wir bitten euch jetzt, in die Rollen der Teilnehmenden aus aller Welt zu schlüpfen, und haben deshalb Rollenkarten vorbereitet. Auf diesen Karten findet ihr die Beschreibung einer möglichen landestypischen Begrüßung. Wir bitten euch nun, euch untereinander zu begrüßen.«

Einige SchülerInnen hatten die gleichen Begrüßungsformen. Dies wussten sie jedoch nicht. Sie sollten ihre ganz persönlichen Erfahrungen machen. Im Folgenden einige Beispiele für die eingesetzten Begrüßungen:

- In den Niederlanden ist es üblich, dass sich Freunde zur Begrüßung umarmen und dreimal abwechselnd auf die Wange küssen.
- In Rumänien ist es durchaus üblich, dass Männer einer Frau zur Begrüßung die Hand küssen.
- Die Tuareg begrüßen sich, indem sie sich die Hand geben und die Finger ineinander haken. Dies wiederholen sie mehrmals, während sie sich nach dem Wohlbefinden der Person und ihrer Familie erkundigen.
- In der Türkei ist es üblich, dass jüngere Personen ältere Verwandte oder höhergestellte Personen mit einem Handkuss begrüßen: Man nimmt die Hand des anderen und führt sie erst an die Lippen, dann an die Stirn und sagt »Merhaba«.

Im anschließenden Unterrichtsgespräch (siehe auch Auswertung des Marktplatzspieles) wurde zudem geklärt, dass es in einer interkulturellen Begegnung auch wichtig sein kann, Grenzen aufzuzeigen (ein naheliegendes Beispiel wäre, wenn jemand keinen Handkuss geben möchte).

Vertieft wurde dieser Aspekt durch eine weitere Aufgabe: Die SchülerInnen erhielten in Gruppen verschiedene Aussagen, die sie in Form eines Rankings zwischen die Karten »Ist für mich o.k.« und »Ist für mich nicht o.k.« einordnen sollten, z.B.:

- Du (Junge) bist mit Deiner Familie im Urlaub in Schottland. Ihr besucht ein Dorffest, auf dem ein Tanzwettbewerb ausgetragen wird. Du bemerkst, dass auch Jungen und Männer daran teilnehmen. Nach einiger Zeit fragt Dich ein schottischer Junge, ob Du nicht auch einen Schottenrock anziehen und mittanzen möchtest.
- Eine Deiner Mitschülerinnen macht zu ihrem Geburtstag eine Übernachtungsparty. Alle Mädchen haben einen Schlafsack mitgebracht. Du (Mädchen) hast Deinen vergessen, daher bietet Dir das Geburtstagskind an, mit ihr im Bett zu schlafen.

Die in den Gruppen geführten Diskussionen wurden anschließend vorgestellt. Hierbei wurde deutlich, dass jede_r andere Grenzen hat und dass es wichtig ist, diese zu artikulieren. Nur so kann u.a. eine interkulturelle Begegnung gelingen (siehe auch Bertels/Bußmann 2013: 102f.).

Lernziele des Moduls 7 waren somit das erneute Einüben des Perspektivenwechsels sowie das Reflektieren von Situationen des interkulturellen Umgangs.

Das *Modul 8: Abschluss* diente der Zusammenfassung der bisher durchgeführten Unterrichtseinheiten. Hierbei wurde noch einmal auf die behandelten Themen »Aussehen – Kleidung – Schönheit«, »Arbeit – Hobby – Rollen« und »Familie – Verwandtschaft« eingegangen. Die SchülerInnen erhielten dazu erneut die Aussagen bezüglich der Grenzen aus Modul 7 sowie ausgewähltes Bildmaterial der verschiedenen Module und sollten diese nun den drei Kategorien, die an der Tafel angebracht waren, zuordnen.

Abb 3: Tafelbild des Moduls 8 (Foto: ESE – Ethnologie in Schule und Erwachsenenbildung)

Im Anschluss daran wurden die SchülerInnen gebeten, in Form einer Postkarte aufzuschreiben, was ihnen am Projekt gefallen hat und was nicht. Zum Abschluss wurden die Themenwünsche der SchülerInnen für das nächste Projektjahr abgefragt.

Unter anderem auch im Hinblick auf diese Themenwünsche der SchülerInnen wurden im Schuljahr 2013/2014 folgende Themen behandelt:

- Modul 1: Einführung
- Modul 2: Arbeitsteilung
- Modul 3: Darstellung von Frauen und Männern in Medien (z.B. Schulbüchern)
- Modul 4: Feldforschung: Frauen und Männer in Deutschland – Vorbereitung
- Modul 5: Feldforschung: Frauen und Männer in Deutschland – Ergebnisse
- Modul 6: Religion und Geschlechterrollen – Teil 1
- Modul 7: Religion und Geschlechterrollen – Teil 2
- Modul 8: Abschluss

2.3 Evaluation

Alle Module wurden durch zwei verschiedene Methoden evaluiert.[20] Sowohl die ESE-ReferentInnen als auch die anwesenden Fachlehrkräfte wurden gebeten, in Form eines standardisierten Fragebogens zu beurteilen, ob die Lernziele erreicht wurden und ob die Materialien bzw. Methoden geeignet waren. Zudem wurden alle Module durch die PraktikantInnen im Rahmen einer teilnehmenden Beobachtung protokolliert. Wichtig hierbei waren vor allem folgende Aspekte: die Stimmung in der Klasse sowie die Mitarbeit bzw. das Interesse der SchülerInnen. Auch für das Projekt relevante Aussagen wurden protokolliert.[21]

Einige Module wurden aufgrund der erfolgten Evaluation vor der Durchführung in den weiteren Klassen geringfügig modifiziert. Hierdurch wird sichergestellt, dass die in dem geplanten Download veröffentlichten Module auch an anderen Schulen erfolgreich angewandt werden können.

3 Fazit

In allen Gesellschaften gibt es Vorstellungen davon, wann man als Frau/Mann definiert wird und welche Rolle man dementsprechend in der Familie oder Gesellschaft innehat. Diese Vorstellungen können so unterschiedlich sein, dass es in einer multikulturellen Gesellschaft im Bereich der Geschlechterrollen leicht zu Missverständnissen kommt. Darüber hinaus ist gerade dieser Bereich von vielen Vorurteilen geprägt, die man ständig hinterfragen sollte.

In dem beschriebenen Projekt werden Jungen und Mädchen durch Trainings zur Interkulturellen Kompetenz mit dem Schwerpunkt Geschlechterrollen auf ein Leben in einer multikulturellen Gesellschaft vorbereitet und es wird ein Bewusstsein für die Offenheit von geschlechtlichen Ausprägungen erarbeitet. Das Training fördert und stärkt die konstruktive Auseinandersetzung mit dem Selbst- und Rollenverständnis als Junge/Mann bzw. Mädchen/Frau in der Migrationsgesellschaft. Die erfolgte interkulturelle Sensibilisierung unterstützt die Jugendlichen bei der Selbstverortung in der Gesellschaft, wie u.a. folgendes Feedback einer Schülerin bzw. eines Schülers aus der Geschwister-Scholl-Realschule verdeutlicht: »Ich habe gelernt, dass es verschiedene Kulturen gibt und dass es nicht schlimm ist, anders zu sein.«

---

20 | Evaluiert wurden bisher nur die durchgeführten Unterrichtseinheiten. Eine Gesamtevaluation des Projektes erfolgt erst nach Projektende ab August 2015.
21 | Vgl. auch die Aussagen von SchülerInnen im vorliegenden Beitrag.

Literatur

Allgemeines Gleichbehandlungsgesetz (AGG), 2006: Allgemeines Gleichbehandlungsgesetz vom 14. August 2006 (BGBl. I S. 1897), das zuletzt durch Artikel 8 des Gesetzes vom 3. April 2013 (BGBl. I S. 610) geändert worden ist. Berlin: Bundesministerium der Justiz und für Verbraucherschutz. [www.gesetze-im-internet.de/bundesrecht/agg/gesamt.pdf, eingesehen am: 31.10.2014]

Bartmann, Sylke, 2012: Nicht das Fremde ist so fremd. In: Bartmann, Sylke/Immel, Oliver (Hg.): Das Vertraute und das Fremde. Differenzerfahrung und Fremdverstehen im Interkulturalitätsdiskurs. Bielefeld: transcript, 21-36.

Bertels, Ursula, 2011: Einleitung. In: Bertels, Ursula/Hellmann de Manrique, Irmgard (Hg.): Interkulturelle Streitschlichter. Interkulturelle Kompetenz als Schlüsselqualifikation für Jugendliche. Münster: Waxmann, 4-10.

Bertels, Ursula/Bußmann, Claudia, 2013: Handbuch Interkulturelle Didaktik. Münster: Waxmann.

Bertels, Ursula/Eylert, Sabine, 2006: Die Vermittlung Interkultureller Kompetenz in der Schule – ein ethnologischer Ansatz. In: Tsantsa. Zeitschrift der Schweizerischen Ethnologischen Gesellschaft (Band 10/2005). 10. Jg. H. 1, 111-122.

Bertels, Ursula/Eylert, Sabine/Lütkes, Christiana/Vries, Sandra de, 2004: Ethnologie in der Schule. Eine Studie zur Vermittlung Interkultureller Kompetenz. Münster: Waxmann.

Bovin, Mette, 2001: Nomads who Cultivate Beauty. Wodaabe Dances and Visual Arts in Niger. Uppsala: Nordic Africa Institute.

Gudykunst, William B./Hammer, Mitchell R./Wisemann, Richard L., 1977: An Analysis of an Integrated Approach to Cross-Cultural Training. In: International Journal of Intercultural Relations. 1. Jg. H. 2, 99-109.

Huxel, Katrin, 2013: Geschlecht und Ethnizität im Feld Schule. In: Bulletin. 23. Jg. H. 37, 87-101. [https://www.gender.hu-berlin.de/publikationen/gender-bulletins/texte-37/texte37pkt7.pdf, eingesehen am: 23.10.2013]

Krüger-Potratz, Marianne/Lutz, Helma, 2004: Gender in der Interkulturellen Pädagogik. In: Glaser, Edith/Klika, Dorle/Prengel, Annedore (Hg.): Handbuch Gender und Erziehungswissenschaft. Bad Heilbronn: Klinkhardt, 436-448.

Maletzke, Gerhard, 1996: Interkulturelle Kommunikation. Opladen: Westdeutscher Verlag.

Schlöder, Bernd, 1988: Soziale Vorstellungen als Bezugspunkte von Vorurteilen. In: Schäfer, Bernd/Petermann, Franz (Hg.): Vorurteile und Einstellungen. Köln: Deutscher Instituts-Verlag, 66-98.

Sekretariat der Ständigen Konferenz der Kultusminister der Länder, 1996: Empfehlung »Interkulturelle Bildung und Erziehung in der Schule«. Beschluss vom 25. November 1996. In: Bundeszentrale für politische Bildung (Hg.): Interkulturelles Lernen. Arbeitshilfen für die politische Bildung. Bonn: 1998, 310-316.

Stadt Münster, 2008: Leitbild Migration und Integration Münster. Münster: Stadt Münster. [www.muenster.de/stadt/kv/pdf/migrationsleitbild2008.pdf, eingesehen am: 31.10.2014]

Steiner, Martina I., 2009: Interkulturelle Kompetenz aus anthropologischer Perspektive. In: Six-Hohenbalken, Maria/Tošić, Jelen (Hg.): Anthropologie der Migration. Theoretische Grundlagen und interdisziplinäre Aspekte. Wien: Facultas, 266-283.

Gewalt als Thema
in der geschlechterreflektierenden Pädagogik
Von lähmenden Befürchtungen und einer informierten
Gelassenheit im pädagogischen Alltag

Ute Zillig, Ute Neumann

Eine geschlechterreflektierende Pädagogik[1] stößt im Hinblick auf ihre eigenen Motive an Grenzen, wenn sie sich nicht mit geschlechtsspezifischen Gewalterfahrungen auseinandersetzt und diese in die eigenen Konzepte integriert. Gleichzeitig benötigt eine gewaltsensible Pädagogik, die im präventiven Sinne wirken will, ein Konzept, das auch die vergeschlechtlichten Sozialisationserfahrungen von Jugendlichen in den Blick nimmt. Diese zwei Überzeugungen sind der Bezugspunkt einer mittlerweile mehrjährigen Kooperation zwischen dem Arbeitskreis *GerdA Gender* zur geschlechterreflektierenden Jugendbildungsarbeit der Jugend des Deutschen Gewerkschaftsbundes (DGB-Jugend) Südniedersachsen-Harz (im Folgenden auch Arbeitskreis genannt)[2] und der Kinder- und Jugendberatungsstelle bei sexualisierter und häuslicher Gewalt *phoenix*.[3]

Im Folgenden geben wir einen Einblick in die Ausgestaltung unserer Kooperation und stellen dabei insbesondere dar, inwiefern wir geschlechtsspezifische

---

1 | Mit »geschlechterreflektierender Pädagogik« wird in diesem Beitrag eine an das Autor_innenkollektiv/DGB-Jugend Niedersachsen – Bremen – Sachsen-Anhalt (2011) angelehnte Pädagogik gefasst. Diese nimmt neben der Reflexion der mit den Geschlechterverhältnissen einhergehenden Machtverhältnisse auch die Vielfalt von Lebensrealitäten und die Uneindeutigkeiten von Geschlecht in den Blick.
2 | Die DGB-Jugend wird als Bildungsträger vom Land Niedersachsen gefördert. Zielgruppe der Bildungsmaßnahmen sind Jugendliche und junge Erwachsene zwischen 14 und 27 Jahren. Der Arbeitskreis *GerdA Gender* existiert seit 2003. Die Teamer_innen sind überwiegend Studierende der Geistes- und Sozialwissenschaften oder der Pädagogik mit einem Interesse an emanzipatorischer Bildungsarbeit und praxisorientierter beruflicher Qualifikation. Im Rahmen ihres ehrenamtlichen Engagements in der DGB-Jugend nehmen sie regelmäßig an Teamtreffen zur Reflexion und Weiterbildung mit einem_einer hauptamtlichen Bildungsreferent_in teil.
3 | *phoenix* wurde 2009 als neues Projekt in eine bestehende Fachstelle zu sexualisierter und häuslicher Gewalt eingegliedert. Weitere Informationen dazu unter www.phoenix-goettingen.de (eingesehen am: 30.10.2014).

Gewalterfahrungen (siehe dazu näher Kap. 1.2) als ein notwendiges – und vor allem ›bewältigbares‹ Themenfeld geschlechterreflektierender Pädagogik begreifen. Unsere tatsächliche pädagogische Arbeit mit Schüler_innen stellen wir in diesem Beitrag nur kurz dar. In erster Linie ist es uns ein Anliegen, auf immer wieder vorgetragene Befürchtungen und Unsicherheiten von pädagogischen Fachkräften in Bezug auf die Gewaltthematik einzugehen. Im Kontext von geschlechterreflektierender Pädagogik möchten wir dazu aufrufen, die Thematik der Gewaltprävention nicht als einen gesonderten Bereich oder als zu heißes Eisen zu behandeln. Vielmehr gilt es, nach Wegen zu suchen, geschlechtsspezifische Gewalterfahrungen im Rahmen der jeweils bestehenden Möglichkeiten in die eigene pädagogische Arbeit fachübergreifend zu integrieren.

Nachdem wir zunächst auf unsere Begrifflichkeiten und pädagogische Haltung in den Bereichen Gender und Gewaltprävention eingehen (Kap. 1), stellen wir einige für unseren Arbeitsprozess markante Themenfelder vor (Kap. 2). Es folgt eine Diskussion unserer Erfahrungen für den schulischen Alltag (Kap. 3). Der Beitrag endet mit einer exemplarischen Skizze von Projektschultagen im Rahmen unserer Kooperation (Kap. 4).

1 Zwei pädagogische Perspektiven

Zunächst möchten wir den theoretisch-konzeptionellen Hintergrund aufzeigen, vor dem die Projekte *GerdA Gender* und *phoenix* sich zu einer Zusammenarbeit entschlossen haben.

1.1 Die Perspektive der geschlechterreflektierenden Pädagogik

Der Arbeitskreis *GerdA Gender* der DGB-Jugend Südniedersachsen-Harz führt Seminare zum Thema Geschlecht durch. In ein- bis fünftägigen Projekttagen wird mit Jugendlichen und jungen Erwachsenen zur Relevanz der sozialen Kategorie Geschlecht zusammengearbeitet. Diese Arbeit findet überwiegend mit Schüler_innen – im Rahmen von Projektwochen oder anderen freigestellten Schultagen –, aber auch mit Jugendgruppen, Auszubildenden u.a. statt. Stetiger Anknüpfungspunkt sind die konkreten Lebensrealitäten der Teilnehmenden. *GerdA Gender* bietet in einem kurzzeitpädagogischen Setting einen mit vielfältigen Methoden aufbereiteten Austausch zu Erfahrungen, Befürchtungen und Wünschen in Bezug auf Liebe, Freundschaft, Sexualität, Weiblichkeit, Männlichkeit, Konflikte, Grenzen, Beziehungen und Diskriminierungen an. Der Arbeitskreis verfolgt damit das Ziel, Jugendlichen und jungen Erwachsenen Begriffe und ein Verständnis von gesellschaftlichen Zusammenhängen an die Hand zu geben und ihnen dadurch eine kritisch-reflexive politische Partizipation zu erleichtern. Das bedeutet, dass auf vielfältige Weise die hierarchische gesellschaftliche Positionierung von Männern und Frauen thematisiert wird. Darüber hinaus zielt die pädagogische Arbeit von *GerdA Gender* darauf ab, heteronormative Geschlechterstereotype und Diskriminierungen abzubauen. So wird gemeinsam mit den Jugendlichen die Vielfalt von existierenden Männlichkeiten und Weiblichkeiten in den Blick genommen und zusätzlich die strikte Einteilung in Mann und Frau, die in ihrem Begehren jeweils aufeinander bezogen sind, hinterfragt. Hier ist es das Ziel, auf eine Vielzahl von Geschlechtsidentitäten und Sexualitäten einzugehen.

Grundlage dieser geschlechterreflektierenden Pädagogik sind die Ansätze der parteilich-feministischen Mädchenarbeit, der kritisch-solidarischen Jungenarbeit und der queeren Pädagogik.[4] Ziel der Mädchenarbeit ist es, Mädchen in ihren Wahrnehmungen zu stärken und ihnen Wissen, Selbstbewusstsein und Sprache an die Hand zu geben, damit sie Sexismus als gesellschaftlichen Bestandteil kritisieren können. Jungenarbeit fokussiert darauf, Räume für Jungen zu schaffen, in denen sowohl die durch feste Männlichkeitsvorstellungen entstandenen Hierarchien thematisiert als auch ihre Privilegien reflektiert werden. Queere Pädagogik richtet in Ergänzung zur Mädchen- und Jungenarbeit ihren Blick auf das Benennen und Sichtbarmachen von queeren Lebensrealitäten, also von lesbischen, schwulen, Transgender- und intersexuellen Identitäten.[5]

Aus diesen Grundlagen ergibt sich ein Spannungsfeld, das die geschlechterreflektierende Pädagogik durchzieht: das sogenannte Gender-Paradoxon[6]. Diesem Paradoxon folgend, existieren zwei sich zunächst widersprechende Schwerpunkte für die pädagogische Praxis. Einerseits wird in den Seminaren durch die Thematisierung der Abwertung von Weiblichkeit, von Diskriminierung und des Ausschlusses von Frauen aus gesellschaftlichen Sphären auf patriarchale Strukturen verwiesen. Andererseits werden verschiedene Lebensrealitäten und vorhandene Vielfalt im Kontext von Geschlechtlichkeit und Identität hervorgehoben und damit stetig auch die heteronormative Zweigeschlechtlichkeit infrage gestellt. Eine Pädagogik vor dem Hintergrund des Gender-Paradoxons zeigt also in der Arbeit mit Schüler_innen auf der einen Seite die Bedeutung der Kategorie Geschlecht auf und dramatisiert sie damit, während sie auf der anderen Seite auf die Konstruktion und Uneindeutigkeit von Geschlecht verweist und Geschlecht somit auch entdramatisiert (siehe auch Bartsch/Wedl und Rendtorff in diesem Buch).

Veranschaulicht werden kann das Paradoxon beispielsweise mit der Arbeit in geschlechtshomogenen Räumen, also Mädchen- und Jungengruppen, in bestimmten Phasen der Seminare. Mit dieser Einteilung wird die Bedeutung der sozialen Kategorie Geschlecht hervorgehoben und damit auf geschlechtsspezifische Unterschiede z.B. bei den Themen »Meine Biographie« und »Meine Grenzen und meine Grenzwahrnehmung« reagiert. Gleichzeitig wird schon bei der Einteilung der Gruppen, aber auch später in den geschlechtshomogenen Räumen mit verschiedenen Methoden aufgezeigt, dass Mann und Frau eben keine eindeutigen und biologischen Kategorien sind. Insofern wird – paradoxerweise – trotz der Dramatisierung von Geschlecht dessen soziale Konstruktion betont und Geschlecht somit immer auch entdramatisiert.

---

4 | Die Konzepte der geschlechtsspezifischen Bildungsarbeit stammen aus Heimvolkshochschule Alte Molkerei Frille (1988) und sind ausführlich erläutert in Autor_innenkollektiv/ DGB-Jugend Niedersachsen – Bremen – Sachsen-Anhalt (2011).

5 | Weitere Ausführungen zu den Konzepten der queeren Pädagogik bieten auch Bettina Fritzsche (2001) und Melanie Plößler (2005).

6 | Der Begriff »Gender-Paradoxon« lehnt sich an das 1999 erschienene Buch *Gender-Paradoxien* von Judith Lorber an. Ausführliche Erläuterungen finden sich in Autor_innenkollektiv/ DGB-Jugend Niedersachsen – Bremen – Sachsen-Anhalt (2011).

Der konkreten Kooperation von *GerdA Gender* und *phoenix* gingen einige Diskussionen im Arbeitskreis voraus: Regelmäßig wurde darüber gesprochen, wie in den Seminaren zu Geschlecht mit dem Thema geschlechtsspezifische Gewalt umzugehen sei und ob es explizit thematisiert werden sollte. Viele Jahre lang entschieden sich die Teamenden und die Jugendbildungsreferent_innen dagegen, Gewalt als Themenfeld in die geschlechterreflektierende Arbeit zu integrieren. Grund dafür waren wiederkehrende Befürchtungen, dem Thema nicht gewachsen und diesbezüglich nicht ausreichend ausgebildet zu sein. Dennoch spielten konkrete Gewalterfahrungen von Jugendlichen in den Seminaren und der anschließenden Praxisreflexion stets eine große Rolle.

Hier die Beschreibung dreier Situationen im Kontext unserer Seminare:

Eine Schülerin sagte während eines Projektschultages mit *GerdA Gender* bei der Methode »Was ist gut daran, ein Mädchen/Junge zu sein?« (siehe Kap. 4), dass einem Jungen nicht einfach an die Brust oder den Hintern gefasst werde. Sie begründete ihre Aussage mit eigenen grenzüberschreitenden und gewaltvollen Erfahrungen, auf die sie gern verzichten würde.

Eine andere Jugendliche wandte sich in der Pause nach der Methode »Beziehungsbörse« (siehe Kap. 4) an eine Teamerin und erzählte ihr, dass ihr Freund sie schlüge, wenn sie ihm nicht stets schriebe, was sie wo und mit wem mache. Sie wollte nun von der Teamerin wissen, was sie machen sollte. Sie wollte etwas dagegen unternehmen, aber die Beziehung nicht beenden.

Ein Schüler erzählte während einer Projektwoche in einem Gespräch mit der Methode »Opoly« (siehe Kap. 4) bei der Frage, was Familie für ihn bedeute, von der verbalen Gewalt seines Vaters gegenüber seiner Mutter.

Die aufgeführten Fälle stehen exemplarisch für die Fülle an Erfahrungen und Berichten im Kontext von Gewalt, die in den Seminaren zum Thema Geschlecht von Teilnehmenden an die Teamer_innen von *GerdA Gender* herangetragen werden. Gleichzeitig verweisen sie darauf, dass in den Seminaren zum Thema Geschlecht insbesondere solche Gewalterfahrungen zum Vorschein kommen, die eng an die Kategorie Geschlecht geknüpft sind (siehe dazu auch Kap. 1.2). Zum einen wird das große Feld der Partnerschaftsgewalt, der sogenannten häuslichen Gewalt – was neben sexualisierter und körperlicher Gewalt auch psychische Bedrohungen oder beispielsweise soziale Isolation umfasst –, genannt. Als zweites Feld taucht regelmäßig die Thematik der sexualisierten Gewalt – vom ungewollten Berührtwerden bis hin zu massiven sexualisierten Grenzverletzungen – auf.

Neben dem direkten Thematisieren von eigenen geschlechtsspezifischen Gewalterfahrungen wurden die Pädagog_innen darüber hinaus während der Seminare auch häufig von Freund_innen von Betroffenen nach Ratschlägen gefragt. Vor diesem Hintergrund stellte sich für den Arbeitskreis eine Zusammenarbeit mit einer Gewaltberatungsstelle für Jugendliche zu den Themenfeldern häusliche und sexualisierte Gewalt in vielerlei Hinsicht als eine sinnvolle Erweiterung der pädagogischen Ausrichtung dar.

1.2 Die Perspektive der Gewaltprävention

Als Kinder- und Jugendberatungsstelle zu sexualisierter und häuslicher Gewalt bietet *phoenix* neben den Beratungen auch Gewaltprävention[7] an. Insbesondere die Präventionsarbeit für Jugendliche nimmt *phoenix* verstärkt in den Blick. Entsprechend liegt die Institution Schule als täglicher Aufenthalts- und Sozialisationsort von Jugendlichen unmittelbar nahe. Schüler_innen sind in unterschiedlicher Weise und in massivem Ausmaß von sexualisierter und häuslicher Gewalt betroffen bzw. mitbetroffen. Folgt man den alltäglichen Erfahrungen in der Beratungsstelle oder Studien zum Ausmaß dieser Gewalt, befinden sich in jeder Schulklasse mehrere Jugendliche, deren Lebensrealitäten Erfahrungen sexualisierter und häuslicher Gewalt beinhalten (vgl. u.a. Rau/Fegert/Rehmann/Allroggen 2013: 20f.; Seith 2013: 79f.).

Schüler_innen können verschiedene Formen von sexualisierter Gewalt innerhalb ihrer Herkunftsfamilie oder im nahen sozialen Umfeld der Familie erfahren (vgl. Enders 2011; Krahé/Scheinberg-Olwig 2002). Ein wichtiges Feld stellt außerdem sexualisierte Gewalt unter Jugendlichen dar, die im persönlichen Kontakt in und auch außerhalb der Schule sowie im Rahmen virtueller Sozialer Netzwerke oder über andere Neue Medien erfolgt (vgl. Rau/Fegert/Rehmann/Allroggen 2013: 22). Auch Übergriffe von Lehrkräften auf Schüler_innen sind als Gewalt gegenüber Jugendlichen zu nennen.[8] Sexualisierte Grenzüberschreitungen sind eine alltägliche Erfahrung von vielen Jugendlichen, von Mädchen weit häufiger als von Jungen, aber auch diese sind in oft unterschätztem Ausmaß betroffen (vgl. Rau/Fegert/Rehmann/Allroggen 2013: 22).[9]

Häusliche Gewalt verstehen wir als Partnerschaftsgewalt zwischen zwei sich in einer (Ex-)Beziehung befindenden Erwachsenen oder Jugendlichen. Sie umfasst verschiedene Formen von Gewalt, wie physische, psychische und sexualisierte (vgl. u.a. Kindler 2013: 28). Partnerschaftsgewalt ist immer auch als geschlechtsspezifische Gewalt zu verstehen, denn wiederholte Gewalttaten in Partnerschaften, die mit Verletzungsfolgen einhergehen und in einem das Gegenüber stark kontrollierenden und abwertenden Muster verlaufen, werden in überwiegender Form von Männern an Frauen verübt (vgl. Kindler 2013: 28; Kavemann 2013: 16).

Bezüglich der Betroffenheit von häuslicher Gewalt sind im Kontakt mit Schüler_innen zwei Kontexte zu berücksichtigen: Zum einen erfahren Jugendliche in ihren eigenen ersten Liebesbeziehungen häufig schon körperliche, psychische und/oder sexualisierte Gewalt beziehungsweise üben diese aus. Darüber hinaus ist das Miterleben von häuslicher Gewalt in der Beziehung der (sozialen) Eltern eine

---

7 | Wenn in diesem Beitrag von Gewalt oder Gewaltprävention gesprochen wird, so meint das sexualisierte und häusliche Gewalt in allen ihren in den folgenden Abschnitten beschriebenen Facetten. Nicht gemeint sind dagegen z.B. rassistische Gewalt, Mobbing oder körperliche und psychische Gewalt an Kindern.
8 | Zu sexuellen Übergriffen an Jugendlichen in Institutionen siehe Jörg M. Fegert und Mechthild Wolff (2006) und Bundesarbeitsgemeinschaft der Kinderschutz-Zentren e.V. (2011).
9 | Zu sexualisierter Gewalt an Schulen liegen insbesondere für den deutschsprachigen Bereich bislang wenig empirische Studien vor (vgl. Rau/Fegert/Rehmann/Allroggen 2013: 21). Einen kurzen Überblick über die Schulgewaltforschung gibt Mirja Silkenbeumer (2010: 16ff.).

häufige Lebensrealität von Jugendlichen. Dieses Miterleben wird in den letzten Jahren sowohl in der Wissenschaft als auch in der Praxis als massive Belastung und als Grund für Entwicklungsbeeinträchtigungen bis hin zur Kindeswohlgefährdung diskutiert (vgl. Seith 2013: 79f.).[10]

Als Gewaltberatungsstelle für Kinder und Jugendliche verfolgt *phoenix* mit der Gewaltprävention drei Ziele:[11] *Erstens* sollen über diesen Weg wichtige Informationen an Betroffene gehen, die aus ganz unterschiedlichen Gründen den Weg zum Unterstützungssystem noch nicht gefunden haben. *Zweitens* werden Soziale Netzwerke und Peers von Betroffenen informiert und damit Möglichkeiten geschaffen, dass diese Jugendlichen gewaltbetroffenen Freund_innen eine sinnvolle Unterstützung bieten können.[12] Auch sie sollen wissen, wohin sie sich im Bedarfsfall wenden können. Und *drittens* ist es das Ziel der gewaltpräventiven Arbeit, auch an den Dynamiken und Ursachen von sexualisierter bzw. häuslicher Gewalt anzusetzen sowie mit den Jugendlichen in einen Austausch über Alternativen zu Gewalterfahrungen und gewaltförmigem Handeln zu treten.

Die Prävention von sexualisierter und häuslicher Gewalt bzw. diese drei formulierten Ziele sind direkt mit dem Thema (Teaching) Gender verknüpft. Für das Feld der Partnerschaftsgewalt und der Frage nach der Verhinderung dieser treten – jenseits der grundlegenden Informationen zum Unterstützungssystem, zu rechtlichen Regelungen und zu Ratschlägen für Handlungsoptionen für Betroffene und Unterstützer_innen – schnell Themen in die Auseinandersetzung mit Jugendlichen, die stark an vergeschlechtlichte Normen gebunden sind. Dies gilt u.a. für das Thema Eifersucht – »Wie viel Eifersucht ist eigentlich okay?« –, aber auch für Arrangements in Liebesbeziehungen und Partnerschaften: »Wie will ich (später) meine eigenen (Liebes-)Beziehungen führen?« oder auch »Wie möchte ich im Haushalt Arbeiten verteilen?« Es geht stets auch um Vorstellungen von Männlichkeit und Weiblichkeit: »Was erwarte ich von meiner Partnerin, meinem Ehemann, meinen Freund_innen?« Bestandteil der Arbeit mit Jugendlichen in puncto nachhaltige Prävention sexualisierter Übergriffe und Gewalt sind außerdem Aspekte wie z.B. Grenzsetzungen und -wahrnehmungen: »Woran merke ich, dass etwas nicht so läuft, wie ich es möchte?« und »Wann überschreite ich die Grenzen von anderen und wie nehme ich dies war?« oder »Welche Eigenschaften verbinde ich mit dem Begriff *Opfersein*?«[13] Es liegt auf der Hand, dass all diese Fragen nicht nur individualisiert zu beantworten sind, sondern jeweils eng an eine vergeschlechtlichte

---

10 | Eine Hilfestellung zum Erkennen von sowie zum Umgang mit Kindeswohlgefährdung hat z.B. das Kinderschutz-Zentrum Berlin e.V. (2009) herausgegeben.

11 | Neben diesen Zielen der Gewaltprävention ist es darüber hinaus elementar, dass sich eine Schule auch auf institutioneller Ebene mit dem Thema sexualisierte Gewalt, Intervention und Prävention auseinandersetzt. An dieser Stelle nur schlagwortartig genannt werden sollen die Bereiche Fort- und Weiterbildung der Pädagog_innen, Beschwerdemanagement und Transparenz des Leitungsverhaltens. Der Einfluss der jeweiligen Schulkultur auf das Ausmaß und den Umgang mit sexualisierter Gewalt ist Thema zahlreicher aktueller Fachdiskussionen (siehe dazu Brockhaus/Kolshorn 2013).

12 | Zur Bedeutung der Arbeit mit Peers für die Gewaltprävention siehe u.a. Luzia Köberlein (2008: 13).

13 | Siehe hierzu auch Clemens Fobian und Rainer Ulfers (2013), die die geschlechtsspezifischen Auswirkungen der Gewaltbetroffenheit von Jungen diskutieren.

Sozialisation sowie an gesellschaftlich verankerte Vorstellungen von Geschlechterverhältnissen geknüpft sind (vgl. Silkenbeumer 2010: 36).

»Deutungsmuster darüber, wie Männer und Frauen ›sind‹, welche Handlungsmöglichkeiten ihnen zur Verfügung stehen, wie ihr Verhältnis zueinander ausgestaltet ist, ordnen aggressives Auftreten und gewalttätiges Handeln bzw. Hinnahme und defensives Verhalten geschlechtsspezifisch zu.« (Stövesand 2005: 9)

Die aufgeführten gewaltpräventiven Fragen sind insofern notwendigerweise im Kontext geschlechterreflektierender Pädagogik zu bearbeiten.

In den letzten Jahren entwickelte sich eine teils unübersichtliche Vielzahl an Programmen für Schulen, die sich alle unter dem Label der Gewaltprävention versammeln. Festzustellen ist dabei allerdings, »dass die genderspezifische Perspektive keineswegs ein selbstverständlicher Bestandteil der pädagogischen Konzepte und Verfahren ist, die zur Gewaltprävention entwickelt wurden« (Schröder 2008: 521; vgl. auch Silkenbeumer 2010: 34). Stehen für die Arbeit in Kindergärten und Grundschulen zumindest ein paar Klassiker der Sexualpädagogik und Gewaltprävention zur Verfügung (u.a. Blattmann/Hansen 2008; Blattmann 2007; Geisler 2005; Kreul 2003; Van der Doef/Latour 2007), fehlen diese für weiterführende Schulen fast vollständig.[14] Unter anderem mit diesen Materialien führt *phoenix* kurze Einheiten zur Gewaltprävention direkt in Schulklassen durch. In Anbetracht der stets begrenzten personellen wie finanziellen Ressourcen von *phoenix*, insbesondere für den Bereich der Prävention, wurden jedoch von Beginn an zusätzlich regionale Kooperationspartner_innen für die geschlechterreflektierende Pädagogik gesucht, um Schulen auch längerfristige Angebote für die Prävention von sexualisierter und häuslicher Gewalt bieten zu können.

Durch die konzeptionelle Zusammenarbeit mit dem Arbeitskreis *GerdA Gender* konnte eine Erweiterung der Präventionsarbeit in zweifacher Hinsicht erreicht werden: Zum einen ist es seitdem möglich, in einen mehrtägigen Kontakt mit Jugendlichen zu treten und mit ihnen zu den Themen Gewalt und Geschlecht zu arbeiten. Zum anderen werden die Methoden und Konzepte der Gewaltberatungsstelle durch die Kompetenzen des Arbeitskreises erweitert. In Bezug auf die Materialien zur Gewaltprävention heißt das, dass die darin häufig enthaltene Norm von Heterosexualität und Zweigeschlechtlichkeit über neue Fragestellungen oder auch ganz simple neue Formulierungen in der Arbeit mit Jugendlichen um vielfältige Lebenskonzepte und geschlechtliche Identitäten erweitert wird.

1.3 Kooperation zwischen *GerdA Gender* und *phoenix*

Vor dem Hintergrund der oben dargestellten Perspektiven kooperieren wir mittlerweile auf verschiedenen Ebenen:

---

14 | Wertvolle Ausnahmen bilden hier die Materialien *Sprich mit mir!* (Der Paritätische Landesverband Baden-Württemberg 2008) oder auch die Materialien der Projekte »Echt Stark!«, »Echt Krass!« und »Echt Fair!« des Präventionsbüros »Petze«, zu beziehen unter www.petze-kiel.de/material.htm (eingesehen am: 30.10.2014).

- Zusätzlich zu den vorhandenen intensiven Schulungen zur geschlechterreflektierenden Jugendbildungsarbeit erhalten alle Teamenden eine Tagesfortbildung zum Themenfeld geschlechtsspezifische Gewalterfahrungen und Gewaltprävention.
- Regelmäßig bietet *phoenix* den Teamenden im Arbeitskreis Supervision nach Teameinsätzen an.
- Schulklassen, in denen *GerdA Gender* Seminare durchführt, besuchen gemeinsam mit den Teamenden die Kinder- und Jugendberatungsstelle *phoenix*, schauen sich dort einmal um und leihen sich Präventionsmaterialien aus.

Auch unsere Zusammenarbeit zeigt noch einmal, dass sehr viel von dem, was als klassische geschlechterreflektierende Arbeit mit Jugendlichen betrachtet wird, immer auch ein Stück Gewaltprävention ist. Nicht umsonst beginnen in diesem Setting Schüler_innen den Teamenden von eigenen oder auch von anderen Gewalterfahrungen zu berichten, ob nun während einer Seminareinheit oder – häufiger – in kurzen Einzelgesprächen während der Pausen. Bieten sich Pädagog_innen als interessiertes und wohlwollendes Gegenüber in Bezug auf Themen wie Geschlechterrollen, Zukunftsplanung, Sexualität und Freundschaft (siehe Kap. 1.1 sowie Kap. 4) an – und schrecken sie auch nicht vor dem Thema Gewalt zurück –, dann nutzen Jugendliche die (seltene) wertvolle Möglichkeit, sich mitzuteilen.

2 Gewaltprävention in der geschlechterreflektierenden Pädagogik

In Bezug auf die bereits erwähnten regelmäßig an uns herangetragenen Befürchtungen bezüglich der Thematisierung von Gewalt in der geschlechterreflektierenden Pädagogik möchten wir im Folgenden einige Punkte unserer bisherigen Kooperationserfahrungen genauer darstellen: Wissen, das entlastet, Eckdaten zu Gewalt und das Normalisieren beklemmender Gefühle, allgegenwärtige Befürchtungen sowie »No-Gos« und Fehlerfreundlichkeiten. Wir konzentrieren uns also, wie eingangs erwähnt, auf eine Diskussion des Umgangs mit den Themen Gewalt und Gewaltprävention in der geschlechterreflektierenden Pädagogik. Eine Übertragung der Erfahrungen für den schulischen Alltag erfolgt dann in Kapitel 3.

2.1 Von Wissen, das entlastet

Die Klammer aller Fortbildungs- und Supervisionseinheiten bildet die Entlastung der Teamenden von ihren Befürchtungen, die häufig durch fehlendes Wissen und damit verbundenen Unsicherheiten entstehen. Die Erfahrungen von *phoenix* – auch im Kontext anderer Fortbildungen zur Gewaltprävention – zeigen, dass gerade beim Thema Gewalt viele Pädagog_innen ihre sonst routinierten und breit gefächerten Kompetenzen für Krisenbewältigung oder Gesprächsführung aus den Augen verlieren, da sie befürchten, etwas falsch zu machen.

Hier erweist es sich für die Teamenden zunächst einmal als bereits entlastend und beruhigend, durch einen Besuch der Beratungsstelle und ein Gespräch mit den dort arbeitenden Fachkräften einen besseren Eindruck von dem regionalen

Unterstützungsangebot für gewaltbetroffene Jugendliche zu erhalten. Zu wissen, wo genau die Beratungsstelle ist, wie es dort aussieht und wer dort arbeitet, ist sowohl für die Teamenden als auch für die Jugendlichen, denen die Teamenden im Bedarfsfall davon berichten können, eine wichtige Information. So wird in den Tagesfortbildungen genauer über einzelne Arbeitsfelder und Arbeitsansätze informiert. Hier ist u.a. die ›Erinnerung‹ daran, dass sich Teamende, wie alle anderen Pädagog_innen, kostenfrei an eine Gewaltberatungsstelle wenden können, sehr wichtig. Wenn gewünscht auch gänzlich anonym, können hier telefonisch oder im persönlichen Kontakt Verdachtsfälle diskutiert, Unsicherheiten formuliert und gemeinsam mit einer Fachkraft das weitere Vorgehen geplant werden. Ein häufiger Ausspruch der Teamenden nach solchen Einheiten ist die Feststellung: »Ich muss das ja nicht alles alleine machen.«

2.2 Von Eckdaten zu sexualisierter und häuslicher Gewalt und dem ›Normalisieren‹ beklemmender Gefühle

Ein Teil der Tagesfortbildung für die Teamenden des Arbeitskreises ist ein Input zum Ausmaß und zu den Folgen sexualisierter und häuslicher Gewalt. Hinzu kommt ein Basiswissen zu Täter_innen und deren Strategien. Mit einem klassischen Brainstorming zu den beiden Gewaltformen wird sich Zeit dafür genommen, einzelne Aspekte der Thematik überhaupt erst einmal zu benennen. Denn oft führt die allgemeine gesellschaftliche Tabuisierung dazu, dass selbst interessierte und engagierte Pädagog_innen Schwierigkeiten haben, Worte für den Bereich sexualisierter und häuslicher Gewalt zu finden. Häufig gibt es auch hier eine Hemmschwelle, etwas ›Falsches‹ zu sagen, die dann häufig zu Sprachlosigkeit führt. Die Erfahrung während solcher Fortbildungen oder Supervisionen, dass auch Fachkräfte in der Gewaltberatungsstelle nicht alle Formulierungen auf die Goldwaage legen, sondern vielmehr dazu ermutigen, individuell zu schauen, welche Wortwahl und welche Sprache sich passend anfühlt, vermindert oft schon einen Teil der vorhandenen Unsicherheiten bei den Teamenden. Üblicherweise herrscht in der Gruppe im Rahmen dieser Auseinandersetzung eine gewisse Beklommenheit vor, die stets einen Teil der Beschäftigung mit sexualisierter und häuslicher Gewalt darstellt. Um dieses Unbehagen zu ›normalisieren‹, hat es sich als hilfreich herausgestellt, alle sich im Raum befindenden Gefühle und Affekte – wie z.B. Ohnmacht, Wut, Ekel, »alle retten zu wollen«, Unglaube, Zweifel oder Angst – einmal zu benennen und sie auf eine Wandtafel zu schreiben. Für einen verantwortungsvollen Umgang im pädagogischen Setting ist es unbedingt notwendig, sich dieser jeweils individuellen Gefühle und Affekte bewusst zu sein und sich zu überlegen, wie damit umgegangen werden kann.

Nach der eben beschriebenen ›Normalisierung‹ ist es dann möglich, das Thema Gewalt als ein wichtiges und häufig auch schweres Thema neben viele andere zu stellen und eine Sprache dafür zu finden. Nicht selten entsteht hier eine erste Vorstellung davon, wie die Teamenden kompetenter und auch gelassener auf die regelmäßig stattfindenden Artikulationen von Gewalterfahrungen seitens der Schüler_innen reagieren könnten.

2.3 Von allgegenwärtigen Befürchtungen, »was da alles passieren kann«

Beim Thema geschlechterreflektierende Gewaltprävention sind wir immer wieder mit der Befürchtung konfrontiert, durch das Thematisieren von Gewalt letztlich unkontrollierbare Zustände auszulösen und damit die Betroffenen selbst, aber auch die Teamenden und die Mitschüler_innen in unverantwortliche Situationen zu bringen. Diese Befürchtungen sind meist die Folge der Absicht, gewaltbetroffenen Jugendlichen nicht noch mehr Belastung verschaffen und auf keinen Fall ›falsch‹ handeln zu wollen (siehe dazu Kap. 2.4). Gleichzeitig sind sie jedoch auch oft eine Begründung dafür, das Thema Gewalterfahrungen als ein ganz spezielles Nebengleis zu markieren, das nichts mit dem allgemeinen pädagogischen Alltag zu tun hat und dort auch nicht hineinpasst.

Unsere Kooperationserfahrungen der letzten Jahre und unsere daraus resultierende pädagogische Haltung decken sich nicht mit derartigen Befürchtungen. Wir erleben in unserer pädagogischen Arbeit, dass gewaltbetroffene Jugendliche sehr gut durch den Alltag mit all seinen belastenden Facetten kommen. Sie wären nicht dort, wo sie sind, hätten sie sich diesbezüglich nicht wirksame Strategien des Umgangs angeeignet. Belastend sind hier oft nicht unbedingt solche Momente, in denen Gewalt explizit thematisiert wird. Aus der Perspektive dieser Jugendlichen kann ein Nicht-Ansprechen sogar bedrückender sein als das explizite Benennen von Gewalt. Ebenso müssen Jugendliche mit Gewalterfahrungen tagtäglich mit sexistischen oder anderen gewaltförmigen Sprüchen bis hin zu ›Scherzen‹ über sexualisierte Übergriffe, Opfersein usw. zurechtkommen (siehe Manz sowie Burmann/Schradi in diesem Buch).

Einige dieser Jugendlichen besitzen sehr auffällige, extrovertierte Umgangsstrategien, andere verhalten sich zurückhaltend und noch andere klinken sich in belastenden Situationen innerlich aus und sind im Schulalltag deshalb eher unauffällig.[15] Auch wenn wir das Thema Gewalt explizit in Schulklassen oder anderen Jugendgruppen thematisieren, erleben wir solche Reaktionsweisen. Da mögen manche nicht zuhören, ständig auf die Toilette gehen, Streit anfangen oder vor sich hinträumen – jedoch passieren keine Katastrophen. Möglicherweise sind wir in solchen Situationen auch nur etwas aufmerksamer für eben solche Ablenkungsstrategien von Schüler_innen, die diese ja auch sonst anwenden.

Die Befürchtung, eine Thematisierung von Gewalt und Gewalterfahrungen führe dazu, dass betroffene Jugendliche psychisch instabil werden, lässt sich darüber hinaus auch nicht mit den Erkenntnissen der Psychotraumatologie bzw. der Traumapädagogik erklären.[16] Vielmehr ist es hier – wie in anderen pädagogischen Feldern auch – wichtig, dass bestimmte Grundlagen eingehalten werden:

---

15 | Eine hilfreiche Einführung in das Feld der Traumapädagogik und die möglichen Umgangsstrategien von Kindern und Jugendlichen mit Gewalterfahrungen bieten Jacob Bausum, Lutz Besser, Martin Kühn und Wilma Weiß (2009).

16 | So kann nicht allgemein gesagt werden, welches Thema, welcher Ort und welche Reaktionsweise für gewaltbetroffene Schüler_innen jeweils akzeptabel sind und welche Situationen sie in psychische Krisen geraten lassen. Sogenannte Trigger, also Situationen, Merkmale, Gerüche etc., die Betroffene in ein Wiedererleben traumatischer Erfahrungen katapultieren und somit extrem belastend wirken, sind nicht grundsätzlich vorherzusagen und

- Das klassische Setting einer Schulklasse ist in den allermeisten Fällen ungeeignet, *individuelle* Gewalterfahrungen anzusprechen, was allerdings nicht bedeutet, dass die Realität von Gewalterfahrungen und die Möglichkeiten für Unterstützung nicht thematisierbar sind.
- Es sollte niemals über andere gesprochen werden, sondern sich immer an der Zustimmung der jeweiligen Jugendlichen orientiert werden.
- Grundsätzlich gilt: Jegliche Grenzsetzungen und Stoppsignale werden als sinnvolle und wirksame Verhaltensstrategien wertgeschätzt.

Eine sehr beliebte Themeneinheit der Tagesfortbildung und Supervisionen ist immer wieder die angeleitete Beschäftigung mit der Frage »Wer hat hier eigentlich welche Krise?«. Diese Einheit ermöglicht es, zwischen den tatsächlichen Belastungen und Schwierigkeiten auf Seiten gewaltbetroffener Schüler_innen und den Emotionen und Unsicherheiten auf Seiten der Teamenden zu differenzieren. Was beobachte ich an Verhalten bei den mir anvertrauten Schüler_innen? Und was löst dieses Verhalten meinerseits für Vermutungen und Gefühle aus? Ist diese Differenzierung einmal bewusst, berichten viele von Situationen, von denen sie im Nachhinein sagen würden, dass nicht die gewaltbetroffenen Schüler_innen »die Krise hatten«, selbst wenn sich diese z.B. einmal naher mitteilten, traurig wurden oder für eine Weile den Raum verlassen wollten. Vielmehr wären eigentlich sie mit ihrer Rolle als Pädagog_innen überfordert und gewissermaßen in einer »Krise« gewesen. Bei der Thematisierung der eigenen Perspektive der Pädagog_innen kommen dann Überforderungs- und übergroße Verantwortungsgefühle ebenso zur Sprache wie der Wunsch, gewaltbetroffene Jugendliche »zu retten« und schnelle Lösungen parat zu haben. Manchmal wird auch klar, dass zuvor geäußerte Befürchtungen eher in den Kontext eigener gewaltgeprägter Erinnerungen gestellt werden müssen. Die Teamenden beschäftigen sich also intensiv mit ihren eigenen Grenzen, Verantwortlichkeiten und Kompetenzen und darüber hinaus mit Möglichkeiten, wie sie selbst überfordernde Situationen verantwortlich – z.B. an Fachstellen oder auch an Mitteamende – abgeben können. So ist es möglich, zu verhindern, die eigenen Krisen und Unsicherheiten den Jugendlichen ›überzustülpen‹.

Die Differenzierung zwischen dem Erleben der Jugendlichen und dem der Teamenden ermöglicht in einem weiteren Schritt, sich den eigenen Kompetenzen für Krisenbewältigung und schwierige Gesprächssituationen zuzuwenden. Darüber hinaus wird es möglich, der Frage nachzugehen, was ein_e Pädagog_in jeweils braucht, um das Thema Gewalt als eine Lebensrealität von Jugendlichen thematisieren zu können. Wo sind die eigenen Grenzen und wie kann in der pädagogischen Arbeit verantwortlich damit umgegangen werden? Wieviel ehrenamtliche Arbeit bin ich bereit, für einzelne mir anvertraute Schüler_innen zu leisten? Wenn mir ein ganz bestimmtes Feld der Gewaltthematik grundsätzlich zu viel ist, kann ich mir Kolleg_innen suchen, die in diesen Fällen übernehmen. Wenn ich immer wieder die gleichen offenen Fragen habe, mag eine telefonische Beratung in einer Gewaltberatungsstelle mir dabei helfen, diese zu beantworten oder auch eine neue Perspektive auf die offenen Fragen einzunehmen. Über diese Auseinandersetzun-

---

deshalb auch nicht durch das Aussparen einzelner Thematiken per se zu verhindern (siehe auch Hantke/Görges 2012; Krüger 2011).

gen und Differenzierungen verliert das Thema Gewalt als Aufgabe von Pädagogik häufig einen Großteil seines Schreckens.

In gewisser Weise plädieren wir mit unserer pädagogischen Haltung also für eine Entdramatisierung der Gewaltthematik. Denn nur auf diese Weise ist es unseres Erachtens möglich, dem alltäglichen Isolationserleben von Betroffenen – dass Gewalterfahrungen ausgeblendet und damit weiter tabuisiert werden – etwas entgegenzusetzen. Damit möchten wir selbstverständlich nicht bestreiten, dass auch Situationen entstehen können, die für Betroffene (oder auch ihr Umfeld) wenig hilfreich oder belastend sind. Dennoch ist das stetige Bemühen darum, Gewalterfahrungen als eine mögliche Lebensrealität von Schüler_innen anzuerkennen und eben deshalb auch zu thematisieren, gerade für gewaltbetroffene Jugendliche häufig ein wichtiges Signal, dass dort eine grundsätzlich ansprechbare Person ist, die sich vor der Thematik nicht verschließt und dabei gleichzeitig um ihre Grenzen weiß. Diese Personen sind für die Jugendlichen nicht selten Türöffner zu weiterführenden Unterstützungssystemen wie Beratungsstellen oder Ähnlichem.

2.4 Von »No-Gos«, Fehlerfreundlichkeiten und pädagogischen Basiskompetenzen

Wie in Kapitel 2.3 erwähnt, sind bei der Thematisierung von Gewalt seitens der Teamenden und anderer Pädagog_innen gewisse Grundsätze zu beachten, genauso wie bei anderen komplexen Themenfeldern auch. Unseres Erachtens gehören diese Grundsätze so bzw. in ähnlicher Form zum allgemeinen Kanon pädagogischer Arbeit. Thea Rau, Jörg M. Fegert, Peter Rehmann und Marc Allroggen (2013: 24; vgl. auch Köberlein 2008: 7) formulieren hierzu treffend: »Lehrkräfte müssen dabei kein vertiefendes Fachwissen analog zu einer psychologisch fundierten Ausbildung erwerben, sondern grundlegende Kompetenzen, um mehr Handlungssicherheit zu gewinnen«. Dieses Fachwissen ist sicherlich gut in speziellen Fortbildungen oder kollegialen Arbeitskreisen auszubauen – unsere Erfahrungen zeigen jedoch auch, dass viele Kompetenzen oft schon vorhanden sind und lediglich von Befürchtungen und Unsicherheiten bezüglich der Gewaltthematik verdeckt werden.

Es seien hier einige grundlegende Orientierungspunkte genannt, die beim Thema Gewalt zu beachten sind.

- Ein pädagogisches »No-Go« im Kontext von Gewalterfahrungen ist das Ausfragen im Sinne von Nachbohren (»Was ist denn da genau passiert?«) bei Schüler_innen, wenn diese begonnen haben, von Erlebnissen oder den daran anschließenden Belastungen zu berichten. Das gilt selbstverständlich auch für solche Schüler_innen, die (bislang) schweigen, von denen Pädagog_innen jedoch wissen, dass sie Gewalt erfahren haben.
- Hiervon abzugrenzen ist ein grenzwahrendes Nachfragen (»Du musst auf keinen Fall, aber vielleicht möchtest Du mir noch etwas mehr dazu erzählen, ich werde zuhören.«). Manche Pädagog_innen mögen den Zusatz für sich wichtig finden, »... und wenn es mir zu viel wird, dann sag ich Dir Bescheid und wir schauen gemeinsam, wie es weitergehen kann«. Ein solches grenzwahrendes Nachfragen ist immer stark von der einzelnen Situation abhängig und dabei

oft sehr wichtig und für die betroffenen Schüler_innen eher ein Zeichen von Interesse und Anerkennung.
- Weiterhin ist das Infragestellen oder Anzweifeln von berichteten Gewalterfahrungen absolut keine geeignete Reaktion.
- Gleiches gilt für vorschnellen, wenn auch gut gemeinten Tatendrang – wie z.B. das sofortige Einschalten der Polizei oder das persönliche Gespräch mit den Eltern oder das Hinzurufen der besten Freundin. Solche Schritte müssen immer in Ruhe mit den Betroffenen erörtert werden. Für gewaltbetroffene Jugendliche ist es enorm wichtig zu wissen, was genau auf sie zukommt, wenn sie etwa eine Gewalttat zur Anzeige bringen. Oft ist es hier sinnvoll, sich dabei von einer Beratungsstelle unterstützen zu lassen. Für Pädagog_innen ist es an dieser Stelle hilfreich, sich zu vergegenwärtigen, dass viele von Jugendlichen mitgeteilte Gewalterfahrungen schon länger andauern. Das heißt immer auch, dass es aktuelle Umgangsstrategien bei den Schüler_innen damit gibt. Eine positive Veränderung ihrer Situation kann am ehesten durch eine entschleunigte, sorgfältig durchgeführte Unterstützung erfolgen.
- Das »Outen« von Betroffenen gegenüber Mitschüler_innen – im Unterschied zur selbstgewählten Thematisierung von Gewalterfahrungen – gehört ebenfalls zu den Reaktionen, die unbedingt zu vermeiden sind. Vielmehr ist es das vordringliche Ziel, den gewaltbetroffenen Jugendlichen die Entscheidungshoheit über mögliche weitere Schritte zu übertragen. Sollte dennoch – z.B. aufgrund von Kindeswohlgefährdung oder einer Team- bzw. Leitungsentscheidung – etwas ohne Zustimmung der Jugendlichen unternommen werden, sind diese zuvor darüber zu informieren. Nur so werden erneute Ohnmachtserfahrungen möglichst vermieden und kann das aufgebaute Vertrauensverhältnis weitestgehend gewahrt bleiben.
- Als allgemeiner Grundsatz kann außerdem festgehalten werden, dass gewaltbetroffene Jugendliche nicht nur Opfer sind, sondern zahlreiche weitere (Persönlichkeits-)Merkmale, Kompetenzen, Vorlieben und Lebenswirklichkeiten besitzen. Wenn sich Jugendliche nach einem (ersten) Ansprechen von Gewalterfahrungen erst einmal anderen Dingen zuwenden, kann dies als wichtige Alltagskompetenz verstanden und muss nicht unbedingt problematisiert werden. Auch hier können sich Teamende oder andere Pädagog_innen im Zweifelsfall mit einer Beratungsstelle besprechen, ob und wie gegebenenfalls noch einmal die Gewalterfahrung anzusprechen ist.

Diese pädagogischen Grundsätze verstehen wir als elementare Bausteine für verantwortliches pädagogisches Handeln. Gleichzeitig bleibt jedoch auch hier festzuhalten, dass ›Fehler‹ passieren können. Der Beratungsalltag einer Gewaltberatungsstelle und unsere Teamerfahrungen zeigen, dass gewaltbetroffene Jugendliche grundsätzlich ausgesprochen fehlerfreundlich mit Pädagog_innen umgehen, denen sie sich anvertraut haben. Ein gewisses Maß an Glaubwürdigkeit und eine Transparenz im Vorgehen sind wohl die Grundpfeiler, neben denen Pädagog_innen auch einmal planlos, rücksprachebedürftig oder kurzfristig überfordert sein dürfen.

3 Schlussfolgerungen für den schulischen Alltag

Gewalterfahrungen als Teil der Lebensrealität vieler Schüler_innen anzuerkennen (siehe Kap. 2.2), bedeutet festzustellen, dass Lehrkräfte alltäglich mit diesen Erfahrungen konfrontiert sind, zunächst einmal ungeachtet dessen, ob ihnen dies bewusst ist. In den letzten Jahren sind in Bezug auf die Bekämpfung von häuslicher und sexualisierter Gewalt einige spezielle Gesetze verabschiedet worden. Mit dem Gewaltschutzgesetz von 2002 wurde endgültig anerkannt, dass staatliche Institutionen auch in den familiären Alltag hinein agieren sollen, um Gewalt zu verhindern (vgl. Seith 2013: 76f.).[17] Spätestens mit dem neuen Bundeskinderschutzgesetz (2012)[18] werden außerdem auch Institutionen, in denen Kinder und Jugendliche sozialisiert werden, dazu aufgerufen, sich in puncto Gewaltprävention weiterzuentwickeln (vgl. u.a. Brockhaus/Kolshorn 2013: 74).

Beziehen wir unsere praktischen Erfahrungen der letzten Jahre auf den Arbeitsalltag von Lehrkräften, so können wir wertvolle Anregungen geben – ohne dabei die schon bestehende Arbeitsbelastung und Themenvielfalt im schulischen Alltag aus dem Blick zu verlieren.

Pädagogische Fachkräfte, die sich aufmachen, eine geschlechterreflektierende Pädagogik in den schulischen Alltag zu integrieren, sollten die Chance ergreifen und geschlechtsspezifische Gewalterfahrungen von Beginn an als einen Bestandteil von Teaching Gender begreifen und als solchen in der pädagogischen Arbeit behandeln. Zunächst können wir feststellen, dass es nicht zielführend ist, einzelne Methoden zu erlernen und der bisherigen Pädagogik hinzuzufügen, sondern es geht vielmehr darum, sich mit der Gewaltthematik im Allgemeinen auseinanderzusetzen und diese Beschäftigung in die eigene pädagogische Haltung zu integrieren (vgl. Silkenbeumer 2010: 38; Brockhaus 2008).

Für eine verantwortliche Pädagogik in diesem Zusammenhang ist es unserer Ansicht nach unumgänglich, dass alle Lehrkräfte über die regionalen Beratungsstellen und Unterstützungsansätze informiert sind und diese Informationen im Bedarfsfall an Schüler_innen weitergeben. Auch eine grundsätzliche Auseinandersetzung mit dem Ausmaß und den Folgen sexualisierter und häuslicher Gewalt ist wichtig. Wie gezeigt, ermöglichen ein solcher Input und die Reflexion der damit einhergehenden Beklemmungen, den ›Schrecken‹ des Themas zu vertreiben und sich der eigenen pädagogischen Kompetenzen auch in diesem Rahmen bewusst zu werden.

Befürchtungen von Pädagog_innen sind immer auch wichtige Gradmesser z.B. für Arbeitsüberlastungen oder Fortbildungsbedarfe und sollten deshalb nicht vorschnell vom Tisch gewischt werden. Gleichzeitig zeigen unsere Erfahrungen, dass sich der Großteil der Befürchtungen, Gefahrenprognosen und Hemmungen durch eine zeitlich nicht sehr aufwendige Beschäftigung mit dem Thema Gewalt auflösen lässt. Erste Schritte können hier schon das Kontaktieren der örtlichen Be-

---

17 | Informationen zum Gewaltschutzgesetz finden sich auf der Homepage des Bundesministeriums für Familie, Senioren, Frauen und Jugend (www.bmfsfj.de/BMFSFJ/gesetze,did=72358.html, eingesehen am: 19.07.2014).

18 | Informationen zum Bundeskinderschutzgesetz finden sich auf der Homepage des Bundesministeriums für Familie, Senioren, Frauen und Jugend (www.bmfsfj.de/BMFSFJ/kinder-und-jugend,did=119832.html, eingesehen am: 19.07.2014).

ratungsstelle sein und das Einladen einer Fachkraft aus der Gewaltberatung oder Gewaltprävention in eine der Teamsitzungen der Lehrkräfte. Auf Seiten der Pädagog_innen führt dieser Prozess dazu, dass sie sich sicherer im pädagogischen Kontakt zu den ihnen anvertrauten Schüler_innen fühlen und sie verantwortlicher mit der Gewaltthematik umgehen können. Auf Seiten gewaltbetroffener Schüler_innen besteht durch eine Integration der Gewaltthematik in die (geschlechterreflektierende) pädagogische Arbeit die Chance, dass sich diese in ihrer belastenden Lebensrealität anerkannt fühlen, dass also ihre individuellen Erfahrungen einen Platz in der Institution Schule haben. Dem sehr häufigen Erleben, »anders als alle anderen« und »fehl am Platz« zu sein, oder auch einem grundsätzlichen Nicht-verstanden-Werden kann damit Wertvolles entgegengesetzt werden.

Sollten Lehrkräfte oder Schulleitungen gewissermaßen noch einen Schritt weiter gehen wollen, empfiehlt es sich, externe kurzzeitpädagogische Fachkräfte zu den Themen Geschlecht und Gewalt an die Schule einzuladen.

4 Aus der Praxis in der Schule – Ablaufplan

Für einen Einblick in unsere konkrete Arbeit zum Thema Geschlecht und Gewalt stellen wir abschließend einen Ablaufplan für ein dreitägiges Seminar in einer 10. Klasse mit 25 Schüler_innen vor.[19] Das Seminar wurde von einer Lehrerin in Absprache mit ihrer Klasse bei *GerdA Gender* angefragt und fand innerhalb der regulären Schulzeit zum Ende des Schuljahres statt. Das dargestellte Tagesprogramm bezieht sich jeweils auf fünf Zeitstunden. Die in den Anführungszeichen aufgeführten verwendeten Methoden sind in Autor_innenkollektiv/DGB-Jugend Niedersachsen – Bremen – Sachsen-Anhalt (2011) detailliert beschrieben.

Tag 1: Bedeutungen von Geschlecht, Geschlechterstereotypen, Männlichkeiten/Weiblichkeiten

- Ankommen, Begrüßung, Tagesplan, Namen lernen, Kennenlernen, Einteilung in geschlechtshomogene Gruppen
- Sensibilisierung für die Relevanz von Geschlecht: »Meinungsbarometer«
- Auflockerungsspiel mit Bewegung: »Ähm«
- Reflexion über Assoziationen zu Männlichkeiten und Weiblichkeiten: »Bildhauen«
- Analyse von Geschlechternormen, Privilegien und Benachteiligungen: »Was ist gut daran, ein Mädchen/Junge zu sein?«
- Tagesauswertung

Mit diesem Tag wird das Ziel verfolgt, über die Relevanz von Geschlecht und Geschlechterstereotypen zu reflektieren. In Schutzräumen kann schließlich Sexismus bzw. Hierarchien unter Jungen thematisiert werden.

---

19 | Übungen zur Sexualpädagogik, tendenziell für jüngere Schüler_innen, finden sich auch bei Aebi/Axster in diesem Buch sowie in Tuider/Müller/Timmermanns/Bruns-Bachmann/Koppermann (2012).

Tag 2: Vorstellungen von Beziehung, Liebe, Freundschaft, Sexualität

- Begrüßung, Tagesplan, Nachbereitung des Vortages
- Auflockerungsspiel mit Bewegung: »Kissenrennen«
- Einstieg ins Thema Beziehungen: Film *Verknallt und so* (D 2007)
- Herausfinden, Benennen und Reflektieren der eigenen Wünsche/Ansprüche an eine Beziehung: »Beziehungsbörse«
- Diskussion über die Entstehung von Liebe/Beziehung: »Und wann ist es Liebe?«
- Auflockerungsspiel: »Alle, die«
- Austausch über vielfältige Vorstellungen von Liebe, Freundschaft und Sexualität: »Opoly«
- Tagesauswertung

In den verschiedenen hier aufgeführten Methoden hat die Sprachlosigkeit bei dem Thema Sexualität genauso Platz wie die Neugier oder bereits gemachte Erfahrungen. Ziel ist es, auf patriarchale Gesellschaftsstrukturen zu verweisen, die Beziehungen durchziehen, als auch vielfältige Formen von Sexualität und Beziehungen aufzuzeigen.

Tag 3: Wahrnehmung und Akzeptanz individueller Grenzen, Grenzsetzung

- Begrüßung, Tagesplan, Nachbereitung des Vortags
- Auflockerungsspiel: »Schafstall«
- Sensibilisierung für und Thematisierung von Gewalt in Beziehungen: »Wie weit würdest du gehen?«
- Kurzbesuch in der Kinder- und Jugendberatungsstelle *phoenix*
- Beschäftigung mit dem Wahrnehmen und Setzen von Grenzen: »High Noon«
- Mädchengruppe: Einsatz der Stimme stärken (»Schreikreis, Schreimauer«); Jungengruppe: Wahrnehmung der eigenen Grenzen und der Grenzen anderer stärken (»Wohlfühlgrenzen«)
- Gegenseitige Wertschätzung fördern: »Warmer Rücken«
- Feedback, »Abschlussrakete«

Am letzten Tag ist der Besuch der Gewaltberatungsstelle ein wichtiger Baustein. Der Fokus der Mädchenarbeit an diesem Tag liegt auf dem Erkennen und Setzen von Grenzen. In der Jungenarbeit wird das Ziel verfolgt, die Grenzen von anderen wahrzunehmen und beispielsweise Wegsehen oder Schweigen als mögliche Grenzsetzung zu erkennen. Die Methoden zu Grenzen sind durch die vorherige Thematisierung von Gewalt sehr ergiebig.

LITERATUR

Autor_innenkollektiv/DGB-Jugend Niedersachsen/Bremen/Sachsen-Anhalt (Hg.), 2011: Geschlechterreflektierende Bildungsarbeit – (k)eine Anleitung. Haltungen – Hintergründe – Methoden. Hannover: Autor_innenkollektiv/DGB-Jugend Niedersachsen/Bremen/Sachsen-Anhalt.

Bausum, Jacob/Besser, Lutz/Kühn, Martin/Weiß, Wilma (Hg.), 2009: Traumapädagogik. Grundlagen, Arbeitsfelder und Methoden für die pädagogische Praxis. Weinheim: Juventa.

Blattmann, Sonja, 2007: Mein erstes Haus war Mamis Bauch. Eine Geburtstagsgeschichte mit Liedern für Mädchen und Jungen. Köln: Mebes und Noack.

Blattmann, Sonja/Hansen, Christine, 2008: Ich bin doch keine Zuckermaus. Neinsagegeschichten und Lieder. Köln: Mebes und Noack.

Brockhaus, Ulrike, 2008: Die Kunst, kleine Brötchen zu backen. Inhalte, Methoden und Strategien der Präventionsarbeit zu häuslicher Gewalt mit Mädchen und Jungen. In: Landespräventionsrat Niedersachsen (LPR) (Hg.): Betrifft: Häusliche Gewalt. Perspektiven für die Prävention. Ein Handbuch für Fachkräfte in Schulen, sozialen Diensten, Frauenunterstützungseinrichtungen, Polizei und Justiz. Hannover: LPR, 109-121. [www.lpr.niedersachsen.de/Landespraeventionsrat/Module/Publikationen/Dokumente/Perspektiven-fuer-die-Praevention_F229.pdf, eingesehen am: 09.09.2014]

Brockhaus, Ulrike/Kolshorn, Maren, 2013: Eckpunkte der Prävention sexualisierter Gewalt in pädagogischen Einrichtungen. In: Landesstelle Jugendschutz Niedersachsen (LJN) (Hg.): Grenzverletzungen. Sexuelle Übergriffe unter Jugendlichen. Hannover: LJN, 68-77.

Bundesarbeitsgemeinschaft der Kinderschutz-Zentren e.V., 2011: Sexuelle Gewalt an Kindern und Jugendlichen in Institutionen. Köln: Bundesarbeitsgemeinschaft der Kinderschutz-Zentren e.V.

Bundesministeriums für Familie, Senioren, Frauen und Jugend: Informationen zum Gewaltschutzgesetz. [www.bmfsfj.de/BMFSFJ/gesetze,did=72358.html, eingesehen am: 19.07.2014].

Bundesministeriums für Familie, Senioren, Frauen und Jugend: Informationen zum Bundeskinderschutzgesetz. [www.bmfsfj.de/BMFSFJ/kinder-und-jugend, did=119832.html, eingesehen am: 19.07.2014]

Enders, Ursula, 2011: Zart war ich, bitter war's. Handbuch gegen sexuellen Missbrauch. 4. Auflage. Köln: Kiepenheuer und Witsch.

Fegert, Jörg M./Wolff, Mechthild (Hg.), 2006: Sexueller Missbrauch durch Professionelle in Institutionen. Prävention und Interventionen – ein Werkbuch. Weinheim: Juventa.

Fobian, Clemens/Ulfers, Rainer, 2013: Jungen als Opfer. Spezifische Problemlagen bei der Aufdeckung, Hilfesuche und Verarbeitung. In: Landesstelle Jugendschutz Niedersachsen (LJN) (Hg.): Grenzverletzungen. Sexuelle Übergriffe unter Jugendlichen. Hannover: LJN, 52-58.

Fritzsche, Bettina (Hg.), 2001: Dekonstruktive Pädagogik. Erziehungswissenschaftliche Debatten unter poststrukturalistischen Perspektiven. Opladen: Leske + Budrich.

Geisler, Dagmar, 2005: Das bin ich – von Kopf bis Fuß. Selbstvertrauen und Aufklärung für Kinder ab 7. Bindlach: Loewe.

Hantke, Lydia/Görges Hans J., 2012: Handbuch Traumakompetenz. Basiswissen für Therapie, Beratung und Pädagogik. Paderborn: Junfermann.

Heimvolkshochschule Alte Molkerei Frille, 1988: Geschlechtsspezifische Bildungsarbeit für Jungen und Mädchen. Abschlußbericht des Modellprojekts »Was Hänschen nicht lernt, ... verändert Clara nimmer mehr!«. Petershagen: Heimvolkshochschule Alte Molkerei Frille.

Kavemann, Barbara, 2013: Häusliche Gewalt gegen die Mutter und die Situation der Töchter und Söhne. Ergebnisse deutscher Untersuchungen. In: Kavemann, Barbara/Kreyssig, Ulrike (Hg.): Handbuch Kinder und häusliche Gewalt. 3. Auflage. Wiesbaden: VS, 15-26.

Kavemann, Barbara/Kreyssig, Ulrike, 2013, (Hg.): Handbuch Kinder und häusliche Gewalt. 3. Auflage. Wiesbaden: VS.

Kinderschutz-Zentrum Berlin, 2009: Kindeswohlgefährdung – Erkennen und Helfen. 11. überarbeitete Auflage. Berlin: Kinderschutz-Zentrum Berlin e.V. [www.kinderschutz-zentrum-berlin.de/download/Kindeswohlgefaehrdung_Aufl11b.pdf, eingesehen am: 19.07.2014]

Kindler, Heinz, 2013: Partnerschaftsgewalt und Beeinträchtigungen kindlicher Entwicklung. Ein aktualisierter Forschungsüberblick. In: Kavemann, Barbara/Kreyssig, Ulrike (Hg.): Handbuch Kinder und häusliche Gewalt. 3. Auflage. Wiesbaden: VS, 27-47.

Köberlein, Luzia, 2008: Grundlegende Informationen sowie Anregungen und Empfehlungen für PraktikerInnen. In: Der Paritätische Landesverband Baden-Württemberg (Hg.): Bildungsmaßnahmen zur Prävention häuslicher Gewalt und zur Unterstützung von Gewaltopfern. Ein Arbeitspaket für Schulen sowie Dienste und Einrichtungen der Jugendhilfe, der Kriminalprävention und des Gewaltschutzes. Stuttgart: Der Paritätische Landesverband Baden-Württemberg. [www.empowering-youth.de/produkte.html, eingesehen am: 27.09.2013]

Krahé, Barbara/Scheinberger-Olwig, Renate, 2002: Sexuelle Aggression. Verbreitungsgrad und Risikofaktoren bei Jugendlichen und jungen Erwachsenen. Göttingen: Hogrefe.

Kreul, Holde, 2003: Mein erstes Aufklärungsbuch. Aufklärung für Kinder ab 5. Bindlach: Loewe.

Krüger, Andrea, 2011: Powerbook. Erste Hilfe für die Seele: Trauma-Selbsthilfe für junge Menschen. Hamburg: Elbe & Krüger.

Lorber, Judith, 1999: Gender-Paradoxien. Opladen: Leske + Budrich.

Plößler, Melanie, 2005: Dekonstruktion – Feminismus – Pädagogik. Vermittlungsansätze zwischen Theorie und Praxis. Königstein/T.: Helmer.

Rau, Thea/Fegert, Jörg M./Rehmann, Peter/Allroggen, Marc, 2013: Sexuelle Gewalt an Schulen. In: KJuG – Zeitschrift für Kinder- und Jugendschutz. 58. Jg. H.1, 20-24.

Schröder, Achim, 2008: Geschlecht und Gewalt. Zur Relevanz von Gender in Verfahren zur Gewaltprävention. In: deutsche jugend. 56. Jg. H. 12, 521-539.

Seith, Corinna, 2013: »Weil sie dann etwas Falsches tun«. Zur Rolle von Schule und Verwandten für von häuslicher Gewalt betroffene Kinder aus Sicht von 9- bis 17-Jährigen. In: Kavemann, Barbara/Kreyssig, Ulrike (Hg.): Handbuch Kinder und häusliche Gewalt. 3. Auflage. Wiesbaden: VS, 76-94.

Silkenbeumer, Mirja, 2010: Gewalt und Geschlecht in der Schule. Analysen, Positionen, Praxishilfen. Unter Mitarbeit von Raquel Vazques Perez. Im Auftrag der Max-Traeger-Stiftung, herausgegeben von der Gewerkschaft Erziehung und Wissenschaft (GEW). Frankfurt a.M.: GEW. [www.gew.de/Binaries/Binary66990/GewGesch_Schule_4.pdf, eingesehen am: 09.09.2014]

Stövesand, Sabine, 2005: Gewalt und Macht im Geschlechterverhältnis. In: Widersprüche. 25. Jg. H. 1 (=H. 95), 45-60. [www.widersprueche-zeitschrift.de/article1302.html, eingesehen am: 08.08.2014]

Tuider, Elisabeth/Müller, Mario/Timmermanns, Stefan/Bruns-Bachmann, Petra/Koppermann, Carola, 2012: Sexualpädagogik der Vielfalt. Praxismethoden zu Identität, Beziehungen, Körper und Prävention für Schule und Jugendarbeit. 2. überarbeitete Auflage. Weinheim: Juventa.

Van der Doef, Sanderijn/Latour, Marian, 2007: Wie ist das mit der Liebe? Fragen und Antworten zur Aufklärung für Kinder ab 9. Bindlach: Loewe.

UNTERSTÜTZENDE MATERIALIEN FÜR DEN UNTERRICHT: ARBEITSMATERIALIEN, FILM UND AUSSTELLUNGEN

Autor_innenkollektiv/DGB-Jugend Niedersachsen/Bremen/Sachsen-Anhalt (Hg.), 2011: Geschlechterreflektierende Bildungsarbeit – (k)eine Anleitung. Haltungen – Hintergründe – Methoden. Hannover: Autor_innenkollektiv/DGB-Jugend Niedersachsen/Bremen/Sachsen-Anhalt.

Der Paritätische Landesverband Baden-Württemberg (Hg.), 2008: »Sprich mit mir«. Bildungsmaßnahmen zur Prävention häuslicher Gewalt und zur Unterstützung von Gewaltopfern. Ein Arbeitspaket für Schulen sowie Dienste und Einrichtungen der Jugendhilfe, der Kriminalprävention und des Gewaltschutzes. Stuttgart: Der Paritätische Landesverband Baden-Württemberg. [www.empowering-youth.de/produkte.html, eingesehen am: 27.09.2013]

Petze Institut für Gewaltprävention: Allgemeine Arbeitsmaterialien für den Unterricht. [www.petze-kiel.de/material.htm, eingesehen am: 30.10.2014]

Petze Institut für Gewaltprävention: »Echt Fair!« Die interaktive Ausstellung für Kinder und Jugendliche zur Gewaltprävention. [www.petze-kiel.de/fair.htm, eingesehen am: 30.10.2014]

Petze Institut für Gewaltprävention: »Echt Klasse!« Ja zum Nein. Spielstationen zum Starksein. Eine Wanderausstellung für Grundschulen. [www.petze-kiel.de/klasse.htm, eingesehen am: 30.10.2014]

Petze Institut für Gewaltprävention: »Echt stark!« Mut-mach-Stationen zur Prävention von sexuellem Missbrauch. Wanderausstellung für Förderschulen und Förderzentren. [www.petze-kiel.de/stark.htm, eingesehen am: 30.10.2014]

Verknallt und so (D 2007, Medienprojekt Wuppertal), Teil der DVD *Lust auf Frust 1* des Medienprojektes Wuppertal (D 2007)

»Ach, so ist das?!«
Ein Antidiskriminierungsprojekt zu LSBTI* auch für die Schule

Christine Burmann, Martina Schradi

»Ach, so ist das?!« – unter diesem Motto sammelt Comiczeichnerin Martina Schradi wahre Geschichten von LSBTI*[1] und zeichnet daraus biografische Comicreportagen. Das Vorhaben ist in ein Antidiskriminierungsprojekt zu LSBTI* eingebunden und wurde 2013 und 2014 vom Bundesministerium für Familie, Senioren, Frauen und Jugend innerhalb des Programms »Toleranz fördern – Kompetenz stärken« und 2014 von der Hannchen-Mehrzweck-Stiftung gefördert (vgl. Bürgermeisteramt/Menschenrechtsbüro Stadt Nürnberg 2013, 2014; Hannchen-Mehrzweck-Stiftung 2014). 2014 wurde das Projekt mit dem Michael-Schmidpeter-Preis[2] ausgezeichnet (vgl. lambda::bayern 2014).

Abb. 1: »Ach, so ist das?!« – Biografische Comicreportagen von LSBTI*

---

1 | Abkürzung für Lesben, Schwule, Bisexuelle, Transgender, Transidente und Intersexuelle. Das * Sternchen steht für die Menschen, die sich keiner der genannten Gruppen zugehörig fühlen und hier auch sichtbar sein wollen.
2 | Mehr Informationen zu dem Preis finden sich unter www.schmidpeter-preis.de (eingesehen am: 10.11.2014).

Mithilfe der Comics sollen Menschen die Gelegenheit bekommen, sich auf niederschwellige Weise mit dem Thema LSBTI* auseinanderzusetzen, eigene Vorurteile infrage zu stellen und gegebenenfalls zu ändern.[3]

Im Folgenden wird zunächst gezeigt, dass und wie LSBTI* im deutschsprachigen Raum immer noch diskriminiert werden (Kap. 1). Kapitel 2 bietet einen Einstieg in den theoretischen Hintergrund zum Projekt: Warum und wie werden mit Hilfe von Geschichten und Bildern Wissen und Werte vermittelt? Anschließend wird ein Überblick über die Inhalte der biografischen Comicreportagen sowie über die Herangehensweise bei deren Erstellung gegeben (Kap. 3). In Kapitel 4 wird das parallel entwickelte Schulprojekt in Inhalt und Methode genauer vorgestellt; es umfasst zwei Module – Klassenworkshops (Kap. 4.1) und Fortbildungen für Lehrkräfte und Multiplikator_innen (Kap. 4.2). Eine Übung wird im Anschluss detailliert beschrieben (Kap. 4.3). In einer zusammenfassenden Einschätzung zu Wirkung und Bedeutung des Projekts wird abschließend eine Einbettung in aktuelle gesellschaftliche und politische Diskurse vorgenommen (Kap. 5).

1 Diskriminierung von LSBTI*: Allgemeine Lage, mögliche Ursachen und Ansätze zur Intervention

Nach wie vor sind auch im deutschsprachigen Raum LSBTI* struktureller oder individueller Diskriminierung ausgesetzt, sei es am Arbeitsplatz, im Gesundheitswesen, in den Kirchen, im öffentlichen oder privaten Umfeld – und vor allem auch in der Schule (für einen Überblick siehe FRA 2014).

Abb. 2: Tina, eine der Comic-Held_innen von »Ach, so ist das?!«

---

3 | Eine ausführliche Beschreibung des Projekts findet sich auf der Webseite www.achsoistdas.com (eingesehen am: 10.11.2014).

Eine Online-Umfrage der Agentur der Europäischen Union für Grundrechte (FRA) ermittelte auch 2013 für Deutschland besorgniserregende Daten: Knapp die Hälfte (46%) der befragten LSBTI* fühlte sich in Deutschland im letzten Jahr diskriminiert, mehr als ein Drittel (68%) hat ihre sexuelle Identität oft oder immer während der Schulzeit versteckt (vgl. FRA 2014: 12-14, 19-22). Nur 4% der gleichgeschlechtlichen Paare wagen es, sich händchenhaltend in der Öffentlichkeit zu bewegen, während dies umgekehrt 68% der heterosexuellen Paare tun. Eine aktuelle Studie an Berliner Schulen bestätigt diese Zahlen: Beschimpfungen wie »Kampflesbe« oder »scheiß Schwuchtel« sind neben »Opfer« und »Spast« auf vielen Schulhöfen und in Klassenzimmern allgegenwärtig, und mehr als die Hälfte der Lehrkräfte greift nicht ein, wenn schlecht über Schwule oder Lesben geredet wird (vgl. Schack 2010). Erschreckend auch das Suizidrisiko von Jugendlichen, wenn sie nicht heterosexuell sind: Dies liegt bei LSBTI* etwa vier Mal höher (FRA 2014: 12-14, 19-22).

Abb. 3: Der Auszug aus dem Comic von Tina zeigt einprägsam, wie gnadenlos homophob es an Schulen zuweilen zugeht.

Die Zahlen verdeutlichen: Es ist unabdingbar, insbesondere in Schulen ein sicheres Lernumfeld für alle Beteiligten zu schaffen, gleich welches Vielfaltsmerkmal sie besitzen. Auf individueller Ebene bilden Unkenntnis und Vorurteile den Nährboden für Ausgrenzung, Benachteiligung und Diskriminierung – eine Ursache dafür ist die Nicht-Sichtbarkeit von LSBTI* in der Gesellschaft.

Das Projekt »Ach, so ist das?!« soll einen Beitrag dazu leisten, dies zu ändern. Mithilfe der Comicreportagen sollen Identität, Lebensweise, Erlebnisse und Erfahrungen von LSBTI* sichtbar und begreifbar gemacht werden (vgl. Schradi 2014a). Denn aus der Antidiskriminierungsforschung ist bekannt: Wenn Menschen Vertreter_innen einer Minderheitsgesellschaft (z.B. LSBTI*) persönlich kennenlernen oder sich mit ihrem Leben, ihrer »Geschichte« auseinandersetzen, kann dies dazu beitragen, Vorurteile abzubauen (siehe z.B. Burmann 2013).

2 BIOGRAFISCHE COMICREPORTAGEN: MIT BILDERGESCHICHTEN WISSEN UND WERTE VERMITTELN

Geschichten erzählen ist die älteste Methode überhaupt, wenn es darum geht, kulturell bedeutsame Themen, Wissen und Erfahrungen weiterzugeben. Die Antriebsfeder des Erzählens ist die Lust auf Geschichten, die Menschen von klein auf gemein haben: Seit jeher beschäftigen wir uns gerne mit unterhaltsamen oder spannenden Erzählungen (vgl. Thissen 2008), sei es, dass wir sie uns anhören, sei es, dass wir sie selbst erzählen. Geschichten zu erfassen und weiterzugeben hat sich inzwischen auch als Methode bewährt, um Informationen, Wissen und Werte zielgerichtet zu vermitteln, z.B. in der historischen Erinnerungsarbeit oder in der (schul-)pädagogischen Arbeit.

Der Nutzen dieses Ansatzes ist vielseitig: Schwer zugängliche, auch persönliche Themen können einfacher erfasst und vermittelt werden; komplexe Sachverhalte können auf nachvollziehbare Weise dargestellt werden. Geschichten bleiben länger im Gedächtnis haften als nüchterne Daten und Fakten, sie sind authentisch, bieten Anknüpfungspunkte an die Welt der Rezipient_innen und bieten ihnen Held_innen, mit denen sie sich identifizieren können (für einen Überblick siehe Schradi 2008; Schradi/Burmann 2014).

Comics bieten unter diesen Gesichtspunkten noch weit mehr als rein textuelle Informationen: Bilder generell machen neugierig, ziehen die Aufmerksamkeit auf sich und können stärker motivieren, sich mit einem Thema auseinanderzusetzen. Bilder können noch stärker als reiner Text bei den Rezipient_innen Erinnerungen wecken und Gefühle auslösen, da sie an selbst Erlebtes anknüpfen (vgl. Norman 2004; Peeck 1994). Vor allem die Darstellung von Menschen im Allgemeinen führt dazu, dass sich die Rezipient_innen mit dem Thema und den Geschehnissen in der Geschichte identifizieren (vgl. Norman 2004; für einen Überblick auch Schradi 2008).

Abb. 4: Sasha aus »Ach so ist das?!« ist intersexuell und schildert Ängste und Wünsche, die damit zusammenhängen. Leser_innen können sich mit einer solchen Figur identifizieren.

Bei Comics können zudem zahlreiche rhetorische Mittel und Darstellungsmöglichkeiten eingesetzt werden, die ein Thema interessanter, zugänglicher und ›leichter verdaulich‹ machen. Beispiele dafür sind Vereinfachung, Übertreibung, Metaphern, Einsatz von Humor und Satire.

Abb. 5: Ein weiterer Auszug aus Tinas Geschichte. Ein Schüler konfrontiert sie mit dem Gerücht – er brüllt es geradezu heraus. Dies ist ein Beispiel für übertriebene Darstellung: In Wirklichkeit hat der Junge natürlich nicht so laut herumgebrüllt, sondern in normaler Lautstärke mit Tina gesprochen. Durch die Übertreibung kann deutlicher gezeigt werden, wie beschämend und angstbesetzt ein Fremd-Outing sein kann.

Diese Vorteile lassen sich für junge Menschen besonders gut nutzen, wenn es darum geht, sie für ein Thema zu interessieren, welches ihnen langweilig oder fremd erscheint, Berührungsängste auslöst oder mit Widerstand gekoppelt ist. Beim Thema LSBTI* geht es explizit um sexuelle Orientierung und/oder Geschlechtsidentität; dies kann gerade für Jugendliche, die sich selbst noch auf der Suche nach einer eigenen Identität bezüglich dieser Fragen befinden, peinlich oder tabuisiert sein. Gerade hier sind Comics als niederschwellige Erzählform besonders geeignet. »Ach, so ist das?!« wurde daher als Antidiskriminierungsprojekt zwar nicht nur, aber eben besonders für Schüler_innen konzipiert.

3 »Ach, so ist das?!« – Inhalt und Methode der biografischen Comicreportagen

In dem Projekt wurden über 20 Geschichten von LSBTI*-Personen gesammelt und dann als kurze, ein- bis dreiseitige Comics umgesetzt. Bei der Auswahl der Geschichten versuchte das Team um Martina Schradi, zentrale Themen der LSBTI*-Welt möglichst verständlich darzustellen, ohne einen Anspruch auf Vollständigkeit und komplette Repräsentativität zu erheben. Als zentrale Themen kristallisierten sich bei den zu ihrer Lebensgeschichte Befragten folgende heraus:

- Wie gestalte ich mein Coming-out – vor mir und vor anderen?
- Wie reagieren Eltern, Freund_innen, Kolleg_innen auf mein Coming-out?
- Was bedeutet (sexuelle, geschlechtliche) Identität für mich?
- Wie möchte ich Freundschaften, Liebesbeziehungen oder Familie gestalten?
- Wie und von wem werde ich diskriminiert und was macht das mit mir?

Die Geschichten wurden anonym, aber möglichst in enger Zusammenarbeit und Abstimmung mit der jeweiligen befragten Person erfasst, entwickelt und als Comics umgesetzt, um authentisch und lebensnah erzählen zu können (vgl. Schradi 2014a).

Die folgende Auswahl gibt einen Einblick in einzelne Geschichten:

- Tina, 22: »Als Homo in der Schule? Echt keine leichte Sache!« Tina blickt zurück auf ihre Schulzeit. In ihrer Klasse »ging's richtig hart zu«. »Schwuchtel«, »du bist so schwul, ey« und »Lesbe« waren als Schimpfwörter gang und gäbe. Eigentlich wollte sie sich da nie als lesbisches Mädchen outen, aber irgendwann kam es dann doch raus ...
- Robert, 32, Jenny, 30, und Lukas, 4 1/2: »In jungen Jahren spielt das Geschlecht noch gar keine große Rolle!« Lukas ist ein Junge, der rosa liebt, worin ihn seine Eltern voll unterstützen. Allerdings stoßen sie immer wieder an Grenzen in der Gesellschaft, wie z.B. wenn sie für ihren Sohn Schuhe kaufen wollen ...
- Toby, 26: »Schwul und taub – ich lebe in einer zweigeteilten Welt!« Tobys Geschichte ist ein wunderbares Beispiel dafür, wie unterstützend Liebe und Freundschaft wirken und das Leben in seiner zweigeteilten Welt lebbar machen können.
- Sasha, 26: »Ich bin ein Mensch und will so gemocht werden, wie ich bin!« Sasha macht sich ständig Gedanken darüber, wie andere auf die Intersexualität reagieren könnten, und schildert Ängste, Wünsche und Hoffnungen, die damit verbunden sind.
- Johanna, Britta, Bernie und Shaya: »Wir sind Familie!« Diese lustige Schilderung aus Sicht der fünfjährigen Shaya zeigt, wie glücklich eine Regenbogenfamilie sein kann.

Eine Auswahl der Comics wurde zur Ansicht veröffentlicht auf der Projektwebseite www.achsoistdas.com, alle Comics in dem Buch *Ach, so ist das?!* (Schradi 2014b). Zudem wurden die Comics in Form von DIN-A4-Postern gedruckt. Zusammen mit Informationen zum Projekt, einem Glossar mit den wichtigsten Begriffen zum Thema LSBTI*, die in den Comics vorkommen, sowie Informationen über die gegenwärtige Situation von LSBTI* im deutschsprachigen Raum bilden sie die Wanderausstellung »Ach, so ist das?!«, die für einen Unkostenbeitrag zu erwerben ist.[4]

Abb. 6: Drei Poster aus der Wanderausstellung

---

4 | Die z.Zt. 18 farbig gestalteten A1-Poster werden durch den Unkostenbeitrag dauerhaft erworben und können somit wiederholt eingesetzt werden.

4 »Ach, so ist das?!« – Das Schulprojekt

Begleitend zur Wanderausstellung wurde von einem Team aus Pädagog_innen, Antidiskriminierungsexpert_innen und Politikwissenschaftler_innen pädagogisches Material für Lehrkräfte, Mulitplikator_innen sowie Schüler_innen entwickelt.

Inhaltlich werden neben der Arbeit mit den Comics erfahrungsorientierte Übungen und Rollenspiele zum Themenbereich Diskriminierung durchgeführt. So können unterschiedliche Ebenen von Diskriminierung, wie die institutionelle, strukturelle und individuelle Ebene, oder die Wirkung von Vorurteilen bewusst gemacht werden. Eine Auseinandersetzung mit den rechtlichen Grundlagen, die jegliche Form von Diskriminierung verbieten, erfolgt ebenfalls anhand von Übungen. Abschließend werden Handlungsstrategien gegen Diskriminierung erarbeitet und mitgebrachte Fragen beantwortet. Die Ziele des Projekts sind im Überblick:

- Sensibilisierung und Vermittlung von Wissen über LSBTI*
- Vermittlung von Wissen über Mechanismen und Wirkungen von Vorurteilen und Diskriminierung
- Vermittlung von Wissen über rechtliche Schutzmechanismen
- Erarbeitung von Handlungsstrategien für ein respektvolles Miteinander

Das Schulprojekt umfasst zwei Module – Klassenworkshops und Fortbildungen – die im Folgenden dargestellt werden.

4.1 Klassenworkshops

Für Schulklassen können Workshops mit einer Länge von 90 oder 180 Minuten gebucht werden. Hier steht neben der Arbeit mit den Comics, erfahrungsorientierten Übungen und einem Input zu Handlungsmöglichkeiten bei Diskriminierung insbesondere das biografische Erzählen im Vordergrund. Erfahrungsgemäß haben Jugendliche zahlreiche Fragen in die Workshops mitgebracht, welche die LSBTI*-Teamer_innen beantworten; dabei können Fragen aber auch abgelehnt werden.

Lehrkräfte der Schule dürfen an diesen Klassenworkshops nicht teilnehmen; dies garantiert eine offenere Atmosphäre zwischen den externen Teamer_innen und den Schüler_innen.

Die Fragen der Schüler_innen drehen sich erfahrungsgemäß in den meisten Fällen darum, wie man es merkt, LSBTI* zu sein, wie und wo man andere LSBTI* kennenlernen kann, wie Freund_innen und/oder Eltern reagiert haben, welche Erfahrungen man selbst damit macht, was man sich wünschen würde.

4.2 Fortbildungen

Für Lehrkräfte und Multiplikator_innen ist es möglich, Halbtagesworkshops à 3 Stunden zu buchen oder einen Ganztagesworkshop.

Neben der reinen Informationsvermittlung über Studien zum Lebensalltag und zu den Hürden für LSBTI*, zur Antidiskriminierungsarbeit, hier insbesondere zu aktivem Eingreifen bei Mobbing und Diskriminierung, bietet sich auch bei Lehrkräften und Multiplikator_innen der Einsatz von erfahrungsorientierten Übungen an. Über Rollenspiele können Lehrer_innen, wie Schüler_innen, quasi »in die Haut von LSBTI* schlüpfen« und ganz persönlich erfahren, wie dies für ihr Umfeld wäre, auf welche Bewertungen sie stoßen würden, wie sie damit umgehen, wer unterstützen würde bzw. welche Unterstützung sie sich wünschen würden und so fort.

Im Bereich der Multiplikator_innen und Lehrer_innen ist eine Sensibilisierung für mögliche Problemstellungen essenziell, da sie eine wichtige Bezugsperson für die Schüler_innen sein können.

Erfahrungen aus dem Beratungsalltag von schulpsychologischen Stellen bestätigen fast durchgängig die Ergebnisse der in Kapitel 1 genannten Studien und berichten von Leistungsabfall im Unterricht sowie einem erhöhten Suizidrisiko von LSBTI*-Jugendlichen, verursacht durch die Erfahrungen von Ausgrenzung und Hänseleien. Lehrkräfte können hier mit begleitenden Hilfestellungen oder einem einfachen Thematisieren von LSBTI* im Unterrichtsalltag eine entscheidende Stütze sein.

Darüber hinaus ist es grundsätzlich Aufgabe der Schulen, ein sicheres Lernumfeld zu schaffen, welches es den Kindern und Jugendlichen ermöglicht, gleich welches Vielfaltsmerkmal sie besitzen, gleich welche Hürden und Barrieren sie empfinden, gesichert und in wertschätzender Atmosphäre am Unterricht teilhaben zu können.

Aber nicht nur eine Sensibilität gegenüber den Schüler_innen ist angezeigt, sondern auch gegenüber den Kolleg_innen. Nach der Studie von Ulrich Klocke (2012) outen sich mehr als die Hälfte der Lehrkräfte aus Angst vor Ablehnung nicht in ihrem Kolleg_innenkreis, geschweige denn in ihren Klassen. Problematisch ist hierbei, wie in allen Arbeitskontexten, dass ein großer Teil der Energie darauf verwendet werden muss, das eigene Privatleben zu verheimlichen. Diese Situation verschärft sich zusätzlich in Krisenzeiten, bei Trennungen, bei Verlust des Partners oder der Partnerin etc. Durch das Verschweigen verlieren LSBTI*-Lehrkräfte auch die Möglichkeit einer Unterstützung oder Solidarität durch ihre Kolleg_innen oder die Schulleitung.

Für die Weiterarbeit in den Schulen erhalten die an den Fortbildungen Teilnehmenden des Weiteren Arbeitsblätterbeispiele u.a. für die Fächer Wirtschaft und Recht, Religion, Ethik, Deutsch und Englisch. Anhand dieser Beispiele sollen Lehrkräfte ermutigt werden, auch für andere Fächer eigene Arbeitsmaterialien zu erstellen.

Für Schulen bietet sich zudem die Erstellung eines Leitbilds an, welches jegliche Form von Diskriminierung ächtet. Die Studie von Klocke (2012: 87-96) an Berliner Schulen hat eine deutlich positivere Einstellung zu LSBTI* sowie ein solidarischeres Verhalten aufgezeigt, wenn Schulen ein Leitbild hatten, welches explizit Diskriminierung und Mobbing untersagte. Dieses deckt sich auch mit den Befunden einer britischen Studie von April Guasp (2009). Selbstverständlich muss solch ein Leitbild breit in der Schule verankert werden, um seine Wirksamkeit zu entfalten.

4.3 »Alex«: Eine Beispielübung

Nachfolgend wird das Rollenspiel *Alex* vorgestellt. Hierbei handelt es sich um eine erfahrungsorientierte Übung, die sowohl für Jugendliche als auch für Erwachsene geeignet ist. Sie bietet einen direkten Zugang zum Thema Homosexualität im Lebensalltag und eignet sich damit als 15-minütige Einstiegsübung in Klassenworkshops oder auch Fortbildungen.

Ziel
Sensibilisierung für den Lebensalltag von Schwulen und Lesben; Sensibilisierung für die Wirkkraft heteronormativer Gesellschaftsbilder in der Öffentlichkeit.

Vorbereitung
Alle Teilnehmer_innen stellen sich vor, sie seien verliebt, richtig verliebt. Anschließend wird die Gruppe zweigeteilt: Die eine Hälfte stellt sich vor, »Alex« gehöre dem gegensätzlichen Geschlecht an, also stellen sich die Teilnehmer_innen der Gruppe vor, sie seien heterosexuell. Die andere Gruppe stellt sich vor, »Alex« gehöre dem gleichen Geschlecht wie sie selbst an, also stellen sich die Teilnehmer_innen der zweiten Gruppe vor, sie seien homosexuell.

Aufgabe
Die Moderation stellt 20 Fragen über Alex (siehe unten). Die Gruppe soll jede Frage mit »Ja« oder »Nein« beantworten und dies auf einem Zettel notieren.

Fragen zum Spiel »Zum ersten Mal verliebt«

(1) Kannst du mit deinen Eltern oder mit nahen Verwandten über deine Beziehung mit Alex sprechen?
(2) Kannst du Alex zu dir nach Hause einladen?
(3) Kannst du Alex zu Familienfesten wie Geburtstagen, Hochzeiten oder Silvesterpartys mitbringen?
(4) Ist es für deine Familie in Ordnung, wenn du ihren Freund_innen Alex als deine Partnerin bzw. deinen Partner vorstellst?
(5) Werden Bekannte, die über deine Beziehung Bescheid wissen, dich zum Babysitten engagieren?
(6) Denkst du, dass deine Freund_innen deine neue Beziehung akzeptieren?
(7) Würdest du mit Alex zu deiner Schulabschlussfeier oder Party im Jugendclub gehen?
(8) Kannst du deinen Freund_innen erzählen, was du am Wochenende gemacht hast und mit wem?
(9) Kannst du händchenhaltend mit Alex über den Schulhof gehen?
(10) Wird über deine Form der Liebe im Unterricht gesprochen?
(11) Kannst du mit deinem besten Freund bzw. deiner besten Freundin im Zug über deine Liebesbeziehung mit Alex sprechen?
(12) Wenn ihr mit einer Gruppe von Freund_innen ausgeht: Hast du das Gefühl, du kannst Alex umarmen und küssen?
(13) Kannst du darauf vertrauen, wegen deiner sexuellen Orientierung von anderen nicht dumm angemacht oder körperlich verletzt zu werden?
(14) Kannst du mit dem_der Leiter_in deiner Jugendgruppe in deinem Jugendclub oder deiner Gemeinde sprechen, wenn du mal Probleme in deiner Beziehung hast?
(15) Zeigen Liebesszenen im Fernsehen oder im Kino üblicherweise Beziehungen wie eure?
(16) Wie sieht es mit den Liedtexten deiner Lieblingsmusik aus – geht es in ihnen um deine Form der Liebe?

(17) Weißt du von Lehrer_innen, Trainer_innen, Jugendleiter_innen oder Freund_innen deiner Eltern, die die gleiche sexuelle Orientierung haben wie du?
(18) Kennst du Gleichaltrige, die die gleiche sexuelle Orientierung haben wie du?
(19) Kennst du 10 Prominente, die die gleiche sexuelle Orientierung haben wie du? Denk an die Musikwelt, Popstars, an Sport, Politik und Persönlichkeiten aus dem Fernsehen.
(20) Kannst du später mit Alex eine Ehe schließen, falls ihr das möchtet?

Ablauf
Alle Teilnehmer_innen stehen auf. Die Moderation fragt, wer 20 x »Ja« sagen konnte. Sollte ein_e Teilnehmer_in dabei sein, darf er_sie sich setzen. Die Moderation geht schrittweise nach unten. Es setzen sich immer mehr Teilnehmer_innen, genauso sollte aber eine große Anzahl noch stehen bleiben. (Bei Lehrer_innen dürfte es noch schneller auseinandergehen als z.B. bei pubertierenden Schüler_innen.)

In der Regel werden die Teilnehmer_innen länger stehen müssen, die die gleichgeschlechtliche Beziehung haben.

Auflösung
Zur Auflösung werden alle Teilnehmer_innen gefragt, wie sie sich gefühlt haben, sowohl diejenigen, die sich früh setzen konnten, als auch diejenigen, die lange stehen mussten. Schnell kommt eine Diskussion in Gang über Gründe, warum die Teilnehmer_innen in gleichgeschlechtlichen Beziehungen so lange stehen mussten.

Hier besteht in einer Weiterarbeit nun die Möglichkeit, Geschlechterbilder und die Rolle von Familie oder Freund_innen zu thematisieren, die Rolle der Medien oder aber beispielsweise Formen von struktureller Benachteiligung.

Hintergrund
Ziel von erfahrungsorientierten Übungen ist es, den Teilnehmer_innen die Erfahrung zu ermöglichen, in das Alltagsleben von LSBTI* (oder aber andere Vielfaltsmerkmale) zu schlüpfen. In der Regel bedeutet dies, Erfahrungen von Ausgrenzung und Benachteiligung nachzuempfinden und darüber eine höhere Sensibilität zu erreichen.

5 Fazit

Eine valide Erfolgsmessung des Projekts »Ach, so ist das?!« steht noch aus – allerdings gibt es einige Hinweise, dass sich Ansatz, Methode und Zugang als sinnvoll erweisen: Die Wanderausstellung wurde bereits in über 15 Städten im deutschsprachigen Raum gezeigt, die Presse berichtet vielfältig und positiv; Rückmeldungen persönlicher oder schriftlicher Art (z.B. per E-Mail, Facebook oder im Gäst_innenbuch) bestätigen, für wie wichtig viele das Projekt zur Aufklärung, Sensibilisierung und Förderung der Akzeptanz erachten.[5] Hier z.B. einige Stimmen aus dem Gäst_innenbuch:

---

5 | Im Überblick siehe: www.achsoistdas.com/presse-und-stimmen (eingesehen am: 10.11.2014).

- »Eine sehr gelungene Gestaltung von Lebensgeschichten.«
- »Weiter so! Auf dass die Ausstellung durch viele Einrichtungen, Schulen etc. wandert.«
- »Eine gute und mutige Ausstellung, die hoffentlich Wissen, Anerkennung und Selbstannahme fördert.«

Zwei Beispiele aus der Presse zeigen das mediale Echo:

- »Wir treffen liebevoll gezeichnete schüchterne und selbstbewusste Menschen, die einfach sie selbst sein wollen, ohne Versteckspiel und Vorurteile.« (Gabriele Bischoff 2014 in WIR FRAUEN)
- »Die Darstellung in zeichnerischer Form gibt den oft traurigen, zum Teil aber auch komischen Geschichten beim Lesen eine angenehme Form der Leichtigkeit.« (Sylvia Rochow und Laura Fricke 2014 auf der Webseite von Aviva Berlin).

Viele Personen berichten darüber hinaus, wie sinnstiftend sie die Geschichten für die eigene Identität, das eigene Dasein erachten (zu diesem »Nebeneffekt« des Projekts siehe auch Schradi/Burmann 2014).

Dass solch ein Angebot nicht nur aktuell, sondern auch dringend notwendig ist, wissen all diejenigen, die die jüngsten Debatten um den Bildungsplan in Baden-Württemberg verfolgt haben. Im Rahmen dieser Auseinandersetzung werden, genauso wie in großen Teilen der Medien und der Gesellschaft, Vorurteile gegenüber Lesben, Schwulen, Trans- und Intersexuellen gepflegt und verbreitet, die keinerlei Bezug zur tatsächlichen Lebenswirklichkeit haben. Die Vielfalt, die unsere Gesellschaft prägt, gilt es, richtig abzubilden, und die Menschen, die ein Vielfaltsmerkmal besitzen, gilt es, vor jeglicher Form von Diskriminierung zu schützen. Dies ist Aufgabe der gesamten Gesellschaft und eine menschenrechtliche Verpflichtung des Staates.

Literatur

Bischoff, Gabriele, 2014: Martina Schradi: ACH, SO IST DAS...?! Biografische Comicreportagen von LGBTI. In: WIR FRAUEN, 33. Jg. H. 3, 34.

Bürgermeisteramt/Menschenrechtsbüro Stadt Nürnberg, 2014: Ach so ist das?! ist reif für die Schule. Toleranz fördern – Kompetenz stärken. Projekte 2014. [www.nuernberg.de/internet/toleranz/achsoistdas2014.html, eingesehen am: 10.11.2014]

Bürgermeisteramt/Menschenrechtsbüro Stadt Nürnberg, 2013: Ach, so ist das?! Biografische Comicreportagen von LGBTI. Toleranz fördern – Kompetenz stärken. Projekte 2013. [www.nuernberg.de/internet/toleranz/projekte_2013_trotzdem.html, eingesehen am: 10.11.2014]

Burmann, Christine, 2013: Asyl goes LGBTI. In: Böhm, Otto/Katheder, Doris (Hg.): Grundkurs Menschenrechte. Kommentare und Anregungen für die politische Bildung (Band 3). Würzburg: echter.

Burmann, Christine/Riedl, Helga/Spiegel, Inge, 2012: Diskriminierung trifft uns alle. Eine Handreichung für die non-formale Bildung. Nürnberg: Nürnberger Menschenrechtszentrum. [www.diskriminierung.menschenrechte.org/wp-con

tent/uploads/2012/05/Diskriminierung-handreichung-online.pdf, eingesehen am: 10.11.2014]

Guasp, April (Hg.), 2009: Homophobic Bullying in Britain's Schools. The Teachers' Report 2009. London: Stonewall. [www.stonewall.org.uk/other/startdownload. asp?openType=forced&documentID=1695, eingesehen am: 25.07.2014]

FRA – Agentur der Europäischen Union für Grundrechte, 2014: LGBT-Erhebung der EU. Erhebung unter Lesben, Schwulen, Bisexuellen und Transgender-Personen in der Europäischen Union. Ergebnisse auf einen Blick. Luxemburg: Amt für Veröffentlichungen der Europäischen Union. [http://fra.europa.eu/sites/default/files/eu-lgbt-survey-results-at-a-glance_de.pdf, eingesehen am: 25.07.2014]

Hannchen-Mehrzweck-Stiftung, 2014: Ach, so ist das?! Biografische Comicreportagen von LGB. [http://hms-stiftung.de/content/sites/hms-foerderung-projekte-list.php, eingesehen am: 10.11.2014]

Klocke, Ulrich, 2012: Akzeptanz sexueller Vielfalt an Berliner Schulen. Eine Befragung zu Verhalten, Einstellungen und Wissen zu LSBT und deren Einflussvariablen. Berlin: Senatsverwaltung für Bildung, Jugend und Wissenschaft. [www.psychologie.hu-berlin.de/prof/org/download/klocke2012_1, eingesehen am: 25.07.2014]

lambda::bayern, 2014: Pressemappe. Verleihung des Michael Schmidpeter-Preises 2014. [www.schmidpeter-preis.de/docs/pressemappe_verleihung_2014.pdf, eingesehen am 10.11.2014]

Norman, Donald A., 2004: Emotional Design. Why We Love or Hate Everyday Things. New York: Basic.

Peeck, Joan, 1994: Wissenserwerb mit darstellenden Bildern. Informierende Bilder als Gegenstand psychologischer Forschung. In: Weidenmann, Bernd (Hg.): Wissenserwerb mit Bildern. Bern: Hans Huber, 59-94.

Plöderl, Martin/Sauer, Joachim/Fartacek, Reinhold, 2006: Suizidalität und psychische Gesundheit von homo- und bisexuellen Männern und Frauen. Eine Metaanalyse internationaler Zufallsstichproben. In: Verhaltenstherapie & psychosoziale Praxis. Jg. 38, H. 3, 537-558.

Rochow, Sylvia/Fricke, Laura, 2014: Martina Schradi – Ach, so ist das. Berlin: Aviva Berlin. [www.aviva-berlin.de/aviva/content_Buecher_Sachbuch.php?id=141774, eingesehen am: 11.11.2014]

Schack, Kathrin, 2010: Liebe zum gleichen Geschlecht – ein Thema für die Schule. Evaluation eines Bremer Aufklärungsprojektes. Marburg: Tectum.

Schradi, Martina, 2008: Die Neunte Kunst im Unternehmen. Comics, Cartoons und Illustrationen als Visualisierungstools für die interne Unternehmenskommunikation. Unveröffentlichte Masterarbeit. Fakultät Electronic Media. Hochschule der Medien Stuttgart.

Schradi, Martina, 2014a: Ach, so ist das?! Stuttgart: Zwerchfell.

Schradi, Martina, 2014b: Ach, so ist das?! Visual Storytelling-Projekt über die Lebensweise und Erfahrungen von LGBTI. [www.narrata.de/narrata-erzaehlt/ach-so-ist-das-visual-storytelling-projekt-ueber-die-lebensweise-und-erfahrungen-von-lgbti, eingesehen am: 10.11.2014]

Schradi, Martina/Burmann, Christine, 2014: Biografische Comicreportagen von LSBTI – Sichtbarkeit und Sinngebung von Identität durch Narration und Visual Storytelling. Vortrag auf der Ringvorlesung »Sexuelle Selbstbestimmung und geschlechtliche Vielfalt« der Friedrich-Alexander Universität Erlangen-Nürnberg im Sommersemster 2014. [www.video.uni-erlangen.de/clip/id/3843.html, eingesehen am: 10.11.2014]

Thissen, Frank, 2008: Geschichten erzählen. Das macht Sinn. In: neulandMagazin, H. 38, 3-4. [www.neuland.ch/neuland/images/fck_images/Wissen_38.pdf, eingesehen am: 10.11.2014]

Abbildungsverzeichnis

Copyright Illustrationen: Martina Schradi
Abbildung 1: »Ach, so ist das?!« Stuttgart: Zwerchfell, Buchcover.
Abbildung 2: Auszug aus dem Comic von Tina: »Als Homo in der Schule? Echt keine leichte Sache!« Stuttgart: Zwerchfell, 43.
Abbildung 3: Auszug aus dem Comic von Tina: »Als Homo in der Schule? Echt keine leichte Sache!« Stuttgart: Zwerchfell, 44.
Abbildung 4: Auszug aus dem Comic von Sasha: »Ich bin ein Mensch und will so gemocht werden wie ich bin!« Stuttgart: Zwerchfell, 64.
Abbildung 5: Auszug aus dem Comic von Tina: »Als Homo in der Schule? Echt keine leichte Sache!« Stuttgart: Zwerchfell, 45.
Abbildung 6: Drei Poster aus der Wanderausstellung. [www.achsoistdas.com/wanderausstellung, eingesehen am: 10.11.2014]

Teil III
Gender-Wissen vermitteln

Konzepte zur Integration der Gender Studies
in die Lehramtsausbildung

Biographische Selbstreflexion und Gender-Kompetenz
Ein Seminarkonzept für die universitäre Lehramtsausbildung zum Umgang mit geschlechterbedingter Heterogenität in der Schule

Sandra Winheller

> Wer wissen will, wer er ist, muss wissen,
> woher er kommt, um zu sehen, wohin er will.
> JEAN PAUL (1763-1825)

Im folgenden Beitrag wird das Seminarkonzept »Biographische Selbstreflexion und Gender-Kompetenz« vorgestellt, das von der Autorin in erziehungswissenschaftlichen Seminaren der Lehramtsausbildung an der Universität Paderborn, der Universität Wien und der Technischen Universität Braunschweig angeboten wird.[1] Ziel des Seminars ist es, den Studierenden im Sinne der Ausbildung von professionellen Handlungskompetenzen und eines sinnstiftenden Theorie-Praxis-Transfers einen Lern- und Erfahrungsraum zu bieten, der eine Auseinandersetzung mit der eigenen Biographie ermöglicht.

Schule ist in ihrem Selbstbild eine geschlechtsneutrale Bildungsinstitution, in der Mädchen und Jungen die gleichen Chancen und Förderungen bekommen und erhalten. Doch als Stellvertreterin für Werte und Normen ist sie unmittelbar mit der Gesellschaft und ihren hierarchischen Strukturen sowie ihrem binären Geschlechterverhältnis verknüpft: Sie reproduziert in nicht unerheblichem Maß geschlechtstypisierende Zuweisungen durch curriculare Inhalte und Interaktionen (siehe insbesondere die Beiträge von Jenderek, Onnen, König und Ertl/Helling in diesem Buch). Somit wird häufig eher Chancengleichheit und eine geschlechtsunabhängige Förderung verhindert als hergestellt und durchgeführt. Schule muss

»die Pseudoneutralität der Geschlechter erkennen. Sie muss als Institution bewusst an dieser Ungleichheit, Rolleneinschränkung und Hierarchisierung arbeiten. [...] Es geht darum,

---

1 | Unter der Prämisse, die Gender-Kompetenz in Bezug auf geschlechterbedingte Heterogenität in der schulischen Praxis zu fördern, stellt das Seminarangebot den handlungsorientierten bzw. praktischen Aspekt des Habilitationsprojekts der Autorin dar. Das Vorhaben hat zum Ziel, eine Theorie einer geschlechter-responsiven Pädagogik auszuformulieren, die ihren Fokus auf die Professionalisierung der Gender-Kompetenz in der pädagogischen Praxis richtet.

dass auf allen Ebenen – der der Einzelpersonen, der von Gruppen, der einer Institution – geprüft wird, ob die Geschlechter in ihren Bedürfnissen, Interessen und Rechten Berücksichtigung finden.« (Biermann 2000: 5f.)

Die hierbei wirkenden Mechanismen und Strukturen müssen immer aufs Neue betrachtet und hinterfragt werden, weshalb gerade angehende Lehrkräfte ihr künftiges Arbeitsfeld in Bezug auf Ungleichheiten, Rolleneinschränkungen und Hierarchisierung durchleuchten (können) sollten. Denn als Agierende im System Schule sind sie maßgeblich an dieser Reproduktion beteiligt (vgl. Koch-Priewe 2009: 343ff.). Wenn der Auftrag zur Herstellung von Chancengleichheit und Geschlechtergerechtigkeit, der auch für die Schule existiert (vgl. z.B. Ministerium für Schule und Weiterbildung des Landes Nordrhein-Westfalen 2014: § 2 Abs. 7; Biermann/Koch-Priewe 2004), ernst genommen wird, dann stellen sich ganz persönliche Fragen wie beispielsweise: Welche Rolle spiele ich als Lehrkraft hierbei? Wie agiere ich als VermittlerIn gesellschaftlicher Werte und Normen innerhalb dieses Schulsystems? Wie gehe ich mit geschlechterbedingter Heterogenität[2] im schulischen Kontext um? Diese Fragen sollten, so die Prämisse dieses Beitrags, im Kontext eigener Einstellungen und Verhaltensweisen reflektiert und durch den Einbezug von lebensbiographischen Erfahrungen beantwortet werden.

In der hier vorgestellten Seminarkonzeption werden unter dem Motto »Auf meinen Spuren« das Konzept und die Methode der biographischen Selbstreflexion (vgl. Gudjons/Wagener-Gudjons/Pieper 2008) vorgestellt. Mithilfe von biographischen Übungen soll die Entwicklung einer selbstreflexiven Haltung im Kontext eines professionellen Selbst gefördert werden, wobei der Aspekt der Gender-Kompetenz fokussiert wird. Zur Darstellung der theoretischen Grundannahmen und der Beschreibung des Seminarkonzepts als solches wird im ersten Kapitel dieses Beitrags das Verhältnis von Biographie und Reflexivität im Kontext pädagogischer Professionalität dargestellt. Mit dem handlungstheoretischen Professionalisierungsansatz nach Diethelm Wahl (2013) und dem Aspekt der Reflexivität nach Werner Helsper (2002) werden zwei Ansätze vorgestellt, die im Seminar als theoretische Grundlage für die Auseinandersetzung mit dem eigenen pädagogischen Handeln behandelt werden. Im Anschluss wird Gender-Kompetenz im Kontext pädagogischer Handlungskompetenz als Dimension dargestellt, die zur Professionalisierung beiträgt (Kap. 2). Darauf folgt die Vorstellung der theoretischen Rahmung des Seminars »Biographische Selbstreflexion und Gender-Kompetenz« (Kap. 3), wobei zunächst

---

2 | Im schulpädagogischen Kontext meint Heterogenität die Verschiedenheit der SchülerInnenschaft in Bezug auf beispielsweise kulturelle und soziale Herkunft, Alter, Geschlecht, ungleiche Lernvoraussetzungen in kognitiver, motivationaler und emotionaler Hinsicht (vgl. Hirschauer/Kullmann 2009: 35). In der schulbezogenen Heterogenitätsforschung besitzt »Geschlecht« die Bedeutung eines Strukturierungsprinzips. Geschlechterbedingte Heterogenität ist daher als Differenzierungsdimension zu betrachten, wobei es zu hinterfragen und zu unterscheiden gilt, welchen Blick man auf Geschlecht richtet: »Interessieren die Differenzen oder interessiert die Egalität der Geschlechter? Geht es um eine Gerechtigkeit unter den Geschlechtern oder darum, Geschlechterhierarchien zu zementieren? Sollen Geschlechterstereotypen im schulischen Alltag reproduziert werden oder will man geschlechtsneutral agieren? Der pädagogische Anspruch im Umgang mit Heterogenität versucht diese Verschiedenheiten in den Unterricht einzubeziehen« (Drinck 2011: 50; vgl. Wischer 2009: 3).

das Konzept der biographischen Selbstreflexion in ihren Grundzügen (Kap. 3.1) und in der methodischen Umsetzung (Kap. 3.2) beschrieben wird. Daran knüpft die Erläuterung der Seminarkonzeption in Form des Aufbaus und der inhaltlichen Ausgestaltung an (Kap. 3.3). Die Ausführungen konzentrieren sich hierbei auf die inhaltliche Integration des Aspekts der Gender-Kompetenz. Abschließend werden zentrale Aspekte zusammengefasst und ausblickend Folgerungen für die Lehramtsausbildung abgeleitet (Kap. 4).

1 BIOGRAPHIE UND REFLEXIVITÄT IM KONTEXT PÄDAGOGISCHER PROFESSIONALITÄT

Im Zuge des Bologna-Prozesses[3] und ausgehend von den Ergebnissen deutscher SchülerInnen in internationalen Schulleistungsstudien[4] hat sich die Ausbildung von LehrerInnen in den letzten zwanzig Jahren grundlegend verändert. Fokussiert und diskutiert wird jetzt mehr denn je, wie das Handeln der LehrerInnen das Lernen der SchülerInnen beeinflusst. Die Ständige Konferenz der Kultusminister der Länder (KMK) griff diese Diskussion auf und es wurde eine Expertise erstellt, die bestimmte Aufgabenbereiche der Lehrkräfte neu formulierte und Kompetenzen als Professionalisierungsstandards definierte (KMK 2004). Dementsprechend wurde die LehrerInnenbildung, parallel zur Einführung der Bachelor- und Masterstudiengänge im Rahmen des Bologna-Prozesses,[5] auf einen Kompetenzerwerb hin ausgerichtet. Kompetenzen sollen für die berufliche Praxis wegleitend sein, in der Ausbildung erworben und in Weiterbildungen fundiert werden. Die KMK (2004: 6) führt hierbei unterschiedliche didaktisch-methodische Ansätze aus den Bildungswissenschaften an und nennt u.a. biographisch-reflexive Ansätze. Kompetenzentwicklung wird demzufolge gefördert durch »die Analyse und Reflexion der eigenen *biographischen Lernerfahrungen* mit Hilfe der theoretischen Konzepte« (KMK 2004: 6, Herv. i.O.).[6]

---

3 | Mit dem Bologna-Prozess wird die Europäische Studienreform beschrieben. Am 19. Juni 1999 haben 30 europäische Staaten die sogenannte Bologna-Erklärung unterzeichnet (inzwischen 47 Mitgliedsstaaten), die den Grundstein für einen Europäischen Hochschulraum legt. Die Europäische Studienreform verfolgt drei Hauptziele: die Förderung von Mobilität, von internationaler Wettbewerbsfähigkeit und von Beschäftigungsfähigkeit (vgl. Bundesministerium für Bildung und Forschung 2012).

4 | Zu nennen sind hier insbesondere die Studien *Third International Mathematics and Science Study* (TIMSS), *Programme for International Student Assessment* (PISA; vgl. Organisation für wirtschaftliche Zusammenarbeit und Entwicklung 2014), *Progress in International Reading Literacy Study* (PIRLS; vgl. KMK 2014). Deutsche SchülerInnen beteiligten sich an folgenden internationalen Schulleistungsstudien: TIMSS 1994/1995, 2007, 2011, PISA 2000, 2003, 2006, 2009, 2012, 2014 und PIRLS 2001, 2006, 2011 (vgl. International Study Center/International Association for the Evaluation of Educational Achievement 2014).

5 | Zum Überblick über die und zur Diskussion der Umsetzung des Bologna-Prozesses in der LehrerInnenbildung siehe Klaus-Jürgen Tillmann (2007), Heinz-Elmar Tenorth (2007) und Ewald Terhardt (2008).

6 | Um welche »theoretischen Konzepte« es sich hierbei handelt, wird von der KMK nicht ausgeführt.

Trotz des von der KMK formulierten Grundkonsenses in Bezug auf biographische Lehrerfahrungen lassen sich kaum entsprechende Seminarangebote in der Lehramtsausbildung finden. Vielmehr zielt das universitäre Lehrangebot im Kern auf die wissenschaftliche Grundlagenvermittlung, den Aufbau einer forschenden Grundhaltung und die Gewinnung erster praktischer Erfahrungen ab (vgl. Paderborner Lehramtsausbildungszentrum 2001: 3). So soll auf die vielfältigen Aufgaben und die komplexen Anforderungen des späteren beruflichen Alltags vorbereitet und so sollen Persönlichkeitseigenschaften weiterentwickelt werden. Vielmehr noch, die Seminarangebote orientieren sich an einem Leitbild von Schule, in welchem diese als ein Erfahrungs- und Entwicklungsraum verstanden wird, in dem SchülerInnen die Fähigkeit und Bereitschaft erwerben, im gesellschaftlichen Zusammenhang sachgerecht, selbstbestimmt, kreativ und sozial verantwortlich zu handeln (vgl. Paderborner Lehramtsausbildungszentrum 2001: 3). Wie wichtig biographische Reflexionsarbeit ist, um Lehramtsstudierende auf diesen Erfahrungs- und Entwicklungsraum vorzubereiten, zeigt sich daran, dass Lehramtsstudierende mit spezifischen Erfahrungen und Vorstellungen über das Berufsfeld und über Lehrkräfte in ihr Studium starten. Diese schlagen sich in entsprechenden Einstellungen, Wertehaltungen und Handlungsmustern nieder. Um eine professionelle Haltung zu entwickeln, ist es wichtig, diese zu bedenken:

»Wer Lehrer werden will, hat in der Regel 12 bis 13 Jahre Umgang mit Lehrpersonen hinter sich. Das prägt. Es gilt darum im Studium, diese Vor-Bildung aufzudecken, sie kritisch zu reflektieren, Auswirkungen zur eigenen Berufsmotivation zu klären, biografisch bedingte Ideale, Vor-Urteile und Einstellungen auf ihre Tragfähigkeit hin zu überprüfen und wo nötig zu verändern.« (Gudjons/Wagener-Gudjons/Pieper 2008: 27)

Um zu begreifen, wie diese Vor-Bildung entsteht und welche Wirkung sie hat, ist der handlungstheoretische Professionalisierungsansatz von Wahl (1991) hilfreich, der dem Zusammenhang von subjektiven Theorien – als subjektive Welt-Sicht und Selbst-Verständnis – und Handlungsmustern nachgeht. Handlungsmuster sind kulturtypische Assoziationen bzw. mentale Repräsentationen, die zu einer Situation bzw. Tätigkeit gebildet werden, und stellen ein Set an Wissenselementen, Erwartungen und Schlussfolgerungen dar. Handlungsmuster sind und werden geprägt durch biographische Erfahrungswerte und dienen der Speicherung, dem Verständnis und der Wiedererinnerung wenn es z.B. darum geht, in Alltagssituationen routiniert oder unter Druck zu handeln. Wesentlich für die Entstehung von Handlungsmustern sind die sogenannten subjektiven Theorien, die ebenfalls biographisch erworben werden. Nach Wahl (2013) lassen sie sich zum einen in subjektive Theorien großer bzw. mittlerer Reichweite und zum anderen in subjektive Theorien geringer Reichweite des Handelns unterscheiden. Subjektive Theorien großer bzw. mittlerer Reichweite sind nicht direkt an der Steuerung des menschlichen Handelns beteiligt, sondern in ihrer Struktur vergleichbar mit wissenschaftlichen Theorien in Form von Konstrukten, Hypothesen und Argumentationsstrukturen. Es handelt sich um komplexe Kognitionen der Selbst- und Weltsicht und sie spiegeln das *Wissen-um-etwas* wieder (z.B. Fach- und Faktenwissen). Subjektive Theorien geringer Reichweite hingegen leiten das Handeln, und sie beziehen sich auf vorhandene Kognitionen, die situativ und flexibel sind. Sie werden beispielsweise wichtig, wenn es um das rasche Handeln unter Druck geht, also um die *Wahrnehmung-von-etwas* (vgl. Wahl 2013: 20ff.).

Zur Professionalisierung des pädagogischen Handelns ist es notwendig, die im Kontext von Schule relevant werdenden subjektiven Theorien bzw. Handlungsmuster bewusst zu machen, sie zu hinterfragen und sie auf ihre Tragfähigkeit und Belastbarkeit hin zu überprüfen. Nicht immer ist in der konkreten Handlungssituation das bewährte Handlungsmuster sinnvoll und kann die erwünschten Verhaltensreaktionen herbeiführen. Demnach spielt der Aspekt der Reflexion in der beruflichen Entwicklung von Lehrkräften eine bedeutsame Rolle, um Handlungsmuster und -strategien, persönliche Kompetenzen und Lernziele zu hinterfragen und weiterzuentwickeln.

Der Reflexionsaspekt wurde von der KMK (2004) in den Standards der LehrerInnenbildung für die Bildungswissenschaften wie folgt ausdifferenziert und findet sich in den zu erlangenden Kompetenzen 5 und 10 wieder, wie Abbildung 1 zeigt.[7]

Kompetenzbereich: Erziehen **Lehrerinnen und Lehrer üben ihre Erziehungsaufgabe aus.**	
Kompetenz 5: Lehrerinnen und Lehrer vermitteln Werte und Normen und unterstützen selbstbestimmtes Urteilen und Handeln von Schülerinnen und Schülern.	
Standards für die theoretischen Ausbildungsabschnitte	Standards für die praktischen Ausbildungsabschnitte
Die Absolventinnen und Absolventen ... • kennen und reflektieren demokratische Werte und Normen sowie ihre Vermittlung.	Die Absolventinnen und Absolventen ... • reflektieren Werte und Werthaltungen und handeln entsprechend.
Kompetenzbereich: Innovieren **Lehrerinnen und Lehrer entwickeln ihre Kompetenzen ständig weiter.**	
Kompetenz 10: Lehrerinnen und Lehrer verstehen ihren Beruf als ständige Lernaufgabe.	
Standards für die theoretischen Ausbildungsabschnitte	Standards für die praktischen Ausbildungsabschnitte
Die Absolventinnen und Absolventen ... • kennen Methoden der Selbst- und Fremdevaluation.	Die Absolventinnen und Absolventen ... • reflektieren die eigenen beruflichen Erfahrungen und Kompetenzen und deren Entwicklung und können hieraus Konsequenzen ziehen.

Abb. 1: Reflexionsaspekt in den theoretischen und praktischen Standards für die LehrerInnenbildung in den Kompetenzbereichen »Erziehen« und »Innovieren« (KMK 2004: 9, 12)

---

7 | »Die Kultusministerkonferenz sieht es als zentrale Aufgabe an, die Qualität schulischer Bildung zu sichern. Ein wesentliches Element zur Sicherung und Weiterentwicklung schulischer Bildung stellt die Einführung von Standards und deren Überprüfung dar. Mit Standards wird Zielklarheit und die Grundlage für eine systematische Überprüfung der Zielerreichung geschaffen. Die vorgelegten Standards für die Lehrerbildung formulieren Kompetenzen in den Bildungswissenschaften, die für die berufliche Ausbildung und den Berufsalltag von besonderer Bedeutung sind und an die die Fort- und Weiterbildung anknüpfen kann« (KMK 2004: 3).

Die Kompetenzbereiche »Erziehen« und »Innovieren« sind die einzigen Fundstellen in den Standards der KMK, in denen der Reflexionsaspekt aufgegriffen wird. Wenn es darum geht, im Studium Lerngelegenheiten anzubieten, die ein berufsbiographisches Lernen unterstützen, um den Selbstbildungsprozess bzw. die Selbstkonstruktion als angehende Lehrkraft effektiv zu fördern, sollten dies nicht die einzigen Kompetenzbereiche für Reflexionsmöglichkeiten sein.

Fragen zum pädagogischen Selbstverständnis und zur eigenen Professionalität sollten in den Vordergrund rücken, z.B.: Welche Fähigkeiten und Fertigkeiten bringe ich als Lehrkraft mit? Wie beschreibe ich mich selbst als Lehrkraft? Welche Werte und Inhalte sind mir wichtig? Wo spüre ich Grenzen und wo möchte/muss ich mich weiterentwickeln? Ziel ist die Bildung eines mit dem Selbst *kompatiblen* professionellen pädagogischen Habitus[8], der es zudem ermöglicht, den Druck zwischen Selbst und der jeweiligen Schulkultur sowie den gegebenen Strukturen standzuhalten (Helsper 2002: 91). Ausgangspunkt hierfür sollten zunächst eigene Erfahrungen und Einstellungen sein, die aus der SchülerInnenperspektive in die LehrerInnenperspektive umgestellt werden müssen, wobei die biographisch und schulbiographisch generierten Strukturen des Selbst zu hinterfragen sind. Ziel ist es, die eigenen, grundlegend erworbenen biographischen Muster in pädagogisch-professionelle Handlungsmuster zu überführen und ein »Reflexionswissen« (Helsper 2002: 95) zu erwerben, damit es nicht zu einer unreflektierten und »naturwüchsigen Einsozialisation« (Helsper 2002: 94f.) des bisherigen Handlungsrepertoires in den schulischen Kontext kommt.

Neben dem Reflexionswissen – also der Rekonstruktion, des Begreifens und der Deutung eigner Tätigkeiten – sollten angehende Lehrkräfte eine »pädagogische Reflexivität« entwickeln:

»Gegenstand pädagogischer Reflexivität ist primär nicht der individuelle Pädagoge/die Pädagogin, sondern das im pädagogischen Handeln und Deuten maskierte erziehungswissenschaftliche, kulturelle und alltagsweltliche Wissen [...].« (Mecheril/Castro Varela/Dirim/Kalpaka/Melter 2010: 191)

D.h., die eigene Person sollte als zentrale Instanz des pädagogischen Handelns erfasst werden. Das vorhandene und nicht bewusste (oder nicht als solches genauer benannte) Wissen über mein Gegenüber sollte in Hinblick auf seine Funktion im Prozess der Erzeugung *Anderer* sowie auf seine diskriminierenden Effekte und Machtverhältnisse reflektiert werden. Daher ist es für die pädagogische Professionalität bedeutsam, sich mit den Faktoren und Rahmenbedingungen auseinanderzusetzten, die die Interaktion zwischen Lehrkraft und SchülerInnen beeinflussen. Im schulischen Kontext lässt sich der Strukturkern des pädagogisch-professionellen Handelns beschreiben als ein »Aushandeln von Autonomie« (Helsper 2002: 72). Vordergründiges Ziel hierbei ist, SchülerInnen zu mündigen BürgerInnen und zur Selbstbestimmung zu erzie-

---

8 | »Mit dem Begriff des Habitus wird die grundlegende soziologische Fragestellung nach dem Zusammenhang von Individuum und Gesellschaft, von Person und Struktur bearbeitet. Der Habitus ist ein vielschichtiges System von Denk-, Wahrnehmungs- und Handlungsmustern, das die Ausführung und Gestaltung individueller Handlungen und Verhalten mitbestimmt [...]« (Korte/Schäfers 2010: 74).

hen.⁹ Dieses »Arbeitsbündnis« (Helsper 2002: 72) zwischen Lehrkräften und SchülerInnen kann als Rahmung für den Bildungsprozess betrachtet werden, der interaktiv, dynamisch, transformatorisch und aushandelbar ist. Es ist ein offener Prozess, der zu jedem Zeitpunkt durch Störungen oder Arbeitsverweigerungen in eine Krise geraten kann (vgl. Helsper 2002: 72f.). In diesem Aushandeln von Autonomie – dem Zugeständnis von Freiheit und Freiheiten oder dem Einschränken dieser Autonomie – drücken sich Symmetrie- und Machtverhältnisse aus, die zu Widersprüchlichkeiten im pädagogischen Handeln führen. Helsper (2002: 64-102) beschreibt und differenziert diese Widersprüchlichkeiten als sogenannte Antinomien, die als Spannungsverhältnis in der Handlungsstruktur Einfluss nehmen bzw. in diese eingebunden sind. Zunächst lassen sich grundsätzliche (konstitutive) Antinomien benennen, die durch die Schulstruktur bzw. Rahmenrichtlinien vorgegeben sind und nur durch eine reflexive bzw. kritische Haltung betrachtet, aber nicht verändert werden können. Hierzu zählen Begründungsantinomie, Praxisantinomie, Subsumtionsantinomie (Unterordnung), Ungewissheitsantinomie, Symmetrie- bzw. Machtantinomie und Vertrauensantinomie. Darauf aufbauend benennt Helsper Antinomien bzw. Spannungsverhältnisse, die den (Aus-)Handlungsrahmen für die konstitutiven Antinomien bilden. Sie sind transformierbar und können entlastende Entspannung bringen oder zu belastender Anspannung führen (Näheantinomie: Nähe versus Distanz; Sachantinomie: fachliche Wissensvermittlung versus Lebensweltbezug; Organisationsantinomie: formale Verhaltensmuster/Regeln versus individuelles Handeln; Differenzierungsantinomie: Heterogenität versus Homogenität; Autonomieantinomie: Selbstständigkeit versus Bevormundung). Der interaktive Umgang mit den konstitutiven Antinomien und den Spannungsverhältnissen setzt somit eine pädagogische Reflexivität voraus, die im Sinne einer grundlegenden Form »emotionaler Empathie« (Helsper 2002: 93) das Verhältnis zwischen mir (das Selbst) und dem/der Anderen reflektiert. Der pädagogisch-professionelle Selbstbildungsprozess ist demnach zu verstehen als ein *Gewordensein* und ein *Sich-in-Beziehung-setzen* unter der Berücksichtigung von gesellschaftlichen und strukturellen Faktoren sowie (schulischen) Rahmenbedingungen. Auf welche Weise und mit welchen Handlungsoptionen dies geschieht, bleibt individuell und kann nicht nach einem Patentrezept erfolgen.

»Was für den einen Lehrer gut ist und in eine stimmige Handlungspraxis übersetzt werden kann, kann für einen anderen ein ungangbarer Weg sein, der in Paradoxien und zum Scheitern führt. Die ›optimale Qualität‹ pädagogischen Handelns erreichen Lehrer damit auf unterschiedlichen Wegen und in unterschiedlichen Strukturvarianten [...].« (Helsper 2002: 96)

In diesem Kapitel wurde die pädagogische Professionalität im Verhältnis von Biographie und Reflexivität im Sinne eines Selbstbildungsprozesses betrachtet. Im nachfolgenden Kapitel wird der Aspekt der pädagogischen Handlungskompetenz aufgegriffen und vertieft. Als zu erlangende Professionalisierungsperspektive im Umgang mit Heterogenität schließt sich daran die Darstellung der Gender-Kompetenz im Kontext pädagogischer Handlungskompetenz an.

---

9 | Andere Erziehungsziele liegen in der Ermöglichung von Lernen, Wachsen, Selbstbildung, der Sicherung von Integrität (seelisch, psychisch, sozial, physisch, moralisch-ethisch), der Bearbeitung von Geltungs- und Gültigkeitsfragen (Werte & Normen) sowie der Initiierung von Bildung (Wissensvermittlung) (vgl. Helsper 2002).

2 GENDER-KOMPETENZ IM KONTEXT PÄDAGOGISCHER HANDLUNGSKOMPETENZ

Der Begriff der Gender-Kompetenz wird in diesem Kapitel in den Vordergrund gerückt, wobei zunächst erläutert wird, in welchem Zusammenhang sie mit der pädagogischen Handlungskompetenz gesehen werden kann. Nach Hiltrud von Spiegel (2005) lässt sich Handlungskompetenz zunächst auf zwei Prozessebenen unterscheiden. Auf der ersten Ebene bezieht sie sich auf die Arbeit mit Menschen, also auf Interaktionen. Auf der zweiten Ebene ist sie in Verbindung mit der Organisation und dem Management von Systemen zu sehen, also von Institutionen und der Gesellschaft an sich (vgl. Spiegel 2005: 595). Im Allgemeinen wird die Handlungskompetenz weiter beschrieben als ein »Dreiklang« aus Wissen, Können und Wollen (Graff 2008: 64).[10] Der Aspekt des Wissens bezieht sich hierbei auf das theoretische und instrumentelle Wissen[11] sowie auf das Wissen aus Fach- oder Bezugswissenschaften. Können bezeichnet das Handlungsrepertoire, um dieses Wissen praktisch umzusetzen, z.B. indem Strukturen und Bedingungen geschaffen werden, in denen Selbstbildung möglich ist und Methoden adressatInnenbezogen angewendet werden. Das Wollen bezieht sich auf den Bereich der beruflichen Haltung und des Selbstverständnisses sowie auf das Wissen um eigene Werte und Ziele (vgl. Graff 2008: 64f.). Setzt man diesen Dreiklang in Bezug zu der Professionalisierung von Lehramtsstudierenden, spiegeln sich die Kompetenzbereiche Wissen und Können in den Bereichen theoretische und praktische Ausbildungsabschnitte der KMK-Standards wider (vgl. Kap. 1 Abb. 1).

Die beschriebenen Kompetenzbereiche lassen sich um verschiedene Schlüsselqualifikationen[12] ergänzen, die generell definiert werden als

»erwerbbare allgemeine Fähigkeiten, Einstellungen und Wissenselemente, die bei der Lösung von Problemen und beim Erwerb neuer Kompetenzen in möglichst vielen Inhaltsbereichen von Nutzen sind, so dass eine Handlungsfähigkeit entsteht, die es ermöglicht, sowohl individuellen als auch gesellschaftlichen Anforderungen gerecht zu werden.« (Bildungskommission Nordrhein-Westfalen 1995: 32)

Es wird deutlich, dass das Ziel des Erwerbs von Schlüsselqualifikationen darin besteht, das Individuum zu befähigen, auch in schwierigen und/oder unvorhergesehenen Problemsituationen sicher und kompetent handeln zu können. Um Schlüsselqualifikationen lernen und einüben zu können, muss gegebenenfalls das eigene Verhalten geändert werden. Möglich ist dies jedoch nur, wenn das Individuum davon überzeugt ist, dass das veränderte Verhalten sinnvoll ist. Das Individuum ent-

---

10 | Wissenschaftshistorisch lässt sich diese Begriffstrias auf Heinrich Roth (1971) zurückführen, der von drei grundlegenden Kompetenzen ausgeht: Sachkompetenz, Sozialkompetenz und Selbstkompetenz. Mittlerweile wird die Sachkompetenz um die der Fachkompetenz ergänzt und zunehmend mit der Medien- und Methodenkompetenz auf fünf Kompetenzbereiche ausdifferenziert (vgl. Lehmann/Nieke 2000: 3).

11 | Instrumentelles Wissen bezeichnet die Kenntnis grundlegender Begriffe, Definitionen, Gesetze und Verfahren.

12 | Zur Entstehung, Relevanz und problematischen Begriffsverwendung des Konzepts der Schlüsselqualifikation siehe Helene Knauf (2001).

scheidet, ob es dieses Verhaltenen praktiziert oder nicht (vgl. Koch/Hensge 1992: 81f.).[13]

»Das heißt nicht, dass man sie [Schlüsselqualifikationen; Anm. SW] nicht erwerben kann, jedoch nur als Einsicht in ihre Notwendigkeit, als ein freiwilliger individueller Akt, der im Prinzip – und in diesem Sinne sind sie ganz Schlüsselqualifikationen – als das moralische Allgemeine beruflicher Handlung verstanden und praktiziert werden kann.« (Koch/Hendsge 1992: 82)

Im schulischen Kontext bedarf es verschiedener spezifischer Kompetenzen, um mit der Heterogenität der SchülerInnen umzugehen. Das Geschlecht der SchülerInnen als Strukturkategorie[14] stellt hierbei eine besondere Bedeutung als Differenzierungsdimension dar. Die sogenannte Gender-Kompetenz ist diesbezüglich als eine berufliche Schlüsselqualifikation zu sehen (vgl. Metz-Göckel/Roloff 2002: 8) und eine wichtige professionelle Handlungskompetenz, um mit dieser Differenzierungsdimension bzw. Strukturkategorie umzugehen: Es bedarf Gender-Wissen, Methoden zur Umsetzung des Wissens sowie einer Sensibilität, die dem Willen nach einer geschlechtergerechten Pädagogik vorausgeht.[15] Gender-Kompetenz ist die Fähigkeit zu verstehen, wie gesellschaftliche Verhältnisse, Körper, Subjektivität, Beziehungsformen sowie Wissensbestände, Institutionen, Organisationsweisen und Prozesse durch die soziale Kategorie »Geschlecht« (englisch *gender*)[16] organisiert werden. Weiter ausdifferenziert kann im pädagogischen Kontext Gender-Kompetenz als

»die Fähigkeit verstanden werden, aus einer genauen Kenntnis und Wahrnehmung der Geschlechter im pädagogischen Alltag Strategien und Methoden zu entwickeln:

---

13 | Manche Schlüsselqualifikationen sind nicht lehrbar, da sie charakterliche Merkmale und/oder einzig vom individuellen Willen der Person abhängige Verhaltensweisen sind (z.B. Flexibilität, Verhandlungsgeschick, Konzentrationsfähigkeit).
14 | Geschlecht als »Strukturkategorie« bedeutet, »dass Geschlecht kein individuelles Merkmal ist, das einzelne Personen beschreibt, sondern Vorstellungen über Geschlecht in Organisationen und gesellschaftliche Verhältnisse und Regelsysteme eingeschrieben sind« (Smykalla 2006: 5f.; vergleichbar mit Geschlechterverhältnissen, Geschlechterordnungen). Diversity-Ansätze schlagen vor, die Kategorie Geschlecht um weitere Dimensionen einer Persönlichkeit wie Alter, Hautfarbe, sexuelle Orientierung, ethnische Herkunft sowie physische und psychische Fähigkeiten zu erweitern (vgl. Gschwandtner/Jakob 2009: 57f.). Ferner kann Geschlecht als »Analysekategorie« (analytisches Werkzeug) verwendet werden, mit der gesellschaftliche Verhältnisse (z.B. vermeintlich geschlechtsneutrale Bereiche) untersucht werden (Smykalla 2006: 6f.).
15 | In diesem Sinne wird Gender-Kompetenz häufig als Triade aus drei Kompetenzen verstanden, die in Gender-Trainings vermittelt werden: Wissen, Methoden, Sensibilisierung (vgl. Kunert-Zier 2005: 72ff., 281ff.). Gender-Kompetenz wird als nötig erachtet, um Ziele der Gleichstellungs-, Antidiskriminierungs- und Diversitätspolitiken umzusetzen, z.B. die Strategie des Gender Mainstreamings (vgl. Metz-Göckel/Roloff 2002: 3; Stiegler 2008; Werthmanns-Reppekus 2008; Baer 2014).
16 | Geschlecht wird als soziale Konstruktion (Gender) gesehen und gilt damit als prinzipiell veränderbar (vgl. Drinck 2011: 53). Zum genaueren Verständnis siehe Kapitel 3.2.2.

- die den Individuen im Prozess des Doing Gender hilfreich sind
- die auf die Erweiterung von Optionen bei beiden Geschlechtern abzielen
- die der Verständigung zwischen den Geschlechtern dienen.

Voraussetzung für diesen Prozess und gleichzeitig Ausdruck von Genderkompetenz ist das Vorhandensein von:

- Genderwissen
- Genderbezogener Selbst- und Praxiskompetenz
- Genderdialogen und genderbewussten Reflexionen zwischen weiblichen und männlichen pädagogischen Fachkräften.

Genderkompetenz liegt eine Haltung der Anerkennung der Verschiedenheit der Individuen zugrunde.« (Kunert-Zier 2005: 289; Herv. i.O.)

Vergleicht man diese komplexen Anforderungen eines professionellen Umgangs mit Geschlecht in pädagogischen Kontexten mit den formulierten KMK-Standards für die LehrerInnenbildung, so lässt sich lediglich im Kompetenzbereich »Erziehen« der Aspekt des Geschlechts wiederfinden. In der zu erwerbenden Kompetenz 4 sollen angehende Lehrkräfte die sozialen und kulturellen Lebensbedingungen von SchülerInnen kennen und im Rahmen der Schule Einfluss auf deren individuelle Entwicklung nehmen (vgl. KMK 2004: 9).

Kompetenzbereich: Erziehen
Lehrerinnen und Lehrer üben ihre Erziehungsaufgabe aus.

Kompetenz 4: Lehrerinnen und Lehrer kennen die sozialen und kulturellen Lebensbedingungen von Schülerinnen und Schülern und nehmen im Rahmen der Schule Einfluss auf deren individuelle Entwicklung.

Standards für die theoretischen Ausbildungsabschnitte	Standards für die praktischen Ausbildungsabschnitte
Die Absolventinnen und Absolventen ... • kennen pädagogische, soziologische und psychologische Theorien der Entwicklung und der Sozialisation von Kindern und Jugendlichen. • kennen die Bedeutung geschlechtsspezifischer Einflüsse auf Bildungs- und Erziehungsprozesse.	Die Absolventinnen und Absolventen ... • erkennen Benachteiligungen und realisieren pädagogische Hilfen und Präventionsmaßnahmen. • unterstützen individuell. • beachten die kulturelle und soziale Vielfalt in der jeweiligen Lerngruppe.

Abb. 2: Geschlechteraspekt in den theoretischen und praktischen Standards für die LehrerInnenbildung im Kompetenzbereich »Erziehen« (KMK 2004: 9)

Wie Abbildung 2 zeigt, wird der Geschlechteraspekt in der theoretischen Kenntnis über pädagogische, soziologische und psychologische Entwicklungs- und Sozialisationstheorien und dem Wissen über die Bedeutung geschlechtsspezifischer Einflüsse auf die Bildungs- und Erziehungsprozesse aufgegriffen. Praktisch sollen die Lehramtsstudierenden Benachteiligungen erkennen und pädagogische Hilfen und Präventionsmaßnahmen realisieren, individuell unterstützen und die kulturelle und soziale Vielfalt der jeweiligen Lerngruppe beachten. Weitere Kompetenzen bezüglich Gender-Fragen, Herstellung von Geschlechtergerechtigkeit oder Chancengleichheit werden als Lerninhalt in der Ausbildung nicht formuliert – was verwundert, da das Grundgesetz der Bundesrepublik Deutschland dazu verpflichtet, geschlechterbezogene Chancengleichheit herzustellen (vgl. Biermann/ Koch-Priewe 2004). Anders in einzelnen Bundesländern: Die Bildungskommission Nordrhein-Westfalen (1995: 130f.) setzt diesen Auftrag z.B. in folgende konkrete (heteronormative[17]) Zielformulierungen für den Schulbereich um: Abbau von Geschlechterhierarchien, Auflösung geschlechtsstereotyper Zuweisungen, Differenzen leben, kulturelle Leistungen von Frauen sichtbar machen sowie die Orientierung und Fähigkeiten beider Geschlechter unterstützen (vgl. Biermann/ Koch-Priewe 2004: 523f.).

Es wird deutlich, dass die KMK-Standards diesbezüglich einer eher generellen und unspezifischen Formulierung unterliegen; sie unterstützen und erneuern damit den kritisch zu betrachtenden formalen Anspruch einer geschlechtsneutralen Bildungsinstitution, und so liegt es im Ermessen der jeweiligen Hochschulen, Seminarangebote und Möglichkeiten zu schaffen, in denen Lehramtsstudierende ihre Gender-Kompetenz schulen können.

3 Biographische Selbstreflexion und Gender-Kompetenz

Dieses Kapitel stellt ein Seminarkonzept vor, das die Aspekte der Gender-Kompetenz und der Reflexion im Rahmen der LehrerInnenausbildung unter der Professionalisierung pädagogischer Handlungskompetenz fokussiert. Anknüpfend an die Annahme, dass die Selbstkonstruktion als Lehrkraft geprägt ist durch die biographischen Erfahrungen und diese reflektiert werden müssen, um Handlungsmuster (subjektive Theorien, Einstellungen) zu verändern, wird zunächst das Konzept und die Methode der »Biographischen Selbstreflexion« (Gudjons/Wagener-Gudjons/Pieper 2008) vorgestellt. Im Anschluss erfolgen die Darstellung des Aufbaus und der Struktur des Seminars sowie die inhaltliche Einbindung des Aspekts der Gender-Kompetenz.

3.1 Das Konzept und die Methode der biographischen Selbstreflexion

Das Konzept der biographischen Selbstreflexion ist ursprünglich aus der wissenschaftlichen Erforschung fremder Biographien Mitte der 1980er-Jahre entstanden.[18] Herbert Gudjons, Birgit Wagener-Gudjons und Marianne Pieper entwickel-

---

17 | Mit heteronormativ wird die ausschließlich binäre Geschlechtereinteilung in Mann und Frau bezeichnet, die für natürlich gehalten und als gesellschaftliche Norm angesehen wird (vgl. Degele 2008: 21).

18 | Gudjons, Wagener-Gudjons und Pieper (2008: 13) verwenden den Begriff der »Biografiearbeit« synonym zu dem der »biografischen Selbstreflexion«. Seit den 1980er-Jahren lassen sich unter dem Begriff der Biographiearbeit eine Vielzahl von Konzepten und methodischen Anleitungen finden, die in unterschiedlichen pädagogischen Arbeitsfeldern angewendet werden (vgl. Gudjons/Wagener-Gudjons/Pieper 2008: 22). Im wissenschaftlichen Kontext hat sich innerhalb der qualitativen Sozialforschung die empirische Biographiefor-

ten auf Basis von Materialien, Übungen und theoretischen Texten dieses Konzept als Selbsterfahrungsansatz. Sie verstehen unter

>»›biografischer Selbstreflexion‹ [...] eine (Wieder-)Aneignung der eigenen Biografie, den Versuch, die Erfahrungen, die unsere Identität geprägt haben und in unser heutiges Handeln eingehen, transparent zu machen.« (Gudjons/Wagener-Gudjons/Pieper 2008: 16)

Biographie wird dabei grundlegend nicht nur als eine Aneinanderreihung von äußeren Tatsachen oder Ereignissen verstanden, sondern vielmehr stehen die impliziten (Sinn-)Deutungen, die den Ereignissen im Leben zugeschrieben werden, im Mittelpunkt. Zusammengebracht mit Selbstreflexion, die als ein Nachdenken über sich selbst beschrieben werden kann, wobei Distanz zu eigenen Selbstüberzeugungen eingenommen und das eigene Tun mit kritischen Augen betrachtet wird, zielt biographische Selbstreflexion auf das Erkennen von routinierten Interpretationen und (Sinn-)Deutungen ab, die das heutige Handeln und Fühlen bestimmen und für Zukunftsvorstellungen maßgeblich sind (vgl. Gudjons/Wagener-Gudjons/Pieper 2008: 22). Dadurch wird es möglich, einen Zusammenhang zwischen Vergangenheit, Gegenwart und Zukunft herzustellen und zeitliche Abschnitte aufeinander zu beziehen. Dies ist einerseits von Bedeutung angesichts der Notwendigkeit als LehrerIn, Welt- und Selbstreferenzen kritisch zu reflektieren und somit auch zu verändern. Anderseits ermöglicht es, bei permanenten Veränderungen ein doch letztlich gleichbleibendes Ich zu generieren und eine Identität zu bilden bzw. auszubilden.[19]

>»Es geht also um Identität und Geschichte, um Verstehen des Zusammenhanges Gestern-Heute-Morgen. Weil aber unsere Biografie nicht bloß eine äußere Ansammlung von Daten [...] ist, werden wir fragen, wie diese einzelnen Fakten eigentlich zusammenhängen, wie sie sich gegenseitig beeinflussen, warum sie überhaupt in dieser einen Lebensgeschichte vorkommen, welche Bedeutung sie haben, wie sie zu jenen Mustern geführt haben, die unsere heutige Weltsicht, unser Verhalten im Alltag und unser Handeln bestimmen.« (Gudjons/Wagener-Gudjons/Pieper 2008: 17)

Die Rekonstruktion biographischer Zusammenhänge – also der eigenen Geschichte bzw. der eigenen Spuren – zielt auf das Verstehen sich wiederholender Verhaltens- und Beziehungsmuster und ermöglicht das Erkennen eines roten Fadens. Dabei gilt

---

schung etabliert (Kraul/Marotzki 2002), die Biographien im Konfliktfeld zwischen individuellen Handlungsstrategien und institutionellen Steuerungen untersucht. Gudjons, Wagener-Gudjons und Pieper (2008: 16) verwenden das Konzept und die Methoden jedoch nicht im Sinne wissenschaftlicher Erkenntnisgewinnung, sondern betrachten es als eine Methode, das Leben zu verstehen und zu gestalten.

19 | Gudjons, Wagener-Gudjons und Pieper sehen wie Erik H. Erikson (2000) Identität als eine Erfahrung des Sichgleichbleibens in der Zeit: »Das Gefühl, das Menschen zu sich selbst haben, hängt also sehr eng mit dem zusammen, was sie über ihr eigenes Leben wissen« (Gudjons/Wagener-Gudjons/Pieper 2008: 14). Hans J. Markowitsch und Harald Welzer (2005: 216) sprechen in diesem Zusammenhang von einem autobiographischen Gedächtnis, dessen entscheidende Leistung es ist, das multiple Ich zu integrieren, um Lebensgeschichte und gegenwärtige Entwicklungsaufgaben zu verbinden.

es, auch Konflikte und Brüche zu identifizieren und – wenn möglich – anzunehmen. Sie werden, statt auf dem Negativen zu beharren, als positive Entwicklungschancen betrachtet, die das Potenzial besitzen, persönliche Stärken (z.B. Kräfte, Fähigkeiten) zu fördern und weiterzuentwickeln. Somit tragen sie indirekt zur Selbstvergewisserung bei und unterstützen die Identitätsentwicklung sowie die Erprobung neuer Handlungsmöglichkeiten (vgl. Gudjons/Wagener-Gudjons/Pieper 2008: 17, 21).

Der Rückgriff auf die Lebensgeschichte erfolgt in dem Konzept der biographischen Selbstreflexion durch strukturierte Übungen und Anregungen, die unterschiedlichen Themengebieten (z.B. Eltern, Familie, Verwandte, Bezugspersonen, soziale, materielle und historische Bedingungen) zuzuordnen sind. Dabei wird zwischen zwei Perspektiven des Rückblicks unterschieden: der »Felderinnerung (Feldposition)« und der »Beobachterperspektive« (Gudjons/Wagener-Gudjons/Pieper 2008: 29). Bei der Feldposition werden erlebte Szenen als BeteiligteR sowie Gefühle und Stimmungen fokussiert. Die Beobachterperspektive hingegen wird eingenommen, wenn es um das Erinnern und die Rekonstruktion von Tatsachen geht, so z.B. durch Erfragen von beteiligten Personen, Gegenständen oder Zeiten. Die Übungen können alleine durchgeführt oder von einer Person innerhalb einer Gruppe angeleitet werden.[20] Gudjons, Wagener-Gudjons und Pieper (2008: 29ff.) schlagen unterschiedliche Techniken und Medien vor, die bei den Übungen eingesetzt werden können, beispielsweise Schreibübungen, Gruppierung von Personen im Raum, Rollenspiele oder körperliches Bewegen sowie die Arbeit mit Fotos, Texten oder Gegenständen. In diesem Zusammenhang ist allerdings zu betonen, dass die Übungen an sich nicht das Entscheidende sind, sondern der durch sie angestoßene Auseinandersetzungsprozess. So kann biographische Selbstreflexion letztlich nur angeleitet bzw. moderiert werden unter der Prämisse, dass die Richtung für die/den EinzelneN immer offen ist und bleiben sollte (vgl. Gudjons/Wagener-Gudjons/ Pieper 2008: 30). Keine Zielorientierung, Offenheit (gegenüber sich selbst und anderen), Freiwilligkeit und Vertrauen sind wichtige Grundsätze der Biographiearbeit, ohne die ein Sich-Einlassen, eine Auseinandersetzung und Reflexion kaum möglich sind.

Die Methode der biographischen Selbstreflexion ermöglicht somit, die eigene Lebensgeschichte immer auch im Spiegel von gesellschaftlichen, kulturellen und sozialen Bedingungen zu betrachten, worin eine Chance für individuelle Veränderungen und Entwicklungen zu sehen ist. Neben der (Ein-)Ordnung von Vergangenem können ebenfalls Ziele und Zielperspektiven entwickelt werden, die eine gewisse Art von Selbstbestimmung erfahrbar werden lassen. Zudem befähigt die Methode dazu, eine einfühlsam-verstehende Haltung sich selbst und anderen gegenüber zu entwickeln sowie sich und andere in ihrem biographischen Prozess zu verstehen und verstehen zu lernen (vgl. Gudjons/Wagener-Gudjons/Pieper 2008: 16-24).

Der Ansatz der biographischen Selbstreflexion scheint besonders gut geeignet zu sein, den Zusammenhang zwischen eigener Geschichte und pädagogischem Handeln offenzulegen. Die Methode begreift ganz gezielt die eigene Person als zentrale Instanz des pädagogischen Handelns und kann mit dem Aufdecken und dem Wissen um das biographische Gewordensein dem Anspruch nach der Ent-

---

20 | Gudjons, Wagener-Gudjons und Pieper (2008: 37) schlagen eine Gruppengröße von mindestens sechs bis 15 Personen vor.

wicklung einer professionellen pädagogischen Reflexivität nachkommen. Im folgenden Seminarkonzept wird dieser Ansatz mit dem Ziel der Gender-Kompetenz zusammengebracht.

3.2 Konzeption des Seminars »Biographische Selbstreflexion und Gender-Kompetenz«

Das Seminarangebot »Biographische Selbstreflexion und Gender-Kompetenz« richtet sich an Lehramtsstudierende aller Schulformen.[21] Ziel des Seminars ist es, anhand der Methode der biographischen Selbstreflexion die Konstruktion von Typisierungen und Beschränkungen zu hinterfragen sowie anhand von biographischen Übungen Fragen der pädagogischen Haltung in Bezug auf die Kategorie Geschlecht und des Umgangs mit Geschlecht in den Vordergrund zu rücken.

Unter dem Motto »Auf meinen Spuren« wird das beschriebene Konzept der biographischen Selbstreflexion im Seminar theoretisch, aber auch praktisch eingeführt. Im Laufe des Seminars werden immer wieder kleinere biographische Reflexionsübungen von der Dozentin angeleitet, um so eine Auseinandersetzung mit den einzelnen Themen der jeweiligen Sitzung anzuregen, die TeilnehmerInnen an die methodische Arbeitsweise zu gewöhnen und um sich untereinander kennenzulernen. Im Rahmen einer Methodenwerkstatt haben die Studierenden dann zum Ende des Seminars die Gelegenheit, biographische Übungen in einer Gruppe von maximal fünf Personen selbst durchzuführen und sich so mit ihren Handlungsweisen auseinanderzusetzen. Mithilfe eines Methodensets, das eine Auswahl von biographischen Übungen enthält,[22] entscheiden sich die Studierenden für maximal acht Übungen, die sie zusammen durchführen möchten. Da im Anschluss an die biographischen Übungen immer auch eine Diskussion mit Bezug zu Aspekten des Seminars stattfinden soll, werden für ModeratorInnen Reflexionsaspekte und Fragen benannt, die in der Gruppe erörtert werden sollen. Hinsichtlich der pädagogischen Handlungskompetenz sind es ausgewählte Spannungsverhältnisse, die sich aus den Antinomien pädagogischen Handelns formulieren (vgl. Kap. 1), die unterschiedliche Verhaltens- und Handlungsmuster gegenüber Schülerinnen und Schülern verdeutlichen sollen:

---

21 | Die Ausführungen und Darstellungen der Seminarkonzeption beziehen sich exemplarisch auf die Seminare »Biographische Selbstreflexion und Gender-Kompetenz«, die seit dem Sommersemester 2012 an der Universität Paderborn durchgeführt wurden. Alternativ hierzu wurde das Seminar als Blockveranstaltung konzipiert und im Rahmen von Lehraufträgen in erziehungswissenschaftlichen BA-/MA-Studiengängen an der Universität Wien und der Technischen Universität Braunschweig angeboten. An der Universität Paderborn wird das Seminar beispielsweise in folgenden Bereichen angeboten: Lehramt Hauptstudium/Modul Erziehung und Bildung, Unterrichtsfach Pädagogik: Schulische Handlungsfelder und Lehrerprofessionalität, Unterrichtsfach Pädagogik/Vertiefungsmodul Interaktion & Kommunikation, Profilstudium: Umgang mit Heterogenität.

22 | Das Methodenset enthält 13 ausgewählte biographische Übungen aus dem Buch von Gudjons, Wagener-Gudjons und Pieper (2008) zu den Themenfeldern »Erziehungsstil und Interaktionsmuster«, »Familie«, »Schule«, »Selbstbild«, »Körper« und »Frau sein – Mann sein«.

- Symmetrieantinomie (strukturell gegebene Machtverhältnisse)
- Näheantinomie (Nähe versus Distanz)
- Autonomieantinomie (Selbstständigkeit versus Bevormundung)

Zur Reflexion der eigenen Geschlechtsrolle werden insofern folgende Aspekte und Fragen vorgegeben:

- Geschlechterverhältnis(se) und Konstellation(en)
- Wann nehme ich das Geschlecht meines Gegenübers wahr?
- Wann ist/wird dies relevant?
- Wann/Wo handle/agiere ich geschlechtsstereotyp?
- Wann/Wo entspreche/erfülle ich Geschlechtsrollenerwartungen?
- Machtverhältnisse zwischen den Geschlechtern
- Hierarchien zwischen den Geschlechtern

Zu einem erfolgreichen Seminarabschluss (Scheinerwerb, Studienleistung, Prüfungsleistung) gehört das Verfassen einer schriftlichen Seminarreflexion im Umfang von maximal 15 Seiten. Anhand eines Leitfadens zur Erstellung der Reflexion erhalten die Studierenden Leitfragen zu folgenden Aspekten: Reflexion und Diskussion eigener Handlungsmuster in Bezug auf ausgewählte Antinomien, Reflexion und Diskussion der eigenen Geschlechtsrolle (siehe Reflexionsfragen der Methodenwerkstatt), persönliche Erfahrung mit der Methode der biographischen Selbstreflexion und der ModeratorInnenrolle sowie der Beurteilung der Anwendbarkeit im Unterricht.

Im Seminar werden unterschiedliche Ziele verfolgt, die sich auf die Förderung der pädagogischen Reflexivität und der Gender-Kompetenz beziehen. Ausgangspunkt und Anforderung zugleich ist, dass die Studierenden ihr Handeln, ihr Verhalten und ihre Einstellungen, also ihre Werte und Normen, fokussieren und reflektieren sowie in Bezug zu ihrem Geschlecht und dem der anderen setzen. Die inhaltlichen Ziele sind:

- Kennenlernen des Konzepts und der Methoden biographischer Selbstreflexion
- Praktische Durchführung von biographischen Übungen mit den Zielen:
  (1) Erprobung unterschiedlicher Rollen als ModeratorIn sowie als TeilnehmerIn bei der Anleitung von bzw. der Teilnahme an biographischen Übungen;
  (2) Kritische Bewertung der Methode und des Konzepts für die eigene pädagogische Unterrichtspraxis.
- Förderung einer selbstreflexiven Handlungskompetenz in Bezug auf:
  (1) das Wissen um die eigene Biographie;
  (2) das Erkennen von Zusammenhängen der eigenen Geschichte und ihr Einfluss auf das eigene pädagogische Handeln;
  (3) sich selbst als zentrale Instanz (pädagogischen) Handelns zu betrachten;
  (4) eine verständnisvolle Haltung gegenüber dem eigenen »Geworden-sein« und dem »Geworden-sein« anderer;
  (5) einen empathischen Umgang mit anderen.

- Förderung der Gender-Kompetenz in Bezug auf:
  (1) Wissen um Gender-Theorien und die Entstehung von Geschlechterverhältnissen und ihren Effekten;
  (2) die Auseinandersetzung mit der eigenen Geschlechtsrolle;
  (3) die eigene Herstellung und Konstruktion von Geschlecht im Alltag;
  (4) eine kritische Haltung gegenüber der Gesellschaft im Hinblick auf die Konstruktion und Aufrechterhaltung von Geschlechterhierarchien;
  (5) eine kritische Haltung gegenüber der Schule als Sozialisationsinstanz hinsichtlich der Konstruktion und Aufrechterhaltung von Geschlechterhierarchien;
  (6) genderkompetentes Handeln und Interagieren (z.B. in Form der individuellen Stärkung von Mädchen und Jungen in ihren Fähigkeiten oder der Schaffung von Freiräumen für individuelle Entwicklungsmöglichkeiten).

3.3 Struktur und Inhalt des Seminars

Das Seminar mit einem Umfang von 15 Sitzungen à zwei Semesterwochenstunden findet in drei Blöcken statt: Zunächst sind sechs neunzigminütige Sitzungen im Semester angesetzt, denen ein zweitägiger Blocktermin folgt (jeweils von 10 Uhr bis 16:30 Uhr), was acht Sitzungen entspricht. Die letzte Seminarsitzung wird für eine inhaltliche Reflexion und ein Seminarfeedback genutzt.[23] Die TeilnehmerInnenzahl orientiert sich an dem universitären Lehrangebot und ist begrenzt auf maximal 50 Personen. Da die Studierenden die Möglichkeit erhalten, während des zweitägigen Blocks der Methodenwerkstatt Übungen in Kleingruppen selbst anzuleiten und auszuprobieren, ist es wichtig, dass die SeminarteilnehmerInnen sich während der wöchentlichen Sitzungen untereinander kennenlernen. Daher werden in jeder Sitzung neue Gruppenkonstellationen gebildet, in denen miteinander gearbeitet und zudem kleinere biographische Übungen durchgeführt werden. Dies ermöglicht den Studierenden eine bessere Entscheidungsgrundlage für die Gruppenfindung am Anfang der Methodenwerkstatt, wenn sie selbst auswählen, mit welchen KommilitonInnen sie während der zwei Tage zusammenarbeiten möchten. Idealerweise bilden sich Gruppen mit vier bis fünf Personen. Diese Gruppengröße ermöglicht zudem bei der Planung und Durchführung der biographischen Übungen jeweils die Rollen zu wechseln, sodass innerhalb des vorgegebenen zeitlichen Rahmens alle Studierenden auch eine Übung moderieren. Erfahrungen haben gezeigt, dass es außerdem sinnvoll ist, wenn sich möglichst geschlechterheterogene Gruppen zusammenfinden, da bei der Auswahl von Übungen mit thematischem Geschlechterbezug ein vielfältigerer Austausch stattfinden kann sowie Diskussionen und spätere Reflexionen facettenreicher sind. Abbildung 3 verdeutlicht exemplarisch den zeitlichen und inhaltlichen Aufbau des Seminars.

---

23 | Alternativ wird das Seminar als Blockveranstaltung angeboten. Die zeitliche Struktur erstreckt sich hierbei auf einen Vorbesprechungstermin, einen Theorietag und zwei Methodentage mit anschließender Reflexionseinheit zum Abschluss.

Biographische Selbstreflexion und Gender-Kompetenz, Di. 11.00-12.45 Uhr + zweitägiger Block	
1. Sitzung	Einführung ins Seminar: Ablauf und Leistungskriterien
2. Sitzung	Theorie und Praxis der biographischen Selbstreflexion
3. Sitzung	Gender und Gender-Forschung als Herausforderung für die Professionalisierung von Lehrerinnen und Lehrern
4. Sitzung	Elemente einer »Pädagogik der Vielfalt«
5. Sitzung	LehrerInnenprofessionalität als antinomische Handlungsstruktur
6. Sitzung	Selbstreflexivität als pädagogische Handlungskompetenz
7.–10. Sitzung	Blocktag: Methodenwerkstatt I, 10.00-16.30 Uhr (4 Sitzungen) 1. Teil: Organisation, Ankommen, Einstieg ins Thema 2. Teil: Biographische Übungen (dozentinnenzentriert) 3. Teil: Biographische Übungen in der Kleingruppe 4. Teil: Erfahrungsaustausch
11.–14. Sitzung	Blocktag: Methodenwerkstatt II, 10.00 16.30 Uhr (4 Sitzungen) 1. Teil: Ankommen, Übungen vorbereiten 2. Teil: Biographische Übungen in der Kleingruppe 3. Teil: Biographische Übungen in der Kleingruppe 4. Teil: Reflexion
15. Sitzung	Reflexion und Seminarfeedback

Abb. 3: Exemplarischer zeitlicher und inhaltlicher Überblick über das Seminarkonzept »Biographische Selbstreflexion und Gender-Kompetenz«

Zur Konzeption der wöchentlichen Seminarsitzungen (2. bis 6. Sitzung, vgl. Abb. 3) zählt die Lektüre und Diskussion von theoretischen Grundlagentexten zu den Themen Biographiearbeit, Gender, Handlungsmuster, Antinomien und Reflexion.[24] Ausgehend von den KMK-Ausbildungsstandards für die LehrerInnenbildung ist das Ziel, eine intensive inhaltliche Auseinandersetzung mit dem Verhältnis von Biographie, Selbst und professionellem Handeln zu initiieren (vgl. Wahl 2013; Helsper 2002), um den Umgang mit geschlechterbedingter Heterogenität zu fördern. Die in Kapitel 1 und 2 vorgestellten Annahmen und Konzepte bilden den theoretischen Hintergrund, vor dem dann selbstbiographische Übungen zu Einstellungen, Handlungsstrategien, Denk- und Darstellungsgewohnheiten durchgeführt wer-

---

24 | Text zur Biographiearbeit: »Theorie und Praxis der biografischen Selbstreflexion« (Gudjons/WagenerGudjons/Pieper 2008: 16-56); Texte zu Gender: »Gut zu wissen! Biografische Selbstreflexion als Genderkompetenz« (Graff 2008: 63-76), »Gender und Genderforschung als Herausforderung für die Professionalisierung von Lehrerinnen und Lehrern« (Lemmermöhle 2001: 324-335), Elemente einer »Pädagogik der Vielfalt« (Prengel 1993: 184-196); Texte zu Handlungsmustern, Antinomien und Reflexion: »Lehrerprofessionalität als antinomische Handlungsstruktur« (Helsper 2002: 64-102), »Selbstreflexivität als pädagogische Handlungskompetenz« (Würker 2006: 123-139).

den. Der Kerngedanke besteht darin, die Bereiche Wissen, Können und Wollen – wie sie für die Gender-Kompetenz bereits ausgeführt wurden – aufzugreifen und diese gezielt mit der Methode der biographischen Selbstreflexion zu verbinden. Abbildung 4 verdeutlicht zentrale Aspekte, die in Bezug auf die Förderung der Gender-Kompetenz inhaltlich angesprochen und vermittelt werden.

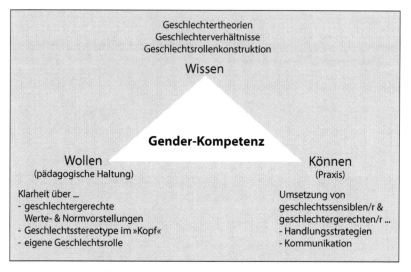

Abb. 4: Zentrale inhaltliche Seminaraspekte bei der Förderung von Gender-Kompetenz

Im Seminar soll ein Basiswissen darüber vermittelt werden, dass Vorstellungen von Frauen und Männern, von männlichem und weiblichem Verhalten in sozialen Zusammenhängen entworfen und überliefert werden.[25] Verhalten und Vorstellungen halten sich oft unbewusst innerhalb stereotyper und tradierter Grenzziehungen und verdecken damit eine unerkannte oder bereits deutliche Vielfalt von Unterschieden (vgl. Metz-Göckel/Roloff 2002: 1). Indem die SeminarteilnehmerInnen in Ausschnitten von ihrer eigenen Lebensgeschichte erzählen, nehmen sie explizit oder implizit Bezug auf ihre Position in dieser binären Geschlechterordnung. Dieses Bezugnehmen ist im doppelten Sinne rekonstruktiv, da sie zum einen gesellschaftliche Geschlechterkonstruktionen bestätigen bzw. repräsentieren und zum anderen neu konstruieren. Es soll verdeutlicht werden, dass die Konstruktion von Geschlecht und die Konstruktion von Biographie miteinander verschränkt sind. D.h., dass zunächst ein kritisches Bewusstsein dafür geschaffen werden muss, dass Geschlecht ein binäres klassifikatorisches Konzept darstellt, das Individuen einer Geschlechtsklasse zuordnet (vgl. Rendtorff 2011: 52f.; Dausien/Thon 2009). In diesem Zusammenhang ist die Bedeutung der Geschlechtsrollen hervorzuheben, die Eingang finden in die Bildung der Geschlechtsidentität und im Laufe des Sozialisationsprozesses geschlechtsspezifisch angeeignet werden und dazu führen, das

---

25 | Das Seminarkonzept hat nicht den Anspruch, die geschichtliche Entwicklung der Frauen- und Geschlechterforschung sowie ihre theoretischen Ansätze und Perspektiven darzustellen. D.h., es werden einzelne, in Auszügen für relevant erachtete Eckdaten, Theorieansätze und Perspektiven eingebunden, die die Studierenden dazu anregen, sich mit der Geschlechterthematik auseinanderzusetzen.

binäre System der Geschlechterunterscheidung zu festigen und zu verdinglichen (vgl. Rendtorff 2011: 62ff.; Dausien/Thon 2009). Darauf aufbauend, gilt es zu vermitteln und die Sicht dafür zu erweitern, dass aus einer konstruktivistischen Perspektive heraus Geschlecht als eine kulturelle Konstruktion von Zweigeschlechtlichkeit gesehen werden kann, wobei unterschieden wird in biologisches (englisch *sex*) und soziales Geschlecht (englisch *gender*). In diesem Zusammenhang ist es wichtig, die sozial-konstruktivistische Perspektive zu benennen, in der Geschlecht als soziale Konstruktion fokussiert wird und die aktive und interaktive Herstellung (und Anerkennung) des Geschlechts anhand des »doing gender« und des »undoing gender« im Mittelpunkt steht (vgl. West/Zimmermann 1987). Zentral ist hierbei zu verdeutlichen, dass Geschlechter in der Perspektive des Doing Gender »gemacht werden« (Gildemeister/Wetterer 1992), also dass die soziale Wirklichkeit durch soziales Handeln und soziale Interpretationen, durch komplexe interaktive Praktiken hergestellt wird und der Interaktionsprozess den Mittelpunkt dieser sozialen Konstruktion darstellt. Gender wird in permanenten Zuschreibungs-, Wahrnehmungs- und Darstellungsroutinen reproduziert, die sich lebensgeschichtlich verfestigen und identitätswirksam sind (vgl. Hagemann-White 1984). Demgegenüber drückt sich im Undoing Gender die Möglichkeit aus, die fixen Vorstellungen von dem, was die Geschlechter ausmacht bzw. unterscheidet, gleichzusetzen bzw. aufzulösen und so den Fixierungen von Geschlechtsrollen kulturell entgegenzusteuern (vgl. Metz-Göckel/Roloff 2002: 1; Goffman 1994). In Verbindung mit dem methodischen Ansatz der biographischen Selbstreflexion eröffnet sich hierbei eine rekonstruktive Sichtweise – eine systematische Reflexions- und Rekonstruktionsmöglichkeit interaktiver Praktiken in Bezug auf die Herstellung und Anerkennung von Geschlecht.

In Bezug auf die inhaltliche Vermittlung lassen sich im Wesentlichen drei weitere größere theoretische Ansätze unterscheiden, die für das Thema und für eine kritische Auseinandersetzung relevant erscheinen. Seit den 1960er-Jahren haben sich innerhalb und aus der Frauen- und Geschlechterforschung heraus der Gleichheitsansatz, der Differenzansatz und der Konstruktivismus[26] entwickelt. Diese theoretischen Ansätze werden herangezogen, um exemplarisch die Bedeutung und das Zusammenspiel von genderkompetentem Handeln hinsichtlich der pädagogischen Haltung (Wollen) und des Könnens zu erörtern. Den Studierenden soll bewusst gemacht werden, dass nicht allein das theoretische Wissen, sondern erst die Reflexion dieses Gender-Wissens und des geschlechterbezogenen Alltagswissens eine Positionierung im Umgang mit geschlechterbedingter Heterogenität ermög-

---

26 | Im Konstruktivismusansatz gibt es zwei Hauptrichtungen: den sozialen Konstruktivismus (Berger/Luckmann 1966) und den Dekonstruktivismus (Butler 1991). Im Seminar wird die sozialkonstruktivistische Perspektive vorgestellt und Dekonstruktion im wortwörtlichen Sinne von »Auflösung« verwendet. Judith Butlers erkenntnistheoretischer Ausgangspunkt, dass natürliche Sachverhalte diskursiv durch kulturelle Denksysteme, Sprachregeln und durch wissenschaftliche Diskurse und politische Interessen bestimmt sind, sowie das radikale Infragestellen der biologischen, binären Konstruktion der Zweigeschlechtlichkeit (vgl. Bublitz 2010: 58) – also die feministische Idee einer Unterscheidung von sozialem (*gender*) und biologischem Geschlecht (*sex*) – wird im Seminar nicht weiter eingeführt. Zu einer stärker dekonstruktivistischen Perspektive in der Lehramtsausbildung siehe Götschel in diesem Buch.

licht. Welche pädagogische Haltung vertrete ich im Unterricht und was bin ich gewillt zu tun, um genderkompetent zu (inter-)agieren? Diese Sinnerschließung, dass eine pädagogische Haltung ihren Ausdruck im Tun findet, ist essenziell und ermöglicht es, Vielfalt und Individualität aufzudecken und zu stärken, beispielsweise durch das Umsetzen geschlechtersensibler Handlungsstrategien oder einer geschlechtergerechten Kommunikation.

Welche Möglichkeiten, Problematiken oder Widersprüchlichkeiten ein genderkompetentes Handeln in der Schule durchziehen, wenn der (eigene) Anspruch besteht, nicht in Abhängigkeit des Geschlechts zu differenzieren bzw. Gleichheit herzustellen, wird im Seminar am Beispiel der nachfolgenden theoretischen Ansätze beschrieben.

Der Gleichheitsansatz geht von der prinzipiellen Gleichheit der Geschlechter aus; Unterschiede werden demnach als individuelle Unterschiede betrachtet, die nicht ursächlich am Geschlecht festzumachen sind. Nur durch eine patriarchale Gesellschaft werden Differenzen vergeschlechtlicht. Um diesen geschlechtlichen Ungleichheiten entgegenzuwirken – auf dem Weg hin zu einer gleichberechtigten Gesellschaft – wird eine parteiische Perspektive entwickelt, um Frauen »zu ihrem Recht zu verhelfen«: Ungleichheiten und Diskriminierungen sollen aufgedeckt und die Perspektive von Frauen auf Gesellschaft und Wissenschaft soll angesichts ihrer bisherigen Unterdrückung gestärkt werden. In Bezug auf den schulischen Kontext können folgende Ebenen des Gleichheitsansatzes ausgemacht werden:

- *Pädagogische Haltung/Einstellung*: Gleichheit erzeugen mit dem Ziel, Gleichberechtigung herzustellen;
- *Unterrichtsform*: Koedukation/geschlechtsheterogene (Lern-)Gruppen;
- *Paradoxie*: die Bedeutsamkeit von Geschlecht leugnen und Entdramatisierung von Geschlecht;
- *Widersprüchlichkeiten innerhalb von Interaktionen*: »Ich finde, es gibt keinen Unterschied zwischen Mädchen und Jungen«/»Ich behandle Mädchen und Jungen gleich«.

Entgegengesetzt hierzu der Differenzansatz[27]: Dieser legt den Fokus auf die verschiedenen Wertigkeiten der Lebenswelten von Frauen und Männern, wie z.B. Handlungen, Aneignung von und Präsenz in öffentlichen Räumen. Die Feststellung der Geschlechterdifferenz bedeutet dabei nicht die inhaltliche Festschreibung der Unterschiede zwischen Frauen und Männern, vielmehr bezieht sie sich auf die Unbestimmbarkeit von Weiblichkeit und Männlichkeit. Differenzen werden nicht dualistisch als besser oder schlechter bewertet, sondern grundsätzlich als gleichwertig anerkannt.

---

27 | Der hier behandelte Differenzansatz in der Geschlechterforschung geht u.a. auf die Ideen des italienischen Feminismus zurück (Libreria delle donne di Milano 2001[1988], siehe auch www.libreriadelledonne.it/_oldsite/preziosi/preziosi.htm, eingesehen am: 18.11.2014). In der feministischen Diskussion führte dies zur politischen Forderung nach Differenz und Gleichheit (Selbstbestimmung und gleiche Rechte) für Frauen (vgl. Kunert-Zier 2006: 16). Verschiedene Beiträge aus der Perspektive der Gleichheit sowie der Differenzen finden sich bei Ute Gerhard, Mechthild Jansen, Andrea Maihofer, Pia Schmid und Irmgard Schultz (1990).

In Bezug auf den Kontext Schule können folgende Ebenen des Differenzansatzes ausgemacht werden:

- *Pädagogische Haltung/Einstellung*: Differenzen effektiv nutzen mit dem Ziel, Motive von Mädchen und Jungen ernst zu nehmen und ihre individuellen Stärken zu fördern und so Unterschiede produktiv hervorzuheben;
- *Unterrichtsform*: Monoedukation/geschlechtshomogene (Lern-)Gruppen;
- *Paradoxie*: dominantes Ansprechen und/oder bewusstes und unbewusstes Dramatisieren von Geschlecht (vgl. weiterführend Faulstich-Wieland 2013);
- *Widersprüchlichkeiten innerhalb von Interaktionen*: »Die Jungen sind jetzt mal ruhig«/»Die Mädchen melden sich aber zu wenig«.

Als Weiterführung dieser beiden Ansätze kann das Prinzip der »egalitären Differenz« gesehen werden.[28] Ziel dieses pädagogischen Ansatzes ist es, die Verschiedenheiten aufzudecken und zu entschärfen, um letztendlich Dekonstruktion zu ermöglichen. Dabei besteht jedoch die Schwierigkeit, durch die bewusste Herstellung von Gleichheit (Homogenität) eine Gleichschaltung auf Kosten der Individualität zu erzeugen. Bei der Differenzierung nach Geschlechtern wird die Verschiedenheit (Heterogenität) betont, jedoch der Gleichheitsaspekt negiert. Im Handlungsergebnis führt dies dazu, dass die Betonung der Verschiedenheit ohne Berücksichtigung der Gleichheit eine Hierarchie erzeugt und die Betonung der Gleichheit ohne Berücksichtigung der Verschiedenheit eine Gleichschaltung zur Folge hat (vgl. Prengel 1993, 2006). Im Prinzip der egalitären Differenz werden somit beide Aspekte – die Differenz und die Gleichheit – berücksichtigt in dem Bemühen der Gleichbeachtung und Gleichwertigkeit beider Handlungsansätze. In Bezug auf den Kontext Schule können folgende Ebenen des egalitären Differenzansatzes ausgemacht werden:

- *Pädagogische Haltung/Einstellung*: Gleichheit herstellen: für Gleichberechtigung einstehen. Differenz zwischen und innerhalb der Geschlechter produktiv nutzen: individuelle Motive ernst nehmen und individuelle Stärken fördern. Dekonstruktion ermöglichen: individuelle Handlungsräume offen halten und individuelle (Entwicklungs-)Wege ermöglichen;
- *Unterrichtsform*: reflexive Koedukation (geschlechtshomogene & geschlechtsheterogene (Lern-)Gruppen; siehe auch Onnen in diesem Buch);
- *Paradoxie*: Auflösung durch die Berücksichtigung des Prinzips der egalitären Differenz;
- *Widersprüchlichkeiten innerhalb von Interaktionen*: Gefahr von *Äußerungen* wie »Ich behandle Mädchen und Jungen gleich« oder »Die Jungen sind jetzt mal ruhig«.

Die unterschiedlichen Umgangsmöglichkeiten zeigen, wie schwierig es ist, sich im Spannungsfeld der Paradoxien zu bewegen und einen richtigen Umgang mit Schülerinnen und Schülern im Sinne eines genderkompetenten Verhaltens zu finden. Können bedeutet auf der Handlungsebene das formal richtige Agieren im Sinne

---

28 | Die egalitäre Differenz ist der pädagogische Ansatz innerhalb der »Pädagogik der Vielfalt« (Prengel 1993, 2006), die sich im Kontext einer geschlechtergerechten Pädagogik etablierte.

der Berücksichtigung und Wahrnehmung von Differenzen und des Herstellens von Gleichheit, ohne aber dies einem Geschlecht zuzuschreiben, indem stereotypisiert, zugeordnet oder normiert wird. Den Geschlechtern gerecht zu werden, Gleichwertigkeit herzustellen, Vielfalt und das Besondere eines Menschen zuzulassen und zu stärken, ist hier die große Herausforderung der Dekonstruktion, also der Auflösung von Strukturkategorien und Differenzdimensionen im pädagogischen Handeln. Dass dies erlernt werden kann, steht außer Frage. Vielmehr geht es um die eigene Einstellung zum Wollen und der Bereitschaft, diese Aspekte umzusetzen, aus Überzeugung und mit der Motivation, Veränderungen herbeizuführen, also letzten Endes immer wieder um die Fragen: Wie wird Weiblichkeit/Männlichkeit in Handlungen von mir dargestellt? Will ich Geschlechtergerechtigkeit in aller Konsequenz umsetzten und einfordern? Will ich Handlungsräume eröffnen, um individuelle Wege zu ermöglichen? Will ich Gleichberechtigung erzeugen und herstellen? Infolgedessen geht es somit um eine Dekonstruktion im Sinne eines *Sich-selbst-Hinterfragens*, um eine Reflexion der eigenen Möglichkeiten und Grenzen, um am Ende eine eigene, gefestigte Haltung und einen eigenen Weg zu finden. Vielfache mündliche Rückmeldungen der Studierenden, die dieses Seminar im Rahmen ihrer Ausbildung besucht haben, sowie die schriftlichen Seminarreflexionen zeigen, dass mithilfe der biographischen Selbstreflexion ein wichtiger Schritt auf diesem Weg gemacht werden kann.[29]

4 ZUSAMMENFASSUNG UND AUSBLICK

Ausgehend von der Annahme, dass eine aktive Einflussnahme der Lehrkräfte auf den Abbau von Bildungsungleichheiten mit einer reflektierten Auseinandersetzung mit den eigenen Normalitätsvorstellungen, Erwartungen und Werturteilen beginnen muss, ist es wichtig, Erfahrungs- und Lernorte zu schaffen und anzubieten, die zu einer Weiterentwicklung eines professionellen Selbstbildes beitragen. Ein wichtiger Aspekt ist hierbei, dass die Lehramtsausbildung stetig auf gesellschaftliche Wandlungsprozesse reagieren muss. Dabei sollte sie bedingte Veränderungen und Anforderungen an den Lehrberuf im Bereich von Querschnittsaufgaben, z.B. beim Umgang mit Heterogenität unter einer geschlechterbedingten Perspektive, ebenso im Blick behalten wie die Ausbildung von Fach- oder Methodenkompetenzen. Die in diesem Zusammenhang zu vermittelnde Gender-Kompetenz erweitert das Spektrum einer professionellen pädagogischen Handlungskompetenz und dürfte nicht ausschließlich, wie bislang verbreitet, thematisch in singulären Maßnahmen oder optionalen Angeboten im Studienverlauf Berücksichtigung finden. Sie müsste Teil des Kerncurriculums werden. Zwar stellen diese akzentuierten Studienangebote schon in gewissem Maße eine Verbesserung dar, jedoch weisen sie auch deutlich auf den Entwicklungsbedarf und die damit verbundenen Herausforderungen im Lehrangebot hin. Das universitäre Kompetenzverständnis müsste sich entscheidend verändern (bei Studierenden, DozentInnen, Hochschulleitungen), nämlich dahingehend, dass für die berufliche Praxis nicht allein die Auseinandersetzung mit wissenschaftlich-theoretischen Grundlagen relevant und

---

[29] | Empirische Ergebnisse zur Effektivität des Seminars werden im Rahmen der Habilitationsschrift der Autorin veröffentlicht.

bedeutsam ist. Der Entwicklungsfortschritt der Studierenden kann keineswegs nur an dem erlangten Professionswissen gemessen werden, welches durch fachwissenschaftliche, fachdidaktische und bildungswissenschaftliche Inhalte für die Gestaltung von unterrichtlichen Handlungssituationen vermittelt wird. Vielmehr gilt es, Lehramtsstudierende zu ermutigen und zu unterstützen, die Bereitschaft aufzubringen, eigene Einstellungen und eigene Befähigungen zu reflektieren. Von Studienbeginn an müsste auf die Notwendigkeit von angeleiteten und begleiteten Reflexionsprozessen hingewiesen werden, die auf den Erwerb von Reflexionswissen zielen, die den professionellen Selbstbildungsprozess unterstützten. Gerade im Kontext der Entwicklung und Förderung von Gender-Kompetenz gilt ein biographieorientierter Zugang als eine wichtige Grundlage zur Entwicklung eines genderkompetenten Handelns (vgl. Graff 2008; Kunert-Zier 2005; Rauw/Jantz/Reinert/ Ottmeier-Glücks 2001). Demzufolge erscheint die biographische Selbstreflexion als ein methodischer Zugang sinnstiftend, der jedoch im Studienverlauf selten systematisch eingeführt, konkret beschrieben oder angeleitet wird (vgl. Graff 2008: 63). Hier sind spezifische Lern- und Erfahrungsräume gefordert, die einen Rahmen bieten, um verschiedene Methoden biographischen Arbeitens auszuprobieren, und die vor allem die Neugier und Lust wecken, die eigene Lebensgeschichte und die der anderen alleine oder gemeinsam zu erforschen und zu entdecken. Durch biographische Übungen und die hier angeregten Auseinandersetzungsmöglichkeiten wird ein Erkenntnis- und Selbstbildungsprozess angestoßen, der den Effekt hat, dass Studierende die Seminarinhalte als persönlich relevant einschätzen und für bedeutsam erleben. Dies wird deutlich in den Gedanken und Überlegungen eines Teilnehmers des beschriebenen Seminars:

»Natürlich gelingt es mir nicht immer, die Dinge auf einer Metaebene zu betrachten und meine Entscheidungen mit einem Blick auf das Ganze zu treffen, dennoch weiß ich, dass mir dieses ständige Reflektieren meiner Handlungen es oft leichter macht, meine Situation oder die meiner Mitmenschen besser zu verstehen. Nach dem, was ich in diesem Seminar erlebt habe, glaube ich, die Übungen zur biografischen Selbstreflexion sind ein sehr sanfter Weg, um Menschen dazu anzustoßen, über sich selbst und ihre Handlungen nachzudenken. Würde dies flächendeckend gelingen, so könnten wir den Herausforderungen unserer Zeit entspannt entgegenblicken.« (Schaumberger 2013: 3f.)

In diesem Sinne bieten biographieorientierte Seminarangebote einen Lern- und Erfahrungsraum zur kritischen Auseinandersetzung, zum Erkenntnisgewinn und zur Positionsbestimmung – Aspekte, die nachhaltig auf einen erfolgreichen Theorie-Praxis-Transfer einwirken können.

Das hier beschriebene Seminar wird zukünftig Eingang finden in die Begleitung von Praxisphasen im Masterstudium der Universität Paderborn, wobei der Schwerpunkt auf einer reflexiven Begleitung der praktischen Unterrichtserfahrungen liegt.

Literatur

Berger, Peter L./Luckmann, Thomas, 1966: The Social Construction of Reality. A Treatise in the Sociology of Knowledge. Garden City: Anchor.

Biermann, Christine, 2000: Geschlechterbewusste Pädagogik – ein Baustein zur Schulentwicklung? Hausarbeit im weiterbildenden Studium. Vorlauf: Modul Schulentwicklung. Bielefeld: Universität Bielefeld. [unveröffentlichte Arbeit]

Biermann, Christine/Koch-Priewe, Barbara, 2004: Gender in der LehrerInnenausbildung und Schulentwicklung. In: Glaser, Edith/Klika, Dorle/Prengel, Annedore (Hg.): Handbuch Gender und Erziehungswissenschaft. Bad Heilbrunn: Klinkhardt, 523-539.

Bildungskommission Nordrhein-Westfalen, 1995: Zukunft der Bildung – Schule der Zukunft. Denkschrift der Kommission beim Ministerpräsidenten des Landes Nordrhein-Westfalen. Neuwied: Luchterhand.

Bublitz, Hannelore, 2010: Judith Butler zur Einführung. 3. Auflage. Hamburg: Junius.

Bundesministerium für Bildung und Forschung, 2012: Vierter Bericht über die Umsetzung des Bologna-Prozesses in Deutschland. Deutscher Bundestag. 17. Wahlperiode, Unterrichtung durch die Bundesregierung. Bundestagsdrucksache 15/4490. Berlin: Deutscher Bundestag. [www.bmbf.de/pubRD/umsetzung_bologna_prozess_2012.pdf, eingesehen am: 18.11.2014]

Butler, Judith, 1991: Das Unbehagen der Geschlechter, Frankfurt a.M.: Suhrkamp.

Dausien, Bettina/Thon, Christine, 2009: Gender. In: Andresen, Sabine/Casale, Rita/Gabriel, Thomas/Horlacher, Rebekka/Larcher Klee, Sabine/Oelkers, Jürgen (Hg.): Handwörterbuch Erziehungswissenschaft. Weinheim: Beltz, 336-349.

Degele, Nina, 2008: Gender/Queer Studies: Eine Einführung. München: UTB Fink.

Drinck, Barbara, 2011: Gendertheoretische Überlegungen zum Umgang mit Heterogenität in der Schule. In: Journal of Social Science Education. 10. Jg. H. 2, 48-55.

Erikson, Erik H., 2000: Identität und Lebenszyklus. Frankfurt a.M.: Suhrkamp.

Faulstich-Wieland, Hannelore, 2013: Geschlechterdifferenzen als Produkt geschlechterdifferenzierenden Unterrichts. In: Stadler-Altmann, Ulrike (Hg.): Genderkompetenz in pädagogischer Interaktion. Opladen: Budrich, 12-28.

Baer, Susanne, 2014: Genderkompetenz & Queerversity. Berlin: GenderKompetenz-Zentrum Humboldt-Universität zu Berlin. [www.genderkompetenz.info/genderkompetenz-2003-2010/genderkompetenz-und-queerversity, eingesehen am: 18.11.2014]

Gerhard, Ute/Jansen, Mechtild/Maihofer, Andrea/Schmid, Pia/Schultz, Irmgard (Hg.), 1990: Differenz und Gleichheit. Menschenrechte haben (k)ein Geschlecht. Frankfurt a.M.: Helmer.

Gildemeister, Regine/Wetterer, Angelika, 1992: Wie Geschlechter gemacht werden. Die soziale Konstruktion der Zweigeschlechtlichkeit und ihre Reifizierung in der Frauenforschung. In: Axeli-Knapp, Gudrun/Wetterer, Angelika (Hg.): Traditionen Brüche. Entwicklungen feministischer Theorie. Freiburg i.Br.: Kore, 201-254.

Goffmann, Erving, 1994: Interaktion und Geschlecht. Frankfurt a.M.: Campus.

Graff, Ulrike, 2008: Gut zu wissen! Biografische Selbstreflexion und Genderkompetenz. In: Böllert, Karin/Karsunky, Silke (Hg.): Genderkompetenz in der Sozialen Arbeit. Wiesbaden: VS, 63-76.

Gschwandtner, Helga/Jakob, Astrid, 2009: Gender Mainstreaming als wesentlicher Aspekt einer inklusiven Pädagogik. In: Bundesministerium für Unterricht, Kunst und Kultur (Hg.): Sonderpädagogik aus inklusiver Sicht. Studientexte. Wien: Jugend & Volk, 54-61.

Gudjons, Herbert/Wagener-Gudjons, Birgit/Pieper, Marianne, 2008: Auf meinen Spuren. Übungen zur Biografiearbeit. Bad Heilbrunn: Klinkhardt.

Hagemann-White, Carol, 1984: Sozialisation: Weiblich – männlich? Opladen: Leske + Budrich.

Helsper, Werner, 2002: Lehrerprofessionalität als antinomische Handlungsstruktur. In: Kraul, Margrete/Marotzki, Winfried/Schwepp, Cornelia (Hg.): Biographie und Profession. Bad Heilbrunn: Klinkhardt, 64-102.

Hirschauer, Maria/Kullmann, Harry, 2009: Lehrerprofessionalität im Zeichen von Heterogenität. Stereotype bei Lehrkräften als kollegial zu bearbeitende Herausforderung. In: Hagedorn, Jörg von/Schurt, Verena/Steber, Corinna/Waburg, Wiebke (Hg.): Ethnizität, Geschlecht, Familie und Schule. Heterogenität als erziehungswissenschaftliche Herausforderung. Wiesbaden: VS, 351-373.

International Study Center/International Association for the Evaluation of Educational Achievement, 2014: TIMSS and PIRLS. [http://timssandpirls.bc.edu/, eingesehen am: 18.11.2014]

KMK – Ständige Konferenz der Kultusminister der Länder in der Bundesrepublik Deutschland, 2004: Standards für die Lehrerbildung: Bildungswissenschaften. Beschluss der Kultusministerkonferenz vom 16.12.2004. [www.kmk.org/filead min/veroeffentlichungen_beschluesse/2004/2004_12_16-Standards-Lehrer bildung.pdf, eingesehen am: 18.11.2014]

KMK – Ständige Konferenz der Kultusminister der Länder in der Bundesrepublik Deutschland, 2014: PIRLS/IGLU. [www.kmk.org/bildung-schule/qualitaetssiche rung-in-schulen/bildungsmonitoring/internationale-schulleistungsvergleiche/ pirlsiglu.html, eingesehen am: 18.11.2014]

Knauf, Helen, 2001: Schlüsselqualifikationen. Entstehung, Probleme und Relevanz eines Konzeptes. In: Das Hochschulwesen. 49. Jg. H. 2, 45-50.

Koch, Christiane/Hensge, Kathrin, 1992: Muß ein Mensch denn alles können? Schlüsselqualifikationen. Eine Bestandsaufnahme von (berufspädagogischen) Theorie und (betrieblicher) Praxis. In: Bundesinstitut für Berufsbildung (Hg.): Modellversuche zur beruflichen Bildung (Band 29). Berlin: BIBB, 21-25.

Koch-Priewe, Barbara, 2009: Geschlechterdemokratie als Perspektive der Schulentwicklung. In: Bosse, Dorit/Posch, Peter (Hg.): Schule 2020 aus Expertensicht. Zur Zukunft von Schule, Unterricht und Lehrerbildung. Wiesbaden: VS, 341-346.

Korte, Hermann/Schäfers, Bernhard, 2010: Einführung in die Hauptbegriffe der Soziologie. 8. Auflage. Wiesbaden: VS.

Kraul, Margrete/Marotzki, Winfried (Hg.), 2002: Biografische Arbeit. Perspektiven erziehungswissenschaftlicher Biographieforschung. Opladen: Leske + Budrich.

Kunert-Zier, Margitta, 2006: Perspektiven der Mädchenarbeit zwischen Standortbestimmung und Neuorientierung – ein Kommentar. In: Bundesarbeitsgemeinschaft Mädchenpolitik (Hg.): Feministische Mädchenarbeit und Mädchenpolitik im Kontext aktueller Theorie- und Politikdiskurse (H. 6). Berlin: Bundesarbeitsgemeinschaft Mädchenpolitik e.V., 40-47. [www.jugendserver-saar.de/fileadmin/user_upload/8%20Jugendarbeit_und_Juleica/PDF/Maed chenpolitik.pdf, eingesehen am: 18.11.2014]

Kunert-Zier, Margitta, 2005: Erziehung der Geschlechter. Entwicklungen, Konzepte und Genderkompetenz in sozialpädagogischen Feldern. Wiesbaden: VS.

Lehmann, Gabriele/Nieke, Wolfgang, 2000: Zum Kompetenz-Modell. [www.bildungsserver-mv.de/download/material/text-lehmann-nieke.pdf, eingesehen am: 15.08.2014]

Lemmermöhle, Doris, 2001: Gender und Genderforschung als Herausforderung für die Professionalisierung von Lehrerinnen und Lehrern. In: Beiträge zur Lehrerbildung. Zeitschrift zu Theorie und Praxis der Grundausbildung, Fort- und Weiterbildung von Lehrerinnen und Lehrern in Österreich. 3. Jg. H. 10, 324-335.

Libreria delle donne di Milano, 2001: Wie weibliche Freiheit entsteht. Eine neue politische Praxis. 5. Auflage. Berlin: Orlanda. [1988]

Libreria delle donne di Milano, 2014: Libreria delle donne di Milano. [www.libreriadelledonne.it/_oldsite/index.htm, eingesehen am: 18.11.2014]

Markowitsch, Hans J./Welzer, Harald, 2005: Das autobiografische Gedächtnis. Hirnorganische Grundlagen und biosoziale Entwicklung. Stuttgart: Klett.

Mecheril, Paul/Castro Varela, María do Mar/Dirim, Ýnci/Kalpaka, Annita/Melter, Claus, 2010: Migrationspädagogik. Weinheim: Beltz.

Metz-Göckel, Sigrid/Roloff, Christine, 2002: Genderkompetenz als Schlüsselqualifikation. In: Journal Hochschuldidaktik. Lehr- & Beratungsangebote, Infos, Tipps & Themen. 13. Jg. H. 1, 7-10.

Ministerium für Schule und Weiterbildung des Landes Nordrhein-Westfalen, 2014: Schulgesetz für das Land Nordrhein-Westfalen (SchulG NRW – SchulG) vom 15. Februar 2005 (GV. NRW. S. 102), zuletzt geändert durch Artikel 3 des Gesetzes vom 17. Juni. [www.schulministerium.nrw.de/docs/Recht/Schulrecht/Schulgesetz/Schulgesetz.pdf, eingesehen am: 18.11.2014]

Organisation für wirtschaftliche Zusammenarbeit und Entwicklung, 2014: PISA – Internationale Schulleistungsstudie der OECD. [www.oecd.org/berlin/themen/pisa-internationaleschulleistungsstudiederoecd.htm, eingesehen am: 18.11.2014]

Paderborner Lehrerausbildungszentrum (Hg.), 2001: Positionspapier zur Lehrerbildung an der Universität Paderborn. Heft C-04_2001. Paderborn: PLAZ. [https://plaz.uni-paderborn.de/fileadmin/plaz/PLAZ-Organisation/PLAZ-Forum/Positionspapier_zur_Lehrerausbildung.pdf, eingesehen am: 18.11.2014]

Prengel, Annedore, 2006: Pädagogik der Vielfalt. Verschiedenheit und Gleichberechtigung in Interkultureller, Feministischer und Integrativer Pädagogik. Wiesbaden: VS.

Prengel, Annedore, 1993: Pädagogik der Vielfalt. Verschiedenheit und Gleichberechtigung in interkultureller, feministischer und integrativer Pädagogik. Opladen: Leske + Budrich.

Rauw, Regina/Jantz, Olaf/Reinert, Ilka/Ottemeier-Glücks, Franz Gerd (Hg.), 2001: Perspektiven Geschlechtsbezogener Pädagogik. Impulse und Reflexionen zwischen Gender, Politik und Bildungsarbeit (Quersichten, Band 1). Opladen: Leske + Budrich.

Rendtorff, Barbara, 2011: Bildung der Geschlechter. Stuttgart: Kohlhammer.

Roth, Heinrich, 1971: Pädagogische Anthropologie. Band 2: Entwicklung und Erziehung. Hannover: Schroedel.

Schaumberger, Hans-Jörg, 2013: Reflexionen und Überlegungen zum Seminar »Biografische Selbstreflexion und Genderkompetenz«. Wien: Universität Wien. [unveröffentlichte Seminararbeit]

Smykalla, Sandra, 2006: Was ist Gender? Berlin: GenderKompetenzZentrum Humboldt Universität zu Berlin. [www.genderkompetenz.info/w/files/gkompzpdf/gkompz_was_ist_gender.pdf, eingesehen am: 18.11.2014]

Spiegel, Hiltrud von, 2005: Methodisches Handeln und professionelle Handlungskompetenz im Spannungsfeld von Fallarbeit und Management. In: Thole, Werner (Hg.): Grundriss Soziale Arbeit. Wiesbaden: VS, 589-602.

Stiegler, Barbara, 2008: Heute schon gegendert? Gender Mainstreaming als Herausforderung für die Soziale Arbeit. In: Böllert, Karin/Karsunky, Silke (Hg.): Genderkompetenz in der Sozialen Arbeit. Wiesbaden: VS, 19-28.

Tenorth, Heinz-Elmar, 2007: Inhaltliche Reformziele in der Lehrerbildung. In: Hochschulrektorenkonferenz (Hg.): Von Bologna nach Quedlinburg. Die Reform des Lehramtsstudiums in Deutschland. Bonn: HRK Service-Stelle Bologna, 30-52.

Terhardt, Ewald, 2008: Die Lehrerbildung. In: Cortina, Kai S./Baumert, Jürgen/Leschinsky, Achim/Mayer, Karl U./Trommer, Luitgard (Hg.): Das Bildungswesen in der Bundesrepublik Deutschland. Hamburg: Rowohlt, 745-722.

Tillmann, Klaus-Jürgen, 2007: Erziehungswissenschaft in der BA/MA-Struktur. Die Lehrerbildung. In: Erziehungswissenschaft. 18. Jg. H. 35, 17-24.

Wahl, Diethelm, 2013: Lernumgebungen erfolgreich gestalten. Vom trägen Wissen zum kompetentem Handeln. 3. Auflage. Bad Heilbrunn: Klinkhardt.

Wahl, Diethelm, 1991: Handeln unter Druck. Der weite Weg vom Wissen zum Handeln bei Lehrern, Hochschullehrern und Erwachsenenbildnern. Weinheim: Deutscher Studien Verlag.

Werthmanns-Reppekus, Ulrike, 2008: Genderkompetenz in der Kinder- und Jugendhilfe. Lebenslage Geschlecht? In: Böllert, Karin/Karsunky, Silke (Hg.): Genderkompetenz in der Sozialen Arbeit. Wiesbaden: VS, 101-120.

West, Candace/Zimmermann, Don H., 1987: Doing Gender. In: Gender and Society. 1. Jg. H. 2, 125-151. [http://gas.sagepub.com/content/1/2/125.full.pdf+html, eingesehen am 24.02.2015]

Wischer, Beate, 2009: Umgang mit Heterogenität im Unterricht. Das Handlungsfeld und seine Herausforderungen. In: Teachers in Practice and Process (Hg): Handbuch. Heterogenität ruft nach Dialog. [www.teachers-ipp.eu/Umgang-mit-Heterogenitet.html#Heterogenitaet, eingesehen am: 18.11.2014]

Würker, Achim, 2006: Wenn sich die Szenen gleichen ... In: Dörr, Margareta/Müller, Burkhard (Hg.): Nähe und Distanz. Ein Spannungsfeld pädagogischer Professionalität. Weinheim: Juventa, 123-139.

Geschlechtervielfalt in der Lehramtsausbildung

Helene Götschel

Geschlecht(er) bipolar zu ordnen ist nicht die einzig mögliche Art, Geschlechtervielfalt zu denken. Darauf weisen nicht nur aktuelle biologische Forschungen und poststrukturalistische Theorien der Geschlechterforschung hin, zunehmend begegnet uns ein differenzierter Umgang mit Geschlechtervielfalt auch in Medizin, Rechtsprechung und anderen Bereichen der Gesellschaft. Die pädagogische Forschung in Bildungstheorie, Schulpädagogik und Schulforschung berücksichtigt vermehrt die kulturelle Produktion von Normalität und Abweichung geschlechtlicher Vielfalt in (schulischen) Bildungsprozessen. Jedoch dominieren in pädagogischen und fachdidaktischen Publikationen nach wie vor defizitorientierte und differenztheoretische Ansätze, welche eine binäre Geschlechterdifferenz oft wenig reflektiert mit biologisch-psychologischen Forschungsergebnissen begründen. Solch pauschalisierende Ansätze erklären jedoch weder die erlebten Unterschiede innerhalb der Geschlechtergruppen, noch stellen sie geeignete Handlungsanweisungen zur Umsetzung von Chancengleichheit in der Schule des 21. Jahrhunderts bereit.

Der folgende Beitrag verweist zunächst auf die Realität der Geschlechtervielfalt (Kap. 1) und geht anschließend auf den Stand der Geschlechterforschung in der Pädagogik (Kap. 2) sowie die Geschlechtervorstellungen im Bereich der Fachdidaktik (Kap. 3) ein. Vor diesem Hintergrund sind die Lehrveranstaltungen zur transdisziplinären und erziehungswissenschaftlichen Gender-Forschung für Lehramtsstudierende zu sehen, die in den vergangenen Jahren an der Technischen Universität Darmstadt angeboten wurden (Kap. 4). Die Seminarbeschreibungen der Veranstaltungen »Einführung in Theorien der Geschlechterforschung« (Kap. 4.1) und »Biologisches Wissen im Geschlechterdiskurs« (Kap. 4.2) verdeutlichen die produktive Auseinandersetzung mit dekonstruktivistischen, queeren und postkolonialen Ansätzen und ihre Bedeutung für das Unterrichtshandeln in der schulischen Praxis. Die dabei erworbenen Kenntnisse und Einsichten unterstützen Lehramtsstudierende dabei, ein kritisches Professionsverständnis zu entwickeln, das bestehende Normen hinterfragt und damit zur Anerkennung und Förderung vielfältiger Lebensweisen beiträgt (Kap. 5). Nicht zuletzt soll der Beitrag dazu anregen, die vorgestellten Themen und Unterrichtseinheiten in Kurse oder Module anderer Hochschulen und, zumindest in abgewandelter Form, in den schulischen Unterricht zu übertragen (Kap. 6).

1 Die Realität der Geschlechtervielfalt

In unserem Alltagsverständnis von Geschlecht gehen wir meist unhinterfragt davon aus, dass die Geschlechtszugehörigkeit zu einem der beiden Geschlechter – männlich oder weiblich – eindeutig, durch biologisch-anatomische Tatsachen begründet und unveränderbar sei. Diesem biologischen Geschlecht entspräche zudem eine eindeutige Geschlechtsidentität. Monogames, heterosexuelles Begehren gilt dabei also so normal und natürlich, dass es nicht explizit thematisiert werden muss (vgl. Kessler/McKenna 1978; Warner 1991; Pieper/Bauer 2005). Diese durch menschliche Erfahrung geprägten Prämissen werden dabei oft auf Tiere und Pflanzen übertragen (vgl. Ebeling 2006; Riewenherm 1996). Ein Blick in die aktuelle biologische Forschung zeigt hingegen bei Menschen, Tieren und Pflanzen eine Vielfalt von Geschlechtern, Sexualitäten und Fortpflanzungsarten. Die Zuordnung eines Menschen zu einem bestimmten Geschlecht ist aufgrund widersprüchlicher morphologischer (Gestalt der inneren und äußeren Genitalien), gonadaler (Keimdrüsen), hormoneller oder genetischer Gegebenheiten heute in vielen Fällen nicht eindeutig möglich. Außerdem unterliegen die Kriterien der biologisch-medizinischen Bestimmung von Geschlecht selbst einem historischen Wandel (vgl. Fausto-Sterling 2000; Schirmer 2012; Schmitz 2006b; Voß 2010). Bei Tieren kann zudem die Ausprägung von Geschlechtsmerkmalen abhängig sein von genetischen Faktoren wie bei Säugetieren und Vögeln, aber auch von der Temperatur wie bei Krokodilen und Eidechsen oder der sozialen Umgebung wie bei einigen Fischen, etwa den tropischen Meeresgrundeln oder den Blaukopf-Junkern (vgl. Ah-King 2009a: 216-218; siehe auch Amon/Wenzl in diesem Buch). Tierarten können zweigeschlechtlich vorkommen, zwittrig oder eingeschlechtlich sein und sich sexuell oder nichtgeschlechtlich fortpflanzen. Wie sehr dabei die Denk- und Sprechweise der Biologie an ihre Grenze stößt, zeigt beispielsweise die Beschreibung der sexuellen Aktivität des Aufreitens bei eingeschlechtlichen (weiblichen) Renneidechsen als »pseudomännliches Verhalten« (vgl. Ebeling 2009: 43f.). Noch wesentlich komplexer sind die Geschlechterverhältnisse und Fortpflanzungsarten im Pflanzenreich, etwa bei der zwittrigen Moorlilie, die sich je nach Umweltbedingungen über Samen, Ableger oder das Wurzelsystem verbreitet, oder dem gemeinen Löwenzahn, der eine unterschiedliche Anzahl von Chromosomensätzen (Polyploidie) aufweisen kann und sich je nachdem sexuell oder über Klone vermehrt (vgl. Riewenherm 1996).

Ein historischer und ethnologischer Blick auf andere Kulturen zeigt, dass unser westliches Denkmuster der starren Zweigeschlechtlichkeit nicht die einzig mögliche und richtige Art ist, Geschlechtervielfalt zu ordnen. Das Volk der Hua in Papua-Neuguinea beispielsweise verfügt über ein Konzept eines an Körperflüssigkeiten gebundenen Geschlechts, welches durch den Austausch von (sexuellen) Körperflüssigkeiten im Lauf der Zeit zu einem Geschlechterwechsel führen kann (vgl. Meigs 1976). Zahlreiche indigene Völker Nordamerikas kannten *two-spirits*, d.h. Menschen, in deren Körper sich ein weiblicher und ein männlicher Geist manifestierten und die deswegen oft über besondere Kräfte und Fähigkeiten verfügten (vgl. Jacobs/Thomas/Lang 1997; Palzkill 2004). Das Ordnen der biologischen und sozialen Geschlechtervielfalt ist sicherlich notwendig, um sich in der Vielfalt zurechtzufinden. Wenn diese Ordnung jedoch zahlreiche Menschen übersieht, ausschließt oder als abnormal diskriminiert, ist es an der Zeit, sich über das Ordnungssystem Gedanken zu machen. Genau dies geschieht in der dekonstruktivistischen Geschlechterforschung.[1]

Für angehende Lehrer_innen – diese Schreibweise umfasst Lehrer, Lehrerinnen sowie alle lehrenden Menschen, die in keine der beiden Kategorien Mann/Frau eingeordnet werden können oder wollen – ist es daher eine Bereicherung, sich in Auseinandersetzung mit der Gender-Forschung Gedanken darüber zu machen, welchen nicht mehr zeitgemäßen Vorstellungen von Geschlechtern und Geschlechterrollen sie unreflektiert anhängen. Die Auseinandersetzung mit der eigenen Einstellung kann dazu beitragen, dass Lehrkräfte gesellschaftliche Vorstellungen von unnatürlichen Sexualitäten oder technikfernen Mädchen nicht länger unbewusst an die nächste Generation überliefern. Eine Reflektion der gesellschaftlichen Geschlechterordnung trägt darüber hinaus auch dazu bei, eine größere Vielfalt von Geschlechtern und Geschlechtsidentitäten im Lehrer_innen- oder Klassenzimmer wahrzunehmen und zu respektieren, neue Familien- und Lebensformen im Alltag ebenso wie im Unterrichtsmaterial aufzuzeigen (vgl. Bittner 2012; Heasley/Crane 2012). Insbesondere wird es den Lehrkräften durch die Beschäftigung mit dekonstruktivistischen Denkmodellen möglich, die jungen Menschen im Prozess der Subjektivation[2] nicht nur zu einer kritischen Auseinandersetzung mit der herrschenden Geschlechterordnung, ihren Widersprüchen und Ambivalenzen zu befähigen, sondern selbst Diskurse zu aktualisieren, die das Macht-Wissen-Geschlechter-Regime verschieben. Damit können sie dazu beitragen, das Allgemeine Gleichbehandlungsgesetz (AGG) der Europäischen Union umzusetzen, welches auch in Bezug auf den Schulunterricht fordert, »Benachteiligungen aus Gründen der Rasse oder wegen der ethnischen Herkunft, des Geschlechts, der Religion oder Weltanschauung, einer Behinderung, des Alters oder der sexuellen Identität zu verhindern oder zu beseitigen« (AGG § 1 und § 2). Zudem wären zukünftige Lehr-

---

[1] | In der pädagogischen Geschlechterforschung, insbesondere in Arbeiten zu naturwissenschaftlich-technischen Fachdidaktiken, dominierten lange Zeit defizitorientierte und differenztheoretische Ansätze. So vertreten auch neuere Arbeiten die Ansicht, Mädchen benötigten eine Ermutigung oder eine spezielle Ansprache, um sich mit Naturwissenschaften zu beschäftigen (vgl. Wodzinski 2009). Auch konstruktivistische Ansätze, welche die Herstellung von Geschlecht, das Doing Gender, in sozialen Interaktionen beobachten, bleiben in der deutschsprachigen Forschung der Vorstellung von Zweigeschlechtlichkeit implizit verhaftet (vgl. Schütze 2010: 38-49). Dekonstruktivistische Ansätze, die sich auf poststrukturalistische Vorstellungen beziehen und Geschlechterordnungen als durch Diskurse konstituiert begreifen (vgl. Butler 1997), galten dagegen wegen der fehlenden »Verbindung zu konkreten Lebenspraxen und Handlungsbezügen« (Micus-Loos 2004: 121) lange als nicht sinnvoll auf die Pädagogik übertragbar (vgl. Micus-Loos 2004) bzw. werden erst in den letzten Jahren verstärkt in der Pädagogik diskutiert (vgl. Ricken/Balzer 2012), mit dem Ziel, die »Gedanken der Subjektivation in Verknüpfung mit intersubjektivitäts- und anerkennungstheoretischen sowie performativitäts- und praxistheoretischen Einsichten zu (er-)fassen und für die erziehungswissenschaftliche Rezeption fruchtbar zu machen« (Ricken/Balzer 2012: 11).

[2] | In den Bildungswissenschaften beschreibt der Begriff Subjektivation den Prozess, in dem Menschen durch Erwartungen, Positionen und kollektive Identitäten (z.B. was es heißt, ein Mädchen oder Junge zu sein) zu Subjekten gemacht werden und sich gleichzeitig selbst dazu machen (Geschlechtervorstellungen werden einverleibt). Subjektpositionierungen und situative Selbsterfahrung greifen dabei ineinander (vgl. Jäckle 2011).

kräfte besser auf die aktuellen rechtlichen wie medizinisch-psychologischen Änderungen im Umgang mit intersexuellen und transidentischen Menschen[3], etwa die Änderung des Personenstandsgesetzes zum November 2013,[4] vorbereitet, die meines Erachtens zukünftig verstärkt dazu führen werden, dass intersexuelle Kinder nicht länger versteckt oder chirurgisch-medikamentös normiert werden, sondern ein Recht auf freie Entwicklung ihrer Persönlichkeit auch im Schulalltag erhalten.

2 Geschlechterforschung in der Pädagogik

Dekonstruktivistische, queere und postkoloniale Theorien[5] der internationalen und transdisziplinären Geschlechterforschung werden zunehmend in der pädagogischen und erziehungswissenschaftlichen Geschlechterforschung thematisiert. Diese Ansätze erhalten dabei vor allem Einzug in theoretische und empirische Studien der Bildungstheorie und Allgemeinen Pädagogik, die sich mit der Analyse und Konstruktion von Begriffen, Konzepten und Theorien von Erziehung und Bildung befassen (vgl. Baquero Torres 2012; Hartmann 2004; Ricken/Balzer 2012; Walgenbach 2007). Auch in der Bildungsforschung, Schulpädagogik und Schulforschung gibt es erste Forschungsarbeiten, die sich mit der kulturellen Produktion von Normalität und Abweichung sowie mit einem prozessualen und kulturell konzipierten Verständnis von Geschlecht in (schulischen) Bildungsprozessen auseinandersetzen (vgl. Faulstich-Wieland 2008: 689; Walther 2012). Dies führt zu innovativen, kritischen Forschungsfragen. So kann aufgezeigt werden, dass pädagogische Ansätze und Publikationen, die destabilisierende Ziele in Bezug auf Macht-Wissen-Geschlechter-Regime durch die Erweiterung des Berufswahlspek-

---

3 | Intersexuell sind Menschen, deren Körper in Bezug auf äußere Erscheinung, Keimdrüsen, Hormonproduktion und Chromosomen nicht nur männlich bzw. nur weiblich erscheinen, sondern sowohl männliche als auch weibliche Merkmale vereinen. Transidentische Menschen, auch Transsexuelle genannt, identifizieren sich nicht mit dem ihnen bei der Geburt zugewiesenen (biologischen) Geschlecht, sondern eher mit dem anderen Geschlecht. Transgender oder Trans*, manchmal auch synonym mit Transident oder Transsexuell gebraucht, betont dagegen eine Geschlechtsidentität jenseits der binären Geschlechterordnung. Das Sternchen steht dabei für verschiedene mögliche Ergänzungen.

4 | Zum 1. November 2013 wurde das Personenstandsgesetz revidiert. Seitdem darf bei Kindern, die bei der Geburt nicht eindeutig dem männlichen oder weiblichen Geschlecht zugeordnet werden können, die Angabe des Geschlechts im Geburtenregister weggelassen werden. Diese Änderung wird zwar als Fortschritt aufgefasst, wirft zugleich aber neue Fragen auf. Ungeklärt ist beispielsweise, ob Erwachsene ihren Eintrag auch nachträglich aus dem Geburtenregister löschen lassen dürfen und ob und wen Menschen ohne Geschlechtseintrag heiraten dürfen.

5 | Die Queer Theory beschäftigt sich mit Heteronormativität, Geschlechtervielfalt und der vielfältigen Alchemie des Begehrens. Sie verknüpft in der plural-queeren Richtung Sex/Gender mit anderen gesellschaftlichen Regulativa wie Hautfarbe oder kulturelle Herkunft und denkt Identität mehrdeutig und unabgeschlossen (vgl. Czollek/Perko/Weinbach 2009: 33-47). Postkoloniale Studien problematisieren Identität, den Umgang mit vielfältigen sozial konstruierten Differenzen, Rassismus, die Repräsentation der Anderen und die Konstruktion von Normalität (vgl. Gutiérrez Rodriguez 2010).

trums von Mädchen oder die Ermutigung lesbisch empfindender Schülerinnen verfolgen, zugleich machtverfestigende Zuschreibungen vornehmen. Letztere erfolgen, wenn Mädchen mit dem Vereinbarkeitsdiskurs von Beruf und Familie konfrontiert werden, ohne z.B. Regenbogenfamilien in Betracht zu ziehen, oder indem die in Mädchen verliebten Schülerinnen auf eine feststehende lesbische Identität festgelegt werden (vgl. Hartmann 2012). Aktuelle Studien zeigen ferner, dass in der feministischen Schulkritik Zweigeschlechtlichkeit reifiziert[6] wird, indem »ein enger Zusammenhang zwischen der geschlechtlichen Segmentierung des Arbeitsmarktes, dem Berufswahlverhalten junger Frauen und deren Interessenentwicklung in der Schule unterstellt wird« (Maxim 2009: 237). Breit angelegte Studien zum Interesse von Mädchen und Jungen im Physikunterricht kamen zu dem Ergebnis, dass beide Geschlechter sich eine stärkere Kontextualisierung bei der Präsentation physikalischer Sachgebiete wünschten. Bei der Entwicklung eines Maßnahmenkatalogs zur Konzeption eines Physikunterrichts, der die Lebenszusammenhänge, Fähigkeiten und Interessen für Mädchen berücksichtigt, wurden jedoch aus den quantitativen Aussagen über Geschlechterunterschiede qualitative Unterschiede. Aus nuancierten »Mehr oder weniger«-Verhältnissen wurde dadurch ein striktes »Entweder-oder« (vgl. Maxim 2009: 237-242).

In pädagogischen und fachdidaktischen Publikationen dominieren nach wie vor unhinterfragt differenztheoretische Ansätze, welche die Geschlechterunterschiede zwischen Mädchen und Jungen dramatisieren. So werden angehende Physiklehrkräfte in einem Standardwerk zur Physikdidaktik (Kircher/Girwitz/Häußler 2009) in einem speziellen Kapitel zu Mädchen im Physikunterricht gleich in den ersten Sätzen mit der pauschalisierenden Ansicht konfrontiert:

»Das Fach Physik ist für viele Mädchen mit Abstand das unbeliebteste Fach, für einige sogar ein ›Horrorfach‹. Wenn es die Möglichkeit gibt, Physik abzuwählen, dann entscheiden sich viele Mädchen bewusst gegen die Physik.« (Wodzinski 2009: 583)

Dass Physik auch für viele Schüler das unbeliebteste Fach ist oder dass sich manche Schülerinnen bewusst für die Physik entscheiden, bleibt dabei ungesagt. Damit finden sich geschlechterstereotypisierende Einstellungsmuster nicht nur bei den beschriebenen »Mädchen im Physikunterricht«, sondern auch bei den Forschenden der Physikdidaktik und werden durch das Lehrbuchwissen als spezifisches Mädchenproblem an die neue Generation von Lehrkräften tradiert.

Weniger geschlechterstereotyp, dafür aber äußerst widersprüchlich sind aktuelle Forschungsergebnisse aus Psychologie und Pädagogik zum Thema Frauen und MINT-Fächer (Mathematik, Informatik, Naturwissenschaft und Technik), die zunehmend neurobiologische Argumentationen aufgreifen. Die Ingenieurin und Pädagogin Bettina Jungkunz (2012) weist in ihrer Studie zum Berufswahlverhalten von Ingenieur_innen darauf hin, dass 20 % der männlichen, aber nur 15 % der weiblichen Studienanfänger_innen einen MINT-Studiengang wählen. Dies werfe die Frage auf, ob das Verhalten bei Berufs- und Studienwahlprozessen auf angeborene Fähigkeiten oder auf Erziehungs- und Sozialisationsprozesse zurückgeführt werden könne. Mit Rückgriff auf unterschiedliche Standpunkte innerhalb dieser

---

6 | Reifizierung meint das für real Halten eines hypothetischen Begriffs.

Nature/Nurture-Debatte[7] vergleicht Jungkunz im quantitativ-empirischen Teil ihrer Studie Studentinnen aus MINT-Fächern mit Studentinnen aus den Geisteswissenschaften. Untersucht werden die Probandinnen unter der Fragestellung, ob biologische oder soziale Faktoren für deren Berufswahl ausschlaggebend seien. Angaben zu Erziehungs- und Sozialisationsaspekten werden durch einen Biographiefragebogen gewonnen und in Bezug gesetzt zu Hinweisen auf das pränatale Testosteronsetting. Letzteres wird ermittelt aus dem Fragebogen zum Autismus-Spektrum-Quotienten[8] sowie aus dem gemessenen Fingerlängenquotienten[9]. Die Pädagogin kommt zu dem Schluss:

»Insgesamt kann mit hoher Wahrscheinlichkeit angenommen werden, dass die pränatale Androgenkonzentration als wesentlicher Faktor für das spätere Berufswahlverhalten angesehen werden kann. [...] Die Erfahrung, die das Individuum in seinem Leben bisher gemacht hat, die Umwelt, in der es gelebt hat, die Erziehung, die es genossen hat, haben dagegen nur modulierenden Einfluss.« (Jungkunz 2012: 400)[10]

Kritischer äußert sich die Entwicklungspsychologin Claudia Quaiser-Pohl (2012) in ihrem einleitenden Beitrag für den Sammelband *Mädchen und Frauen in MINT. Bedingungen von Geschlechtsunterschieden und Interventionsmöglichkeiten* zu neurowissenschaftlichen Argumenten bei der Erklärung von Partizipationsansätzen von Frauen im MINT-Bereich. Quaiser-Pohl weist darauf hin, dass zwar in der Literatur oft mit den (durch pränatale Geschlechtshormone ausgelösten) Differenzen zwischen Männer- und Frauenhirnen argumentiert werde, die neurowissenschaftliche Befundlage jedoch letztendlich weder befriedigend noch eindeutig sei, sodass Wissenschaftler_innen inzwischen von einer komplexen biopsychosozialen Wechselwirkung sprächen. Die Psychologin kommt daher zu der Einschätzung: »So wichtig diese biologische Seite der Geschlechterdifferenzierung ist, ihre sozialen Aspekte besitzen eine noch größere Bedeutung« (Quaiser-Pohl 2012: 24). Den Bezugsrahmen einer (biologischen) Zweigeschlechtlichkeit hinterfragen beide Studien jedoch nicht. Geschlechtervielfalt und Uneindeutigkeit finden keinen Eingang in ihre Überlegungen.

---

7 | Unter Nature/Nurture-Debatte versteht man die Auseinandersetzung mit der Frage, ob bestimmte Fähigkeiten und Eigenschaften der Menschen angeboren oder durch die Umwelt bzw. Erziehung erworben wurden.
8 | Der Autismus-Spektrum-Quotienten-Test, kurz AQ-Test genannt, wurde von einem Forschungsteam an der Universität Cambridge um den Psychologen Simon Baron-Cohen entwickelt als Maßstab für das Ausmaß autistischer Züge bei Erwachsenen.
9 | Das Fingerlängenverhältnis von Zeigefinger zu Ringfinger (abgekürzt als 2D:4D) gilt in der Psychologie als Maß für die Höhe des vorgeburtlichen Testosteronspiegels im Körper des Embryos. Es scheint einen Zusammenhang zwischen dem Fingerlängenverhältnis einerseits und Fruchtbarkeit, Gesundheit und Verhalten andererseits zu bestehen. Es gibt jedoch auch Kritik an diesen Studien (vgl. dazu Kap. 3).
10 | Pränatale Androgenkonzentration bedeutet vorgeburtliche Konzentration an männlichen Hormonen, etwa dem Testosteron.

3 Die Dominanz der binären Geschlechterdifferenz

Vor dem Hintergrund der in der Fachdidaktik nach wie vor dominierenden binären Geschlechterkonzeption ist es nicht verwunderlich, dass die von mir unterrichteten Lehramtsstudierenden auf die Frage, welche Gender-Theorien ihnen schon im Studium begegnet oder bekannt seien, nach kurzem Zögern Antworten geben, die sich unhinterfragt auf die Alltagstheorie der Zweigeschlechtlichkeit beziehen und auf den Differenzansatz verweisen. Wenn überhaupt, dann beziehen sie sich ausschließlich auf eine Theorierichtung, die in der deutschsprachigen interdisziplinären Geschlechterforschung Mitte der 1980er-Jahre ihren intellektuellen Höhepunkt hatte (vgl. Micus-Loos 2004). Zudem ist aus Sicht der Geschlechterforschung anzumerken, dass diese vermeintlichen Geschlechterdifferenzen innerhalb eines zweigeschlechtlichen Denksystems von den Studierenden und selbst in der fachdidaktischen Literatur zumeist mit biologisch-psychologischen Argumenten naturalisiert werden. Zwar wird der Bezug auf biowissenschaftliche Theorien durchaus kritisch diskutiert, Forschungserkenntnisse der biologischen Geschlechterforschung – insbesondere in Bezug auf die Einschreibung gesellschaftlicher und kultureller Vorstellungen von Geschlechterdifferenz in die Wissensproduktion der Biologie – werden dabei aber nur unzureichend berücksichtigt (vgl. Jungkunz 2012; Scheunpflug 2004; Strüber 2010). So wird – wie oben anhand der Studie von Jungkunz aufgezeigt – seit einigen Jahren in den Medien und zunehmend auch in der pädagogischen Literatur eine Forschungsrichtung präsentiert, die aus der Fingerlänge, genauer gesagt aus dem Längenverhältnis zwischen (kurzem) Zeigefinger und (langem) Ringfinger als Maß für die pränatale Höhe des Testosteronspiegels, eine besondere Eignung für eine technische Berufskarriere herausliest (vgl. Hell/Päßler 2011). Glaubt man diesen Studien und insbesondere den zugehörigen populärwissenschaftlichen Presseberichten, verfügen Menschen mit kleinem Längenverhältnis, also langem Ringfinger, nicht nur über männlich-markante Gesichtszüge und Durchsetzungskraft, sondern auch über mathematische Begabung und technisches Interesse. Die in die Studien und ihre Auswertungen einfließenden Vermutungen, Vorannahmen, Ausblendungen, Interpretationen und vagen Zusammenhänge – so werden etwa schwache Korrelationen oft als eindeutige, kausale Zusammenhänge beschrieben – werden jedoch nicht thematisiert.

Auch aus dem Bereich der Neurowissenschaft und Hirnforschung halten sich hartnäckig populärwissenschaftliche Vorstellungen über die Einschreibung der Geschlechterdifferenz in den Körper. Frauenhirne, die nicht räumlich denken könnten, und Männerhirne, die nicht sprachbegabt oder multitaskingfähig seien, zählen sicher zu den populärsten Beispielen dieser Mythen. Solch biologisch-psychologische Forschungsergebnisse werden in der pädagogischen Geschlechterforschung selten kritisch hinterfragt, obwohl das Nichtwahrnehmen von Geschlechterähnlichkeit in der Psychologie in der sozialwissenschaftlichen Geschlechterforschung thematisiert wird (vgl. Connell 2013: 77-104) und aus der biologischen Geschlechterforschung gut lesbare Literatur vorliegt, die den Deckmantel der vermeintlichen wissenschaftlichen Objektivität lüftet (vgl. Fine 2012; Palm 2012; Quaiser-Pohl/Jordan 2004). Eine wohltuende Ausnahme bildet der Beitrag von Bettina Hannover (2008) zur Entwicklung von Geschlechtsunterschieden in einem Lehrbuch zur Pädagogischen Psychologie, in dem die Untersuchung von Geschlechterunterschieden zunächst kritisch reflektiert wird. U.a. weist Hannover darauf hin, dass zahlreiche sozialpsychologische Studien nachgewiesen haben, dass das Wissen über Unterschiede durch bestimmte Erwartungshaltungen zu ihrer Aufrechterhaltung beiträgt. Außerdem wird deutlich, dass biologische Erklärungsansätze, die mit Differenzen in den Chromosomen, den Sexualhormonen oder der Hirnstruktur argumentieren, nicht geeignet sind, situations- und entwicklungsabhängige Variationen von Geschlechterunterschieden oder die Unterschiede innerhalb der Genusgruppen zu erklären.

4 GESCHLECHTERVIELFALT ALS THEMA DER LEHRE

An der TU Darmstadt unterrichte ich seit dem Sommersemester 2012 als Gastprofessorin[11] für Geschlechterforschung und Interdisziplinarität bzw. als Wissenschaftliche Mitarbeiterin im Projekt »Heterogenität als Qualitätsherausforderung in der Lehramtsausbildung«[12] am Institut für Allgemeine Pädagogik und Berufspädagogik jedes Semester. Dort halte ich Lehrveranstaltungen zur transdisziplinären und erziehungswissenschaftlichen Gender-Forschung. Darin gehe ich auf dekonstruktivistische, queere und postkoloniale Ansätze und ihre Bedeutung für das Unterrichtshandeln in der schulischen Praxis ein. Diese Veranstaltungen richten sich insbesondere an Studierende im Studiengang Lehramt für das Gymnasium, welche Gender-Forschung an der TU Darmstadt als Wahlpflichtmodul mit drei Lehrveranstaltungen belegen können. Aus diesem Grund besuchen nicht wenige Studierende mehrere meiner Lehrveranstaltungen. Anhand zweier konkreter Seminarpläne und exemplarischer Unterrichtseinheiten aus den vergangenen Semestern möchte ich aufzeigen, wie sich angehende Lehrkräfte in meinen Veranstaltungen aus soziologischer und biologischer Gender-Perspektive mit Geschlechtervielfalt beschäftigten.

Für Lehramtsstudierende der TU Darmstadt, also vor allem Studierende mit gymnasialen Unterrichtsfächern aus den Bereichen MINT und Sport, besitzen biologische Argumente eine große naturwissenschaftliche Autorität. Geschlechterdifferenz gilt ihnen somit als objektives, nicht weiter hinterfragbares Faktum, das sich zudem mit ihren alltagsweltlichen Erfahrungen der Zweigeschlechtlichkeit deckt. Zugleich jedoch empfinden viele Studierende ein Unbehagen gegenüber pauschalisierenden differenztheoretischen Erklärungsansätzen, die weder erlebte Unterschiede innerhalb der Genusgruppen erklären noch geeignete Handlungsanweisungen zur Umsetzung von Chancengleichheit in der Schule des 21. Jahrhunderts bereitstellen. Daher erlebe ich die meisten Studierenden als offen für Theorieansätze der sozial- und kulturwissenschaftlichen Frauen- und Geschlechterforschung und neugierig auf Ergebnisse der kritischen biologischen Geschlechterforschung der letzten zwanzig Jahre. In meinen Lehrveranstaltungen können sich die an-

---

11 | Meine Gastprofessur an der TU Darmstadt ist Teil des hochschulweiten Projekts »Kompetenzentwicklung durch interdisziplinäre Vernetzung von Anfang an (KIVA)«, welches aus Mitteln des Qualitätspakts Lehre des Bundesministeriums für Bildung und Forschung finanziert wird.

12 | Das Projekt »Heterogenität als Qualitätsherausforderung in der Lehramtsausbildung« wird für die Dauer von vier Semestern finanziert aus zentralen Mitteln zur Qualitätssicherung von Studium und Lehre der TU Darmstadt.

gehenden Lehrer_innen mit feministischen Theorien, empirischen Forschungsergebnissen und Berichten aus der schulischen Praxis auseinandersetzen. Ziel der Lehrveranstaltungen ist es, den Studierenden einen Raum zu eröffnen, in dem sie die Dominanz der binären Geschlechterdifferenz hinterfragen können. Sie reflektieren, welche Vorstellungen, Vorannahmen und Vorurteile sie in ihren Köpfen haben, die ansonsten unbemerkt in ihre Unterrichtsgestaltungen und Unterrichtsdurchführungen eingeflossen wären. Zugleich bieten die Lehrveranstaltungen sowie die dazugehörigen vertiefenden Prüfungsleistungen (Referate, Unterrichtsgestaltungen, Hausarbeiten, mündliche Prüfungen) die Möglichkeit, zu überlegen, ob und wie diese Reflektionskompetenz auch in einer schulischen Unterrichtssituation an die Schüler_innen vermittelt werden kann.

In der Veranstaltung »Einführung in Theorien der Geschlechterforschung« kommen die Studierenden mit Ansätzen von Geschlechtergleichheit und Geschlechterdifferenz, aber auch mit neueren Theorietraditionen wie dem konstruktivistischen Ansatz des Doing Gender, dekonstruktivistischen Positionen, Queer Theorie und postkolonialen Studien in Kontakt (siehe Kap. 4.1). Im Blockseminar »Biologisches Wissen im Geschlechterdiskurs« lernen die Teilnehmenden neuere Erkenntnisse der biologischen Forschung und der Geschlechterforschung der Biologie zur Kritik an der Geschlechterdifferenz und zur Vielfalt von Geschlechtern, Sexualitäten und Fortpflanzung kennen (siehe Kap. 4.2). Zusätzlich zu diesen beiden Lehrveranstaltungen zur Theorie und Biologie, auf die ich im Folgenden ausführlicher eingehe, biete ich weitere Seminare an, die im Folgenden nicht ausführlich vorgestellt werden. Seminare zur »Heterogenität in der Schule« eröffnen den Studierenden neue Denkmöglichkeiten, indem aus feministisch-queer-postkolonialer Perspektive theoretische Konzepte und empirische Forschungsergebnisse der Pädagogik für den Umgang mit Heterogenität und Vielfalt im Schulunterricht in den Blick genommen werden (vgl. Baquero Torres 2012; Hartmann 2004). Dazu werden theoretische Texte und empirische Studien bearbeitet, die insbesondere Gender, Sexualität und Kultur/Ethnizität nicht als normative Zuschreibungen, sondern als wandelbare und uneindeutige Kategorien sozialer Konstruktion verstehen.[13]

4.1 Seminar »Einführung in Theorien der Geschlechterforschung«

Die Veranstaltung »Einführung in Theorien der Geschlechterforschung« wurde von mir insgesamt vier Mal durchgeführt, teils als Seminar und teils als Vorlesung. Im Folgenden beschreibe ich die Veranstaltungskonzeption aus dem Sommersemester 2013, die aufgrund der starken Nachfrage als Vorlesung durchgeführt wurde. Ziel der Vorlesung war es, Theorien der transdisziplinären und erziehungswissenschaftlichen Geschlechterforschung in ihren gesellschaftspolitischen und fachlichen Ursprüngen, mit ihren zentralen Inhalten und bevorzugten Methoden,

---

[13] | Über die an der TU Darmstadt abgehaltenen Lehrveranstaltungen zu »Gender und Physik«, in denen sich die Studierenden vor allem mit dem Image der Physik, der physikalischen Fachkultur und dem vergeschlechtlichten physikalischen Wissen auseinandersetzen, berichte ich ausführlich an anderer Stelle (Götschel 2014). Über weitere Erfahrungen mit Lehrveranstaltungen zum Thema »Gender und Physik« reflektierte ich auch in anderen Publikationen (Bauer/Götschel 2006; Götschel 2009, Götschel 2010).

mit ihren Stärken und Schwächen sowie ihren Wechselwirkungen zu anderen Theorien vorzustellen. Zudem wurden die Theorien auf ihre Anwendbarkeit in der erziehungswissenschaftlichen Forschung hin reflektiert. Um den Interessen der Studierenden entgegenzukommen, entfaltete ich zunächst die Frauenfrage und spannte einen Bogen von der Querelle-des-femmes[14] des 14. Jahrhunderts über Weiblichkeitsvorstellungen und politische Forderungen im Rahmen der Aufklärung und Französischen Revolution, Argumentationen zum Frauenwahlrecht und zur gesellschaftlichen Partizipation von Frauen in der 1848er-Revolution in Deutschland sowie in den 1860er-Jahren im Vereinten Königreich bis zur Entwicklung des höheren Mädchenschulwesens, der Zulassung von Frauen zum Hochschulstudium und ihrer Teilnahme an der akademischen Forschung. Zudem wählte ich aus einer Fülle von Gender-Theorien eben jene theoretischen Konzepte für die Vorlesung, die meines Erachtens zum Verständnis der Entwicklung der (deutschsprachigen) Frauen- und Geschlechterforschung zentral sind und in der erziehungswissenschaftlichen Forschung aktuell häufig angewandt werden. Gemeinsam betrachteten wir also den Gleichheits- und Differenzansatz, die kulturelle und soziale Konstruktion von Zweigeschlechtlichkeit und das Doing Gender, die Kritische Feministische Theorie, die Interkulturelle Geschlechterforschung, die Habitustheorie, die Theorie der hegemonialen Männlichkeit, die dekonstruktivistische Geschlechterforschung, die Queer Theory und die postkoloniale Theorie.[15]

Wie diese Theorien jeweils vorgestellt wurden, soll nun am Beispiel der Unterrichtseinheit zur Queer Theory etwas veranschaulicht werden. In diesem Fall stellte ich zunächst die Begriffsdefinition vor und wählte einen historischen Zugang zum Verständnis des Konzepts von Homosexualität und zur Entstehung einer transgender-queeren politischen Bewegung. Dazu thematisierte ich die mit Richard von Krafft-Ebings *Psychopathia sexualis* (Krafft-Ebing 1886) einsetzende Verwissenschaftlichung und Pathologisierung von Homosexualität,[16] erläuterte den historischen Hintergrund des Christopher Street Day[17] und erklärte anhand

---

14 | Unter Querelle-des-femmes, zu Deutsch etwa »Kontroverse über die Frauen/die Frauenfrage«, wird die seit der Frührenaissance bis zur französischen Revolution in ganz Europa, aber vor allem in Frankreich in zahlreihen Schriften geführte Diskussion über die Geschlechterordnung und die Stellung der Frauen verstanden.

15 | Eine Übersicht über die von mir für die Studierenden zur Heranführung an die oder zur Vertiefung der jeweiligen Theorien ausgewählte Literatur findet sich im Anhang in Abbildung 1. Im Unterschied zu den Seminaren wurde bei der Durchführung der Veranstaltung als Vorlesung die Kenntnis der genannten Literatur jedoch nicht vorlesungsbegleitend vorausgesetzt. Einführungen in alle hier aufgeführten Theorien finden sich auch im interdisziplinären *Handbuch Frauen- und Geschlechterforschung* (Becker/Kortendiek 2010) und im *Handbuch Gender und Erziehungswissenschaft* (Glaser/Klika/Prengel 2004)

16 | 1886 veröffentlichte der deutsch-österreichische Psychiater und Rechtsmediziner Krafft-Ebing sein Hauptwerk *Psychopathia Sexualis*, in dem er abweichendes sexuelles Verhalten beschrieb.

17 | Der Christopher Street Day (CSD), international auch Gay Pride, ist ein Festtag, Gedenktag und Demonstrationstag von Lesben, Schwulen, Bisexuellen und Transgendern. Die im deutschsprachigen Raum übliche Bezeichnung CSD geht zurück auf einen gewalttätigen Konflikt im Juni 1968 zwischen homosexuellen und transsexuellen Besuchern der Bar »Stonewall Inn« in der Christopher Street in New York City und Polizeibeamten der Stadt. Am

von Dokumentarfilmausschnitten zur *Drag Ball Culture*[18] die politischen Gruppen »Queers of Color« und »Queer Nation«. Weiterhin wurden der Einzug des Wortes »queer« in wissenschaftliche Publikationen und die Institutionalisierung der Queer Studies behandelt, das Auftauchen des Begriffes 1995 in Deutschland und seine Verkürzung auf die Bedeutung »lesbisch-schwul« thematisiert (vgl. Czollek/ Perko/Weinbach 2009). Mit dem Begriff »Heteronormativität« führte ich Sexualität als Grundkategorie der Gesellschaftsanalyse ein.[19] Abschließend stellte ich zwei Anwendungen der Queer Theory in der pädagogischen Schulforschung vor: die oben bereits erwähnte Analyse machtverfestigender und machtdestabilisierender Zuschreibungen pädagogischer Ansätze von Jutta Hartmann (2012) und die empirische Studie über den_die intersexuelle_n Schüler_in Mika von Dorle Klika (2012).

Als didaktisches Konzept hatte ich innerhalb jedes Vortrags mehrere sogenannte Denkfolien entwickelt, auf denen die Studierenden in Stillarbeit oder im Austausch mit den Sitznachbar_innen anspruchsvolle Thesen oder Zitate in Ruhe reflektieren und diskutieren sollten. Beispielsweise enthielt die Vorlesung zum Thema Queer Theory folgende drei Denkfolien:

- Queer Theory = Theorie der Kritik an normativen Konzepten von Identität (z.B. Geschlechtsidentität, ›normale‹ Sexualität);
- Kennzeichen eines plural-queeren Ansatzes nach Leah Carola Czollek, Gudrun Perko und Heike Weinbach (2009): Sexualität (d.h. Kritik an Heterosexualität und Heteronormativität) + Ethnizität (d.h. Ergänzung der Analyse von Sex/ Gender/Desire um weitere gesellschaftliche Regulative wie Hautfarbe, kulturelle Herkunft u.a.) + Transidentität (d.h. Unbestimmtheit und Unabgeschlossenheit statt eindeutiger Identität);
- Zitat aus Sabine Hark (2010: 112): »Ebenso wie Geschlecht, geopolitische Positionierung, ›Rasse‹ und Klasse muss Sexualität verstanden werden als Kategorie sozialer und politischer Strukturierung. Sexualität positioniert als gesellschaftliches Ordnungsprinzip Individuen im Zentrum oder an der Peripherie, platziert sie in Bezug zu institutionellen und ökonomischen Ressourcen, zu sozialen Möglichkeiten, rechtlichem Schutz und sozialen Privilegien sowie in

---

ersten Jahrestag des Aufstands zog eine Parade von mehr als 5.000 Menschen von der Christopher Street zum Central Park in New York City. Als größte Parade weltweit gilt heute die Gay Pride Parade in São Paulo, Brasilien, mit schätzungsweise 3.200.000 Teilnehmenden.

18 | Als *Drag Ball Culture* wird eine US-amerikanische Subkultur von Lesben, Schwulen, Bisexuellen und Transgendern insbesondere ethnischer Minderheiten bezeichnet. In Wettkämpfen, Bälle genannt, stellen sie bestimmte Drag-(Dressed as a Girl/Guy)-Genres dar und versuchen, als Mensch einer bestimmten Geschlechts- und Klassenzugehörigkeit durchzugehen. Auf dem Drag Ball können sie ihre Träume ausleben und Anerkennung, Ruhm und eine familiale Zusammengehörigkeit erleben. In Deutschland entspricht dies noch am ehesten den Tuntenbällen. Im Seminar wurde ein Ausschnitt aus dem Dokumentarfilm *Paris is Burning* (USA 1990) gezeigt.

19 | Der Begriff Heteronormativität zeigt an, dass Heterosexualität normierend wirkt. Es geht nicht nur darum, Toleranz gegenüber sexuellen Minderheiten einzufordern, sondern (auch) Sexualität zu einer Grundkategorie der Gesellschaftsanalyse zu machen und Widerstand zu leisten gegen die Normalität der Hetero-Kultur als Grundform des menschlichen Zusammenlebens (vgl. Hark 2010; Warner 1991).

Relation zu einer Bandbreite von Formen sozialer Kontrolle, die vom Einschluss oder Ausschluss aus Bürgerrechten bis hin zu verbaler Verhöhnung und physischer Gewalt reichen.«[20]

Bei Fragen und Unklarheiten zu den Denkfolien konnten diese im Plenum diskutiert werden. Außerdem wählte ich für den Leistungserwerb die Bearbeitung von Essayfragen zu ausgewählten Theorien. Je nach Studiengang konnten sich die Teilnehmenden bis zu drei Theorien frei auswählen und dazu die jeweilige Essayfrage schriftlich bearbeiten. Die Essayfrage, in der die Studierenden das gelernte Wissen auf eine Schul- oder Alltagssituation übertragen sollten, lautete zur Queer Theory:

- »Reflektieren Sie aus queerer Perspektive die Bilder von ›Männlichkeit‹ und ›Weiblichkeit‹, ›Heterosexualität‹ und ›Homosexualität‹, die uns in den Medien und Alltagsgesprächen ebenso begegnen wie in Schulbüchern oder auf dem Pausenhof. Welche Normen werden hier erzeugt, welche Personen könnten sich durch diese Bilder verletzt, ausgegrenzt oder übergangen fühlen? Welche Veränderungen für den Umgang mit Vielfalt in der Schule ergeben sich aus dem neuen Identitätsverständnis der Queer Theory?«

Abgeschlossen wurde jede Veranstaltungssitzung durch Hinweise auf verwendete Literatur und weiterführende Literaturempfehlungen. In den Semestern davor, als ich die Theorien durch zentrale Lektüre erarbeiten ließ, wählte ich dafür die in Abbildung 1 (siehe Anhang) zusammengestellte Literatur aus. In der Vorlesung gab ich jeweils einen Hinweis auf ein Hauptwerk, im Fall der Queer Theory auf einen Einführungstext in dem Sammelband von Andreas Kraß (2003: 7-30), sowie auf weitere, auf den Vorlesungsfolien zitierte Literatur im Umfang von acht bis zehn Werken.

Insgesamt hatte die Vorlesung 107 Teilnehmende, die zumeist aus den Studiengängen Bachelor Pädagogik und Lehramt Gymnasium kamen.[21] Da die Gastprofessur Teil des hochschulweiten Projekts »Kompetenzentwicklung durch interdisziplinäre Vernetzung von Anfang an (KIVA)« ist, wurde eine standardisierte Evaluation meiner Lehrveranstaltungen durch die Hochschuldidaktische Arbeitsstelle der TU Darmstadt durchgeführt. Die Studierenden konnten neben Angaben zur eigenen Studiensituation die Vermittlung, die Inhalte und die Darbietung des Lehrstoffes sowie die Aktivitäten der Lehrkraft benoten. Auch den Arbeitsaufwand, die Anforderungen und die eigene Zufriedenheit sollten sie einschätzen. Erfreulich ist, dass die Studierenden Form und Inhalt als passend für einen Einstieg in die Thematik ansahen und 90 % die Veranstaltung mit »sehr gut« oder »gut« bewerteten. Bei den freien Antworten beschrieben sie die Transparenz der Stoffauswahl, die

---

20 | Den Begriff »geopolitische Positionierung« erläuterte ich dabei auf der Denkfolie durch den Einschub [=Norden/Süden, »Erste/Dritte« Welt].
21 | Die Veranstaltung war für Lehramtsstudierende (Gymnasium) im Wahlpflichtbereich »Genderforschung«, für Lehramtsstudierende Berufsschule im Pflichtbereich »Berufsbildung im Kontext von Geschlecht und Internationalität«, für Studierende der Pädagogik im Pflichtbereich »Einführung in die Berufspädagogik« und für Studierende der Pädagogik im Nebenfach geöffnet.

klaren Lehr- und Lernziele, das Lerntempo, die Anregung zur Mitarbeit durch die Denkfolien, die Möglichkeit, in einer Vorlesung Fragen zu stellen und zu diskutieren, sowie die Verständlichkeit und Zugänglichkeit der Vortragsfolien als positiv. Als Kritik und Verbesserungsvorschläge formulierten sie, weniger Originalzitate zu präsentieren und generell eher frei zu sprechen oder auf Folien zu verzichten. Zu den in zahlreichen Sitzungen gezeigten Filmausschnitten und den gestellten Essayfragen gab es dagegen keine konkreten Rückmeldungen. Mein durch die Seminardiskussionen und Essays gewonnener Eindruck ist, dass sich die Lehramtsstudierenden auf die vorgestellten Theorien der Geschlechterforschung einlassen konnten. Sie konnten ihren zumeist naturwissenschaftlich geprägten Blick erweitern und dadurch reflektierter mit ihren Fächern umgehen.

4.2 Seminar »Biologisches Wissen im Geschlechterdiskurs«

Die Veranstaltung »Biologisches Wissen im Geschlechterdiskurs« wurde von mir insgesamt vier Mal als Blockseminar durchgeführt. Im Folgenden beschreibe ich das Veranstaltungskonzept aus dem Sommersemester 2013. Ziel der Veranstaltung war es, aktuelle Forschungsergebnisse der biologischen Geschlechterforschung und der Wissenschaftsforschung zur Biologie der Geschlechtervielfalt kennenzulernen und eine kritische Auseinandersetzung mit den in Gesellschaft, Wissenschaft und Unterricht wirksamen, zumeist populärwissenschaftlichen oder veralteten wissenschaftlichen Vorstellungen der Geschlechterdifferenz anzuregen. Die für die jeweiligen Blocktage ausgewählte, größtenteils durch Studierende in Kleingruppen bearbeitete Literatur habe ich im Anhang in vier Tabellen (Abb. 2 bis Abb. 5) zusammengestellt. Thematisiert wurden am ersten und zweiten Blocktag historische Zusammenhänge zwischen Biologie als Wissenschaftsdisziplin und bürgerlicher Geschlechterordnung am Beispiel von Anatomie und Säugetieren, aktuelle wissenschaftliche Erkenntnisse über die Vielfalt der Geschlechter, Sexualitäten und Fortpflanzung bei Menschen, Tieren und Pflanzen sowie geschlechterkritische Analysen biologischer Wissensproduktion und Theorieentwicklung im Bereich Endokrinologie[22]. Am dritten Blocktag wurden die Analysen biologischer Wissensproduktion und Theorieentwicklung aus einer Gender-Perspektive in den Bereichen Verhaltensbiologie, Neurobiologie, Immunbiologie und Genetik fortgesetzt. Fragestellungen zum Selbstverständnis des Menschen sowie zur Biologiedidaktik standen im Zentrum des vierten Blocktages.

Um die vier Blocktage didaktisch abwechslungsreich zu gestalten, erhielten die Studierenden den Arbeitsauftrag, in kleinen Teams jeweils ein Thema anhand eines Leittextes aufzubereiten. Dieses Thema sollten sie in einer Unterrichtsgestaltung mit möglichst kurzen Impulsreferaten und einem großen Anteil an interaktiven hochschuldidaktischen Methoden an alle Teilnehmenden vermitteln. Jeder Blocktag bestand in der Regel aus vier solchen durch die Studierenden vorbereiteten Unterrichtseinheiten sowie aus je zwei durch mich ausgearbeiteten kurzen Inputs und längeren Unterrichtseinheiten. In den Inputs stellte ich an jedem Tag eine Biologin und ein tierisches oder pflanzliches Lebewesen vor. Biologinnen präsen-

---

22 | Endokrinologie ist die Lehre von den Hormonen, die von Drüsen endokrin, d.h. ins Körperinnere, ins Blut, abgegeben werden.

tierte ich, da den Teilnehmenden nur Biologen bekannt waren.[23] Die Vorstellung der Lebewesen erfolgte mit dem Ziel, auf Tiere oder Pflanzen mit nicht-heteronormativer Lebens- oder Fortpflanzungsweise aufmerksam zu machen und damit unsere heteronormative Wahrnehmung von Lebewesen zu hinterfragen.[24] In den von mir gestalteten längeren Unterrichtseinheiten diskutierten wir Grundlagentexte,[25] die vorbereitend gelesen werden mussten, betrachteten Ausschnitte aus Dokumentar- und Spielfilmen oder analysierten wissenschaftliche Originalstudien, welche den in populärwissenschaftlichen Medien vertretenen essentialistischen Thesen zugrunde lagen.

Um die Arbeitsweise im Blockseminar zu veranschaulichen, wähle ich im Folgenden beispielhaft den dritten Blocktag und darin besonders die Unterrichtseinheit »Übung: Geschlechtsspezifische Spielzeugwahl von Affenkindern«, in der die Studierenden einen kritischen Umgang mit populären bzw. popularisierten Ergebnissen wissenschaftlicher Studien erlernen sollen. Zunächst erhielten die Teilnehmenden biographische Informationen zur US-amerikanischen Botanikerin und Genetikerin Barbara McClintock, die genetische Veränderungen an Maiskolben durch spontan springende Sollbruchstellen auf Chromosomen erklärte und dafür schließlich 1983 mit dem Nobelpreis für Medizin und Physiologie ausgezeichnet wurde. Anschließend erfolgte ein Input über die vielfältigen Formen der Vergeschlechtlichung und Fortpflanzung von Seesternen.[26] Anhand eines Textes der Biologin und Kulturwissenschaftlerin Kerstin Palm (2010) wurden Unterschiede und Gemeinsamkeiten der biologischen Geschlechterforschung aus biologie-immanenter und epistemologischer Sicht diskutiert. Palm arbeitet in ihrem Text heraus, dass Biolog_innen und Geschlechterforschende jeweils einen anderen Blick auf die Biologie hätten und mit ihrer Forschung andere Ziele verfolgten, nämlich die kritische Reflexion des Wissens bzw. die Schaffung geschlechtergerechten Wissens. Anschließend erfolgte eine kritische Auseinandersetzung aus Gender-Perspektive mit der Wissensproduktion und Theorieentwicklung in Verhaltensbiologie, Neurobiologie, Immunbiologie und Genetik. Wie Bärbel Mauss (2001) aufzeigt, ist die Biologiekritik an der Soziobiologie so zahlreich, dass sie in unterschiedliche

---

23 | Die Studierenden lernten die Biologinnen und naturkundigen Frauen Maria Sibylla Merian (1647-1717), Magarethe von Wrangel (1876-1932), Barbara McClintock (1902-1992) und Christiane Nüsslein-Volhard (*1942) kennen.

24 | Vorgestellt wurden Moorlilie und Löwenzahn, Seesterne und Wüstenrennechsen.

25 | Die im Seminar bearbeiteten Grundlagentexte waren ein Forschungsüberblick zu Gender und Biologie von Smilla Ebeling (2009) und ein Text von Kerstin Palm (2010), der die biologische Geschlechterforschung ausdifferenziert in eine eher handlungsorientierte Kritik von Biolog_innen und eine eher reflektierende Kritik vonseiten der Kultur- und Sozialwissenschaften.

26 | Seesterne kommen in mehr als 1.500 Arten vor. Sie können zweigeschlechtlich sein, gleichzeitig männliche und weibliche Keimzellen besitzen oder aber ihre Gonaden können zugleich Eier und Spermien produzieren. Einige Seesterne sind zunächst männlich und wandeln sich in Weibchen, wenn sie größer werden, oder sie sind weiblich und werden später zu Männchen. Die Befruchtung kann in Pärchen oder Gruppen erfolgen, einige Seesternarten pflanzen sich auch asexuell durch Teilung fort. Seesterne können Eier legen oder ausbrüten. Auch im Larvenstadium besitzen sie die Fähigkeit, sich durch Teilung oder Knospung asexuell fortzupflanzen (vgl. Hayward 2008).

Ansätze ausdifferenziert werden kann. Dass die Differenzierung in voneinander völlig abweichende Frauen- und Männerhirne ein Mythos ist, weist Sigrid Schmitz (2006a) in ihrer Metaanalyse von Studien zur Geschlechterdifferenz nach. Donna Haraway (1995) kontextualisiert die historische Entwicklung der biologischen Vorstellungen vom Immunsystem als zeitgebunden. Am Beispiel der Immunerkrankung AIDS weist sie auf den Zusammenhang von Biologie und Politik hin und beschreibt die Auswirkungen des Diskurses des Immunsystems auf die Konstitution des Selbst. Wie sich Geschlechtervorstellungen auf der Ebene der Gene manifestieren, beschreibt Mauss (2004) in ihrem Aufsatz über genetische Prägung.

Darüber hinaus analysieren die Studierenden in einer Übung eine bedeutende Studie über geschlechterdifferente Spielzeugwahl bei Affenkindern (vgl. Alexander/Hines 2002). Interessant ist diese Studie besonders deswegen, weil sie in der fachdidaktischen Forschung ebenso wie in populärwissenschaftlichen Veröffentlichungen herangezogen wird, um zu begründen, dass Geschlechterunterschiede nicht (oder nicht nur) sozialisationsbedingt entstünden, sondern (vor allem) entwicklungsgeschichtlich verankert seien. Die texanische Psychologin Gerianne M. Alexander und die englische Neurowissenschaftlerin Melissa Hines legten in dieser Studie nacheinander verschiedene Spielsachen, die sie als männlich, weiblich oder neutral klassifizierten, in mehrere Meerkatzengehege und maßen, wie lange die Jungtiere sich für ein Spielzeug interessierten (Annäherungszeit) und wie lange sie es berührten (Kontaktzeit). Die Forscherinnen fanden dabei keine Geschlechterunterschiede in den absoluten Annäherungs- und Kontaktzeiten. In den aus den Messdaten errechneten Prozentzeiten fanden sie geschlechtsspezifische Unterschiede in den Kontaktzeiten, nicht jedoch in den Annäherungszeiten. Während männliche Meerkatzen prozentual in etwa gleich viel Kontaktzeit mit als männlich und weiblich klassifizierten Spielsachen verbrachten, berührten weibliche Meerkatzen ›weibliche‹ Spielsachen prozentual länger als ›männliche‹. Bei einer Zuordnung der Spielsachen in die Kategorien unbelebte und belebte (tierähnliche) Objekte fanden sich erneut keine Geschlechtsunterschiede. Die Darstellung ausgewählter Messdaten sowie die Wahl der in der Veröffentlichung verwendeten Fotos – ein weibliches Tier untersucht eine Puppe, ein männliches Tier greift ein Auto – visualisiert jedoch ausschließlich die bei den errechneten prozentualen Kontaktzeiten gefundene Geschlechterdifferenz. In der Diskussion der Ergebnisse fassen die Autorinnen zusammen, dass die erhaltenen Forschungsergebnisse zu Meerkatzen mit der bei Menschenkindern beobachteten geschlechtsspezifischen Spielzeugwahl übereinstimmen und damit offensichtlich weit in die Evolution zurückreichen. Daraus ziehen sie den Schluss, dass Geschlechtsunterschiede bei der Spielzeugwahl unabhängig von Sozialisationseffekten als angeboren bzw. als durch unterschiedliche pränatale Testosteronsettings beeinflusst erklärt werden könnten, zumindest bei Affenmädchen.

In den Medien wird die Studie noch einmal stark vereinfacht zusammengefasst, beispielsweise mit den Worten: »Im Versuch mit Meerkatzen stürzten sich die Affen-Männchen auf die Autos und Bälle, die Weibchen griffen zu Puppen und Kochtöpfen« (Thimm 2004: 86). Die Studie der beiden Wissenschaftlerinnen wird in diesem Artikel als Beweis angeführt, um zu erklären, dass das typische Spielverhalten von Mädchen und Jungen entwicklungsgeschichtlich verankert sei. Als Einstieg in die Übung lesen die Seminarteilnehmenden daher zunächst den populärwissenschaftlichen Artikel. Dann nehmen sie die wissenschaftliche Originalstudie von Alexander und Hynes unter die Lupe und analysieren in Kleingruppen kritisch zentrale Passagen daraus. Anschließend präsentieren und diskutieren sie im Plenum ihre Ergebnisse. Abgerundet wird die Unterrichtseinheit durch ein Impulsreferat mit Kritikpunkten der Evolutionsbiologin Malin Ah-King (2009b) und der Neurowissenschaftlerin Cordelia Fine (2012: 199-217).

Die Teilnahme an der Veranstaltung war ohne spezielle Vorkenntnisse möglich. Insgesamt beteiligten sich 40 Studierende aktiv am Seminar.[27] Sie kamen zum größten Teil aus dem Lehramtsstudium Gymnasium. Eine Auswertung der standardisierten KIVA-Evaluationsbogen ergab, dass die Lehrveranstaltung bei den Studierenden »gut« oder »sehr gut« ankam (95 %). Positiv vermerkt wurden bei der studentischen Rückmeldung die Interdisziplinarität der Fragestellung, die breit angelegte Themen- und Textauswahl und deren kritische Reflexion, die angenehme Lernatmosphäre und die gute Seminarorganisation. Kritisch gesehen wurde die unterschiedliche Qualität der Präsentationen der Kleingruppen. Trotz Methodenmix aus Unterrichtsgestaltungen und Präsentationen durch Kleingruppen, Impulsreferaten der Seminarleiterin, Ausschnitten aus Dokumentar- und Spielfilmen und zwei Übungen in Form von Analysen biologisch-psychologischer Forschungsarbeiten zur Geschlechterdifferenz wurden die Präsentationen der Teams als dominante Unterrichtsform und die Gruppenarbeit als vorherrschende Unterrichtsmethode wahrgenommen. Daher wurde angeregt, weniger Unterrichtseinheiten an Teams zu delegieren. Vereinzelt wurden Themen, Texte und Diskussionen als zu schwierig beschrieben, aber auch die gegenteilige Sicht wurde formuliert und besonders in den Diskussionen eine größere Komplexität eingefordert. Ob die Einschätzung des Niveaus mit der zeitlichen Studienerfahrung korreliert, kann der Auswertung nicht entnommen werden. Insgesamt zeigen die Seminardiskussionen, die persönlichen Rückmeldungen der Teilnehmenden und die in den kompetenzorientierten Modulprüfungen geführten Gespräche, dass die Lehramtsstudierenden mit großer Mehrheit die Beschäftigung mit aktuellen Forschungsergebnissen der Biologie zur Geschlechtervielfalt und die Auseinandersetzung mit einem sozialkonstruktivistischen Blick auf die Biologie als Bereicherung für ihr berufliches Professionsverständnis empfanden.

5 Erfahrungen im transdisziplinären Lehr-/Lernprozess

In meinen Lehrveranstaltungen lernen angehende Lehrer_innen dekonstruktivistische, queere und postkoloniale Theorien der Geschlechterforschung kennen. Zudem eröffnet ihnen insbesondere die Lehrveranstaltung zum biologischen Wissen im Geschlechterdiskurs einen Raum, um über essentialistische Denkweisen und vermeintlich objektive naturwissenschaftliche Argumente zu reflektieren.

---

27 | Die Veranstaltung war für Lehramtsstudierende (Gymnasium) sowohl im Wahlpflichtbereich »Genderforschung« als auch im Wahlpflichtbereich »Pädagogik der Naturwissenschaften/Bildung für eine nachhaltige Entwicklung« ausgewiesen. 24 Lehramtsstudierende (Gymnasium) belegten sie als Wahlfach Genderforschung, neun als Wahlfach Pädagogik der Naturwissenschaften. Die Veranstaltung war auch geöffnet für Lehramtsstudierende Berufsschule im Pflichtbereich »Berufsbildung im Kontext von Geschlecht und Internationalität« und für Studierende der Pädagogik im Pflichtbereich »Einführung in die Berufspädagogik«.

Die dabei erworbenen Kenntnisse und Einsichten helfen ihnen, die Schule als einen gesellschaftlichen Handlungsraum wahrzunehmen, in dem Geschlecht hergestellt wird. Aus Sicht des Konstruktivismus ist dies eine Aktivität von Subjekten, und der Ansatz des Doing Gender untersucht den Herstellungsprozess von Geschlecht in (schulischen) Interaktionsprozessen. Lehrer_innen können damit verstehen, wie Geschlecht in alltäglichen Unterrichtssituationen konstituiert wird. Konstruktivistische Perspektiven stoßen bei Fragen nach dem gesellschaftlichen Wandel, nach Innovationen und Veränderung der Geschlechterverhältnisse jedoch an Grenzen und können nicht systematisch bearbeitet werden (vgl. Villa 2001). Hier ist eine Perspektivveränderung in Richtung des poststrukturalistischen Dekonstruktivismus sinnvoll, den die Studierenden in meinen Seminaren kennenlernen. Aus dieser Perspektive ist die Herstellung von Geschlecht ein »Effekt von mit Subjekten gleichursprünglichen Diskursen« (Hartmann 2012: 160).[28] Aus diesem Verständnis heraus können Lehrkräfte den Diskurs an ihrer Schule mitgestalten, indem sie das erweitern, was aktuell über Geschlecht, Sexualität und kulturelle Identität gesagt wird und sagbar ist. Zudem können sie ihre konkreten Interaktionen und Körperpraktiken in der Schulklasse aus dieser Perspektive reflektieren und verändern. Damit ermöglichen sie Erweiterungen und Öffnungen von Subjektpositionen jenseits von ›Mannsein‹ und ›Frausein‹, die von den Schüler_innen, aber auch von den Lehrer_innen selbst gefühlt und gelebt werden können (vgl. Jäckle 2011).

Unabhängig davon, welche der beiden theoretischen Positionen sich die angehenden Lehrer_innen im Studium erarbeitet haben und später im Unterricht einnehmen werden, ob sie ein eher konstruktivistisches oder dekonstruktivistisches Verständnis von Welt vertreten, sie werden durch ihre in den Seminaren reflektierte Einstellung Wissen vermitteln und Freiräume eröffnen, die es den Schüler_innen ermöglichen, Disziplinierungen und Normalisierungen in Bezug auf Gender, Heteronormativität und kulturelle Identität zu hinterfragen, auszuweiten und zu überschreiten. Der von mir in den Lehrveranstaltungen gewählte transdisziplinäre Zugang kann die Lehramtsstudierenden dabei unterstützen, ein kritisches Professionsverständnis zu entwickeln, das bestehende Normen hinterfragt und damit zur Anerkennung und Förderung vielfältiger Lebensweisen beiträgt. Eine fundierte Kenntnis der biologischen Geschlechterforschung kann sie zusätzlich darin unterstützen. Sie ermöglicht es den Lehrer_innen aller Unterrichtsfächer, vermeintliche objektive biologische Tatsachen zum Geschlecht als machtabhängiges Wissen menschlicher Selbst- und Weltversicherung zu verstehen. Damit wird es ihnen möglich, biologische Fakten als verhandelbaren Wissensbestand über die angebliche Natürlichkeit von Geschlecht – wie Zweigeschlechtlichkeit oder Heterosexualität – zu begreifen.

---

28 | Nach Judith Butler werden geschlechtliche Subjektpositionen über Diskurse vermittelt. Hegemoniale Diskurse, die heterosexuelle Matrix, sind ein einengender, zwanghafter Rahmen, der Subjekten einen – durch performative Wiederholung bestehender Bedeutungen, Konventionen und Normen – selbstidentischen geschlechtlichen Status zukommen lässt. Die Geschlechtskörper bilden sich also in Machtverhältnissen heraus. Die Zitatförmigkeit dieser fortdauernden Praxis bietet zugleich Handlungspotenzial für Erweiterungen, Verschiebungen und Resignifikationen [Umdeutungen] (vgl. Hartmann 2012).

Mit solchen bewusst veränderten Diskursen und Handlungspraxen können Schüler_innen in ihrer Sozialisation bzw. – poststrukturalistisch gesprochen – in ihren Subjektivationsprozessen gestärkt werden. Denn dies gestattet ihnen, neue Möglichkeitsräume (innerhalb der regulierenden Macht) für sich zu erobern und damit Geschlecht, Sexualität und kulturelle Identität jenseits des bisher Denk- und Sagbaren neu zu fassen. Diese kritische Urteilsfähigkeit gegenüber populärwissenschaftlichen, alltagswirksamen Ansichten und Argumenten zur menschlichen Natur, aber auch gegenüber Wertsetzungen naturwissenschaftlicher Forschung können die Lehrer_innen in ganz unterschiedlichen Unterrichtsfächern an ihre Schüler_innen vermitteln. Implikationen dekonstruktivistischer, queerer und postkolonialer Theorie, die häufig als komplex und realitätsfern aufgefasst werden, können den Studierenden dabei durch die Reflektion und Dekonstruktion konkreter naturwissenschaftlicher Beispiele verdeutlicht werden. Zugleich bieten diese Fallbeispiele ihnen konkretes Material, das für Schule und Unterricht didaktisch aufbereitet werden kann (vgl. Klenk 2014).

Dass viele Studierende aus meinen Lehrveranstaltungen und den dort behandelten theoretischen Fragestellungen und empirischen Forschungsergebnissen konkrete Anregungen für ihre spätere Lehrtätigkeit in der Schule finden, zeigt sich nicht zuletzt in den zahlreichen Modul- und Staatsexamensprüfungen, die ich betreue. Dafür möchte ich im Folgenden exemplarisch einige von den Studierenden bearbeitete Thematiken anführen: Es wurde ein Konzept für den Biologieunterricht entwickelt, um populärwissenschaftliche Vorstellungen von Frauen- und Männerhirnen zu hinterfragen, indem Ergebnisse der biologischen Geschlechterforschung über die Uneindeutigkeit der biologischen Studien einbezogen wurden. Für den Politikunterricht wurde vorgeschlagen, die soziale Konstruktion von Zweigeschlechtlichkeit zu thematisieren, um darüber zu diskutieren, dass Gesellschaft nicht naturgegeben, sondern gestaltbar ist. Dabei kann auch gelernt werden, dass scheinbar objektive Argumente in politischen Debatten hinterfragt werden müssen. Für den Mathematikunterricht soll der Tendenz, dass Frauen am Fachbereich Mathematik vor allem im Lehramtsstudium anzutreffen sind, entgegengewirkt werden, indem die mathematische Forschung aufgrund ihrer Vielfältigkeit und Kreativität als ein für alle Geschlechter geeignetes Berufsfeld vorgestellt wird. Im Ethikunterricht wurde das Thema Intersexualität aufgegriffen. Hier können die Schüler_innen dafür sensibilisiert werden, dass ein Verständnis von Intersexualität als zu korrigierender Krankheit aus historischer, medizinischer und ethischer Perspektive zu hinterfragen ist. Für den Sportunterricht wurden Bewegungskonzepte und neue Spielregeln erprobt, die Geschlecht entdramatisieren und Grenzüberschreitungen von stereotypen und vorurteilsbedingten Verhaltensweisen ermöglichen. Für den Deutschunterricht wiederum wurde vorgeschlagen, Transsexualität und Geschlechterwechsel anhand historischer und aktueller Romane zu thematisieren. Wie diese Beispiele zeigen, gelingt es den Lehramtsstudierenden zumeist sehr gut, den in den transdisziplinären pädagogischen Lehrveranstaltungen erworbenen theoretischen Input in konkrete, auf ihre jeweiligen Unterrichtsfächer bezogene Handlungsperspektiven und Unterrichtskonzepte umzusetzen.

6 Ausblick

Zahlreiche meiner Studierenden halten die in den Lehrveranstaltungen angesprochenen Themen für sehr wichtig in Bezug auf ihre spätere berufliche Tätigkeit und fordern die verbindliche Auseinandersetzung mit Geschlechtervielfalt im Kernbereich der Lehramtsausbildung in Hessen. Mein Beitrag mag vielleicht den Eindruck erweckt haben, dass es dafür an der TU Darmstadt optimale Bedingungen gäbe. Die Auseinandersetzung mit Gender-Forschung für Lehramtsstudierende (Gymnasium) findet zwar in den »Grundwissenschaften« in der Pädagogik statt, ist dort jedoch nur im Wahlpflichtbereich »Genderforschung« verankert. In der stärker gewichteten Fachausbildung und der ebenfalls in den Fachwissenschaften angesiedelten Fachdidaktik werden Gender-Fragen selten und, wenn überhaupt, dann zumeist – wie das oben aufgeführte Beispiel der »Mädchen im Physikunterricht« verdeutlicht – durch die Brille des Differenz- und Defizitansatzes behandelt. Damit bleiben die angehenden Lehrer_innen mit den Problemen und Aufgaben eines zeitgemäßen Fachunterrichts alleine. Tatsächlich wird die Lehre interdependenter Geschlechterforschung am Institut für Allgemeine Pädagogik und Berufspädagogik der TU Darmstadt nicht als Kernaufgabe angesehen, und das Feld wird in Forschung und Lehre durch keine der professoralen Dauerstellen abgedeckt. Meine Gastprofessur für Geschlechterforschung und Interdisziplinarität ist auf zwei Jahre befristet. Zumindest für zwei weitere Jahre wird eine neue KI-VA-Gastprofessorin weitere Lehrveranstaltungen im Wahlpflichtbereich »Genderforschung«, der bei den Studierenden sehr beliebt ist, anbieten. Darüber hinaus sind mit den im Arbeitsbereich »Praxislabor« angesiedelten Projekten »Verbesserung der Unterrichtsqualität in den MINT-Fächern (Gender-MINT)« und »Heterogenität als Qualitätsherausforderung in der Lehramtsausbildung« neben mir weitere Kolleg_innen mit Gender-Veranstaltungen zum Schwerpunkt Intersektionalität/Postkolonialität und MINT befasst. Die Synergieeffekte zeigten sich zum Beispiel im Dezember 2013, als wir eine »Queere Woche« an der TU Darmstadt mit 15 Veranstaltungen organisierten, wobei das Spektrum von Gastvorträgen und Workshops über geöffnete Lehrveranstaltungen und Posterpräsentationen bis zu studentischen Initiativen reichte. Beide Projekte sind allerdings ebenfalls zeitlich befristet.

Die während meiner Gastprofessur verwirklichten Seminarkonzepte sind jedoch mit Ende der Laufzeit nicht wieder aus der Welt. Vielmehr könnten die hier vorgestellten Lehrveranstaltungen und einzelnen Unterrichtseinheiten in unterschiedlichste Kurse oder Module an anderen Hochschulen und Letztere in etwas abgewandelter Form auch in den schulischen Unterricht übertragen werden. Dazu sollen auch die im Anhang zur Verfügung gestellten Seminarpläne anregen.

Literatur

Ah-King, Malin, 2009a: Queer Nature. Towards a Non-Normative View on Biological Diversity. In: Bromseth, Janne/Käll, Lisa/Mattson, Katarina (Hg.): Body Claims. Uppsala: Uppsala University Press, 212-233.
Ah-King, Malin, 2009b: Toy Story. En vetenskapligt kritik av forskning om apors leksakspreferenser. In: Tidskrift för genusvetenskap. 30. Jg. H. 2 & 3, 47-63.
Alexander, Gerianne M./Hines, Melissa, 2002: Sex Differences in Response to Children's Toys in Nonhuman Primates (Ceropithecus aethiops sabaeus). In: Evolution and Human Behavior. 23. Jg. H. 6, 467-479.
Allgemeines Gleichbehandlungsgesetz (AGG) in der Fassung der Bekanntmachung vom 14. August 2006 (BGBl. I S. 1897), zuletzt geändert durch Artikel 8 des Gesetzes vom 3. April 2013 (BGBl. I S. 610). Berlin: Antidiskriminierungsstelle des Bundes. [http://www.antidiskriminierungsstelle.de/SharedDocs/Downloads/DE/publikationen/AGG/agg_gleichbehandlungsgesetz.pdf?__blob=publicationFile; eingesehen am: 20.02.2015]
Baquero Torres, Patricia, 2012: Postkoloniale Pädagogik. Ansätze zu einer interdependenten Betrachtung von Differenz. In: Reuter, Julia/Karentzos, Alexandra (Hg.): Schlüsselwerke der Postcolonial Studies. Wiesbaden: VS, 315-326.
Bauer, Robin/Götschel, Helene (Hg.), 2006: Gender in Naturwissenschaften. Ein Curriculum an der Schnittstelle der Wissenschaftskulturen. Mössingen-Talheim: Talheimer.
Becker, Ruth/Kortendiek, Beate (Hg.), 2010: Handbuch Frauen- und Geschlechterforschung. Theorie, Methoden, Empirie. 3. Auflage. Wiesbaden: VS.
Bittner, Melanie, 2012: Geschlechterkonstruktionen und die Darstellung von Lesben, Schwulen, Bisexuellen, Trans* und Inter* (LSBTI) in Schulbüchern. Frankfurt a.M.: Gewerkschaft Erziehung und Wissenschaft (im Auftrag der Max-Traeger-Stiftung).
Butler, Judith, 1997: Körper von Gewicht. Frankfurt a.M.: Suhrkamp.
Connell, Reawyn, 2013: Gender. Wiesbaden: VS.
Czollek, Leah Carola/Perko, Gudrun/Weinbach, Heike (Hg.), 2009: Lehrbuch Gender und Queer. Grundlagen, Methoden und Praxisfelder. Weinheim: Juventa.
Ebeling, Smilla, 2009: Gender & Biologie. Analysen der Wissensproduktion und Theorieentwicklung in der Biologie. In: Götschel, Helene/Niemeyer, Doris (Hg.): Naturwissenschaften und Gender in der Hochschule. Mössingen-Talheim: Talheimer, 35-48.
Ebeling, Smilla, 2006: Amazonen, Jungfernzeugung, Pseudomännchen und ein feministisches Paradies. Metaphern in evolutionsbiologischen Fortpflanzungstheorien. In: Ebeling, Smilla/Schmitz, Sigrid (Hg.): Geschlechterforschung und Naturwissenschaft: Einführung in ein komplexes Wechselspiel. Wiesbaden: VS, 75-94.
Faulstich-Wieland, Hannelore, 2008: Schule und Geschlecht. In: Helsper, Werner/Böhme, Jeanette (Hg.): Handbuch der Schulforschung. 2. Auflage. Wiesbaden: VS, 673-695.
Fausto-Sterling, Anne, 2000: Sexing the Body. Gender Politics and the Construction of Sexuality. New York: Basic.
Fine, Cordelia, 2012: Die Geschlechterlüge. Die Macht der Vorurteile über Frau und Mann. Stuttgart: Klett-Cotta.
Glaser, Edith/Klika, Dorle/Prengel, Annedore (Hg.), 2004: Handbuch Gender und Erziehungswissenschaft. Bad Heilbrunn: Klinkhardt.

Götschel, Helene, 2014: Image, Fachkultur und Wissen. Wechselwirkungen zwischen Physik und Gender. In: Bath, Corinna/Both, Göde/Lucht, Petra/Mauß, Bärbel/Palm, Kerstin (Hg.): Modelle der Gender-Lehre in den Ingenieurwissenschaften. Perspektiven der Institutionalisierung [Arbeitstitel]. Berlin: LIT. [im Erscheinen]

Götschel, Helene, 2010: Genderforschung und Physik im Dialog. In: Ernst, Waltraud (Hg.): Geschlecht und Innovation. Gender-Mainstreaming im Techno-Wissenschaftsbetrieb. Berlin: LIT, 85-104.

Götschel, Helene, 2009: Geschlechterforschung in der Physik. Ein Forschungsfeld und seine Lehre. In: Götschel, Helene/Niemeyer, Doris (Hg.): Naturwissenschaften und Gender in der Hochschule. Aktuelle Forschung und erfolgreiche Umsetzung in der Lehre. Mössingen-Talheim: Talheimer, 68-99.

Gutiérrez Rodriguez, Encarnación, 2010: Postkolonialismus. Subjektivität, Rassismus und Geschlecht. In: Becker, Ruth/Kortendiek, Beate (Hg.): Handbuch Frauen- und Geschlechterforschung. Theorie, Methoden, Empirie. 3. Auflage. Wiesbaden: VS, 274-282.

Hannover, Bettina, 2008: Vom biologischen zum psychologischen Geschlecht. Die Entwicklung von Geschlechtsunterschieden. In: Renkl, Alexander (Hg.): Lehrbuch Pädagogische Psychologie. Bern: Huber, 339-388.

Haraway, Donna, 1995: Die Biopolitik postmoderner Körper. Konstruktionen des Selbst im Diskurs des Immunsystems. In: Haraway, Donna: Die Neuerfindung der Natur. Frankfurt a.M.: Campus, 160-199.

Hark, Sabine, 2010: Lesbenforschung und Queer Theorie. Theoretische Konzepte, Entwicklungen und Korrespondenzen. In: Becker, Ruth/Kortendiek, Beate (Hg.): Handbuch Frauen- und Geschlechterforschung. Theorie, Methoden, Empirie. 3. Auflage. Wiesbaden: VS, 108-115.

Hartmann, Jutta, 2012: Improvisationen im Rahmen des Zwangs. Gendertheoretische Herausforderungen der Schriften Judith Butlers für pädagogische Theorie und Praxis. In: Ricken, Norbert/Balzer, Nicole (Hg.): Judith Butler. Pädagogische Lektüren. Wiesbaden: VS, 149-178.

Hartmann, Jutta, 2004: Dekonstruktive Perspektiven auf das Referenzsystem von Geschlecht und Sexualität. Herausforderungen der Queer Theory. In: Glaser, Edith/Klika, Dorle/Prengel, Annedore (Hg.): Handbuch Gender und Erziehungswissenschaft. Bad Heilbrunn: Klinkhardt, 255-271.

Hayward, Eva, 2008: More Lessons from a Starfish. Prefixial Flesh and Transspeciated Selves. In: Women's Studies Quarterly. 36. Jg. H. 3 & 4, 64-85.

Heasley, Robert/Crane, Betsy, 2012: Queering Classes. Disrupting Hegemonic Masculinity and the Effect of Compulsory Heterosexuality in the Classroom. In: Landreau, John/Rodrigues, Nelson (Hg.): Queering Masculinities. A Critical Reader in Education. Dortrecht: Springer, 99-118.

Hell, Benedikt/Päßler Katja, 2011: Are Occupational Interests Hormonally Influenced? The 2D:4D-Interest Nexus. In: Personality and Individual Differences. 51. Jg. H. 4, 376-380.

Jacobs, Sue-Ellen/Thomas, Wesley/Lang, Sabine (Hg.), 1997: Two-spirit people. Native American Gender Identity, Sexuality, and Spirituality. Urbana: University of Illinois Press.

Jäckle, Monika, 2011: Subjektivationsprozesse im Geschlechterregime Schule. Skizze einer (poststrukturalistischen) Dispositivanalyse. In: Bulletin Texte 37,

Gender und Schule. Konstruktionsprozesse im schulischen Alltag. Berlin: Zentrum für transdisziplinäre Geschlechterstudien, 32-55.

Jungkunz, Bettina, 2012: Zum Ingenieur geboren? Einflüsse auf die Berufswahl von Ingenieurinnen und Naturwissenschaftlerinnen. Berlin: Logos.

Kessler, Suzanne/McKenna, Wendy, 1978: Gender. An Ethnomethodological Approach. New York: Wiley.

Kircher, Ernst/Girwitz, Raimund/Häußler, Peter (Hg.), 2009: Physikdidaktik. Theorie und Praxis. 2. Auflage. Berlin: Springer.

Klenk, Florian C., 2014: Que(e)r durch die Fachkulturen. Perspektiven einer transdisziplinären Dekonstruktion von Geschlecht und Sexualität. In: Schmidt, Friederike/Schondelmayer, Anne-Christin/Schröder, Ute B. (Hg.): Selbstbestimmung und Anerkennung sexueller und geschlechtlicher Vielfalt. Lebenswirklichkeiten, Forschungsergebnisse und Bildungsbausteine. Wiesbaden: VS, 287-302.

Klika, Dorle, 2012: Die Mädchen, die Jungen und ich. Zur Problematik der Zweigeschlechtlichkeit. In: Baader, Maike S./Bilstein, Johannes/Tholen, Toni (Hg.): Erziehung, Bildung und Geschlecht. Männlichkeiten im Fokus der Genderstudies. Wiesbaden: VS, 356-381.

Krafft-Ebing, Richard von, 1886: Psychopathia sexualis: eine klinisch-forensische Studie. Stuttgart: Enke.

Kraß, Andreas (Hg.), 2003: Queer denken. Gegen die Ordnung der Sexualität (Queer Studies). Frankfurt a.M.: Suhrkamp.

Mauss, Bärbel, 2004: Genomic Imprinting im Kontext feministischer Kritik. In: Schmitz, Sigrid/Schintzel, Britta (Hg.): Grenzgänge. Genderforschung in Informatik und Naturwissenschaften. Königstein/Taunus: Helmer, 149-163.

Mauss, Bärbel, 2001: Von Menschen und Mäusen. Ansätze feministischer Biologiekritik am Beispiel der feministischen Auseinandersetzung mit der Soziobiologie. In: Götschel, Helene/Daduna, Hans (Hg.): Perspektivenwechsel. Mössingen-Talheim: Talheimer, 97-120.

Maxim, Stephanie, 2009: Wissen und Geschlecht. Zur Problematik der Reifizierung der Zweigeschlechtlichkeit in der feministischen Schulkritik. Bielefeld: transcript.

Meigs, Anna, 1976: Male Pregnancy and the Reduction of Sexual Opposition in a New Guinea Highlands Society. In: Ethnology. 15. Jg. H. 4, 393-407.

Micus-Loos, Christiane, 2004: Gleichheit – Differenz – Konstruktion – Dekonstruktion. In: Glaser, Edith/Klika, Dorle/Prengel, Annedore (Hg.): Handbuch Gender und Erziehungswissenschaft. Bad Heilbrunn: Klinkhardt, 112-126.

Palm, Kerstin, 2012: Grundlagen und Visionen einer genderreflexiven Biologiedidaktik. In: Kampshoff, Marita/Wiepcke, Claudia (Hg.): Handbuch Geschlechterforschung und Fachdidaktik. Wiesbaden: VS, 69-82.

Palm, Kerstin, 2010: Biologie. Geschlechterforschung zwischen Reflexion und Intervention. In: Becker, Ruth/Kortendiek, Beate (Hg.): Handbuch Frauen- und Geschlechtergeschichte. 3. Auflage. Wiesbaden: VS, 851-859.

Palzkill, Birgit, 2004: Geschlechterbewusste Pädagogik in der Schule. In: Malz-Teske, Regina/Rewich-Gerick, Hannelore (Hg.): Frauen und Schule. Gestern – heute – morgen. Bielefeld: Kleine, 204-218.

Pieper, Marianne/Bauer, Robin, 2005: Polyamory und Mono-Normativität. Ergebnisse einer empirischen Studie über nicht-monogame Lebensformen. In: Méritt, Laura/Bührmann, Traude/Schefzig, Najda Boris (Hg.): Mehr als eine Liebe. Polyamouröse Beziehungen. Berlin: Orlanda, 59-69.

Quaiser-Pohl, Claudia, 2012: Mädchen und Frauen in MINT. Ein Überblick. In: Stöger, Heidrun/Ziegler, Albert/Heilemann, Michael (Hg.): Mädchen und Frauen in MINT. Bedingungen von Geschlechtsunterschieden und Interventionsmöglichkeiten. Berlin: LIT, 13-39.

Quaiser-Pohl, Claudia/Jordan, Kirsten (Hg.), 2004: Warum Frauen glauben, sie könnten nicht einparken – und Männer ihnen Recht geben. Über Schwächen, die gar keine sind. Eine Antwort auf A. & B. Pease. München: Beck.

Ricken, Norbert/Balzer, Nicole (Hg.), 2012: Judith Butler. Pädagogische Lektüren. Wiesbaden: VS.

Riewenherm, Sabine, 1996: Wenn Pflanzen zu sehr lieben ... In: Häussler, Andrea/Steinhoff, Anja/Tobias, Anka (Hg.): 22. Kongress Frauen in Naturwissenschaft und Technik. Dokumentation. Darmstadt: FiT, 278-294.

Scheunpflug, Annette, 2004: Der Blick auf evolvierte Verhaltensstrategien. Anregungen aus der Soziobiologie. In: Glaser, Edith/Klika, Dorle/Prengel, Annedore (Hg.): Handbuch Gender und Erziehungswissenschaft. Bad Heilbrunn: Klinkhardt, 200-215.

Schirmer, Uta, 2012: Möglichkeiten, vergeschlechtskörpert in der Welt zu sein. Neuverhandlungen geschlechtlicher Subjektivierungsweisen im Kontext des medizinisch-rechtlichen Regimes der Transsexualität. In: Sänger, Eva/Röfel, Malaika (Hg.): Biopolitik und Geschlecht. Zur Regulierung des Lebendigen. Münster: Westfälisches Dampfboot, 244-265.

Schmitz, Sigrid, 2006a: Frauen- und Männergehirne. Mythos oder Wirklichkeit? In: Ebeling, Smilla/Schmitz, Sigrid (Hg.): Geschlechterforschung und Naturwissenschaft. Einführung in ein komplexes Wechselspiel. Wiesbaden: VS, 211-234.

Schmitz, Sigrid, 2006b: Geschlechtergrenzen. Geschlechtsentwicklung, Intersex und Transsex im Spannungsfeld zwischen biologischer Determination und kultureller Konstruktion. In: Ebeling, Smilla/Schmitz, Sigrid (Hg.): Geschlechterforschung und Naturwissenschaften. Einführung in ein komplexes Wechselspiel. Wiesbaden: VS, 33-56.

Schütze, Barbara, 2010: Neo-Essentialismus in der Gender-Debatte. Transsexualismus als Schattendiskurs pädagogischer Geschlechterforschung. Bielefeld: transcript.

Strüber, Daniel, 2010: Geschlechtsspezifisches Verhalten aus Sicht der Hirnforschung. In: Matzner, Michael/Tischner, Wolfgang (Hg.): Handbuch Mädchen-Pädagogik. Weinheim: Beltz, 62-78.

Thimm, Katja, 2004: Angeknackste Helden. Pädagogen sorgen sich um die Männer von morgen. In: Der Spiegel. 58. Jg. H. 21, 82-95.

Villa, Paula-Irene, 2001: Soziale Konstruktion. Wie Geschlecht gemacht wird. In: Hark, Sabine (Hg.): Dis/Kontinuitäten. Feministische Theorien. Opladen: Leske + Budrich, 17-23.

Voß, Heinz-Jürgen, 2010: Making Sex Revisited. Dekonstruktion des Geschlechts aus biologisch-medizinischer Perspektive. Bielefeld: transcript.

Walgenbach, Katharina, 2007: Gender als interdependente Kategorie. In: Walgenbach, Katharina/Dietze, Gabriele/Hornscheidt, Antje/Hrzán, Daniela/Palm, Kerstin (Hg.): Gender als interdependente Kategorie. Neue Perspektiven auf Intersektionalität, Diversität und Heterogenität. Opladen: Budrich, 23-64.

Walther, Martina, 2012: Geschlechterforschung in der Schulpädagogik. In: Kampshoff, Marita/Wiepcke, Claudia (Hg.): Handbuch Geschlechterforschung und Fachdidaktik. Wiesbaden: VS, 357-370.
Warner, Michael, 1991: Introduction. Fear of a Queer Planet. In: Social Text. 13. Jg. H. 29, 3-17.
Wodzinski, Rita, 2009: Mädchen im Physikunterricht. In: Kircher, Ernst/Girwidz, Raimund/Häußler, Peter (Hg.): Physikdidaktik: Theorie und Praxis. 2. Auflage. Berlin: Springer, 583-604.

Unterstützende Materialien für den Unterricht: Film

Paris is Burning (USA 1990; Regie: Jennie Livingstone)

Anhang

Thema	Literatur
Historische Einführung	Gerhard, Ute, 2009: Frauenbewegung und Feminismus. Eine Geschichte seit 1789. München: C.H. Beck.
Gleichheitsansatz	Dohm, Hedwig, 1982: Emanzipation. 2. Auflage. Zürich: Ala. [Nachdruck der Ausgabe Berlin 1874]
Differenzansatz	Kuhne, Stefanie, 2007: Helene Lange. Die Theorie der Geschlechterdifferenz im Denken einer gemäßigten bürgerlichen Frauenrechtlerin. Berlin: Logos.
Kulturelle Konstruktion von Geschlecht	Beauvoir, Simone de, 2007: Das andere Geschlecht. Sitte und Sexus der Frau. 7. Auflage. Reinbek: Rowohlt.
Soziale Konstruktion von Geschlecht	Gildemeister, Regine/Wetterer, Angelika, 1992: Wie Geschlechter gemacht werden. Die soziale Konstruktion der Zweigeschlechtlichkeit und ihre Reifizierung in der Frauenforschung. In: Knapp, Gudrun-Axeli/Wetterer, Angelika (Hg.): Traditionen Brüche. Entwicklungen feministischer Theorie. Freiburg i. Br.: Kore, 201-254.
Kritische Feministische Theorie	Becker-Schmidt, Regina, 1998: Relationalität zwischen den Geschlechtern. Konnexionen im Geschlechterverhältnis. In: Zeitschrift für Frauenforschung. 16 Jg. H. 3, 5-21.
Interkulturelle Geschlechterforschung	Gümen, Sedef, 1996: Die sozialpolitische Konstruktion »kultureller« Differenz in der bundesdeutschen Frauen- und Migrationsforschung. In: Beiträge zur feministischen Theorie und Praxis. 19. Jg. H. 42, 77-89.
Habitustheorie	Krais, Beate/Gebauer, Gunter, 2002: Habitus. Bielefeld: transcript.

Männlichkeitsforschung	Connell, R.W., 1999: Der gemachte Mann. Konstruktion und Krise von Männlichkeiten. Opladen: Leske + Budrich. [Kap. 3]
Dekonstruktivistischer Feminismus	Butler, Judith, 1991: Das Unbehagen der Geschlechter. Frankfurt a.M.: Surkamp. [Kap. 1] Butler, Judith, 1997: Körper von Gewicht. Frankfurt a.M.: Suhrkamp. [Einleitung]
Queer Theory	Czollek, Leah C./Perko, Gudrun/Weinbach, Heike (Hg.), 2009: Lehrbuch Gender und Queer. Grundlagen, Methoden und Praxisfelder. Weinheim: Juventa, 33-47. [Kap. I.3]
Postkoloniale Theorie	Baquero Torres, Patricia, 2012: Postkoloniale Pädagogik. Ansätze zu einer interdependenten Betrachtung von Differenz. In: Reuther, Julia/Karentzos, Alexandra (Hg.): Schlüsselwerke der Postcolonial Studies. Wiesbaden: VS, 315-326.

Abb. 1: Literatur zur Lehrveranstaltung »Einführung in Theorien der Geschlechterforschung« (eigene Zusammenstellung)

Thema	Literatur
Einführung	Ebeling, Smilla, 2009: Gender & Biologie. Analysen der Wissensproduktion und Theorieentwicklung in der Biologie. In: Götschel, Helene/Niemeyer, Doris (Hg.): Naturwissenschaften und Gender in der Hochschule. Mössingen-Talheim: Talheimer, 35-48.
Biologie und die bürgerliche Geschlechterordnung	Schiebinger, Londa, 1993: Der Unterschied geht tiefer. Die wissenschaftliche Suche nach dem Unterschied zwischen den Geschlechtern. In: Schiebinger, Londa: Schöne Geister. Frauen in den Anfängen der modernen Wissenschaft. Stuttgart: Klett-Cotta, 267-298.
Biologie und die bürgerliche Geschlechterordnung	Schiebinger, Londa, 1995: Woher die Säugetiere ihren Namen haben. In: Schiebinger, Londa: Am Busen der Natur. Erkenntnis und Geschlecht in den Anfängen der Wissenschaft. Stuttgart: Klett-Cotta, 67-111.
Geschlechtervielfalt	Fausto-Sterling, Anne, 1993: The Five Sexes. Why Male and Female is Not Enough. In: The Sciences. 33. Jg. H. 2, 20-24. Fausto-Sterling, Anne, 2000: The Five Sexes. Revisited. In: The Sciences. 40. Jg. H. 4, 18-22.
Geschlechtervielfalt	Ah-King, Malin, 2009a: Queer Nature. Towards a Non-Normative View on Biological Diversity. In: Bromseth, Janne/Käll, Lisa/Mattson, Katarina (Hg.): Body Claims. Uppsala: Uppsala University Press, 212-233.

Abb. 2: Literatur zu Blocktag 1 der Lehrveranstaltung »Biologisches Wissen im Geschlechterdiskurs« (eigene Zusammenstellung)

Thema	Literatur
Sexualität und Fortpflanzung	Martin, Emily, 1993: Ei und Sperma. Eine wissenschaftliche Romanze aus dem Stoff, aus dem die Geschlechterstereotypen sind. In: Buchholz, Michael (Hg.): Metaphernanalyse. Göttingen: Vandenhoeck & Ruprecht, 293-310.
Sexualität und Fortpflanzung	Riewenherm, Sabine, 1996: Wenn Pflanzen zu sehr lieben ... In: Häussler, Andrea/Steinhoff, Anja/Tobias, Anka (Hg.): 22. Kongress Frauen in Naturwissenschaft und Technik. Dokumentation. Darmstadt: FiT, 278-294.
Sexualität und Fortpflanzung	Ebeling, Smilla, 2006: Amazonen, Jungfernzeugung, Pseudomännchen und ein feministisches Paradies. Metaphern in evolutionsbiologischen Fortpflanzungstheorien. In: Ebeling, Smilla/Schmitz, Sigrid (Hg.): Geschlechterforschung und Naturwissenschaft. Einführung in ein komplexes Wechselspiel. Wiesbaden: VS, 75-94.
Endokrinologie	Ebeling, Smilla, 2006: Wenn ich meine Hormone nehme, werde ich zum Tier. Zur Geschichte der ›Geschlechtshormone‹. In: Ebeling, Smilla/Schmitz, Sigrid (Hg.): Geschlechterforschung und Naturwissenschaft. Einführung in ein komplexes Wechselspiel. Wiesbaden: VS, 235-246.
Endokrinologie	Fausto-Sterling, Anne, 1985: Hormone und Aggression. Eine Erklärung der Macht? In: Fausto-Sterling, Anne: Gefangene des Geschlechts? Was biologische Theorien über Mann und Frau sagen. München: Piper, 175-218. [Kap. 5]

Abb. 3: Literatur zu Blocktag 2 der Lehrveranstaltung »Biologisches Wissen im Geschlechterdiskurs« (eigene Zusammenstellung)

Thema	Literatur
Einführung	Palm, Kerstin, 2010: Biologie. Geschlechterforschung zwischen Reflexion und Intervention. In: Becker, Ruth/Kortendiek, Beate (Hg.): Handbuch Frauen- und Geschlechtergeschichte. 3. Auflage. Wiesbaden: VS, 851-859.
Verhaltensbiologie	Mauss, Bärbel, 2001: Von Menschen und Mäusen. Ansätze feministischer Biologiekritik am Beispiel der feministischen Auseinandersetzung mit der Soziobiologie. In: Götschel, Helene/Daduna, Hans (Hg.): Perspektivenwechsel. Mössingen-Talheim: Talheimer, 97-120.

Neurobiologie	Schmitz, Sigrid, 2006: Frauen- und Männergehirne. Mythos oder Wirklichkeit. In: Ebeling, Smilla/Schmitz, Sigrid (Hg.): Geschlechterforschung und Naturwissenschaft. Einführung in ein komplexes Wechselspiel. Wiesbaden: VS, 211-234.
Immunbiologie	Haraway, Donna, 1995: Die Biopolitik postmoderner Körper. Konstruktionen des Selbst im Diskurs des Immunsystems. In: Haraway, Donna: Die Neuerfindung der Natur. Frankfurt a.M.: Campus, 160-199.
Genetik	Mauss, Bärbel, 2004: Genomic Imprinting im Kontext feministischer Kritik. In: Schmitz, Sigrid/Schintzel, Britta (Hg.): Grenzgänge. Genderforschung in Informatik und Naturwissenschaften. Königstein/Taunus: Helmer, 149-163.

Abb. 4: Literatur zu Blocktag 3 der Lehrveranstaltung »Biologisches Wissen im Geschlechterdiskurs« (eigene Zusammenstellung)

Thema	Literatur
Menschenbilder	Haraway, Donna, 1995: Im Streit um die Natur der Primaten. Auftritt der Töchter im Feld des Jägers 1960-1980. In: Haraway, Donna: Die Neuerfindung der Natur. Frankfurt a.M.: Campus, 123-159.
Menschenbilder	Ebeling, Smilla/Schmitz, Sigrid/Bauer, Robin, 2006: Tierisch menschlich. Ein un/geliebter Dualismus und seine Wirkungen. In: Ebeling, Smilla/Schmitz, Sigrid (Hg.): Geschlechterforschung und Naturwissenschaft. Einführung in ein komplexes Wechselspiel. Wiesbaden: VS, 347-362.
Biologiedidaktik	Palm, Kerstin, 2012: Grundlagen und Visionen einer genderreflexiven Biologiedidaktik. In: Kampshoff, Marita/Wiepcke, Claudia (Hg.): Handbuch Geschlechterforschung und Fachdidaktik. Wiesbaden: VS, 69-82.
Biologiedidaktik	Barron, Andrew/Ah-King, Malin/Herberstein, Marie, 2011: Plenty of Sex, But No Sexuality in Biology Undergraduate Curriculum. In: Bioessays. 33. Jg. H. 12, 899-902.

Abb. 5: Literatur zu Blocktag 4 der Lehrveranstaltung »Biologisches Wissen im Geschlechterdiskurs« (eigene Zusammenstellung)

Geschlechterwissen

Interdisziplinäres Ringseminar und E-Learning-Lehreinheiten als Bausteine für die Integration von Gender in die Lehramtsausbildung

Juliette Wedl, Veronika Mayer, Annette Bartsch

Das Braunschweiger Zentrum für Gender Studies (BZG) organisiert jedes Semester das Ringseminar »Geschlechterwissen aus interdisziplinärer Sicht« (früher »Geschlechterdifferenzen aus interdisziplinärer Sicht«[1]). Die zukünftigen LehrerInnen stellen darin jedes Semester die größte Gruppe der Studierenden dar. Die interdisziplinäre Ausrichtung des Ringseminars trifft auf Lehramtsstudierende mit verschiedenen Fachkombinationen und Studierende aus unterschiedlichsten Studiengängen,[2] wobei auch die Semester und das Vorwissen divergieren. Gerade die Interdisziplinarität der Veranstaltung ermöglicht die Einsicht, dass die Gender Studies in jedem (Schul-)Fach – in den Geistes-, Kultur- und Sozialwissenschaften ebenso wie in den Naturwissenschaften und technischen Fächern – von Bedeutung sind und liefert den Studierenden Ideen, wie diese Thematik im Unterricht aufgegriffen werden kann.

Ziel der Aktivitäten des BZG im Rahmen der Lehramtsausbildung ist es, zukünftige LehrerInnen auf einen Unterricht vorzubereiten, in dem Gender und Vielfalt Teil des pädagogischen Konzeptes sind. In einer Universität, in der zur Zeit der Entstehung des Seminars keine institutionelle Verankerung der Gender Studies gegeben war, erwies sich das Ringseminar als ein geeignetes Mittel, neben der eigentlichen Lehrverpflichtung gemeinsam zum Thema Gender »etwas auf die Beine zu stellen«. Das Ringseminar stellt sich dabei als Ausgangspunkt für weitere Aktivitäten im Lehramt heraus, die nach und nach entwickelt wurden.

---

[1] | Geschlechterdifferenzen kann einseitig auf eine Richtung innerhalb der Frauen- und Geschlechterforschung bezogen werden, weshalb der Titel 2011 geändert wurde.

[2] | Neben Lehramtsstudierenden sind insbesondere Studierende des Bachelorstudiengangs »Integrierte Sozialwissenschaften«, des Masterstudiengangs »Kultur der technisch-wissenschaftlichen Welt« (KTW) sowie der Erziehungs-, Natur- und Technikwissenschaften vertreten. Ein besonderer Reiz ist auch das Aufeinandertreffen verschiedener Hochschulkulturen auf der Studierendenebene: Von der HBK Braunschweig ist das Ringseminar im überfachlichen Bereich verankert und wird beispielsweise gern von Studierenden aus Kunst- und Medienwissenschaften genutzt. Innerhalb der Medienwissenschaften (an HBK und TU) ist das Seminar außerdem in verschiedene Wahlpflichtmodule integriert.

Im Folgenden gehen wir kurz auf die Geschichte (Kap. 1) und ausführlicher auf das Konzept (Kap. 2) des Ringseminars ein. Anschließend stellen wir unsere Aktivitäten im E-Learning vor (Kap. 3). Rückschlüsse für die Integration von Gender-Veranstaltungen im Lehramt an Hochschulen, die keine Gender-Professur in den Erziehungswissenschaften haben und deren Ressourcen hierfür gering sind, sowie eine Skizzierung weiterer Ideen zur Fundierung der Vermittlung von Genderwissen und -kompetenz in der Lehramtsausbildung in Braunschweig erfolgen im Ausblick (Kap. 4).

1 Geschichte: Wie Strukturveränderungen durch eine vereinte Initiative zur Etablierung der Gender Studies in Braunschweig beitrugen

Ursprünglich konnte das Ringseminar durch eine Änderung der Lehramtsprüfungsordnung an der Technischen Universität (TU) Braunschweig entstehen, mit der mehr interdisziplinäre Anteile in die Ausbildung einfließen sollten. Um diese Anforderung für die Gender Studies zu nutzen, war zunächst die naheliegende Idee einer Ringvorlesung entstanden. Diese wurde jedoch aufgrund bereits etablierter Ringvorlesungen sowie angesichts eines didaktischen Settings, welches zur Einübung interdisziplinärer Methoden und für einen Dialog mit den Studierenden wenig geeignet erschien, zugunsten des Seminarformates verworfen. 2001 wurde so das interdisziplinäre Ringseminar »Geschlechterdifferenzen aus interdisziplinärer Sicht« geboren. Die um die Jahrtausendwende positiv belegte Interdisziplinarität wurde somit zum »Türöffner« für die Gender Studies in verschiedensten Fächern der TU Braunschweig. Die Idee eines Ring*seminars* war zudem für die Lehrenden attraktiv: Das Angebot, nur eine Sitzung gestalten zu müssen, ermöglichte einen vergleichbar geringen Organisationsaufwand sowohl für die Lehrenden wie auch für die damaligen Organisatorinnen Bettina Wahrig, Professorin der Pharmazie- und Wissenschaftsgeschichte, und Ingeborg Wender, Professorin in der pädagogischen Psychologie. In jeder Sitzung wurde ein Fach jeweils mit Bezug zur Geschlechterforschung vorgestellt, wobei die DozentInnen einen Input gaben und zugleich Studierenden ermöglichten, zum Erwerb eines Leistungsscheins ein Referat zu halten. Typisch für das Seminar waren intensive Diskussionen, da sich in jeder Sitzung neue Facetten der Gender Studies durch die vielfältigen Fächerzugänge zeigten und die kontroverse Erörterung verschiedener theoretischer Zugänge von Beginn an Teil der Veranstaltung war.

Neben der Vermittlung der Erkenntnisse aus der Frauen- und Geschlechterforschung ging es mit dem Seminar auch darum, Aufbauarbeit für die Gender Studies innerhalb einer technisch orientierten Universität zu leisten und eine Vernetzung der Lehrenden untereinander zu entwickeln. Gerade in dieser Anfangsphase wurde in Vorbereitungstreffen intensiv die Lehre didaktisch miteinander abgestimmt. Begegnungen zwischen den verschiedensten Fächerkulturen wurden verhandelt und es entstand ein Netz der an Gender Studies interessierten WissenschaftlerInnen (Netzwerk Geschlechterfragen aus interdisziplinärer Sicht – NeGiS). Als Bottom-Up-Initiative wurden die Gender Studies zum Etablierungsfeld für neue Lern- und Forschungsthemen, auf welches dann die Gründung des BZG im Jahr 2003 aufbauen konnte. Damit erhielt das Seminar nach drei Jahren eine stabile institutionelle Basis und wird seitdem jedes Semester vom BZG organisiert und angeboten.

2 Konzept des Ringseminars: Gemeinsam, geteilt und im Gespräch

Das Ringseminar basiert in all seinen Modifikationen auf einem Grundkonzept (Kap. 2.1). Vor dem Hintergrund der Erfolge (Kap. 2.2) haben sich Veränderungen und Erweiterungen ergeben (Kap. 2.3). Anhand zweier Semester stellen wir exemplarisch den Verlauf eines Seminars dar (Kap. 2.4) und reflektieren anschließend das Konzept (Kap. 2.5).

2.1 Grundkonzept

Das seit 2001 realisierte Konzept vereint die Formate Ringvorlesung und Seminar und besteht bis heute im Wesentlichen in seiner Grundidee fort: DozentInnen aus unterschiedlichen Fächern der Geistes-, Sozial-, Kultur-, Kunst-, Natur- und Ingenieurwissenschaften der Braunschweiger Hochschulen[3] gestalten jeweils eine Seminarsitzung, sodass die Studierenden einen interdisziplinären Einblick in verschiedene Dimensionen der Gender Studies bekommen. Einführend werden von den OrganisatorInnen zentrale Begriffe der Geschlechterforschung vermittelt. In den Diskussionen sowie am Ende jeder Sitzung werden im Sinne eines roten Fadens in kurzen Statements Verbindungen zwischen den verschiedenen Sitzungen und Themen hergestellt. In der letzten Seminarsitzung sowie in einigen Semestern auch im Rahmen von Zwischenevaluationen werden die verschiedenen Zugänge ins Verhältnis zueinander gestellt und diskutiert.

Termin	Thema	DozentIn
1. Sitzung	Organisatorisches, Vorstellung der einzelnen Sitzungen und Vergabe der Referate	OrganisatorInnen sowie möglichst viele der DozentInnen
2. und ggf. 3. Sitzung	Einführung in die Gender Studies	OrganisatorInnen
3. bzw. 4.-12. Sitzung	Gender in verschiedenen Disziplinen (je Sitzung eine Disziplin)	Jeweilige DozentInnen aus der Disziplin, OrganisatorInnen
ggf. ca. 8. Sitzung	Zwischenevaluation (45 Minuten)	OrganisatorInnen
13. Sitzung (Abschlusssitzung)	Zusammenführung und Evaluation	OrganisatorInnen

Abb. 1: Grundmuster des Ablaufplans des Ringseminars

---

3 | Im BZG kooperiert neben den beiden Hochschulen TU Braunschweig und HBK Braunschweig auch die Ostfalia Hochschule für angewandte Wissenschaften (ehemals Fachhochschule Braunschweig/Wolfenbüttel). Es werden manchmal DozentInnen der Ostfalia einbezogen, doch ist eine dauerhafte Integration in das Ringseminar strukturell kaum möglich. Sehr unterschiedliche Semesterrhythmen, auseinanderliegende Standorte (der Standort Braunschweig wurde 2010 aufgegeben) und differente Studienkulturen stehen gemeinsamen Lehrveranstaltungen entgegen. Durch E- und Blended-Learning-Angebote sollen hier zukünftig neue Wege in der hochschulübergreifenden Lehre gegangen werden.

Die Abbildung 1 zeigt das Grundmuster des Ringseminars. Das Konzept basiert auf der kontinuierlichen Teilnahme von mindestens einer lehrenden Person, die wir hier als OrganisatorInnen bezeichnen.[4] Diese organisatorische Verantwortung liegt seit der Existenz des BZG bei deren MitarbeiterInnen. Durch die Präsenz mehrerer DozentInnen in einer Sitzung werden in einem kollegialen Miteinander die verschiedenen wissenschaftlichen Perspektiven und Betrachtungsweisen für die Studierenden lebhaft erfahrbar. Wissenschaftliche Differenzen sollen dabei nicht ausgeklammert und vermieden, sondern respektvoll eingebracht werden. Dadurch wird den Studierenden vermittelt, dass es unterschiedliche mögliche Positionierungen innerhalb der Wissenschaft gibt und diese sich nicht in einem »Richtig« und »Falsch« auflösen lassen, sondern verschiedene Dimensionen beleuchten und fokussieren. Allen DozentInnen steht es frei, an allen oder einzelnen Sitzungen bei Interesse teilzunehmen.

Die Beteiligung der DozentInnen basiert auf freiwilligem Engagement, da keine Anrechnung einzelner Lehrstunden auf das Lehrdeputat möglich ist. Trotz dieser Hürde hatten wir nie die Schwierigkeit, DozentInnen für die Sitzungen zu finden. Eine Sitzung, auch verbunden mit der Begleitung einer Leistung in Form eines Referates oder einer Hausarbeit, wird ohne Weiteres gerne beigetragen. Inzwischen existiert ein ausgedehnter DozentInnenpool, wobei die einzelnen DozentInnen mehr oder weniger regelmäßig partizipieren.

2.2 Erfolge des Ringseminar-Konzeptes

Das Ringseminar wurde seit seinem Start fast durchgängig gut angenommen und ist in der Regel ausgebucht. Die positive Resonanz zeigt sich auch in den Evaluationen. Darüber hinaus kann es auf verschiedenen Ebenen als ein Erfolgsmodell gewertet werden:

- Es ist gelungen, eine kontinuierlich stattfindende Lehrveranstaltung im Rahmen der Gender Studies anzubieten, die über die überfachliche Qualifikation für alle Studierenden offen ist, so auch für die Ingenieur- und Technikwissenschaften. Selbst hochschulübergreifend können Studierende der HBK Braunschweig Leistungen im Ringseminar erwerben.
- Das Ringseminar ist für viele Studierende die erste Begegnung mit den Gender Studies und ein Teil bekundet Interesse an weiteren Lehrveranstaltungen.
- Das Seminar gibt einen unmittelbaren Einblick in die Interdisziplinarität der Gender Studies, wobei die Disziplinen jeweils von FachvertreterInnen repräsentiert werden. Damit kommen nicht nur unterschiedliche Themenfelder und

---

4 | Der Plural verweist darauf, dass bei uns mitunter bis zu vier Personen beteiligt sind. Als OrganisatorInnen bezeichnen wir hier sowohl die Personen, die vom BZG aus das Seminar organisieren und leiten, als auch die WissenschaftlerInnen, die unterstützend beteiligt sind und kontinuierlich teilnehmen. Neben der zentralen Mitarbeiterin des BZG (von 2003 bis 2007 Stefanie Zuber und seit 2008 Juliette Wedl) sowie ProjektmitarbeiterInnen des BZG (2009-2010 Daniela Döring, 2011-2012 Michael Fürst, seit 2012 Katja Barrenscheen und in Elternzeitvertretung Anja Heine sowie seit 2013 Veronika Mayer) waren Annette Bartsch sowie Bettina Wahrig fast immer unterstützend organisatorisch beteiligt.

disziplinäre Perspektiven zum Tragen, sondern es werden auch verschiedene Fachkulturen erlebbar.
- Auf mehreren Ebenen hat das Seminar zur wissenschaftlichen Vernetzung beigetragen: Durch die Seminarpläne werden die genderinteressierten WissenschaftlerInnen und ihre Themen sichtbar und potenzielle Kontaktmöglichkeiten aufgezeigt. Darüber hinaus ermöglicht der Besuch einzelner Sitzungen auch ein persönliches Kennenlernen und einen direkten Austausch, der mitunter der Beginn einer wissenschaftlichen Kooperation ist. In der direkten Begegnung scheinen auch gemeinsame Anknüpfungspunkte auf, die nicht auf den ersten Blick ersichtlich sind.
- Die DozentInnen erhalten auf verschiedene Weise Einblick in die Lehre ihrer KollegInnen: Sowohl durch die Anwesenheit in von KollegInnen geleiteten Sitzungen als auch durch Co- bzw. Team-Teaching wird ein Einblick in alternative Gestaltungsmöglichkeiten von Lehre ermöglicht und ein Raum eröffnet, miteinander Methoden, Prozesse und Ergebnisse zu reflektieren.

Aufgrund der Erfolge wurde das Ringseminar in verschiedener Hinsicht verändert und erweitert.

2.3 Veränderungen und Erweiterungen des Ringseminar-Konzeptes

Angesichts der Nachfrage seitens der Studierenden nach einem weiteren Angebot stellt das Ringseminar seit 2010 im Sommersemester jeweils ein spezielles Thema ins Zentrum. Neben dem bereits beschriebenen Grundgerüst (Abb. 1) unterscheiden sich seitdem die beiden Seminare in ihrer Orientierung: Während im Wintersemester der Fokus auf dem Kontext Schule liegt und – mit Orientierung an den zukünftigen Unterrichtsfächern – fachspezifische Impulse der Gender Studies thematisiert werden, wird im Sommer ein Thema von verschiedensten Richtungen der Gender Studies beleuchtet. Dadurch kann zusätzlich zum gleichgebliebenen Ringseminar im Wintersemester ein thematisches Seminar im Sommersemester angerechnet werden.[5] Bisherige Themen waren »Play Gender. Interdisziplinäres Ringseminar zu den Schnittstellen zwischen Geschlechterforschung und Spiel« (SoSe 2009), »Körper(stereo)typen. Interdisziplinäres Ringseminar zu Körper und Geschlecht« (SoSe 2010), »Was ist schon normal? Normbrüche aus interdisziplinärer Sicht« (SoSe 2011), »Migration, Wissenstransfer & Gender« (SoSe 2012), »Männlichkeiten: revised?« (SoSe 2013) und »Autos, Rasierer und Web 2.0: Zum Verhältnis von Alltagstechniken, Medien und Geschlecht« (SoSe 2014).

Durch die zusätzliche Verankerung in einem Modul der grundständigen Lehre in den Erziehungswissenschaften können in einzelnen Semestern fachnahe Leis-

---

5 | Im Professionalisierungsbereich der Erziehungswissenschaften und im Lehramt konnte so ein ganzes Wahlpflicht-Modul (6 ECTS) abgedeckt werden, wodurch die Attraktivität dieser Wahloption stieg. Für das Ringseminar können im Professionalisierungsbereich 3 ECTS erreicht werden, was 90 h Workload, d.h. 90 Einheiten à 45 Minuten, entspricht. Durch die unterschiedliche fachliche Verankerung reichen die Leistungen von Teilnahmescheinen mit einer aktiven Teilnahme (1 ECTS) bis zu Präsentationen mit Hausarbeiten (6 ECTS) bei einer Verankerung in einem Modul der grundständigen Lehre.

tungen erbracht werden.[6] Erstmals wurde dieses ermöglicht durch die Modifizierung des Ringseminars anlässlich der Tagung »Teaching Gender? Geschlecht in der Schule und im Fachunterricht« im Februar 2012 (siehe auch Bartsch/Wedl in diesem Buch), die in das Seminar integriert wurde. Lehramtsstudierende konnten als Prüfungsleistung einen Unterrichtsentwurf in einem ihrer Kernfächer entwickeln, der entsprechend fachdidaktisch und inhaltlich betreut wurde. Diese Arbeiten wurden auf der Tagung einem Fachpublikum präsentiert. Die Option dieser Prüfungsleistung konnte auch in anderen Semestern angeboten werden, wenn eine Verankerung in der grundständigen Lehre realisierbar war. Damit haben die Studierenden verstärkt die Möglichkeit, die Gender Studies konkret auf ihr späteres Berufsfeld anzuwenden und Ideen in ihrem zukünftigen Schulfach zu entwickeln.

2.4 Exemplarische Beispiele der Umsetzung

Um einen Eindruck zu gewinnen, mit welchen Sitzungen das Ringseminar im Wintersemester und im Sommersemester gestaltet werden kann, seien hier exemplarisch zwei Ablaufpläne dargestellt und kurz erläutert. Zunächst das Wintersemesterkonzept »Geschlechterdifferenzen aus interdisziplinärer Sicht« beispielhaft im Wintersemester 2010/11 (siehe Abb. 2).

Termin	Thema	DozentIn
03.11.2010	Seminarübersicht & Organisatorisches	Verschiedene
10.11.2010	Jacke wie Hose? Geschlechterunterschiede im Alltag	Juliette Wedl (Soziologie, BZG)
17.11.2010	Warum Männer viel Platz brauchen und Frauen genügsam sind – Geschlechtsspezifische Kommunikation am Beispiel der Körpersprache	Dominika Walla (Erziehungswissenschaft, Kompetenzzentrum für Hochschuldidaktik Niedersachsen)
Block MINT		
24.11.2010	Sex im Hirn: biologische Geschlechterdifferenzen im Denken – Geschichte und aktuelle Forschung	Prof. Dr. Bettina Wahrig (Wissenschaftsgeschichte, TU), Prof. Dr. Norbert Käufer (Biologie, TU)
01.12.2010	Technologien der Behinderung? Gender und Technik am Beispiel des Körperscanners	Gastprof. Dr. Jutta Weber (Technikforschung, Philosophie, Medientheorie, Gastprofessorin TU)

---

[6] | Darüber hinaus wurde mit der Re-Akkreditierung ab dem Wintersemester 2012/13 das Wahlpflichtmodul »Think Gender« im Bachelor »Integrierte Sozialwissenschaften« geschaffen, in das das Ringseminar ebenfalls integriert ist.

08.12.2010	Teil I: Geschlechterdifferenzen in naturwissenschaftlichen Bereichen	Prof. Dr. Kerstin Höner (Chemiedidaktik, TU)
	Teil II: Zwischen-Evaluation	Juliette Wedl u.a.
Block Geistes- und Sozialwissenschaften		
15.12.2010	Frauengeschichte(n) in der Stadtführung – Hexen, Huren und Beginen in Braunschweig	Nicole Griese (Geschichte, TU)
05.01.2011	Jugendsoziologie: Geschlechtsspezifische Aggression und Gewalt	Annette Bartsch (Soziologie, TU)
12.01.2011	Teil I: Frauen sprechen anders, Männer auch	Prof. Dr. Susanne Borgwaldt (Germanistik, TU)
	Teil II: Zwischen-Evaluation	Juliette Wedl u.a.
**Block Kunst	Musik	Medien**		
19.01.2011	Interieurs des Weiblichen. Über die Gender-Aspekte in der Fotografie von Francesca Woodman, anlässlich des 30. Todestages der Künstlerin	Iwona Glajc (Kunstwissenschaft, HBK)
26.01.2011	Sex, Gender und populäre Musik	Prof. Dr. Erika Funk-Hennigs (Musikwissenschaft, TU)
02.02.2011	Das frühe Kino und die Zuschauerinnen	Prof. Dr. Heike Klippel (Medienwissenschaft, HBK)
09.02.2011	Abschluss und Evaluation	Juliette Wedl u.a.

Abb. 2: Seminarplan »Geschlechterdifferenzen aus interdisziplinärer Sicht«, Wintersemester 2010/11

Mit Fokus auf Lehramtsstudierende gruppiert das Seminar im Wintersemester jeweils in unterschiedlicher Weise verschiedene Fächer und deckt dabei insbesondere drei disziplinäre Felder ab: Im Block MINT werden aus der TU Braunschweig oder als externe Gäste VertreterInnen der Fächer Mathematik, Informatik sowie der Natur- und Technikwissenschaften eingebunden.[7] In den

---

7 | Für die Technikwissenschaften stand uns seit 2008 meist eine (Gast-)Professorin zur Verfügung: Dr. Jutta Weber war von 2008–2010 Gastprofessorin am BZG, zwei Semester finanziert über das Maria-Goeppert-Mayer-(MGM)-Programm des niedersächsischen Ministeriums für Wissenschaft und Kultur sowie anschließend über Studienbeitragsmittel der TU Braunschweig. Prof. Dr.-Ing. Corinna Bath ist seit 2012 MGM-Professorin für Gender, Technik und Mobilität an der Fakultät für Maschinenbau der TU Braunschweig und der Fakultät Maschinenbau der Ostfalia.

Geistes- und Sozialwissenschaften werden die Sitzungen durch WissenschaftlerInnen der TU Braunschweig gestaltet, wobei die Fächer (Wissenschafts-)Geschichte, Soziologie, Politikwissenschaft und Philosophie sowie Anglistik und Germanistik vertreten sind. Für die Medien- und Kunstwissenschaften sowie das Darstellende Spiel stehen insbesondere WissenschaftlerInnen der HBK Braunschweig zur Verfügung, ergänzt durch die MusikwissenschaftlerInnen der TU Braunschweig.

Exemplarisch seien die einführenden Sitzungen und der erste Block ausführlicher, der Rest kurz beschrieben. Für die erste inhaltliche Sitzung hatten die Studierenden die Aufgabe, ein ›Objekt‹ mitzubringen, z.B. einen Gegenstand, ein Bild, eine Erzählung oder eine Beobachtung, in dem sie Geschlecht als bedeutend sehen. In der Sitzung wurden anschließend an dem vorbereitend zu lesenden Text zur Einführung in die Gender Studies (Nunner-Winkler 2001: 267-269) einzelne Begriffe geklärt und voneinander abgegrenzt. In Kleingruppen sollten diese auf die mitgebrachten Objekte angewendet werden, um so eine Annäherung an die Bedeutung der Kategorie Geschlecht im Alltag zu ermöglichen. Anhand von Fakten und Zahlen sowie Materialien aus verschiedenen Bereichen wie Wissenschaft, Film und Werbung zu Themen wie stereotype Geschlechterbilder, (frühkindliche) geschlechterdifferenzierende Erziehung und Kompetenzerwartungen sowie Ausgrenzung nicht geschlechterkonformer Lebensweisen[8] wurde für Geschlechterstereotype und soziale Ungleichheiten sensibilisiert sowie das alltägliche Doing Gender konkretisiert. Es sollte darüber vermittelt werden, dass unsere Gesellschaft vielfach von einer Norm der heterosexuellen Zweigeschlechtlichkeit geprägt ist.

Der Kontrast zwischen geschlechterdifferenzierenden Zahlen z.B. zur Berufswahl, Karriere, Führung und Teilzeit und der häufigen Annahme einer realisierten Gleichberechtigung seitens der Studierenden verweist auf das Paradox, welches Angelika Wetterer (2003) als »rhetorische Modernisierung« bezeichnet: Einem modernisierten Alltagswissen stehen vielfach von Geschlechterhierarchien durchzogene Strukturen und soziale Praktiken gegenüber, die sich als beharrlich erweisen. Ergänzt wurde dieser Einstieg durch die darauf folgende Sitzung zur geschlechtsspezifischen Kommunikation, die verdeutlichte, wie sehr Geschlecht in das unbewusste Verhalten, hier die Körpersprache, eingelassen ist (vgl. u.a. Mühlen Achs 2003; Paseka 2008; Wex 1980). Es gilt, den (meist) unreflektierten Umgang mit dem Körper und seinen Deutungen bewusst zu machen.

Die drei folgenden Sitzungen im Block »MINT« hatten gemeinsam, dass sie die sogenannten harten Wissenschaften betreffen, die im Alltagsverständnis häufig als fern gesellschaftlicher Einflüsse verstandene »Natur« gesehen werden. Dem gegenüber gingen alle drei Sitzungen auf sehr unterschiedlichen Ebenen einer Ko-Konstruktion zwischen Geschlecht und dem jeweiligen Gegenstand ein. Aus einer wissenschaftsgeschichtlichen Perspektive wurde gezeigt, dass die (gesellschaftliche) »Ordnung der Geschlechter« und die »Natur der Geschlechter« sich gegenseitig beeinflussen: Die »biologischen« Erklärungen für kognitive und emotionale Funktionen von Männern und Frauen variieren historisch stark, was sich

---

8 | Hier eignen sich besonders gut Filme, z.B. *Mein Leben in Rosarot* (F/B/GB 1999), *Million Dollar Baby* (USA 2004) oder *Billy Elliot* (GB 2000), Comics (siehe Burmann/Schradi in diesem Buch) oder Lebensgeschichten.

an den verschiedenen europäischen Geschlechtermodellen von der Antike bis ins 20. Jahrhundert zeigen lässt (vgl. Wahrig 2013). Ergänzt wurden diese historischen Befunde durch eine biologische Perspektive, die darauf verwies, dass die Vorstellung starr fixierter Unterschiede zwischen männlichen und weiblichen Körpern, z.B. aufgrund der genetischen oder der neuronalen Ausstattung, dem aktuellen Stand der Wissenschaft nicht entspricht (vgl. Fine 2014). Die Geschichtlichkeit von (natur-)wissenschaftlichen Erkenntnissen und die soziale Beeinflussung von »Natur« vermittelte den Studierenden eine wissenschaftskritische Perspektive, die nicht nur in der Biologie von Bedeutung ist.

Was ein (geschlechter-)kritischer Blick auf die vermeintlich neutrale Technik an Themen eröffnet, wurde anhand des Körperscanners deutlich. In seinem Einsatz im Bereich der Sicherheitskontrolle an Flughäfen bringt er die Intimität des Körpers auf den Bildschirm der Security. Dabei werden von der Norm abweichende Körper, wie z.B. bei kranken, verletzten, transsexuellen oder Intersex-Menschen, unfreiwillig Dritten gegenüber offenbart (vgl. Magnet/Rodgers 2012). In der Sitzung verknüpfte sich (feministische) Gesellschaftskritik mit der Technoscience, was – in Bezug auf verschiedene technische Artefakte – ebenso in sozial-politischen wie naturwissenschaftlich-technischen Fächern zum Tragen kommen kann.

Die letzte Sitzung in diesem Block widmete sich den Naturwissenschaften verbunden mit der Frage, ab welchem Alter Geschlechterdifferenzen bedeutend werden (vgl. Blossfeld et al. 2009; Höner/Geiwe 2000) und wie hier interveniert werden kann. Im Mittelpunkt standen Ergebnisse von Untersuchungen zu kindlichen Vorstellungen über Naturwissenschaft und Technik (vgl. u.a. Kaiser 1986), da diese Hinweise auf geschlechtsspezifische Lernvoraussetzungen im späteren Unterricht geben können (vgl. Faulstich-Wieland et al. 2008). Im Sinne einer Interessenssteigerung für das Fach (siehe auch Broschinski in diesem Buch) wurden Projekte der naturwissenschaftlichen Didaktik vorgestellt, die teils bereits im Übergang von Kindergarten zur Grundschule ansetzen u.a. das Agnes-Pockels-SchülerInnen-Labor.

Die Sitzungen in den zwei letzten Blöcken führten jeweils an einem Beispiel vor, dass eine Geschlechterperspektive einen Erkenntnisgewinn mit sich bringt. Darüber hinaus gaben sie Ideen, wie Geschlechterforschung Eingang in den Unterricht finden kann. Im Block »Geistes- und Sozialwissenschaften« begab sich das Seminar zunächst auf eine Spurensuche: In einer Stadtführung wurde den Teilnehmenden an verschiedenen Orten der (Frauen-)Geschichte in Braunschweig Wissen über die mittelalterlichen Frauenwohngemeinschaften der Beginen, zum »ältesten Gewerbe der Welt« und zur Hexenverfolgung vermittelt (vgl. Armenat 1991; Beck 2001; Fößel/Hettinger 2000; Rummel/Voltmer 2008). In der Sitzung zu geschlechtsspezifischer Aggression und Gewalt standen Fragen zu unterschiedlichen geschlechterdifferenten Formen von Gewalt sowie Erklärungsansätze hierzu im Fokus, wobei Bezüge zur Schule hergestellt wurden (vgl. u.a. Bartsch 2009; Popp 2002; Jahnke-Klein/Schiermeyer 2007). Anhand des Romans »Die Töchter Egalias« von Gerd Brantenberg (1980) wurde der Zusammenhang von Sprache und Geschlecht erörtert und Erkenntnisse der linguistischen Gender-Forschung vermittelt.

Im Block »Kunst, Musik, Medien« wurden anhand von Bildern der amerikanischen Fotografin Francesca Woodman (vgl. 1992) Fragen der Repräsentation und Sichtbarkeit von Frauen in der Kunst sowie der Rolle des weiblichen Körpers im Kontext der spezifischen Raum-Zeit-Inszenierungen, die bei Woodman eine große Rolle spielen, analysiert. Anhand unterschiedlicher Weiblichkeitsentwürfe in Musikvideos – z.B. Madonna mit »Like a Virgin«, »Rebel Girl« der Riot-Grrrls-Band Bikini Kill sowie Songs von Bratmobile, Le Tigre und Lady Bitch Ray u.a. im Musikvideo »Du bist krank« –, die sich im Spannungsfeld zwischen Pornographie und emanzipatorischer Selbstbestimmung bewegen, wurde das Verhältnis zwischen Sex, Gender und populärer Musik in den Texten und Bildern ausgelotet (vgl. u.a. Funk-Hennigs 2010). Ferner wurde beleuchtet, dass das frühe Kino das erste öffentliche Vergnügen war, welches Frauen alleine aufsuchen konnten. Hierzu zeigt die wissenschaftliche Literatur, dass das Kino in besonderer Weise eine Offenheit für weibliche Bedürfnisse und Interessen hatte (vgl. Schlüpmann 1987).

In der Abschlusssitzung wurden rückblickend fünf »Begriffsmixturen« in Gruppenarbeit auf das Seminarprogramm bezogen, wobei jede Gruppe dazu zwei der folgenden Begriffe erhielt: Stereotype, Doing Gender, Grenzen von Geschlecht, Körper sowie Emanzipation/Feminismus. Deren Bedeutung in den verschiedenen Sitzungen wurde schlaglichtartig rekapituliert und anschließend erfolgte im Plenum eine abschließende Diskussion.

Im Gegensatz zur Orientierung an den zukünftigen Unterrichtsfächern, für die im Wintersemester fachspezifische Impulse der Gender Studies thematisiert werden, wird im Sommer ein Thema aus verschiedensten Perspektiven der Gender Studies beleuchtet. Beispielhaft sei hier auf das Seminar »Körper(stereo)typen. Interdisziplinäres Ringseminar zu Körper und Geschlecht« im Sommersemester 2010 verwiesen (siehe Abb. 3), welches wir kurz skizzieren.

Termin	Thema	DozentIn
07.04.2010	Seminarübersicht & Organisatorisches	Verschiedene
14.04.2010	Einführung in die Gender Studies I: Sex-Gender und andere Geschlechtermodelle	Juliette Wedl (Soziologie, BZG), Bettina Wahrig (Wissenschaftsgeschichte, TU)
21.04.2010	Einführung in die Gender Studies II: Körper und Geschlecht	Dr. Daniela Döring (Kulturwissenschaft, BZG), Juliette Wedl
28.04.2010	›Tough Ain't Enough‹: Boxen, Körperlichkeit und Geschlecht im US-amerikanischen Film	Prof. Dr. Rüdiger Heinze (amerikanische Kultur- und Literaturwissenschaft, TU)
05.05.2010	Für die Liebe noch verwendbar? Körperfunktionen und -wahrnehmung in Gesundheit, Krankheit und Alter am Beispiel der Sexualität	Prof. Dr. med. Antje Reinheckel (Ärztin und Sozialmedizin, Ostfalia)

12.05.2010	»Super crips« und Normalität. Bilder und Disability Studies	Prof. Dr. Ulrike Bergermann (Medienwissenschaft, HBK)
19.05.2010	Geschlechtsentwicklung in der frühen Kindheit: Körperliche und psychische Aspekte	Prof. Dr. Ingeborg Wender (Pädagogische Psychologie, TU)
26.06.2010	Exkursionswoche	
02.06.2010	Weiblichkeit, Jugendlichkeit, Schönheit. Die Herstellung begehrter und begehrender Körper	Dr. Heiko Stoff (Wissenschaftsgeschichte, TU)
09.06.2010	Soziologische Körper(an)sichten	Annette Bartsch (Soziologie, TU), Juliette Wedl
16.06.2010	Der süchtige Körper	Prof. Dr. Wolfgang Schulz (Klinische Psychologie, Psychotherapie und Diagnostik, TU)
23.06.2010	»... und du fühlst dich gut!« Körper und Geschlecht im Wellness-Diskurs	Alma-Elisa Kittner (Kunstwissenschaft, HBK)
30.06.2010	Der mediale Körper	Dr. Heike Hümme (Mediendesign, Ostfalia)
07.07.2010	Queere Körper	Michael Fürst (Medienwissenschaft, HBK)
14.07.2010	Abschlusssitzung	Verschiedene

Abb. 3: Seminarplan »Körper(stereo)typen. Interdisziplinäres Ringseminar zu Körper und Geschlecht«, Sommersemester 2010

In der Einführung wurde Geschlecht als gesellschaftliche Achse der Differenz problematisiert, sodass nicht nur Lebewesen, sondern auch z.B. Gegenstände, Lebensbereiche, Verhalten und Eigenschaften geschlechtlich zugeordnet werden. Anhand geschichtlicher und kultureller Blitzlichter auf andere Geschlechtermodelle wurde die Konstruiertheit einer heteronormativen Zweigeschlechtlichkeit aufgezeigt. In der zweiten Sitzung wurde daran anknüpfend die Verwobenheit von biologischen Unterscheidungen mit kulturellen Kontexten, Zuschreibungen und Rollenmustern in den Blick genommen. Betrachtet wurde, wie im Alltag körperliche Erscheinungen als typisch weiblich oder typisch männlich gelten und wann ein Typus in ein Stereotyp kippt und geschlechterspezifische Zuschreibungen sich verfestigten. Wird das Boxen in der US-amerikanischen Kultur fast schon prototypisch mit Männlichkeit und physischer wie mentaler Stärke verbunden, so wurde in der Sitzung anhand von Filmausschnitten des Films *Million Dollar Baby* (USA 2004) in Kontrast zur *Rocky*-Saga (USA 1976) und anderen Boxfilmen sowie zu Selbstdarstellungen von BoxerInnen die Darstellung von Körperlichkeit sowie die

Konstruktion von Geschlechterrollen und Vorstellungen im Boxsport diskutiert (vgl. u.a. Ribbat 2006). In der folgenden Sitzung wurde am Beispiel von Sexualität in Lebensphasen von Gesundheit und Krankheit sowie im Alter die Bedeutung von Körperfunktionen und deren Wahrnehmung betrachtet (vgl. u.a. Albani/Gunzelmann/Brähler 2009). Nach einem Blick auf historische Figurationen von »blind« und »taub« in der abendländischen Frühaufklärung sowie dem aus den Disability Studies stammenden Begriffspaar *impairment* und *disability* wurde am Beispiel der taubblinden Amerikanerin Helene Keller der Frage nachgegangen, wie hier Behinderung ins Bild gesetzt wird (vgl. u.a. Ziemer 2008: 115–124; Waldschmidt 2007). Die körperliche und psychische Entwicklung in der frühen Kindheit und die Bedeutung von Geschlecht und geschlechtlichen Zuweisungen war Thema der nächsten Sitzung (vgl. u.a. Bischof-Köhler 2006; Connell 2013: 77–104). Anhand von Schönheits- und Verjüngungsoperationen, wie sie bereits in den 1920er-Jahren erfolgten, wurde anschließend danach gefragt, wie der Zusammenhang von Weiblichkeit, Jugendlichkeit und Schönheit hergestellt wird (vgl. Stoff 2004). Wie auf der Ebenen von Handeln, Sprechen und leiblichem Empfinden Geschlecht in den Körper eingewoben ist, wurde anhand der »soziologische[n] Reise« von Paula Irene Villa (2006) betrachtet. Am Beispiel von Alkoholmissbrauch ging die nächste Sitzung der vielschichtigen Problematik des »süchtigen Körpers« nach und fragte nach der Bedeutung von Geschlecht in diesem Feld (vgl. u.a. Zenker 2010). Welche Körper- und Geschlechtervorstellungen im Wellness-Diskurs zirkulieren, die sich nicht nur in Tees und Saunaangeboten, sondern auch in vergeschlechtlichten Produkten niederschlagen – man denke nur an die Körperpflege-Abteilung im Drogeriemarkt –, war Thema der folgenden Sitzung (vgl. u.a. Duttweiler 2003). Die Geschlechterrollen und -bilder in digitalen Medien wurden im Anschluss analysiert und abschließend die Bedeutung des Körpers in den Queer Studies aufgegriffen, in denen dieser als Spielfeld der Uneindeutigkeiten eine bedeutende Rolle einnimmt (vgl. u.a. Kraß 2003).

Die zwei exemplarischen Seminarpläne zeigen die in der Grundform sich wiederholenden Abläufe des Ringseminars. Dieses wurde in einigen Semestern modifiziert. Um den Studierenden auch einen Einblick in aktuelle fachwissenschaftliche Debatten und die Praxis der Wissenschaft zu geben, wurden Tagungen integriert, so 2012 mit der Fachtagung »Teaching Gender?« sowie 2013 mit der Jubiläumstagung »Zurück in die Zukunft. 10 Jahre Braunschweiger Zentrum für Gender Studies«. Hierdurch konnten alternative und innovative Formate ausprobiert werden.

2.5 Reflexion des Konzeptes

Trotz der Erfolge lassen sich auch einige Problematiken und Herausforderungen ausmachen. Zunächst begleitet eine grundsätzliche didaktische Frage das Seminar: Wie viel Differenz darf zugelassen werden? Dies betrifft neben theoretischen Vorannahmen sowohl die Methoden wie auch die verschiedenen Fächerkulturen. Unter Umständen lässt es sich nicht vermeiden, dass auch teils theoretisch schwer zu vereinbarende Positionen zusammentreffen, z.B. stark konstruktivistische Positionen und Positionen, die von natürlichen Geschlechterdifferenzen ausgehen.⁹ Die Frage des Umgangs mit solchen Differenzen stellt sich nicht nur auf der Ebene des vermittelten Wissens, sondern auch hinsichtlich des persönlichen Umgangs im Rahmen des Seminars. Insofern gilt es, eine Haltung zu erlernen, die darauf zielt, fundamentale theoretische Differenzen nicht zu negieren, aber auch nicht in der Seminarsitzung zum Eklat führen zu lassen, sondern als in der Wissenschaft existente mögliche Perspektiven zu verdeutlichen. Dabei kann es hilfreich sein, die Diskussion nicht direkt mit den DozentInnen oder in ihrer Anwesenheit zu führen, sondern mit Abstand die verschiedenen Positionen, auch die eigene, zu reflektieren – und dabei die verschiedenen Theorien zu kontextualisieren hinsichtlich ihrer Entstehung, Geschichte und ihres Erkenntnisinteresses sowie die fachlichen Hintergründe zu berücksichtigen, denn es gibt Disziplinen, in denen ist eine (de-)konstruktivistische Sicht verbreiteter und vielleicht auch naheliegender als in anderen. Somit ist es sinnvoll, eine gewisse Gelassenheit im Umgang mit Unterschieden zu erlangen, die ebenso die Inhalte, als auch die Methoden, Didaktik oder Stile betreffen kann. Für die Studierenden kann damit ein zusätzlicher Lerneffekt verbunden sein, wobei auch ein Maß an gedanklicher Flexibilität erforderlich ist, denn sie müssen sich auf die Divergenzen einlassen und lernen, sie bestehen zu lassen und zu verorten.

Eine strukturelle Problematik erwächst aus der Verankerung in der überfachlichen Qualifikation. Hierdurch kommen Studierende sehr unterschiedlicher Fächer zusammen, sodass neben verschiedenen Fachkulturen auch die Voraussetzungen stark divergieren, die Arbeitsbelastungen im Semester auseinandergehen und die Bezüge zum eigenen Fach sehr unterschiedlich sind. Zudem müssen die Leistungen in einem fachfremden Bereich erfolgen, sodass keine fachlich fundierten Beiträge zu erwarten sind. Gleichzeitig handelt es sich bei einem zunehmend vollen Semesterplan um Seminare, die nicht die gleiche Wichtigkeit erlangen wie Veranstaltungen der grundständigen Lehre. Daher ist die Bereitschaft zu einer vorbereitenden Arbeit häufig gering. Außerdem begleiten wir die Studierenden im Gegensatz zu den DozentInnen der grundständigen Lehre der jeweiligen Fächer nicht kontinuierlich während ihres Studienverlaufs. Nicht zuletzt deshalb stößt das Ringseminar auch dort an seine Grenzen, wo es darum geht, einzelne Themen oder Theorien zu vertiefen. Zudem werden die Sitzungen von jeweils neuen bzw. anderen DozentInnen geleitet, sodass diese nicht auf Inhalt und Diskussionen vorheriger Sitzungen aufbauen und sie weiterverfolgen können. Zwar werden Bezüge durch die OrganisatorInnen hergestellt, doch kann hierdurch nicht die gleiche Tiefe erreicht werden wie eine kontinuierlich aufeinander aufbauende Seminargestaltung. Der Schwerpunkt liegt somit auf einer lebendigen Interdisziplinarität.

Ausgehend von der Problematik, dass bei vielen Studierenden die vorbereitende Lektüre häufiger nicht erfolgt, sodass mitunter kaum eine tiefere Auseinandersetzung mit den Theorien der Gender Studies stattfindet, hat das BZG ein Projekt zur Entwicklung von E-Learning-Lehreinheiten zur Theorie der Gender Studies akquiriert, die zunächst im Rahmen des Ringseminars umgesetzt wurden. Bei der Verlängerung dieser Maßnahme werden weitere Konzeptionen entwickelt und erprobt. Im Folgenden stellen wir die bisher entwickelten E-Learning-Lehreinheiten dar.

---

9 | Zum einen sind nicht immer im Voraus die Positionen bekannt, zum anderen basiert unser Konzept darauf, dass in einem wesentlichen Maße auf die vor Ort vorhandene Geschlechterforschung rekurriert wird.

3 E-LEARNING-LEHREINHEITEN ZUR INTEGRATION VON GENDER IN DIE LEHRE

Im Sommersemester 2014 wurde das interdisziplinäre Ringseminar erstmalig mit E-Learning-Lehreinheiten unterstützt. Der inhaltliche Fokus dieser Einheiten liegt darauf, den Studierenden ein »Reisegepäck« an Theorien der Gender Studies an die Hand zu geben, auf das sie im Verlauf des Seminars zurückgreifen können. Damit soll der Zugang zu den fachspezifischen Sitzungen des Seminars erleichtert und ein »roter Faden« als Verbindung zwischen den Sitzungen gesponnen werden (Kap. 3.1). Eine zweite Konzeption, die aktuell im Wintersemester 2014/15 umgesetzt wird, verfährt umgekehrt. Während die Präsenzsitzungen den (theorievermittelnden) themenaufspannenden Rahmen bilden, fokussiert das E-Learning Momente des Problematisch-Werdens von Gender, die im Schulkontext einer besonderen Sensibilität bedürfen. Hier werden Themen wie Intersex, Transgender, Homosexualität, Körper(normierungen), Stereotype und Migration aufgegriffen (Kap. 3.2).

3.1 Klammerkonzept zur Theorie-Reflexion (Sommersemester 2014)

Das Konzept stellt dem allzu schnellen Rückgriff auf Alltagswissen, in dem nicht selten Geschlechterstereotype reproduziert werden, Theorie bzw. Bezüge zu feministischen Forschungsansätzen entgegen. Gleichzeitig wird vermittelt, dass in der Geschlechterforschung verschiedene, auch im Widerstreit stehende theoretische Strömungen existieren, die ebenso in einem regen Austausch wie in einer kritischen Diskussion miteinander stehen. Ziel ist die Auseinandersetzung mit sowie die kritische Diskussion von unterschiedlichen Theorieansätzen.

3.1.1 Das Konzept

Das E-Learning läuft in zwei Phasen ab, die zeitlich durch den Wegfall zweier Präsenzsitzungen sowie vorbereitender Textlektüren kompensiert werden. Zu Beginn des Semesters findet eine theoretische Fundierung statt, am Ende des Semesters eine kritische (Selbst-)Reflexion.[10] In den Sitzungen dazwischen läuft das Seminar wie gewohnt in durch verschiedene DozentInnen gestalteten thematischen Sitzungen. Dadurch ergibt sich eine theoretische Rahmung, welche die Veranstaltung als eine Art ›Klammer‹ inhaltlich verbindet und einen Transfer zwischen den unterschiedlichen Fach- und Wissensbereichen ermöglicht.

In der ersten E-Learning-Phase steht die Vermittlung von Gender Theorien und feministischen Ansätzen im Mittelpunkt. Den Einstieg bilden die Basistheorien »Gleichheit«, »Differenz« und »De-/Konstruktion« sowie die ausdifferenzierenden Ansätze »Geschlecht als Strukturkategorie«, »Interaktion (doing gender)« und »Diskurs/Geschlecht als Performanz«. Die Studierenden werden zu Beginn des Seminars in fachlich heterogene Gruppen à sechs bis sieben Studierenden eingeteilt und einem Theorieansatz zugeordnet. Für die 14-tägige Lektürephase stehen ein Grundlagentext, der auch als Vorbereitung für die einführende Präsenzsitzung von allen gelesen werden muss, und ein bis zwei Fachtexte zum jeweiligen Gruppenthema

---

10 | Das E-Learning erfolgt in der Lernumgebung Stud.IP, da dies vor Ort vorhanden und betreut ist. Mehr Informationen zu Stud.IP und seinen Funktionen unter www.studip.de (eingesehen am: 15.09.2014).

bereit (siehe Anhang). In der anschließenden 10-tägigen Gruppenarbeit wird auf der Grundlage dieser Texte ein Seminar-Wiki[11] zum Thema »Theorien und Ansätze der Geschlechterforschung« erarbeitet, wobei jede Gruppe gemeinsam einen Wiki-Beitrag zu ihrem Thema verfasst. Zur gruppeninternen Kommunikation dient jeder Gruppe eine eigene Wiki-Seite sowie ein Diskussionsforum. Das Wiki kann anschließend als zusätzliche textliche Basis im Rahmen des Seminars genutzt werden. Die Organisatorinnen und DozentInnen haben in den Präsenzsitzungen kontinuierlich immer wieder Bezüge hergestellt und so die Theorie mit konkreten Gegenständen verbunden und zur Diskussion gebracht, auch, um die Kenntnisse weiter zu festigen.

1.-3. Tag (30.04.-02.05.2014)	Überprüfung technischer Voraussetzungen: Alle haben ihre persönliche Vorstellung im Forum gepostet und ihren Namen ins Wiki eingetragen.
6.-7. Tag (05.-06.05.2014)	Gruppenbildung: Unterschiedliche Aufgaben und Zuständigkeiten werden bestimmt. Hierfür wird das Forum genutzt.
8. Tag (07.05.2014)	Alle Gruppenmitglieder haben ihre jeweiligen Rohfassungen eines Wiki-Eintrags ins Forum gestellt.
11. Tag (10.05.2014)	Jedes Gruppenmitglied hat an seiner/ihrer Teilaufgabe gearbeitet und leitet die entsprechenden Arbeitsergebnisse im Forum mit Hinweisen an die Endredaktion weiter.
13. Tag (12.05.2014)	Der Wiki-Eintrag wurde von der Endredaktion fertiggestellt und im Wiki gepostet.
15. Tag (14.05.2014)	Alle haben das gesamte Seminar-Wiki gelesen und haben im Forum der jeweiligen Gruppe einen Kommentar mit Feedback zu deren Wiki-Eintrag gegeben. Ebenso haben alle einen Kommentar im Feedback-Forum abgegeben.

Abb. 4: 15-tägiger Zeit- und Aufgabenplan in der ersten E-Learning-Phase Sommersemester 2014

Als Reflexion und Anwendung der Theorien können die Studierenden in der zweiten E-Learning-Phase (13.-15. Seminarwoche) zwischen einer erfahrungsbezogenen oder einer wissenschaftlichen Fragestellung wählen. Grundlegend sollen sie das Seminar Revue passieren lassen und entweder einen Bezug des Seminars zu ihrem Fachgebiet herstellen oder eine Forschungsidee bzw. Forschungsfragestellung mit Genderperspektive für ihr jeweiliges Fachgebiet formulieren. Die Aufgabe kann in Einzel- oder Gruppenarbeit erfolgen.

---

11 | Ein Wiki ermöglicht unter anderem das kollaborative Schreiben online. Das berühmteste Beispiel für ein Wiki ist die Online-Enzyklopädie Wikipedia. Den Studierenden werden Hinweise zu Inhalt und Gliederung des Wiki-Beitrages sowie zu Prinzipien dieses Formates an die Hand gegeben.

Die Kriterien für den erfolgreichen Abschluss der E-Learning-Phasen sind transparent: Die Studierenden müssen an mindestens fünf verschiedenen Tagen online sein und jeweils einen Beitrag posten. Darüber hinaus sollen die Studierenden ein kurzes Feedback zur Aufgabe und ihren Erfahrungen in der ersten E-Learning-Phase im Unterforum »Feedback & Fragen« hinterlassen, wobei hier auch (Verständnis-)Fragen zum Prozess des E-Learnings, zur Aufgabe und zu den Texten gestellt werden können.

3.1.2 Rückmeldungen und Erfahrungen

Die Rückmeldungen zu dem hier geschilderten Klammerkonzept zeigen einen Konflikt zwischen der Verbesserung der inhaltlichen Qualität auf der einen Seite und der Zufriedenheit der Studierenden auf der anderen Seite. In den Präsenzsitzungen des Seminars ließ sich im Vergleich zu den vorhergehenden Semestern ein fundierter Theoriebezug der Studierenden feststellen, womit das gesetzte Ziel erreicht wurde. In der Gesamtevaluation des Seminars durch die Studierenden schneidet das Konzept jedoch nicht so gut ab: Sowohl der Theoriebezug als auch das E-Learning wurden als problematisch und wenig hilfreich für den Lernprozess bewertet. Im qualitativen Feedback sind die Rückmeldungen etwas differenzierter. Einerseits erleben die Studierenden das E-Learning als spannende Erfahrung, in der sie neue Lern- und Arbeitsformen kennenlernen. Andererseits kritisieren sie den hohen Arbeits- und Zeitaufwand. Hinzu kommen praktische Probleme bei der Bearbeitung der Aufgabe, da der Abstimmungsprozess und die Kooperation in der Online-Gruppe durch die unregelmäßige Teilnahme der Studierenden erschwert sind. Sie bevorzugen die in der zweiten E-Learning-Phase gebotene Möglichkeit des individuellen Arbeitens.

An diesen Ausführungen zeigt sich, dass die Studierenden sich teils einer doppelten Herausforderung gegenüber sahen: Der Schwierigkeit, sich komplexe Theorieinhalte anzueignen, und der Einsatz des E-Learnings als neue bzw. bei ihnen wenig verbreitete Lernmethode. Diese gesammelten Erfahrungen aus der Erprobung sind in die Weiterentwicklung unseres Seminarkonzeptes eingegangen. In einer nächsten Umsetzung dieses Klammerkonzeptes erfolgt die erste Phase etwas später und die Gruppenbildung findet im Rahmen einer Präsenzsitzung statt, um die gruppeninterne Verbindlichkeit zu steigern. Gleichzeitig liegt ein Schwerpunkt auf der Anwendung der Theorie auf einen Gegenstand. Sekundärliteratur bzw. Texte aus einführenden Lehrbüchern haben sich nicht in besonderem Maße bewährt, sodass wir im neuen Konzept verstärkt auf Primärliteratur zurückgreifen.

3.2 Konzept fachübergreifender Gender-Aspekte im Schulkontext (Wintersemester 2014/15)

Anders als beim Klammerkonzept ist das E-Learning in der Mitte des Seminars platziert und in den ersten sechs Präsenzsitzungen wird ein (auch theoretischer) Einblick in verschiedene Bereiche der Gender Studies gegeben. Der thematische Einstieg reflektiert kritisch Geschlechter-Stereotype im Alltag und führt in die Perspektiven der Gender Studies »Gleichheit«, »Differenz« und »De-/Konstruktion« ein. In den folgenden Sitzungen werden verschiedene Aspekte der Geschlechterverhältnisse zum Thema: Arbeit, Zugang zu Bildung und Berufen, die Ko-Konstruktion von Homo- und Heterosexualität sowie Alltags- und Wissenschaftsmythen. Es folgt die E-Learning-Phase, für die ebenfalls zwei Präsenzsitzungen entfallen. Vor einer zusammenfassenden und reflektierenden Abschlusssitzung finden drei disziplinäre Sitzungen statt, die einen Einblick in fachspezifische Thematiken geben, wobei jeweils eine Sitzung aus den Geistes-, Kultur- und Naturwissenschaften kommt. Die Scheinleistungen knüpfen an das E-Learning an, wobei die Gruppenarbeiten der Studierenden an einem gesonderten Termin präsentiert werden.

In der E-Learning-Phase arbeiten die Studierenden in Gruppen zu spezifischen Themen, die das Problematisch-Werden von Gender aufzeigen. Da das Seminar im Wintersemester stärker auf das Lehramt ausgerichtet ist und die Studierenden ihre Leistung nicht im eigenen Fach erbringen können, wurden im Kontext der Schule fachübergreifende relevante Themen ausgewählt. Die Studierenden bearbeiten – immer mit Bezug zu Gender – in fünf Gruppen die Themen »Intersex & Transgender«, »Sexismus, Stereotype & Mobbing«, »Körper, Schönheitsideale & Gesundheit« sowie »Migration & Interkulturalität«. Diese Themengruppen sind wiederum in einzelne Perspektiven unterteilt. In einer Einzelarbeit eignen sich die Studierenden zunächst Fachwissen zu einer Perspektive ihres Gruppenthemas an, z.B. historisch-kulturelle Vergleiche, Perspektiven der Betroffenen oder rechtliche Entwicklungen. Für diese Einzelarbeit wird den Studierenden ein individuell gestalteter multimedialer »Material-Koffer« zur Verfügung gestellt, der ebenso wissenschaftliche Texte als auch Videos, Links und weitere Materialien enthält. Innerhalb der Gruppe verfassen die Studierenden jeweils einen Beitrag zu ihrer Perspektive, sodass die Gruppe gemeinsam das Thema erarbeitet, wobei jedeR einen anderen Aspekt einbringt. In einer anschließenden Online-Diskussion werden die Beiträge und Themen von der gesamten Themengruppe kommentiert und diskutiert. Für diese Phase steht den Studierenden ein Online-Forum mit Unterforen für jede Themengruppe zur Verfügung.

19.11.2014	Die Gruppen für das E-Learning sind gebildet.
26.11.2014	Das Material für die Gruppen ist bei Stud.IP zugänglich.
03.12.2014	Beginn der E-Learning-Phase: Die Aufgabenstellung ist bei Stud.IP online.
1.-8. Tag (03.-10.12.2014)	Einzelarbeit: Die Aufgabenstellung wird bearbeitet und das jeweilige Ergebnis im Gruppenforum gepostet.
9.-11. Tag (11.-13.12.2014)	Kommentarphase: JedeR kommentiert mindestens drei Beiträge innerhalb der eigenen Gruppe.
12.-15. Tag (14.-17.12.2014)	Antwortphase: JedeR antwortet auf alle Kommentare zum eigenen Posting aus der Einzelarbeit.

Abb. 5: 15-tägiger Zeit- und Aufgabenplan der E-Learning-Phase im Wintersemester 2014/15

Das E-Learning zählt neben der Anwesenheit im Seminar und der sitzungsvorbereitenden Textlektüre zu den Grundanforderungen für einen Scheinerwerb, sodass es als Leistung fest im Seminar verankert ist. Für den Erwerb einer Prüfungsleistung bereiten die Studierenden nicht mehr wie bisher im Ringseminar üblich Referate vor, sondern auf Grundlage des E-Learnings gestalten sie eine Gruppenpräsentation mit Portfolio. Die Gruppenpräsentation, die am Ende des Semesters zu einem gesonderten Termin stattfindet, soll sich dabei von üblichen Seminarpräsentationen unterscheiden und bietet viel Raum für Kreativität. Der Rahmen für diese Präsentationsform ist ein imaginärer Projekttag an der Schule zum Thema »Geschlechterwissen aus interdisziplinärer Sicht« für die 7. bis 10. Klasse. Die Aufgabe der Studierenden ist es, als LehrerInnen, Eltern, BeraterInnen oder schulexterne Gruppe ihr Thema aus dem E-Learning für einen solchen Projekttag aufzuarbeiten und ihr Publikum, welches allein aus ihren Mit-Studierenden besteht, zu sensibilisieren. Die Seminarleitung hat nur eine moderierende Rolle und durch einen mehrmaligen Wechsel trägt jede Gruppe zwei Mal vor. Benotet wird letztendlich das individuelle Portfolio, in dem jedeR Studierende die Ergebnisse aus dem E-Learning, das Konzept der Gruppenpräsentation sowie die eigene Reflexion der Durchführung der Gruppenpräsentation zusammenfasst und reflektiert. Die Veränderungen bezüglich der Prüfungsleistung haben sich bewährt, sodass zu überlegen ist, die Referate in den Präsenzsitzungen auch in Zukunft entfallen zu lassen. Das große Potenzial des Ringseminars kann so verstärkt ausgeschöpft werden, da die DozentInnen aus den unterschiedlichen Fachbereichen die Sitzungen komplett gestalten und mehr Raum für Diskussion bleibt. Die Studierenden hingegen haben sich sehr motiviert gezeigt, in dieser alternativen Prüfungsform ihr Thema zu erarbeiten.

4 Ausblick

In Braunschweig hat sich das Ringseminar als ein geeignetes Mittel erwiesen, um die Gender-Veranstaltungen als festen Bestandteil der Lehramtsausbildung zu integrieren. Dieses betrifft jedoch primär die überfachliche Qualifikation im Wahlpflichtbereich (dem sogenannten Professionalisierungsbereich), wobei durchaus in einigen Semestern erfolgreich eine Integration in Module der grundständigen Lehre in den Erziehungswissenschaften ermöglicht wurde. Vielleicht handelt es sich bei dem Ringseminar-Konzept um ein Modell, welches auch an anderen Standorten angewendet werden kann, weil es mit wenig Aufwand und ohne genderdenominierte Professur funktioniert.

Über das Ringseminar hinaus konnten aufbauend auf diese positive Kooperation seit einiger Zeit kontinuierlich weitere Aktivitäten mit dem Institut für Erziehungswissenschaften angestoßen werden. Insgesamt sind die Ressourcen begrenzt, da keine Professur mit Geschlechterdenomination in den pädagogischen oder psychologischen Instituten in Reichweite ist.[12] Die Angebote müssen insofern zusätzlich erfolgen. So wurden gezielt verschiedene vom BZG finanzierte Lehraufträge vermittelt. Insbesondere die Lehre von Sandra Winheller zur biographischen Selbstreflexion und Gender-Kompetenz (siehe auch ihr Beitrag in diesem Buch) erwies sich für das Institut als interessante Ergänzung mit vielfachen Anknüpfungspunkten zur bestehenden Lehre. Zudem sind Ideen zur Nutzung des E-Learning-Konzeptes für spezifische, lehramtsbezogene Lehreinheiten im Gespräch. Hier gilt es, E-Learning-Lehreinheiten im Schnittpunkt von Gender und Schule zu erarbeiten, die entweder als Baustein in ein bestehendes Seminar integriert werden können oder ein gesamtes E- bzw.

---

12 | Dies gilt an der TU Braunschweig auch für die sozialwissenschaftlichen Lehramts-Wahlpflichtbereiche.

Blended-Learning-Seminar zu entwickeln. Doch auch mit der Anwendung von E- oder Blended-Learning ist ein Aufwand verbunden, der den Umfang eines klassischen Seminars hat. Das BZG ist dabei, eine Vernetzung von AkteurInnen aufzubauen, die dem Austausch und der Diskussion im Bereich des E-Learning in den Gender Studies dient. In unserer Vorstellung sollte es perspektivisch auch möglich sein, konkrete Lehreinheiten auszutauschen und so voneinander zu profitieren.[13]

LITERATUR

Albani, Cornelia/Gunzelmann, Thomas/Brähler, Elmar, 2009: Körperbilder und körperliches Wohlbefinden im Alter. In: Zeitschrift für Gerontologie. 42. Jg. H. 3, 236-244. [http://download.springer.com/static/pdf/607/art%253A10.100 7%252Fs00391-008-0017-1.pdf?auth66=1418159775_c778391cd9ddd3603fc2a2 3866ddcofd&ext=.pdf, eingesehen am: 09.12.2014]

Armenat, Gabriele, 1991: Frauen aus Braunschweig. 3. erweiterte Auflage. Braunschweig: Stadtbibliothek

Bartsch, Annette, 2009: Extremismus. In: Eichner, Detlef (Hg.): Demokratie heute – Anregungen für einen aktuellen Politikunterricht. Braunschweig: Schroedel, 56.

Beck, Rose Marie, 2001: Prostitution. Köln: Verein Beiträge zur Feministischen Theorie und Praxis.

Bischof-Köhler, Doris, 2006: Von Natur aus anders. Die Psychologie der Geschlechtsunterschiede. Stuttgart: Kohlhammer.

Blossfeld, Hans-Peter/Bos, Wilfried/Hannover, Bettina/Lenzen, Dieter/Müller-Böling, Detlef/Prenzel, Manfred/Wößmann, Ludger (Hg.), 2009: Geschlechterdifferenzen im Bildungssystem. Jahresgutachten 2009. Wiesbaden: VS. [www. aktionsrat-bildung.de/fileadmin/Dokumente/Geschlechterdifferenzen_im_ Bildungssystem__Jahresgutachten_2009.pdf, eingesehen am: 09.12.2014]

Brantenberg, Gerd, 1980: Die Töchter Egalias. Ein Roman über den Kampf der Geschlechter. Berlin: Olle & Wolter.

Connell, Reawyn, 2013: Gender. Wiesbaden: VS.

Duttweiler, Stefanie, 2003: Body-Consciousness. Fitness – Wellness – Körpertechnologien als Technologien des Selbst. In: Widersprüche (Themenheft Selbsttechnologien – Technologien des Selbst). 23. Jg. H. 1, 31-43. [www.widersprueche-zeitschrift.de/article1027.html, eingesehen am: 09.12.2014]

Faulstich-Wieland, Hannelore/Willems, Katharina/Feltz, Nina/Freese, Urte/Läzer, Katrin Luise, 2008: Genus – geschlechtergerechter naturwissenschaftlicher Unterricht in der Sekundarstufe I. Bad Heilbrunn: Julius Klinkhardt.

Fine, Cordelia, 2014: His brain, her brain. Research exploring sex differences in the human brain must overcome neurosexist interpretations. In: Science. 346. Jg. H. 6212, 915-916

---

13 | Ein schönes weiteres Ziel für das hochschulübergreifend arbeitende BZG wäre die engere Anbindung der Ostfalia über das E-Learning, womit ein Austausch mit Studierenden der Sozialen Arbeit ermöglicht werden könnte, der diese und die Lehramtsstudierenden noch besser auf einen späteren gemeinsamen Berufsalltag im Schulkontext vorbereiten könnte.

Fößel, Amalie/Hettinger, Anette, 2000: Klosterfrauen, Beginen, Ketzerinnen. Religiöse Lebensformen von Frauen im Mittelalter. Idstein: Schulz-Kirchner.

Funk-Hennigs, Erika, 2011: Sex, Gender und populäre Musik. In: Helms, Dietrich/ Phlebs, Thomas (Hg.): Thema Nr. 1. Sex und populäre Musik. Bielefeld: transcript, 97-112.

Höner, Kerstin/Greiwe, Timo, 2000: Chemie – nein danke? Eine empirische Untersuchung affektiver und kognitiver Aspekte des Chemieunterrichts der Sekundarstufe I in Abhängigkeit von der Jahrgangsstufe. In: chemica didacticae. Zeitschrift für die Didaktik der Naturwissenschaften. 26. Jg. H. 1, 25-55.

Jahnke-Klein, Sylvia/Schiermeyer, Frauke, 2007: »Neue Männer braucht das Land!« Möglichkeiten der Integration von Konzepten der außerschulischen Jungenarbeit in den schulischen Alltag. Oldenburg: Didaktisches Zentrum.

Kaiser, Astrid, 1986: Die Keks-Fabrik. Mädchen und Jungen sehen die Arbeitswelt anders. In: Pädagogik extra. H. 5, 19-21.

Kraß, Andreas 2003: Queer Studies. Eine Einführung. In: Kraß, Andreas (Hg.): Queer denken. Gegen die Ordnung der Sexualität. Frankfurt a.M.: Suhrkamp, 7-28.

Magnet, Shoshana/Rodgers, Tara, 2012: Stripping for the State. Whole body imaging technologies and the surveillance of othered bodies. In: Feminist Media Studies. 12. Jg. H. 1, 101-118. [www.tandfonline.com/doi/abs/10.1080/14680777.2011.558352#.VIbUBsnIGIg, eingesehen am: 09.12.2014]

Mühlen Achs, Gitta, 2003: Wer führt? Körpersprachliche und die Ordnung der Geschlechter. München: Frauenoffensive.

Nunner-Winkler, Gertrud, 2001: Geschlecht und Gesellschaft. In: Joas, Hans (Hg.): Lehrbuch Soziologie. Frankfurt a.M.: Campus, 266-287.

Paseka, Angelika, 2008: Wie Kinder zu Mädchen und Buben werden. Einige Erkenntnisse aus der Sozialisations- und Geschlechterforschung. In: Buchmayr, Maria (Hg.): Geschlecht lernen. Gendersensible Didaktik und Pädagogik. Innsbruck: Studien, 18-32.

Popp, Ulrike, 2006: Geschlechtersozialisation und schulische Gewalt: geschlechtertypische Ausdrucksformen und konflikthafte Interaktionen von Schülerinnen und Schülern. Weinheim: Juventa.

Ribbat, Christoph, 2006: Das Handtuch werfen: Boxen, masculinity studies und amerikanische Kulturgeschichte. In: Sielke, Sabine/Ortlepp, Anke (Hg.): Gender Talks. Geschlechterforschung an der Universität Bonn. Frankfurt a.M.: Lang, 81-99.

Rummel, Walter/Voltmer, Rita, 2008: Hexen und Hexenverfolgung in der Frühen Neuzeit. Darmstadt: Wissenschaftliche Buchgesellschaft.

Schlüpmann, Heide, 1987: Der kinematografische Angriff auf das bürgerliche Bild der Frau – Transvestiten, Rebellinnen, Detektivinnen im frühen Kino. In: Frauen und Film. 14. Jg. H. 43, 60-75.

Stoff, Heiko, 2004: »Janine. Tagebuch einer Verjüngten«. Weibliche Konsumkörper zu Beginn des 20. Jahrhunderts. In: Bruns, Claudia/Tilmann, Walter (Hg.): Von Lust und Schmerz. Eine Historische Anthropologie der Sexualität. Köln: Böhlau, 217-238.

Villa, Paula-Irene, 2006: Sexy Bodies. Eine soziologische Reise durch den Geschlechtskörper. Wiesbaden: VS.

Wahrig, Bettina, 2013: Geschlechterunterschiede und Lebenswissenschaften – historisch betrachtet. In: Miemitz, Bärbel (Hg.): Medizin und Geschlecht. Perspektiven für Lehre, Forschung und Krankenversorgung. Lengerich: Pabst, 18-24.

Waldschmidt, Anne, 2007: Macht – Wissen – Körper. Anschlüsse an Michel Foucault in den Disability Studies. In: Waldschmidt, Anne/Schneider, Werner (Hg.): Disability Studies, Kultursoziologie und Soziologie der Behinderung. Erkundungen in einem neuen Forschungsfeld. Bielefeld: transcript, 55-77.

Wetterer, Angelika, 2003: Rhetorische Modernisierung: Das Verschwinden der Ungleichheit aus dem zeitgenössischen Differenzwissen. In: Knapp, Gudrun-Axeli/Wetterer, Angelika (Hg.): Achsen der Differenz. Gesellschaftstheorie und feministische Kritik II. Münster: Westfälisches Dampfboot, 286-319.

Wex, Marianne, 1980: »Weibliche« und »männliche« Körpersprache als Folge patriarchalischer Machtverhältnisse. 2. Auflage. Frankfurt a.M.: Frauenliteraturvertrieb.

Woodman, Francesca, 1992: Photographische Arbeiten/Photographic Works. Shedhalle Zürich/Westfälischer Kunstverein Münster. Köln: König.

Zenker, Christel, 2010: Gender in der Suchtarbeit. Anleitung zum Handeln. Geesthacht: Neuland.

Ziemer, Gesa, 2008: Verletzbare Orte. Entwurf einer praktischen Ästhetik. Zürich: Diaphanes.

UNTERSTÜTZENDE MATERIALIEN FÜR DEN UNTERRICHT: FILME, MUSIK(VIDEOS) UND SCHÜLERINNEN LABORE

Agnes-Pockels-SchülerInnen-Labor. Chemie – kennen lernen und entdecken. [https://www.tu-braunschweig.de/agnes-pockels-labor, eingesehen am 09.12.2014]

Bikini Kill: Rebel Girl. Video: Maoist Internationalist Movement etext.org/Politics/MIM [Musikvideo 2′47″]. [https://www.youtube.com/watch?v=mZxxhxjgnCo, eingesehen am: 09.12.2014]

Bikini Kill: Rebel Girl. Von Nadira Wallace, Caitlin McLeod und Tegan Mcleod [Musikvideo 2′39″] [https://www.youtube.com/watch?v=WReQbMlFEjU&index=6&list=PLF965D4B1BF4CE1B0, eingesehen am: 09.12.2014]

Billy Elliot – I will dance (Großbritannien 2000, Regie: Stephen Daldry)

Lady Bitch Ray: Du bist krank [Musikvideo 3′49″]. [https://www.youtube.com/watch?v=f1cfu03uI70, eingesehen am: 09.12.2014]

Madonna: Like a Virgin [Musikvideo 4′05″]. [https://www.youtube.com/watch?v=zHW5RVvg2v4, eingesehen am 09.12.2014]

Mein Leben in Rosarot (Frankreich/Belgien/Großbritannien 1999, Regie: Alain Berliner)

Million Dollar Baby (USA 2004, Regie: Clint Eastwood)

Rocky (USA 1976, Regie: John G. Avildsen)

ANHANG

Thema	Literatur
Zur allgemeinen Lektüre	Wedl, Juliette, 2005: Konzepte des Feminismus: Gleichheit, Differenz und (De-)Konstruktion als Perspektiven politischen Handelns. In: Lundt, Beate/Salewski, Michael/Timmermann, Heiner (Hg.): Frauen in Europa. Mythos und Realität. Münster: Westfälisches Dampfboot, 461-489.
Gleichheit	Gildemeister, Regine/Hericks, Katja, 2012: Geschlechtersoziologie. Theoretische Zugänge zu einer vertrackten Kategorie des Sozialen. München: Oldenbourg, 7-12, 13-16. Ferree, Myra Marx, 1990: Gleichheit und Autonomie: Probleme feministischer Politik. In: Gerhard, Ute/Jansen, Mechthild/Maihofer, Andrea/Schmid, Pia/Schultz, Irmgard (Hg.): Menschenrechte haben (k)ein Geschlecht. Differenz und Gleichheit. Frankfurt a.M.: Helmer, 283-298.
Differenz	Meyer, Ursula I., 1997: Einführung in die feministische Philosophie. München: Deutscher Taschenbuch-Verlag, 145-163, 179-184.
De-/Konstruktion	Becker-Schmidt, Regina/Knapp, Gudrun-Axeli, 2000: Feministische Theorien zur Einführung. Hamburg: Junius, 63-102.
Geschlecht als Strukturkategorie	Degele, Nina, 2008: Gender/Queer Studies. Eine Einführung. Paderborn: Fink, 57-77.
Interaktion (Doing gender)	Degele, Nina, 2008: Gender/Queer Studies. Eine Einführung. Paderborn: Fink, 77-100.
Diskurs/Geschlecht als Performanz	Degele, Nina, 2008: Gender/Queer Studies. Eine Einführung. Paderborn: Fink, 100-118.

Abb. 6: Literatur zum E-Learning-Klammerkonzept im Sommersemester 2014

Weiterführende Links und Materialien zu Gender & Schule

Die Website »Gender und Schule«
Eine Plattform für die Umsetzung von Chancengerechtigkeit in der Schule

Silke Gardlo, Elke Rühmeier

Die Website »Gender und Schule« ist eine vom Land Niedersachsen geförderte Plattform, die zur Chancengerechtigkeit in der Schule beitragen soll. Im Kontext von Teaching Gender bietet sie für verschiedene Zielgruppen Möglichkeiten, die im Folgenden kurz skizziert werden.

1 Ziele

Ziel der Website mit der Domain www.genderundschule.de ist es, Schulen bei der individuellen Förderung von Mädchen und Jungen, unabhängig von sozialer oder ethnischer Herkunft, zu unterstützen. Ideen, Voraussetzungen und praktische Ansätze zur Schaffung einer diskriminierungsfreien Lernumgebung und Schulentwicklung werden aufgegriffen und dargestellt. Ausgewählt werden vor allem Unterrichtsmaterialien und Projektbeispiele, die in besonderer Weise das Geschlecht der Lernenden, aber auch der Lehrenden einbeziehen und reflektieren.

Für Lehrende wird ein möglichst praxisnahes Angebot an Materialien zur Verfügung gestellt und laufend erweitert. Darüber hinaus können eigene Erfahrungsberichte aus der Praxis und selbst entwickelte Unterrichtsvorlagen bei der Redaktion eingereicht und von dieser veröffentlicht werden. Aktuelle Informationen und Terminhinweise sowie die redaktionelle Begleitung von Veranstaltungen und Tagungen verschaffen dem Thema Geschlechtergerechtigkeit in der Schule zudem dauerhafte Aufmerksamkeit. Die Website bietet engagierten Schulen und Universitäten in Niedersachsen auch ein Forum für ihre Netzwerkarbeit in der Gender-Pädagogik.

Schwerpunkte der Themenauswahl sind praktische und methodische Anregungen für geschlechterreflektierten Unterricht sowie Materialien zur gendersensiblen Berufsorientierung. Letzteres Thema wurde insbesondere verstärkt durch die Integration der Domain www.Zukunftstag-für-Mädchen-und-Jungen.de in Niedersachsen. Zum »Zukunftstag für Mädchen und Jungen«[1] finden Lehrkräfte, Eltern und

---

1 | Durch das Angebot für Mädchen und Jungen, am »Zukunftstag« Einblick in für ihr Geschlecht untypische Berufsfelder zu erhalten, soll die stark geschlechtsspezifisch geprägte

weitere Interessierte hier gesonderte Informationen für Niedersachsen. Hinweise auf weitere Praxismaterialien und Unterrichtsvorlagen unterstützen Lehrkräfte über den »Zukunftstag« hinaus dabei, die Berufsorientierungsphase an weiterführenden Schulen und den Übergang Schule/Beruf geschlechtersensibel zu gestalten.

2 STRUKTUR UND INHALTE

Der »Gender-Blick« der Website richtet sich auf die Schule als organisatorische, personelle und pädagogische Einheit. Die Themen reichen von der Organisation des Schulalltags über Personal- und Konzeptentwicklung bis hin zur Gestaltung der Schulumgebung.

Die Rubriken im Überblick:

- *Aktuell*: Hier finden sich Nachrichten und Termine sowie Wettbewerbe aus dem Themenfeld.
- *Gender in der Schule*: Auf der Ebene der Schule als Institution sind hier Informationen zu den Themen Koedukation, Schulorganisation und Schulumgebung versammelt.
- *Gender im Unterricht*: Diese Rubrik versammelt Unterrichtsideen, Praxisbeispiele und Anregungen für geschlechtergerechten Unterricht in verschiedenen Fächern und Lernfeldern, Schulformen und Klassenstufen sowie Buchtipps, Statistiken und mehr zum Thema Gender.
- *Berufsorientierung*: Fokussiert auf die Frage der Berufsorientierung sind Materialien für den Unterricht abrufbar sowie Beispiele guter Praxis zur Kooperation und Vernetzung mit außerschulischen PartnerInnen zu finden.
- *Zukunftstag für Mädchen und Jungen*: Eingestellt sind hier Informationen zum Aktionstag in Niedersachsen, differenziert nach den Zielgruppen Schulen, Mädchen und Jungen.
- *Beratung und Prävention*: Ratsuchende Lehrkräfte und Eltern finden Anlaufstellen und Informationen über Beratungs- und Fortbildungsangebote u.a. zu den Themenbereichen Gewalt- und Suchtprävention, Mobbing und sexuelle Orientierung.
- *Elternarbeit*: Die Rubrik stellt Informationen für die Arbeit von Elternvertretungen und zur Vorbereitung von Elternabenden zur Verfügung.
- *Grundlagen der Gender-Diskussion*: Zur Wissensvermittlung finden sich grundlegende Texte und Materialien sowie aktuelle Forschungsberichte und ein Glossar mit Erläuterungen von Begriffen und Konzepten rund um das Thema Gender. Rezensionen und Hinweise auf Fachliteratur spiegeln zudem den Stand der wissenschaftlichen Debatte zum Gender Mainstreaming[2] und zu pädagogischen Ansätzen wider.

Berufswahl erweitert werden, um die Zukunftsperspektive zu verbessern und Diversität in den Berufsfeldern umzusetzen. Seit 2001 wurde der Girls' Day in Niedersachsen durchgeführt, seit 2006 findet der »Zukunftstag für Mädchen und Jungen« zeitgleich zum bundesweiten Girls' Day und Boys' Day statt.

2 | Gender Mainstreaming transportiert die Geschlechterfrage in alle – auch vermeintlich geschlechtsneutrale – Bereiche, vor allem in politische und administrative Entscheidungsprozesse, Verfahrensweisen und Gestaltungsformen.

3 Zielgruppen und Projekteinbindung

Das Informationsangebot richtet sich hauptsächlich an Lehrkräfte und Lehramtsstudierende sowie an MitarbeiterInnen der Schulsozialarbeit.

Eltern und Erziehungsberechtigte sowie Schülerinnen und Schüler finden insbesondere Informationen zum »Zukunftstag für Mädchen und Jungen« in Niedersachsen und zur gendersensiblen Berufsorientierung. Auch Informationsmaterial und Kontaktadressen zur Prävention und Beratung sind für Eltern und Jugendliche von Interesse.

Die Website informiert darüber hinaus über Projekte und Programme des Landes Niedersachsen. So wurde die Tagungsreihe »Auch Jungen wollen können – Bausteine für eine gendersensible Schul- und Unterrichtsentwicklung« auf der Website dokumentiert. Mit der Reihe hat das Niedersächsische Kultusministerium im Schuljahr 2013/2014 Lehrkräfte für die besondere Bedeutung eines genderorientierten Schulalltags für Chancengleichheit im Bildungssystem sensibilisiert. Die gesammelten Erfahrungen, Fachbeiträge und Materialien sollen zudem in Form einer einführenden Handreichung veröffentlicht und durch Online-Materialien ergänzt werden. Ziel ist es, durch den Erfahrungsaustausch interessierter und engagierter Lehrkräfte ein Gender-Informationsnetzwerk zu schaffen, das auf Anregungen aus der Praxis basiert.

4 Geschichte und Kontext

Die Website »Gender und Schule« ist 2002 online gegangen. Sie wurde ursprünglich im Rahmen des Programms »n 21 – Schulen in Niedersachsen online«[3] entwickelt. Grundlage für die Förderung war, dass das Land Niedersachsen sich verpflichtet hatte, die Strategie des Gender Mainstreaming konsequent zu verfolgen. Das Webangebot sollte zur Berücksichtigung der Gender-Perspektive in der schulischen Arbeit beitragen und das genderorientierte Lehren fördern. Der Aufbau und die erste Zeit nach dem *going online* wurden durch einen Beirat unterstützt, in dem Lehrkräfte aus verschiedenen Schulformen vertreten waren.

Seit 2002 ist die Website mehrfach überarbeitet und auch technisch und optisch verändert worden. »Gender und Schule« kann als Pilotprojekt angesehen werden, das inzwischen sowohl im Internet (z.B. in Österreich: www.gender.schule.at) als auch in Projekten und Tagungen Nachahmung gefunden hat. Die Website ist weit über Niedersachsen hinaus bekannt und wird im gesamten deutschsprachigen Raum genutzt.

5 Ausblick

»Gender und Schule« ist eine flexible Plattform und ein entwicklungsfähiges Instrument zur Begleitung gendersensibler Prozesse in Schule und Unterricht. Sie lebt vor allem vom Interesse engagierter Lehrkräfte, Schulleitungen und politischer Entscheidungsträgerinnen und -träger. Die weitere Vernetzung mit Universitäten und außerschulischen Partnerinnen und Partnern aus Wirtschaft und Gesellschaft wird angestrebt.

---

3 | Zur Homepage des Programms: www.n-21.de (eingesehen am: 25.07.2014).

Kontakt

www.genderundschule.de

Silke Gardlo (Leiterin der Webportale), Telefon: (0511) 33 65 06 25
Elke Rühmeier (Online-Redaktion), Telefon: (0511) 33 65 06 31

Träger des Projekts »Gender und Schule«:
Gleichberechtigung und Vernetzung e.V.
Sodenstraße 2
30161 Hannover

Abb. 1: Ausschnitt Website »Gender und Schule« (© schoenbeck mediendesign)

Praxishilfen, Materialien und Plattformen zu Gender & Schule

Zusammengestellt von Juliette Wedl, Birte Driesner und Annette Bartsch

Hier finden Sie eine Sammlung von Internetlinks, die bei der Recherche zum Themenfeld Gender & Schule, bei der Entwicklung von Unterrichtsstunden sowie bei der Suche nach Unterrichtsmaterialien hilfreich sein können. Für den Inhalt der angegebenen Seiten übernehmen wir keine Haftung. [Alle Links wurden eingesehen am: 04.12.2014]

ALLGEMEINE DATENBANKEN UND THEMENPORTALE

Bildungsserver Hessen
http://dms.bildung.hessen.de/index.html
Plattform des Landesschulamtes und der Lehrkräfteakademie mit Informationen, Unterrichtsmaterialien, Fortbildungsveranstaltungen, Informationen zu Schule etc. (u.a. Stichwort »Geschlecht« eingeben)

Fachportal Pädagogik
www.fachportalpaedagogik.de/
Datenbank zu pädagogischen Themen: Mit Suchbegriffen (u.a. »Gender«, »Geschlechterrollen«) lassen sich hier Texte wie auch (Bildungs-)Materialien, z.B. Videos, zu Gender finden.

FUMA Fachstelle Gender NRW – Geschlechtergerechtigkeit in der Kinder- und Jugendhilfe
www.gender-nrw.de/
Fachstelle des Landes Nordrhein-Westfalen mit vielen Projektideen und Fachartikeln zum Thema Kinder- und Jugendhilfe, die auch Ideen für den Unterricht und die Schule geben

Gender und Bildung – österreichisches Schulportal
www.schule.at/portale/gender-und-bildung/
Auf der Grundlage, dass Gender und Bildung Unterrichtsprinzipien und Bildungsanliegen sind, werden hier Themen wie Computerspiele, Diversität, Schulqualität genderkomptent, vielfältig Werken etc. behandelt und verschiedene Materialien

zur Verfügung gestellt; herausgegeben vom österreichischen Bundesministerium für Bildung und Frauen.

Gender und Schule
www.genderundschule.de/
Themenportal der vernetzungsstelle.de mit Themen wie Gender in der Schule, Gender im Unterricht, Berufsorientierung etc. (siehe Gardlo/Rühmeier in diesem Buch)

Gender Toolbox
www.gendertoolbox.org/index.html
Die Gender Toolbox bietet verschiedene Übungen und Materialien zum Thema Gender sowie Beratung und Unterstützung für MultiplikatorInnen.

Gender@Wiki
www.genderwiki.de
Online-Lexikon mit Fachwissen der Geschlechterforschung

GenderKompetenzZentrum: Schule
www.genderkompetenz.info/genderkompetenz-2003-2010/sachgebiete/bildung/schule
Informationen zu »Gleichstellung von Jungen und Mädchen unterschiedlicher Herkunft«, »sexuelle Orientierung«, »Studien und Literatur« sowie weitere Aspekte

Informationen und Materialien zur gendersensiblen Pädagogik
https://www.ph-freiburg.de/hochschule/organe/stabsstelle-gleichstellung/gendersensible-hochschule/lehre-hochschuleschule.html#jfmulticontent_c53618-1
Auf dieser Seite finden Hochschuldozierende, BildungsakteurInnen, LehrerInnen und Studierende Informationen, Literatur und Lehr-/Lernmaterialien zur gendersensiblen Pädagogik u.a. Informationen zum Thema »sexuelle Vielfalt im schulischen Kontext«, von der pädagogischen Hochschule Freiburg.

Lehrer Online – Unterrichten mit digitalen Medien
www.lehrer-online.de/
Sammlung von Unterrichtsmaterialien und Texten, Informationen und Materialien zur geschlechtergerechten Gestaltung des Unterrichts (u.a. Register Dossier Rubrik »Gender im Unterricht« oder über Stichwortsuche »Gender«)

Materialien und Methoden zur geschlechtlichen und sexuellen Vielfalt
http://bildungsserver.hamburg.de/identitaetsfindung/
Auf dem Hamburger Bildungsserver finden sich Unterrichtsmaterialien, Linklisten und weitere Informationen.

Schule der Vielfalt – Schule ohne Homophobie
www.schule-der-vielfalt.de/
Das Projekt stellt neben Informationen zu ihren Aktivitäten auch Informationen und Unterrichtsmaterialien zu Homophobie zur Verfügung.

Sexuelle Vielfalt – Bildungsserver Berlin-Brandenburg
http://bildungsserver.berlin-brandenburg.de/sexuelle_vielfalt.html
Informationen (u.a. ein erster thematischer Überblick, ein Glossar, Rechtliches, Ergebnisse aus der Forschung) und Materialien (u.a. Unterrichtsmaterialien, Literatur- und Medienhinweise) zum Thema sexuelle Vielfalt

PRAXISHILFEN, UNTERRICHTSIDEEN UND MATERIALIEN

Fachübergreifend

Bekämpfung von Homophobie und Transphobie. Vorschläge für den Unterricht
www.unesco.de/fileadmin/medien/Dokumente/Bildung/Bek%C3%A4mpfung_von_Homophobie_und_Transphobie.pdf
Es werden vier Übungen vorgestellt, für Kinder von 6-9 Jahren, 9-12 Jahren sowie 13 Jahren und älter, herausgegeben von der UNESCO-Kommission.

Eine Schule für Jungen und Mädchen. Praxishilfe mit Unterrichtsentwürfen für eine geschlechtergerechte Bildung
www.gew.de/Binaries/Binary31557/Eine_Schule_fuer_Jungen_und_Maedchen.pdf
Praxishilfe der Gewerkschaft Erziehung und Wissenschaft (GEW), die den Blick für Geschlechterverhältnisse in der Schule schärft sowie Anregungen und Unterrichtsentwürfe für geschlechtergerechte Bildung bietet

Eine Schule für Mädchen und Jungen. Handreichung für die geschlechtersensible Arbeit an Bremer Schulen
https://www.bildung.bremen.de/sixcms/media.php/13/eine%20schule%20f%FCr%20jungen%20und%20m%E4dchen.pdf
Ausführliche Übersicht über Ansätze in Bezug auf Berufsorientierung, Migration, Mode, Sexualerziehung, Sprache und Lesen sowie Unterrichtsbeispiele und Projekte, herausgegeben vom Landesinstitut für Schule Bremen

Erziehung zur Gleichstellung von Frauen und Männern. Informationen und Anregungen zur Umsetzung ab der 5. Schulstufe
http://pubshop.bmukk.gv.at/download.aspx?id=192
Die Ausführungen zu Themenfeldern wie »Geschichte der Koedukation«, »gendersensible Pädagogik«, »Schule als ›gendered institution‹ – Gender Mainstreaming«, »Sprache«, »Schulbuchanalyse« oder »Medienkompetenz« geben Anregungen für verschiedene Fächer, herausgegeben vom österreichischen Bundesministerium für Bildung und Frauen.

Erziehung zur Gleichstellung von Frauen und Männern. Informationen und Anregungen zur Umsetzung in der Volksschule
http://pubshop.bmukk.gv.at/download.aspx?id=191
Die Ausführungen zu Themenfeldern wie »DAS Kind, neutrum – ?!«, »Lernende und Lehrende in der Volksschule«, »Was können Lehrerinnen und Lehrer an der Schule tun?« geben praxisorientierte Anregungen in verschiedenen Bereichen, herausgegeben vom österreichischen Bundesministerium für Bildung und Frauen.

Frauen und Männer – so oder anders!
www.lpb-bw.de/995.html?backPID=993&tt_products=3013
LehrerInnenheft mit Methoden für geschlechtergerechte Jugendbildung von der Landeszentrale für politische Bildung Baden-Württemberg

Frauen & Schule Hessen e.V.
www.frauenundschule-hessen.de
Verwirklichung der Gleichberechtigung von Mädchen und Jungen beziehungsweise Frauen und Männern in Ausbildung, Beruf, Gesellschaft und Familie mit u.a. den Themen »Ganztagsschule«, »Gewalt«, »geschlechtergerechte Schule« sowie »Unterricht« (Religion, Kunst, Geschichte, Deutsch)

**Gendersensible Lehrplangestaltung für die Grundschule –
Beispiele für den Unterricht**
https://www.ph-freiburg.de/fileadmin/dateien/sonstige/gleichstellung/Gender-sensible_Lehrplangestaltung_fuer_die_GS.pdf
Broschüre mit Prinzipien und Ansätzen für gendersensiblen Grundschulunterricht vom Gender-Institut Sachsen-Anhalt

Gewalt und Geschlecht in der Schule. Analyse, Positionen, Praxishilfen
www.gew.de/Binaries/Binary66990/GewGesch_Schule_4.pdf
Broschüre der Gewerkschaft Erziehung und Wissenschaft (GEW) mit Praxishilfen für das Thema Gewalt und Geschlecht

**»Ich Tarzan – Du Jane?« Frauenbilder – Männerbilder. Weg mit den Klischees!
Anleitung für eine geschlechtergerechte Mediengestaltung**
www.uni-marburg.de/frauen/ichtarzandujane.pdf
Die vom österreichischen Gewerkschaftsbund herausgegebene Broschüre zeigt, wie Inhalte geschlechtergerecht umgesetzt werden können und was für eine geschlechtergerechte Sprache und gendergerechte Bildsprache wichtig ist.

mach es gleich! Eine Lehr- und Lernmappe für Theorie und Praxis zum Thema Gender & Schule für die Arbeit mit Schülerinnen und Schülern ab 12 Jahren
www.konstanz.de/rathaus/medienportal/mitteilungen/05545/index.html?lang=de&download=NHzLpZeg7t,lnp6IoNTU042l2Z6lm1acy4Zn4Z2qZpnO2Yuq2Z6gpJCEfYB9e2ym162epYbg2c_JjKbNoKSn6A--
In dem online verfügbaren Ordner finden sich neben Einführungen in die theoretischen Grundlagen Methoden zur praktischen Umsetzungen auf der Ebene der Organisation, der Selbstreflexion der Lehrperson sowie Übungen für den Unterricht, herausgegeben von der Chancengleichheitsstelle der Stadt Konstanz.

Medienkoffer »Frauen und Männer – gleich geht's weiter«
www.bmfsfj.de/BMFSFJ/gleichstellung,did=119868.html
Medienkoffer des Bundesministeriums für Familie, Senioren, Frauen und Jugend zum Thema Gleichberechtigung mit DVDs, Broschüren und Fotokarten

Methodensammlung Geschlechtssensibles Unterrichten
www.eduhi.at/dl/Methodensammlung_Mafalda.pdf

Leitfaden mit Informationstexten, Themenvorschlägen für den Unterricht und Arbeitsblättern, herausgegeben von MAFALDA – Verein zur Förderung und Unterstützung von Mädchen und jungen Frauen

Schule: Gender
oe1.orf.at/schulegender
Radiobeiträge mit verschiedenen Themenschwerpunkten zum Thema Schule und Gender des österreichischen Radiosenders Ö1

Schule Ratgeber – Gemeinsam Unterricht planen, tauschen und vorbereiten
www.schule-ratgeber.de
Archiv für Unterrichtsentwürfe (u.a. Rubriken »Einführung in die Sexualerziehung«, »Sexualität – Ein unangenehmes Thema«)

Sexuelle Vielfalt – Filme
http://bildungsserver.berlin-brandenburg.de/filme.html
Es werden vom Bildungsserver Berlin-Brandenburg Dokumentationen, im Internet verfügbare TV-Beiträge sowie Spielfilme zum Thema sexuelle Vielfalt für die pädagogische Arbeit empfohlen.

Unterrichtsmaterialen sexuelle Vielfalt – Bildungsserver Berlin-Brandenburg
http://bildungsserver.berlin-brandenburg.de/unterrichtsmaterial.html
Hier finden sich Hinweise auf Material für die pädagogische Arbeit und Verweise auf weitere Fachportale zum Thema.

Mathematik, Informatik, Naturwissenschaft und Technik

Anregungen für gendersensiblen Unterricht in MINT-Fächern
www.unibw.de/paed/personen/ertl/predil/ergebnisse/genderspezifische-unter richtsmethoden_deutsch.pdf
Methoden für gendersensiblen Unterricht, um MINT-Fächer besonders für Mädchen attraktiver zu machen, von Bernhard Ertl herausgegeben (siehe auch Ertl/Helling in diesem Buch)

Gender_Diversity-Kompetenz im naturwissenschaftlichen Unterricht. Fachdidaktische Anregungen für Lehrerinnen und Lehrer
https://www.imst.ac.at/app/webroot/files/nawi_auflage2_v1.2.pdf
Die Broschüre enthält Überlegungen zu den Naturwissenschaften allgemein sowie den Fächern Biologie, Chemie und Physik, erstellt von Heidemarie Amon, Ilse Bartosch, Anja Lembens und Ilse Wenzl, herausgegeben vom IMST Gender_Diversitäten Netzwerk (siehe auch Amon/Wenzl in diesem Buch).

Genderkompetenz im Mathematikunterricht. Fachdidaktische Anregungen für Lehrerinnen und Lehrer
www.fb3-frauenbeauftragte.uni-bremen.de/wp-content/uploads/2013/02/MATHE-Broschu%CC%88re.pdf
Die Broschüre von Helga Jungwirth enthält praktische Anleitungen und Unterrichtsszenarien, herausgegeben vom IMST Gender_Diversitäten Netzwerk.

Heranführung von Mädchen im Grundschulalter an Physik und Technik
www.bildungsnetz-berlin.de/download/doku_goldnetz.pdf
Die von Goldnetz e.V. erstellte Borschüre bietet geschlechtergerechte und praxisnahe Konzepte für Arbeitsgemeinschaften und Projekttage an (Berliner) Grundschulen für Mädchen ab acht Jahren.

Interessen von Mädchen und Jungen aufgreifen und weiterentwickeln: Naturwissenschaftliche Module für die Grundschule
www.sinus-an-grundschulen.de/fileadmin/uploads/Material_aus_STG/NaWi-Module/N7.pdf
Ausführungen zur Interessenförderung von Mädchen und Jungen und einer geschlechtssensiblen Gestaltung des naturwissenschaftlichen Unterrichts von Andreas Hartinger

Materialplattform »Material Mathe«
www.problemloesenlernen.dvlp.de/
Die Arbeitsgruppe »Fachdidaktik der Mathematik« der TU Darmstadt stellt zum Themenbereich Problemlösen & Selbstregulation u.a. Materialangebote und Unterrichtskonzepte zur Verfügung.

Naturwissenschaftliche & mathematische Module für die Grundschule
www.sinus-an-grundschulen.de/index.php?id=141
Das Programm »Sinus an Grundschulen« entwickelte Module für den mathematischen und naturwissenschaftlichen Grundschulunterricht, wobei jeweils das Modul G7 spezifische Genderaspekte integriert, indem es Interessen der Kinder aufgreift und weiterentwickelt.

Sprachunterricht

Gender & Lesen. Geschlechtersensible Leseförderung
https://www.bmbf.gv.at/schulen/unterricht/ba/genderlesenwebfassung_15230.pdf?4dzgm2
Daten, Hintergründe und praxisorientierte Anregungen für eine geschlechtersensible Leseförderung vom österreichischen Bundesministerium für Unterricht, Kunst und Kultur

Ästhetische Fächer

Gender im Blick.
Geschlechtergerechte Vermittlung im öffentlichen Raum und in Museen
https://www.bmbf.gv.at/schulen/unterricht/ba/leitfadengenderimblick_18722.pdf?4dzgm2
Leitfaden, der den Blick schärft bezüglich der Repräsentation und Stereotype fördernden Darstellungen von Frauen und Männern und Anregungen gibt für eine geschlechtergerechte Wissensvermittlung, herausgegeben vom österreichischen Bundesministerium für Unterricht, Kunst und Kultur

Theater Kormoran
www.theaterkormoran.de/theaterpaedagogik/
Angeboten werden theaterpädagogische Workshops sowie die Aufführung des Stückes *Rosa/Blau* für Kinder ab 10 Jahren, welches einen Dialog mit dem Publikum beinhaltet und in einem moderierten, nachbereitenden Gespräch zwischen den ZuschauerInnen und der Performerin Svenja Wolff mündet.

Gesellschaft lernen

90 Minuten für sexuelle Vielfalt
http://berlin.lsvd.de/downloads/90-minuten-fur-sexuelle-vielfalt/
Handreichung für den (Berliner) Ethikunterricht mit vier Modulen und häufigen SchülerInnenfragen, erstellt vom Lesben- und Schwulenverband Berlin-Brandenburg

Die Repräsentanz von Frauen im öffentlichen Raum
www.didactics.eu/fileadmin/pdf/Frauen_Print_letzt.pdf
Themendossiers zu »Frauen und Erwerbsarbeit – Sag mir, wo die Frauen sind!« und »Frauen und Politik – wenig sichtbar?« mit jeweils einem fachwissenschaftlichen und einem fachdidaktischen Teil sowie Unterrichtsbeispielen, herausgegeben vom Fachdidaktikzentrum für Geschichte, Sozialkunde und Politische Bildung der Universität Wien

Gender, Gleichstellung, Geschlechtergerechtigkeit
www.eduhi.at/dl/100686.pdf
Texte, Unterrichtsbeispiele und Projekte von Philipp Leeb, Renate Tanzberger und Bärbel Traunsteiner

Gesichter Afrikas
www.gesichter-afrikas.de/unterrichtsmaterial-zu-afrika/thema-gender.html
Unterrichtsmaterialien zum Thema Gender in Afrika sowie allgemeine Informationen zum Thema Gender in Afrika, bereitgestellt von Exile-Kulturkoordination e.V.

Gleichstellung, Gender
www.schule.dgb.de/materialien/gleichstellung-gender
Eine Sammlung von Unterrichtseinheiten, Unterrichtsmaterial und Hintergrundinformationen zu gleichstellungs- und geschlechterpolitischen Themen vom Deutschen Gewerkschaftsbund (DGB)

Zentrum Polis – Politik lernen in der Schule
www.politik-lernen.at/site/home
Online-Datenbank mit einer Praxisbörse für Unterrichtsideen, die u.a. die Themen »Gender Mainstreaming« und »geschlechtersensible Pädagogik« enthalten

Workshops für Schulen & Beratungen zu lesbischen, schwulen, bisexuellen und transgender Lebensweisen

AB Queer e.V.
www.abqueer.de/
Aufklärungsangebot zu lesbischen, schwulen, bisexuellen und transgender Lebensformen mit der Möglichkeit von Unterrichtsbesuchen und Fortbildungen von Lehrkräften

Ach, so ist das?
www.achsoistdas.com/fuer-schulen/
Neben einer Wanderausstellung bietet das Projekt von Martina Schradi Fortbildungen für Lehrkräfte und Workshops für SchülerInnen (siehe Burmann/Schradi in diesem Buch).

i-Päd – intersektionale Pädagogik
http://ipaed.blogsport.de/
Neben dem Angebot von Workshops finden sich auf der Homepage u.a. Materialien zu Methoden der intersektionalen Pädagogik, eine Kinderbuchliste sowie ein Audiobeitrag zum Thema Klassismus.

KomBi Kommunikation und Bildung
www.kombi-berlin.de/05-a.html
KomBi bietet Aufklärungs- und Informationsveranstaltungen für Kinder und Jugendliche zu lesbisch-schwulen Lebensweisen.

Lesben- & Schwulenverband Deutschland LSVD
www.lsvd.de/politik/bildung.html
Im Rahmen der Aufgabe, gleiche Rechte, Vielfalt und Respekt in Schule und Bildungsarbeit zu vermitteln, sind hier Materialien und Initiativen der LSVD-Landesverbände zu finden.

Queere Bildung e.V.
www.queere-bildung.de/
Bundesverband für Bildungs- und Aufklärungsarbeit im Bereich sexueller und geschlechtlicher Vielfalt (Homepage z.Zt. noch im Entstehen)

Queerformat
www.queerformat.de
Bildungsangebote mit den Schwerpunkten Geschlechtsidentitäten und sexueller Orientierung zu den Themen Vielfalt und Antidiskriminierung zur Behandlung in der Schule

CHANCENGLEICHHEIT UND ANGEBOTE ZU MÄDCHEN- UND JUNGENBILDUNG

Change – Chancengerechtigkeit in der Sekundarstufe II
www.change.uni-wuppertal.de/index.html
Projekt mit dem Ziel, mehr über den Einfluss von Faktoren wie Geschlecht und sozialem Hintergrund auf Bildungs- und Berufsziele zu erfahren, gefördert vom Bundesministerium für Bildung und Forschung

Girls' Day – Mädchen-Zukunftstag
www.girls-day.de
Informationen für Schulen, Eltern und Mädchen zum Girls' Day

Lehrer an der Grundschule – warum denn nicht?
www.uni-hildesheim.de/maennerundgrundschullehramt
Informationen der Stiftung Universität Hildesheim zum Projekt »Männer und Grundschullehramt«, das mehr Männer ermutigen soll, Grundschullehrer zu werden

Neue Wege für Jungs
www.neue-wege-fuer-jungs.de
Bundesweites Netzwerk und Fachportal zur Berufswahl und Lebensplanung von Jungen (u.a. Materialsammlung)

PORTALE FÜR DIE HOCHSCHULLEHRE

Gender Curricula für Bachelor und Master
www.gender-curricula.com/gender-curricula-startseite/
Portal vom Netzwerk Frauenforschung NRW, welches Informationen und Tipps u.a. für die Entwicklung der Curricula in (fast) allen studierbaren Fächern bereitstellt

Gender Portal Uni Duisburg
www.uni-due.de/genderportal/lehre_praesenzlehre.shtml
Informationen zu Gender und Lehre (u.a. Technikwissenschaften, Informatik, Ingenieurwissenschaften, Mathematik, Physik, Geisteswissenschaften, Philosophie, Psychologie)

Informationen und Materialien zur gendersensiblen Pädagogik
https://www.ph-freiburg.de/hochschule/organe/stabsstelle-gleichstellung/gendersensible-hochschule/lehre-hochschuleschule.html#jfmulticontent_c53618-1
Hier finden sich viele Materialien, Literatur und Lehrmaterialien sowie Seminarpläne u.a. für DozentInnen, von der pädagogischen Hochschule Freiburg.

AutorInnen

Christine Aebi, Mag.; freischaffende Künstlerin sowie Dozentin an der Schule für Gestaltung/Höheren Fachschule für Künste, Gestaltung und Design, St. Gallen (Schweiz). Arbeitsschwerpunkte: Malerei, Zeichnung und Illustration.

Heidemarie Amon, Mag.[a]; Lehramt für Biologie und Erdwissenschaften, Lehrerin am Akademischen Gymnasium in Wien, Lehrbeauftragte in der LehrerInnenausbildung für Biologie (Universität Wien), Mitarbeit am Österreichischen Kompetenzzentrum für Didaktik der Biologie an der Universität Wien (AECC Biologie). Arbeitsschwerpunkte: Aufgabenentwicklung, Aus- und Fortbildung von Studierenden und Lehrkräften.

Sandra Augustin-Dittmann, Dr. rer. pol.; Politikwissenschaftlerin, Gleichstellungsbeauftragte und Leiterin der Stabsstelle Gleichstellung an der TU Braunschweig, Lehrbeauftragte für Gender & Diversity am Institut für Sozialwissenschaften der TU Braunschweig. Arbeitsschwerpunkte: Abbau von Unterrepräsentanz in der Wissenschaft mit Fokus MINT-Fächer, familiengerechte Hochschule, Integration von Gender & Diversity in Forschung, Lehre und in die Organisation.
E-Mail: s.augustin-dittmann@tu-braunschweig.de

Lilly Axster, Mag.[a]; freischaffende Autorin und Regisseurin, Mitarbeiterin im Verein Selbstlaut gegen sexualisierte Gewalt an Kindern und Jugendlichen in Wien.

Annette Bartsch hat Soziologie, Politikwissenschaft und Psychologie in Berlin (FU) und Braunschweig (TU) studiert. Seit ihrem Magisterabschluss 2001 arbeitet sie als wissenschaftliche Mitarbeiterin im Institut für Sozialwissenschaften der TU Braunschweig. Ihre Lehr- und Forschungsbereiche liegen in der Jugend- und Familiensoziologie, der Sozialen Ungleichheit, den Gender Studies sowie der Bildungssoziologie mit langjährigen Erfahrungen in der Lehramtsausbildung.

Ursula Bertels, Dr.; Ethnologin; Vorstandsvorsitzende des Vereins Ethnologie in Schule und Erwachsenenbildung (ESE) e.V., Referentin zum Thema Interkulturelle Kompetenz, Lehrbeauftragte am Institut für Ethnologie der Westfälischen Wilhelms-Universität Münster. Arbeitsschwerpunkte: Interkulturelle Kompetenz, Migration, Ethnologie und Archäologie Mexikos.
E-Mail: bertels@ese-web.de

Vanessa Broschinski, Bachelor of Education; Studentin der TU Braunschweig für den Master of Education für Chemie und ihre Vermittlung sowie Germanistik.

Christine Burmann, Politikwissenschaftlerin mit den Schwerpunkten Menschenrechte, Gender und Diversity; ist Bundesgeschäftsführerin von Lambda e.V. und hat verschiedene Lehraufträge inne.
E-Mail: christine.burmann@menschenrechte.org

Birte Driesner, Studentin des BA Integrierte Sozialwissenschaften an der TU Braunschweig und studentische Mitarbeiterin im Braunschweiger Zentrum für Gender Studies.

Bernhard Ertl, Univ.-Professor, Dr. phil., Dipl.-Inf.; Empirische Bildungsforschung und Lehr-Lernforschung, Professor für technologiegestütztes Lernen am Department für Interaktive Medien und Bildungstechnologien der Donau-Universität Krems. Arbeitsschwerpunkte: Gender und MINT, Unterstützung der Wissensarbeit mit neuen Medien, Evaluation und Bildungscontrolling.
E-Mail: duk@ertl.org

Silke Gardlo, M.A. Soziologie und Anglistik; Vorstandsvorsitzende und Leiterin der Webportale von Gleichberechtigung und Vernetzung e.V.
E-Mail: gardlo@gleichberechtigung-und-vernetzung.de

Nadine Glade, M.A.; Politologin, Nebenfächer Pädagogik und Gender Studies; gegenwärtig an der Medizinischen Hochschule in Hannover und der Jade Hochschule, Studienort Oldenburg, tätig. Arbeitsschwerpunkte: Soziale Ungleichheit(en), Geschlechterforschung mit einem Fokus auf Bildung und Gesundheit, Intersektionalität und Gesundheitsforschung.
E-Mail: nadine.glade@gmx.de

Helene Götschel, Dr.; Physikerin, Historikerin, Hochschuldidaktikerin und Geschlechterforschende; wissenschaftliche Mitarbeiterin am Fachbereich Humanwissenschaften der TU Darmstadt (Institut für Allgemeine Pädagogik und Berufspädagogik). Arbeitsschwerpunkte: Transdisziplinäre Geschlechterforschung zu Naturwissenschaften, insbesondere Physik und Materialwissenschaften, Gender-Theorien in der pädagogischen Forschung und Lehre, Wissenschafts-, Universitäts- und Bildungsgeschichte der Natur- und Technikwissenschaften.
E-Mail: h.goetschel@apaed.tu-darmstadt.de

Sabrina Guse hat in Hannover Darstellendes Spiel und Englisch auf gymnasiales Lehramt studiert. Nach dem Studium arbeitete sie als Koordinatorin am interdisziplinären Graduiertenkolleg »Gender und Bildung« der Stiftung Universität Hildesheim. Zurzeit arbeitet sie als Lehrerin an der IGS Mühlenberg in Hannover.
E-Mail: sabrina.guse@web.de

Katrin Helling, Erziehungswissenschaftlerin; wissenschaftliche Mitarbeiterin und Projektmanagerin am Institut für LehrerInnenbildung und Schulforschung, Universität Innsbruck. Arbeitsschwerpunkte: Zielgruppenspezifisches Lehren und Ler-

nen mit neuen Medien u.a. mit Fokus auf Gender im Kontext neue Medien, MINT und Schule, Curriculumentwicklung in der LehrerInnenbildung.
E-Mail: kathrin.helling@uibk.ac.at

Frauke Heß, Prof. Dr. phil.; Professorin für Musikpädagogik am Institut für Musik der Universität Kassel. Forschungsschwerpunkte zu den Lernfeldern »Musik erfinden« und »Kunstmusik« im Musikunterricht sowie zu bildungsphilosophischen Fragen. Aktuelles Projekt im Kontext der Geschlechterforschung: »Musikunterricht im Spannungsfeld von femininem Fachimage und instrumentellem Geschlechtsrollen-Selbstbild«.

Lydia Jenderek, Doktorandin, Fachgebiet Erziehungswissenschaft, Promotionsstipendiatin der Heinrich-Böll-Stiftung an der Universität Paderborn. Forschungsprojekt: Konstitution von Geschlechterdiskurs und -praktiken bei geschlechterbewussten Lehrkräften.
E-Mail: lydia@jenderek.de

Lotta König, Doktorandin und Lehrbeauftragte in der Abteilung Fachdidaktik des Englischen Seminars, Universität Göttingen. Dissertationsprojekt: Gender-Reflexion mit Literatur. Eine Konzeption für den kulturwissenschaftlich orientierten Fremdsprachenunterricht.
E-Mail: lkoenig@uni-goettingen

Sonja Lewin, M. Ed. (Engl./Franz.); Studentin der Geschlechterforschung und wissenschaftliche Mitarbeiterin am Seminar für Englische Philologie an der Georg-August-Universität Göttingen. Arbeitsschwerpunkte: Gender im Fremdsprachenunterricht, Geschlechterkonstruktionen in Fernsehserien, Fan Fiction.
E-Mail: sonjalewin@gmx.de

Konrad Manz, Dr. disc. pol.; Fachgebiete: qualitativ-empirische Schulforschung, Geschlechterforschung, Poststrukturalismus. Lehrer an der IGS Bovenden. Arbeitsschwerpunkte: Förderung emotionaler und sozialer Entwicklung, Fachbereichsleitung Latein, Schulentwicklung.
E-Mail: manz@igs-bovenden.de

Veronika Mayer, M.A., Studium der Medienwissenschaften und English Studies an der Hochschule für Bildende Künste Braunschweig und der TU Braunschweig. Seit April 2014 arbeitet sie am Braunschweiger Zentrum für Gender Studies an der Konzeption und Umsetzung von E-Learning-Bausteinen für die interdisziplinäre Lehre. Arbeitsschwerpunkte: feministische Filmwissenschaft, Theorie der Gender und Queer Studies, Gender und Medien.
E-Mail: v.mayer@tu-bs.de

Martina Mittag, Dr. phil.; Privatdozentin, Anglistik/Amerikanistik; Universität Gießen sowie Gastprofessuren in Irvine (USA) und Brandeis (USA); seit 2006 Lehrerin am Johannesgymnasium Lahnstein. Arbeitsschwerpunkte: frühe Neuzeit, Gender, Fachdidaktik.
E-Mail: martina.mittag@t-online.de

Ute Neumann, M.A.; DGB-Jugendbildungsreferentin Göttingen. Arbeitsschwerpunkte: Jugendbildungsarbeit, Gender Studies, Cultural Studies.
E-Mail: uteneumann82@gmx.de

Corinna Onnen, Univ.-Prof. Dr. rer. pol.; Soziologin; Professorin an der Universität Vechta. Forschungsschwerpunkte: Gendersoziologie, Familiensoziologie, medizinische Soziologie.

Markus Prechtl, Dr.; Didaktik der Chemie; seit 2009 Studienrat im Hochschuldienst an der Universität Siegen. Gastprofessuren mit dem Schwerpunkt MINT/Gender/Bildung an der TU Darmstadt (2013/2014) und an der Leibniz Universität Hannover (2011/2012). Lehrer für die Unterrichtsfächer Chemie und Biologie an Realschulen in Oberhausen und Frechen. Arbeitsschwerpunkte: Gender Studien und naturwissenschaftlicher Unterricht; Visual Literacy.
E-Mail: markus.prechtl@uni-siegen.de

Barbara Rendtorff, Prof. Dr.; Professorin für Schulpädagogik und Geschlechterforschung, Fakultät für Kulturwissenschaften, Universität Paderborn. Arbeits- und Forschungsschwerpunkte: Theorie der Geschlechterverhältnisse, Tradierung von Geschlechterbildern im Kontext von Schule und dem Aufwachsen von Kindern.

Elke Rühmeier, M.A. Publizistik; Online-Redakteurin des Webportals »Gender und Schule« u.a. bei Gleichberechtigung und Vernetzung e.V. in Hannover.
E-Mail: ruehmeier@gleichberechtigung-und-vernetzung.de

Janina Schneider, M. Ed. (Mathematik/Physik); führt gegenwärtig naturwissenschaftliche Experimente mit vierjährigen Kindern im Kindergarten durch, um Jungen und Mädchen für Naturwissenschaften zu begeistern.

Martina Schradi, Dipl.-Psychologin und Medienautorin M.A.; ist als Medienautorin und Comiczeichnerin tätig. 2013 rief sie das Comicprojekt »Ach, so ist das?!« (www.achsoistdas.com) ins Leben, in dem sie das Thema LGBTI, Biografiearbeit, politisches Engagement und ihre Leidenschaft fürs Comiczeichnen vereint.
Homepage: www.comic-von-schradi.de

Philipp Spitzer, Doktorand an der Universität Siegen im Arbeitskreis von Professor Martin Gröger; Didaktik der Chemie. Arbeitsschwerpunkt: Naturnaher Chemieunterricht und Educaching.
E-Mail: spitzer@chemie.uni-siegen.de

Barbara Thiessen, Dr. phil.; Dipl.-Sozialpädagogin und Supervisorin, Professorin für Gendersensible Soziale Arbeit an der Hochschule Landshut. Arbeitsschwerpunkte: Genderdynamiken in intersektioneller Perspektive, Familie und Familienpolitik im sozialen Wandel, Professionalisierung in personenbezogenen Dienstleistungen.
E-Mail: barbara.thiessen@haw-landshut.de

Renate Tobies, Dr. habil.; Gastprofessorin der Friedrich-Schiller-Universität Jena, Mathematik- und Naturwissenschaftshistorikerin, Korrespondierendes Mitglied der Académie internationale d'histoire des sciences (Paris/Frankreich) und Auswärtiges Mitglied der Agder Academy of Sciences and Letters in Kristiansand (Norwegen), Gastprofessuren in Braunschweig, Kaiserslautern, Saarbrücken, Linz und Graz (beides Österreich); Lehrstuhlvertretung (Geschichte der Naturwissenschaften und Technik) Universität Stuttgart. Forschungsschwerpunkte: Geschichte der Mathematik und ihrer Anwendungen, des Mathematikunterrichts, Bildungsgeschichte, Frauen in Mathematik, Naturwissenschaften und Technik.
E-Mail: renate.tobies@uni-jena.de. Homepage: www.mathematik.uni-kl.de/~tobies/

Inken Tremel, Dr. phil. Dipl.-Pädagogin; wissenschaftliche Referentin am Deutschen Jugendinstitut München (DJI), Gendertrainerin, Lehrkraft für Sozialwissenschaften. Arbeitsschwerpunkte: Gender- und Jugendforschung, Prävention von sexualisierter Gewalt.
E-Mail: tremel@dji.de

Juliette Wedl hat Soziologie (Dipl.), Erziehungswissenschaft, Politikwissenschaft und Psychologie in Berlin (FU) studiert und promoviert am Schnittpunkt von Diskursforschung und Gender Studies. Nachdem sie freiberuflich als Gendertrainerin, Sozialwissenschaftlerin und Lehrbeauftragte tätig war, ist sie seit 2008 wissenschaftliche Mitarbeiterin und seit 2010 Geschäftsführerin des Braunschweiger Zentrums für Gender Studies. Sie hat das Netzwerk »DiskursNetz« mit aufgebaut (www.diskursanalyse.net). Lehr- und Arbeitsschwerpunkte: Geschlechtersoziologie, soziale Ungleichheiten, (post-)strukturalistische Theorien, Diskurs- und Medienforschung sowie Integration von Gender in den Unterricht und die Lehre.
E-Mail: j.wedl@tu-braunschweig.de

Ilse Wenzl, Mag.[a]; Lehramt für Biologie und Erdwissenschaften, Lehrerin am BRG 18 in Wien, Lehrbeauftragte für Lehrerinnenausbildung im Fach Biologie (Universität Wien), Leiterin des LehrerInnen-Podiums am Kompetenzzentrum der Didaktik der Biologie (AECC-Biologie), einer Schnittstelle für die Kooperation mit BiologielehrerInnen an der Universität Wien. Arbeitsschwerpunkte: fachdidaktische Aus- und Fortbildung von Studierenden und LehrerInnen, kompetenzorientierte Aufgabenentwicklung.

Sandra Winheller, Dr. phil.; Erziehungswissenschaftlerin und Referentin für Gendertrainings. Seit 2011 Lehrkraft für besondere Aufgaben im Bereich Schulpädagogik am Institut für Erziehungswissenschaft der Universität Paderborn. Arbeitsschwerpunkte: Erwerb und Professionalisierung von Gender- und Methodenkompetenz, Schulentwicklung und Schulqualität.
E-Mail: swinheller@uni-paderborn.de

Ute Zillig, Dipl.-Sozialwirtin, Dipl.-Sozialpädagogin (FH); Traumapädagogin/Traumazentrierte Fachberaterin (DeGPT). Arbeitsschwerpunkte: geschlechtsspezifische Gewalt, Gewaltprävention, Traumapädagogik, transgenerationale Gewaltfolgen.
E-Mail: uzillig@gmx.de

Pädagogik

Sarah Huch, Martin Lücke (Hg.)
Sexuelle Vielfalt im Handlungsfeld Schule
Konzepte aus Erziehungswissenschaft
und Fachdidaktik

November 2015, ca. 280 Seiten, kart., ca. 29,99 €,
ISBN 978-3-8376-2961-3

Monika Jäckle, Bettina Wuttig, Christian Fuchs (Hg.)
Handbuch TraumaPädagogik und Schule

April 2016, ca. 400 Seiten, kart., ca. 29,99 €,
ISBN 978-3-8376-2594-3

Tobias Leonhard, Christine Schlickum (Hg.)
Wie Lehrer_innen und Schüler_innen im Unterricht miteinander umgehen
Wiederentdeckungen jenseits von Bildungsstandards
und Kompetenzorientierung

2014, 208 Seiten, kart., 29,99 €,
ISBN 978-3-8376-2909-5

Leseproben, weitere Informationen und Bestellmöglichkeiten
finden Sie unter www.transcript-verlag.de

Pädagogik

*Barbara Lutz-Sterzenbach,
Ansgar Schnurr, Ernst Wagner (Hg.)*
Bildwelten remixed
Transkultur, Globalität,
Diversity in kunstpädagogischen Feldern

2013, 382 Seiten, kart., zahlr. Abb., 32,80 €,
ISBN 978-3-8376-2388-8

Stefanie Marr
Kunstpädagogik in der Praxis
Wie ist wirksame Kunstvermittlung möglich?
Eine Einladung zum Gespräch

2014, 350 Seiten, kart., zahlr. Abb., 29,99 €,
ISBN 978-3-8376-2768-8

Christin Sager
Das aufgeklärte Kind
Zur Geschichte der bundesrepublikanischen
Sexualaufklärung (1950-2010)

Juli 2015, ca. 350 Seiten, kart., zahlr. Abb., ca. 34,99 €,
ISBN 978-3-8376-2950-7

Leseproben, weitere Informationen und Bestellmöglichkeiten
finden Sie unter www.transcript-verlag.de

Pädagogik

Christine Baur
Schule, Stadtteil, Bildungschancen
Wie ethnische und soziale Segregation
Schüler/-innen mit Migrations-
hintergrund benachteiligt
2012, 244 Seiten, kart., zahlr. Abb., 31,80 €,
ISBN 978-3-8376-2237-9

Anselm Böhmer
Diskrete Differenzen
Experimente zur asubjektiven Bildungs-
theorie in einer selbstkritischen
Moderne
2013, 288 Seiten, kart., 34,99 €,
ISBN 978-3-8376-2571-4

Markus Dederich, Martin W. Schnell (Hg.)
**Anerkennung und Gerechtigkeit
in Heilpädagogik, Pflegewissenschaft
und Medizin**
Auf dem Weg zu einer
nichtexklusiven Ethik
2011, 264 Seiten, kart., 25,80 €,
ISBN 978-3-8376-1549-4

Jan Erhorn, Jürgen Schwier (Hg.)
**Die Eroberung urbaner
Bewegungsräume**
SportBündnisse für Kinder
und Jugendliche
Juni 2015, ca. 270 Seiten,
kart., zahlr. Abb., ca. 34,99 €,
ISBN 978-3-8376-2919-4

Kerstin Jergus
Liebe ist ...
Artikulationen der Unbestimmtheit
im Sprechen über Liebe.
Eine Diskursanalyse
2011, 276 Seiten, kart., 30,80 €,
ISBN 978-3-8376-1883-9

Barbara Keddi
Wie wir dieselben bleiben
Doing continuity als
biopsychosoziale Praxis
2011, 318 Seiten, kart., 32,80 €,
ISBN 978-3-8376-1736-8

Diemut König
**Die pädagogische Konstruktion
von Elternautorität**
Eine Ethnographie der Familienhilfe
2014, 228 Seiten, kart., 29,99 €,
ISBN 978-3-8376-2925-5

Judith Krämer
Lernen über Geschlecht
Genderkompetenz zwischen
(Queer-)Feminismus, Intersektionalität
und Retraditionalisierung
Juli 2015, ca. 350 Seiten, kart., ca. 39,99 €,
ISBN 978-3-8376-3066-4

Christine Kupfer
Bildung zum Weltmenschen
Rabindranath Tagores Philosophie
und Pädagogik
2013, 430 Seiten, kart., 36,99 €,
ISBN 978-3-8376-2544-8

Peter Schlögl
Ästhetik der Unabgeschlossenheit
Das Subjekt des lebenslangen Lernens
2014, 236 Seiten, kart., 29,99 €,
ISBN 978-3-8376-2643-8

*Anja Tervooren, Nicolas Engel,
Michael Göhlich, Ingrid Miethe,
Sabine Reh (Hg.)*
**Ethnographie und Differenz in
pädagogischen Feldern**
Internationale Entwicklungen
erziehungswissenschaftlicher Forschung
2014, 430 Seiten, kart., 39,99 €,
ISBN 978-3-8376-2245-4

Julia Weitzel
Existenzielle Bildung
Zur ästhetischen und szenologischen
Aktualisierung einer
bildungstheoretischen Leitidee
2012, 278 Seiten, kart., zahlr. Abb., 31,80 €,
ISBN 978-3-8376-2223-2

**Leseproben, weitere Informationen und Bestellmöglichkeiten
finden Sie unter www.transcript-verlag.de**

X-Texte bei transcript

Gabriele Winker

Care Revolution

Schritte in eine solidarische Gesellschaft

März 2015, 208 Seiten, kart.,
11,99 €,
ISBN 978-3-8376-3040-4
E-Book: 10,99 €,
ISBN 978-3-8394-3040-8

■ Viele Menschen geraten beim Versuch, gut für sich und andere zu sorgen, an die Grenzen ihrer Kräfte. Was als individuelles Versagen gegenüber den alltäglichen Anforderungen erscheint, ist jedoch Folge einer neoliberalen Krisenbearbeitung. Notwendig ist daher ein grundlegender Perspektivenwechsel – nicht weniger als eine Care Revolution. Gabriele Winker entwickelt Schritte in eine solidarische Gesellschaft, die nicht mehr Profitmaximierung, sondern menschliche Bedürfnisse und insbesondere die Sorge umeinander ins Zentrum stellt. Ziel ist eine Welt, in der sich Menschen nicht mehr als Konkurrent_innen gegenüberstehen, sondern ihr je individuelles Leben gemeinschaftlich gestalten.

www.transcript-verlag.de